KB134608

약탈 정치

약탈

이명박 · 박근혜 정권 10년의 기록

정치

강준만 · 김환표 지음

인물과
사상사

왜 '약탈 정치'인가?

"정치와 행정은 사익을 추구하는 비즈니스"

'약탈掠奪'은 국어사전의 정의에 따르면 "폭력을 써서 남의 것을 억지로 빼앗음"이란 뜻이다. 하지만 폭력을 '권력의 부당한 행사'까지 포함하는 넓은 개념으로 본다면, 이른바 '지대추구rent-seeking'도 약탈로 볼 수 있다. '지대추구'는 개인이나 집단이 생산적 활동을 통해 수익을 얻기보다 국가 부문의 자원과 영향력에 접근하여 수익을 얻고자 하는 비생산적인 행위를 의미한다.

정치와 행정을 '사익私益을 추구하는 비즈니스'로 보는 공공 선택 이론public choice theory의 관점에서 보자면, 지대추구는 그 비즈니스에 "나도 좀 먹자"며 숟가락을 들이미는 행위인 셈이다. 거칠게 말하자면, 보통 사람이 그냥 술자리에서 홧김에 내뱉을 법한 "세상은 다 도둑놈 천지"라는 말을 이론화한 게 바로 공공 선택 이론이라고 해도 좋겠다.[1]

공공 선택 이론과 맥을 같이하는 신고전주의 경제학의 관점에서 본 국가는 '약탈 국가predatory state'다. 정치인과 관료는 자기들의 잇속을 채우기 위해 정치와 행정을 한다. 그들은 사익을 추구하는 이익집단일 뿐이다. 따라서 모든 걸 자유경쟁과 시장 메커니즘에 맡겨야 한다. 설사 시장이 실패하더라도 그건 국가 실패의 결과에 비해서 중요하지 않다.[2] 그래서 신고전주의 신봉자들은 '약탈 국가론'을 내세우면서 '자유 시장경제'를 외쳐댄다.[3]

공공 선택 이론은 국가에 대한 강한 불신과 더불어 '작은 정부'를 역설하는 이론으로 간주되지만, 맨커 올슨Mancur Olson, 1932~1998처럼 정반대로 '강력한 국가strong state'의 필요성을 역설하는 학자들도 있다.[4]

올슨은『지배권력과 경제변영: 공산주의와 자본주의 아우르기Power and Prosperity: Outgrowing Communist and Capitalist Dictatorships』(2000)에서 경제적 성공을 위한 필요조건 중의 하나로 '약탈의 부재'를 지적하면서, 이리저리 떠도는 '유랑 도적roving bandit'과 한곳에 머무르는 '정주 도적stationary bandit'의 비유를 들어 정권에 의한 약탈의 메커니즘을 실감나게 설명했다. 그는 유랑 도적은 시도 때도 없이 빼앗아가는 데 비해 정주 도적은 보호 자릿세 형식으로 빼앗아간다며 주민들에게 정주 도적이 유랑 도적에 비해 나은 이유를 다음과 같이 설명했다.

"한 지역을 계속적으로 다스리는 정주 도적의 경우 그는 절도 대상이 더 많이 생산하고 상호이득이 되는 거래를 하도록 할 동기를 갖는다. 절도 대상자가 더 높은 소득을 창출하면 할수록 정주 도적은 더 많이 갈취할 수 있다. 절도 대상자의 생산의 일정 부분만을 마치 세금처럼 가져갈 것이라고 확신시켜줌으로써 정주 도적은 절도 대상자들로 하여금 더 많은 소득을 창출하도록 유인한다."[5]

"5년짜리 정권은 유랑 도적단"

약탈 국가론은 보수의 논리인가? 그렇진 않다. 약탈 국가기 때문에 어떻게 하자는 대안만 다를 뿐, 약탈 국가라는 진단은 정치 혐오가 극에 이른 일반 서민이 보는 시각과 같거니와 많은 진보주의자의 인식과도 통한다. 미국 버클리대학University of California, Berkeley의 진보적 사회학자인 피터 에번스Peter B. Evans, 1944~는 『착근된 자율성: 국가와 산업의 변화Embedded Autonomy: States and industrial Transformation』(1995)에서 거의 절대적이라 할 만큼 강력한 자율성을 가지면서 독재자를 중심으로 소수 패거리 집단이 사회와 국민 대중을 약탈적 사익 추구 대상으로 삼고 국가 구조에 내적 일관성도 결여되어 있는 국가를 약탈 국가라 불렀다.[6]

그런가 하면 미국의 진보적 경제학자였던 존 케네스 갤브레이스 John Kenneth Galbraith, 1908~2006의 아들로 텍사스대학 경제학자인 제임스 갤브레이스James K. Galbraith, 1952~가 아버지의 조언에 따라 『약탈 국가 The Predator State: how conservatives abandoned the free market and why liberals should too』 (2008)라는 책을 쓴 걸 보더라도 그렇다. 이 책에서 주요 약탈자는 기업 엘리트와 공적 기관들이다. '자유 시장' 개념의 허구성을 지적하면서 신자유주의를 맹렬히 비판한 갤브레이스는 미국이 사실상 정부의 후원을 받는 '약탈 계급predatory class'의 먹잇감으로 전락했다고 주장했다.[7]

국내 지식인들도 정치인과 관료들의 문제와 관련해 약탈 국가라는 용어를 쓰고 있다. 예컨대, 연세대학교 국제학대학원 교수 류상영은 2013년에 발표한 「한국 관료의 정치적 중립성: 이상과 현실」이라는 글에서 다음과 같이 말했다.

"대형 로펌에서 이루어지고 있는 관료들의 낙하산 인사 관계는 겉은 법제화이고 민주화이지만, 속은 부패와 지대추구이며 사회적 총비용을 늘리는 행위이다. 민주화의 가치에 대한 배반이고, 세계화의 요구에도 역행하는 것이다.……2013년 한국에는 더이상 우리가 신화로서 가졌던 개발국가는 존재하지 않고 약탈 국가만이 존재하는 것은 아닌지 우려하는 목소리가 커지고 있다."[8]

2015년 6월 서울대학교 사회학과 교수 장덕진은 「유능한 관료와 무능한 국가」라는 칼럼에서 올슨의 비유를 빌려 한국의 5년 단임 대통령제가 '유랑 도적단'에 가까워지는 것으로 보인다고 했다. 그는 "장기 집권하는 비민주적 정권은 '정주 도적단', 짧게 집권하고 떠나는 정권은 '유랑 도적단'이다. 어차피 성숙한 민주주의가 아닐 바에는 정주 도적단이 차라리 나은 면도 있다. 내년에도 수탈해야 하기 때문에 지속가능한 성장에 관심을 가지는 것이다. 반면 금방 떠날 유랑 도적단은 마을의 미래에 관심이 없다"며 다음과 같이 말했다.

"5년 단임제하의 대통령들이 국가의 미래보다는 자기 정권의 성과에만 관심을 갖는 것은 본인이 곧 떠날 것을 스스로 알기 때문이고, 집권 후반기에 되는 일이 없는 것은 그가 곧 떠날 것을 모두가 알기 때문이다.……유랑 도적단하에서는 일관된 정책을 추진하기 어려우니 보람을 찾기 힘들고, 관료 커리어의 정점인 정무직의 상당수를 정치인이나 깜짝 발탁 인사들이 채우니 명예를 찾기도 힘들다. 그렇다면 유능한 관료들의 마지막 인센티브는 부패가 되기 십상이다. 보람도 명예도 없다면 주머니나 채우자는 생각이 모락모락 들지 않겠는가."[9]

'박근혜·최순실 게이트'가 부각시킨 약탈론

2016년 10월 이른바 '박근혜·최순실 게이트'가 터지면서 약탈 국가를 비롯해 약탈이라는 단어의 사용이 부쩍 늘었다. 『경향신문』은 10월 29일 「기업 상대 협박과 갈취 박근혜 정권은 '약탈 국가'였나」라는 사설을 통해 "박근혜 정권은 최순실 권력의 조종을 받는 '약탈 국가'로 기능했다고 해도 할 말이 없게 됐다. 공직자가 국가권력을 공공의 이익이 아닌 남의 재산을 강도질하기 위해 동원했다면 그렇게 규정할 수밖에 없다"고 했다.[10]

11월 8일 서울대학교 정치학과 교수 박원호는 「이 분노의 기원에 대하여」라는 『중앙일보』 칼럼에서 "국민이 피부로 느끼는 분노의 또 다른 근원은 공정성의 원칙이 체계적으로 유린되었다는 데 있다"며 "입시와 병역 비리처럼 시민들의 생활 인근 영역에서부터 수백억 원에 이르는 재벌들의 모금액까지 시민들이 상상하지도 못할 부조리와 약탈의 윤곽은 저 수면 아래에서 대한민국호라는 배를 그림자처럼 일렁이며 끌어내리고 있다"고 했다.[11]

11월 11일 한신대학교 교수 윤평중은 「공화국의 적敵들」이라는 『조선일보』 칼럼에서 "국민이 피와 땀으로 쌓아올린 국가 공동체가 천하기 짝이 없는 사기꾼들의 약탈 대상으로 전락했다"고 개탄했다. "대통령이 권력을 내려놓고 여야가 함께 진정한 거국중립내각을 꾸려 안팎의 위기를 관리하는 게 유일한 출구다. 박 대통령에겐 그것이 '아버지 박정희'의 이름과 국민의 극진했던 사랑에 보답하는 길이다. 부디 박 대통령이 민주공화국의 적으로 타락하는 최악의 길로 가지 않길 바란다."[12]

　11월 28일 강원대학교 교수 이병천은 「"대한민국은 '약탈적 포획 국가'"」라는 글에서 "1987년 체제가 여러 대목에서 심각한 '결손 민주주의'로서 한계를 내장하고 있다는 점에 대해서는 이미 많은 반성적 지적들이 있어왔다. 그렇다고는 해도 나라가 이렇게 국가 사유화와 정경 유착으로, 박근혜-최순실-재벌 '삼각 동맹'으로 얼룩진 저질 불량 국가로 굴러떨어질 줄이야"라면서 다음과 같이 말했다.

　"최순실에 의한 대통령 박근혜와 국가 공공성의 포획은 어떤 말로 분식한다 해도 본질적으로는 최순실의 사익 추구를 위한 포획이다. 그러니까 일종의 '약탈적 포획predatory capture'이라 할 수 있다. 그런 의미에서 오늘의 대한민국에서 우리가 대면하고 있는 국가는 '약탈적 포획 국가'라고 부름직하다."[13]

　12월 3일 연세대학교 교수 김호기는 "이번 사태는 박근혜 대통령의 국정 운영이 안고 있던 문제와 보수 세력 전체의 위기가 겹쳐서 일어났다"고 진단했다. "헌법의 제1수호자여야 할 대통령이 민주공화국의 기본 원칙을 파괴했다. 박정희 전 대통령 이래 한국을 상징하던 '발전 국가'를 국가가 국민으로부터 공물을 빼앗는 '약탈 국가'로 후퇴시켰다. 최순실 씨 딸 정유라의 대학 입시 부정은 한국 사회에서 공정성의 최후 보루로 여겨지는 입시의 신뢰성을 허물어 국민의 경악과 분노를 폭발시켰다."[14]

박근혜가 만든 '불법 국가, 범죄 국가, 약탈 국가'

12월 26일 중앙대학교 사회학과 교수 신진욱은 「2008년 정치적 주체 자각, 2016년 국가를 바꾸러 나섰다」라는 『한겨레』 칼럼에서 "문제는 그냥 한 명의 대통령과 그의 정권이 아니었다. 불법 국가, 범죄 국가, 약탈 국가였다. 우리나라에서 국가란 무엇인가 물었을 때 10대, 20대 참여자들이 한 얘기는 실로 놀라웠다"며 광화문 촛불집회 현장에서 시민들을 만나 인터뷰한 결과를 소개했다.

"국민을 대표한다는 생각이 들지 않고, 소위 말하는 상위 계층들끼리 노는 집단 같은?"(22 · 남 · 대3) "국민의 뜻을 잘 들어주고 보호해줘야 할 존재가 저희를 공격하고, 보호는 못 해줄망정 자기 이익을 챙기고 있으니까. 존재 자체를 인정하고 싶지 않아요."(18 · 여 · 고2) "국가란 원래 국민을 보호해야 하는데 세월호처럼 희생만 시키고, 재벌들한테만 세금 깎아주고 눈감아주고, 세금 걷어서 국민 위해 배분해야 하는데 자기들끼리 똘똘 뭉쳐서 자기들만 살고 국민은 내던지겠다, 그런 거 아녜요?"(18 · 남 · 고2)[15]

12월 27일 서울대학교 철학과 교수 김기현은 「진정한 일류를 위하여」라는 『중앙일보』 칼럼에서 "압축성장이 차가운 적자생존의 그림자를 드리우면서 우리 마음속에 경쟁에 뒤처진 사람들의 신음소리에 공명할 여유를 빼앗아갔다"고 했다. "조금 과한 표현이지만, 어떤 사람은 우리 사회를 기회주의적 각자도생의 사회라고 하고, 어떤 사람은 약탈 사회라고 부른다. 시대적 흐름에 몸을 맡긴 정치인은 국정이 표류하는 위기 상황에서 국가의 미래보다 자신의 정치적 잇속을 먼저 챙긴다. 삼류가 되는 길이다."[16]

고려대학교 명예교수 최장집은 2017년 2월 출간한 『양손잡이 민주주의』에서 "국가는, 사적 경제 영역에서 기업을 대상으로 이런저런 명목으로 돈을 기부하도록 하는 약탈 국가의 면모를 잘 드러냈다"고 진단하는 동시에 "그들의 관계는 본질적으로 상대로부터 협력과 지원, 특혜를 교환하는 상호공생적 관계"라고 했다.[17]

2017년 3월 14일 장덕진은 「'자연인'이 아니라 '정치인'으로 돌아온 박근혜」라는 『경향신문』 칼럼에서 "나는 현 정부를 '유랑 도적단'에 빗댄 바 있다.······박근혜·최순실 게이트를 지켜보며 나 스스로가 아직도 얼마나 순진하기 짝이 없는지 깨닫게 됐다. 유랑 도적단은 비유가 아니라 현실이었던 것이다. 학자들이 비판이랍시고 비유나 하고 있을 때 그들은 권력을 이용해 비판자의 입을 틀어막으며 실제로 나라를 털어먹는 데 골몰하고 있었다는 점이 특검 수사를 통해 그리고 헌재 판결을 통해 드러났다"며 다음과 같이 말했다.

"특검 수사가 본 궤도에 오른 이후 나는 칼럼을 통해 박근혜를 언급한 적이 한 번도 없다. 그는 이제 적어도 대한민국의 공적인 영역에서 영원히 퇴출되었다고 생각했기 때문이다. 자연인 박근혜에 대해서는 나는 아무런 관심이 없다. 그보다는 우리가 새로 만들 세상이 어떤 것이어야 하는지가 훨씬 더 중요한 문제라고 생각했다. 그러나 파면당한 전직 대통령이 사흘 만에 내놓은 메시지를 보며 아직도 나는 세상 물정 깨달으려면 한참 멀었음을 알았다. 그는 퇴출당할 생각도, 자연인으로 돌아갈 생각도 전혀 없는 것으로 보인다."[18]

"한국의 정당들은 유랑 사기단"

그러나 모든 논객이 이런 약탈 정치의 책임을 박근혜 정권에만 물은 건 아니었다. 보수 논객들은 야당과 진보 진영의 '약탈'도 문제 삼았다. 예컨대, 고려대학교 명예교수 서지문은 12월 13일 『조선일보』 칼럼에서 이렇게 말했다. "박 대통령이 너무 밉고 그를 찍은 것이 비통하기까지 하지만 그땐 다른 선택의 여지가 없었다고 많은 유권자가 생각한다. 오늘엔 선택의 여지가 있는가? 탄핵 과정에서 야권 잠룡들의 약탈 본능만 여지없이 드러났을 뿐, 그중 누구에게서도 국가 경영 능력을 볼 수 없었다. 안보관마저 신뢰할 수 없으니 오호, 통재痛哉라!"[19]

작가 남정욱은 2017년 1월 7일 「'별의별' 보수保守」라는 『조선일보』 칼럼에서 성남시장 이재명의 공약을 비판하면서 '약탈 진보'라는 말을 썼다. "경제정책을 보자면 (자기가 대통령이 되면) 50조 원의 재원을 만들어 가구당 300만 원을 지원할 수 있단다. 그 돈은 어떻게 만드느냐고? 답은 부자 증세다. 쉽게 말해 빼앗아서 만들겠다는 얘기다. 보수를 자처하셨지만 시장님에게 어울리는 타이틀은 따로 있다. 약탈 진보. 어찌하다 보니 보수로 분류되는 입장에서 말씀 드리자면 소생은 약탈당하는 것도 약탈하는 것도 싫다."[20]

그런가 하면 여야를 싸잡아 비판하는 목소리도 나왔다. 2017년 2월 서울대학교 사회학과 교수 송호근은 장덕진이 쓴 '유랑 도적단'을 빗대 여야 정당들을 '유랑 사기단'이라고 불렀다. 그는 "5년마다 현란한 말로 집권해 챙기고 떠나는 무리들의 그럴듯한 취임사와 옹색한 퇴임사를 수도 없이 겪었다"며 다음과 같이 말했다.

"세금 더 안 내고 공공 부문 일자리 늘린다고? 법인세 늘려 정의를 세운다고? 50% 면세자는 두고 상위층 증세로 복지 비용 꾸린다고? 재벌을 압박해 일자리를 늘린다고? 입시 폐지 없이 제4차 산업혁명이 가능하다고? 누구 마음대로?……시대 혁신 논리와 국가 운영 원리의 전면 교체 없는 정권 교체는 촛불 민심을 변질시키는 것에 불과하다. 시대 교체의 큰 논리를 다 같이 공유·공감하지 않은 채 지지율로 결딴내는 대세론은 의상만 바꿔 입은 박근혜 정권의 재현에 다름 아니다."[21]

약탈의 메커니즘은 의외로 복잡하다는 주장도 제기되었다. 사회 디자인연구소 소장 김대호는 『2013년 이후: 희망 코리아 가는 길』(2011)에서 "한국에서 친북좌파 시비와 신자유주의 시비만큼 진실과 실체를 가리는 언어의 유희는 없다. 유능한 개인과 사익 집단의 목적은 정치·경제·사회적 지대rent 혹은 거대한 불로소득이다. 이들은 예외 없이 정치적·이념적 과잉 대표성을 행사하면서 재정과 가계, 미래 세대의 몫을 소리 소문 없이 약탈해간다"며 다음과 같이 말한다.

"이들이 가져가는 잉여와 누리는 처우는 생산력(1인당 GDP) 수준에 비추어 세계 최고라고 해도 과언이 아니다. 당연히 한번 이곳에 들어오는 사람은 떠나지 않기에, 평균 연령은 급격히 상승하고, 해고는 일종의 살인이기에 구조조정이 거의 불가능하며, 신참자들의 진입(입시, 입사) 경쟁률은 살인적이다. 반면 힘없는 3비층(비경제활동인구, 비임금근로자, 비정규직), 청년세대, 하청협력업체 등 대다수 비기득권층은 공적 규제(공정거래법, 소비자보호법 등)나 사회안전망의 보호를 받지 못하고 엄청난 경쟁과 심각한 기회 부족에 신음한다. 저출산, 사교육 광풍, 각종 고시·공시 열풍, 대졸 청년 실업과 중소기업 인재 기근 문제 등의 뿌리는 바로 이것이다."[22]

사회문화적으로 구조화·습속화되어 있는 '약탈 정치'

이렇듯 '약탈'을 둘러싼 수많은 주장이 있지만, 어느 쪽이 더 약탈을 많이 하느냐고 싸울 일은 아닌 것 같다. 물론 이 책의 목적도 그렇다. '약탈 정치'를 '이명박·박근혜 정권 10년의 기록'을 통해서 보는 게 편파적으로 보일 수도 있겠지만, 유난히 많은 약탈 사건이 집중적으로 일어난 탓에 이루어진 사례 연구일 뿐 우리의 논지는 초당파적 문제 제기다.

이명박·박근혜 정권에 아무리 많은 문제가 있었다 하더라도 그 기간의 대부분 야당의 지지율이 여당 지지율의 반토막 수준이었다는 건 무엇을 말하는가? 이 점에도 큰 의미를 부여하는 우리는 한국의 '약탈 정치'를 편 가르거나 당파적 관점에서 보려는 것이 아니라 '약탈 정치'가 정치경제적일 뿐만 아니라 사회문화적으로 구조화·습속화되어 있는 현실에 주목하고자 한다.

정치는 그런 현실에 기생하는 것일 뿐이기 때문에 정치만을 탓해선 답이 나오질 않는다. 미국 독설가 앰브로즈 비어스Ambrose Bierce, 1842~1914는 『악마의 사전The Devil's Dictionary』에서 이런 명언을 남겼다. "정치: 원칙의 경쟁으로 위장하는 밥그릇 싸움. 사익私益을 위한 공공적 활동Politics: A strife of interests masquerading as a contest of principle. The conduct of public affairs for private advantage."23

"나는 결코 그런 정치를 하지 않겠다"고 외칠 정치인이 많겠지만, 문제는 그들의 선의나 의지가 아니다. 좋은 일을 하기 위해선 권력을 잡아야 하고 유지해야만 하는데, 그 과정 자체가 애초의 선의나 의지를 압도하기 때문이다. 좋은 일을 하기 위해 편 가르기가 불가피하다고 하지만, 그 불가피성은 결국엔 자기편만을 위한 정치를 할 것을 요구한다. 소통은 자기편만을 대상으로 할 뿐 반대편과는 불통의 장벽을 쌓는 게 '개혁'의 이름으로 정당화된다.

그런 점에서 볼 때에 이렇다 할 방법의 제시 없이 자신의 의지만을 내세우는 정치 지도자를 조심해야 한다. 세계적인 물리학자 알베르트 아인슈타인Albert Einstein, 1879~1955이 "정치는 물리학보다 훨씬 더 복잡하다Politics is far more complicated than physics"고 갈파했듯이,24 우리에겐 정치와 약탈 메커니즘의 복잡성을 이해할 줄 아는 지도자가 필요하다. 선거 하나로 만사가 해결될 것처럼 말하는 것도 위험하다. 이른바 '선거주의electoralism', 즉 "정치를 선거로 좁히거나 가두는 한편, 선거에서 이기면 나머지는 저절로 풀린다는 지적 오류"를 경계해야 한다는 것이다.25 이런 주장이 한가하거나 세상 물정 모르는 이상주의로 여겨진다면, 우리는 이미 "선거에선 무조건 이기고 봐야 한다"는 '약탈 정치'의 문법에 길들여진 걸로 봐도 무방하다.

'끼리끼리 뜯어먹자판'을 넘어서

사실 약탈은 우리의 일상적 삶의 도처에 흘러넘친다. 우리는 만인에 대한 만인의 약탈 시대에 살고 있다고 해도 과언이 아니다. 20여 년 전 서강대학교 사학과 교수 임상우가 지적한 '끼리끼리 뜯어먹자판'은 여전히 유효할 뿐만 아니라 더욱 기승을 부리고 있다. 정치인만이 문제가 아니라, 지식인, 언론, 전문가 집단 모두 '끼리끼리 뜯어먹자판'의 공범이라는 게 그의 주장이다.

임상우는 "지식인의 일차적 자격 조건은 비판이기 때문에 지식계에서 비판의 제기는 필수적이다. 그러나 한국의 지식계에서는 그 비판의 수위마저 조절되고 있다. 즉 이익 유대 공동체의 안위를 해칠 수 없다는 것이 상한선이다. 그 결과 현실적 효과를 나타내지 못하는 도덕 군자적으로 이상화된 추상적 비판만이 횡행한다. 언론의 추적-고발성 보도들도 근본적인 유대 구조를 다치지 않아야 한다. 여기에 크고 작은 사회 문제의 진단과 토론에 동원되는 전문가 집단도 마찬가지다"며 다음과 같이 말한다.

"부실 건설, 관료 부패, 금융 부조리, 교육계 부조리 등등 수많은 문제가 제기되고 비판되지만, 그러한 문제들에 관련된 구성원이 속해 있는 이익의 유대망은 다쳐서는 안 된다. 문제가 삐져나올 때는 전지가 위로 정원수 다듬듯 위로 드러나는 부분만 살짝살짝 잘라주어야 한다. 뿌리와 줄기가 썩고 있는 것을 노출시켜서는 안 된다. 모두들 그 썩는 즙을 달게 핥아먹고 살아야 하기 때문이다. 책임 있는 사람들은 광고 문안 같이 간결한 말의 유희로 문제의 핵심을 피해가고, 또한 광고 문안 같은 도발적 발언들은 광고 효과만큼 빠르게 대중 속으로 흡수되어 사라진다. 이제 이 사회에 책임질 사람은 아무도 없다. 다만 '우리'의 이익이 있을 뿐이다. 끼리끼리 뜯어먹자판이다."[26]

진보는 좀 다르지 않을까? 그것도 헛된 기대다. 여성학자 정희진은 "살아온 이력 때문인지 내 주변에는 대개 진보 진영이나 여성주의자가 많다. 흔히 도덕적일 것이라고 기대 받는 사람들이다. 그러나 최근 몇 년간 내 경험으로는 전혀 그렇지 않다. 폐쇄성이 겹쳐서 그런지, 이 '판'도 만만치 않다. 규모가 작을 뿐 '우리 안의 최순실, 트럼프'가 한둘이 아니다"며 다음과 같이 말한다.

"성폭력은 기본이고, 사기, 표절, 계급주의, 학벌주의, 소비주의, 연줄 문화, 약자에 대한 모욕과 막말, 이중성……. 내가 페이스북 근처에 가지 않는 이유 중 하나는, 이런 사람들이 그곳에서 캐릭터 변신을 하고 자신을 미화하기 때문이다. 나는 겪었고 보았다. 진보 혹은 페미니스트라고 자처라는 이들이 사익을 위해서라면 무엇이든 한다는 것을. '상록수'는 극소수다.……이제 인간의 '본질'이 호모사피엔스(생각하는 사람)냐, 호모파베르(도구를 만드는 인간)냐, 호모루덴스(놀이하는 인간)냐를 논할 시기는 지난 듯하다. '호모쉐임리스(뻔뻔한 인간)'의 시대다."[27]

그렇다. 우리는 그런 '호모쉐임리스(뻔뻔한 인간)'의 시대에 살고 있음을 인정해야 한다. 그게 세상을 바꾸려는 사람들의 출발점이 되어야 한다. 반대편 탓만 하다 보면, 개혁은 밥그릇 싸움으로 전락하고 만다. 약탈 정치는 좌우左右나 진보-보수의 문제가 아니라, 지난 반세기 넘는 세월 동안 누적되어온 우리의 경제 발전 방식과 그것에 의해 형성된 삶의 방식에 녹아 있다는 게 우리의 기본 시각이다.

이 책은 '약탈 정치'의 다양한 모습에 주목하지만, 이 책의 최대 의미는 '이명박·박근혜 정권 10년의 기록'이라는 부제 그대로 '기록'에 있다. 엄밀히 말하자면, 박근혜 탄핵으로 인해 '9년의 기록'이겠지만, 햇수로 10년이요 이후에도 한동안 계속 짙게 어른거릴 박근혜의 그림자까지 염두에 둬 '10년의 기록'이라고 했다.

그 기록의 의미는 망각과 냄비근성을 넘어서 과거를 교훈의 텃밭으로 삼는 데에 있다. 망각과 냄비근성은 우리 근현대사의 수많은 갈등과 상처, 삶의 고난과 시련을 넘어서게 만드는 데에 적잖은 기여를 하긴 했지만, 우리에게 과거를 통한 배움의 기회를 박탈하는 심각한 문제점을 낳고 있음은 주지의 사실이다. 모쪼록 이 책이 그런 배움의 기회가 되길 소망한다.

2017년 4월

강준만·김환표

제1장

보잉 747 점보기 이미지를 이용한 '747 사기극'

★★★
2008년

보잉 747 점보기 이미지를 이용한 '747 사기극'

2007년 3월 13일 경기도 고양시 킨텍스에서 대선 출마를 공식 선언한 이명박은 경제 공약 비전으로 '대한민국 747'을 제시했다. 5년간의 대통령 임기 중 '연평균 7퍼센트 경제성장'을 달성해 10년 내 '1인당 국민소득 4만 달러'의 '7대 경제 강국' 시대를 열겠다는 것이었다. '대한민국 747'은 비상하는 보잉 747 점보기를 연상시키며 신선하게 다가왔으며, '경제 대통령감'이란 이명박의 이미지와도 맞아떨어졌다. 이때부터 '대한민국 747'은 이 후보의 대표 경제 공약이 되었다.

2012년 9~10월 2개월간 "비사秘史 MB노믹스-이명박 정부 경제

실록"을 연재한『한국경제』의 일곱 번째 비사인「'747 공약'의 탄생」
은 이와 같이 시작하면서 747이 사실상 기만적인 홍보술에서 나온 것
임을 밝히고 있다. 그해 12월에 책으로 묶여져 나온『MB노믹스: 숨겨
진 진실』에서 자세히 밝히고 있는 그 기만의 실체를 요약해 제시해보
자면 다음과 같은 이야기다.

  2006년 4월, 이명박 당시 서울시장의 핵심 브레인으로 이명박의 대
선 출마를 돕던 강만수 서울시정개발연구원장은 모 경제신문을 넘기
다가 한 기사에 시선을 멈췄다. '한국의 경제 규모가 사상 처음으로 세
계 10위가 됐다'는 기사였다. 한국 앞엔 이탈리아(7위), 캐나다(8위),
스페인(9위)이 있었다. 강만수는 그 기사를 읽으면서 "2002년 월드컵
에서 우리가 스페인과 이탈리아를 꺾고 4강에 올랐는데 경제라고 못
할 게 있나. 이탈리아를 제치고 세계 7위 경제 강국이 되는 걸 대선 공
약 비전으로 삼으면 어떨까" 하는 생각을 했다.

  강만수의 '7대 강국론'은 이명박 캠프 참모들의 손을 거쳐 '747'로
변신했지만, 문제의 신문 기사 통계는 오류였다. 한국은 10위가 아닌
12위였다. 캠프 내부에서도 실현 불가능한 공약이라는 반대의 목소리
가 나왔지만, 홍보팀은 747이란 용어 자체가 이미지가 좋다며 비전이
자 공약으로 삼자고 주장했다. 747이 이륙하는 보잉 747기처럼 비상
하는 한국 경제를 연상시킨다는 것이었다. 이명박도 홍보팀의 의견에
고개를 끄덕이면서 '747 대한민국'은 공약으로 확정되었다.[1]

  이명박은 747로 큰 재미를 보았다. 무엇보다도 747은 보잉사의
747 항공기 덕분에 모든 세계인이 쉽게 이해할 수 있는 만국 공용어
였다. 대통령 당선 후 미국, 일본, 중국, 유럽의 주요 외신이 서울발로

타전한 기사의 공통된 키워드는 747 공약이었다. 타이완 등 아시아 일부 국가에서 '이명박 따라하기' 움직임도 일어났을 정도였다.[2]

그러나 747은 홍보의 성공이었을 뿐이다. 잘못된 통계에 근거한 데다 홍보 욕심에 눈이 멀어 나온 경제정책이 성공할 리는 만무했다. 미리 결론을 이야기하자면, 이명박 정부 5년간의 평균 성장률은 2.9퍼센트로, 목표는커녕 노무현 정부의 4.3퍼센트에도 한참 못 미쳤다. 노무현 정부 마지막 해인 2007년 2만 3,033달러였던 1인당 국민소득은 이명박 정부 마지막 해인 2012년 2만 4,696달러로 5년 동안 겨우 1,663달러 늘어나는 데 그쳤다. 안재승은 "세계 7대 강국 도약은 허황된 공약의 대표적 사례로 꼽힌다"며 "이명박 정부가 4대강 삽질에 22조 원의 예산을, 엉터리 자원외교에 57조 원의 국부를 날리는 동안 한국 경제는 날개 없는 추락을 했다"고 말한다.[3] 한마디로, 대對국민 사기극이었던 셈이다.

"의혹 덩어리인 이명박을 뽑으면 천추의 한이 될 것"

747을 내세운 이명박이 통과해야 할 첫 번째 관문은 한나라당 경선이었다. 그의 최대 라이벌은 박근혜였다. 6월 27일 박근혜의 측근인 한 의원은 기자들과의 오찬 자리에서 "이 전 시장이 10년 전 국회에 제출한 자료를 보면 전과 14범이다"고 주장했다. 이 의원은 이어 "최근 당이 경선 후보 신청을 받으면서 범죄 경력 조회를 빼기로 했다"면서 "구의원 후보 신청할 때는 벌금형(받은 사람)도 안 된다고 하더니 이번에는 왜 뺐느냐"고 불만을 표시했다. 이에 대해, 이명박 진영은 "박전 대표 측이 정부 쪽으로부터 받은 자료로 이명박 흠집내기에 나서고 있다"며 의혹을 제기하는 등 한동안이나마 "전과 14범" 논란이 뜨겁게 달아올랐다.[4]

사실 여부에 관계없이 이명박이 넘어야 할 최대 장애물은 "전과 14범" 논란으로 상징된 과거의 비리 의혹인 반면, 박근혜의 최대 약점은 최태민과의 엽기적인 관계였다. 경선 기간 중 최태민 관련 의혹이 제기되었지만 대다수 언론은 기사화를 거부함으로써 이 또한 "전과 14범" 논란처럼 곧 사그라들고 말았다.[5] 왜 언론은 기사화를 거부했을까? 박근혜와 최태민의 관계가 너무도 믿기지 않는 이야기라는 이유 때문이었을까? 그 관계는 9년여 후에 그 실체가 밝혀지면서 한국 정치판을 충격의 소용돌이로 몰고가게 된다.

2007년 8월 20일 한나라당 경선은 격렬한 이전투구泥田鬪狗 끝에 이명박의 승리로 끝났다. 이명박은 선거인단 투표에서는 박근혜에게 432표를 뒤졌으나 전체의 20퍼센트가 반영되는 일반 국민 여론조사에서 8.5퍼센트포인트(표로 환산하면 2,884표) 앞서 승리했다. 박근혜는 경선 막바지에 "의혹 덩어리인 이명박 후보를 뽑으면 본선에서 필패한다. 천추의 한이 될 것"이라고 했지만, 결국 뜻을 이루지 못했다. 8월 21일 '박근혜를 사랑하는 사람들의 모임(박사모)' 소속 회원들은 서울 여의도 한나라당 당사 앞에서 경선 결과에 승복할 수 없다며 시위를 벌였지만, 박근혜는 승복을 선언했다.

이제 정치권의 관심은 대통합민주신당의 경선으로 모아졌다. 손학규-정동영-이해찬의 3인 주자들 역시 한나라당 못지않은 이전투구로 경선에 임한 데다 대통령 노무현이 개입 의지를 강하게 드러냄으로써 그럴듯한 구경거리가 되긴 했지만, 이미 떠난 민심을 다시 붙잡기엔 역부족인 것처럼 보였다.

10월 15일 우여곡절 끝에 정동영이 대통합민주신당 대선 후보로 선출되었다. 정동영은 친노파인 이해찬을 3등으로 밀어내고, 또 한나라당을 탈당해 범여권에서 대권의 둥지를 틀려고 했던 손학규마저 극복하고 대선 후보를 거머쥐었다. 그러나 후보 확정 직후 이명박과 정동영의 지지율은 각각 50퍼센트, 16퍼센트 언저리를 맴돌고 있었다.

국민들에게 한 약속 때문에 이해찬은 선거대책위원장을 맡기로 했지만, '친노 세력'은 정동영을 위해 뛸 마음이 없었다. 이와 관련, 『한겨레』 선임기자 성한용은 이렇게 말했다. "'친노'들은 요즘 무슨 생각을 하고 있을까? 친노의 '몸통'인 노무현 대통령은 심사가 약간 꼬여 있는 것 같다. '내가 당에서 사실상 쫓겨났는데, 그렇게 할 만한 심각한 하자가 나에게 뭐가 있었는지 설명돼야 한다.' 청와대 출신 '친노'들의 표정도 흔쾌하지가 않다. 문국현 예비 후보 쪽으로 기웃거리는 흔적도 분명히 감지된다."[6]

검찰의 BBK 수사 결과 발표 논란

본선에서 본격적으로 제기된 이명박의 최대 약점은 BBK 주가조작 연루 의혹이었다. BBK 사건이란 1999년 재미교포 김경준 등이 설립한 투자자문회사 BBK가 김경준 등이 인수한 옵셔널벤처스의 주가를 조작하며 공식적으로는 384억 원, 비공식적으로는 추정액 약 8,000억 원을 횡령한 사건이다. 피해자는 소액 투자자 약 5,200명이었는데, 문제의 핵심은 주가조작에 김경준의 동업자였던 이명박의 개입 여부였다. 이명박은 김경준과 함께 LKe뱅크, EBK증권 등의 인터넷 금융사를 만들어 1년 반 정도 같이 활동했기 때문에 이명박의 개입을 의심하는 건 당연한 일이었다.[7]

2007년 11월 2일 이명박 선대위는 'BBK 전담 방어'를 위한 '클린 정치발전위원회'를 발족시켜 홍준표와 고승덕을 '얼굴'로 내세웠다. 여러 금융회사 간의 자금 이동, 주식거래가 등장하는 BBK 사건은 일반인이 전모를 이해하기에는 복잡하고 어려웠다. 이 점을 노린 클린위원회 측은 "BBK 사건은 본질적으로 '주가조작 사건'이 아니라 '회사 돈 386억 원 횡령 사건'이라고 규정하면서 이명박의 주가조작 의혹에서 김경준의 횡령 사건으로 프레임을 바꿔나갔다.[8]

그런 시도는 성공을 거둔 것으로 보였다. 2007년 11월 24일 『한국일보』가 실시한 여론조사 결과를 보면, BBK 주가조작 의혹에 대한 검찰 수사와 정치적 공방에도 이명박에 대한 지지율은 39.4퍼센트로 크게 떨어지지 않았다. 그러나 이명박이 결백하다는 주장을 62.8퍼센트가 믿지 않고 있으며, 이명박 지지자 중에서도 33퍼센트가 안 믿고 있었다. 지지자의 62.2퍼센트는 이명박의 주가조작 관련설이 사실로 드러나더라도 계속 그를 지지하겠다고 밝혔다.

11월 29일 대통합민주신당 소속 국회의원 60여 명이 서울 서초동 대검 청사로 몰려가 이명박의 'BBK 주가조작 사건' 연루 의혹을 밝히라며 시위를 벌였다. 이해찬 등은 권재진 대검 차장을 만나 "한나라당에서 외압을 많이 가하고 민란 운운하는데 검찰이 원칙대로 수사할 것을 촉구하기 위해 왔다"고 말했다. 대통합민주신당의 원내대표 김효석은 검찰 청사 시위에 앞서 "오늘부터 이명박 후보를 '피의자'라고 부르겠다"면서 "법률적으로 검토해봤지만 '피의자'라고 불러도 문제가 없다"고 주장했다.[9]

2007년 12월 5일 서울중앙지검 특별수사팀은 BBK 의혹 사건에 대한 20일간의 수사 결과를 발표했다. 검찰은 김경준에 대해 옵셔널벤처스 회사 자금 319억 원 횡령, 주가조작, 여권 7개와 미국 법인 설립 인가서 19장 위조 및 행사 혐의로 구속 기소했다. 검찰은 관심의 초점이 된 이명박의 관련 여부에 대해선 주가조작, BBK 실소유, 이면계약서 작성, 주식회사 다스 실소유 여부 등 제기된 의혹에 대해 무혐의 결정을 내렸다.

이에 충격을 받은 대통합민주신당은 '검찰은 이명박을 무서워하고 있어요'라고 김경준이 썼다는 메모를 걸개그림으로 확대해 국회에 걸어 놓고 의원총회를 열었다. 대통합민주신당은 특검을 발의하고 서울 광화문 일대에서 검찰 수사를 규탄하는 촛불집회를 벌였다. 이회창 후보 측도 검찰 발표가 나오자 "절대 수용할 수 없다"면서 "검찰이 이명박 후보의 대변인으로 전락했다"고 주장했다.

대통합민주신당은 6일에도 서울 도심에서 촛불집회를 갖고 "검찰의 BBK 수사 결과 발표는 거짓"이라며 여론몰이를 했다. 정동영은 기자회견을 하고 "거대한 음모가 시작됐다. 검찰은 수사를 한 게 아니라 수구부패동맹의 편짜기에 가담한 것"이라며 "우리는 국민과 역사의 이름으로 권력의 하수인인 정치검찰을 탄핵한다"고 말했다. 오충일 대통합민주신당 대표는 1970년대의 민청학련, 인혁당 사건까지 끄집어내며 검찰을 상대로 '제2의 민주화 투쟁'을 벌여야 한다고 선언했다. 이해찬 공동선대위원장은 "유신체제, 5공으로 돌아가고 있다"고 주장했다.[10]

이명박의 형 이상득과 노무현의 형 노건평의 밀약설

미리 이야기하자면, 16개월 후인 2009년 4월 이른바 '빅딜설'이 터져나왔다. 4월 6일 『시사저널』은 "지난 대선 당시 노무현 전 대통령의 형 노건평 씨와 이명박 대통령의 형인 이상득 의원 사이에 밀약이 있었다"고 보도했다. 『시사저널』은 "2007년 11월 초·중순께 추부길 전 비서관이 '노무현 대통령과 관련 있는 비자금'에 대한 정보와 자료를 확보했던 것으로 알려졌다"며 "이를 바탕으로 추 전 비서관은 노건평 씨를 만났다"고 밝혔다.

『시사저널』은 이어 "추 전 비서관이 요구했던 것은 '비비케이 사건에 대한 공정한 처리', 한마디로 검찰이 수사 중인 이 사건에 청와대가 개입하지 말라는 것이었고, 이에 대해 건평 씨는 '(집권하더라도) 로열 패밀리는 건드리지 말아 달라'는 요구를 했던 것으로 알려졌다"고 밝혔다. 『시사저널』은 특히 "노건평 씨와의 사이에 길을 튼 것은 추 전 비서관이지만, 이상득 의원도 이 프로젝트에 깊숙이 관여했다"고 주장했다.

"이러한 '형님들의 밀약' 때문인지 몰라도 검찰은 2007년 12월 초

BBK 주가조작, BBK 차명 소유, ㈜다스 차명 소유 등 BBK 3대 의혹에 대해 이 후보는 혐의가 없다며 깨끗하게 이 후보의 손을 들어주었다. 지난 대선의 승부는 사실상 이때 끝났다. 이어진 12월 19일 대선에서 이 후보는 5백만 표가 넘는 압도적인 표 차로 승리했다. 추 전 비서관은 대통령직인수위원회에서 당선인 비서실 정책기획팀장이라는 중책을 맡았고, 1기 청와대에서는 홍보기획비서관이 되었다. 당시 여권 핵심 인사들 사이에서는 '이상득-노건평 라인을 확보한 공로가 높이 평가된 것이 아니냐'라는 말이 돌았다."[11]

『시사저널』의 보도와 관련,『한겨레』는 친이명박 쪽 한 재선의원은 "비비케이 사건 등이 연일 터질 당시 내부 캠프 회의에서 '노 쪽과 만나서 딜(거래)을 해야 하는 것 아니냐'는 얘기가 나왔으며, 이에 대해 '그런 것은 이미 하고 있다'는 답변이 있었다"고 말했다며, "밀약설이 전혀 근거 없는 얘기만은 아님을 시사했다"고 했다.[12]

'이명박 BBK 동영상' 논란

"검찰의 BBK 수사 결과 발표는 거짓"이라는 대통합민주신당의 주장을 반박하려는 듯, 이명박은 12월 7일 대선 당락과 관계없이 전 재산을 사회에 환원하겠다고 공언했다. 당시 선관위에 등록된 이명박의 공식 재산은 모두 353억 8,000여 만 원으로 서울 서초동 영포빌딩 120억 원, 서초동 땅 90억 원, 양재동 영일빌딩 68억 5,000만 원, 논현동 주택 40억 5,000만 원 등이 포함되었다. 이명박은 재산의 사회 환원 시기와 규모에 대해서는 "방법과 절차는 주위의 좋은 분들과 의논해서 결정하겠다"고 밝혔다.

검찰의 BBK 수사 결과 발표에 환호하거나 발 빠르게 움직인 사람도 많았다. 무엇보다도 이명박에 대한 각계의 지지 선언이 쇄도하기 시작했다.[13] 하지만 BBK 사건이 완전히 끝난 건 아니었다. 대통합민주신당이 국회에 제출한 BBK 수사 검사 3명에 대한 탄핵안과 이명박에 대한 특검 법안을 놓고 기어이 육탄전까지 벌어지고 말았다.

12월 14일 한나라당 의원 100여 명이 이들 안건의 처리를 막기 위해 국회 본회의장 의장석을 점거하자, 대통합민주신당 의원 100여 명이 본회의장 문을 전기톱으로 자르고 들어와 한나라당 의원들을 밀어냈다. 이 과정에서 "쥐××", "깝죽댄다"는 욕설이 난무했고, 서로 치고받으며 "살인미수"라고 주장했다. 끝내 한나라당 의원 1명이 다쳐서 병원으로 실려갔다. 이 싸움은 임채정 국회의장이 대통합민주신당의 요구대로 이명박에 대한 특검 법안을 17일 직권 상정할 뜻을 밝히면서 일단 끝이 났다.[14]

12월 16일 대통합민주신당이 '이명박 BBK 동영상'을 공개했다. 이 동영상은 이명박이 2000년 10월 17일 광운대학교 최고경영자 과정 특강에서 "금년(2000년) 1월에 BBK라는 투자자문회사를 설립했다"면서 "내 사업 목표는 설립 첫해 수익을 내는 것이며 벌써 지난달(9월 말)까지 28.8%의 수익을 냈다"고 언급하는 모습을 담고 있었다.

대통령 노무현은 이명박의 강연 동영상이 나온 뒤 정성진 법무부 장관에게 BBK 사건에 대해 검찰이 재수사하도록 지휘권을 발동하는 방안을 검토하라고 지시했다. 한나라당 박형준 대변인은 노무현의 검찰 재수사 지시에 대해 "청와대마저 범죄자들을 매개로 반反이명박 동맹에 지원군으로 나섰다"며 "정권 연장을 위해 수단 방법을 가리지 않겠다는 마각을 드러낸 것이자 마지막 발악"이라고 비난했다. "검찰이 이미 무혐의를 밝혔음에도 청와대가 재수사 검토를 지시한 것은 선거 막판에 대통합민주신당을 지원하겠다는 노골적 선언"이라고도 했다.[15]

상황이 이렇게 돌아가자 16일 밤 한나라당 이명박 후보는 대통합민주신당이 제기한 자신에 대한 특별검사 도입 법안에 대한 수용 입장을 전격적으로 밝혔다. 특검법이 17일 국회를 통과해 여야의 극한 충돌은 가까스로 피할 수 있게 되었지만, 그날 오후 참여연대·한국여성단체연합·환경운동연합 등 719개 시민단체는 서울 중구 명동 향린교회에서 비상시국회의를 열고 "이명박 후보는 선거 기간 내내 국민을 상대로 사기극을 벌여온 것에 대해 책임을 져야 할 것"이라며 "BBK 사건의 진실을 밝히기 위해 투표일까지 '48시간 비상행동'에 들어가는 등 국민운동을 전개하겠다"고 밝혔다.[16]

제17대 대선: 이명박 48.7퍼센트, 정동영 26.1퍼센트

그런 국민운동에도 12월 19일에 치러진 제17대 대선은 이명박의 압도적 승리로 끝나고 말았다. 제17대 대선 투표율은 총유권자 3,765만 3,518명 중 2,373만 2,854명이 투표해 63.0퍼센트로 역대 대선 중 가장 낮은 것으로 집계되었다. 역대 최저인 2002년 제16대 대선(70.8퍼센트)보다 7.8퍼센트포인트 낮아진 것이다. 대선 투표율은 직선제가 부활한 1987년 제13대 때 89.2퍼센트를 기록한 뒤로 하락세를 이어 가고 있었다.

이명박 당선자는 유효투표수 2,373만 2,854표의 48.7퍼센트인 1,149만 2,389만 표를 획득했다. 정동영 대통합민주신당 후보는 617만 4,681표(26.1퍼센트), 이회창 무소속 후보는 355만 9,963표(15.1퍼센트), 문국현 창조한국당 후보는 137만 5,498표(5.8퍼센트)를 각각 얻었다. 권영길 민주노동당 후보는 71만 2,121표(3.0퍼센트), 이인제 민주당 후보는 16만 708표(0.7퍼센트)의 지지를 받은 것으로 나타났다. 이 밖에 허경영 경제공화당 후보가 9만 6,756표(0.4퍼센트), 금민 한국사회당 후보가 1만 8,223표(0.1퍼센트), 정근모 참주인연합 후보가 1만 5,380표(0.1퍼센트), 전관 새시대참사람연합 후보가 7,161표(0.1퍼센트)를 득표했다.[17]

제17대 대선 결과는 몇 가지 특징을 담고 있었다. 1~2위 표 차이가 사상 최대였고, 보수표가 압도적으로 늘어났으며, 지역주의 벽이 여전하다는 것 등이었다. 이명박은 2위 정동영을 531만 7,708표 차(22.6퍼센트포인트)로 따돌렸다. 건국 이래 치러진 11번의 직선제 대선에서 가장 큰 표차였다. 지난 두 차례 대선에서 1~2퍼센트포인트의 초접전을 벌인 것과는 판이하게 달랐다.[18]

『신동아』기자 허만섭은『이명박 절반의 정직』에서 "'대통령 이명박'을 만든 요체는 요컨대 '절반의 정직'이다. '정직하다는 평판과 정직하지 않다는 평판의 중간지대에 섬으로써 도덕성 검증으로부터 자신의 이미지를 지켜내는 방식'이다"고 했다. 이명박 진영은 대선 초기부터 "대선은 도덕군자를 뽑는 게 아니다"는 논리를 적극적으로 주창함으로써 도덕성 문제의 가치를 낮추는 전략을 썼다는 것이다.

이명박이 직접 나서기도 했는데, 그는 8월 18일 기자회견에서 "비록 도덕군자처럼 살지는 못했지만, 양심에 어긋나게, 도덕적으로 부끄럽게 살아오지 않았다고 국민과 당원 앞에 자신 있게 말씀드립니다"라고 말하기도 했다. 물론 방점은 '도덕군자'에 있었다. '도덕군자'라는 용어는 뭔가 낡고 대통령직엔 전혀 어울리지 않을 것 같은 느낌을 주는 단어인바, 교묘하게 유권자들의 기대 수준을 낮춤으로써 온갖 비리 의혹에도 대통령에 당선될 수 있었다는 이야기다.[19]

한림대학교 정치행정학과 교수 김영명은 "이명박이 BBK 사건 의혹 등 문제가 많은 후보였음이 선거전 당시에 이미 판명되었지만, 유권자들은 노무현 정부에 대한 실망감과 이명박 측의 '경제 살리기' 공약에 현혹되어 후자에게 몰표를 안겨주었다"며 "반향은 반대였지만 노사모 현상과 비견되는 일종의 역동적인 투표 움직임이었다고 할 수 있다"고 진단했다.[20]

'사회의 보수화'인가, '참여정부 심판'인가?

제17대 대선에서 보수 후보인 이명박·이회창 두 후보의 득표율 합계는 63.7퍼센트였다. 2002년 대선에서 유일한 보수 후보였던 이회창이 46.6퍼센트 득표에 그친 것과는 격세지감을 느끼게 한 결과였다. 반면 진보개혁 성향의 표(정동영·문국현·권영길)는 모두 합해도 34.9퍼센트로, 지난 대선 때(노무현·권영길)의 52.8퍼센트에 크게 못 미쳤다.

이에 대해 '사회의 보수화'와 '참여정부 심판'이라는 2가지 원인 분석이 동시에 나왔다. 김영태 목포대학교 교수(정치외교학)는 "1997년 아이엠에프(IMF) 사태 이후 사회 전반적으로 개방과 경쟁이 중요해졌다"며 "이에 유권자들도 '먹고사는 것', '생존'을 중요시하면서 보수화됐다"고 말했다. 그러나 이준한 인천대학교 교수(정치외교학)는 "유권자들이 보수화돼 이 후보를 지지한 게 아니라, 참여정부에 대한 반발로 이 후보에게 표를 준 것"이라며 "'중도'가 늘어났을 뿐, '보수'가 늘어난 게 아니다"란 반론을 폈다.

제17대 대선에서도 지역주의는 힘을 잃지 않았다. 이명박은 대구에서 69.4퍼센트 득표율을 얻었다. 자신의 전국 평균 득표율(48.7퍼센트)을 20퍼센트포인트 이상 웃돌았다. 정동영은 광주에서 79.8퍼센트 득표율로 몰표를 얻었다. 충청도 예산에 연고를 둔 이회창의 득표율이 충남에선 33.2퍼센트에 이르러, 전국 평균 득표율(15.1퍼센트)의 갑절이었다.[21]

제17대 대선의 최대 승부처는 서울이었다. 이명박은 서울에서 유효표의 과반을 넘는 53.2퍼센트를 얻었다. 전국 평균 득표율 48.7퍼센트보다 4.5퍼센트포인트가 많았다. 정동영(24.5퍼센트)의 2배가 넘어 28.7퍼센트포인트 차이의 압승이었다. 한나라당이 대선에서 서울 지역을 승리로 이끈 것은 그 전신인 민주정의당·민주자유당·신한국당 시절을 모두 포함할 때 1956년 제3대 대선 이후 최초로 무려 51년 만이었다. 이명박과 이회창(11.8퍼센트)의 합계 득표율이 65.0퍼센트에 이른 반면 이른바 범여권 후보들과 민주노동당 권영길은 합해도 34.9퍼

센트에 그쳤다.[22]

이명박은 서울의 25개 구區 전 지역에서 승리했다. 1987년 이후 대선에서 특정 후보가 서울 전 지역을 싹쓸이한 것은 이게 처음이었다. 5년 전과 비교하면 이번 투표 결과는 천지개벽 수준이었다. 가령 2002년 대선 때 관악구에서 노무현은 58.4퍼센트, 이회창은 37.2퍼센트를 얻었으나 이번엔 그 비율이 29.1퍼센트(정동영) 대 45.4퍼센트(이명박)로 완전히 뒤바뀌었다. 여기에다 이회창의 득표율(12.3퍼센트)까지 감안하면 우파 진영의 득세가 뚜렷했다.

또 한 가지 특징은 공시지가 6억 원 이상의 아파트가 밀집한 지역일수록 이명박에 대한 지지율이 높았다는 점이다. 서울에서 이명박에 대한 지지율이 가장 높았던 곳은 강남구(66.4퍼센트)·서초구(64.4퍼센트)·송파구(57.8퍼센트) 순이었다. 양천구도 목동 아파트가 밀집한 갑구에서 57.1퍼센트의 지지를 보냈다. 서울에서 이명박이 득표율 1~4위를 차지한 곳이 고가 아파트가 밀집한 이른바 '버블세븐(2006년 정부가 부동산 가격에 거품이 많이 끼었다고 지목한 7개 지역)' 지역인 셈이었다.[23]

12월 26일 대통령 노무현의 측근인 안희정 참여정부평가포럼 상임집행위원장은 자신의 홈페이지에 "우리는 폐족廢族"이라는 글을 올렸다. '조상이 큰 죄를 지어 후손이 벼슬에 오르지 못하게 됐다'는 뜻이니, 친노 세력이 국민의 버림을 받아 결국 몰락의 길을 걷게 되었다는 탄식인 셈이었다.[24] 그러나 그렇게까지 비관할 일은 아니었다. 한국은 어차피 무슨 사건 하나로 완전히 뒤집어지기도 하는 '쏠림의 나라'니까 말이다.

"고소영·강부자가 대한민국을 접수했다"

2008년 1월 어느 날 저녁 서울 광화문 프레스센터에서 대구·경북 지역 출향出鄕 인사 신년 교례회가 열렸다. 이명박의 대선 승리를 자축하는 자리였다. 대구시장, 경북지사의 인사에 이어 이명박의 영상 축사를 시작으로 마지막에 박근혜의 축사가 있었다. 이명박의 영상 축사 다음에 축사를 하기 위해 등장한 어느 인물은 다음과 같이 말했다.

"대구·경북이 드디어 한 건 했다.……그동안 좌파 정권에 얼마나 고생이 많았나.……앞서 대구시장이 대구의 공해 수준이 많이 낮아졌다 자랑했는데, 왠지 아시나? 시장이 환경 행정을 잘해서가 아니다. 김대중·노무현 정권 10년 동안 대구에 있는 공장들이 다 망해서 그렇게 된 거다. 똑바로 알아야 돼."[25]

웃음소리와 박수 소리가 연이어 터져나왔다는데, 이명박은 그 박수의 의미에 적극 호응하겠다는 결의를 다진 것처럼 보였다. 아니 이제 서서히 드러나겠지만, 이명박 정부의 인사는 내내 그런 박수를 받을 만한 극단적 편중 인사로 일관하게 된다.

2008년 2월 14일 윤곽을 드러낸 이명박 정부의 첫 내각의 장관 후보자 15명의 재산 현황이 서민들의 한숨을 자아내게 만들었다. 이들이 소유한 부동산이 평균 25억 6,000만 원, 금융자산은 11억 3,000만 원을 넘었다. 10억 원 이하의 재산을 가진 사람은 한 사람뿐이었고, 11명이 25억 원이 넘는 자산가였다. 무엇보다 주거용 이외의 부동산을 보유하지 않은 사람이 한 명도 없었다. 4~5채의 집을 가진 사람에, 40여 곳에 부동산을 가진 후보자까지 있었다.

인터넷을 떠도는 화제의 신조어는 단연 '고소영'이었다. 고소영은 고려대학교 출신, 소망교회 신도, 영남 출신의 맨 앞 글자다. 당선인 이명박이 단행한 청와대와 내각 인사가 특정 인맥에 쏠린 것을 풍자한 것이다. "고소영이 대한민국을 접수했다"는 말까지 나왔다.

새 정부 내각에서는 정종환 국토해양부, 정운천 농수산식품부 장관 후보자가, 청와대 수석에서는 곽승준 국정기획수석, 이종찬 민정수석 내정자가 고려대학교 출신이었다. 서울대학교 출신(11명) 다음으로 많았다. 소망교회 인맥도 구설에 올랐다. 이경숙 대통령직인수위원장, 강만수 기획재정부 장관 후보자, 박미석 사회정책수석 내정자 등이 소망교회 신도였다. 영남세도 막강했다. 류우익 대통령실장을 비롯해 수석·장관 내정자 24명 중 3분의 1에 육박하는 9명이 영남 출신이었다.

'고소영 S라인'이라는 묘한 명칭도 등장했다. S라인은 강만수 기획재정부, 유인촌 문화체육관광부, 원세훈 행정안전부 장관 후보자 등 이명박이 서울시장 때 함께 일했던 인사들의 중용을 빗댄 것이었다. 인터넷에서 고소영은 영어 약자로 'SKY'로 불리기도 했다. 소망교회의 S, 고려대의 K, 영남의 Y를 갖다 붙인 것이다. 영남(Y)을 빼고 테니스 모임을 뜻하는 T를 붙여 'SKT'라는 신조어도 등장했다. 이명박과의 테니스 모임 인사로는 류우익 실장, 금융위원장 물망에 올라 있는 백용호 인수위원 등이 꼽혔다. 서울시-소망교회, 경상도-고려대학교 출신을 뜻하는 '더블S 더블K'라는 말도 선을 보였다. 통합민주당 우상호 대변인은 "우리나라가 거의 부족국가로 전락한 것 같다"며 "영남에서 태어나 고려대를 들어가서 소망교회를 다녀야만 명함을 내밀 수 있으니 답답하다"고 꼬집었다.[26]

2월 22일 통합민주당은 이명박 정부의 첫 내각이 평균 40억대 상위 1퍼센트 재산가에 강남 일대 부동산 소유자로 나타나자 맹공을 퍼부었다. 일부 장관 후보자의 교체를 요구하기도 했다. 오후에 열린 최고위원 회의에서 손학규 대표는 "장관 내정자 명단을 보고 어떤 사람은 '부동산 투기 단속 명단 아니냐'는 얘기를 했다고 한다"며 "부자가 죄는 아니지만 오늘 아침 출근하는 국민의 마음 한 구석이 뻥 뚫렸을 것"이라고 비판했다. 김효석 원내대표는 "항간에 '고소영(고려대 · 소망교회 · 영남)' 전성시대라는 얘기가 있었는데 이제 '강부자(강남 땅부자)' 얘기마저 나올 정도로 문제가 심각하다"고 했고, 우상호 대변인은 "이명박 당선인이 땅부자라고 아예 조각 콘셉트를 땅부자로 잡은 거냐"고 했다.[27]

특검의 BBK 수사 결과 발표 논란

2008년 2월 21일 이명박의 ㈜다스와 도곡동 땅 차명 소유 의혹 등을 수사한 정호영 특검팀은 수사 결과를 발표하면서 이명박의 주가조작 등 BBK 관련 의혹, 도곡동 땅, ㈜다스 주식 등 차명 소유 의혹, 상암디엠시 특혜 분양 의혹에 대해 모두 무혐의 처분했다. 특검팀은 도곡동 땅 차명 소유 의혹에 대해선 "1985년 이상은 씨가 매입 대금의 절반인 7억 3천만 원을 부담할 능력이 충분했으며, 땅을 포스코개발㈜에 매각하는 과정에서 이 당선인이 개입한 사실이 없고 이후 매각 대금도 이 당선인에게 흘러간 증거가 없다"며 이 땅을 이상은 씨와 이명박의 처남 김재정 씨의 공동 소유로 판단했다. ㈜다스 주식 등 차명 소유 의혹에 대해선 "이 당선인이 다스의 지분 변동이나 운영에 개입한 사실도 없다"고 밝혔다.

특검은 "비비케이를 내가 창업했다"는 이명박의 광운대학교 동영상과 '이명박 비비케이 대표이사'라고 적힌 명함에 대해서도 "김경준을 홍보할 목적이었다", "그런 명함을 사용하지 않았다"는 이명박의 진술을 받아들였다. 문강배 특검보는 "비비케이는 김경준 소유 회사이며 주가조작도 김경준이 혼자서 했다"며 "검은 머리 외국인(김경준)에게 대한민국이 우롱당한 사건"이라고 말했다.[28]

통합민주당 등은 특검 수사 결과는 "권력 눈치 보기"라며 강한 불만을 나타냈다. 우상호 대변인은 "대통령 당선인의 위세에 눌려 국민적 의혹을 밝히는 데 실패하고 면죄부만 줬다"며 "특히 도곡동 땅의 경우 검찰 수사 결과보다 못해, 검찰보다 못한 특검이라는 비판을 면하기 어려울 것"이라고 말했다. 그는 "이명박 당선인과 꼬리곰탕을 먹으며 수사를 한 것도 의아하다"고 비꼬았다. 강형구 민주노동당 부대변인은 논평을 내 "권력형 비리에 대한 수사가 늘 그랬듯, 이번 특검에서도 몸통은 없고 깃털만 있었을 뿐"이라고 말했다. 이혜연 자유선진당 대변인은 "살아 있는 권력 앞에 특검도 무력한 것이 증명됐다"고 말했다.[29] (김경준은 2017년 3월 28일 만기 출소해 29일 추방을 당했다. 추방 직전 김경준을 면담한 박범계 더불어민주당 의원에 따르면, 김경준은 "이명박 전 대통령이 BBK 사건에 개입한 증거가 있다. 정권 교체 후 한국에 올 수 있도록 법적 조치를 해달라"고 요청했다고 한다.)

이명박의 '한반도 대운하' 파동

2008년 2월 25일 대통령 취임식을 가진 이명박은 건설업계 경력 때문인지 정치적 성과를 주로 눈에 보이는 걸로 판단하는 '시각주의'의 신봉자였다. 그는 평소 "눈에 확실하게 보이는 성과로 국민들을 설득하는 게 나의 전략"이라고 했다.[30] 이런 시각주의는 박정희 개발 시대에 확실한 위력을 발휘할 수 있었고, '시각주의 정치'의 정수라 할 청계천 사업도 이명박을 대통령으로 만드는 데에 절대적 기여를 했다.

그러나 민주화된 국정 운영에서 대통령은 성과를 시각적으로 보여줄 수 없는 사안도 많이 다루어야 하기 때문에 '시각주의 정치'는 명백한 한계를 안고 있다. 이는 이명박의 슬로건인 '해봐라, 된다'의 한계를 말해주는 것이기도 했지만, 이명박은 측근들이 어떤 정책 현안에 대해 '어렵다'거나 '문제가 생길 수 있다'는 보고를 하면 "해봤느냐"고 되묻기도 했다. "해봤어?" 앞에서 반대란 있을 수 없었다. 그 어떤 반대도 해보진 않은 것이었기 때문이다.

"해봤어?"의 시각주의 버전이 "가봤어?"였다. 이명박이 "해봤어?"와 더불어 늘 입에 달고 다니는 "가봤어?"는 탁상행정과 공리공론에 비해 장점이 많은 게 사실이지만, 가볼 수 있는 현장이 없는 사안마저 같은 식으로 취급할 수 있다는 위험을 내포하고 있었다. 그런 위험이 드러난 첫 번째 갈등은 이명박의 시각주의 집념이 농축된, 국가적 차원의 청계천 사업 즉 한반도 대운하 문제였다.

이미 2008년 1월 31일 서울대학교 교수 80여 명을 발기인으로 하는 '한반도 대운하 건설을 반대하는 서울대 교수 모임'이 결성되었다.

3월 9일에는 대한불교조계종특별선원 문경 봉암사에서 2,500여 명의 승려가 모인 가운데 대운하 건설을 반대하는 법회를 열었으며, 3월 25일에는 2,466명의 전국 교수들로 구성된 '한반도 대운하를 반대하는 전국교수모임'이 출범했다. 이런 반대를 의식한 한나라당은 3월 26일 발표한 총선 공약집에서 대운하에 관한 언급을 아예 빼버렸다.

3월 28일 이명박의 대선 핵심 공약인 한반도 대운하의 추진 일정과 방안을 담은 정부 보고서가 유출되어 언론에 의해 공개되었다. 국토해양부가 만든 이 보고서는 오는 4~5월에 민간사업자들의 사업 제안서를 받은 뒤 8월 중 관련 법령을 마련하고 2009년 4월 착공에 들어간다는 내용이었다.

3월 31일 민주언론시민연합은 "국민 여론을 살피며 마지못해 내놓는 '체면치레 비판', 문제의 핵심을 비껴선 '목소리만 높이는 비판'은 이명박 정부를 국민적 저항 앞에 내모는 길"이라며 "보수 신문들이 '이명박 정부의 실패'를 바라지 않는다면 정부 여당의 이런 행태를 강도 높게 꾸짖어야 한다"고 주장했다. 『미디어오늘』이 3월 24일부터 29일까지 전국 단위 종합일간지 9개 가운데 '대운하' 이름이 포함된 기사 144건을 분석한 결과 조중동이 모두 2건씩 보도해 제일 적은 보도량을 보였고, 특히 『조선일보』의 기사 크기가 가장 작은 것으로 드러났다.

4월 1일 오전 11시 김중배 언론광장 상임대표 등 언론계 원로와 최상재 전국언론노동조합 위원장 등 언론단체 인사 101명은 서울 통인동 참여연대 느티나무홀에서 기자회견을 열고 한반도 대운하 건설을 백지화하고 대운하 건설을 총선 공약으로 채택해 당당하게 평가받을 것을 정부 여당에 촉구했다. 정치권에서도 한나라당을 제외한 통합민주당·자유선진당·민주노동당·진보신당·창조한국당 등이 일제히 한반도 대운하 건설 반대 입장을 밝혔다.[31]

제18대 총선: "진보 162:보수 125→진보 92:보수 200"

그런 호소 공세에도 제18대 총선(2008년 4월 9일) 투표율은 사상 최저인 46.1퍼센트를 기록했다. 제18대 총선은 역대 총선 최저 투표율(2000년 제16대 57.2퍼센트), 역대 전국 규모 선거 최저 투표율(2002년 제3대 지방선거 48.9퍼센트) 모두를 밀어내고 꼴찌 자리를 '차지'한 것이다. 특히 4·9 총선의 투표율은 하락폭 면에서 충격적이었다. 2004년 제17대 총선 때와 비교해 14.6퍼센트포인트 떨어지면서 역대 최고 하락폭을 기록했기 때문이다. 이에 대해 우석훈은 다음과 같이 말했다.

"낮은 투표율은 대의정치가 붕괴되는 흐름이라고 봅니다. 투표율도 문제지만 성격도 안 좋게 나타났습니다. 특히 20대 투표율이 19% 수준으로 나타났는데 전 세계적으로 찾아볼 수 없는 수치입니다. 한국 민주주의는 일종의 훈련이 필요한데 대의정치를 재생산하는 데 굉장히 큰 위기가 닥친 셈입니다. 이는 보수와 진보의 문제가 아니라 민주주의를 기획하는 데 참여하지 않는다는 의미입니다."[32]

정치와 선거에 가장 열성적이었던 20대가 왜 가장 무관심한 층으로 바뀌었을까? 도대체 무엇이 20대를 정치와 선거에서 멀어지게 만들었을까? 그건 바로 '참여정치'의 환멸이 빚은 결과였다. 다시 그런 시절이 또 올 수 있을까 싶을 정도로 노무현 시대는 참여, 특히 20대의 참여가 꽃을 피운 시기였다. 그런데 그 이유야 어찌되었건 그런 참여의 열정이 환멸의 부메랑을 맞고 말았다. 예컨대, 서울 양천구에 사는 최 모씨는 투표를 포기하면서 "이제 젊은이들이 정치인에 속아 섣부른 희망을 품을 만큼 어리석지 않다"고 말했다.[33]

그 결과는 여권의 압승으로 나타났다. 보수 진영으로 분류되는 한나라당(153석)·자유선진당(18석)·친박연대(14석)·친여 무소속(18석) 당선자를 합치면 제18대 국회의 '보수 블록'은 200석을 넘었다. 반면 진보 진영은 민주당(81석)·민노당(5석)·친민주당 무소속(6석)을 다 합쳐도 92석에 불과해 보수 진영의 절반에도 못 미쳤다. 이는 진보 진영(열린우리당+민노당)이 162석을 얻었고 보수 진영(한나라당+자민련)은 125석에 그쳤던 제17대 총선의 결과를 거꾸로 뒤집은 것이었다. 이에 대해『경향신문』은 다음과 같이 말했다.

"18대 총선은 '거대 보수' 정치 세력을 탄생시켰다. 한나라당을 포함해 18대 국회에서 보수 정치 세력은 203석에 달한다. 재적의원 3분의 2를 넘는, 개헌까지도 가능한 압도적 구도이다. 18대 국회에서 처리 못할 법이 없다는 의미다. 제대로 견제 받지 않는 신자유주의, '보수일색'의 법률과 제도가 양산될 것이란 우려가 나온다."[34]

「무소불위 '203석 보수' 신자유 법안 양산 우려」. 제18대 총선 결과를 보도한『경향신문』2008년 4월 11일 1면 머리기사 제목이다. 「진보 162:보수 125→진보 92:보수 200」.『중앙일보』4월 11일 8면 머리기사 제목이다. 이 신문은 '진보 정치'의 몰락이라고 했다. 통합민주당 내부에서 "그만하면 됐다"는 이야기가 나오는 것과 관련, 이날 이 신문의 사설은 이렇게 주장했다. "민주당이 총선에서 얻은 81석은 야 당으로서 최악의 참패다.……여야 의석 격차가 지금처럼 벌어진 적은 없었다. 3당 합당의 위력과 야당 존립의 위기감 속에 치러진 1992년 총선에서조차 야당은 97석을 건져냈다." 민주당의 한 당직자는 이런 총선 결과를 두고 "꼭 쓰나미가 쓸고 지나간 뒤끝 같다"고 했다.[35]

"이 나라를 포기해야 하는가?"

이런 결과에 실망하고 좌절한 일부 네티즌들은 한나라당의 텃밭이 된 수도권의 유권자들을 원망했다. 그들은 "맙소사! 대한민국 서울이 여!", "이 나라를 포기해야 하는가?" 등과 같은 개탄과 울분을 쏟아냈 다. 4·9 총선 때 서울 48개 선거구 중 35곳에서 뉴타운 공약이 쏟아 져나온 것과 관련, '뉴타운 논쟁'도 일어났다.

뉴타운과 주택 재개발은 서울 지역 주택 가격 상승의 주범으로 지 목되었다. 2002년 10월 지정된 은평뉴타운은 공시지가 기준 1제곱미 터당 186만 원(2006년)으로 지정 전인 50만 4,000원보다 255퍼센트 올랐다. 2차 뉴타운인 한남뉴타운을 비롯해 35개 서울 지역 뉴타운 대부분 비슷한 양상을 보이고 있었다.

4월 14일에 나온 『한겨레21』 제706호(2008년 4월 22일) 표지 기 사는 「아파트 투표: 한나라당 살린 재산 증식의 욕망」이라는 제목 아 래 한나라당의 수도권 승리의 원인을 아파트와 뉴타운에서 찾았다. 한

신대학교 교수 이해영은 『경향신문』 4월 16일 칼럼에서 "나는 지난 대선과 이번 총선을 그간 명분에 밀리고 체면에 눌린 감춰진 사적 욕망의 대역습으로 본다. 내 집값, 내 주가가 민주주의보다 급하다"고 했다. 이날 통합민주당의 4·9 총선 평가 토론회에서 연세대학교 교수 김호기도 "수도권에서는 뉴타운과 특목고로 상징되는 '욕망의 정치'가 절대적인 영향력을 행사했다"고 주장했다.[36] 수도권 유권자들의 '욕망'을 탓하는 일련의 주장들에 대한 반박 댓글도 적잖이 달렸는데, 몇 개 감상해보자면 다음과 같다.

"지난 선거에서 열우당에 몰표를 몰아준 서울 사람들은 위대했고, 이번 선거에 한나라를 밀어준 서울 시민은 열등 시민? 뉴타운 때문에 한나라 찍었다고 결론을 내버리는데……너무 작위적이다."

"민주당을 지지하면 자랑스런 시민이고, 한나라당을 지지하면 부끄럽다는 이런 시각이야말로 후진적이고 외눈박이 극단주의자적인 시각이지요. 이런 극단주의자들이 없어질 수는 없겠지만, 언제나 이런 사람들이 극소수가 되어 건강한 사회가 되려는지 답답합니다."

"역시 촌너믄 촌넘이여……서울 살면 다 아파트에 지 집 갖고 뉴타운 산다구 알구 있네."

그런가 하면 서울 사람들을 비난하기보다는 안타까움을 토로한 네티즌들도 있었다.

"욕망의 노예가 되어버린 서울 사람들이 참으로 부끄럽지만, 결국 서울 사람들을 이렇게 만든 건 역대 정권의 잘못된 부동산 정책 아닐까요? 참으로 안타깝고 답답합니다."

이 논쟁을 어떻게 보아야 할까? 과연 수도권 주민들은 뉴타운과 개발 공약 때문에 한나라당에 몰표를 준 걸까? 서울에선 통합민주당 후보들도 똑같이 뉴타운 공약을 내세웠는데(뉴타운 공약을 내세운 후보는 한나라당 24명, 민주당 23명이었다), 단지 한나라당이 그 이슈를 선점했거니와 여당이라는 이유만으로 표가 한나라당에 몰린 걸까? 서울 도봉을에서 3선에 실패한 통합민주당 최고위원 유인태가 내놓은 다음과 같은 '자기비판'은 어떻게 보아야 할까?

"정책 선거를 한다면서, 국회의원 후보로 나온 사람들 99%가 서울시의원 공약을 했다. 뉴타운이 어떻게 국회의원이 할 공약인가. 자치 영역에 해당하는 부분 아닌가. 그러나 저도 했다. 해서는 안 될 공약인데 참모들이 하라고 해서 했다. 부끄럽다. 우리 후보들도 (한나라당을) 따라서 안 할 수 없었을 것이다. 참담하다."

4·15 학교 자율화 조처는 '학교의 24시간 학원화'인가?

2008년 들어 한국에서 외국인의 직접투자와 기업 간의 인수합병(M&A)이 가장 활발한 산업은 제조업이나 첨단 업종이 아니고 사교육 산업이었다. 2008년 2월 4일 증권업계에 따르면 코스닥 시장에 상장된 교육 기업의 시가총액은 2002년 말 2,540억 원에서 2008년 1월 말 3조 6,479억 원으로 14배 이상의 규모로 커졌다. 같은 기간 코스닥 시장의 전체 시가총액은 37조 4,031억 원에서 87조 5,610억 원으로 134퍼센트 늘어나는 데 그쳤다. 대우증권 선임연구원 송홍익은 "외환위기 직후 1,2년을 제외하고 교육비 증가율은 매년 가계 소비지출 및 소득 증가율을 웃돌았다"며 "현재 33조 원으로 추정되는 국내 사교육 시장은 계속 확대될 것"이라고 내다보았다.[37]

2008년 2월 이명박 정권의 출범은 정부의 교육정책이 이전과는 정반대의 방향으로 나아갈 것을 예고했다. 그 첫 변화는 '학교 자율화'로 나타났다. 4월 15일 교육과학기술부는 "일선 초·중·고교의 자율성을 확대하겠다"며, 교과부 지침 29가지를 폐지하는 내용의 '학교 자율화 추진 계획'을 발표했다. 추진 계획은 먼저 '수준별 이동수업 운영지침'을 폐지해 학교가 시설 여건, 학생·학부모의 요구와 수준 등에 따라 알맞은 수업 방법을 자유롭게 결정할 수 있도록 했다. 이에 따라 각 학교는 앞으로 전 과목 평균을 기준으로 우열반을 편성하거나 서울대반, 연·고대반 따위의 '특수반'을 편성할 수 있게 되었다. 추진 계획은 또 학원이나 학습지 업체 등 영리단체도 학교와 위탁계약을 맺으면 학교에서 방과 후 학교 프로그램을 운영할 수 있도록 했다.

이와 함께 초등학교에서도 국·영·수 등 교과 보충수업을 할 수 있게 되었다. 지금까지는 초등학교 방과 후 학교에서는 특기적성 교육만 할 수 있었고, 교과 보충수업은 중·고교에서만 가능했다. 방과 후 학교 프로그램은 비영리단체만 운영할 수 있었다. 교과부는 또 사설 모의고사 참여 금지 지침도 폐지했다. 일선 고교에서 학원 등이 출제하는 대학 수학능력시험 모의고사를 수시로 치를 수 있도록 한 것이다. 채택료 비리 등을 막고자 마련한 학습 부교재 선정 지침과 어린이 신문 단체 구독 금지 지침도 없앴다.

전국교직원노동조합은 이날 성명을 내 "교과부가 발표한 자율화 추진 계획은 '학교의 24시간 학원화'를 정부가 앞장서 부추기는 꼴"이라며 "학부모에게는 교육비 부담을 가중시키고, 새벽부터 아침밥도 못 먹고 학교에 다녀야 하는 아이들을 양산하게 될 것"이라고 비판했다.[38]

교과부의 '4·15 학교 자율화 조처'에 항의해 4월 25일부터 청와대 분수대 앞에서 노숙 단식 농성에 들어간 정진화 전국교직원노동조합 위원장은 "결국 99%의 아이들을 방치하고 포기하는 길"이라고 말했다. "한국 사회의 청소년들에게 과연 경쟁이 부족하다고 할 수 있을까요." 그는 이명박 정부의 경쟁 위주 교육정책을 '개혁 조급증'이라고 짚었다. "교육현장을 모르면서 기업처럼 독단적으로 교육 분야를 운영하려 든다. 1년 안에 해결하려는 개혁 조급증을 보이고 있다."[39] '4·15 학교 자율화 조처'는 이제 곧 일어날 쇠고기 촛불집회의 원동력이 되었다.

여중고생들이 점화시킨 '쇠고기 촛불집회'

2008년 4월 18일 한미 쇠고기 협상이 타결되었고, 4월 29일 MBC 〈PD 수첩〉 '긴급취재 미국산 쇠고기, 과연 광우병에서 안전한가' 편이 미국 쇠고기에 대한 광우병 의혹을 제기했다. 이 프로그램은 촛불집회에 큰 영향을 미쳤다. 나중에 "〈PD 수첩〉은 한국 사회를 뒤흔들면서 '68혁명'에 비견되고 브로드밴드(인터넷 광대역) 직접민주주의 실험의 선구로 칭송받는 역사적 사건인 촛불시위의 진원지가 됐다"는 평가가 나올 정도였다.[40]

5월 2일 여중고생들이 '협상 무효'를 요구하며 촛불 점화를 했는데,

여기엔 1만여 명이 참가했으며, 다음 '아고라'에서는 이명박 탄핵 서명자 수가 30만 명을 돌파했다.『한겨레』(5월 3일)가 전한 집회 참가자들의 목소리는 다음과 같았다.

 "0교시가 싫은데 억지로 시키니까 공부도 안 되고, 아침밥을 먹을 권리를 왜 빼앗아가는지 모르겠다."(중학생 강아연 15세) "이건 당장 내 저녁식사와 관련된 일상의 문제다."(대학생 은화리 21세) "이명박 대통령 취임 이후 서민의 미래가 어두워진 것 같아 야근도 건너뛴 채 나왔다."(직장인 박찬규 35세) "아이 낳기가 무섭다. 언제 어떻게 걸릴지 모를 공포에서 아이를 지킬 자신이 없다."(임신부 이명곤) "쇠고기 문제뿐만 아니라 어린이 성범죄 증가, 사교육비의 급격한 증가 등 서민을 위한 정책은 찾아볼 수 없어 이 자리에 나올 수밖에 없었다."(회사원 박진호 33세) "대운하, 영어몰입 같은 정책은 쓸 데 없다고 생각한다. 소수를 위해 다수가 희생하는 정치가 아닌 제대로 된 정치를 보고 싶다."(대학생 이마루 23세) "대통령이 독단적으로 두 달을 보낸 것 같다. 말로는 경제 성장을 강조하지만 실제 서민들의 경제는 생각한 게 하나도 없다."(고등학생 유수현 18세)

 『한국일보』(5월 5일)에 따르면, 촛불문화제를 주최한 시민단체 관계자는 "당초 300여 명 정도만 예상했는데, 학생들이 몰려들어 그 규모가 30배나 많아졌다"고 했다. 학생들의 불만은 이런 것이었다. "0교시 허용, 촌지 합법화 등 우리가 생각해도 말도 안 되는 정책들을 이명박 대통령이 내놨다. 점점 학교가 학원이랑 똑같게 된다."(고교 2년 김강균,『한겨레』5월 5일) "노무현 대통령은 실업계 특성화를 많이 시켰는데 이명박 대통령은 자사고만 늘리겠다고 한다. 실업계 특별전형을 없

앤다는 말에 우리 학교 학생들이 다 분개하고 있다."(고교생 류 아무개 양, 『한겨레』 5월 5일)

5월 6일 1,700여 개 시민사회단체가 모여 만든 '광우병 쇠고기 전 면 수입을 반대하는 국민대책회의'가 발족했고, 촛불 시위가 전국으로 확산되기 시작했다. 5월 7일 이명박은 "미국 광우병 발병 시 수입 중 단"을 하겠다고 했고, 국회에선 쇠고기 청문회가 열린 가운데 여야가 격론을 벌였다. 5월 8일 이명박은 "광우병 반대하는 사람, FTA 반대 하는 사람들이 아니냐"는 발언으로 논란을 빚었고, 한승수 국무총리 는 "사실 왜곡으로 국론 분열, 불법 집회로 국민을 불안하게 하는 행 위를 엄정 대처"한다는 담화문을 발표했다.

2008년 5월 10일 촛불집회 인원이 3만여 명으로 늘었다. 5월 14일 정부는 '쇠고기 고시'를 연기하기로 했지만, 5월 16일 칼로스 구티에 레즈Carlos Gutierrez, 1953~ 미국 상무장관은 "쇠고기 재협상은 필요 없다" 고 함으로써 촛불집회의 열기는 계속 뜨거워졌다.

"대운하 건설에 반대한다"는 양심선언

2008년 5월 21일 이명박은 대구·경북 업무보고에서 한반도 대운하 사업과 관련해 "(물길의 각 구간을) 잇고 하는 것은 국민이 불안해하 니까 뒤로 미루자"며 '선先 4대강 정비, 후後 보완' 방침을 밝혔다. 5월 22일 이명박은 "쇠고기 문제는 송구하다"는 담화를 발표했지만, 이렇 다 할 해법은 내놓지 않았다.

5월 23일 오후 허남식 부산시장, 김범일 대구시장, 박맹우 울산시장, 김관용 경북도지사, 김태호 경남도지사 등 영남권 5개 시·도지사들은 '2008 전국국민생활체육대축전'이 열린 대구스타디움 상황실에서 회의를 열고 낙동강 운하 조기 건설을 촉구하는 대정부 건의문을 채택했다. 이들은 건의문에서 "반복되는 홍수 피해, 만성적인 수량 부족, 침전물의 누적으로 오염된 낙동강의 치수 기능을 강화하고 훼손된 생태계 복원과 뱃길 정비를 위해서는 낙동강 운하 건설이 필요하다"고 말했다. 이어 "낙동강 운하는 낙동강의 하상 경사가 완만해 건설이 용이하고 경제적·문화적으로 타당성이 높다고 판단되므로 지속가능한 지역 발전을 위해 조기 건설해줄 것"을 촉구했다.

한편 운하백지화국민행동 대구본부와 부산본부 등 영남 지역 6개 시민단체들은 이날 오전 대구시청에서 공동 기자회견을 열고 낙동강 운하의 조기 추진 백지화를 촉구했다. 시민단체들은 기자회견에서 "낙동강은 영남 주민 전체의 식수원인데 낙동강 운하를 건설하려는 것은 영남 지역 주민에게 안정적인 식수를 제공받을 수 있는 권리를 빼앗고 식수 대란을 불러올 것"이라며 "영남권 시도지사들은 낙동강 운하 조기 추진 요구를 철회해야 한다"고 주장했다.[41]

5월 23일 국토해양부의 의뢰를 받아 대운하를 연구 중인 국책연구기관 연구원이 "대운하 건설에 반대한다"며 양심선언을 했다. 한국건설기술연구원(건기연) 첨단환경연구실에서 일하는 김이태 연구원은 23일 오후 6시 15분경 포털사이트 다음 아고라에 '대운하에 참여하는 연구원입니다'라는 제목의 글을 올려 "한반도 물길 잇기 및 4대강 정비 계획의 실체는 운하 계획"이라고 밝혔다. 김이태 연구원은 "매일 매일 국토해양부의 티에프티(TFT)로부터 대운하에 대한 반대 논리에 대한 정답을 요구받고 있다"며 "수많은 전문가가 10년을 연구했다는 실체는 하나도 없었고, 아무리 머리를 쥐어짜도 반대 논리를 뒤집을 대안이 없었다"고 말했다. 그는 "국토의 대재앙을 막기 위해서" 글을 올렸다며, "제대로 된 전문가들이라면 운하 건설로 인한 대재앙은 상식적으로 명확하게 예측되는 상황"이라고 주장했다.

특히 김이태 연구원은 "(대운하) 과제를 수행하는 데 있어서 소위 '보안 각서'라는 것을 써서 서약했다"고 폭로했다. 그는 "정정당당하다면 몰래 과천의 수자원공사 사무실에서 비밀 집단을 꾸밀 게 아니라, 당당히 국토해양부에 정식적인 조직을 두어 열린 마음으로 검토해야 하는 것 아니냐"고 꼬집었다. 그는 "이 글을 올리는 자체로 보안 각서 위반이기 때문에 많은 불이익과 법적 조처, 국가연구개발 사업 자격이 박탈될 것"이라며 "불이익이 클 것이지만 내 자식 보기 부끄러운 아빠가 되지 않기 위해서" 글을 올렸다고 밝혔다. 그는 또 "잘못된 국가 정책에 대해 국책연구원 같은 전문가 집단이 올바른 방향을 제시해야 하지만 이명박 정부는 영혼 없는 과학자가 돼라 몰아치는 것 같다"고 덧붙였다.[42]

전국의 시·군·구 99곳으로 확산된 촛불집회

2008년 5월 24일 촛불집회에 참가한 시민들이 거리행진을 시작한 가운데 연행자가 속출했으며, 국회에선 정운천 농수산식품부 장관 해임안이 6표 차로 부결되었다. 일요일인 5월 25일에도 1,000여 명은 청계광장에서 집회를 계속했고, 이 가운데 400여 명은 다시 거리 시위를 벌이기도 했다. 오후 9시께 무대 뒤편에 있던 청년들 사이에서 '청와대로 가자'는 함성이 들리자 촛불을 들고 있던 참가자들이 너 나 할 것 없이 거리로 쏟아져나와 종로 차도를 점거하기 시작하는 등 촛불문화제가 거리 시위로 돌변하는 양상을 보였다.[43]

서울 청계광장에서 열린 미국산 쇠고기 수입 반대 촛불집회는 온라인에서 24시간 생중계되었다. 집회 현장을 생중계하는 방송이 40여 개 개설되었으며, 온라인으로 집에서 집회를 지켜보던 수천 명의 네티즌들은 집회 참석자들의 발언과 시민들이 경찰에 연행되는 과정을 그대로 지켜보았다. 특히 포털사이트 다음 '아고라'의 활약이 눈부셨다. 아고라 '토론게시판'에는 정부를 규탄하고 촛불시위 동참을 호소하는 '격문'들이 초 단위로 올라왔으며, 네티즌들은 이 글에 수백 개의 댓글을 다는 방식으로 거대한 여론을 만들어내고 있었다.

그럼에도 5월 29일 농수산식품부는 쇠고기 고시를 강행했으며, 이를 '국민에 대한 선전포고'로 간주한 시민들은 촛불집회를 청계광장에서 시청 앞 광장으로 이동시켰다. 5월 30일 밤에도 서울에서만 2만여 명이 넘는 인파가 시내 중심가를 가득 메웠다. 발랄함과 당당함으로 무장한 시위대는 이튿날 새벽까지 종로, 을지로, 광화문 일대를 쉼 없이 행진했다. 거리는 예비군 군복부터 유모차까지, 헌법 낭독에서 '텔미' 춤까지 다양한 모습들로 넘쳐났다. 구경하던 넥타이부대와 외출 나온 가족들도 스스럼없이 아스팔트로 발을 내디뎠다. 연 인원 수만 명이 7일째 야간 거리 시위를 벌였지만, 경찰의 강제 연행을 제외하고 폭력 사태는 일어나지 않았다. 『한겨레』 집계로 전국의 시·군·구 가운데 촛불집회가 열린 곳은 모두 99곳이었다.[44]

5월 31일 밤 촛불시위대는 청와대 입구 1킬로미터 앞까지 진출했다. 경찰은 경찰특공대 110여 명을 앞세운 병력 1만 명을 동원해 물대포를 쏘며 시위대를 막았다. 시위대는 전경 방패를 빼앗고 도로 곳곳에 모닥불을 피워 시커먼 연기가 치솟았다. 이날 밤새 계속된 시위에서 시민 100여 명, 경찰 41명이 부상하고 228명이 연행되었다.

6월 1일 촛불집회 인파는 10만여 명으로 확대되었으며, 이명박의 국정 운영 지지도는 10퍼센트대로 추락했다. 민주당은 1일 오후 서울 명동에서 상징적 첫 옥외 집회를 열어 "이명박 정부는 여기서 국민에게 항복하라. 이게 국민과 역사의 마지막 경고"라고 공격했다. 당 차원의 장외투쟁은 1997년 초 민주당의 전신인 새정치국민회의가 당시 여당이던 신한국당의 노동법 단독 처리에 반발해 거리로 나간 후 11년여 만이었다. 당원 4,000여 명이 참석한 이날 '쇠고기 고시 무효화 규탄대회'에서 손학규 대표는 "나오지 않으려고 무지 애를 썼지만 이명박 정부가 우리를 길거리로 내몰았다"면서 "대통령이 촛불을 누구 돈으로 샀는지, 배후가 누구인지 보고하라고 했다는데 국민의 뜻을 이렇게 모를 수가 있냐"고 성토했다.[45]

1987년 6·10 항쟁을 방불케 한 '6·10 100만 촛불대행진'

2008년 6월 2일 농수산식품부는 고시 관보 게재를 무기한 연기했으며, 시민사회 원로들은 '내각 총사퇴, 재협상만이 살 길'이라는 내용의 시국선언을 발표했다. 각종 여론조사에선 국민 대다수가 한미 쇠고기 협상을 다시 하라고 요구하는 것으로 나타났다. 한국갤럽 조사에서 '재협상을 해야 한다'(81.2퍼센트)는 응답이 '재협상은 필요 없다'(15.6퍼센트)는 의견을 압도했다. '미국 쇠고기를 먹으면 광우병에 걸릴 가능성이 매우 높다'고 생각하는 국민이 33.2퍼센트 되었다.[46]

6월 3일 정부는 미국에 자율 규제를 요청했으며, 여야는 '재협상 촉구 결의안'에 합의했다. 6월 5일 광우병 국민대책회의는 '72시간 릴레이 국민운동'에 돌입했으며, 민주사회를 위한 변호사 모임은 '쇠고기 고시' 10만 명 헌법 소원에 나섰다.

6월 6일 이명박이 사실상 '재협상 불가'를 선언하자, 촛불집회 시민은 15만 명을 넘어섰다. 한승수 국무총리는 연세대학교에서 가진 대학생 시국 토론회에서 "정부 대응 전략이 국민 생각과 맞지 않아 죄송하다"고 했다. 청와대 수석들은 일괄 사의를 표했다.

6·10 항쟁 21돌인 2008년 6월 10일, 성난 민심을 보여주는 대규모 촛불 물결이 서울을 비롯한 부산·대전·대구·광주 등 전국 118곳을 뒤덮었다. 이날 촛불집회에는 서울 40만 명(주최 측 추산 70만 명)을 비롯해 전국적으로 50만 명(주최 측 추산 100만 명)이 넘는 인원이 참여했다. 21년 전인 1987년 6·10 항쟁 이후 최대 규모였고, 2004년 3월 노무현 대통령 탄핵 규탄 촛불집회(20만 명)에 견줘 갑절이 넘는 인파였다. 집회를 주관한 광우병 국민대책회의는 "오늘 참여한 인원을 보면, 이명박 정부가 사실상 국민의 심판을 받은 것과 다름없다"고 주장했다.

이날 서울시청 앞 광장에서 열린 '6·10 100만 촛불대행진'은 저녁 7시에 시작되었으며, 8시 30분께부터 참가자들이 세 무리로 나뉘어 서울 시내 곳곳을 행진했다. 시민들은 서울 사직터널 앞과 삼청동 입구 동십자각 앞 등에서 경찰 버스와 컨테이너 벽 등에 막혀 경찰과 대치했으며, 자정께 다시 광화문 네거리에 모였다. 시민들은 광화문 네거리~시청 앞 광장, 사직터널~광교 네거리를 차지하고 공연을 여는 등 흥겨운 분위기를 연출하기도 했다.[47]

10일 새벽부터 서울 광화문 네거리 세종로 한복판을 막아선 5.4미터 높이 컨테이너 장벽은 11일 아침 철거되었다. 하지만 '용접명박', '컨테이너 정부', '쥐박산성' 등 수많은 신조어를 낳으며 '이명박 대통령이 국민과 소통하기를 거부했음'을 상징하는 구조물로 오랫동안 회자되었다.[48] 8만 명(경찰) 대 70만 명(광우병 국민대책회의). 6·10 촛불집회 참가자 숫자를 놓고 경찰과 주최 측이 9배의 차이를 보였지만, 인파의 규모가 놀랄 만한 수준의 것임은 분명했다.

6월 11일 광우병 국민대책회의는 성명을 통해 "이명박 대통령과 정부에 20일까지 쇠고기 협상을 무효화하고 전면 재협상에 나설 것을 명령한다"면서 "이 정부가 주권자의 명령을 끝내 거부한다면 정부 퇴진을 위한 국민 항쟁도 불사할 것"이라고 선언했다.

"청와대 뒷산에 올라가 끝없이 이어진 촛불을 바라봤다"

2008년 6월 19일 이명박은 특별 기자회견을 갖고 쇠고기 파동에 대해 "아무리 시급한 국가적 현안이라도 국민이 어떻게 받아들일지 챙겨야 했는데 이 점에 대해 뼈저린 반성을 하고 있다"고 했다. 취임 후 두 번째 공식적인 대국민 사과였다. 이명박은 30개월 이상의 미국 쇠고기가 절대 수입될 수 없도록 하겠다고 다시 약속하고 청와대 비서진의 대폭 개편과 개각 방침도 밝혔다. 대운하 사업은 국민이 반대하면 추진하지 않겠다고 했다. 가스·물·전기·건강보험 민영화에 대해서는 애초부터 계획이 없었다고 했다.

이명박은 지난 10일 최대 촛불시위 때 "청와대 뒷산에 올라가 끝없이 이어진 촛불을 바라봤다"며 "시위대의 함성과 함께 제가 즐겨 부르던 〈아침이슬〉이라는 노랫소리도 들려왔다"고 했다. 이명박은 "캄캄한 산 중턱에 홀로 앉아 국민을 편안히 모시지 못한 제 자신을 자책했다. 늦은 밤까지 생각하고 또 생각하며 수없이 제 자신을 돌이켜봤다"고 했다. "어머니들의 마음을 세심하게 살피지 못했다", "첫 인사에 대한 따가운 지적을 겸허히 받아들인다", "어떤 정책도 민심과 함께해야 성공한다는 걸 절실히 깨달았다"고도 했다.

2008년 6월 21일 한·미 쇠고기 추가 협상 결과가 발표되었다. 우리 측 협상 대표인 김종훈 통상교섭본부장이 공개한 추가 협상 합의의 골자는 30개월령 이상 미국산 쇠고기 수입을 차단하기 위해 '한국품질체계평가(QSA)' 프로그램을 도입하고, 미국 내 의심 작업장을 점검할 수 있는 우리 측 검역 주권을 확대하며, 30개월령 미만 쇠고기의 4개 부위(뇌, 눈, 척수, 머리뼈)는 수입하지 않는 것 등 3가지였다. 유명환 외교통상부 장관은 "이 정도면 100점 만점에 90점 이상은 된다고 본다"고 주장했다.[49]

그러나 광우병 국민대책회의는 전면 재협상을 외치며 시위를 계속 이어나갔다. 21일 오후 5시 30분부터 7시까지 광화문 네거리에서 시청광장까지 태평로 1킬로미터 구간이 촛불시위대에 점령당했다. 21일 밤부터 22일 아침까지 서울 세종로 일대에선 밤새도록 이른바 '국민 토성'이 구축되었다. 경찰이 촛불시위대의 청와대행을 막기 위해 경찰 버스로 만든 차단 벽 앞에 시위대가 모래주머니로 쌓은 성이었다. 이를 밟고 버스 지붕 위로 올라간 시위대는 깃발을 흔들어댔다. '구국의 횃불 서총련', '노동자의 힘', '전국교직원노조', '민주노총', '진보신당', '공공노조', '민족반역자처단협회', '다함께' 같은 단체들과 '안티이명박', '아고라' 같은 인터넷 모임의 깃발이었다.[50]

2008년 6월 23일 『동아일보』가 여론조사기관인 코리아리서치센터(KRC)에 의뢰해 전국 성인 726명을 상대로 실시한 긴급 여론조사 결과, 미국산 쇠고기 수입 재개에 반대해 50여 일간 계속된 촛불시위에 대해 '그만해야 한다'(58.5퍼센트)는 의견이 '계속돼야 한다'(35.5퍼센트)보다 훨씬 많은 것으로 나타났다. 또 촛불시위 과정에서 '도로 점거 등 불법과 일부 시위대의 폭력 행위는 책임을 물어야 한다'(63.5퍼센트)가 '일부의 폭력 행위이므로 문제 삼을 필요가 없다'(28.9퍼센트)의 2배를 넘었다. 통합민주당 등 야당의 국회 등원 거부로 제18대 국회 개원이 지연되고 있는 데 대해서는 '일단 국회에 등원해서 여당과 협의해야 한다'는 의견(75.9퍼센트)이 '쇠고기 전면 재협상이나 가축전염병예방법 개정 등이 관철된 뒤 등원해야 한다'(17.7퍼센트)보다 압도적으로 많았다. 그러나 21일 발표된 한·미 쇠고기 추가 협상 결과에 대해서는 '수용해선 안 된다'(52.9퍼센트)가 '수용해야 한다'(38.4

퍼센트)보다 높았다.[51]

민심의 변화와 검찰 · 경찰의 초강경 대응

쇠고기 추가 협상 결과에 대한 여론도 점차 바뀌기 시작해 이후 여론 조사에선 '추가 협상을 받아들여야 한다'는 응답이 '받아들일 수 없다'는 응답을 넘어서게 되었다. 이런 변화에 고무된 검찰·경찰은 촛불 민심에 대해 초강경 기조로 돌아섰다. 경찰과 시위대의 충돌이 일어나고 이런저런 폭력 사태들이 발생했다. 촛불집회의 성격이 '정권 퇴진' 운동을 내세운 과격한 폭력 시위 양상으로 바뀌고 시위대에 끌려나온 한 경찰이 폭행당하는 일 등이 벌어지면서 민심은 시위에서 멀어져갔다.

6월 26일 광우병 국민대책회의는 기자회견을 열고 "이제 국민들이 정권 퇴진에 대한 논의를 하지 않을 수 없는 상황"이라며 "정권 퇴진 운동도 불사하겠다"고 밝혔지만, 이미 떠나가기 시작한 민심을 붙잡기엔 역부족이었다. 서울시는 27일 시청 앞 서울광장에서 미국산 쇠고기 수입에 반대하는 광우병 국민대책회의 등 18개 단체가 설치한 천막과 텐트를 강제 철거했고, 28일 오후 10시 15분 경찰이 서울 태평로 파이낸스센터 빌딩 인근에서 1시간 넘게 물대포를 쏘며 시위대를 압박했다.

정부의 불법 시위 원천 봉쇄 방침에 따라 6월 29일 저녁 시청 앞 서울광장에서 열릴 예정이던 촛불집회가 무산되었다. 경찰의 원천 봉쇄로 촛불집회가 열리지 못한 것은 5월 2일 집회 시작 이후 처음이었다. 경찰은 30일 아침 6시 서울 종로구 통인동 참여연대 사무실과 서울 영등포 한국진보연대 사무실을 전격 압수수색했다. 김영삼 정권 때인 1994년 설립되어 한국 시민운동의 대표적 단체로 성장한 참여연대가 압수수색을 당하기는 이번이 처음이었다.

임채진 검찰총장은 이날 대검찰청에서 전국의 공안·형사부장들이 모인 가운데 '법질서 확립을 위한 전국 부장검사 회의'를 열어 "불법과 폭력으로 얼룩진 이번 사태에 종지부를 찍을 때가 됐다"며 "총력대응 체제 구축"을 지시했다. 검찰은 또 민주노총 총파업을 "쇠고기 재협상 등을 목적으로 한 불법 정치파업"으로 규정하고 엄정 대처하겠다고 강조했다.[52]

종교계 인사와 사회 원로들이 잇따라 촛불집회에 대한 입장을 천명하면서 분위기가 바뀌기 시작했다. 천주교정의구현전국사제단은 30일 밤 서울시청 앞 서울광장에서 미국산 쇠고기 재협상을 촉구하는 시국미사를 올렸다. 사제단 소속 신부와 시위대는 미사 뒤 남대문, 명동 일대를 돌며 평화 행진을 벌였다. 전날의 극렬한 폭력과 충돌에 대비된 모습이었다. 사제단이 "촛불을 지키는 힘은 비폭력"이라는 원칙을 강조한 덕분이었다.[53] 이런 움직임에 한국기독교교회협의회·실천불교전국승가회 등 기독교·불교계도 동참하면서 비폭력 촛불이 부활했고 보수 단체들은 '반反촛불'에 적극 나서는 공방이 한동안 이어졌다.

"시위대에 인민재판 받더니 옷까지 벗겨진 대한민국 경찰"

2008년 7월 4일 서울경찰청은 광우병 국민대책회의와 한국진보연대 사무실을 압수수색해서 입수한 문건을 분석한 결과, 두 단체가 촛불 시위 초기부터 각종 불법행위를 기획·주도한 사실을 확인했다고 밝혔다.

7월 6~7일 경찰이 시청 앞 서울광장을 원천 봉쇄하면서 서울 도심에서 '촛불'이 58일 만에 꺼졌다. 광우병 국민대책회의가 평일 주최를 포기한 첫날인 8일 촛불집회는 민주노총 주관 아래 서울 여의도 MBC 앞에서 열렸다. 여의도 촛불집회는 '미국산 쇠고기 수입 반대'보다는 MBC 〈PD 수첩〉에 대한 검찰 수사 규탄에 집중되었다. 이날 오후 7시부터 열린 촛불집회에서 참가자 1,000여 명은 "검찰이 미국산 쇠고기의 문제점을 지적한 MBC를 수사하는 등 정부가 언론 장악을 시도하고 있다"고 주장했다.

7월 11일 경찰은 한국진보연대와 광우병 국민대책회의의 압수 자료 일부에서 "밤에는 국민이 촛불을 들고 낮에는 운동 역량의 촛불을 들든가 해 사회를 마비시켜야", "7월 초 노동자 파업, 학생 농활, 농민 공동투쟁 등을 고려해 집중투쟁 배치하는 것 필요", "진정한 목표는 이명박 정부를 주저앉히는 것" 등과 같은 주장이 발견되었다고 공개했다.[54]

7월 17일 광화문과 종로 일대 상인 115명이 "장기간의 불법 촛불집회 때문에 경제적·정신적 피해를 입었다"며 촛불집회를 주최한 광우병 국민대책회의 간부들과 참여연대, 한국진보연대, 국가를 상대로 총 17억 2,500만 원을 배상하라는 집단 손해배상 청구 소송을 제기했다. 체포영장이 발부되자 조계사로 피신한 광우병 국민대책회의 간부들은 이날로 조계사 생활 12일째를 맞고 있었다.

7월 17일 저녁 서울 도심 촛불시위에서 쇠파이프가 다시 등장하고 18일 만에 폭력 시위가 되풀이되었다. 시위 선두에 선 50여 명은 오후 10시 20분부터 마스크와 모자로 위장하고 쇠파이프, 해머, 화염분사기, 새총 등으로 무장한 채 전경버스 철망과 유리창을 부쉈다. 폭우가 쏟아진 19일 오후부터 20일 오전까지 서울 도심 곳곳에서 미국산 쇠고기 수입 반대 촛불집회가 열렸다.

80번째 미국산 쇠고기 수입 반대 촛불시위가 열린 7월 26일 밤과 27일 새벽, 서울 종로 일대 도심은 1,500명(경찰 측 추산, 주최 측 추산 3,000명)의 시위대에 점거당한 채 불법과 폭력이 난무했다. 27일 새벽 촛불시위를 막던 경찰 중 2명이 서울 종로 보신각으로 끌려와 웃통이 발가벗겨진 채로 20여 분간 몰매를 맞는 사건이 벌어졌다.『조선일보』는「경찰도 발가벗긴 무법천지」라는 기사와「시위대에 인민재판 받더니 옷까지 벗겨진 대한민국 경찰」이라는 사설을 통해 시위대의 폭력을 맹비난했다.[55] 촛불의 몰락을 말해주는 사건이었다.

MB가 투하한 '보은 낙하산' 대한민국 점령

2008년 8월 8일 베이징올림픽 개막식이 열린 날 KBS 이사회는 정연주 사장 해임을 건의했다. 이명박이 정연주 해임을 처리한 8월 11일은 주요 아침 신문에 수영 박태환 선수의 올림픽 금메달 소식이 도배된 날이었다. 청와대 결정 소식이 전해진 8월 12일자 주요 신문 1면은 양궁 남자 대표팀의 올림픽 3연패 소식으로 채워졌다. 바로 이날은 검찰이 정연주를 전격 체포한 날이기도 했다. 언론이 '금빛 환희' 가득한 뉴스로 도배하던 바로 그 시기에 KBS 사장 교체가 단행되었다.

이명박은 검찰이 정연주를 체포하던 8월 12일 여당 대표와의 회동에서 "중국 13억의 인구가 하나가 되어 올림픽을 치르는데 우리 대한민국 국민은 분열과 대립만 있어 안타깝다"고 말했다. 이와 관련, 류정민은 "국민 시선이 집중되는 대형 스포츠 행사가 있을 때마다 이명박 정부는 쏠쏠한 정치적 재미를 봤다. 평소에 처리하면 엄청난 후폭풍을 몰고 올 민감한 정치 과제들을 처리하기에 이처럼 좋은 때도 없다"고 했다.[56]

부정부패 사건도 주목의 대상에서 벗어났다. 2008년 7월 대통령 부인 김윤옥의 사촌언니 김옥희가 '공천 브로커' 행세로 30억 원을 받은 사건이 터졌고, 2008년 8월엔 유한열 전 의원(한나라당 상임고문) 등 지난 대선 당시 한나라당 이명박 대통령 후보 캠프의 인사들이 연루된 국방부 납품 로비가 검찰에 적발되었다.

『조선일보』 2008년 8월 11일자 사설은 "권력을 이용해 잇속을 챙기려는 기업인과 브로커들은 항상 집권당과 실세들 주변을 맴돌면서 줄 댈 곳을 찾고 있다. 이명박 정권은 대통령직인수위부터 특보, 자문위원 등이 500명을 넘어 정확한 숫자를 아는 사람이 없을 정도였고, 1,000명이 넘는 4·9 총선 공천 희망자의 3분의 1 이상이 선거대책위, 인수위에서 한자리를 했다고 이력서에 썼다는 얘기도 있다. 이들

이 언제 어디에서 무슨 비리를 저지를지 모르는 상황이다"고 했다.[57]

『시사IN』이 대선 당시 이명박 후보 선거 캠프 내외에서 맹활약한 '개국공신' 300여 명의 현주소를 추적한 결과, 8월 15일 기준으로 이들 중 50퍼센트 이상이 '꽃방석'에 앉은 것으로 나타났다. 『시사IN』은 "'MB 보은의 끝은 어디인가' 하는 의문은 증폭됐다"며 "이는 대통령 취임 6개월이 채 안 된 상황에서 겉으로 드러난 결과만을 집계한 것이기에 더 충격적이다. 현 정부의 보은 인사·낙하산 인사는 현재진행형이다"고 했다.[58] 특히 이명박의 BBK 의혹 사건을 전담했던 '클린정치위원회' 회원들은 대선 이후 'BBK 공신'이라 불리며 승승장구한 것으로 나타났다.[59]

그러나 올림픽 열기로 인해 국민들은 그런 문제에 관심이 없었다. 실제로 올림픽 열기는 신통력을 발휘했다. 여론조사기관인 리얼미터의 8월 14일자 조사 결과를 보면, 이명박 지지도는 전前주에 비해 6.9퍼센트 상승한 30퍼센트로 나왔다. 응답자의 지지 정당에 따라 이명박에 대한 지지도 변화가 뚜렷했다. 민주노동당 지지층과 창조한국당 지지층의 이명박 지지율은 각각 8.0퍼센트포인트와 14.9퍼센트포인트 하락했지만, 친박연대 지지층과 자유선진당 지지층의 이명박 지지율은 30퍼센트포인트와 16.4퍼센트포인트 급증한 것이다. 진보·중도 쪽의 이탈은 더욱 심화되는 가운데 보수층 결집 효과로 인해 이명박 지지율이 4개월 만에 30퍼센트대로 올라선 셈이었다.[60]

촛불시위도 올림픽 환호 무드로 큰 타격을 입었다. 경찰은 8월 15일 열린 100번째 촛불집회를 유례없이 강경 진압했는데, 이는 지역적으로 영남, 정치적으로 범여권 지지층, 종교적으로 보수 기독교 색채가

강한 이들의 지지를 받았다.[61]

"베이징의 '인간 승리'를 보며 국민은 행복했다"

2008년 8월 24일 폐막한 베이징올림픽에서 한국은 금메달 13개, 은메달 10개, 동메달 8개로 7위에 올랐다. 당초 목표했던 금메달 10개, 종합 10위를 훨씬 웃도는 성적과 올림픽 출전 사상 최다 금메달을 거두었다. 한국 야구 대표팀이 베이징올림픽에서 9전 전승으로 금메달을 따는 과정은 보고 또 봐도 감동적이었다.

2008년 8월 25일 대한민국 선수단은 귀국과 함께 열렬한 환영을 받았다. 서울시청 앞은 다시 시민들로 가득 찼고 25일 밤 환영 행사는 방송을 통해 생중계되었다. 『중앙일보』는 대표팀 선수를 '명품', 촛불 시위대를 '비겁한 이들'로 비유했다. 김진 논설위원은 25일 칼럼에서 "식탁에서 멀쩡한 미국산 쇠고기나 골라내고, 동료들과 인터넷 싸움이나 벌였다면 명품으로 탄생하지 못했을 것"이라며 "지난여름 광화문 폭력 현장은 비겁한 이들의 무대였다. 그곳에 오늘 저녁 당당한 명품들의 행진이 있다"고 주장했다. 『동아일보』는 25일 사설에서 "베이징올림픽에서 뛴 우리 선수들의 투혼을 본받아 온 국민이 한마음으로 국가 경쟁력을 키워 선진화라는 금메달을 목에 걸어야 한다"고 주장했다.

이와 관련, 『미디어오늘』(8월 27일)은 "베이징올림픽은 이명박 정부의 국면 전환 카드로 활용됐다"며 "선수들의 눈물과 땀의 성과는 온전히 평가를 받아야 한다. 그러나 정권이 정치 선전에 활용하려 든다면 언론이 나서서 경고의 메시지를 던져야 하지 않을까"라고 말했다.[62]

8월 28일 이명박이 김진홍 상임의장 등 뉴라이트전국연합 회원 250여 명을 청와대로 초청해 비공개 만찬을 가졌다. 지난 20일 한나라당 당직자, 22일 당 사무처 직원, 26일 이명박 대통령 후보 특보단 만찬에 이은 것으로, 이명박이 진행 중인 '내 식구 만찬 정치'의 일환이었다. 이명박은 이날 1시간 30분가량 계속된 만찬에서 2007년 대선 당시 지원해준 데 대해 감사를 표시하고 앞으로도 계속 도와달라는 뜻을 밝혔다.[63]

반면 전 KBS 사장 정연주는 '특정경제범죄 가중처벌 등에 관한 법률 위반(배임)'이라는 무리한 죄목으로 기소되어 1심에 이어 2심에서 다시 무죄 판결을 받기까지 2년 반 동안 혹독한 세월을 보내게 된다. 2010년 12월 2심 무죄 판결을 받은 후 정연주는 다음과 같이 말한다.

"지인들이 축하 소식을 전해왔다. 말도 안 되는 사건이라 '사필귀정'의 당연한 결과지만, 그래도 정치 검찰의 족쇄에서 해방되었으니 축하받을 일이라 했다. 그런 소식 가운데 만우 스님에게서 전화 문자가 왔다. '본디 죄가 없으니, 「무죄」도 너무 무겁구나.' 그랬다.……파렴치범으로 인격 살해를 당했고, '비리'로 강제 해임되었으며, 2년 이상 법원을 오가며 많은 시간과 자원을 낭비했다. 검찰이 상고했으니, 아직도 끝나지 않았다. 정치 검찰의 그 잔혹한 권력 남용과 인권 침해와 인격 살해는 당해보지 않으면 모른다. 그 세월 속에 담긴 고통을 생각하면 만우 스님 말대로 '무죄'도 너무 무겁다."[64]

도대체 정권교체가 무엇이길래 무고한 사람을 파렴치범으로 몰아 인격 살해를 하고, '비리'로 강제 해임하고, 2년 이상 법원을 오가며 많은 시간과 자원을 낭비하게 만들어야 하는 걸까? 결국 이 또한 크게 보자면 '승자 독식' 문화가 낳은 비극은 아니었을까?

껍데기만 남게 된 종합부동산세

2008년 9월 23일 이명박 정부는 종합부동산세(종부세)의 개편안을 확정 발표했다. 정부의 종부세 개편안에 따르면 주택의 종부세 과세 기준은 현행 공시가격 6억 원 초과에서 2009년부터 9억 원 초과로 상향 조정되며, 이렇게 되면 전체 종부세 과세 대상은 38만 7,000가 구에서 16만 1,000가구로 58.4퍼센트가 확 줄게 되었다. 또한 종부세 율은 현행 1~3퍼센트에서 0.5~1퍼센트로 대폭 낮춰지고, 1가구 1주 택을 가진 60세 이상 고령자는 10~30퍼센트의 세액을 공제받게 되 었다. 과세 기준이 올라가고 세율이 내리면 연간 수천만 원을 내던 납 세자는 수백만 원으로, 수백만 원을 내던 납세자들은 수십만 원으로 세금이 줄어드는 것이었다.

이에 『경향신문』(9월 24일)은 「차라리 종부세 당장 폐지하겠다고 하라」는 사설에서 "이 정도라면 종부세는 이름만 남아 있을 뿐 이제 운명을 고하는 수순으로 들어갔다고 보는 것이 옳다. 정부는 수년 후 종부세를 없애고 재산세로 통합할 것이라고 밝혔다. 그러나 구태여 그 렇게 할 것까지는 없을 듯싶다. 얄팍하게 국민들을 눈속임하려 들 것이 아니라 지금 당장 종부세를 폐지하겠다고 선언하는 것이 차라리 정직한 태도다"고 했다.

종부세 완화가 정부안대로 현실화하면 각료와 청와대 수석, 여당 의원 등 집권층 인사 205명 중 53.6퍼센트인 110명이 면세 또는 세금 인하의 혜택을 보는 것으로 집계되었다. 세금 감면의 경우 이들 중 최소 70퍼센트 이상이 인하 효과를 보는 것으로 분석되었다. 한나라당은 '2%를 위한 부자당'이라는 비판이 쏟아졌지만, 보수 신문들은 종부세 완화를 열렬히 환호했다.[65]

11월 13일 헌법재판소는 종합부동산세법의 '세대별 합산 과세' 조항이 '위헌'이라고 결정했다. 이에 따라 개인별 과세라는 빈틈을 활용해 부부 공동명의 등을 활용하면 현행 종부세 과세 대상자의 80퍼센트가 종부세를 피할 수 있게 되었기에 애초 입법 취지를 살려 법을 개정하지 않는 한 현행 종부세 제도는 껍데기만 남게 되었다.[66]

이에 한나라당은 "세금 폭탄이 사라졌다"면서 환영한 반면, 민주당은 "종부세의 취지를 살릴 수 없게 됐다"며 유감을 표시했다. 정세균 민주당 대표는 "참 나쁜 판결이며, 정의는 강자의 편이었다"고 비판했다. 헌재가 정권과 합작해 종부세 대못을 뽑아 서민과 중산층 가슴에 박았다고도 했다.[67]

『한겨레』(11월 14일)는 "헌법재판소는 그동안 기본권 가운데 특히 사유재산권에 민감한 반응을 보여왔다. 이번 종합부동산세법 일부 위헌 결정 역시 이런 경향의 연장선으로 풀이된다. 국정감사 자료를 보면, 헌재 재판관 9명의 평균 재산 신고액은 27억 5,500만 원이며, 9명 중 8명이 종부세 부과 대상이다"며 다음과 같이 말했다.

"종부세 문제에 대해 헌재 재판관들도 직접적인 '이해당사자'인 셈이다. 민주당 박영선 의원실 자료를 보면, 김희옥·이공현 재판관은 올해 3천만 원 이상, 목영준·송두환 재판관은 1천만 원 이상의 종부세를 내야 한다. 다른 재판관들도 김종대 재판관을 빼고는 수백만 원씩의 종부세 부과 대상자다. 우연의 일치일지 모르지만, 이날 헌재 결정에서도 재판관들의 재산상의 특성이 묘하게 나타났다. 종부세 부과 대상이 아닌 김종대 재판관, 재산이 상대적으로 적은 편인 조대현 재판관만이 위헌 또는 헌법불합치 결정이 내려진 두 쟁점에 대해 합헌 의견을 냈다."[68]

인터넷 '경제 대통령' 미네르바의 출현

이명박은 '경제 대통령'이 되겠다고 했지만, 경제는 엉망진창이 되어 가고 있었다. 2008년 가을의 한국 경제는 어떠했던가? 김병권 새로운 사회를 여는 연구소 센터장의 진단에 따르면, "지금 우리 국민 눈앞에는 황당한 현실이 펼쳐지고 있다.……상상을 초월할 정도로 부동산값이 폭락했다. 순식간에 주식과 펀드가 반토막 났다. 환율과 금리는 치솟았다. 물가마저 동시다발적으로 뛰고 있다. 가계와 기업 모두 어디서부터 대응을 해야 할지 막막하다. 수출과 소비가 모조리 급락세를 보이고 있다. 기업의 연쇄부도가 가까워지고 고용 대란이 우려되는 상황까지 왔다. 개별적으로는 합리적인 대응이 불가능한 상황이다."[69]

그런 상황에서 사이버상에선 재야인 데다 익명인 '경제 대통령'이 출현해 많은 사람을 사로잡았다. 익명의 인터넷 논객 미네르바다. '미네르바 신드롬'이라고 해도 좋을 정도였다.

2008년 11월 3일 국회 대정부 질문에서 한나라당 홍일표 의원은 "사이버 논객 미네르바가 대단한 경제적 식견을 가지고 '리먼브러더스 부실 사태'도 예견했고 여러 가지 예리한 비판도 하고 있는데……" 라고 말했다. 홍일표가 수사 용의를 묻자 김경한 법무부 장관은 "내용이 범죄의 구성 요건에 해당한다면 당연히 수사를 해야 할 것"이라고 답했다. 이는 인터넷을 무대로 활동하던 미네르바가 정쟁 대상으로 본격 떠오른 계기가 되었다.

11월 17일 KBS는 〈시사 360〉이란 프로그램에서 미네르바를 어두운 지하의 실루엣으로 묘사했다. 이 프로그램과 인터뷰를 했던 김대중 정부 시절 청와대 경제수석 출신의 김태동 성균관대학교(경제학) 교수는 다음 날 해당 프로그램 시청자 게시판에 글을 올렸다. '미네르바 님 미안합니다'라는 제목의 글에서 김태동은 "당신은 제가 아는 한 가장 뛰어난 국민의 경제 스승"이라고 극찬했다. 민주당 최문순 의원은 이틀 뒤 열린 동아시아경제포럼에서 "제도권 언론과 정치인을 모두 합쳐도 미네르바만 못하다"고 주장했다.[70]

미리 말하자면, 미네르바는 2009년 1월 9일 허위 사실 유포죄 혐의로 긴급체포되었지만, 법원은 4월 20일 '미네르바'라는 필명으로 통하던 박대성에게 무죄를 선고했다. 서울중앙지법 형사5단독 유영현 판사는 "구체적 표현 방식에서 과장되거나 정제되지 않은 서술이 있다 하더라도 전적으로 '허위의 사실'이라고 인식하면서 글을 게재했다고 보기 어렵고 '공익을 해할 목적'이 있었던 것으로도 보기 어렵다"고 밝혔다.

5월 16일 '미네르바' 박대성은 미국 『뉴욕타임스』와의 인터뷰에서 "한국에서는 더이상 살 수 없다"며 "이민 가고 싶다"고 밝혔다. 박대성은 인터뷰에서 허위 경력 논란과 관련해 "내가 명문대 출신이라면 사람들이 나의 정체성에 의문을 가지거나 내가 체포되지 않았을 것"이라며 "현실 세계로 나온 뒤 벽에 부닥쳤다"고 토로했다. 그는 또 "처음에는 보수주의자들이 나를 공격했고, 나를 지지하던 진보주의자들은 내가 그들을 대변할 수 없다는 것을 깨닫자 나를 버렸다"며 "내게 남은 건 비난밖에 없다"고 덧붙였다. 그는 이어 "한국 사회의 광기를 목격했다"며 "내가 한 일을 후회하고 있으며 다시는 온라인에 글을 올리지 않겠다"고 밝혔다. 『뉴욕타임스』는 "'미네르바 사태'가 한국 사회의 온라인과 오프라인 사이에 존재하는 간극을 드러냈다"고 평했다.[71]

언론계의 'MB악법' 저지 투쟁

'승자 독식주의'를 행동강령으로 삼은 이명박 정권은 KBS를 위시하여 모든 방송을 완전히 장악하고자 하는 열망에 사로잡힌 나머지 방송 영역에서 격렬한 저항을 불러일으켰다. KBS 다음으로 갈등의 무대가 된 곳은 24시간 케이블뉴스 방송인 YTN이었다. YTN 사원들은 구본홍 사장의 낙하산 인사에 반대하며 싸웠는데, 2008년 10월 6일, YTN은 반대 투쟁에 앞장서 싸운 기자 6명을 해고했다.

10월 8일 YTN 앵커와 기자들은 이틀 전 내려진 회사 쪽 징계에 항의하는 의미로 검은색 옷차림으로 방송에 나섰다. 이에 대해 방통심의위는 11월 26일 '시청자에 대한 사과'라는 중징계를 의결했다. 방송심의규정 제7조(방송의 공적책임)와 제9조(공정성) 외에도 제27조(품위 유지) 조항에 위배된다는 이유에서였다. 뉴스보도 프로그램에서 앵커나 기자의 옷차림이 문제가 되거나, 일반 프로그램에서 선정적인 이유 외에 출연자의 옷차림이 문제가 되어 법정 제재가 결정된 것은 이게 처음이었다.

SBS·MBC 아나운서들은 10월 30일과 11월 20일 'YTN과 공정방송을 생각하는 날'을 맞아 YTN '블랙투쟁'을 지지하는 차원에서 검은색 옷차림으로 방송에 나섰다. 이에 대해 방통심의위 방송심의소위는 2009년 1월 13일 회의에서 4시간이 넘는 격론 끝에 SBS·MBC 일부 아나운서의 검은 색 옷차림에 대해 '문제없음'을 결정했다.[72]

12월 2일 제7회 송건호언론상 심사위원회는 'MBC〈PD 수첩〉'과 'YTN 노조'를 공동수상자로 선정하면서 "진실을 향한〈피디 수첩〉의 노력과 공정방송을 지키려는 와이티엔 노조의 저항은 한국 언론사에 기록되어 다음 세대의 길잡이가 될 것"이라고 심사평을 밝혔다(2009년 3월 22일 검찰은 YTN 구본홍 전 사장의 업무를 방해한 혐의로 노종면, 현덕수, 조승호 기자를 체포했다. '체포와 구속, 기소' 그렇게 2년이 흐르고 이들의 힘겨운 '복직 여정'은 오늘날까지도 계속되고 있다).

국회 역시 YTN 못지않은 투쟁의 무대가 되어 있었다. '승자 독식'을 저지하기 위한 투쟁이었다. 2008년 11월 초순 민주당은 의원 워크숍을 갖고 정기국회에서 반드시 저지해야 할 '악법惡法 리스트'를 발표했다. 정부·여당이 통과시키겠다는 법안 대부분(85건)이 악법으로 분류되었다. 이 중엔 새해 예산안, 종합부동산세·상속세·법인세 등 감세減稅 법안, 수도권 규제 완화 관련 법안, 북한인권법 등이 포함되었다.

민주당은 'MB악법' 가운데 6개 법안을 골라 별명을 따로 붙였다. 집회·시위 현장에서 복면 착용을 금지하는 집시법 개정안을 '마스크 처벌법', 대기업과 신문의 방송사업 참여를 허용하는 방송법 개정안을 '언론 장악법', 사이버모욕죄 신설 등을 담은 정보통신망법 개정안을 '네티즌 통제법'이라고 명명한 것 등이었다.[73]

2008년 12월 한나라당이 신문법을 포함한 7개 미디어 관계법 개정안을 국회에 제출하면서 신문·방송 겸영兼營에 대한 찬반 논란이 가열되었다. 법안에는 신문사·대기업·외국 자본에 보도채널·종합편성채널은 49퍼센트까지, 지상파에 대해서는 20퍼센트까지 지분을 소유할 수 있다는 내용이 포함되었다. 민주당은 언론시민단체와 법안 저지를 위한 연대투쟁 의지를 밝히는 한편, 언론 관련 7개 법안을 "한나라당이 밀어붙이고 있는 악법 중 꼭 막아야 할 법 1번으로"(정세균 민주당 대표) 선정했다.

"우리의 소원은 소통입니다"

민주당의 투쟁 효과는 곧바로 나타났다. 10퍼센트 아래까지 추락하던 민주당 여론조사 지지율이 반등한 것이다. 조사마다 약간씩 차이는 있었지만, 대여 강경 투쟁 이후 민주당 지지율은 12월 23일 여론조사기관 리얼미터 조사에서 최고 24.2퍼센트까지 기록했다. 이에 힘을 얻은 민주당은 12월 26일 국회 본회의장을 점거하고 자전거 체인 등으로 문을 묶은 채 농성에 돌입했다. 12월 29일 'MB악법 저지 비상국민행동'도 "이명박 정부가 의회 쿠데타를 통해 독재국가의 합법적 근거를 마련하려" 한다며 총력 투쟁을 선언했다. 언론관계법 통과를 막겠다며 총파업과 거리 투쟁에 나선 전국언론노조는 'MB정권 퇴진'을 외쳤다.

2008년 12월 30일 『한겨레』 논설위원 박찬수는 "비슷한 사고를 가진 사람들이 모여 똑같은 방향으로만 생각을 모아가는 것, 이게 '집단사고'다. 지금 이명박 정권이 그렇다. 청와대는 물론이고 한나라당과 보수 단체, 심지어 보수 언론들까지 오로지 자신들이 보고 싶어 하는 모습만 보려고 한다. 박희태 한나라당 대표와 최시중 방송통신위원장과 이동관 청와대 대변인, 신재민 문화체육관광부 차관, 정병국 의원은 모두 지난해 한나라당 경선 때부터 이명박 대통령 만들기를 위해 함께 싸웠던 동지들이다"며 다음과 같이 말했다.

"오로지 이들이 방송법 개정을 주도하다 보니, 스스로 옳다는 확신만 더욱 굳어진다. 방송사 파업은 일시적일 뿐 충분히 진압 가능하고, 국민 다수는 자기들 편이라고 믿는다. 한나라당 내부엔 이런 시각의 위험성을 걱정하는 목소리가 분명 존재하지만, 그런 소리는 들으려 하질 않는다. 일부러 귀를 닫아버린다. 그래야 마음이 편하고 흔들리질 않는다. 집단 최면이고 집단 착각이다."[74]

2009년 1월 12일 『조선일보』 논설위원 박두식도 "그룹싱크의 폐해는 미국보다 우리가 훨씬 심각하다. 최근 벌어진 여야與野의 국회 대치만 봐도 그렇다. 아무리 비난을 퍼부어도 정치권은 꿈쩍도 않는다. 핵심 지지층으로부터 당직자, 의원, 당 지도부까지 같은 판단, 같은 생각의 틀에 갇혀 있기 때문이다. 바깥의 따가운 눈총은 잠시 피해 있으면 그만이다. 무리를 떠나거나 '왕따'가 되는 것은 치명적이지만, 패거리의 논리에 갇혀 있는 것은 안전한 선택이다"며 다음과 같이 말했다.

"같은 정당 안에서 계파에 따라 생각과 주장이 판이하게 다른 것도 소小그룹의 이해관계에 갇혀 있기 때문이다. 그룹싱크가 만연하면 아무리 자유스러운 분위기에서 토론을 오래 해도 결과는 늘 비슷하다. '자신들만의 확신'을 키울 뿐이다. 정권이 그룹싱크의 틀에 갇히면 치명적인 함정에 빠질 수 있다. 자기끼리만 통하는 언어로 이야기하게 되면 호소력이 반감半減되고 리더십도 힘을 잃게 된다. 역대 정권들이 국민으로부터 멀어져갔던 원인을 따져보면, 시대와 상황을 보는 정권의 눈과 국민의 눈 사이의 간격이 벌어지다 결국 되돌릴 수 없는 지경에 이르렀기 때문이다. 흔히 말하는 소통疏通의 위기다."[75]

이 '소통의 위기'로 인한 최악의 비극은 2009년 1월 20일 '용산 철거민 참사'로 나타나게 된다. 이 '참사'뿐만 아니라 이후 내내 '불통의 정국'이 지속된다. "국민은 소통을 하려고 하는데 불통이 되니까 울화통이 터집니다." "우리는 이제 '우리의 소원은 통일'이라 외치지 않습니다. 우리의 소원은 소통입니다."[76] 2008년 6월 촛불집회의 와중에서 터져나온 말이지만, 이후에도 계속된 외침이었다.

제2장

이명박 정권 공신들의 동종교배형 '약탈 전쟁'

***
2009년

공기업에 논공행상 빨대를 꽂은 약탈

우리나라의 정부 투자기관·산하기관은 그 예산이 132조 원, 인력이 13만 명으로 국민경제에서 아주 중요한 역할을 담당하고 있는바, 이명박 정부는 공공기관 선진화 계획을 추진하기 시작했다.[1] 2008년 12월 30일 청와대에서 열린 공공기관 합동업무보고 현장에선 사기업 오너가 직원회의를 주재하는 듯한 '훈시'가 한동안 계속되었다. '오너'는 이명박, '간부직원'은 한국전력 등 34개 공기업 임원이었다. 이명박은 "조직(혁신)에 자신 없는 사람은 그 자리에서 떠나야 한다"고 일 갈했다. 국민의 신뢰를 회복하기 위한 기관장 중심의 공기업 구조조정을 주문한 것이다.

아주 좋은 말이었지만, 이는 유체이탈 화법을 놓고 박근혜와 자웅을 겨루던 이명박 특유의 유체이탈 화법이었다. 공기업의 중병인 '방만한 경영'의 원인이 대부분 낙하산 인사에서 비롯되었기 때문인데 사실상 이 정부 들어 낙하산 인사는 더욱 극심하고 노골적으로 저질러지고 있었기 때문이다. 이명수 자유선진당 대변인이 "참여정부의 낙하산 인사를 비판해온 여당이 그보다 더 큰 낙하산 인사를 펼치면서 공기업 혁신에 나선다면 누가 수긍하겠느냐"고 반문한 것도 이런 맥락이었다.

이인실 연세대학교 동서문제연구소 연구위원은 논문에서 "한국형 통치 구조의 핵심은 정치권력을 통해 획득한 정치적 지대Political Rent를 금전적 지대Fnancial Rent로 연결시키는 '빨대'에 있다"면서 공기업 비리나 낙하산 인사엔 역사적이고 구조적인 이유가 있다"고 주장했다. 그는 이런 구조의 공기업을 '빨대 경제기관'이라고 규정했는데,[2] 빨대를 꽂은 약탈은 이명박 정권 내내 일상적으로 저질러지는 풍경으로 떠오르게 된다.

빨대를 꽂은 약탈은 대선 논공행상의 일환이기도 했다. 이명박 정권은 논공행상을 위한 고위직을 확보하기 위해 각종 공기업에 '막가파식 물갈이 수법'을 동원했다. 처음에는 사퇴를 유도하다가 이에 응하지 않으면 표적 감사에 돌입, 그래도 버티면 사법 처리 절차를 밟았다. 이런 물갈이엔 정치적 중립을 지켜야 하는 감사원과 검찰 등 소위 사정기관이 동원되었다. 감사와 수사를 통해 문제점이 드러나지 않더라도 어떤 꼬투리라도 잡아 해임했다.

김태열은 "낙하산 인사가 특히 문제되고 있는 분야는 언론계다. 정부 입김이 미치는 언론기관이 정치 성향이 강한 MB 측근 인사로 채워지면서 정부의 언론 장악 논란이 계속되고 있다.……현재 파업과 해직 사태가 벌어지고 있고, 국제 언론계에서도 논란이 되고 있는 케이블 뉴스채널 YTN 사태는 한나라당 선대위 방송총괄본부장 출신의 구본홍 사장 임명에서 비롯한 것이다"며 다음과 같이 말했다.

"국내 거의 유일의 통신사로 외신과 지방 뉴스를 사실상 장악하고 있는 연합뉴스의 최대 주주로 경영 감독과 사장 추천 권한을 가진 뉴스통신진흥회 이사장에 역시 MB 언론 특보 출신의 최규철 씨가 임명됐다.……위성방송을 장악하고 있는 한국디지털위성방송 사장에 역시 지난 대선에서 한나라당 선대위 방송 특보를 지낸 이몽룡 씨가 임명됐다. 결국 일반 공중파 방송사와 사실상 국내 유일의 통신사, 케이블뉴스 전문 채널, 위성방송 등 정부가 개입할 여지가 있는 언론사는 대부분 MB 언론 특보 혹은 친정부적 인사로 물갈이됐다. 이들이 이명박 정부의 언론 장악 절차를 '충실히' 이행하고 있음은 물론이다."[3]

"'누가 뭐래도 내 갈 길 가겠다'는 이명박식 개각"

2009년 1월 『위클리경향』이 MB정부 낙하산 공공기관장 총 101명을 분석한 바에 따르면, 대선 캠프나 정권 인수위원회에 참여한 인사가 40명(40퍼센트), 제18대 총선에서 한나라당의 낙천 또는 낙선 인사가 32명(32퍼센트), 외곽 지지 조직 출신 인사가 16명(16퍼센트), 대통령의 과거 측근 인사(현대그룹과 서울시장 시절과 소망교회)가 13명(13퍼센트) 순으로 나타났다.[4] 청와대와 총리실 등의 사정·정보·인사와 관련한 주요 보직엔 포항 지역 출신들이 다수 포진했다.[5]

1월 18일 이명박은 국가정보원장에 원세훈 행정안전부 장관, 경찰청장에 김석기 서울경찰청장을 각각 내정했다. 『한겨레』는 사설을 통해 "새로 기용된 두 권력 기관장은 모두 대구·경북TK 출신이다. 오래전부터 이번 개편에선 이 대통령 고향인 대구·경북 출신 인사들이 약진할 거란 소문이 적지 않게 나돌았다"며 다음과 같이 말했다.

"국정원장에 발탁된 원세훈 씨는 이명박 대통령의 서울시장 시절에 서울시 행정1부시장으로 일했던 사람이다. 이 대통령과 호흡은 잘 맞을지 모르지만, 대통령과 호흡 잘 맞는 게 국정원장에게 가장 중요한 자질은 아니다. 오히려 정보를 총괄하는 자리에 대통령이 편하게 여기는 사람이 가면, 정보의 편향된 소통을 가져와 대통령의 상황 판단을 그르치게 할 위험이 높다. 더구나 최근 들어 국정원은 국내 활동 영역을 넓히려 무진 애를 쓰고 있다. 이런 시점에 원씨를 발탁한 건, 국정원을 정권 안보에 활용하겠다는 뜻을 솔직하게 내보이는 것 외에 어떤 의미가 있는지 찾기 힘들다."[6]

청와대가 1월 18~19일 2일 동안 단행한 장·차관급 인사 22명은 이명박 정부가 TK 정권임을 다시 한 번 확인해주었다. 이 '22명'에선 원세훈 국정원장(영주), 김석기 경찰청장(영일)에 이어 권태신 총리실장(영천), 이주호 교육과학 1차관(대구), 강병규 행정안전 2차관(의성), 변무근 방위사업청장(김천), 박영준 국무차장(칠곡) 내정자 등이 대구·경북 출신이었다.[7]

『한겨레』는 「'누가 뭐래도 내 갈 길 가겠다'는 이명박식 개각」이라는 사설에서 "이번 개각에서 분명하게 확인된 건, '누가 뭐라든 내 갈 길을 가겠다'는 이 대통령의 아집과 독선이다. 박영준 전 청와대 기획조정비서관의 전격 복귀는 그런 이명박식 인사의 정점이다. 그는 지난해 6월 촛불시위 와중에서 '인사 전횡'의 비판을 받고 물러났던 인물이다. 집권 초기 국정 난맥의 책임을 지고 물러난 그를 부처 정책을 총괄·조정하는 자리에 재기용한 것은, 이 대통령이 지난해 촛불시위 이전의 인식과 태도로 완전히 복귀했음을 의미한다"며 다음과 같이 말했다.

"국정의 최고 책임자로서 자기 좋아하는 사람들을 데려다 쓰는 게 뭐가 문제냐, 결과로 평가받으면 될 게 아니냐는 생각을 이 대통령은 하는 것 같다. 집권 2년차를 확실하게 자기 방식대로 끌고 가겠다는 의지를 내보이는 듯하다. 그러나 대통령도 지켜야 할 선은 있다. 그게 대통령과 기업 최고경영자의 차이다. 국정 운영이란 대통령 혼자 마음대로 하는 게 아니다. 나머지 사람들을 손 놓고 그냥 지켜보게 해서는 곤란하다. 국정 운영이란 수도 없이 반대편을 설득하고 타협하면서 자신의 뜻을 관철해가는 과정 자체다. 마음대로 한 번 해보고 결과가 좋지 않으면 물러나면 되는 기업 경영자와는 근본적으로 다르다. 이명박식 독선의 피해는 고스란히 국민에게 돌아온다."[8]

'용산 철거민 참사'는 이명박의 '노가다 정치'인가?

2009년 1월 20일 새벽 서울 용산의 철거 지역 남일당 건물 옥상에서 경찰의 강제 진압에 맞서던 철거민 5명이 숨지는 참극이 벌어졌다. 경찰도 1명이 숨지고 여럿이 다쳤다. 목숨을 잃은 철거민 대부분은 경찰 진압 과정에서 불에 타죽었다. 50여 명의 철거민과 이들을 포위한 경찰 2,000여 명이 격렬하게 다투던 와중에 건물 옥상에 쌓아둔 시너가 폭발하면서 이런 일이 빚어진 것이다.

이에 『한겨레』는 「이명박식 강압 통치의 예고된 참사」라는 사설을 통해 "국민을 적으로 삼는 듯한 태도는 이번만이 아니다. 이명박 정부는 지난해 촛불집회 때부터 시민들의 목소리를 힘으로 틀어막는 데만 급급했다. 인터넷 여론을 봉쇄하고 처벌하더니, 이제는 '떼법' 따위 억지 명분을 내걸어 헌법상의 표현과 집회의 자유까지 가로막는 악법 통과를 강행하려 하고 있다. 검찰과 경찰도 '불법 집단 행위 엄단'이라며 부산을 떨고 있다. 촛불집회 당시 온갖 강경 진압을 주도한 김석기 서울경찰청장을 다음 경찰청장으로 내정하는 등 '대통령 사람들'로 채워진 인사 개편도 그런 강경 일변도 정책의 하나다"며 다음과 같이 말했다.

"이번 참극은 그런 폭압적 정권 운용에선 진작부터 예고된 재앙이다. 그런데도 청와대가 '이번 사고로 과격 시위의 악순환이 끊어지는 계기가 됐으면 좋겠다' 따위 적반하장의 태도로 국민의 고통스런 목소리를 계속 외면한다면, 앞으로 더한 일까지 빚어질 수 있다. 이명박 대통령은 지금이라도 대국민 적대 정책을 포기하고, 이번 참극에 대해 공식 사과해야 한다. 그리고 강경 진압의 책임자인 김석기 서울경찰청장의 경찰청장 내정을 철회하고, 당장 해임해야 한다."[9]

1월 20일 오후 진보신당 정책연구소 '미래상상', 성공회대학교 민주주의연구소, 『경향신문』이 공동 주최한 '이명박 정부 1년 평가: 2009년 대한민국, 위기 진단과 해법 찾기'에서 노회찬 진보신당 상임 공동대표는 기조 발표문을 통해 오늘의 사회경제적 위기의 원인은 이명박 정부의 책임에 앞서 시장의 폭군화를 민주적으로 통제하지 못한 국가의 실패, '민주' 정부 10년의 실패에 있다고 짚었다. 지난 '민주' 정부 10년의 경험이야말로 이명박 정부라는 '괴물'의 출현이라는 결과를 가져온 주요 원인이었다는 것이다. 이런 점에서 민주 정부 10년에 대한 준엄한 책임과 자성이 필요했는데, 이명박 정부 1년이 이를 잠재워버리고 과거와 유사한 '반MB 민주대연합'의 낡은 틀이 또 다시 강요되면서, 새로운 희망을 건설할 대안적 힘의 조직화를 가로막고 있다고 진단했다.[10]

경제 부문 발표자로 나온 김수행 성공회대학교 석좌교수는 "'경제 살리기'로 대통령이 된 사람이 '개인의 재산 불리기'와 '국민경제 살리기'를 구분 못하는 것 같다"고 일갈했다. 정치 부문 발표자인 손호철 서강대학교 교수는 "이명박 대통령이 신년 라디오 연설에서 예고했듯 공사 기간 단축의 '노가다 정치'에 나섰다"고 진단했다.[11]

재개발조합─폭력조직─재벌 건설사─구청의 '사각동맹'

인하대학교 교수이자 사회당 대표인 김영규는 용산 철거민 참사를 '집단학살사건'으로 규정했다.[12] 그 정도까진 아니었을망정, 이 참사가 사회에 던진 충격은 컸다. 성한용 『한겨레』 선임기자는 "사고의 근본 바탕에는 '티케이(대구 경북) 편중 인사', '공안 통치', '부자들의 이익'이 깔려 있다. 이명박 정권은 지난 1년 동안 바로 이 세 가지를 줄곧 추구했다. 그런 의미에서 이명박 대통령은 배신자다. 자신을 지지해준 '수도권', '중도 이념', '중산층'을 배신했다. 아니, 좀더 심하게 말하면 배신이 아니라 퇴행이다. '티케이', '공안 세력', '부자'를 합치면 '민주주의 퇴행'이 된다. 대한민국 민주주의 발전의 역사를 거꾸로 돌리고 있는 것이다. 이유가 뭘까? 왜 배신한 것일까? 왜 거꾸로 가는 것일까?"라면서 다음과 같이 말했다.

"몇 가지 가설이 있다. 첫째, 이념 콤플렉스다. 이명박 대통령은 대학 시절 잠시 학생운동을 했다가 감옥에 간 일이 있다. 그 뒤 건설회사에 들어가서는 민주화 운동이나 노동 운동을 한 사람들에게 필요 이상의 적대감을 표시하곤 했다. 대통령 당선 뒤 바로 이 이념 콤플렉스가 작동했다는 것이다. 둘째, 최소 지지율 확보를 위한 선택이라는 설명이 있다. 미국산 쇠고기 수입 파동으로 지지율이 10%대까지 추락하자, 단기적인 지지율 반등을 위해 '오른쪽'에 의존할 수밖에 없었다는 분석이다. 눈앞의 정치적 이익 때문에 '분열의 정치'를 하고 있다는 것이다. 이유가 무엇이든 분명한 것은 '용산 이명박'으로는 절대 성공할 수 없다는 점이다."[13]

용산 철거민 참사는 재개발 사업의 잔인성을 말해주는 사건이기도 했다. 재개발 사업 시 지주와 개발업자들은 세입자들의 권리·재산권은 물론 유·무형의 자산을 무시하는데, 대표적인 것이 상가 권리금이었다. 『부동산 계급사회』의 저자 손낙구는 참사가 일어난 서울 용산4구역의 예로 이를 설명했다. "용산4구역에는 1,200여 가구가 살았다. 300여 가구는 소유주이고, 900여 가구는 상가·주택 세입자다. 300가구가 900가구를 몰아내고 하는 사업인 것이다. 특히 상가 세입자의 알토란같은 재산을 업소당 최소 1억 원 이상씩 빼앗았다. 참사로 숨진 복국집 아저씨는 인테리어와 권리금이 1억 5,000만 원 이상이었지만 보상은 5,000만 원이 안 됐다."[14]

재개발은 비리의 온상이기도 했다. 2월 11일 경제정의실천연합회는 지난 1993년부터 2008년까지 언론에 보도된 재개발·재건축 관련 부패·비리 사건 99건에 대한 유형을 분석한 결과 공무원이 연루된 비리·부패 사건은 23건(23.2퍼센트)에 이른다고 밝혔다. 23건에 연루된 공무원은 자치단체 공무원은 물론 경찰, 자치의회 의원 등이 포함되었다. 이는 서민 주거환경 개선을 목적으로 한 재개발·재건축 사업에 도움을 주어야 할 공직자들이 '몫 나누기'에 혈안임을 방증하는 것이었다. 99건의 부패·비리 사건으로 주고받은 뇌물 액수는 1,644억 1,200만 원에 달했다. 사건당 16억 6,100여 만 원의 뇌물이 오간 셈이다. 건당 뇌물 액수는 기업·은행이 연루된 사건에서 가장 높아 평균 70억 5,900만 원에 달했다.[15]

『한겨레21』은 용산 철거민 참사의 진정한 '배후'로 재개발조합-폭력조직-재벌 건설사-구청의 '사각동맹'을 지목했다. "무지막지한 철거 참사가 빚어진 배경에는 '돈은 곧 시간'이라는 괴물이 도사리고 있었다. 그리고 시공사, 재개발조합, 지자체 등까지 폭력조직이 깊숙이 개입한 '돈놀음'에 함께 뛰어들었던 것이다."[16]

"정부는 누구 하나 죽어야만 귀를 기울여요"

검찰은 용산 참사의 원인이 철거민에게 있으며, 경찰에겐 책임이 없다고 했다. 생존자 27명이 구속·불구속 기소되었다. 시민사회단체와 종교계 등에서는 용산 참사를 가진 자 중심으로 펼치는 이명박 정권의 재개발 정책의 산물이라 보고 '이명박 정권 용산 철거민 살인진압 범국민대책위'(범대위)를 꾸렸다. 범대위가 용산 참사 추모 행사를 열자 정권은 모진 탄압을 가했다. 범대위 주최 추모 집회에 참석한 시민·학생 등 300여 명이 경찰에 소환되어 조사를 받았다. 범대위 활동가 10여 명은 집시법과 도로교통법 위반 등으로 기소되었고, 그중 1명은 구속되어 재판을 받고 있었다.

2009년 3월 28일 구술집 『여기 사람이 있다』(삶이보이는창)가 발간되었다. 르포 작가, 기자, 블로거 등 15명이 힘을 모아 용산 등 철거민들의 삶의 이야기를 엮은 것이다. '용산 참사' 당시 망루 생존자 중 한 명인 지석준은 "우리나라 정부는 누구 하나 죽어야만 귀를 기울여요. 이렇게 해서라도 법을 뜯어고쳐야지, 계속 이렇게 없는 사람들만 착취하고, 없는 사람 것 뺏어다가 잘사는 사람 도와주는 게 무슨 나라예요. 장사하던 데서 계속 장사하겠다는 게 그렇게 잘못된 거고 터무니없는 요구인가요?"라고 말했다.[17] '용산 참사' 110일째를 맞은 5월 9일 저녁 서울 한강로 남일당 빌딩 사고 현장 앞에서 희생자 유족들을 비롯해 범대위 소속 회원들이 '500인 농성의 날' 추모 미사를 열었다.

6월 3일 서울대학교 교수 124명이 시국 선언을 발표했다. 이 선언에 참여한 김명환 교수는 교수들이 시국 선언에 나선 이유를 '위기감' 때문이라고 설명했다. 그는 "올해 들어 '용산 참사'에서부터 화물연대 박종태 씨 자살까지 계속 상황이 악화되고만 있다"며 "이대로 있을 순 없었다"고 말했다. 김명환은 특히 용산 참사를 국민적 화합에 정면으로 역행한 사건으로 지목했다.[18]

'불타 죽고 감옥 가고 참담한 피해자들'

『시사IN』은 「불타 죽고 감옥 가고 참담한 피해자들」이라는 기사에서 "서울 용산구 한남동 순천향병원 영안실 4층에서는 가장을 잃은 다섯 가구 20여 명이 5개월째 장례식도 치르지 못한 채 합숙 생활을 한다"며 "참사 희생자 5명의 부인들은 그동안 청와대로, 한나라당사로, 대검찰청으로 부지런히 찾아다니며 사태 해결을 요구했다. 그러나 가는 곳마다 경찰에 폭행당하거나 연행돼 멀리 버려지는 수모만 되돌아왔다"고 했다.[19]

6월 15일 저녁 천주교정의구현전국사제단의 시국 미사가 열리던 서울 용산 참사 현장에는 검은 바탕에 흰색 글씨의 플래카드가 내걸려 있었다. '더이상 죽이지 마라. 민중이 이긴다!' 빌딩 앞에 주차된 마이크로버스엔 '공권력의 명령이 도덕질서의 요구나 인간의 기본권 또는 복음의 가르침에 위배될 때, 국민들은 양심에 비추어 그 명령에 따르지 않을 의무가 있다'고 적은 플래카드가 붙어 있었다. 좁은 골목길에는 시국 미사에 참가하려는 신부, 수녀, 시민 들로 빼곡했다. 미사가 시작되기를 기다리는 사이 참사 이후 줄곧 유족들의 곁을 지켜온 송경동 시인이 고인들에 대한 추모시를 낭독했다.

"……134일째 다섯 구의 시신이/차가운 냉동고에 갇혀 있다./134일째 우리 모두의 양심이/차가운 냉동고에 억류당해 있다./134일째 이 사회의 민주주의가/차가운 냉동고에 처박혀 있다./134일째 이 사회의 역사가 전진하지 못하고/차가운 냉동고에 얼어붙어 있다./134일째 우리 모두의 분노가/차가운 냉동고에서 시퍼렇게 얼어붙어가고 있다.……"

저녁 8시를 훌쩍 넘긴 시각, 피켓을 든 신부 160여 명이 시국 미사 현장으로 들어섰다. 서울 명동 가톨릭회관에서 시국 토론회를 가진 뒤 도보로 용산 참사 현장까지 걸어오는 길이었다. 한 피켓엔 '어제는 용산에서의 그들이 내일은 우리 차례가 될지 모릅니다'라고 쓰여 있었다. 200여 명의 신부가 손마다 촛불을 들고 진행한 미사 중에 '한국 천주교 사제 1,178인 시국 선언문'이 발표되었다. 시국 선언문의 첫머리는 구약성경 구절을 인용한 내용이었다. 이명박에게 전하는 메시지였다.

"이 사람아, 주님께서 무엇을 좋아하시는지, 무엇을 원하시는지 들어서 알지 않느냐? 정의를 실천하는 일, 기꺼이 은덕에 보답하는 일, 조심스레 하느님과 함께 살아가는 일, 그 일밖에 무엇이 더 있겠느

냐?"(「미가」6장 8절)[20]

40만 명의 자발적 추모 인파가 모인 '명동의 기적'

2009년 2월 16일 김수환 추기경이 선종했다. 17일 9만 5,000여 명, 18일 14만 5,000여 명의 조문객이 명동성당을 다녀갔지만 추모 행렬은 선종 4일째인 19일에도 끝없이 이어졌다. 전날보다 이른 새벽 4시부터 조문객들이 몰려들었다. 일반 조문이 시작되는 오전 6시쯤 조문 행렬은 지하철 명동역까지 2킬로미터 이상 길게 늘어섰다. 시간이 흐를수록 추모 열기는 뜨거워져, 『조선일보』는 '김수환 추기경 신드롬', 『중앙일보』는 '명동 기적'이라고 했다. 언론과 지식인은 원인 분석에 들어갔다.

김호기 연세대학교 사회학과 교수는 "경제 위기로 삶이 어려워진데다가 신자유주의, 물질만능주의가 팽배해지면서 강력한 돈의 위세에 짓눌려 있던 사람들이 김 추기경에게서 돈 이전에 정신이나 도덕의 소중한 가치를 찾아낸 것"이라며 "김 추기경의 선종이 그런 것에 대한 잠재돼 있던 그리움을 밖으로 표출시켰다고 볼 수 있다"고 분석했다. 이동연 한국예술종합학교 한국예술학과 교수도 "이명박 정부 들어 경제 살리기도 안 되고, 용산 철거민 참사에서 드러난 사회 양극화의 현실과 약자 무시 정책에 대한 불만이 이웃을 사랑하라며 나눔을 실천했던 김 추기경에 대한 추모로 분출되고 있는 것으로 보인다"고 말했다.[21]

백혜영『PD저널』기자는 "언론이 김수환 추기경의 생애와 업적, 추모 열기 등을 '반복적'으로 재생산하는 동안 우리 사회의 다른 중요한 이슈들은 '묻히고' 있다"며 이렇게 말했다. "바로 얼마 전, 연쇄살인 피의자 강 모씨 사건으로 '용산 참사'를 덮으라고 지시했던 청와대 홍보 지침 파문이 터졌다. 그때 역시 언론은 강씨 사건으로 방송 뉴스와 신문 지면을 '도배'했고, 결과적으로 '용산 참사' 등 다른 중요한 이슈들이 쉽게 묻히는 데 일조했다. 이에 대해 조중동은 물론 방송 3사는 소극 보도로 일관했고, 여전히 의혹은 풀리지 않고 있다. 그런데 불과 며칠 만에 언론은 이와 같은 잘못을 똑같이 되풀이하고 있다."[22]

오명철『동아일보』전문기자는 "드러내놓고 말은 안 하지만 모두들 충격을 받은 모습이다. 40만 명의 자발적 추모 인파가 모인 '명동의 기적', 그리고 '추기경 신드롬' 때문이다. 천주교 수녀부도 인정하다시피 김수환 추기경의 장례식은 자신들도 '깜짝 놀랄 만큼' 감동적이었다. 공식적으로는 서울대교구장이었지만 정신적으로는 국민장이나 다름없는 추모와 애도의 물결 속에서 한 성직자의 장례가 치러진 것이다"고 했다.[23]

'명동의 기적' 또는 '추기경 신드롬'은 "국회의원에게 월급 주지 말자"는 말로 대변되는 정치혐오증과 관련이 있었던 것은 아닐까? 비단 정치뿐만 아니라 정치가 어느 정도 필요한 모든 정치적 영역이 불신과 환멸의 대상으로 전락한 상황에서 그 모든 정치적 고려와 계산을 뛰어넘어 헌신했던 김수환 추기경이야말로 진정 '정치'에 지친 한국인들이 매달리고 싶은 구원의 상징은 아니었을까? 세속의 삶, 그중에서도 그 세속의 때가 가장 많이 드러나는 정치에 환멸을 느낀 한국인들의 자기 정화 의지의 투영은 아니었을까? 그렇기에 더더욱 김수환 추기경은 종교를 넘어서 썩을 대로 썩은 세속사회의 수렁을 넘어 국가와 민족의 구세주로 자리매김될 수밖에 없었으리라.

이명박 대선 캠프 언론인 70퍼센트, '낙하산'

이명박은 대통령 후보 시절 방송을 '신산업 성장 동력'이라고 했는데, 그에게 방송은 그가 몸담았던 건설업과 다를 바 없는 경제적 산업에 불과했다.[24] 그것도 자신이 마음대로 주무를 수 있는 산업이었고, '언론'이라는 개념은 아예 없었다. 있다 하더라도 그건 포섭과 통제의 대상일 뿐이었다. 2009년 2월 『미디어오늘』의 조사에 따르면, 2007년 대선에서 이명박 대통령 선거 캠프에 있던 언론인 출신 인사 41명을 추적한 결과 70퍼센트가 넘는 29명이 공직에 있거나 언론계에 재직 중인 것으로 드러났다. 또 청와대와 정부기관에도 언론계 출신이 다수 입성했다.

대선 캠프에 있던 전직 언론인 상당수는 정부 산하기관으로 직행했다. 신재민 전 『주간조선』편집장은 문화부 차관, 임은순 전 『경향신문』논설위원은 신문유통원장, 기세민 전 『남도일보』정치부장은 신문유통원 경영기획실장, 서옥식 전 『연합뉴스』편집국장은 한국언론재단 사업이사, 양휘부 전 방송위원회 상임위원은 한국방송광고공사 사장, 김인규 전 KBS 이사는 한국디지털미디어산업협회 회장, 최규철 전 『동아일보』논설주간은 뉴스통신진흥회 이사장으로 임명되었다.

또 임연철 전『동아일보』논설위원은 국립중앙극장장, 김종완 전『동아일보』부국장은 국민체육진흥공단 상무이사, 김용한 전 CBS 본부장은 한국토지공사 감사로 재직 중이었다.

특히 구본홍 YTN 사장, 이몽룡 스카이라이프 사장, 정국록 아리랑TV 사장, 차용규 OBS 사장 등 캠프 출신 인사 상당수가 언론계로 투입되었으며, 공보단 소속 이동관 전『동아일보』정치부장, 박흥신 전『경향신문』부국장, 김좌열 전『경북일보』서울지사 부국장은 모두 청와대에 입성했다. 방송 특보였던 곽경수 전 KBS 기자는 청와대 춘추관장, 언론위원을 역임한 이성준 전『한국일보』편집인 · 함영준 전『조선일보』사회부장은 각각 언론문화특별보좌관과 문화체육비서관에 임명되었다.[25]

이명박은 한국 언론을 타락시킨 최악의 주범이 되기로 작정했던 걸까? 자신의 선거를 도운 언론인들에겐 고위 공직을 나눠준 반면 언론인답게 일하려는 언론인에겐 통제와 탄압으로 대처했으니 말이다. MBC가 2009년 4월 봄 개편 때 정부 정책을 따끔하게 꼬집는 촌철살인의 클로징 멘트로 당시 큰 화제를 모았던 MBC〈뉴스데스크〉신경민 앵커를 하차시킨 것도 그런 맥락에서 이해할 수 있는 사건이었다. 성공회대학교 신문방송학과 교수 김서중은 이명박의 언론 통제 방식에 대해 다음과 같이 말했다.

"친여적 성향의 인사가 방송사 사장 또는 경영진이 되는 것도 매우 위험한데 대통령의 '정치적 동지'들이 방송사를 장악하기 시작한 것이다. 게다가 그 과정 또한 민주주의에 역행하고 인권을 침해하는 것이었다. 부당한 이유로 공영방송 이사를 교체하고, 편법을 동원하여

사장을 해임하였다. 그리고 이에 항의하는 사원들을 징계하고, 인사 불이익을 주는 방식으로 탄압하였다."[26]

고위직 45퍼센트가 영남인 '영남 향우회 정권'

2009년 2월 『국민일보』의 조사에 따르면, 청와대 인사 라인 13명의 절반 이상이 TK 인사들로 채워졌으며, PK(부산·경남) 출신까지 합하면 청와대 인사 담당자 80퍼센트 정도가 영남권 출신 인사들로 확인되었다. 청와대 인사 라인 중 호남권 인사는 전무한 것으로 드러났다. 실무를 담당하는 행정관급 이상에서 서울·경기 출신도 단 1명이 없었다. 이 같은 청와대 인사 라인의 TK 편중이 현 정부에서 TK 출신 인사들이 요직에 대거 포진하는 배경이 아니냐는 주장이 제기되었다.[27]

이명박 정권은 2007년 대선에서 이명박의 BBK 의혹 방어를 책임졌던 은진수 변호사를 감사원 감사위원으로 내정하는 극단을 치달았다. 이에 『한겨레』는 「'코드 인사'에 짓밟힌 감사원 독립」이라는 사설에서 "대통령의 방패로 일했던 인사를 감사위원으로 임명하고도 감사원이 청와대 입김에서 벗어나 독립적인 감사를 펼 수 있으리라 생각하는 사람은 없다"며 다음과 같이 말했다.

"이렇게 된 데는 물론 이명박 정권의 책임이 크다. 대선 때 공을 세운 이에게 자리를 챙겨주고 감사원을 계속 대통령의 통제 아래 두겠다는 그릇된 욕심 탓이 크다. 그러나 김황식 감사원장의 무소신과 해바라기성 기질도 비판에서 자유로울 수 없다. 아무리 정권의 요구가 거셌다고 해도 김 원장이 감사원 독립을 지키겠다는 의지가 있었다면, 은씨와 같은 인물을 대통령에게 제청하진 않았을 것이다. 김 원장은 감사원 위상을 새로 세울 기회를 저버렸다는 평가에서 내내 벗어나기 어려울 것이다."[28]

2월 17일 민주당 김진표 최고위원은 국회의원 회관에서 민주당이 주최한 'MB정권 역주행 1년: 끝없는 인사 실패'라는 주제의 토론회에서 기조발표를 통해 이명박 정부의 장·차관 등 고위직 인사 중 절반 이상이 영남 출신이라는 조사 결과를 제시했다. 특히 사정기관장은 100퍼센트, 금융·공공기관장은 10명에 평균 6명이 영남 출신이었다.

이에 따르면 2009년 2월 현재 장관, 차관, 청와대 비서관급 이상, 주요 공공기관장과 감사 등 고위직 인사 322명 중 출신지가 확인된 경우는 315명이었고, 이 가운데 45퍼센트(142명)는 영남 출신이었다. 이는 경인 20퍼센트(63명), 충청 14.2퍼센트(45명), 호남 13.9퍼센트(44명), 강원 4.4퍼센트(14명) 등 타 지역을 압도하는 수준이었다.

국가정보원장, 법무부 장관, 국군기무사령관 등 사정기관은 아예 100퍼센트 영남 출신으로 채워졌다. 정부 고위직 인사를 담당하는 청와대 인사 비서관실은 김명식 비서관을 포함해 행정관급 이상 10명 중 6명이 TK였다. 여기에 경남과 부산 출신 2명을 합하면 영남 출신이 80퍼센트를 차지했다.

김진표는 "과거 한나라당은 국민의 정부 시절 호남 출신이 22%, 영남 출신이 28%였을 때도 호남 편중이라고 비판했었는데 지금은 거의 영남 향우회 수준"이라며 "국무위원에 대한 국회 임명 동의 절차 도입 등 인사 청문 제도 강화가 필요하다"고 지적했다.[29]

『시사IN』이 이명박 정부 100대 요직 중 재산 신고 추적이 가능한 인사 76명을 대상으로 분석한 바에 따르면, 평균 재산 신고액은 21억 9,242만 6,000원이었다. 이들 가운데 자신이나 배우자 명의로 서울 강남·서초·송파·분당 등 이른바 버블세븐 지역에 아파트나 집, 오피스텔 등을 소유한 사람은 모두 48명에 달했다.[30]

이명박 정권 공신들의 동종교배형 '약탈 전쟁'

『경향신문』의 조사에 따르면, 국정원, 검찰, 경찰, 국세청 등 4대 권력 기관의 요직 14명 중 비영남·비고려대학교 출신은 4명에 불과한 것으로 나타났다. 실제 요직을 차지한 14명 중 이명박의 고향인 영남과 모교인 고려대학교 출신은 각각 절반인 7명이었으며, 14명 중 영남·고려대학교의 '합집합'은 10명으로 지연·학연으로 엮이지 않은 공직자는 천성관 중앙지검장 등 4명에 불과했다.[31]

『국민일보』 편집부국장 성기철은 "김영삼·김대중 정부 초기보다 편중이 더 심한 것은 말할 것도 없고, 군사정권 시절을 보는 것 같다. 경북 포항에서 고등학교까지 졸업했지만 대학을 서울에서 다니고, 정치적 기반 역시 서울인 이명박 대통령이 왜 이토록 편협하게 인사를 하는지 이해하기 힘들다"며 다음과 같이 말했다.

"특정 지역 편중 인사는 독선적 국정 운영을 부를 가능성이 있다. 끼리끼리 문화를 조성함으로써 공직 사회에 균열이 일어나는 부작용이 생겨날 수 있다. 영남 출신 공무원들은 힘이 날지 모르겠지만 소외

지역 공무원들은 사기가 떨어질 수밖에 없다. 이럴 경우 국민 통합은 물 건너가고 만다. 아무리 소통을 얘기해본들 소용이 없다."[32]

성한용 『한겨레』선임기자는 "문제는 이명박 대통령의 독특한 경력과 성격에 따른 인사의 실패인데, 이 부분은 교정이 불가능하기 때문에 앞으로 4년 동안 반복적 패턴으로 나타날 가능성이 높다"고 지적했다. 건설회사 현장 소장을 거치면서 사람에 대한 의심이 많아졌고, 현대건설 사장 시절에는 인사 결정에 앞서 당시 정주영 회장을 의식할 수밖에 없었다는 지적이다. 성한용은 이명박이 모르는 사람은 가급적 쓰지 않고, 자신이 믿을 수 있는 사람 위주로 인사를 한다는 점에서 'TK 지역 편중 인사'는 사라지지 않을 것이라고 전망했다.[33]

『한국일보』논설위원 이유식은 "최근 이뤄진 금융 공기업과, 정부가 영향력을 행사하는 주요 기업의 CEO 등 요직 인사는 시중의 예상을 한 치도 벗어나지 않았고 누가 봐도 혀를 찰 만한 '동종교배' 양상을 보여줬다"며 다음과 같이 말했다.

"동종교배 인사의 해악은 수없이 많지만 두 가지 점이 특히 문제다. 첫째는 권력 인맥을 앞세워 호가호위하는 세력이 발호하고 결국은 끼리끼리 뭉쳐 공복 의식보다 사적 이익을 좇게 된다. 당연히 소통은 차단된다. 둘째는 줄 대기가 능력과 성과의 척도로 부각돼 공직 사회의 안정성이 무너지고 곳곳에 불만과 불신의 피로가 축적된다는 점이다."[34]

이명박의 인사 파탄에서 최악의 모습을 보인 것 중의 하나가 바로 금융권이었다. 정권의 공신들이 논공행상을 하려 할 때 말려야 할 원로 그룹이 먼저 자리를 꿰차는 등 약탈 전쟁이 벌어졌으니,[35] 약탈 국가의 진면목을 보여주기로 작정했던 것 같다. 『경향신문』은 「정부는 인사를 망사亡事로 만들 작정인가」라는 사설에서 다음과 같이 말했다.

"보은 인사의 폐해는 심각하다. 보은 인사는 무엇보다 업무 성과를 내기보다 정권이나 윗사람에게 잘 보이려는 충성 경쟁을 부추긴다. 그렇게 되면 권력자의 주위에는 고언이나 충언을 하는 사람은 사라지고 한 건 챙기려는 예스맨만 모여들게 된다. 정부도 이를 모를 리가 없다. 이 정권은 출범 이후 '고소영' 인사, 낙하산 인사, 회전문 인사 등으로 내내 곤욕을 치르고도 전혀 바뀌지 않았다. 아예 인사로 망하기로 작정이라도 했나."[36]

탤런트 장자연을 타살한 '더러운 포식자들'

2009년 3월 7일 인기 드라마 〈꽃보다 남자〉에 출연한 탤런트 장자연이 술자리 접대와 성 상납 강요 등을 폭로한 문건을 남기고 스스로 목숨을 끊어 큰 충격을 주었다. 이 사건과 관련, 연예기획사 간부인 A 씨의 증언에 따르면, "연예기획사 소속 여배우가 룸살롱에서 술 접대를 하는 관행은 분명히 있습니다. 회사 규모와 상관없이 사장 마인드에 따라 벌어지는 일이죠. 몇 년 전부터 기획사들의 주식시장 상장 붐이 일면서 '돈줄'이 되어줄 외부 투자자들에게 접대를 하는 경우가 늘어났는데 그때 여배우가 동행하게 되곤 합니다."[37]

이 사건을 계기로 한국방송영화공연예술인노동조합(한예조)이 연기자 183명을 대상으로 설문조사한 결과 19.1퍼센트인 35명이 '나 또는 동료가 성 상납을 강요받았다'고 밝혔다. 5명 중 1명꼴이었다. 한

예조는 확보된 '가해자 리스트'까지 공개하지는 않았지만, 가해자의 직업은 방송사 PD, 작가, 방송사 간부, 연예기획사 관계자, 정치인, 기업인 등이었다.[38] 여성 연예인들의 술자리 접대는 주로 룸살롱에서 이루어졌기에 이는 '룸살롱 사건'이기도 했다.

한국 밤문화의 '지존'이라 할 룸살롱은 이명박 시대에 이르러 장려되고 있다는 비판이 연초부터 왕성하게 제기되고 있었다. 이명박 정부가 '친기업' 정책의 일환으로 접대 문화에 긍정적 자세를 보임으로써 사실상 룸살롱을 키우는 게 아니냐는 비판이었다. 김학민은 『한겨레21』에 쓴 「룸살롱으로 서민경제 활성화?」라는 칼럼에서 "이명박 정부의 '강남 살리기'가 눈물겹다. 서울 강남 부자들의 가슴에 꽂힌 비수를 뽑아주겠다며 종부세를 너덜너덜 빈껍데기로 만드는가 하면, 강남의 아파트 경기를 끌어올리겠다며 재건축 요건을 대폭 완화한다. 강남 3구의 투기 지역 지정을 전면 해제하고 분양가 상한제를 폐지하겠다며 국토해양부와 기획재정부, 청와대가 생쇼를 벌인다. 다주택 소유자들의 주택 매매를 쉽게 하기 위해 양도소득세의 한시적 면제를 검토하겠다고도 한다"며 다음과 같이 말했다.

"여기에 코미디극을 하나 더 추가한다. 서민경제 활성화의 일환으로 기업들의 접대비 한도액 50만 원을 100만 원으로 올리거나 아예 그 한도 규정을 없애겠다는 것이다. 과거 투명하지 못한 공공기관의 업무추진비와 기업의 흥청망청 접대비가 어떤 용도로 쓰여졌고, 그 쓰인 곳이 대부분 어디인지는 삼척동자라도 다 안다. 그간 부정부패를 줄이기 위해 어렵사리 접대비 한도액을 시민들의 상궤 수준으로 정했고, 그래서 강남의 호화 룸살롱들이 직격탄을 맞은 것도 사실이다. 그런데 다시 접대비 한도액을 올려 서민경제를 활성화하겠단다. 그렇다면 룸살롱 경기를 살리겠다는 것인데, 내년에 쏟아져나올 백수 여대생들의 일자리 창출 때문일까?"[39]

『미디어오늘』 논설위원 박상주는 「더러운 포식자들…」이라는 칼럼에서 "우리 사회를 지배하는 어둠의 포식자들이 여성 연예인들을 상대로 자신의 성욕을 채워온 것으로 드러나고 있다. 수치심을 견디지 못한 한 여배우는 스스로 목숨을 끊었다. 탤런트 장자연 씨의 죽음! 형식은 자살이지만 내용은 타살이다. 한 여배우를 죽음으로 내몬 그 무서운 포식자들을 어떻게 법의 심판대에 세울 것인가"라면서 다음과 같이 말했다.

"이른바 '장자연 리스트'에 오르내리고 있는 이름들은 검은 발톱으로 대한민국을 찍어 누르고 있는 '무소불위 포식자'들이다. 그 포식자들의 면면이 하도 어마어마한지라 경찰마저 벌벌 떨고 있는 모양새다. 말 바꾸기와 시간끌기를 하면서 미적거리고 있다.……아무리 막강한 돈도, 권력도, 지위도 인간의 존엄성을 짓밟을 수 없다. 아직도 고 장자연 씨와 같은 상황에서 신음하고 있을 다른 연예인들을 생각해보라. 장자연 씨의 죽음을 헛되이 해선 안 된다. 인면수심人面獸心의 더러운 포식자들을 엄정한 법의 심판대에 세워라! 그 범죄를 명명백백히 밝히고 그 이름도 공개하라!"[40]

'한국 사회의 악의 축은 룸살롱'

장자연 사건의 와중인 3월 24일 밤 청와대 국정기획수석실 산하 방송통신비서관실 김 모 행정관과 같은 부서 장 모 행정관, 방통위 과장급 간부 등이 서울 마포구 노고산동의 한 룸살롱에서 케이블 방송업계 관계자에게서 향응을 받은 사실이 수일 후에 드러나 큰 논란을 빚었다. 특히 김 행정관은 이날 룸살롱에서 술 접대를 받은 뒤 인근 신촌의 A 모텔에서 성매매를 하다가 기습 단속에 나선 경찰에 적발되었다. 경찰은 이날 A 모텔에서 김 행정관을 포함해 2명을 성매매 혐의로 붙잡아 불구속 입건했다.[41]

2009년 1분기(1~3월) 성매매로 적발된 공무원 수는 95명으로, 전년도 전체 성매매 적발 건수 229명의 40퍼센트를 넘어섰다. 2004년(101명), 2005년(98명)과 비교하면 한 해 적발 건수에 근접한 수치였다.[42] 기업들의 접대비는 2005년 5조 1,626억 원, 2006년 5조 7,482억 원에 이어 2007년에는 6조 3,647억 원에 달해 처음으로 6조 원을 넘어섰는데, 실제 접대비는 이보다 훨씬 더 많다는 게 중론이었다. 접대비를 복리후생비, 지급 수수료 등에 계상하는 일이 흔하기 때문이다. 술자리 접대는 곧잘 '성 접대'로 이어졌다.

2009년 4월 포털사이트 커리어www.career.co.kr가 직장인 887명을 대상으로 접대 문화에 대해 조사한 결과 25.6퍼센트가 성 접대로 이어진다고 답했다. '접대 관행 중 하나라서'(44.6퍼센트)라는 대답이 가장 많았고 '거래처나 고객의 요구 때문'(31.3퍼센트), '더 잘 보이기 위한 방편으로'(19.3퍼센트), '회사의 지시 때문'(3.6퍼센트) 등이 뒤를 이었다.[43]

『삼성을 생각한다』에서 삼성의 비리를 폭로한 김용철 변호사는 "검사 시절, 나는 '한국 사회의 악의 축은 룸살롱'이라고 생각한 적이 있다. 수사를 하다 보니, 온갖 나쁜 짓은 다 룸살롱과 연결돼 있었다.……대략 이런 식이다. 조세 투명성이 낮으니, 지하경제만 번창한다"며 다음과 같이 말했다.

"대표적인 게 룸살롱이다. 그리고 공권력이 공정하게 집행되지 않으니, 다들 권력층에 줄을 대려고만 한다. 이들이 끈끈하게 어울리는 곳은, 역시 룸살롱 같은 유흥업소다. 마음에서 우러난 교제가 아닌, 억지 친분을 쌓으려면 술과 접대부가 필수적이기 때문이다. 돈과 권력을 가진 자들끼리 폭탄주를 주고받는 횟수가 잦아질수록 법과 질서는 기득권층에게만 유리해진다."[44]

강준만은 2011년 이런 현실을 기록하고 고발한『룸살롱 공화국: 부패와 향락, 패거리의 요새 밀실접대 65년의 기록』이라는 책에서 약탈을 위한 칸막이 현상을 공고하게 만들기 위한 것이 접대고, 그런 접대의 무대가 룸살롱이라며 다음과 같이 말한다.

"한국은 명실상부한 '접대 공화국'이다. '접대 경제'의 규모가 너무 커져 '접대 규제'는 민생에 큰 영향을 미치는 경지에까지 이르렀다. 주고받는 접대 속에 인정이 싹트고 명랑사회가 구현될까? 아무래도 아닌 것 같다. 부정부패가 꽃을 피울 가능성이 높다. 그러나 갈수록 포장술이 세련되어져 '인맥'이니 '인적 네트워크'니 하는 고상한 합법적 메커니즘의 길로 나아가게 될 것이다. 그런 의미에서 룸살롱은 한국 사회의 또 다른 얼굴인 셈이다."[45]

노무현 전 대통령의 서거와 추모 열풍

2009년 3월 31일 박연차 태광실업 회장이 노무현 전 대통령 퇴임 직전인 2월 노무현의 조카사위에게 우리 돈 70억 원에 상당하는 미화美貨 500만 달러를 송금한 것으로 검찰 수사에서 밝혀졌다. 박연차는 홍콩에 설립한 자회사인 APC 계좌를 통해 노무현의 친형 노건평의 첫째 사위 연 모씨에게 이 돈을 보낸 것으로 알려졌다.

4월 30일 오전 7시 57분 경남 김해시 봉하마을 노무현의 사저. 노무현이 현관 밖으로 모습을 드러냈다. 수뢰收賂 의혹과 관련, 검찰 소환에 응하기 위해서였다. 노무현을 태운 버스가 고속도로로 접어들었다. 앞뒤로 경호차가 따라붙었다. 20여 대의 취재 차량이 뒤를 이었다. 하늘에는 경찰과 언론사의 헬기가 떴다.

노무현은 서울 서초구 대검찰청 1120호 특별조사실에서 조사를 받았다. 아들 노건호가 이미 거쳐간 곳이었다. 노무현은 특조실에서 밤 늦게까지 조사를 받았다. 담당 검사들이 번갈아 들어와 조사를 했다. 그가 임명했던 임채진 검찰총장은 특조실과 연결된 CCTV를 통해 조사 장면을 모니터링했다.[46] 노무현은 이튿날 새벽 2시께 풀려났다.

5월 23일 이른 새벽 노무현이 컴퓨터에 유서를 남겨놓고 뒷산 봉화산에 있는 30미터 높이의 부엉이 바위 절벽에서 투신해 스스로 목숨을 끊었다. 오전 6시 40분쯤이었다. 경남 양산 부산대병원으로 옮겨졌으나 의식을 되찾지 못하고 오전 9시 30분쯤 운명했다.

5월 23일 오후 2시쯤 경남 양산 부산대병원에 도착한 안희정 민주당 최고위원은 "전직 대통령의 명예를 훼손하고, 시정잡배로 만들었다"면서 "이는 노 전 대통령에 대한 모욕이 아니라 대한민국 전체를 모욕한 것"이라고 검찰과 이명박 정부를 비난했다. 김두관 전 행정자치부 장관은 "이명박 정부가 너무 잔인하다"고 비난했다.

전국언론노조는 5월 24일 성명에서 "검찰과 조중동이 앞서거니 뒤서거니 하면서 도덕적 흠집내기에 혈안이었다"며 "노 전 대통령의 서거는 이명박 대통령과 검찰·조중동이 만들어낸 정치적 타살"이라고 규정했다. 민주언론시민연합도 "시민들이 노 전 대통령의 서거를 놓고 이명박 정권, 검찰뿐 아니라 조중동에 대해서도 분노하고 있다"며 "자신들이 그토록 공격했던 전직 대통령이 서거한 순간까지 악의적 왜곡과 모욕주기를 중단하지 않은 행태는 심판받을 것"이라고 밝혔다.[47]

노무현의 서거에 대해 애도와 추모의 열풍이 전국을 소용돌이처럼 강타하면서 정부에서 만든 분향소 81곳, 전국 사찰과 각종 사회단체 등이 만든 분향소가 200곳 가까이로 늘어났다. 이틀 동안 무려 15만명이 다녀간 김해 봉하마을뿐만 아니라 전국 곳곳에 설치된 분향소마다 조문객들의 발길이 끊이지 않았다. 반면 이명박·한나라당 지지율은 20퍼센트대로 추락했다.[48] 서거 닷새째인 27일 조문객 수가 300만명(국민장 장의위원회 공식 발표)에 근접했으며, 인터넷 추모글도 100만 건을 돌파했다.[49] 고인의 빈소가 차려진 경남 김해의 봉하마을 추모객만 5월 27일로 70만 명을 넘어섰다.[50]

2009년 5월 30일에 실시된 『한겨레』 여론조사에서 민주당이 4년 8개월 만에 한나라당에 지지율이 앞선 것으로 나타났다. 민주당 측은 "열린우리당, 대통합민주신당, 통합민주당 등으로 당명 변경과 당 해산, 탈당, 창당 등 별의별 짓을 다해도 꿈쩍 않던 지지율이 이번에 움

직였다"며 지지율 상승에 놀라움을 표시했다.[51]

놀랄 만도 했다. 두 정당의 지지율은 그간 '민주당 10퍼센트 중반 대 한나라당 30퍼센트 초반'이었는데, 노무현의 '서거 국면'이 지속되면서 여론이 요동치기 시작했다. 5월 25일 조사해 27일 발표한 한국사회여론연구소KSOI 여론조사 결과, 민주당 대 한나라당 지지율은 각각 20.8퍼센트, 21.5퍼센트를 기록하며 민주당이 오차범위 안에서 한나라당의 지지율을 추격했는데, 5월 30일에 조사해 6월 1일 발표한 『한겨레』와 리서치플러스의 여론조사 결과에서 민주당과 한나라당은 27.1퍼센트 대 18.7퍼센트 지지율을 기록한 것이다. 바로 다음 날인 5월 31일 조사해 6월 1일 발표한 윈지코리아컨설팅 여론조사 결과에서도 민주당 대 한나라당은 27.3퍼센트 대 20.8퍼센트로 6.5퍼센트포인트 차이를 보이며 오차범위를 벗어난 뚜렷한 우열을 기록했다.[52]

"언론자유와 민주주의 유린한 미디어법 날치기"

이명박 정부는 2009년 3월 공정거래법 개정으로 재벌들이 줄기차게 요구해온 출자총액제한제 폐지를 국회에서 통과시켰다. 이제 자산총액 10조 원 이상 대규모 기업 집단이 순자산의 40퍼센트를 초과해 국내 기업에 출자할 수 있게 되었다. 이어 이명박 정부는 산업자본의 금융자본 지배도 완화했다. 2009년 7월 22일 국회를 통과한 금융지주회사법 개정안은 대기업과 같은 산업자본이 소유할 수 있는 은행이나 은행지주회사의 의결권 있는 지분 한도를 4퍼센트에서 9퍼센트로 확

대했다.[53]

이명박 정부의 이런 친親기업 행보는 미디어 분야에도 그대로 적용되었다. 2009년 7월 22일 오후, 2008년 12월 국회에 제출된 이래 정국 긴장과 사회적 논란을 부른 미디어 관련 3법(방송법, 신문법, 인터넷 멀티미디어 방송사업법) 등이 여야 의원들의 거친 몸싸움 속에 국회 본회의를 통과했다. 수정을 했다지만 '무늬만 바꾼' 수정안이라는 말을 들을 정도로 주요 내용은 바뀌지 않았다.

방송법은 대기업과 신문이 지상파 방송과 종합편성·보도전문 케이블 채널을 소유할 수 있도록 조건을 완화하는 것이 핵심 내용이었다. 통과 법안은 신문과 대기업의 지분 참여 한도를 지상파 방송 10퍼센트, 종합편성채널 30퍼센트, 보도전문채널 30퍼센트로 정했다. 또 2012년까지 신문·대기업의 지상파 방송 겸영은 유예하되, 지분 참여는 허용키로 했다. 방송사에 대한 1인 지분 한도를 현행 30퍼센트에서 40퍼센트로 상향시켰다. 법안은 구독률이 20퍼센트를 넘는 신문의 방송 진출을 불허키로 했다. 방송 사업자의 시청점유율이 30퍼센트를 넘으면 광고 제한 등의 방식으로 '사후규제'에 나선다는 내용도 포함했다. 여기에 신문의 방송 소유·겸영 시 신문 구독률을 10퍼센트 범위 내에서 시청점유율로 환산하는 '매체 합산 시청점유율' 제도를 도입했다.

신문법은 일간신문과 뉴스통신사의 상호 겸영 금지를 폐지하고 지상파, 종합편성, 보도전문 방송의 겸영 역시 허용한 것이 골자였다. 대기업은 일간신문에 한해 지분의 50퍼센트를 초과해 취득 또는 소유할 수 없도록 했다. 또 일간신문·뉴스통신·방송사의 일간신문사 주식과 지분 취득 제한을 없애, 일간신문 지배주주가 여러 신문 소유를 가능토록 했다. 또 신문 지원 기관인 신문발전위원회와 한국언론재단을 통합해 '한국언론진흥재단'을 신설하고, 신문 유통을 신설 재단에 맡기도록 했다. 그러나 통합재단 이사장의 임면권을 문화체육관광부 장관이 갖도록 해 정부 지배력을 높이기 위한 일환이라는 비판을 받았다.

인터넷멀티미디어 방송사업법(IPTV법)은 대기업, 신문·통신사가 IPTV에서의 종합편성과 보도전문 PP에 대한 지분 소유를 30퍼센트까지 허용했다. 외국 자본은 종합편성 PP는 20퍼센트, 보도전문 PP는 10퍼센트까지 지분을 가질 수 있도록 출자나 출연을 할 수 있게 했다.[54]

7월 23일 『한겨레』는 「'조중동 권력'을 위한 반민주 악법」이라는 사설에서 "이들 법은 법의 처음부터 끝까지 모두 조중동의 이익을 지키고 보장하는 내용으로 채워졌다. 중앙·지역의 지상파 텔레비전에서 케이블의 종합편성채널과 보도전문채널에 이르기까지 거대 신문이 큰 어려움 없이 방송에 진입할 수 있도록 문을 활짝 열어놓았다"고 비판했다.

『경향신문』(7월 23일)은 「언론자유와 민주주의 유린한 미디어법 날치기」라는 사설에서 "한나라당의 날치기는 보수 신문과 재벌에 방송 주기 논란을 넘어 독재 우려를 키우고 있다. 국회 경위들이 국회 본회의장까지 들어와 집권 여당의 날치기 통과를 육탄 방어한 것은 군사 독재 정권 때도 보기 힘들었던 일이다. 한나라당은 절차에 있어서나, 내용에 있어서 의회 민주주의를 정면으로 짓밟은 것이다"며 다음과 같이 말했다.

"족벌 신문들의 방송 진출을 허용해 장기 집권에 유리한 환경을 조성하려는 이명박 정권의 간계를 파악했다. 사악한 논리를 동원해 오로지 사익과 자본의 이익 추구에 골몰한 족벌 신문들의 실체도 확인했다. 무엇을 할 것인가. 불퇴전不退轉의 각오로 흔들림 없이 언론자유와 민주주의 수호를 위한 투쟁에 나설 것이다. 이 정권이 미디어법 개악 정도로 국민의 눈과 귀를 틀어막는 데 성공했다고 자축이라도 한다면 큰 착각이다. 이미 시민사회에서는 '제2의 민주항쟁'에 대한 경고까지 나오고 있다."

"미디어 산업, 장벽 허물고 미래로 도약한다"

반면 『조선일보』(7월 23일)는 「지상파 독과점 유지시킨 미디어법이 남긴 숙제」라는 사설에서 "미디어법 통과는 어떤 분야든 '개방'과 '경쟁'이 상식인 글로벌 시대에 누구는 되고 누구는 안 된다는 구舊시대적 진입 장벽 하나가 일부라도 무너졌다는 상징적 의미가 있다"며 "그러나 어떻게 방송 독과점 구도를 해체해 여론의 다양성을 실현할 것이냐는 본질적 숙제는 그대로 남았다"고 했다.

『중앙일보』(7월 23일)는 「공정하고 다양한 미디어를 향해」라는 사설에서 "여·야 할 것 없이 본질은 제쳐놓고 특정 신문들의 방송 시장 진입을 막는 방법을 찾는 데만 골몰해 결국 당초 목적인 독과점 폐해 해소는 물 건너가버렸다. 각 당이 당리당략에 따라 숫자 놀음을 벌이는 과정에서 지분 참여 제한 등 규제적 요소들이 당초 안에 비해 훨씬 강화됐다. 그래서 일각에서는 개정법을 핵심 목표가 사라진 '누더기법'이라고 비난한다. 이런 아쉬움에도 불구하고 미디어 산업 선진화를 위한 첫 단추를 꿰었다는 성과는 결코 폄하할 수 없다"고 말했다.

『동아일보』(7월 23일)는 「미디어 산업, 장벽 허물고 미래로 도약한다」는 사설에서 "한나라당이 법안 저지를 노렸던 야당과 오랜 줄다리기를 하는 과정에서 당초 안에서 크게 후퇴했다. 이 법이 실제로 미디어 산업의 지각변동을 일으키고 지상파의 시장 및 여론 독과점을 완화하는 단계에까지 이를 수 있을지는 두고 봐야 한다는 시각도 있다. 미디어 산업의 육성과 뉴스의 다양성 확보라는 원래 취지를 살리기 위해 보완할 부분이 있다면 서둘러야 한다. 새로운 방송국이 등장하면서 경쟁 심화로 상업적 프로그램이 만연할 우려에 대해서는 엄격한 사후규제를 통해 해결할 일이다. 수신료를 받는 KBS는 공영성 강화에 힘써 방송의 모범을 제시해나갈 필요가 있다"고 했다.

7월 24일 『경향신문』은 「미디어법 날치기 통과 후 진보진영의 과제」라는 사설에서 "미디어법이 날치기 통과된 이튿날인 어제 최대의 수혜자로 지목돼온 족벌 신문들은 의외로 불만 섞인 반응을 보였다"며 다음과 같이 말했다.

"이런 반응은 2가지로 해석된다. 하나는 미디어법이 '족벌 신문 특혜법'이라는 비판을 의식한 표정관리 차원이고, 또 하나는 기대에 미치지 못했다는 실망의 표출이다. 따라서 '글로벌 시대'에 맞춰 지분 소유 등 규제를 더욱 확실하게 풀라는 주문이었다. 우리는 이 대목에 족벌 신문들의 끝없는 탐욕이 표현됐다고 본다. 이들이 환호한 대로 29년 만에 신문·방송 겸영 금지가 풀린 이상 앞으로 그 요구 수준이 높아질 것은 명약관화하다. 미디어법은 시종 족벌 신문들의 이익을 보장하는 내용으로 채워져 있지만 탐욕은 끝을 모르는 법이다. 이 정권이 미디어법을 날치기 처리했음에도 우리가 끝까지 포기해서는 안 될 부분이 이것이다."

날치기 통과와 관련된 미디어법 논란은 헌법재판소로까지 이어졌는데, 헌재는 2009년 10월 미디어법에 대해 "절차는 위법이나……무효는 아니다"라는 모호한 결정을 내렸다. 이어 헌재는 2010년 11월 25일 미디어법 관련 2차 권한 쟁의 심판 청구에 대해 재판관 4(각하) 대 1(기각)대 4(인용)로 기각 결정을 했다. 헌재는 "미디어법 처리 과정에서 의원들의 권한을 침해한 위헌·위법성을 어떻게 제거할지는 국회 자율에 맡길 사안이며 헌재가 구체적인 실현 방법까지 선택해 (이를 어긴 경우) 무효로 할 수는 없다"고 밝혔다.

이에 『한겨레』는 「헌재, 제 얼굴에 침 뱉었다」는 사설을 통해 "위헌·위법 상태도 상관없고 헌재 결정을 따르지 않아도 괜찮다는 투의 궤변이다. 정치적 이유 말고 법률적으로 가능한 판단인지 묻게 된다. 이런 행태는 헌재의 존립 근거를 스스로 허무는 일이다. 헌법과 헌재의 장래를 걱정하지 않을 수 없다"고 했다.[55]

전 서울대학교 총장 정운찬의 국무총리 지명과 세종시 갈등

2009년 8월 18일 오후 김대중 전 대통령이 85년간의 파란만장한 일생을 뒤로하고 세상을 떠났다. 이명박은 "큰 정치 지도자를 잃었다"며

"민주화와 민족 화해를 향한 고인의 열망과 업적은 국민들에게 오래 도록 기억될 것"이라고 말했다. 한나라당은 "대한민국의 위대한 지도 자 한 분을 잃었다"고 애도했고, 민주당은 "진정한 이 시대의 위대한 스승이었다"고 했다. 김영삼 전 대통령은 "나라의 큰 거목이 쓰러졌 다"며 "아쉽고도 안타깝다"고 말했다.[56]

'행동하는 양심'과 '화해와 용서'. 언론이 김대중 서거를 애도하면서 던진 메시지였다. 『미디어오늘』은 "노무현 전 대통령 서거 때보다는 덜하지만 김대중 전 대통령 서거를 둘러싸고 그의 유지를 해석하는 방식이 신문들마다 차이를 보이고 있다. 특히 김 전 대통령 재임 기간 당시 정부와 대립각을 세웠던 보수 신문들이 일제히 화합을 앞세우는 양상이다"고 했다.[57]

2009년 8월 27일 민주당 정세균 대표가 조건 없는 정기국회 등원 방침을 발표함으로써 민주당 의원들이 정세균에게 맡긴 의원직 사퇴 서도 없던 일로 되었다. 미디어법 무효를 주장하면서 100일 장외투쟁 에 나섰던 민주당이 방향을 바꾼 것은 김대중의 서거로 지지층이 결 집한 상태인 데도 민주당 지지율에 변화가 없었기 때문인 것으로 해 석되었다.

이명박의 지지율은 계속 오르고 있었다. 2008년 5월 이후 줄곧 20~30퍼센트 박스권에 머물러 있더니, 8월 들어선 대부분의 여론조 사에서 '이 대통령이 일을 잘하고 있다'는 응답이 40퍼센트를 훌쩍 넘었다. 그 앞 조사보다 많게는 10퍼센트포인트 넘게 올랐으니 뚜렷 한 상승세였다. 이명박의 지지율이 오르기 시작한 계기는 지난 6월 말 '중도 실용', '친親서민', '사회 통합'으로 국정 운영의 방향을 바꾸면서부터라는 것이 정치권의 해석이었다.

민주당은 이를 "이명박 정부의 위장전술이 통한 탓"이라고 했다. "껍데기에, 면피용이고, 형식에 지나지 않는" 정부의 중도 실용·친서민 정책이 내용이 있는 것처럼 국민에게 비치고 있기 때문에 이명박 지지율이 올라간다는 주장이었다. 그러나 최장집 고려대학교 교수는 "야당이 이명박 정부 비판에만 치중할 경우 정부가 조금만 잘하면 이를 높이 평가하는 심리적 현상이 생긴다"고 설명했다.[58]

『경향신문』(9월 15일)에 따르면, "이 대통령이 '뜨고 있다.' 지지율은 40% 중반대로 치솟았고, 남대문 나들이에는 2,000여 명의 시민이 몰려들어 환호를 보냈다. 대통령은 기념촬영을 요청하는 시민들에게 손가락으로 'V'자를 펼쳐 보이며 흡족해했고, 재래시장 상품권으로 손녀 선물을 사기도 했다. 이튿날에는 강원 홍천을 찾아 농민들과 고추를 수확했다. 17명의 국회의원들이 수행했다. 대선 캠페인의 분위기가 살아나는 것 같다고 참모들이 흥분할 만하다. 청와대는 홈페이지에 '대통령이 떴다'는 동영상 블로그를 만들었다고 하니 그런 대통령의 모습을 더 자주 접하게 될 것 같다."[59]

신바람이 난 이명박은 매사에 자신감을 보이더니 총리 후보에 충남 공주 출신인 전 서울대학교 총장 정운찬을 지명했다. 정운찬은 총리에 내정된 직후인 9월 3일 서울대학교에서 마지막 수업을 마친 뒤 강의실 밖에서 기다리던 기자들과 즉석 회견을 가졌는데, 여기서 그만 천기를 누설하고 말았다. 기자의 세종시 관련 질문에 재검토를 해야 한다는 평소 소신을 그대로 말해버리고 만 것이다.[60]

9월 4일 정세균 민주당 대표는 확대간부회의에서 "이명박 정권이 정운찬 전 서울대 총장을 총리로 내정한 것은 세종시를 후퇴시키기 위한 용도라는 의구심을 떨쳐버릴 수 없다"며 "세종시가 원안대로 추진되지 않을 경우 충청인이 용납하지 않을 것"이라고 목소리를 높였다.[61] 게다가 여당의 패권을 놓고 다투던 박근혜마저 반대하고 나서는 바람에 이제 세종시 백지화를 둘러싼 한판 전쟁이 벌어지게 된다.

이명박은 2015년 2월 출간한 회고록 『대통령의 시간』에서 "나는 정 전 총장이 총리로 취임한 후 여당과 교감을 갖고 세종시 수정안을 만들어 발표하는 것이 순리라 생각했다"며 우회적으로 정운찬을 원망한다. 정운찬이 불쑥 속내를 기자들에게 말해버리는 바람에 일을 그르쳤다는 것이다. 이명박은 박근혜의 결사반대에 대해서도 다음과 같이 주장했다.

"전혀 근거 없는 추론이었지만, 내가 세종시 수정을 고리로 정운찬 총리 후보자를 2012년 여당의 대선 후보로 내세우려는 의도가 깔려 있다는 의심을 사게 됐다. 돌이켜 보면 당시 여권의 가장 유력한 차기 대선 후보였던 박근혜 전 대표 측이 끝까지 세종시 수정안에 반대한 이유도 이와 전혀 무관치는 않았다고 생각한다."[62]

줄줄이 잘려나간 윤도현·신경민·김제동·손석희

2009년 9월 21일 MBC 사장 엄기영이 외부 진행자 교체 가능성을 언급하자, 9월 24일 MBC 노조는 긴급성명을 통해 "엄기영 사장은 방송문화진흥회(이사장 김우룡) 일부 이사가 요구하고 있는 〈PD 수첩〉 재조사에 응하고, 극우 보수 단체들이 문제 삼은 일부 프로그램 진행자를 사내 인사로 교체하겠다는 의사를 사내외에 수차례 표명한 것으로 알려졌다"며 〈100분 토론〉에서 손석희 교체 시 좌시하지 않겠다고 경고했다.

10월 9일 방송인 김제동이 석연치 않은 이유로 KBS 〈스타 골든벨〉 진행자에서 물러났다. 10월 12일 진행된 국회 문화체육관광방송통신위원회 국정감사에서 KBS 조대현 TV제작본부장은 "프로그램에 변화를 주고 싶다는 의도에서 교체된 것으로 안다"고 해명했지만, 그 말을 곧이곧대로 믿는 시청자는 거의 없었다. 김제동이 노무현 서거 당시 노제路祭 사회를 맡은 것을 모두가 기억하고 있었기 때문이다. 2008년 12월 〈연예가중계〉에서 하차한 데 이어 〈스타 골든벨〉에서도 물러남으로써 김제동은 이제 KBS에서는 더는 얼굴을 볼 수 없게 되었다. 최영묵 성공회대학교 교수는 "선출된 대통령이 비명횡사한 것에 대해 국민의 한 사람으로서 애도한 것을 문제 삼아 프로그램에서 방출하는 것은 이 정부의 파시즘적 태도를 보여주는 동시에 정권에 대한 KBS 경영진의 과잉충성의 결과"라고 비판했다.[63]

10월 12일 시사주간지 『시사IN』에 따르면, MBC 경영진은 가을 개편이 시작되는 시점인 11월 23일에 손석희를 〈100분 토론〉에서 교체하기로 결정했다. 손석희가 〈100분 토론〉을 맡은 지 7년 10개월 만의 퇴장인 셈이었다. 이에 대해 『뷰스앤뉴스』는 다음과 같이 말했다.

"손석희 교체설은 그동안 방송가에 파다했던 내용으로, 엄기영 MBC 사장이 뉴라이트 출신 방문진들의 압박에 굴복한 게 아니냐는 관측을 낳고 있다. 그동안 뉴라이트 등은 손석희 교수가 〈100분 토론〉을 편파적으로 진행하고 있다며 그의 교체를 강력 주장해왔다. 방송가에서는 손 교수가 교체될 경우 그동안 뉴라이트 등의 집중 공격을 받아온 방송인 김미화 씨도 현재 진행 중인 〈지금 세계는 그리고 우리는〉에서 하차할 가능성이 높은 것으로 전망해, 정치 외압 논란은 더욱 가중될 전망이다."[64]

10월 29일 『한겨레』 수석부국장 김이택은 「대통령의 '거짓말'」이란 칼럼에서 이명박의 '말 따로 행동 따로 행태'를 비판하고 나섰다. 그는 "대운하를 포기한다고 약속해놓고는 사실상 대운하 준비 단계인 4대강 개발로 이름만 살짝 바꿔 밀어붙이고 있다. '요즘 어떻게 언론을 장악하느냐'고 말하면서, 뒤로는 정연주 사장을 내쫓고 윤도현·신경민·김제동·손석희 씨가 줄줄이 잘려나가도록 했다. 말끝마다 '법치'를 내세우면서도 위장전입 등 법 위반 투성이의 총리, 장관 후보들은 하나도 낙마시키지 않고 그대로 기용했다"며 다음과 같이 말했다.

"매사 이런 식인데도 잘나가는 이유는 박정희·전두환 이후 최고의 권·언 유착 황금기로 평가되는 우호적인 언론 환경 덕이 크다. 오죽하면 『중앙일보』에까지 언론의 '감시견 역할' 실종을 우려하는 칼럼이 실렸겠는가. 종합편성채널이란 큼지막한 선물 앞에서 보수 언론들은 이미 대통령이 행정도시 포기 선언만 하면 '나라를 위한 결단'으로 미화하려 지면 곳곳에 한 자락을 깔아놓고 준비를 단단히 해놓고 있다."[65]

11월 19일 손석희가 〈100분 토론〉 마지막 방송을 했다. MBC 선임기자 신경민은 『미디어오늘』 인터뷰에서 "손석희·윤도현·김제동 등 특색 있는 진행자들이 사라지는 현실"에 대해 다음과 같이 말했다. "시대의 추이다. 지금 정권은 그런 방법을 택하는 것 같다. 자기들은 관여 않는다고 하지만 삼척동자도 다 아는 얘기다. 만약에 현 사회에 대해 비판적이지 않았더라면 잘렸겠나. 잘린 사람 특징은 뻔하다. 그 정도 비판도 용인 못하는 정권은 내부적으로 뭔가 문제가 있는 것이고, 문제가 있을 수밖에 없다. 비판이 근거 없다면 법률적으로 명예훼손 처리하면 되는 거지 이런 식으로 입을 닫게 하는 것은 정권에도 손해다."[66]

세종시를 둘러싼 이명박과 박근혜의 전쟁

2009년 10월 17일 이명박은 경기도 과천 중앙공무원교육원에서 열린 장차관 워크숍에서 "국가의 백년대계를 위한 정책에는 적당한 타협이 있어서는 안 된다"며 세종시의 축소 또는 백지화 뜻을 내비쳤다. 이에 야권은 10월 20일 총력투쟁 선언을 했다. 박지원 민주당 정책위의장은 이날 원내 대책회의에서 여권의 세종시 원안 변경 방침과 관련해 "국민들은 행동하는 양심으로 저항해야 한다. 민주당이 앞장서겠다"고 말했다. 이석현 의원도 "세종시에 대한 이명박 정권의 입장이 무엇인지를 분명히 밝혀야 한다"고 말했다.

충청권 맹주를 자처한 자유선진당은 '당운이 걸렸다'는 절박함 속에 전투태세를 가다듬었다. 이회창 총재는 20일 국회에서 열린 의원총회에서 이명박을 향해 "세종시 문제를 두고 공개 토론을 하자"고 제안했다. 평소 표현을 절제하던 이회창은 이날은 '기만', '비겁', '거짓말', '우롱' 같은 강경한 단어를 주저 없이 쏟아냈다. 그는 "이 대통령은 세종시 문제에 관해 국민 여론 운운하며 비겁하게 장막 뒤에 숨지 말라"며 "원안 수정이 대통령의 소신이라면 소신이라고 지금 떳떳하게 말하라. 국민 여론을 운운하며 장막 뒤에 숨으려 하지 말라. 이것은 비겁한 포퓰리즘"이라고 목소리를 높였다.[67]

10월 23일 박근혜 전 대표가 세종시를 원안대로 추진해야 한다는 입장을 밝혔다. "이런 큰 약속이 무너진다면 앞으로 국민에게 무슨 약속을 할 수 있겠나. 한나라당의 존립의 문제다"고 말했다. 부처 이전 규모를 줄이는 방안에 대해서도 "원안을 지키고 플러스알파를 해야 한다"며 청와대·정부 측 의중에 정면으로 맞섰다. 친박근혜 의원이 60여 명에 이르는 상황에서 한판 싸움이 벌어지게 된 것이다.[68]

10월 27일 연기군민들이 조치원역 광장에서 궐기대회를 열고 주민등록증 1,000여 장을 반납하는 퍼포먼스까지 벌였다. 한나라당 의원들은 10·28 국회의원 재보선에서 여당이 수도권 2곳과 충북 1곳에서 완패完敗한 이유 중 하나로 세종시 논란을 꼽았다. 정부가 분명한 전략도 없이 누구 하나 책임 있는 자세를 보이지 않으면서 재보선을 앞두고 이 문제를 들고 나와 여권 내부가 갈등과 혼란을 겪었던 게 재보선 패인敗因이라는 것이다.

10월 29일 국무총리 정운찬은 "박 전 대표는 행정도시법을 만든 주역이므로 정치의 요체는 신의와 약속이라는 말을 할 수 있지만 세종시 문제는 정치적 신뢰의 문제이기 전에 막중한 국가 이익이 걸린 대사大事라고 말했다. 10월 30일 정운찬이 총리 취임 후 처음으로 충남 연기·공주의 세종시 건설 현장을 찾았다. 충청 민심을 향한 정면 돌파에 나선 것이다.

10월 31일 박근혜는 정운찬을 겨냥해 "총리가 의회 민주주의 시스템에서 국민과의 약속이 얼마나 엄중한 것인지 잘 모르고 있다"며 "세종시 원안原案 추진을 저의 개인적 정치 신념이라고 폄하해서는 안 된다. 이것은 대한민국 국회가 국민과 충청도민들께 약속한 것"이라고 말했다. 박근혜는 정운찬이 자신을 직접 만나 설득하고 동의를 구하겠다고 한 것에 대해서도 "세종시 문제는 저하고의 개인적인 문제가 아니며, 설득하고 동의를 구한다면 국민과 충청도민에게 해야지 나에게 할 일이 아니다"라고 선을 그었다. 이후 보수 신문들이 박근혜의 '원칙'과 '신뢰' 강조를 비난하는 희한한 일이 벌어졌다.

'세종시 세일즈맨'으로 나선 정운찬 총리

2009년 11월 3일 정운찬이 세종시 문제에 관한 대국민 담화문을 발표하고 세종시 수정 논의를 공식화했다. 다음 날 이명박이 행정중심복합도시(세종시) 수정 방침을 공식화하면서 그 이유로 국가 경쟁력 카드를 꺼내들었다.

정운찬은 11월 5일부터 11일까지 열린 국회 대정부 질문에서 숱한 화제와 논란의 중심에 섰다. 『경향신문』은 「황당·발끈·모르쇠…'정운찬의 재발견'」이라는 기사에서 "정 총리가 대정부 질문 기간 자주 했던 말은 '모르겠다'였다. 특히 현안과 관련한 구체적이고 예민한 질문에서 빈도가 잦았다.……'전도사'를 자처하는 세종시 문제와 4대강 사업에 대해서도 '공부 부족'에도 불구, 필요성만 거듭 강조해 '앵무새

총리'라는 비판을 자초했다"며 다음과 같이 말했다.

"신중치 못한 발언으로 체면을 구긴 일도 있다. 지난 10일 서해교전 상황에 대해 '우발적 충돌'이라고 설명했다가, 김태영 국방부 장관이 '총리가 상황 파악을 못하신 상태에서 그렇게 말씀하신 것 같다'고 뒤집는 일이 벌어졌다. 제2차 세계대전 당시 만주에서 생체실험을 자행한 일본의 731부대를 '항일독립군 아닌가요'라고 대답하는 등 '실수'도 여러 번 있었다. 정 총리의 이 같은 답변과 태도는 야당으로부터 집중 공격 대상이었다. 민주당 박지원 정책위의장은 '정 총리의 답변 태도는 초등학교 수준이고 오만불손함의 극치를 보여줬다'며 '국정은 연습이 아니고 총리는 견습 기간이 없다'고 꼬집었다. 선진당 박선영 대변인은 '총리는 세종시 말고 아는 게 뭐냐'고 비아냥댔다."[69]

11월 17일 정운찬은 전경련 모임에서 "토지를 저가로 공급할 제도적 근거를 마련하고, 상당 수준의 행정·재정적 인센티브를 검토하겠다"며 재벌 총수들에게 '관심과 참여'를 요청했다. 18일 아침 한 모임에서는 "이름을 얘기하면 금방 알 만한 상당한 중견 기업이 오겠다고 90%, 95% 마음을 굳히고 있다"고도 말했다. 이에 『경향신문』은 사설을 통해 다음과 같이 말했다.

"정부가 '행정중심' 세종시를 백지화하고 기업도시로 만들겠다는 속내를 드러낸 뒤 앞뒤 안 가리고 기업 유치에 열을 올리고 있다. 일의 순서나 모양은 의식할 필요도 없고 부작용마저도 따질 계제가 아니라는 듯 물불 가리지 않는 모양새다. 총리실과 한나라당은 '파격적인 인센티브', '대기업 5곳 이전 검토' 등을 흘리며 바람을 잡고, 정운찬 총리는 아예 '세종시 세일즈맨'으로 나섰다."[70]

정부가 세종시 계획 변경 방침을 공식화하면서 이전 대상과 관련해 온갖 설이 난무하더니 서울대학교 제2캠퍼스론까지 등장했다. 교과부는 세종시에 서울대학교, 카이스트, 고려대학교 등 세 대학이 올 경우 6,000명까지 정원을 증원해줄 수 있다고 밝혔다. 이와 관련해 교과부는 서울대학교에 자체 안을 내도록 촉구했고, 서울대학교 역시 대책회의를 여는 등 바쁘게 돌아갔다.[71]

"정부, 종편 통해 일부 언론 노예화"

2009년 11월 22일 영산강에서 열린 4대강 살리기 사업 기공식에서 이명박은 "국민의 행복을 위한 미래 사업이 정치 논리에 좌우돼선 안 된다"며 "영산강은 (4대강 사업 중) 가장 시급한 곳이고 실질적인 성과를 보여줄 수 있는 곳이다. 이제 호남의 숙원이 풀리게 됐고, 4대강 중 영산강을 가장 먼저 살려야겠다는 저의 꿈도 이뤄지게 됐다. 영산강은 4대강 중에서 단위 면적당 가장 많은 비용을 들여 친환경적으로 복원하게 될 것"이라고 했다.

정부는 기공식을 먼저 호남 지역을 흐르는 영산강과 충청권을 흐르는 금강에서 가졌다. 이를 두고 민주당은 "정치적 이간질"이라고 비판했다. 그러나 영산강 기공식에 참석한 민주당 소속 박광태 광주시장은 "광주와 전남은 350만 시·도민과 함께 영산강 살리기 사업에 혼신의 노력을 기울여 맑고 푸른 강물이 흘러넘치고 역사와 문화가 살아 숨 쉬는 물류와 관광의 황금벨트로 만들어가겠다"며 "오늘의 대역사로 새롭게 태어나는 영산강은 녹색 성장의 든든한 기반이 되고 지역 발전의 큰 물줄기가 될 것"이라고 했다. 역시 민주당 소속인 박준영 전남지사도 "논란이 있지만 영산강만큼은 오랫동안 뭔가를 하지 않으면 강으로서 기능을 할 수 없다는 의견을 다 함께 갖고 있었다. 영산강이 새로운 문명의 중심지로 바뀔 것"이라고 했다.

민주당은 영산강을 포함한 4대강 살리기를 "대운하의 변종"이라면서 반대했지만, 지역의 현실이나 요구와 지역 정당의 정치적 이해관계가 서로 어긋나는 상황이었다. 민주당 내에선 영산강 살리기에 나선 박광태 시장과 박준영 지사에 대해 내년 지방선거 때 공천을 주지 않을 수도 있다는 식의 말들도 나오고 있었지만, 민주당 의원 중에도 드러내놓고 말은 못하지만 "영산강을 이대로 둘 수는 없지 않으냐"는 생각을 가진 사람이 적지 않았다.[72]

11월 25일 이회창 자유선진당 총재는 "지금 정부는 일부 언론을 종편(종합편성채널)의 노예로 만들고 있다"고 주장했다. 이회창은 이날 국회에서 열린 당 5역 회의에서 "지금 정부는 세종시 원안 수정을 위해 매우 무원칙하고 무책임한 짓을 하고 있다. (그런데) 지금 일부 신문은 이 정권의 세종시 원안 수정을 옹호하고 선동하기에 바쁘다"며 이렇게 말했다.

그는 "과거 정권에서 일부 방송이 정권의 나팔수 노릇을 할 때 이 언론들도 이를 강하게 비판했다. (그런데) 지금 이 정권의 세종시 원안 수정에 대해서 찬반양론이 극명하게 대립되어 있는 마당에 원안 수정 반대론에는 귀를 기울이지 않고 오직 수정론만 대서특필하는 것은 정권의 나팔수가 아니고 무엇이냐"며 종편을 추진 중인 일부 보수 언론의 보도 태도를 강하게 비판했다. 이회창은 "언론은 공정해야 한다. 그래야 소금 역할을 할 수 있다"고 꼬집었다. 또 이회창은 정부가 기업·대학 등을 세종시로 유인하기 위해 각종 특혜를 검토하는 행태를 "그저 듬뿍 집어줄 테니 입 닫고 있으라는 식의 천박한 자본주의적 사고"라고 비꼬았다.[73]

"'세종시'와 '4대강'에 매몰된 나라"

2009년 11월 27일 밤 이명박이 서울 여의도 MBC에서 열린 특별 생방송 프로그램 '국민과의 대화'에서 세종시 원안을 백지화하겠다는 뜻을 밝혔다. 세종시에는 행정부처가 아니라 기업이 가야 일자리가 생긴다는 말로 '행정중심 복합도시'를 폐기할 뜻을 분명히 했다. 세종시 원안 추진을 거듭 약속했던 것에 대해서는 "부끄럽고 후회스럽다"고 말했다.

27일 밤 10시부터 100분간 진행된 '대통령과의 대화'는 지상파 TV, 케이블 TV, 지역민방 등 전국 35개 방송사가 동시 생중계했다. 대한민국 거의 모든 보도채널이 모두 나선 것이다. 황금시간대인 금요일 밤에 드라마와 교양 프로그램 대신 이명박의 모습이 방송 화면을 '장악'했다. 야당과 언론단체는 "월드컵 4강 때도 없었던 싹쓸이"라고 반발하는 등 전파 독점 논란이 일었다.[74]

이명박이 세종시 수정 추진 입장을 밝히고 있는 동안, 충남 연기군청 앞 광장에서 지역 주민들이 "행정도시 백지화를 규탄한다"며 촛불집회를 열고 있었다. 조선평 행정도시사수연기군대책위 상임대표는 "대통령이 10여 차례 원안 추진 약속을 했는데 수년간 추진해온 국책 사업을 갑자기 손바닥 뒤집듯 하는 게 말이 되느냐"고 반문한 뒤 "총 궐기해 끝까지 투쟁할 것"이라고 경고했다. 금홍섭 행정도시무산음모 저지충청권비대위 대전지역위원장은 "국민을 기만하고 법에 따라 추진하던 국책 사업을 뒤엎은 책임은 대통령이 져야 할 것"이라며 "정권 퇴진 운동도 불사하겠다"고 강력 반발했다. 비대위는 또 이명박의 유감 표명에 대해 "겉으로는 사과의 형식을 빌리면서 설득하는 인상을 주고 싶어 했지만 다시 한 번 국민을 우롱하고 지역민을 조롱하는 후안무치한 행위"라고 주장했다. 이두영 충북경실련 사무처장은 "대통령의 대국민 사기극이나 다름없다"고 주장하고 "이 같은 행위에 대해 강력한 저항 운동을 펼칠 것"이라고 말했다.[75]

11월 30일 윤덕민 외교안보연구원 교수는 「'세종시'와 '4대강'에 매몰된 나라」라는 칼럼에서 "나라가 온통 세종시, 4대강에 매몰되어 있다"며 다음과 같이 말했다. "커다란 선거판이 다가오고 있으니 대립적 이슈들이 각광을 받는 것은 어쩌면 당연한 일인지 모른다. 그런데 나라 밖의 정세를 보면 우리가 찬반으로 나뉘어 격한 대립을 할 만큼 한가롭지 않다. 경제 금융위기로부터 벗어나려 하고 있지만, 두바이 사태에서 보듯이 여진이 만만하지 않다. 더욱이 금융위기보다 더 무서운 태풍들이 우리 주변을 맴돌고 있다. 다가오는 선거의 계절에서 세종시나 4대강이 아니라 중산층 붕괴, 양극화, 빈곤 등의 문제에 관해 성공적인 대안을 놓고 고민하는 대립이 필요하다."[76]

12월 1일 한나라당 소속 이완구 충남지사는 한나라당 회의에 참석해 "도지사는 행정도 중요하지만 충청인의 영혼과 자존을 지키는 것도 대단히 중요하다"며 도지사 사퇴 의사를 밝혔다. 그럼에도 이명박 정부는 세종시 수정안이 나오기 전부터 홍보에 열을 올리고 있었다. 물론 그 맨 앞에는 국무총리 정운찬이 있었다.

『한겨레』(12월 21일)는 "정 총리는 지난 주말 취임 후 네 번째로 충청 지역을 방문했다. 겉으로는 '민심 탐방'이라고 하지만 주된 목적은 세종시 홍보에 있었다. 연말 각종 국정 현안이 산적한 상태에서 내각의 총사령탑인 총리가 세종시 홍보에만 온통 머리를 싸매고 있으니 딱한 노릇이다. 정 총리가 세종시에 보이는 열의의 반이라도 용산 참사에 쏟았으면 사태가 벌써 해결되고도 남았으리라는 아쉬움도 금할수 없다"며 다음과 같이 말했다.

"세종시 여론몰이에는 정 총리뿐 아니라 관계부처 장관들이 총출동한 양상이다. 주호영 특임장관은 요즘 거의 충청 지역에서 살다시피 하고 있고, 이달곤 행정안전부 장관, 정종환 국토해양부 장관 등도 앞다투어 충청 지역을 찾고 있다. 문제는 이들의 행보가 단순한 민심 다독이기 차원을 넘어섰다는 점이다. 권태신 국무총리실장은 얼마전 "세종시 원안을 고집한다면 국제과학비즈니스벨트는 다른 지역에줄 것"이라고 엄포를 놓았다. 그는 심지어 "우리나라는 떼법과 '배째라법'이 제일 먼저"라는 막말까지 했다고 한다. 고위 공무원의 자질을 의심하게 하는 상식 이하의 발언이다. 정부가 이렇게 고자세로 나오니 충청권 민심이 더욱 악화하는 것이다."[77]

"우리나라는 떼법과 '배째라법'이 제일 먼저"라는 주장에 일리가 있다 해도 문제는 그 이전에 대對국민 소통이 잘 이루어졌는지를 살펴보고 따져보았어야 할 일이다. 2010년 들어서도 한동안 계속되는 세종시 갈등은 원초적으로 바로 그런 소통의 문제였다. 이명박 특유의 '불통의 리더십'은 2010년에도 지속되어 사회적 혼란을 가중시킨다.

제3장
★
전두환의 '정의사회'를 연상케 한 이명박의 '공정사회'
★★★
2010년

"세종시 수정안을 관철시키기 위한 여론 조작"

2010년 1월 5일 정부가 내놓은 '세종시 투자 유치를 위한 제도적 지원 방안'은 정부의 세종시 원안 수정 작업이 얼마나 허점투성이인지를 여실하게 보여주었다. 세종시 문제에 대한 근본적 고민의 흔적은 전혀 없이 오직 일정표에 따라 '행정도시 세종시'를 '백지화'하겠다는 정부의 의지만 담겨 있었다.[1]

1월 6일 국무총리 정운찬은 이명박에게 세종시를 9부2처2청이 옮겨가는 행정중심복합도시 대신 '첨단교육과학 중심 경제도시'로 성격을 완전히 바꿔 개발 완료 시점을 기존의 2030년에서 2020년까지

10년 앞당기겠다고 보고했다. 이에 야당과 박근혜는 반대 입장을 밝혔지만,[2] 이명박 정부는 11일 세종시 수정안 공식 발표 이후 본격적인 여론 설득에 돌입했다.

『한겨레』가 2010년 1월 13일 보도한 '세종시 수정안 홍보 계획'에 따르면, 이명박 정부는 방송과 신문, 인터넷, 대면 접촉을 망라한 전방위적 홍보 계획을 세워 실행하고 있는 것으로 드러났다.[3] 이와 관련 『한겨레』는 사설을 통해 다음과 같이 말했다.

"도저히 통상적인 정책 홍보로 볼 수 없는 내용이다. 여론몰이가 빗나가도 한참 빗나가 공작에 가깝다.……이명박 정부는 전임 정부 시절 과잉홍보의 폐해가 심했다면서 국정홍보처를 폐지했다. 그런데 지금 자신은 과잉홍보 정도가 아니라 직접 언론 통제에 나선 듯하다. 비슷한 문건이 이전 정부 때 나왔으면 당장 국회 청문회 소집이 거론됐을 것이다."[4]

2월 4일 충남 연기군 조치원역 광장에서 열린 '세종시 원주민 생계 및 재보상 비상대책위원회 2차 집회'에 참가한 사람들 중 상당수가 3만 원의 '일당'을 받고 동원된 것으로 알려져 수정안 지지 세력이 여론을 바꾸기 위해 시민들을 동원한 집회를 열었다는 의혹이 일었다. 연기군 주민 등 세종시 원안 지지자들은 "정부가 세종시 수정안을 관철시키기 위해 여론 조작에 나서고 있다"고 비난했다.[5]

이명박은 제91주년 3·1절 기념사를 통해 "지금 우리가 국가 백년대계를 놓고 치열하게 논쟁하고 있지만 이 또한 지혜롭게 극복할 것이라고 굳게 믿는다"고 말해 논란을 빚고 있는 세종시 수정안을 강행할 뜻을 내비쳤다. 이명박은 또 3월 2일 수석비서관 회의를 주재한 자리에서 세종시 국민투표론과 관련해 "세종시 문제에 관해 여러 얘기들이 나오고 있다"며 "현재 국민투표는 검토하고 있지 않다"고 밝혀 국민투표를 통해 세종시 문제를 해결할 뜻이 없음을 밝혔다.[6]

"'원세훈 국정원'의 탈법·탈선 행진"

"우리나라에서는 체제 전복 세력이 정치권에 침투하려 하기 때문에 정치 정보를 수집하지 않을 수 없다." 국정원장 후보인 원세훈이 2009년 2월 11일 국회 인사청문회 자리에서 했던 말이다. 원세훈의 이 발언은 국정원이 정보 수집을 명분으로 민간 분야에 대해 다양한 간섭을 하는 결과로 이어질 것이라는 우려를 낳았지만 이명박은 그를 끝내 원장으로 임명했다.[7] 국정원의 탈법 활동은 이미 예고된 것이었다.

2010년 1월 1일 국정원은 세종시 수정안에 반대하는 주민들을 회유했다는 의혹에 휩싸였다. 임 모 연기군 의원 등은 "국정원 충남지부 직원 2명이 지난해 말 연기 지역의 면장, 농협 조합장 등을 만나 '지역 주민들이 세종시 원안을 주장해도 이명박 대통령이 사과까지 표명했기 때문에 원안이 수정될 것', '원하는 게 뭐냐. 필요한 게 있으면 다 주겠다'며 수정안 지지를 요청했다"고 폭로했다. 국정원은 "사실무근"이라고 주장했지만 지역 주민들은 매우 구체적인 증언을 내놓았다.[8]

1월 28일 진보 성향의 시민단체 등이 참여해 조계사에서 개최하려던 '사랑의 라면탑 쌓기' 행사가 국정원이 조계사에 전화를 걸어온 뒤 전격적으로 취소되는 일이 발생했다. 시민모임 '진실을 알리는 시민

(진알시)' 측은 행사 기간 중 KBS 수신료 거부 퍼포먼스가 펼쳐지는 점을 의식해 국정원이 조계사에 사실상 압력을 넣었다고 주장했다. 진알시 측에 따르면, 조계사 측은 이날 시민단체 대표들에게 "조계사에서 이미 약속된 행사를 취소한 것은 역사상 처음 있는 일이지만 아침 회의에서 결정된 내용"이라며 장소 제공 협조를 취소한다고 통보했다. 조계사 측도 "국정원 전화가 없었다면 (장소 제공을) 취소하지는 않았을 것"이라는 입장을 보였다.[9]

『한겨레』는 「'원세훈 국정원'의 탈법·탈선 행진」이라는 사설에서 "이런 일은 이번만이 아니다. 지난해 12월에는 국정원 광주지부가 이명박 대통령의 4대강 사업을 풍자한 설치 미술 작품 〈삽질 공화국〉을 전시장에서 철거하도록 광주시에 압력을 행사해 전시가 한때 중단된 일이 있었다"면서 다음과 같이 말했다.

"헌법과 법률을 무시한 이런 탈선은 원세훈 국정원장 취임 뒤 공공연해졌다. 요즘 국정원 직원들은 정부 부처는 물론 정치·종교·언론·기업 등 민간의 온갖 영역에서 대놓고 정보 수집 활동을 벌인다. 이번처럼 이런저런 간섭도 예사로 한다. 엄연히 위법인데도 그나마 조심하던 기색조차 사라졌다. 대통령의 최측근이 국정원장이니, 대부분 정권의 입맛을 맞추는 쪽이 되기 십상이다. 실제 요즘 문제된 일들은 모두 대통령의 정치적 이해가 걸린 것들이다. 이러니 권력의 사유화, 공작 정치의 부활이라는 비판이 나오는 것이다. 언제까지 이런 짓을 되풀이하겠다는 것인가."[10]

네티즌들과 시민단체들은 2월 1일 오후 2시 서울 여의도 KBS 본관 앞에서 '수신료 거부 운동'에 대한 국정원·KBS의 외압 행위를 규탄하는 기자회견을 열고 "국정원은 이번 사태의 전말을 낱낱이 공개하고 국민들에게 사죄하라"고 촉구했다. 이들은 또 KBS를 향해서도 "'국민의 방송' KBS가 국민이 아닌 국정원의 엄호를 받는다는 사실만큼 현재 KBS의 실상을 잘 말해주는 것이 어디 있겠는가"라고 성토하며 "KBS가 수신료 거부 운동이 두렵다면 권력의 나팔수 행태를 중단하고 공영방송의 정체성부터 되찾아야 한다"고 강조했다.[11]

"'MB 분신' 유인촌 장관의 좌충우돌"

2010년 2월 1일 한국문화예술위원회 역사상 초유의 일이 발생했다. 이명박 정부의 '물갈이 인사'로 강제 해임된 김정헌 전 한국문화예술위원회 위원장이 문화체육관광부를 상대로 낸 해임 처분 집행 정지 신청이 받아들여지자 2월 1일부터 정상적으로 다시 출근해 한국문화예술위원회에 2명의 위원장이 동시 출근하는 사태가 발생했기 때문이다(서울행정법원 행정12부[재판장 장상균]는 2010년 1월 26일 "피신청인[유인촌 문화부 장관]이 2008년 12월 5일 신청인[김 전 위원장]에 대하여 한 해임 처분은 사건[해임 무효 소송]의 판결 확정 시까지 그 집행을 정지한다"고 판결했다).[12]

이미 2009년 7월 진중권은 "MB는 코드를 맞추고 자시고 할 것 없이 그냥 자신의 분신을 원한다"며 문화체육관광부 장관 유인촌에게 'MB 분신'이라는 별명을 붙였는데,[13] 실제로 거칠다는 점에서 두 사람은 비슷했다. 2월 1일 한국언론진흥재단 출범식 후 『오마이뉴스』 기자가 '위원장이 2명이라 문화예술위 직원들이 굉장히 곤란해하고 있다'고 지적하자 유인촌은 "그렇게도 한번 해보고……재미있지 않겠어?"라고 반문했다.[14]

그러나 당하는 사람으로선 결코 재미있는 일이 아니었다. 이미 김윤수 전 국립현대미술관장, 황지우 전 한국예술종합학교 총장 등도 부당하게 해임되거나 압박을 받고 중도사퇴했으며, KBS에선 정연주 사장과 신태섭 이사가 정부 기관이 총동원된 가운데 불법 해임되었다. 이들은 소송을 제기해 이겼지만 그러는 동안 남은 임기가 사실상 끝나버렸다. 『한겨레』는 사설을 통해 "유 장관은 이제 지저분한 권력의 하수인 행태를 청산하기 바란다"며 "불법 물갈이에 앞장선 데 대해 사과하고 장관직을 내놓는 게 정도다"고 주장했다.[15] (3월 19일 서울고법 행정5부[조용구 부장판사]는 김정헌 전 위원장의 해임 처분과 관련해 문화체육관광부 장관이 제기한 항고를 받아들여 집행 정지 신청을 기각했다. 재판부는 "해임 처분 효력을 정지할 경우 문화예술위원회의 법적 안정성이 확보되지 않아 사업 수행이 어렵다는 점을 감안했다"고 결정 이유를 밝혔다. 이에 대해 김정헌 전 위원장은 "일단 법원 결정인 만큼 짐을 쌀 것"이라고 밝혀 '한 지붕 두 위원장' 사태는 일단락되었다.)[16]

한 지붕 두 수장이 시사하듯, 한국문화예술위원회를 둘러싼 잡음은 끊이지 않았다. 2월 8일 진보 문인 단체인 한국작가회의(작가회의·이사장 최일남)는 기자회견을 열어 한국문화예술위원회(문예위)의 '시위 불참 확인서' 제출 요구와 관련해 "굴욕적인 확인서 제출을 거부한다"며 "문예위가 확인서 제출 요구 등 반문화적 정책을 고수한다면 문학적 행동에 나설 것"이라고 밝혔다(문예위는 1월 19일 작가회의와 민예총 대구지부 등 문화단체에 보낸 공문에서 "2008년도 불법폭력 시위 단체인 광우병 국민대책회의에 소속되어 있음을 확인했다"면서 "불법 시위에 적극적으로 가담하지 않았음을 확인하며 향후 불법 폭력 시위 사실이 확인될 경우 보조금 반환은 물론 관련된 일체의 책임을 지겠습니다"는 내용의 확인서를 작성해 제출할 것을 요구했다).[17]

46명의 장병이 숨진 천안함 침몰 사건

2010년 3월 26일 해군 초계함 '천안함'이 서해 백령도 근해에서 침몰했다. 천안함 침몰로 46명의 장병이 사망했으며, 구조 과정에서 1명의 군인과 9명의 민간인도 희생되었다. 천안함 침몰 원인을 둘러싸고 한국 사회가 큰 갈등을 겪게 되는 것을 암시하는 것이었을까? 이날 자정 즈음부터 일부 방송사는 미확인 정보를 근거로 '북한 도발' 가능성을 언급해 주말을 앞두고 휴식을 취하던 시민들을 충격과 걱정, 놀라움에 빠져들게 했다.[18]

애초 이명박 정부는 천안함 침몰 원인과 관련해 신중한 모습을 보였다. 청와대는 26일 밤 "북한과의 연계 여부는 아직 확실치 않다는 게 정부 공식 입장"이라고 발표했다. 천안함이 침몰한 지 사흘째인 3월 28일에도 정부와 군 당국은 1,200톤급 초계함이 순식간에 두 동강이 날 정도로 강력한 폭발이 일어난 만큼 기뢰에 의해 배가 침몰되었을 가능성이 가장 크다고 추정하면서도 "북한이 연루된 단서는 없다"고 같은 입장을 내놓았다.[19] 이명박도 28일 "원인에 대한 섣부른 예단과 그에 따른 혼란이 생겨서는 안 된다"고 밝혔다.[20] 3월 30일 해군 천안함 침몰 사고 현장에서 선체 수색 작업을 벌이던 해군 특수전UDP 요원 한준호 준위가 숨지면서 정부의 무능을 비판하는 목소리들이 터져나오기 시작했다.[21]

4월 15일 참사 20일 만에 인양된 천안함 함미艦尾 선체 안에서 44명의 실종자 중 36구의 시신이 발견되었다. 4월 24일 선체 함미와 함수艦首 인양 작업을 통해 전사자 46명 중 40명에 대한 시신 수습을 마무리한 군과 유가족들은 나머지 6명의 장병은 산화散花한 것으로 추정하고 수색을 종료했다. 4월 25일 민군 합동조사단(합조단)은 2차 현장 조사 결과 발표를 통해 천안함의 침몰 원인과 관련해 파공이 없고, 선체의 변형 형태로 볼 때 "폭발물이 천안함 밑 수중에서 폭발했고, 외부 폭발물은 어뢰 또는 기뢰로 판단된다"고 발표했다. 4월 29일 오전 10시 천안함 희생 장병 46명의 넋을 위로하는 합동 영결식이 경기 평택시 해군 2함대사령부 내 안보공원에서 해군장으로 엄수되었다.

5월 20일 합조단은 천안함은 북한에서 만든 중重어뢰에 피격되어 침몰한 것이라고 발표했다. 합조단은 그 증거로 백령도 근해 조류를 분석해본 결과, 어뢰를 활용한 공격에 제한을 받지 않을 것으로 판단된 점, 침몰 해역에서 어뢰로 확증할 수 있는 결정적인 증거물로 어뢰의 추진 동력부인 프로펠러를 포함한 추진모터와 조종 장치 등을 수거한 점을 들었다. 합조단은 특히 이 수거 어뢰 부품이 북한에서 제조된 것이라고 판단했다.[22]

합조단의 조사 결과가 나오자 이명박은 20일 "천안함 사태가 북한의 군사 도발이란 사실이 국제 조사단의 과학적·객관적 조사를 통해 분명히 드러났다"면서 "북한에 대해 단호한 대응 조치를 취할 것이며 강력한 국제 공조를 통해 북한이 잘못을 인정하고 국제 사회에 책임 있는 일원으로 돌아오도록 해야 한다"고 했다. 청와대는 "대통령이 곧 북한의 책임을 묻는 단호한 조치를 결심할 것"이라고 했다.[23]

'햇볕정책'의 틀을 완전히 바꾼 '5·24 조치'

2010년 5월 24일 이명박은 용산 전쟁기념관 호국 추모실에서 천안함 사태와 관련한 대국민 담화를 통해 2000년 6·15 남북공동선언으로 집약되는 대북 '햇볕정책'의 패러다임을 완전히 바꾸는 이른바 '5·24 조치'를 내놓았다. 이날 이명박은 "지금 이 순간부터 북한 선박은 남북 해운 합의서에 의해 허용된 우리 해역의 어떠한 해상 교통로도 이용할 수 없다"고 선언했다. 이명박은 또 "남북 간 교역과 교류도 중단될 것"이라며 "천안함을 침몰시키고 고귀한 우리 젊은이들의 목숨을 앗아간 이 상황에서 더이상의 교류·협력은 무의미한 일"이라고 지적했다.[24]

　같은 날 오후 정부는 국방부·외교통상부·통일부 장관의 천안함 관계부처장관 합동 기자회견을 통해 천안함 후속 대응 조치의 일환으로 올 하반기 대량살상무기 확산방지구상PSI에 따른 역내외 차단 훈련을 실시하고 북한 선박의 우리 해역에 대한 운항을 전면 금지하고 개성공단을 제외한 남북 간 교역을 중단하는 한편 이번 사건을 유엔 안전보장이사회에 회부, 새로운 대북 결의안을 채택하는 방안을 추진하기로 했다고 밝혔다.

이명박 정부가 대북 심리전을 재개하는 등 대북 강경 정책을 전개하면서 한반도의 긴장은 최고조로 고조되었다. 5월 26일 북한은 남북 장성급회담 단장 명의의 대남 통지문을 통해 "확성기 설치는 북–남 군사 합의에 대한 노골적인 파기, 우리에 대한 군사적 도발"이라면서 "남측이 (대북 심리전) 방송 재개를 위해 전연(군사분계선) 일대에 확성기까지 설치한다면, 우리 측은 확성기가 설치되는 족족 조준 격파 사격으로 없애버리기 위한 군사적 조치를 취하게 될 것"이라고 밝혔다.

이와 관련해 『미디어오늘』은 5월 28일 「"함포 쾅…적 함정 화염" 전쟁 르포 등장: 가상전쟁 시나리오 쓰는 언론…선거 이성 마비시키는 '전쟁 광풍'」에서 "지방선거가 5일 남았다. 한국 언론사에 길이 남을 기막힌 풍경이 연일 벌어지고 있다"며 이렇게 말했다.

"전쟁의 공포를 생생하게 전달하는 기사와 함께 지방선거에서 여당이 유리하다는 여론조사가 한 지면에 배치됐다. 유권자에게 무엇을 전달하려는 것인가. 유권자는 '언론의 의도'에 따라 거수기 역할을 해주길 기대하는 것인가. 한반도 긴장을 완화해줄 버팀목들이 하나둘 제거되고 있다. 국민은 불안하기만 하다. 이러다가 정말 무슨 일이 일어나는 것 아니냐는 걱정이 앞설 수밖에 없다. 이제는 생생한 전쟁 상황을 담은 '르포'까지 언론에 등장했다."[25]

『한국일보』 논설위원 실장 강병태는 6월 1일 칼럼 「천안함의 심리학」에서 "보수와 진보 양쪽의 극단론자들은 천안함 희생 병사나 북한 병사, 나아가 남북한 동포에게 진정한 동정심을 보이지 않는다"면서 보수·진보 양쪽을 모두 비판했다.

"음모론에 집착하는 진보와 '사흘만 희생을 참으면 북한을 궤멸시킨다'고 떠드는 보수는 원수처럼 으르렁대지만 닮은꼴 분단의 사생아들이다. 투철한 이념보다 개인적 이익을 좇는 무리에게 사회가 휘둘려서는 안 된다. 그게 천안함 사태에서 가장 먼저 얻어야 할 교훈이다."[26]

6·2 지방선거: "일격 당한 MB식 무소통 정치"

선거 직전까지 실시된 각종 여론조사에서 한나라당은 호남을 제외한 서울·인천·경기 등 전국에서 강세를 보이는 것으로 조사되었지만, 6·2 지방선거 결과는 예상과는 달리 여당의 참패로 끝이 났다. 한나라당은 전국 16개 광역단체장 중 서울과 인천 등 수도권 '빅3' 중 2곳에서 승리했지만 세종시 수정 추진 논란으로 주목받은 충청권 3곳을 전부 내주며 6곳의 승리에 그쳤다. 반면 민주당은 인천시장 선거에서 승리하는 등 7곳의 광역단체장을 가져갔다. 자유선진당은 1곳, 무소속은 2곳에서 승리했다.

기초단체장 228개 선거구에서 민주당이 91곳에서 승리한 반면 한나라당은 83곳에서 승리했다. 무소속이 36곳, 자유선진당은 13곳, 민노당은 3곳, 국민중심연합과 미래연합이 각각 1곳에서 승리했다. 특히 관심을 모았던 서울에서 민주당은 25개 구청장 가운데 21개를 가져갔다. 반면 4년 전 지방선거에서 25개 구청장을 싹쓸이했던 한나라당은 강남권 3곳과 강북의 중랑구 등 4곳에서만 이겼다.

처음 실시된 전국 동시 교육감선거에서는 진보 성향 후보들이 전국

16개 시·도 교육감 중 경기도, 서울, 강원도, 전남, 광주, 전북 등 6곳을 차지했다. 이로써 진보 성향 교육감은 지난 2006년 선거 당시의 1명에서 6명으로 늘어났다. 6·2 지방선거의 투표율은 54.5퍼센트를 기록했다. 1995년 지방선거가 시작된 이후 두 번째로 높은 투표율이자 2008년 제18대 총선의 전국 투표율 46.1퍼센트보다 8.4퍼센트포인트나 높아진 것이었다.

지방선거에서 한때 '폐족' 위기에 몰렸던 이른바 친노 세력이 화려하게 부활했다. 한명숙(서울시장)·유시민(경기지사)·김정길(부산시장) 등은 패배했지만, 이광재(강원지사)·김두관(경남지사)·안희정(충남지사) 등이 당선되며 친노 세력의 정치적 복권을 알렸다. "이명박 정부 탄생의 1등 공신"이라는 비아냥거림을 들었던 친노 세력이 이명박 정부 심판의 선봉에 서며 화려하게 부활해 "죽은 노무현이 산 이명박을 이겼다"는 평가까지 나왔다.[27]

진보 언론들은 정부 여당의 패배는 정권 심판론이 작용한 결과라고 해석했다. 『한겨레』는 "이명박 정부의 오만과 독선에 대한 뿌리 깊은 실망감과 분노의 표시다"고 했다. "민주주의와 인권의 후퇴, 밀어붙이기식 국정 운영, 남북관계의 파탄 등 현 정부의 실정이 유권자들의 뇌리에서 잊힌 듯했지만 결코 그렇지 않았다.……이번 선거 결과는 이명박 정부의 홍보지상주의적 국정 운영 행태에 대한 유권자들의 명백한 거부의 몸짓이기도 하다."[28]

보수 언론들은 이명박 정부와 한나라당의 오만함과 불통 행보가 패배를 불러왔다고 해석했다. 『조선일보』는 국민과의 소통과 여권 내부 소통 필요성을 강조했다.[29] 『중앙일보』 논설위원 김진국은 6월 4일 칼럼「일격 당한 MB식 무소통 정치」에서 다음과 같이 말했다.

"이 대통령은 취임 이후 기자회견다운 기자회견 한 번 하지 않았다. 박근혜 전 대표의 손도 잡지 않았다. 온건파라는 정세균 민주당 대표조차 끝없이 장외場外로 나서게 했다. 국민에게는 가르치려고만 했다. 재보선 패배 후 정무 기능을 보완한다고 했지만 달라진 게 없다. 당내에서조차 동의를 얻지 못한 세종시 계획을 어떻게 바꾸겠다는 건지 알 수가 없다. 4대강을 청계천처럼 일단 밀어붙이면 된다는 생각이라면 큰 착각이다."[30]

서울대학교 정치학과 교수 김세균은 "이명박 정부는 2010년에 들어와 '공정사회론'을 제기했지만, 그의 공정사회론은 국민을 우롱하는 희화적인 제스처 이상의 것으로 받아들여지지 않았다"며 "6·2 지방선거 결과는 민심이 이명박 정부로부터 떠났음을 공개적으로 알린 최초의 가장 중요한 사건이었다"고 평가했다.[31]

세종시 수정안 부결, 정운찬 총리직 사퇴

지방선거 패배 후 국정 쇄신 요구가 빗발쳤지만, 이명박은 침묵으로 일관하다가 6월 14일 텔레비전과 라디오로 생중계된 정례 라디오 연설에서 세종시 수정안 처리는 국회의 결정에 맡기고, 4대강 사업은 여론 수렴을 강화해 계속 추진하겠다고 밝혔다. 야당은 이명박의 연설에 대해 "'불통령' 연설"이라고 일제히 비판했다.[32]

6월 22일 국회 국토해양위는 전체회의에서 세종시 수정안을 상정해 찬성 12명, 반대 18명, 기권 1명으로 부결시켰다. 이로써 9개월여를 끌어온 세종시의 행정중심도시 성격 변경 논란은 일단락되었다. 하지만 한나라당 내 친이親李계 주류를 중심으로 한 지도부는 "상임위에서 부결된 법안도 의원 30명이 요구하면 본회의에서 다시 논의할 수 있다"는 국회법 87조 1항에 의거해 세종시 수정법안을 오는 28~29일 본회의에 부의附議하겠다고 밝혀 논란이 일었다.

『한겨레』는 6월 23일 사설「'세종시 꼼수' 중단하고 원안 추진에 매진하라」에서 "청와대와 친이명박계는 국회 본회의를 통해 불씨를 되살려보겠다는 꼼수를 꿈꾸고 있으니 집권 세력으로서의 기본자세마저 의심된다"고 비판했다. "이들은 본회의 부의 이유로 역사에 기록을 남겨야 한다고 주장한다. 하지만 정작 역사에 남겨야 할 것은 국회 본회의 표결 기록이 아니라 대통령의 통절한 사과다."[33]

6월 29일 전체 국회의원 291명 중 275명이 출석한 가운데 105명이 찬성, 164명이 반대, 6명이 기권해 세종시 수정안이 부결되었다. 이에 이명박은 "국정 운영의 책임을 맡고 있는 대통령으로서 심히 유감스럽게 생각한다"고 말한 후, "그러나 나는 국회의 결정을 존중할 것"이라며 "이제 우리 모두는 오늘 국회 결정에 대한 평가는 역사에 맡기고, 세종시를 둘러싼 갈등을 넘어서서 국가 선진화를 위해 함께 나아가기를 바란다"고 말했다.

국무총리 정운찬은 6월 30일 세종시 수정안 국회 부결과 관련해 "이번 안을 설계했던 책임자로서 수정안을 관철시키지 못한 데 대해 전적으로 책임을 지겠다"고 밝혀 사실상 사의를 표명했다. 그러면서도 정운찬은 "아무리 옳은 일이라 할지라도, 국민 과반수의 지지를 등에 업고도 현실정치의 벽을 넘지 못하면 이룰 수 없다는 사실을 뼈저리게 확인했다"며 "과연 우리 역사와 미래의 후손들은 국회 결정을 어떻게 평가할지 걱정되고, 정략적 이해관계가 국익에 우선했던 대표적인 사례로 역사에 기록될 것으로 우려된다"고 말해 여전히 세종시 수정안이 옳다는 기존 입장을 고수했다.³⁴

『경향신문』은 사설 「사과 한마디 없는 정 총리 세종시 담화」에서 "최소한 세종시 수정 논란으로 장시간 국력을 소모한 데 대해 이를 진두지휘했던 사람으로서 국민에 대한 사과가 포함됐어야 마땅하다"면서 다음과 같이 말했다. "국회에 대해서도 이미 여야 합의로 입법한 내용을 일방적으로 뒤집으려고 시도한 잘못을 인정하고 사과했어야 한다. 그런데도 총리의 담화에는 그러한 내용을 전혀 찾을 수 없다. 자신은 아무런 잘못이 없을 뿐 아니라 오히려 정쟁의 희생자인 만큼 사과할 이유가 없다는 뜻인 듯하다. 걱정스러운 것은 정 총리의 담화로 볼 때 향후 이명박 대통령의 국정 운영에서도 변화 가능성이 보이지 않는다는 점이다."³⁵ 7월 29일 정운찬은 국무총리직 사퇴 의사를 공식 발표해 재임 10개월 만에 물러났다.

국무총리실의 '민간인 불법사찰'

2010년 6월 21일 국무총리실 공직윤리지원관실이 이명박을 비방하는 동영상을 개인 블로그에 옮겨 게재한 한 시민을 내사하고 사무실을 불법 '압수수색'한 것으로 드러났다. 6월 22일 민주당은 총리실

'민간인 불법사찰'과 관련해 "압수수색의 권한이 없는 총리실이 공무원의 신분도 아닌 일반인까지 불법적으로 월권 내사를 하며 무소불위의 오만한 권력을 휘두른 것"이라고 비난했다. 민주당은 또 "공직윤리지원관실에서 시민 김씨의 원청업체인 모 시중은행에 찾아가 거래 중단의 압력까지 행사한 정황이 있고 이로 인하여 김씨는 재산상의 심각한 피해를 본 것으로 알려졌다"며 "총리실이 부당한 권력을 이용하여 국민의 재산권까지 심각하게 해치는 매우 중한 범죄행위"라고 비난했다.[36]

국무총리실의 '민간인 불법사찰' 파문은 공무원 사조직인 '영포회' 문제로 확산되었다. 직제상 공직윤리지원관실은 국무총리 실장의 지휘를 받도록 되어 있는데, 그럼에도 이인규 지원관이 이런 불법사찰 내용을 권태신 국무총리 실장에게 전혀 보고하지 않은 것으로 드러났기 때문이다. 권태신은 불법사찰 사실을 까맣게 모르고 있다가, 파문이 불거지기 직전에야 보고를 받은 것으로 알려졌다. 이 과정에서 핵核으로 떠오른 것이 바로 '영포회'였다.

민간인 사찰을 벌인 이인규는 같은 영포회 출신인 청와대 인사에게 관련 내용을 보고한 것으로 알려졌다. 영포회는 지난 1980년 결성된 경북 포항·영일 출신 중앙부처(산하기관 포함) 5급 이상 공무원들의 친목 모임으로 만들어졌다. 애초 포항·영일 지역의 발전과 장학금 사업을 논의하는 성격의 모임이었지만 점차 회원 100여 명 정도의 향우회로 발전했다. 이명박의 형인 이상득 의원 등이 고문으로 있었고, 법조·언론·경영 등 각 분야의 지역 출신 인사들이 참여하면서 덩치가 커졌다.[37]

영포회는 포항 출신인 이명박이 대통령으로 당선되면서 권력의 전면에 나서기 시작했으며, 이명박 정권 출범 원년인 2008년 11월부터 정치권에 본격적인 논란을 일으켰다. 서울 세종호텔에서 열린 영포회 송년 모임에서 당시 포항이 고향인 최시중 방송통신위원장은 "이대로"를 선창한 뒤 "나가자"는 구호로 답하는 건배사를 제의했다. 박승호 당시 포항시장은 "이렇게 물 좋을 때 고향 발전을 못 시키면 죄인이 된다"고 했고, 최영만 당시 포항시 의회 의장은 "어떻게 하는지 몰라도 예산이 쭉쭉 내려온다"고 말했다. 포항에서 시의원과 도의원을 하다 경북 영양-영덕-봉화-울진에서 공천을 받아 당선된 강석호 한나라당 의원은 "속된 말로 동해안에 노났다. 우리 지역구에도 콩고물이 떨어지고 있다"고 했다.[38]

6월 30일 야당은 영포회를 향해 '5공 때 하나회 같은 이 대통령 친위 사조직'이라고 비난하며 수사를 촉구했다. 민주당 박지원 원내대표는 평화방송 인터뷰에서 "이명박 정권의 인권 무시와 국민 탄압의 실상이 또 하나 드러난 것"이라며 "영포회에 소속되지 않은 공무원은 서러워서 살겠느냐. 포항 출신끼리 왔다 갔다 했다는데 주식회사냐"고 비판했다.[39]

'권력 사유화'를 자행한 '영포 게이트'

2010년 7월 2일 민주당은 민간인 불법사찰을 "영포 게이트"로 규정하고 이명박을 향해 "영포회 해체"를 요구했다. 이런 상황에서 이명박 정부의 '포항 인맥'이 다시 주목받았다. 사찰 파문 당사자인 이인규 공직윤리지원관이 범포항 인맥에 속했으며, 이인규가 공식 지휘계통을 배제하고 직보直報한 것으로 알려진 이영호 청와대 고용노사비서관 역시 포항 출신이었기 때문이다. 사찰 논란의 배후로 지목받고 있는 박영준 국무차장도 고향은 경북 칠곡이지만, 이상득 의원과 이명박 형제를 연이어 15년간 보좌한 인연으로 사실상 '포항 인맥'으로 분류되었다.[40]

7월 5일 국무총리실에서 또 다른 민간인을 불법사찰한 정황이 드러났다. 한국노총에 따르면, 한국노총 산하 공공연맹 위원장 배정근이 지난 4월 비공개로 진행된 연맹 중앙위원회에서 '지난해 말 총리실 직원과 총리실에 파견된 경찰관에 의해 미행을 당했다'고 말했다.[41] 어디 그뿐인가. 이날 2008년 대선 때 이명박 후보 지원 외곽 조직인 '선진국민연대' 관련 인사들이 국내 최대 금융 그룹인 KB 금융지주 회장 선임 과정에 개입한 의혹이 있다는 증언들이 금융권에서 잇따라 터져 나왔다. 이에 따라 민간인 불법사찰 사건이 권력 핵심과 연결된 특정 인맥의 '국정 농단' 사건으로 번질 조짐을 보이기 시작했다.[42]

선진국민연대는 2007년 대선 당시 이명박 후보의 선거운동을 외곽에서 지원했던 단체다. 선진국민연대는 2007년 박영준 차장과 김대식 전 민주평통 사무처장이 주축이 되어 지역·직능·지식인 단체 수백 곳을 하나로 조직화해 탄생했다. 대선 당시 공로로 2009년 2월 핵심 인사 250여 명이 이명박과 청와대 만찬을 갖기도 했으며, 개국공신 지분을 바탕으로 대통령직인수위를 거쳐 청와대와 내각, 공기업 등 요직에 대거 입성했다.

정권 출범 초 청와대만 해도 박영준 차장(당시 기획조정비서관), 권성동 법무비서관(현 바른정당 의원), 이영호 비서관 등 15명 정도가 포진했다. 정종환 국토해양부 장관과 이영희 전 노동부 장관, 김성이 전 보건복지부 장관 등도 선진국민연대 출신이었다. 친이 직계 의원은 "TK(대구·경북) 정권, 고려대 정권이라는 말이 있었는데 선진국민연대 정권이라는 말이 더 정확하다"고 할 정도였다.[43]

7월 5일 이명박 측근인 정두언 한나라당 의원은 "2년 전 의혹을 제기했던 사람 입장에서 통곡하고 싶은 심정"이라고 말했다. 지난 2008년 6월 이명박의 친형인 이상득 의원과 그의 측근인 박영준 당시 청와대 기획조정비서관 등을 지목한 '권력 사유화' 발언으로 사전 경고를 보냈지만, 적절한 예방 조치에 실패해 야당이 제기하는 '영포 게이트'라는 권력형 비리 의혹으로 파문이 번졌다는 것이다.

친이계의 핵심 측근인 정두언은 이명박 정부 출범 직후인 2008년 6월 촛불 정국 당시 "대통령 주변 일부 인사들에 의한 권력의 사유화가 근본 문제"로 "일부 인사가 국정 수행에 집중한 게 아니라 전리품 챙기기에 골몰하고 있다"며 특정 인맥의 중용에 대한 정권의 문제점을 지적했다. 이 과정에서 정두언은 박영준 청와대 비서관 등과 정면으로 대립했다.[44]

"갈 데까지 간 '비선 조직의 국정 농단'"

2010년 7월 8일 『경향신문』은 「형님 권력·선진연대 고리 '왕차관' 몸통 논란 핵으로」라는 기사에서 "국무총리실 박영준 국무차장의 직책 앞에는 늘 '왕'이란 수식어가 따라붙는다. 이명박 정부 초기 청와대에선 '왕비서관'으로, 지금은 '왕차관'으로 불린다. 하지만 정권 실세의 상징과도 같은 '왕'이란 접두사는 매번 '권력 사유화' 논란의 원인이기도 했다"면서 "야당은 '권력 게이트'로 진화 중인 이번 사건의 '몸통'으로 박 차장을 겨냥하고 있다. 이명박 정부 창업과 초기를 떠받친 포항과 '선진국민연대' 인맥 모두의 연결점에 그가 위치한 데다, 권력 사유화 논란의 정점인 '형님 권력'으로 가는 사다리이기 때문이다"고 했다.[45]

7월 8일 민주당은 선진국민연대가 이른바 '메리어트 모임'을 만들어 국정 전반은 물론이고 공기업 인사도 관여하는 등 인사 전횡까지 했다고 말했다. 이날 전병헌 정책위 의장은 고위정책회의에서 "총리실 박영준 국무차관, 정인철 청와대 기획관리비서관, 이영호 고용노사비서관, 유선기 전 선진국민연대 사무총장 등이 정기적으로 서울 강남의 ㅁ호텔에 모여 공기업은 물론, 정부 내 인사를 논의했던 것으로 안다"고 말했다. 전병헌은 『경향신문』과의 통화에서 "영포회와 선진국민연대가 결합된 ㅁ호텔 모임은 정 비서관이 공기업 CEO들과 정례 회동했다는 것과는 또 다른 별도의 모임으로, 김대식 민주평통 전사무처장도 구성원이었고, 가끔 한나라당 의원들도 참석했다"고 말했다. 전병헌은 "ㅁ호텔 모임이 일종의 권력 이너서클 역할을 한 것으로, 사조직에 의한 국정 농단이고 월권행위"라고 비판했다.[46]

『경향신문』은 7월 9일 사설 「고구마 줄기처럼 나오는 비선 라인」에서 "정권 초기부터 이 단체 출신들은 청와대와 정부, 국회, 공기업 간부 자리를 싹쓸이하다시피 해 여권 내부에서조차 '해도 너무 한다'는 손가락질을 받았다고 한다"면서 다음과 같이 말했다.

"지난 정부 때 임명된 공기업 간부들에 대한 집요한 사퇴 압력도 이들에게 나눠줄 논공행상용 자리를 마련하기 위한 것이란 의혹은 계속 제기돼왔다. 이제 보니 공직윤리지원관실 같은 사찰 기관을 사적으로 가동하고, 이를 통해 특정 인사를 쳐내면 그 빈자리를 자기들끼리 나눠 챙겨왔던 셈이다. 말이 좋아 논공행상이지, 노략질해온 전리품을 분배한 것과 진배없다."[47]

『한겨레』는 7월 9일 사설 「갈 데까지 간 '비선 조직의 국정 농단'」에서 "여러 정황을 살펴보면 이들의 국정 농단 행태는 상상 이상이었던 것으로 보인다"면서 다음과 같이 말했다.

"비선 조직이 활개를 치면 공조직은 마비되고 국정 운영 질서는 엉망이 돼버린다. 그런 징후는 이미 곳곳에서 드러나고 있다. 민간인 사찰이나 사기업 인사 개입 등은 그 단적인 예다. 청와대 안의 '실세 비서관'들이 수석 알기를 우습게 안다는 이야기도 그동안 파다했다. 나라꼴이 말이 아닌 셈이다. 이제 비선 조직의 실체와 행태가 드러나고 있다. 그 배후로 '형님 권력'까지 거론되고 있다. 따라서 그 진상을 파헤치고, 환부에 메스를 들이댈 사람은 대통령밖에 없다. 이 대통령은 비선 조직 논란을 반대 세력의 일방적 공세쯤으로 치부해서는 안 된다. 이런 잡음이 터져나오는 것 자체가 이미 상처가 곪을 대로 곪았음을 방증한다."[48]

"대통령은 측근들의 '추한 권력 게임' 보고만 있나"

2010년 7월 9일 민주당은 선진국민연대가 "공기업은 물론 국민은행과 포스코 등 민간 기업에까지 영향력을 행사한 정황이 있다"고 공격의 수위水位를 더 높였다. 7월 9일 국무총리실의 민간인 사찰 파문으로 촉발된 여권 내 갈등의 한 축에 서 있는 한나라당 정두언 의원은 "박영준(국무차장)이 SD(이상득 의원)보다 더 세"다면서 "선진국민연대의 (국정 농단) 문제는 KB금융지주(인사 개입 의혹) 건 곱하기 100건은 더 있다"고 말했다.[49]

『동아일보』는 7월 10일 사설 「대통령은 측근들의 '추한 권력 게임' 보고만 있나」에서 "선진국민연대 출신과 정 의원 중심의 일부 친이(친이명박) 소장파 그룹 간에 추한 권력 게임이 점입가경이다"면서 다음과 같이 말했다. "친이-친박 싸움만으로도 지겨운데 친이끼리 치고받고 있으니 참으로 한심하다. 국민은 대통령 측근 그룹이 이권다툼 같은 추한 권력 게임이나 하라고 이명박 정권을 선택한 게 아니다. 소수의 측근이 정부와 권력을 쥐락펴락한다는 인상을 주게 됨으로써 정권에 대한 불신도 커질 수밖에 없다."[50]

『동아일보』 논설위원 김순덕은 7월 12일 칼럼 「어떻게 잡은 정권인데 말아먹나」에서 "MB 동향 비공식 라인의 민간인 사찰, 선진국민연대의 인사 개입설이 꼬리를 물면서 막장드라마 같은 권력투쟁 폭로전이 계속되고 있다. 그러나 사안의 본질은 청와대 비선秘線 조직의 존재와 불법 행태이고, 측근의 인사 개입임을 직시해야 한다고 본다"면서 다음과 같이 말했다.

"다른 나라와 달리 반정부 세력이 김정일 북한 정권과 함께 국가 안보와 체제를 위협하는 처지에선 측근 발호도 사실상 이적利敵행위다.……좌파정권으론 잘살게 될 수 없다는 국민적 각성에서 당선된 대통령이 우파의 이명박이었다. 정권 재창출만 해내도 MB정부는 성공이다. 선진국의 문턱에 다가섰는데 어설프게 기회를 놓친다면, 설령 그가 대통령이라도 용서받기 힘들다."[51]

7월 12일 박선규 청와대 대변인은 브리핑에서 이명박이 7월 9일 정두언과 박영준, 박영준과 가까운 선진국민연대 인사들에게 경고의 메시지를 전달했다고 밝혔다. "이 대통령은 여권에서 진행되는 일들이 권력 다툼으로 비쳐지는 데 대해 깊은 유감을 표명하고 화합을 당부한 것으로 안다"면서 "국민의 눈을 의식하고 국민의 입장에서 문제를 풀어야 한다는 점에 대해 강조한 것"이라고 밝혔다. 월권 논란이 여권의 내분이나 권력투쟁으로 번져서는 안 된다는 의미로 해석되었다.[52]

하지만 정두언은 7월 12일 "권력투쟁으로 몰고 가는 것은 사태 본질을 흐리는 것"이라고 주장했다. 그는 '권력투쟁' 논란과 관련, "사태의 본질은 청와대와 정부 내 비선 조직의 존재와 불법 행태이고 (대통령) 측근의 부당한 인사 개입"이라고 말하며 거듭 여권 내 '비선 사조직'과 '권력 사유화'의 문제를 제기했다.[53]

거듭된 논란에도 이명박은 8월 13일 단행한 차관급 인사에서 박영준을 지식경제부 2차관으로 임명했다. 이는 이명박이 '그들만의 소통', '회전문 인사'라는 안팎의 비난을 무릅쓰고 측근들을 내각에 전면 배치해 '내 갈 길을 가겠다'고 확실히 선언한 셈이었다.[54]

김미화가 제기한 방송계의 '블랙리스트' 파동

2010년 7월 6일 코미디언 김미화는 자신의 트위터에 올린 글에서 KBS에 연예인 블랙리스트가 존재한다고 주장했다. 김미화는 "저는 코미디언으로 27년을 살아왔습니다. 사실 어제 KBS에서 들려온 이야기가 충격적이라 참담한 마음을 금치 못하고 있습니다"면서 "KBS 내부에 출연 금지 문건이 존재하기 때문에 (제가) 출연이 안 된다고 한다"고 주장했다.

이어 김미화는 "제가 많이 실망한 것은 KBS 안에 있는 피디들은 저와 함께 20년 넘게 동고동락했던 사람들이고, 친구들입니다. 확인되지 않은 편향된 이야기를 듣고 윗사람 한마디에, 제가 보기에는 누군가의 과잉충성이라 생각됩니다만, 저와 20년 넘게 생활을 함께했던, 저에 대해 너무나도 잘 아는 동료들이 저에게 상처를 주고 있다는 사실입니다"라면서 제작진에 대한 실망감도 나타냈다.[55]

김미화의 발언으로 KBS 블랙리스트 논란은 수면 위로 떠올랐는데, KBS에서 블랙리스트 논란이 불거진 것은 2008년 8월 정연주 전 사장이 강제 사퇴를 당하고 낙하산 인사로 분류되었던 이병순 전 사장이 취임하면서부터였다. 2008년 10월 가을 개편 당시 〈심야토론〉 진행자이던 정관용과 〈러브레터〉·〈뮤직쇼〉를 진행했던 윤도현이 하차했다. 당시 윤도현은 프로그램 하차 이후 〈페퍼민트〉·〈뮤직뱅크〉 등의 음악 프로그램과 〈비타민〉·〈1대100〉 등 예능·교양 프로그램도 출연이 예정되었다가 이유 없이 취소된 바 있다. 2009년 1월에는 진보 논객으로 평가받는 진중권이 고정 패널로 출연하던 〈TV, 책을 말하다〉가 폐지되었다. 비슷한 시기에 시사평론가 유창선도 고정적으로 출연하던 라디오 프로그램에서 물러났다. 같은 해 10월엔 〈스타 골든 벨〉을 진행하던 방송인 김제동이 뒤를 이었다.[56]

KBS는 김미화가 글을 올린 지 얼마 되지 않아 명예훼손 혐의로 김미화를 고소했으며, 이날 저녁 9시 뉴스를 통해 김미화 고소 사실을 부사장 인터뷰까지 곁들여 보도했다. 하지만 문화평론가 진중권과 시사평론가 유창선이 김미화에 대한 지원 사격에 나서면서 KBS의 블랙리스트를 둘러싼 논란은 확산되었다.

진중권은 7월 6일 저녁 자신의 트위터에 김미화가 쓴 글을 링크하며 "이제 와서 하는 얘긴데, KBS 〈TV, 책을 말하다〉의 높으신 분께서 진중권 나왔다고 프로그램 자체를 없애버리라고 했다"며 "그래서 '다음 주에 뵙겠습니다' 했다가 영원히 못 뵙게 됐다"고 주장했다.

유창선은 자신의 홈페이지인 '유창선 닷컴'에 올린 'KBS에 블랙리스트가 정말 없다고?'라는 글에서 자신의 경험을 소개했다. 그는 "지난 2009년 1월, 당시 고정출연 중이던 KBS 1라디오 프로그램에서 갑자기 하차 통보를 받았다"며 "담당 PD는 물론 국장까지도 그 이유를 몰랐다. 그리고 그 다음 주 KBS 1라디오 〈열린토론〉으로부터 주말에 출연해달라는 전화가 왔고 이를 수락했지만 바로 다음 날 국장이 출연을 취소시켰다"고 밝혔다.

유창선은 당시 이병순 사장 시절이어서 현재 김인규 사장의 KBS와는 무관하나 이때 이미 자신이 이른바 '블랙리스트'에 걸린 것이라고 추정하면서 "블랙리스트는 존재하지 않는다"는 KBS 측의 해명에 대해 "KBS에 블랙리스트가 문서로 작성돼 돌아다녔을 것이라고는 생각지 않는다. 그러나 문서가 아닌 말을 통한 지시로 블랙을 걸었다고 해서, KBS에 블랙리스트가 없다고 펄쩍 뛰는 것은 손바닥으로 하늘을 가리는 짓"이라고 꼬집었다.[57]

변화 없는 민주당을 심판한 7 · 28 재보선

2010년 7월 27일 이명박 정부는 지방자치단체가 4대강 사업에 반대할 경우 사업권을 가져온 뒤 직접 공사를 강행하겠다는 입장을 밝혔다. 경남 · 충남도가 4대강 사업을 재검토하겠다고 밝힌 데 따른 정부의 공식 입장이어서 해당 지자체와의 갈등이 예상되었다.[58]

7월 28일 전국 8곳에서 실시된 국회의원 재보선에서 한나라당은 5곳, 민주당은 3곳에서 각각 당선되었다. 한나라당은 초미의 관심사였던 서울 은평을과 충청에서 완승을 거두어 사실상 재보선에서 승리했다. 재보선 결과 한나라당은 180석, 민주당은 87석이 되었다. 『한겨레』는 7월 29일 사설 「이번에는 민주당이 심판받았다」에서 "재보선 결과는 민주당의 완벽한 참패다"면서 다음과 같이 말했다.

"국무총리실의 민간인 불법사찰, 선진국민연대 및 '영포라인' 출신 인사들의 국정 농단 의혹, 성희롱 추문 등 한나라당에 불리한 갖가지 악재가 쏟아진 점까지 고려하면 민주당으로서는 변명할 여지가 전혀 없다. 무엇보다 재보선의 최대 격전지였던 서울 은평을에서 패배한 것은 민주당에는 뼈아픈 대목이 아닐 수 없다. 민주당은 맥 빠진 공천, 무기력한 선거운동으로 일관하다 스스로 패배를 자초했다. 여권의 최고 실세인 이재오 후보에게 패배함으로써 민주당이 외쳐온 정권 심판론도 무색해졌다."[59]

『경향신문』은 7월 29일 사설 「변화 없는 민주당을 심판한 재보선」에서 "민주당은 여러 가지 유리한 조건에도 불구하고 패배했다는 점에서 한마디도 변명할 자격이 없다"면서 다음과 같이 말했다. "민주당이 지방선거 이후 어떤 자세를 보였느냐를 살펴보면 이번 패배의 원인을 찾을 수 있다. 민주당은 순전히 이명박 정권이 실정했다는 반사이익으로 선거 승리를 거머쥐었지만, 대안 세력으로 거듭나기 위한 어떤 노력도, 움직임도 보여주지 못했다. 민주당이 잘한 것이 하나도 없지만, 정권 심판을 위해 어쩔 수 없이 이명박 정권 반대의 의미로 투표한 사실을 모르지 않았을 텐데, 변화 노력도 전혀 없이 안주해왔던 것이다. 재보선에 임해서 새로운 민주당의 모습을 보여줄 인물을 공천하지 못한 채, 거꾸로 참신성 및 진보성과는 거리가 먼 인물을 대책 없이 공천한 것이 좋은 예이다."[60]

『중앙일보』는 7월 29일 사설 「이번에는 민주당 오만을 심판했다」에서 "민주당은 오만했다. 정권의 사찰 의혹을 조사하는 특위 위원장에 불법 도청으로 유죄판결을 받았던 전직 국정원장을 임명했다. 6·2 지방선거에서 효과를 보았다고 해서 이번에도 후보 단일화를 급조하고 남발했다. 부재자 투표에서 유권자들이 이미 표를 던졌는데도 후보 단일화를 해서 사표死票를 양산했다. 유권자가 정권의 실수보다는 민주당의 오만과 민주당으로 인해 초래된 혼란에 더욱 화를 냈다고 봐야 한다"고 했다.[61]

재보선 승리로 정부 여당은 국정 운영의 탄력을 얻었다. 특히 'MB

맨', '친이 군기반장'으로 불리며 '대운하 전도사'로 통한 이재오가 복귀하면서 4대강 사업에 속도가 붙을 것으로 예상되었다.[62]

"5공 시절로 시간 여행을 온 것 같은 착각"

2010년 7월 21일 국무총리실 공직윤리지원관실이 '민간인 불법사찰'에 이어 여당 중진인 남경필 의원의 부인을 사찰한 것으로 밝혀져 민간인 사찰은 정치 사찰 논란으로 확산되었다. 남경필 부인에 대한 사찰은 민간인 불법사찰에 나섰던 점검1팀이 한 뒤 이인규 전 지원관의 결재를 거쳐 하명 사건을 담당하는 지원관실 기획총괄과로 넘어간 것으로 알려졌다.[63]

『조선일보』는 7월 23일 사설 「총리실 여당 중진까지 사찰했다면 뭘 못했겠는가」에서 "남 의원의 회견은 과거 70~80년대 군사정권 시대에 정보기관과 사정기관에 쫓기고 탄압받는 야당 의원의 모습을 떠올리게 한다. 법질서 선진화를 외쳐온 정권 아래서, 다른 사람도 아니고 여당 중진 4선 의원의 입에서 이런 말이 나오는 현실을 어떻게 받아들여야 하는가"라고 개탄했다.[64]

『한겨레』는 7월 23일 「"정두언·정태근 의원 주변도 사찰"」에서 여권 내부 사정에 정통한 핵심 인사의 증언을 통해 주요 사정기관이 정두언과 정태근 등 다른 여당 의원들에 대해서도 전방위로 뒷조사를 벌였다고 보도했다. 이 기사에 따르면, 여권 내부 사정에 정통한 핵심 인사는 "남경필 의원뿐 아니라 이명박 대통령의 측근으로 분류된 정

두언 최고위원과 정태근 의원 주변에 대한 뒷조사도 광범위하게 진행됐다"고 밝혔다.[65]

정두언·정태근은 이명박 정부 출범의 '공신'으로 분류되는 인물들이어서 이들이 사찰 대상에 포함되었다는 점이 관심의 초점이 되었다. 수도권 한 중진 의원은 이명박의 친형인 이상득에 대한 저항이 이들을 꿰는 '공통점'이라고 해석했다. 그는 "본질은 형님 문제다. 세 사람 모두 형님 권력에 저항했던 중심인물"이라며 "한나라당 안팎에선 오래전부터 이들이 심하게 견제·감시당했다는 얘기가 나돌았다"고 말했다. 세 사람의 정치적 행로는 달랐지만 이명박 정부 출범 이후 '영일대군'으로 불려온 이상득에 대해선 공통적으로 비판적인 태도를 유지했는데, 제18대 총선을 앞둔 2008년 4월 이상득의 총선 불출마를 요구했다가 이상득에게 미운털이 박혔다는 것이다.

남경필은 당시 경북 포항에 단신으로 내려가 "수도권 민심이 위험하다"며 이상득에게 4월 총선 불출마를 요청했으며, 이로부터 며칠 뒤 정두언·정태근 등은 한나라당 수도권 총선 출마자 55명과 함께 이상득의 불출마를 촉구하는 성명을 발표하면서 "이런 요구가 관철되지 않으면 공천장을 반납하겠다"고 선언했다. 당시 이상득은 이들의 잇따른 불출마 요구를 일축한 채 총선에 입후보해 6선 의원이 되었으며, 이후 남경필·정두언·정태근 등은 여권에서 '반이상득 라인'의 상징적 인물로 자리 잡았다.[66]

『중앙일보』는 7월 24일 사설 「국정 농단하는 음성적 통로가 존재하는가」에서 "정보 정치가 횡행橫行하던 폭압 정치 시절로 되돌아가겠다는 건가"라고 물었다. "정권 내에서도 일개 계파의 사조직이 정부 공조직을 능멸凌蔑한 꼴이다.……2010년 7월의 한국 정치판은 마치 타임머신을 타고 5공 시절로 시간 여행을 온 것 같은 착각이 들 정도다."[67]

"국가 범죄, 검찰은 덮고 언론은 눈감나"

2010년 8월 11일 국무총리실 공직윤리지원관실의 민간인 불법사찰 사건을 수사해온 서울중앙지검 특별수사팀은 중간 수사 결과를 발표하면서 민간인 신분인 김종익 전 KB한마음 대표를 불법사찰한 이인규 전 지원관과 김충곤 전 점검1팀장 등 2명을 강요와 직권남용, 업무방해 및 방실수색 혐의로 구속 기소하고, 원충연 전 사무관을 불구속 기소했다고 밝혔다. 검찰의 중간 수사 발표는 총리실이 7월 5일 수사 의뢰한 내용에서 거의 한 발짝도 나아가지 못한 것으로 윗선 규명이 전혀 이루어지지 않아 부실 수사 논란을 낳았다.[68]

한나라당은 검찰의 중간 수사 발표를 '수용'하겠다고 말했지만 남경필·정두언·정태근 등 자신과 부인 등 주변 인사들이 불법사찰을 당한 '피해 의원'들은 '깃털'만 건드린 검찰 수사에 강한 분노를 표출했다.[69] 정두언은 8월 12일 열린 당 최고위원회에서 "이 정부 탄생에 참여한 사람으로서 심히 부끄럽고 창피한 일이다. 쥐구멍이라도 있다면 들어가고 싶은 심정이다"고 말했지만 다음 날 이명박은 '불법 민간인 사찰'의 배후 의혹을 받고 있는 박영준을 지식경제부 제2차관으로 기용했다.[70]

『미디어오늘』은 「국가 범죄, 검찰은 덮고 언론은 눈감나」라는 기사에서 "『조선일보』는 12일자 지면에 「'민간인 사찰' 수사, 아무 의혹 없는 듯 덮고 마는가」라는 사설을 실었다. 언론이 취할 당연한 비판이다"며 다음과 같이 말했다.

"『조선일보』 사설 제목은 언론에 던지는 물음이기도 하다. 국가기관에서 벌어진 '불법 민간인 사찰' 증거인멸이라는 중대한 범죄행위가 '일회성 비판'으로 정리될 분위기가 엿보이고 있기 때문이다. 실제로 언론 지면에서 관련 기사가 보이지 않는다. 검찰의 부실 수사를 한 번 비판하고 넘어갈 문제인지, 그렇다면 윗선이 누구인지는 밝힐 필요가 없는 것인지 언론은 답을 해야 한다."[71]

검찰 수사 결과에도 한나라당 내에서는 '권력 사유화' 논쟁이 더 증폭되고 있었다. 8월 31일 정태근·남경필은 충남 천안 지식경제부 공무원 교육원에서 열린 한나라당 의원 연찬회에서 이명박의 친형인 이상득의 실명을 직접 거론하며 사찰 연루 가능성을 제기했다. 정태근은 "이상득 의원이 청와대 국정원에 의해 사찰이 이뤄진 것을 알고 있었다"면서 "지난 8월 1일 청와대 민정수석실에 이 의원과 대통령에게 (불법사찰을) 분명하게 전하고 (이를) 바로잡아 달라고 요청했다"고 말했다. 남경필은 비공개 자유토론에서 "조지 오웰의 『1984』에 보면 빅브라더가 등장한다. 미국 드라마 〈24시〉 보면 군산복합체가 등장해서 각 기관에 퍼져서 사조직을 만들고, 급기야 대통령까지 살해를 한다"면서 "지금 이와 비슷한 일이 대한민국에서 벌어지고 있다"고 말했다.[72]

남경필·정태근 등이 사찰의 배후로 이상득을 공개 거명하자 9월 1일 청와대는 불만을 표출하고 한나라당 내에서는 "패륜"이라는 비난이

나왔다. 이에 정태근은 최고위원·중진의원연석회의에서 "청와대에 (박정희 전 대통령 경호실장을 지낸) 차지철이 살아온 것 아니냐는 우려를 하지 않을 수 없다"면서 "부실 인사의 책임을 의원들에게 떠넘기고 사찰을 정당화해 계속하겠다는 의도를 드러낸 것"이라고 비판했다. 그는 "청와대 일부 인사들의 작태는 국회·여당을 부정하고 협박하는 것"이라며 청와대에 해당 인사의 문책을 촉구했다.

그러자 선진국민연대 출신인 장제원 의원은 트위터를 통해 "정확한 근거와 증거 없이 공개 석상에서 새까만 후배가 20여 년간 한나라당을 지켜온 선배에게 정면공격하는 것은 패륜적"이라며 "자신만이 선이라는 근본주의에 빠져 상대의 인격도 짓밟는 언행은 전형적 포퓰리즘, 구태"라고 공격했다.[73] 『한겨레』는 사설을 통해 "이 사안은 우리 사회를 떠받치는 가치인 자유와 인권에 관한 문제다"며 "비선 세력의 권력 사유화, 국정 농단의 문제를 그냥 덮어둬서는 아무리 공정한 사회 운운하는 구호를 외쳐봐야 구두선에 불과하다"고 했다.[74]

"영남 편중 인사로 어떻게 소통·화합하겠다는 건가"

2010년 8월 8일 이명박은 신임 국무총리에 김태호 전 경남지사를 내정하고 장관급 9명을 교체하는 집권 3기 개각을 단행했다. 8월 9일 민주당은 이명박 정부의 8·8 개각을 "영남 편중 인사"로 규정했다. 민주당 박지원 원내대표는 비상대책위 회의에서 "인사권은 대통령 고유권한이라지만 이건 고유권한의 남용이 아닌가 생각된다"면서 "이명박 정권의 간판도, 권력도, 핵심도 전부 영남 출신으로 채워져 지나친 편중 인사"라고 말했다. 그는 "헌정 사상 최악의 개각"이라고 말했다. 박지원은 MBC 라디오 인터뷰에서도 "대한민국이 '영남민국'이 아닌가 착각할 정도"라고 거듭 비판했다.[75]

『한겨레』는 8월 10일 사설「영남 편중 인사로 어떻게 소통·화합하겠다는 건가」에서 "8·8 개각을 통해 대통령을 비롯해 국무총리, 국회의장, 한나라당 대표 등 나라의 최고 지도자들이 모두 영남 출신들로 채워졌다. 거기에 권력의 핵심 요직인 국세청장마저 이명박 정권의 실세 라인 인맥 창고인 '티케이(대구·경북)' 출신 인사로 바뀌었다"며 다음과 같이 말했다.

"'끼리끼리 인사'는 필연적으로 다른 지역 출신 인사들을 소외시켜 분열과 갈등을 부추기기 마련이다. 관료사회의 특성상 윗자리를 특정 지역 출신들로 채우면 아래로 내려갈수록 쏠림 현상은 더욱 심해진다. 공무원 사회의 동요와 불만은 잠복 상태에 있는 일반 국민의 지역감정에까지 불씨를 댕기면서 대립과 분열은 더욱 증폭될 수밖에 없다. 이 대통령이 이런 폐해를 모르고 영남 편중 인사를 했다면 인사권을 행사할 자격이 없는 것이요, 알고도 강행했다면 망국병을 스스로 부추긴 것이나 다름없다."[76]

8월 13일 이명박 정부는 현 정권 출범 후 최대 규모인 23명의 차관급 인사를 단행했다. 이명박은 업무 연속성과 소통 강화를 제시했지만 역시 지역 편중 인사였다. 23명의 차관급 인사에서도 영남 편중 현상이 나타났기 때문이다. 23명 중 절반에 가까운 11명이 영남 출신이었으며, 서울, 강원, 충청, 호남 출신 인사가 각각 3명씩이었다.[77]

『경향신문』이 8월 25일로 집권 반환점을 맞는 이명박 정부의 장·차관급(후보자 포함) 103명과 청와대 비서관 이상 59명 등 고위 공직자 162명을 분석한 결과에 따르면, 장·차관급 인사의 영남·고려대학교 편중 현상은 여전했으며, 청와대 비서관 이상 참모진과 4대 권력기관의 영남·고려대학교 편중은 더욱 심화된 것으로 나타났다.

장·차관급 인사 중 영남 출신은 TK 19명(18.4퍼센트), PK 20명(19.4퍼센트) 등 모두 39명(37.8퍼센트)으로, 이명박 정부 첫해인 2008년 TK와 PK 각 18명 등 36명(37퍼센트)에서 3명이 늘었다. TK와 PK에 이어 서울 17명(16.5퍼센트), 대전·충남 13명(12.6퍼센트), 광주·전남 13명(12.6퍼센트), 강원 7명(6.8퍼센트) 등의 순이었다. 장·차관급 가운데 영남·고려대학교 출신은 49명(47.6퍼센트)으로 전체의 절반 가까이를 차지했다.[78]

"돈 좋아하면 장사를 해야지 왜 장관을 하려고 하나"

이명박 정부는 공정사회를 강조했지만 8·8 개각에 따른 국회 인사청문회에선 후보자들을 둘러싸고 온갖 의혹이 쏟아져나왔다. 8·8 개각에 따른 국회 인사청문회는 이른바 '죄송 청문회'가 되었다. 위장전입과 부동산 투기, 논문 표절, 재산 신고 누락 등 각종 불법과 부도덕한 행위와 관련해 후보자들의 입에서 "죄송하다", "반성한다", "불찰이다" 등의 말이 쏟아졌지만 한 명도 스스로 물러나겠다고 말한 사람은 없었기 때문이다.

이명박은 훗날 김태호 지명 이유를 "사회 전체에 세대 교체 바람을 불어넣고 싶었다"고 했지만,[79] 김태호에게 먼저 닥친 건 각종 의혹 바람이었다. 그는 8월 24일 국회에서 열린 인사청문회에서 불투명한 재산 증식, 채무 관계 누락 등과 관련해 "재산 등록에서 누락돼 매년 그대로 흘러오면서 문제가 됐다는 점을 시인한다"며 "이유 여하를 불문하고 세심하게 살피지 못한 것은 불찰"이라고 사과했다. 그는 도지사 시절 도청 직원을 가사 도우미로 활용한 것과 관용차를 아내가 사적으로 이용하는 등의 '직권남용 의혹'에 대해서도 사과했다. 그러나 그는 이명박이 강조한 '공정한 사회'를 거론하며 "대통령의 철학을 뒷받침하기 위해 국민과의 소통에 힘쓰겠다"며 자진 사퇴할 뜻이 없음을 분명히 했다.

신재민 문화체육관광부 장관 후보자도 이날 다섯 차례의 위장전입에 대해 "당연히 법을 지켰어야 하는데, 그렇지 못했던 것에 대해 깊이 사과드린다"며 고개를 숙였다. 그러나 위장전입과 부인의 허위 취업, 부동산 투기 의혹, 스폰서 차량 이용과 이에 따른 정치자금법 위반 등을 거론하며 사퇴를 요구하는 야당 의원들을 향해 "제 불찰을 반성하고 있다는 말씀 외엔 드릴 말씀이 없다"며 버텼다.

이에 민주당, 민주노동당, 진보신당 등 야당 의원들은 "8·8 내각이 죄송 내각이냐"며 "잘못을 인정한 부적격 후보들에 대해 청와대는 지명을 철회하라"고 촉구했다.[80] 이만섭 전 국회의장은 이날 평화방송 〈열린세상 오늘 이석우입니다〉에 출연해 "후보자들이 나와서 매일 절하고 죄송하다고 하는데 그럴 바에는 그만둬야 한다"며 "이번 청문회는 '죄송 청문회'"라고 비판했다. 그는 "후보자들이 청문회만 모면

하면 된다고 해서 적당히 넘어가려 한다"며 "죄송하다는 말은 하는데 뭐가 죄송한지도 모르겠다"고 꼬집었다. 이어 그는 "돈을 좋아하는 사람은 장사를 해야 하는데 왜 청문회에 나와서 국민을 괴롭히는가. 어떤 후보자는 부동산 투자를 노후 대책이라고 했는데 국민은 죽든지 말든지 자기 혼자 잘살겠다는 것이냐"고 목소리를 높였다.[81]

『중앙일보』가 청문회 속기록으로 확인한 결과에 따르면, 김태호 후보자는 도청 직원을 가사 도우미로 활용한 것 등에 대해 12번의 사과 발언을 했다. 신재민 후보자는 24일 네 차례의 위장전입에 대해 14번 사과를 반복했다. 조현오 경찰청장 후보자는 23일 '노무현 전 대통령의 거액 차명계좌' 발언과 관련해 "송구스럽다"는 말을 22번, "죄송하다"는 말을 5번이나 했다.[82]

전두환의 '정의사회'를 연상케 한 이명박의 '공정사회'

2010년 8월 29일 김태호 국무총리 후보자와 신재민 문화체육관광부 후보자, 이재훈 지식경제부 장관 후보자가 사퇴했다. 『한겨레』는 8월 30일 사설 「고개 숙여 사과해야 할 사람은 바로 이 대통령」에서 "이번 사태를 통해 가장 반성하고 성찰해야 할 사람은 다름 아닌 이명박 대통령이다"고 했다. "청와대는 이들 후보자의 흠결 내용을 미리 알고 있었으나 이 대통령이 '일만 잘하면 된다'고 하자 그냥 밀어붙였다. 이런 이 대통령의 아집이 결국 내각 인선안을 누더기로 만들어버린 것이다."[83]

그럼에도 이명박은 자신이 져야 할 책임엔 전혀 아랑곳하지 않고 9월 5일 청와대에서 열린 '2010 장차관 워크숍'에서 공정사회 구현을 위한 국정 운영 방향에 대해 참석 장차관들에게 당부의 말을 하는 등 '공정사회'의 전도사가 되기로 작정했던 것 같다.

이명박은 20일 전인 광복절 경축사에서 "기득권자가 '공정한 사회'를 만들기 위해 노력해야 한다"고 말했는데, 자신은 기득권자가 아니라는 뜻이었을까? 이명박의 그런 이율배반과 유체이탈 화법에 대해 여론은 싸늘하다 못해 냉담했다. 『월간조선』 기자 김태훈은 1년 후 "MB정부가 추진하는 '공정한 사회 구현'에 국민이 냉담한 이유는 어디에 있을까"라는 질문으로 장문의 기사를 썼다.

이 기사에서 고려대학교 철학과 이승환 교수는 "'법'의 적용, 경제적 '몫'의 분배, '인사권'의 행사 등 국가의 주요 영역이 대단히 편파적으로 돌아가고 있기 때문"이라며 "정부는 말로는 공정사회를 내세우지만, 실제로 '공정한 법 적용', '공정한 경제정책', '공정한 인사정책'을 찾아보기란 어렵고, 그 결과 '공정사회'라는 구호에서 진정성을 느끼는 국민이 거의 없다"고 잘라 말했다.

강원대학교 윤리교육과 신중섭 교수는 "이 대통령이 후보 시절 지나치게 구설에 올라 이미 공정성과 관련해 대단히 손상을 입었다. 이것은 대통령의 실제 과거 행위와 무관하게 형성된 일반인의 인식"이라고 분석했다. 여기다 공정성과 거리가 먼 정부로 각인刻印된 상황에서 '공정사회 구현'을 외치고 나온 것은 1980년대 초 전두환 정권의 구호인 '정의사회 구현'을 연상시키기에 충분했다고 분석했다.[84]

"청와대가 대포폰 만들어 '민간사찰' 윤리관실에 지급"

2010년 11월 1일 청와대 고용노사비서관실이 민간인 불법사찰을 한 국무총리실 공직윤리지원관실에 일명 '대포폰(명의를 도용한 휴대전화)'을 5개 만들어 지급하고, 지원관실 직원들이 이를 사용한 것으로 밝혀졌다. 민주당 이석현 의원은 1일 국회 대정부 질문에서 "믿을 만한 위치에 있는 사람의 증언에 따르면, 검찰은 공직윤리지원관실 장진수 주무관이 사찰 기록이 담긴 컴퓨터 하드디스크를 영구 삭제하기 위해 경기 수원의 한 컴퓨터 전문 업체를 찾아갔고 그 과정에서 '대포폰'으로 통화했다는 사실을 알아냈다"고 밝혔다. 이어 "검찰이 해당 업체를 조사하는 과정에서 '대포폰' 5개를 발견했고, 이는 청와대 고용노사비서관실 최 모 행정관이 공기업 임원 명의를 도용해 만들어 공직윤리지원관실에 지급한 것"이라고 말했다. 이귀남 법무부 장관은 "(이 의원의 얘기가) 다 사실"이라고 확인했다.[85]

청와대가 대포폰을 지급한 게 알려지면서 민간인 불법사찰 의혹 재수사를 요구하는 목소리가 거세졌다. 야당은 "검찰이 청와대 관련설을 감추기 위해 조직적인 은폐를 시도했다"며 특검을 요구했으며, 그동안 국정원과 공직윤리지원관실의 사찰을 받았다고 주장해온 한나라당 남경필·정두언·정태근 의원 등도 "특검 수사로 갈 수밖에 없는 이유가 더욱 명확해졌다"고 말했다.[86]

11월 7일 검찰이 국무총리실 공직윤리지원관실의 민간인 불법사찰 수사 기록을 법원에 넘길 때 '청와대 대포폰'의 통화 내역을 제외한 관련 수사 기록을 전부 누락한 사실이 확인되었다. 검찰이 당시 법원에 낸 증거 자료에는 지원관실 장진수 주무관이 제3자 명의로 휴대전화를 사용했다는 사실과 그 휴대전화의 통화 목록 정도만 포함된 것으로 드러났다.[87]

11월 8일 '청와대 대포폰'을 개설한 청와대 고용노사비서관실 최모 행정관이 민간인 불법사찰 증거인멸 이후 대포폰을 되돌려받아 진경락 전 국무총리실 공직윤리지원관실 기획총괄과장과 통화한 것으로 확인되었다. 이로 인해 불법사찰 증거인멸 과정에 최 행정관 등 청와대가 개입한 정황이 갈수록 뚜렷해졌다.[88]

『조선일보』편집국 부국장 양상훈은 11월 10일 칼럼 「참을 수 없는 검찰의 국민 농락」에서 다음과 같이 말했다. "지금 여권 어딘가에선 국회에서 차명 휴대폰 추궁을 받고 사실을 시인한 법무 장관 탓을 한다고 한다. 설마 국회에서 왜 거짓말을 못했느냐는 얘기는 아닐 것이다. 그렇다면 '왜 능숙하게 받아넘기지 못했느냐'는 것인가? 왜 검찰처럼 청와대 행정관 휴대폰 얘기를 국민에게는 숨긴 채 1,000쪽이 넘는 기소장 어느 구석에 슬쩍 한 줄 집어넣고 끝내지 못했느냐는 것인가? 둘 다 사실상 거짓말이고 국민 농락이다."[89]

11월 15일 민간인 불법사찰을 저지른 국무총리실 공직윤리지원관실 직원들에 대한 선고 공판이 열렸다. 이인규 전 공직윤리지원관에게는 징역 1년 6월, 김충곤 전 점검1팀장에게는 징역 1년 2월, 원충연 사무관에게는 징역 10월이 선고되었다. 이날 이귀남 법무부 장관은 "새로운 자료가 나오면 재수사를 하겠지만 이미 수사했던 것을 반복해봤자 똑같은 결론이 나올 것이기 때문에 (재수사는) 불필요하다"고 되풀이했다.[90]

"국민의 인내력을 시험하는 이명박 정권"

2010년 11월 17일 국회 예산결산특별위원회에서 민주당 이석현 의원은 "국정원 직원 출신인 청와대 이 모 행정관이 김성호 전 국정원장 등 국정원 관계자와 여야 유력 정치인을 직접 사찰했다"면서 "경북 포항 태생으로 박영준 당시 기획조정비서관 밑에 있던 이 행정관이 (정권 출범 초기) 김성호 당시 국정원장과 전옥현 국정원 1차장, 한나라당 정두언 의원의 부인을 직접 사찰했다"고 폭로했다. 이석현은 이와 함께 공직윤리지원관실 점검1팀 소속 권중기 경정과 원충연 사무관의 수첩을 입수·공개하며 총리실의 민간사찰이 알려진 것보다 훨씬 광범위하게 이루어졌다고 밝혔다.[91]

11월 17일 민주당은 국회 예산 심사를 거부하며 검찰과의 전면전을 선언했다. 청목회 입법 로비 의혹을 수사해온 검찰이 전날 저녁 강기정·최규식 의원 측 관계자 3명을 체포한 데 대해 강력 반발한 것이다. 민주당은 "민간인 불법사찰을 덮으려는 정치 수사"라고 규정짓고, '대포폰' 국정조사와 특검을 재차 요구했다. 국회에서 비상 최고위원회의와 의원총회를 열었다. 최고위원회의에서는 '강경 대응'을 요구하는 목소리가 주를 이루었고, 의총에서도 "야당을 죽이려면 깡그리 다 죽이라"(박주선 최고위원)라는 초강경 발언이 쏟아졌다. 민주당의 불참으로 이날 예산 심사를 벌일 예정이던 예결특위와 상임위는 파행했다.[92]

11월 22일 민주당은 국회 예산 심사와 '원외 투쟁'을 병행하기로 결정하고 국회에 복귀했다. 민주당은 이날 최고위원회와 의원총회를 거듭 열어 국회 예산결산특별위원회와 상임위별 예산 심사에는 참여하되, 서울광장에서 '청와대 불법사찰 의혹 규명을 위한 국정조사 및 특검 쟁취와 4대강 대운하 반대 국민서명운동'을 벌이기로 했다. 손학규 대표는 이날부터 29일(4대강 사업 저지 결의대회)까지 서울광장 천막농성에 들어갔다.[93]

11월 22일 서울중앙지법 형사35부(정선재 부장판사)는 국무총리실의 민간인 불법사찰 의혹이 제기되자 관련 증거를 없앤 혐의(증거인멸·공용물건손상)로 기소된 진경락 전 국무총리실 기획총괄과장에게 징역 1년의 실형을 선고했다. 진경락의 지시를 받아 직접 컴퓨터 하드디스크를 손상시킨 장진수 주무관에게는 징역 8월과 집행유예 2년을 선고했다. 재판 과정에서 '장 주무관이 청와대 행정관이 만들어준 대포폰을 사용했다'는 내용이 증거로 제출되었으나 재판부는 '윗선 가능성'에 대해선 따로 언급하지 않았다.[94]

11월 22일 검찰은 지원관실 원충연 점검1팀 전 사무관의 108쪽짜리 '포켓 수첩'은 크게 친노무현·친박근혜계 인사들의 활동 내역과 잠재적 대권주자인 오세훈 서울시장의 대선 행보, 언론·노동·공기업 등의 움직임을 낱낱이 기록하고 있는 것으로 확인되었다고 밝혔다. 이와 관련, 『경향신문』은 사설을 통해 다음과 같이 말했다.

"수첩에 적힌 내용은 충격적이다. 사찰이 정권에 반대하거나 방해되는 세력을 대상으로, 사회의 거의 모든 분야에 걸쳐 조직적 지속적으로 자행됐음을 보여주고 있다. 특히 한 회의 메모에는 '첩보 입수, 공직 기강·정책 점검, 하명 사건'이라는 문구 뒤에 '방해 세력 제거'라고 적혀 있다.……1990년 10월 보안사의 민간인 사찰 때도 정권이 이처럼 막무가내로 조사를 거부하지는 않았다는 얘기가 나온다. 국민

의 인내력을 시험하다가는 정권 자체가 흔들릴 수 있다는 것을 청와
대와 여권 지도부는 명심해야 한다."[95]

안보 무능론을 부각시킨 연평도 교전

2010년 11월 23일 오후 북한이 서해 연평도 인근 해역에서 쏜 100여
발의 해안포 가운데 수십 발이 연평도에 떨어져 해병대 장병 2명이
숨지고 10여 명이 중경상을 입었다. 민가와 상가가 불타는 등 피해가
발생했다. 우리 군도 즉각 80발의 대응사격을 하는 등 남북 간 무력
충돌이 발생했다. 남북은 1960년대 말까지 휴전선 일대에서 간헐적
으로 포격전을 벌인 적은 있지만, 1970년대 이후 포격전은 이번이 처
음이었다. 이날 오후 연평도 주민 2명도 숨진 것으로 확인되어 사망자
수는 군인 2명을 포함해 모두 4명으로 늘었다. 북한의 포격에 민간인
이 희생된 것은 1953년 6·25전쟁 휴전 이후 처음이었다.

애초 이명박 정부는 확전되지 않도록 신중한 모습을 보였다가 차차
강경한 대응으로 선회했다. 이명박은 포격 직후인 오후 2시 40분쯤
천영우 외교안보수석에게서 연평도 사태를 보고 받고 즉각 외교안보
관련 참모들과 청와대 별관의 지하벙커로 자리를 옮겨 수석비서관들
과 각 군 사령관에게 "확전되지 않도록 만전을 기하라"고 지시했다.

이명박은 오후 4시 30분쯤 지하벙커에서 긴급 외교안보 장관회의
를 열었다. 23일 저녁 6시 홍상표 청와대 홍보수석은 이명박이 긴급
수석비서관회의에서 '확전 방지'를 지시했다는 설명은 와전이라며 기

존의 브리핑을 뒤집었다. 그는 또 이명박이 "상황이 악화되지 않도록 만전을 기하라"고 말했다는 것도 사실이 아니라면서 "이 대통령은 단호하게 응징해야 한다는 자세를 초지일관 유지했다"고 강조했다.

이명박은 이날 오후 8시 40분쯤 용산의 합참 지휘 통제실을 방문해 북한의 추가 도발 시 강경 대응을 주문했다. 이명박은 "군은 성명이 아니라 행동으로 대응해야 한다"고 말했다. 또 "아직도 북한이 공격 태세를 갖추고 있음을 볼 때 추가 도발도 예상된다"면서 "몇 배의 화력으로 응징한다는 생각을 가지라. 다시는 도발할 수 없을 정도의 막대한 응징을 해야 한다"고 강조했다.[96]

11월 24일 오전 국회에서 열린 한나라당 의원총회에선 곧바로 북한을 강력히 응징해야 한다는 격한 발언이 꼬리를 물었다. 안상수 대표는 "북한이 천안함 폭침 이후 불과 8개월 만에 만행을 저질렀다"며 "경악과 분노를 금할 수 없다"고 격분했다. 그러면서 "추가 도발 시 몇 배의 응징을 가해서 다시는 도발할 생각이 없도록 해야 한다"고 목소리를 높였다. 김무성 원내대표도 "이 상황은 준전시상태"라며 "국회는 가능하면 오늘 중 대북 규탄 결의안을 채택하겠다"고 말했다.[97]

11월 25일 이명박은 북한의 연평도 포격에 따른 후속 조치로 김태영 국방부 장관의 사의를 전격 수용했다. 경질 원인은 이명박의 '확전 자제' 발언과 관련해 오전엔 "대통령으로부터 '단호하지만 확전이 되지 않도록 하라'는 최초 지시가 있었다"고 했다가 오후 답변에선 "듣지 못했다"고 번복해 논란을 키운 발언 때문인 것으로 알려졌다. 김태영은 청와대에 해명하는 과정에서 "확전 자제를 둘러싼 논란을 잘 몰랐다"고 밝혀 청와대에선 이에 대한 불만이 컸다는 것이다.[98]

"이명박 정권은 병역 미필 정권"

이명박 정부의 안보 무능론이 대두되면서 이명박을 비롯한 국무위원 등의 병역 면제가 또다시 도마 위에 올랐다. 이상돈 중앙대학교 법대 교수는 11월 26일 평화방송 〈열린세상 오늘 이석우입니다〉와의 인터 뷰에서 "정권 상층부가 이렇게 현 정권처럼 온통 병역 면제라서 심지 어 병역 면제 정권, 군 면제 정권 이런 말 듣는 경우가 참 없지 않나" 라면서 "이런 정권은 일단 국민의 신뢰를 얻을 수가 없다"고 지적했 다. 그는 이어 "내가 보기에는 우리나라 국군 장교단도 아마도 병역 면제 정권이라는 말을 들으면 정권에 대한 불신이 클 것이다. 이런 것 이 참 문제"라고 지적했다.[99]

11월 26일 인터넷 포털사이트 등에는 청와대 지하의 국가위기관리 센터에서 열린 벙커 회의 참석자들 중 이명박과 김황식 국무총리, 원 세훈 국가정보원장 등이 군 미필자인 점을 꼬집는 글들이 잇따라 올 라왔다. 한 네티즌은 "한마디로 군 미필 정권"이라며 "이런 사람들이 모여 있으니 급박한 교전 상황에 '확전 자제'라는 엉뚱한 말이 나온 것"이라고 꼬집었다. 야당도 이명박 정부가 병역 미필 정권이라고 쏘 아붙였다. 민주당 박지원 원내대표는 "도대체 병역 미필 정권이 언제 까지 허울 좋은 안보를 내세울 것인지 정권의 책임을 묻지 않을 수 없 다"고 비판했다. 자유선진당 박선영 의원은 "(이 대통령은) 청와대 벙 커에 들어갈 때마다 입는 전투기 조종사 같은 점퍼부터 벗어던지고 국민 앞에 사과하라"고 요구했다.[100]

한나라당 홍준표 최고위원은 11월 29일 열린 한나라당 최고위원회

회의에서 "인터넷 들어가면 이를 거론하면서 네티즌이 조롱하고 불신하고 있다. 국민적 불신은 이런 점에서 출발한다"면서 "병역의무 이행 여부가 대북 정보 능력 척도가 되는 것은 아니지만 이 정부의 안보 관계 참모만이라도 이번 기회에 병역 면제자는 정리해달라"고 주장했다. 이는 사실상 이명박을 비롯해 김황식 국무총리, 김성환 외교통일부 장관, 원세훈 국정원장 등을 여당 내부에서 직접 겨냥한 것이었다. 이 밖에도 국무위원 중에서 강만수 대통령 특별보좌관, 윤증현 기획재정부 장관, 정종환 국토부 장관, 이만의 환경부 장관, 최시중 방송통신위원장(일병 귀휴) 등이 병역 미필자였으며, 한나라당 대표 안상수도 병역 면제자였다.[101]

11월 30일, 한나라당 대표 안상수가 11월 23일 연평도 방문 당시 불에 그슬린 보온병을 들어 보이며 포탄이라고 말하는 장면을 찍은 YTN의 '돌발영상'이 공개되면서 정부 여당의 병역 미필을 둘러싼 논란은 더욱 확산되었다. 돌발영상에 방영된 내용은 이렇다. 안상수는 포격으로 폐허가 된 민가를 둘러보며 쇠로 만든 통 2개를 들고 "이게 포탄입니다. 포탄"이라고 말했다. 옆에 있던 안형환 대변인은 "이게 몇 밀리미터㎜ 포냐"라고 물었고 육군 중장 출신의 황진하 의원은 "작은 통은 76.1mm 같고, 큰 것은 122mm 방사포탄으로 보인다"라고 답했다. 이어 안상수 일행이 자리를 뜬 뒤 현지 주민으로 보이는 사람이 통을 살펴보면서 "상표 붙은 것 보니까 포탄이 아니야……보온병!"이라고 말했다. 이 영상이 나간 후 인터넷에는 "아무리 군대를 안 갔다 왔다지만 너무하다", "이건 군 면제당이 아니라 개콘(개그콘서트)당이다" 등의 글들이 올라왔다.[102]

12월 1일 자유선진당 최고위원회의에서 변웅전 최고위원은 안상수 대표를 향해 "정부·여당이 아무리 군 미필자 모임이라고 해도 보온병을 들고 포탄이라고 하느냐"며 "소총도 안 쏴본 사람이 대포 한 대 맞더니 정신을 못 차리고 있다"고 했다.[103]

"국민의 군대인가, '영포라인 군벌'인가"

2010년 12월 1일 국정원장 원세훈은 국회 정보위에 출석해 "지난 8월에 북측에 대한 감청을 통해 서해 5도에 대한 공격 계획을 확인했다"면서 당시 이명박에게도 이러한 사실이 "보고됐다"고 말했다. 또 북한의 공격 계획을 사전에 인지하고도 대비하지 못한 데 대해 "북한이 상시적으로 그런 위협적 언동을 많이 해왔으므로 민간인 포격에 이르기까지는 예상하지 못했다"면서 "포격 당일에 (북한이) 유선으로 작전을 수행해 (미리) 파악하기 어려웠다"고 답변했다. 이 발언은 3월 26일 천안함 침몰 사건이 발생한 후 군과 정부가 비상한 각오로 북한의 도발에 대처하겠다고 했던 대국민 약속과 달리 안일하게 대응했다는 것을 시인한 것이어서 이명박 정부의 안보 무능론에 다시 불을 지폈다.[104]

12월 4일 이명박은 청와대에서 신임 김관진 국방장관에게 임명장을 수여한 뒤 "모든 것을 한꺼번에 개혁할 수는 없지만 필요한 개혁, 시급한 개혁을 단호하게 해야 한다"면서 "새 장관이 국방 개혁을 통해 군을 군다운 군대로 만들어야 하고, 내가 직접 챙기겠다"고 말해 대폭적인 군 인사를 단행할 것을 예고했다.[105] 12월 6일 국방장관 김관진은 야전을 중심으로 한 군사 전문성, 인사 청탁 배제, 정상적인 인사 등을 군 인사 3대 원칙으로 제시했다.

하지만 12월 15일 내정된 군 인사에서마저 영남 편중 인사라는 비판이 쏟아져나왔다. 경북 출신 김상기 대장의 육군총장 내정으로 김성찬 해군총장(해사 30기·경남 진해), 박종헌 공군총장(공사 24기·포항) 등 육·해·공군 수뇌부가 모두 경북·경남 출신이 맡게 되었기 때문이다. 또 군의 대장 총 8명 가운데 경북 3명, 경남 1명 등 4명이 영남 출신으로 채워졌다.

『한겨레』는 12월 16일 사설 「국민의 군대인가, '영포라인 군벌'인가」에서 "대장급 8명 가운데 포항 2명(김상기 육군총장, 박종헌 공군총장), 경북 김천(이홍기 3야전군사령관), 경남 진해(김성찬 해군총장) 등 영남 출신이 네 자리나 차지했다"며 다음과 같이 말했다.

"육해공군 참모총장을 모두 영남 출신으로 채운 것은 창군 이래 유례가 드물다. 영포라인(이 대통령의 고향인 영일·포항 지역 인맥) 군벌을 확실하게 만들겠다는 모양새다. 이런 인사는 필연적으로 다른 지역 출신 인사들을 소외시키고 군의 단합을 해친다. 전력을 심각하게 좀먹을 것도 분명하다. '내 맘대로 인사' 행태가 우려를 넘어 두려울 정도다."[106]

『한국일보』는 12월 17일 사설 「이런 인사를 해놓고 군다운 군을 만든다니」에서 "언뜻 봐도 한심한 지역 편중, 무책임 인사다"고 개탄했다. "김상기 육군참모총장은 경북 포항 출신에 이명박 대통령의 고교 후배다. 그의 임명으로 3군 참모총장이 모두 영남 출신으로 구성된 것만 해도 기막힌데, 그중 둘이 포항 출신이다. '영포인사'라는 개탄이 나오지 않을 수 없다.……그 희생과 수모를 겪고도 도무지 정신 못 차리는 이 정부와 군을 어찌해야 하나."[107]

『한겨레』는 12월 17일 「3군 총장 '영남 싹쓸이' 17년간 없었다」에서 1993년 이후 임명된 육군총장 13명, 공군총장 11명, 해군총장 9명의 재임 기간과 출신 지역을 뽑아 분석한 결과, 영남이든 호남이든 특정 지역 출신이 육해공군 총장을 싹쓸이한 적은 단 한 차례도 없었다고 보도했다. 육해공군 수뇌부가 모두 영남 출신으로 채워진 것은 1993년 문민정부 출범 이후 처음이라는 것이다. 문민정부 출범 이후 역대 정권은 육해공군 총장 가운데 2곳이 영남 등 특정 지역 출신에 쏠리면, 나머지 1곳은 의식적으로 다른 지역 출신을 임명해왔다.[108]

예측불허 상황으로 흐른 남북 '치킨게임'

병역 미필 정권과 안보 무능 정권이라는 비판이 계속 제기되었기 때문일까? 12월 16일 합동참모본부는 "북한의 연평도 포격 도발로 중지했던 해상 사격 훈련을 18일부터 21일 사이 하루에 실시할 것"이라고 말했다. 이에 북한은 12월 17일 남측에 보낸 통지문에서 "(포 사격 시) 2차, 3차의 예상할 수 없는 자위적 타격이 가해질 것"이라고 말한 데 이어 18일 북한 매체인 '우리민족끼리'는 "무분별한 전쟁 연습이 실전으로 이어지지 않는다는 담보는 어디에도 없다"고 위협했다.[109]

남북 관계가 치킨게임 양상으로 흐르자 12월 19일 야당과 시민·사회단체, 연평도 주민들은 사격 훈련의 연기·철회를 요구하고 나섰지만, 12월 20일 북한군의 포격으로 중단된 연평도 해상 사격 훈련이

27일 만에 실시되었다. 이날 이명박은 우리 군의 연평도 사격 훈련에 대해 "군사적으로 대치하고 있는 분단국가에서 영토 방위를 위해 군사훈련을 하는 것은 주권국가로서 당연한 일이다. 여기에는 누구도 개의할 수 없다"고 말했다.[110]

12월 29일 오전 국내 6대 종단(가톨릭·개신교·불교·원불교·천도교·성균관)과 시민사회의 원로·지도자 137명은 서울 중구 프레스센터에서 기자회견을 열고 "한반도에서 더이상의 전쟁은 안 된다"며 '한반도 전쟁 방지와 평화 정착'을 위한 남과 북의 노력을 촉구하는 호소문을 발표했다. 이들은 이날 "지금 필요한 것은 평화를 지키겠다는 우리 사회의 굳건한 각오와 노력"이라며 서로를 자극하는 일체의 공격적 군사 행동과 도발적 언동의 중지, 굳건한 안보 태세 확립과 한반도 평화를 위한 근본적 대책 마련 등을 촉구했다. 이들은 또 "한반도 평화를 위한 근본 대책 마련은 남북 대화의 복원에서 시작될 수밖에 없다"며 "남과 북은 서해의 군사 충돌을 예방하고 평화를 정착시키는 방안을 대화를 통해 함께 모색해야 한다"고 권고했다.

이날 호소문 발표에는 진보 쪽뿐만 아니라 보수 쪽에서도 대거 참여했다. 특히 개신교에선 진보 쪽의 한국기독교교회협의회NCCK 김영주 총무뿐만 아니라 보수 쪽의 한국기독교총연합회 이광선 대표 회장과 길자연 차기 대표 회장, 김명혁 한국복음주의협의회 회장, 이영훈 여의도순복음교회 담임목사 등이 참여했다. 김명혁 회장은 "지금은 희망을 말할 때가 아니라 통곡하고 울 때"라며 "개신교의 양대 기둥인 한기총과 엔시시가 평화를 이룰 뜻을 함께 모을 수 있다는 게 다행"이라고 말했다. 이날 인명진 우리민족서로돕기운동 상임공동대표는 "평화는 총칼만으로 지킬 수 없으며, 남북의 다양한 교류와 대북 인도적 지원은 평화를 지키는 가장 중요한 방법"이라며 "정부는 잘못을 인정하고 고치기 바란다"고 말했다.[111]

"영남의, 실세에 의한, 토건 사업을 위한 예산"

2010년 12월 8일 한나라당이 오후 본회의장 의장석을 점거하고 있던 야당 의원들을 밀어낸 뒤 단독으로 국회 본회의에서 2011년도 예산안을 강행 처리했다. 예산안은 166명이 투표해, 찬성 165명, 반대 1명으로 통과되었다. 한나라당, 미래희망연대가 찬성표를 던졌고, 이용경 창조한국당 의원이 유일하게 반대했다. 민주당, 민주노동당, 진보신당 등 야당은 '3년 연속 예산안 날치기 통과'를 감행하고 있다며 '독재정권', '의회 폭거'라고 비판하며 표결에 참여하지 않았다.[112]

이날 통과된 예산안은 정부안(309조 5,518억 원)보다 4,951억 원 줄어든 309조 567억 원 규모였다. 이명박 정부 들어 2008년부터 3년째 계속되고 있는 새해 예산안의 여당 단독 처리였다. 부실심사 끝에 사실상 여당 단독으로 예산안을 주물러버리면서 깎아야 할 곳은 놔두고 엉뚱한 곳에 예산을 배정한 경우가 적지 않았다. 예컨대 민주당이 6조 7,000억 원의 삭감을 요구했던 4대강 사업 예산은 2,700억 원 삭감에 그쳤다. 지방자치단체 지원을 위한 지방교부금 257억 원과 지방교육재정교부금 229억 원도 삭감되었다. 혁신도시 관련 예산(140억 원)과 행복도시 인근 도로 사업비(190억 원)도 깎였다. 남북협력기금도 30억 원 삭감되었으며, 자유무역협정FTA 국내 대책 추진 예산도 7억 5,000만 원 줄었다.

반면 의원들의 각종 민원성 예산은 대폭 불어났다. 도로·철도 부문에서 증액된 것만 수천억 원 규모에 달했다. 대구시민 안전테마파크 전시 시설 확충 예산에 정부는 2억 5,800만 원을 올렸으나 국회는 6배 넘는 16억 5,000만 원을 증액시켰다. 경기 일산경찰서 사격장(6억 원), 부산 사상경찰서 개축 청사 진입로(14억 원) 등도 신규 반영되었다. 한식 세계화 지원 예산은 1억 5,000만 원이 늘어났고, 행정안전부의 새마을운동 세계화 예산은 50억 원이 추가되었다. 국회의원 공무 수행 출장비, 헌정회 지원 예산 등 '밥그릇 챙기기'성 증액도 빼먹지 않았다.[113]

『경향신문』이 단독 입수해 한나라당 증액 요구사항 자료를 실제 내년 예산과 비교한 결과에 따르면, 한나라당이 막판에 요청해 증액된 151개 사업의 4,613억 원에서 영남 지역 예산은 전체의 66.8퍼센트인 3,084억 원인 것으로 나타났다. 'PK 예산'은 경남 700억 원(38건), 부산 293억 원(12건), 울산 29억 원(4건) 등 1,012억 원이었고, 'TK 예산'은 대구 277억 원(11건), 경북 1,795억 원(13건) 등 2,072억 원에 달했다. 특히 증액 예산 규모에서 상위 21위 안에 영남 예산은 14건이나 들어 있었다. 한나라당 관계자는 PK 예산의 급증에 대해 "2012년 총선·대선을 앞두고 부산·경남 지역이 중요하다는 판단 때문에 당 지도부에서도 이 지역을 적극적으로 배려한다는 차원에서 계수조정소위 인원 구성부터 신경을 썼다"고 밝혔다. 반면 서울은 141억 원(9건), 경기·인천은 각각 451억 원(20건)과 178억 원(13건), 호남의 증액 사업은 2건 55억 원, 충청은 1건 5억 원에 불과했다.

한나라당이 막판 밀어넣기로 증액된 사업 태반은 사회간접자본SOC과 건설 예산이었다. 증액 예산 상위 21위 안에서 13건이 SOC 예산인 것으로 집계되었고, 이들 대부분이 영남권에 집중되었다. 특히 포항~삼척 철도(700억 원)와 포항~울산 복선 전철(520억 원)이 1·2위를 차지하는 등 이명박의 친형인 이상득과 관련된 '형님 예산' 3건이 증액 예산 규모 상위에 올랐다. 이 밖에 경북도청 신청사(200억 원), 수인선 광역철도(150억 원), 인천도시철도 2호선(100억 원), 진주~마산 고속도로(100억 원) 등도 막판에 증액된 '토건 예산'이었다.[114]

"이상득 '형님 예산' 3년 동안 1조 원 이상 챙겼다"

한나라당에선 지역구 예산을 두둑이 챙겨 실속을 차린 이들이 적지 않았다. 본회의장 내 질서 유지권에 이어 경호권까지 발동해 한나라당의 예산 강행 처리에 필요한 조처를 모두 내려 야당 의원들에게서 '날치기 주범'으로 지탄받은 박희태 국회의장(경남 양산)은 총 288억 5,200만 원을 받았다. 이에 야당 의원들은 박희태를 향해 "청와대의 거수기라고 망신당하면서도 예산안과 쟁점 법안을 직권 상정한 대가가 288억 원이냐"며 비아냥거렸다. 예산결산특별위원장인 이주영 한나라당 의원(경남 마산)도 최대 수혜자 중 한 명이었다. 무려 1,742억 6,700만 원이 이주영의 지역구로 돌아갔다.[115]

예산안 날치기 통과의 최대 수혜자는 이명박 형인 이상득 한나라당 의원(경북 포항남·울릉)이었다. 울산~포항 고속도로 건설(정부안 900

억 원+100억 원), 오천~포항시계 국도 건설(20억 원 신설), 포항~삼척 철도건설(700억 원 신설), 울릉도 일주 국·지도건설(정부안 20억 원 +50억 원) 등을 포함해 이른바 '형님 예산'은 총 1,790억 원에 달했다. 이는 북한의 연평도 포격을 이유로 증액된 국방 예산(1,223억 원)보다 많은 액수였다.[116] 그러니까 '형님 예산'으로 불리는 이상득 의원 관련 예산 증액분은 충청도 전체 예산 증액분 5억 원의 268배에 이르는 셈 이었다.[117] 이 과정에서 민생 예산이 대폭 삭감되었다. 이와 관련해 전 병헌 민주당 정책위 의장은 "날치기 처리 중 야당이 요구했던 방학 중 결식아동 급식비 285억 원이, 영·유아 어린이 예방접종 예산 400억 원이 결국 0원이 됐다"며 "'형님'이 모두 깡그리 훔쳐간 것"이라고 말했 다. 이상득의 지역구인 포항 지역 예산이 증액 심사 과정에서 1,430억 원 늘어난 것을 빗댄 것이다.[118]

한나라당이 이명박 정부 들어 3년 연속 예산안을 단독 강행 처리 하면서 이상득은 2009년 4,370억 원, 2010년 4,359억 원, 2010년 1,790억 원 등 3년 동안 총 1조 원이 넘는 지역구 예산을 챙긴 것으로 나타났다.

이명박 정부 출범 첫해인 2008년 12월 13일 여당이 강행 처리한 2009년도 예산안에서 이상득의 지역구인 포항 관련 예산은 4,370억 원이나 배정되었는데, 이는 전년도 대비 95퍼센트나 증액된 것이다. 당시 이상득은 울산~포항 고속도로 예산(360억 원), 포항~영일 산단 진입도로(243억 원), 포항~삼척 복선전철(855억 원) 등 굵직한 예산 을 땄다. 특히 포항 항만 정비 사업 예산 등 500억 원은 여야의 삭감 합의를 무시한 채 최종안에서 다시 살아나 '형님의 힘'을 과시하는 상

징이 되었으며, 이때부터 이른바 '형님 예산'이라는 말이 본격적으로 사용되기 시작했다.[119]

"형님 예산 다 집행하려면 10조 2,000억 원 필요"

2010년 12월 9일 민주당은 5시간여에 걸친 의원총회에서 장외투쟁을 결정하고, 이날 밤부터 '4대강 날치기 예산 무효화'를 위한 100시간 서명운동을 시작했다. 12월 10일 손학규 민주당 대표는 서울광장 대국민 서명운동 발대식에서 "의회를 짓밟고 야당을 탄압하는 데 급급해 꼭 지키겠다고 했던 예산마저 놓친 것이 이명박 정부 국정 운영의 현주소"라며 대정부 투쟁을 선포했다.[120]

『경향신문』 정치·국제 에디터 김봉선은 12월 13일 칼럼 「형·님·본·색」에서 얼마 전 "여당 의원들이 '형님 예산'만 건드리지 않으면 야당 민원을 챙겨주겠다고 하더라"는 한 야당 의원의 폭로가 괜한 소리는 아니었다면서 다음과 같이 말했다. "'형님 본색'이고, 'MB 본색'이자 '정권 본색'이다. 힘없는 유권자들은 실세 형님이 여러 분이 아니라 한 분이어서 다행이라고 자위해야 하나. 아니면 잊지 말고 총선, 대선 때까지 기억하자고 되뇌어야 하나."[121]

형님 예산뿐만 아니라 '안주인 예산'의 문제도 심각했다. 한나라당이 예산안을 날치기 처리하면서 영부인 김윤옥이 명예회장으로 있던 '한식세계화추진단'에서 맡아 하던 사업을 그대로 이어받아서 진행하고 있는 한식재단이 한식 세계화 사업의 일환으로 추진하고 있는 '뉴

욕 한국식당' 예산 50억 원을 포함시켰기 때문이다.[122]

『한겨레』는 12월 14일 사설 「'형님 예산'에 이어 '안주인 예산'까지, 이게 나라살림인가」에서 "한나라당이 강행 처리한 새해 예산에서 방학 중 결식아동 급식비 지원 예산은 '0원'이다. 100만 명의 가난한 어린이들이 방학 때 밥을 굶어야 하는 참담한 상황에 처했다. 또 영유아 필수예방접종 예산, 보육시설 미이용 아동 양육수당 예산 등도 상임위 차원에서는 증액하기로 했으나 최종 예산안에서는 모두 삭감됐다"며 다음과 같이 말했다.

"그런데도 한식 세계화 예산은 전년도보다 1억 5,000만 원이 더 늘어난 242억 5,000만 원이 가뿐히 처리됐다. 여당은 가난한 아이들이 밥을 굶든 말든, 서민 부모들이 만만치 않은 예방접종 비용 때문에 힘들어하건 말건 나 몰라라 하면서도 청와대 안주인의 관심사는 눈에 불을 켜고 밀어준 것이다.……형님 예산에 이어 청와대 안방마님 예산까지, 이게 정상적인 나라살림인지 대통령의 뜻을 묻고 싶다."[123]

이명박 정부 출범 뒤 대통령의 형인 이상득 의원 지역구에 배정된 '형님 예산'의 전체 규모(미래 투자액 포함)가 10조 원에 육박하는 것으로 나타났다. 14일 민주당 정책위원회가 발표한 자료를 보면, 2009년 이후 시작된 사업의 총사업비(4조 8,070억 원)에, 이명박 정부 출범 전 시작되었으나 타당성이 부족하다는 감사원 지적에 따라 중단했다가 이번 날치기 과정에서 끼워넣은 사업의 총사업비(5조 1,606억 원)를 합치면 9조 9,676억 원에 이른다. 이상득 의원이 최근 3년간 챙긴 지역구 예산(1조 1,159억 원)의 9배에 이르는 규모다. 민주당은 "지금까지 거론된 형님 예산이 '빙산의 일각'에 불과하다는 점이 명확해지고 있다"며 "형님 예산이 투입된 사업 전반에 대해 전면적인 타당성 조사를 벌일 필요가 있다"고 지적했다.[124]

왜 이런 어이없는 일들이 잇따라 벌어지는데도 야당은 무력하기만 했던 걸까? 여야를 막론하고 정치가 단지 밥그릇 싸움 그 이상도 그 이하도 아닌 승자독식 전쟁으로 변질된 탓은 아니었을까? 2010년 11월에 출간된 『진보집권플랜: 오연호가 묻고 조국이 답하다』엔 서울대학교 교수 조국의 의미심장한 발언이 등장한다. 그는 다음과 같이 '야당 의원 영주론'을 제기했다.

"386 세대 운동권 출신도 국회에 많이 들어갔지만, 선수選數가 쌓이고 당 고위 간부가 되다 보니까 자기가 갖고 있는 지분과 세력을 확보하는 데 급급한 것 같아요. 그러면서 '투사'가 '영주'로 변모하는 현상이 나타납니다. 영주는 왕에게 받은 봉토가 있고, 자신에게 속한 농노도 있고, 일정한 조건 아래 중앙의 왕과 교섭할 수도 있잖아요. 왕과 맞서기보다는 그냥 영주로 사는 것이 안전하고 행복하죠."[125]

이는 고려대학교 명예교수 최장집의 프랜차이즈 정당론, 즉 "민주당은 정당으로서의 리더십 정점, 즉 구심력 없이 의원 1인 각자가 정당의 이름을 갖고 활동하는 '프랜차이즈 정당'"이라는 주장과는 좀 다른 의미긴 하지만,[126] 자신의 지분과 세력에만 신경 쓰는 '각자도생 정치'라고 하는 점에서는 통하는 말이기도 하다. 바로 그런 정치 환경에서 "누가 뭐래도 내 갈 길 가겠다"는 이명박식 정치와 통치도 기승을 부렸던 게 아닐까? 이명박 정부는 2010년 마지막 날 전격 단행한 측근 중심의 보은 인사와 회전문 인사로 2011년의 출발을 또다시 인사 파동으로 장식하게 된다.

제4장

*

"이명박 정권은 '가치 동맹'이 아니라 '이익 동맹'"

***

2011년

"정부 인사, 측근들 불러 모아 측근끼리 등 부딪칠 판"

2011년 연초부터 이명박 정부는 2010년 마지막 날 전격 단행한 인사 파동에 휩싸였다. 야당과 언론은 '12·31 인사'는 측근 중심의 보은 인사, 회전문 인사의 특징이라고 공격했다. 이명박은 '12·31 인사'에서 대통령직인수위 법무·행정분과 간사를 거쳐 청와대 민정수석을 지낸 정동기를 감사원장, 인수위 출신으로 청와대 경제수석을 지낸 최중경을 지식경제부 장관, '왕의 남자'로 불리는 박형준 전 정무수석과 이동관 전 홍보수석을 각각 상근직 대통령 사회특보와 언론특보로 임명했다.[1]

청와대는 2010년 8월 김태호 국무총리 후보자 낙마 후 "'공정한 사회'에 걸맞게 역량·경력·도덕성·평판 등에 관해 실질적이고도 질적인 검증이 이뤄져야 한다"며 인사 검증 시스템 개혁을 다짐한 바 있었지만 이게 하나도 지켜지지 않은 것이다. 언론은 진보와 보수를 막론하고 모두 어이없다는 반응을 보였다.

『경향신문』은 "'회전문 인사'의 반복이고, '끼리끼리, 돌려막기' 인사"라며 "여론이나 평판보다는 충성도 위주의 인사를 하기 때문"이라고 비판했다.[2] 『한겨레』는 "이 대통령의 이런 폐쇄적인 인사는 집권 후반기 권력 누수에 대한 불안감, 국정 주도권에 대한 집착의 결과로 여겨진다. 하지만 그 폐해는 막중하다"며 다음과 같이 말했다.

"대통령 주변에 오직 충성 발언을 일삼는 '예스맨'들만 득실거리는 것은 국민뿐 아니라 정권에도 불행이 아닐 수 없다. 권력을 에워싼 '인의 장막'은 가뜩이나 민심에 귀 막은 대통령을 더욱 귀머거리로 만들어 소통 부재를 더욱 심화시킬 것도 불을 보듯 뻔하다. 이번에 기용된 몇몇 인사들에 대해선 대통령과 운명을 함께하는 '순장파'라는 이야기까지 나온다."[3]

『조선일보』는 「정부 인사, 측근들 불러 모아 측근끼리 등 부딪칠 판」이라는 사설을 통해 "대통령이 한 번 썼던 사람을 이리 돌리고 저리 돌려 계속 쓰다 보니 이제는 청와대 안에서 측근들끼리 등이 부딪칠 판이 돼버렸다. 여러 정권을 다 보아왔지만 인사에 있어선 정말 특별한 정권이다"고 개탄했다.[4]

1월 3일 열린 한나라당 지도부 공식 회의에서도 이명박의 12·31 개각을 두고 '측근 인사 돌려막기'란 비판이 나왔다. 이날 홍준표 최고위원은 여의도 당사에서 열린 최고위원회 비공개 회의에서 "지난 정권 10년 내내 우리가 청와대 인사를 '돌려막기', '회전문', '측근 인사'라고 욕을 했는데 이번 개각을 보니 우리가 똑같이 그 전철을 밟고 있다"며 "청와대와 정부가 잘못할 때는 당이 눈치를 보지 말고 각을 세울 땐 각을 세워야 한다"고 말했다. 친이 직계의 한 의원은 『한겨레』와의 통화에서 "정말 한심한 인사다. 이런 인사를 하려고 (지난해 8월 개각 뒤) 네 달을 끌었느냐"며 "결국 이명박 대통령은 자기가 불편한 사람은 절대 쓰지 않는다는 인식을 심어줬고, 한나라당 안팎에 인사에 관해선 대통령이 정말 구제불능이라는 좌절감을 안겼다"고 말했다.[5]

유체이탈 화법의 극치를 보인 이명박의 '공정사회론'

2011년 1월 강희락 전 경찰청장과 이길범 전 해양경찰청장 등 전직 경찰 수뇌부의 수뢰 의혹으로 시작된 건설현장 식당 비리 의혹이 눈덩이처럼 커졌다. 1월 7일 서울동부지검 형사6부(여환섭 부장검사)는 강희락 전 경찰청장을 비롯해 전·현직 경찰 최고위급 간부들에게 로비를 한 혐의로 구속 기소된 급식업체 ○사 대표 유상복에게서 "현직 광역자치단체장을 비롯해 차관급 기관장, 전직 장·차관과 공기업 전·현직 사장들에게도 수천만 원에서 수억 원에 이르는 금품을 전달했다"는 진술을 확보했다. 건설현장 식당 브로커 유상복이 전·현직 경찰 간부에 이어 국토해양위 소속 의원 2~3명과 현직 광역자치단체장·차관급 기관장, 서울시 고위간부를 지낸 공기업 사장 등에게 수천만

원씩의 뇌물을 건넸다는 의혹이 불거졌기 때문이다.[6]

1월 9일 서울동부지검 형사6부는 브로커 유상복에게서 강원랜드 "최영 사장에게 수천만 원의 금품을 제공했다"는 진술을 확보한 것으로 알려져 검찰 수사가 현 정권의 심장부로 접근할 것인지가 관심사로 떠올랐다. 최영 사장은 이명박의 '서울시 인맥' 가운데 핵심 인사로, 서울시 공무원들 사이에선 'MB를 가장 닮은 서울시 맨'으로 불린 인물이다. 그는 2003년 서울 강서구청 부구청장을 지낸 뒤 시청으로 옮겨와 2007년 1월까지 산업국장과 경영기획실장을 맡으며 승승장구했는데, 당시 서울시장은 이 대통령이었다.[7]

1월 27일 강희락이 구속되었다. 서울동부지검 형사6부는 2009년 4월부터 12월까지 브로커 유상복에게서 공사현장 민원 해결과 경찰관 인사 청탁 등의 명목으로 1억 8,000만 원을 수수한 혐의(특정범죄가중처벌법상 뇌물)로 강희락을 구속했다. 전·현직 경찰청장의 구속은 2001년 말 '수지 김 피살 사건'의 내사 중단을 주도한 혐의로 이무영 전 청장이 구속된 이후 처음이다.[8]

2월 15일 '함바 비리'를 수사 중인 서울동부지검 형사6부는 최영 강원랜드 사장을 구속 수감했다. 2월 16일 MB 최측근인 장수만 방위사업청장이 함바 비리에 연루되어 청와대에 사의를 표명했다. 정통 관료 출신인 장수만은 영남 출신에 이명박의 고려대학교 후배이자 소망교회를 다닌 대표적인 '고소영' 인맥으로, 대선 때부터 경제정책을 도운 핵심 측근이다. 2007년 대통령 선거 당시 고교 선배인 강만수 전 기획재정부 장관과 함께 이명박 후보의 대선 공약 밑그림을 그린 것으로 알려져 있다.[9]

이렇게 해서 2010년 12월 이후 석 달 사이에 이명박의 측근 4명이 비리 의혹으로 물러나거나 구속되었다. 그럼에도 2월 17일 이명박은 청와대에서 제1차 공정사회 추진 회의를 열어 "국민 71%가 우리 사회가 공정하지 않다고 생각한다고 한다"며 "공정사회는 앞으로도 초당적으로 초정권적으로 실행돼야 한다"고 말했다. 이에 여야를 가리지 않고 비판과 경고의 목소리를 내놓았으며, 일반 국민은 유체이탈 화법의 극치를 보는 것 같다며 어이없다는 반응을 보였다.[10] (2012년 5월 9일 대법원 3부[주심 민일영 대법관]는 뇌물수수 혐의로 기소된 이길범에게 징역 10개월, 벌금 1,000만 원, 추징금 1,300만 원을 선고한 원심을 확정했다. 또 특정범죄가중처벌법상 뇌물, 배임수재 혐의 등으로 기소된 최영에게 징역 3년, 추징금 4,500만 원을 선고한 원심을 확정했다. 2012년 6월 28일 대법원 3부[주심 민일영 대법관]는 함바 브로커에게서 억대 금품을 받은 혐의[특정범죄가중처벌법상 뇌물 등]로 기소된 강희락에 대한 상고심에서 징역 3년 6월에 벌금 7,000만 원, 추징금 7,000만 원을 선고한 원심을 확정했다. 2012년 11월 15일 대법원 3부[주심 이인복 대법관]는 함바 운영권 수주 청탁과 함께 수천만 원을 받아 챙긴 혐의[뇌물수수 등]로 기소된 장수만에게 징역 1년에 집행유예 2년 등을 선고한 원심을 확정했다.)

"수도권 규제 완화 '가속'…지방 '반발' 거센 후폭풍"

2011년 1월 24일 이명박은 여의도 전국경제인연합회 회관에서 이건

희 삼성전자 회장 등 26명의 대기업 총수가 참석한 가운데 열린 '수출
· 투자 · 고용 확대를 위한 대기업 간담회'에서 "기업이 수출을 늘리고
투자를 촉진하는 데는 고급인력이 많이 필요하고, R&D센터를 서울이
나 수도권에 하면 고급인력을 데리고 오는 데 도움이 될 것"이라며 적
극 지원 의사를 밝혔다.[11]

같은 날 국토해양부는 대한국토도시계획학회가 제출한 '대도시권
인구 집중에 대한 인식 평가를 통한 향후 수도권 정책 방향 연구' 보
고서를 받아 검토 중이라고 밝혀 이명박 정부가 수도권 규제 완화에
나설 것임을 예고했다. 이 보고서는 3대 권역(과밀억제권역, 성장관리
권역, 자연보전권역) 내 인구 유발 6개 시설 · 사업(학교, 공장, 업무 · 판
매용 시설, 공공 청사, 연수 시설, 대규모 개발 사업)에 대한 각종 규제와
행위 제한 내용을 담고 있는 수도권정비계획법을 폐지해야 한다는 등
수도권 규제 완화의 필요성과 기업 · 공공기관 등의 수도권 진입 장벽
완화를 주된 내용으로 담고 있었다. 보고서는 또 규제보다는 계획적
관리에 초점을 맞춘 수도권계획관리특별법의 제정도 주문했다.[12]

이명박 정부가 수도권 규제 완화 조짐을 보이자 1월 25일 야당은
일제히 반발하고 나섰다. 민주당 차영 대변인은 "(수도권의 R&D센터
적극 지원은) 다른 지방은 어찌되든 상관없다는 시대착오적 생각"이라
고 비판했다. 자유선진당 권선택 원내대표는 성명을 통해 "정부의 수
도권 규제 완화 기조는 국토 균형 개발을 포기하고 수도권 중심의 국
가 개발을 천명한 것으로 반헌법적 발상, 시대착오적 처사"라며 중단
을 촉구했다.[13]

1월 31일 이명박은 청와대에서 대통령 직속기구인 사회통합위원회

에서 활동할 송석구 위원장과 민간위원 33명에게 위촉장을 수여한 뒤 가진 간담회에서 "서울뿐 아니라 지방에도 관심을 가져달라. 지역사회 통합이라는 관점에서 여러 주제를 만들어달라"고 당부했다. 이명박은 이어 "우리 사회가 갈등이 많고 완전히 벽을 쌓은 것 같다는 얘기를 하는데 아마도 만남과 대화가 부족한 것 때문이 아닌가 한다"고 말했다.[14]

하지만 이명박 스스로 지역 갈등을 조장하고 있었다. 2월 1일 이명박은 청와대에서 열린 '대통령과의 대화'에서 국제과학비즈니스벨트 부지 선정에 대해 대선 공약을 뒤집는 발언을 했다. 그는 대선 때 중앙 공약집과 충남 지역 공약집에 "행정복합도시의 기능과 자족 능력을 갖추기 위해 국제과학비즈니스벨트와 연계하여 인구 50만의 도시를 만들겠다"고 약속했는데, 이날 "선거 유세에서는 충청표를 얻으려고 제가 관심이 많았겠죠"라며 "국가 백년대계니까 과학자 입장에서 (결정)하는 게 맞다"고 밝혔다.[15]

국제과학비즈니스벨트 입지 선정과 관련한 이명박의 '백지 상태 검토' 발언으로 대전·충청권은 발칵 뒤집혔다. 안희정 충남지사는 이날 도청에서 기자회견을 열고 이명박의 발언을 '제2의 세종시 사태'로 간주했다. "500만 충청인과 함께 싸워나가겠다"며 투쟁도 선언했다. 충청권 시민단체들도 강하게 반발했다. 대전참여자치시민연대와 충북경실련 등 시민단체들도 논평을 내 "지역 갈등, 국론 분열로 정치적 이익을 얻으려는 것", "세종시에 이어 또다시 국민에게 사기를 치는 것"이라고 강력히 반발했다.[16]

충청권의 전면 발발에 청와대는 이명박의 발언은 충청권 선정 백지화가 아니라며 진화에 나섰지만 이명박이 지역 갈등을 조장하고 나선 책임은 면할 길이 없었다. 이명박이 '원점 검토' 발언을 한 이후 지역 간 이전투구식 유치 경쟁이 벌어지기 시작했기 때문이다. 민주당과 한나라당에선 지역 의원들 간 의견이 달라 내홍이 발생했다. 한나라당에선 대구·경북 지역 의원들은 "이 대통령 발언으로 과학비즈니스벨트 유치에 청신호가 커졌다"고 기대감을 표시했지만, 수도권 의원들은 "정치적 부담만 커졌다"고 우려했다. 과학벨트 충청권 유치를 당론으로 삼은 민주당에서도 충청 출신 의원들과 호남 출신 의원들 간 갈등이 발생했다.[17]

"뒷북·무능·뒷짐…총체적 국정 위기"

충청권이 국제과학비즈니스벨트 백지화를 규탄하고 있던 이 시절 대구·경남북과 부산은 동남권 신공항 건설을 두고 갈등하고 있었다. 동남권 신공항 건설은 이명박이 대선 과정에서 남부경제권 형성을 위한 신공항 건설을 약속하면서 시작되었는데, 2011년 3월로 예정된 입지 발표를 앞두고 신공항 백지화, 입지 선정 연기 등 다양한 이야기가 흘러나오면서 대구·경남북과 부산 사이에 사활을 건 경쟁이 벌어진 것이다.[18]

대형 국책 사업 입지 선정을 둘러싼 혼선이 가중되면서 2월 7일 오후 서울 여의도 국회의사당 앞 계단에서는 여당 소속 지방의원들이 정부를 비판하며 삭발식을 시도하는 초유의 사태가 발생했다. 대구·

경북·울산·경남 등 4개 시도의 지방의원 등 25명은 상경, 국회 정론관에서 한나라당 조해진 의원과 함께 신공항의 밀양 유치를 촉구하는 공동 기자회견을 열고 이후 국회의사당 앞 계단에서 정부를 성토하는 규탄대회를 열었다. 이들이 삭발식을 감행하려고 하면서 이를 말리려는 국회 경비 담당 직원들과 몸싸움이 벌어질 뻔하기도 했다.

"우리는 목을 자르는 심정으로 머리를 깎으려 한다. 신공항을 밀양에 유치하라. 청와대 눈치를 보는 국토해양부는 반성하라." "여기서 이러시면 안 됩니다. 현수막 철거하세요." "당신이 뭐야, 우리는 주민을 대표해서 왔어. 이거 놔!" 경남도 의회 한 관계자는 집회를 마무리한 후 "모든 것은 정부 책임이며, 국토해양부가 청와대 눈치를 보면서 신공항 입지 선정을 망설이는 것 아니냐"라며 "정부가 국민들 갈등을 부추기지 말고 빨리 해결을 해야 할 것"이라고 비판했다. 대구시 의회한 관계자는 "수도권 주민만 국민이고 지역 주민은 국민도 아니냐"며 "1,300만 지역 주민들에게 (오늘의 이런 모욕적 상황을) 꼭 알리겠다"고 말했다.[19]

국책 사업을 두고 이전투구가 벌어지고 있는 가운데 서민들의 삶은 갈수록 더 나빠지고 있었다. 2011년 연초 서민 생활은 구제역 파동과 전·월세 대란, 물가 폭등으로 몸살을 앓고 있었다. 1월 소비자물가는 4.1퍼센트 상승해 1월 소비자물가로는 13년 만에 최고치를 기록했으며, 전세가는 95주 연속 급등하면서 '전세 난민'을 낳고 있는 상황이었다. 구제역 파동은 살처분 가축들의 매몰지 곳곳에서 침출수 유출이 확인되면서 2차 파동으로 이어지고 있었다.[20]

2월 20일 이명박은 25일 취임 3주년을 맞아 언론 소통을 강화한다는 취지에서 청와대 출입기자들과 오찬 간담회를 가졌지만 불통만 보여주었다. 청와대 홍보수석실은 "대통령이 기자회견을 기피한다"는 비판을 의식해 "궁금한 점들에 대해 충분한 문답이 이뤄지도록 하겠다"고 약속했지만 약속은 지켜지지 않았다. 이날 이명박은 청와대 구내식당에서 이루어진 간담회에서 '개헌과 관련해 박근혜 전 대표나 손학규 민주당 대표를 만나 설득할 의향이나 직접 개헌안을 발의할 의지가 있느냐'는 물음에 "등산 갔다 와서 그런 딱딱한 질문 자체가 분위기에 안 맞다"며 "다음에 정장하고 넥타이 매고 답변하겠다고 약속한다"고 말했다. 또 기자들의 현안 질문이 이어지자, 이명박은 웃으며 "차라리 기자회견을 하는 것이 나을 뻔했다", "이상으로 기자회견을 모두 끝내도록 하겠다"며 마무리했다. 국민이 궁금해하는 민감한 현안에 대한 물음을 또다시 외면한 것이다. 이 때문에 구제역, 전세난 등에 대해서도 물으려던 기자들은 허탈하게 웃으며 일어서야 했다.[21]

지역개발 공약만 부도가 난 게 아니었다. 이명박의 최대 선거 슬로건이었던 '747(7퍼센트 경제성장, 국민소득 4만 달러, 세계 7대 강국)'도 부도가 났다. 이명박은 연간 60만 개씩, 5년간 300만 개 일자리를 창출하겠다고 공약했지만 3년간 새로 만들어진 일자리는 모두 합쳐 40만 개 수준이었다. "절반으로 줄이겠다"고 약속한 청년 실업률은 2011년 1월 8.5퍼센트로 노무현 정부 말기(2007년 3/4분기)의 7.1퍼센트보다 오히려 악화되었다.[22]

이런 상황에서도 외교통상부는 이명박의 취임 3주년을 기념해 2월 24일부터 지난 3년간의 외교성과를 이메일로 연속적으로 홍보하고 있었다. '서울 주요 20개국G20 정상회의 성공적 개최'를 필두로 '영사

서비스 강화'까지 아프가니스탄 지방 재건팀PRT, 핵 안보정상회의, 한·미, 한·EU 등 자유무역협정FTA 체결, 한·미 전략 동맹 강화, 중·러 등과의 전략적 협력 동반자 관계, 아랍에미리트연합 원전 수주 등 외교부는 연일 업적 자랑에 여념이 없었다.[23]

"'한상률 수사'도 개인 비리만 뒤지고 끝났으니"

2011년 2월 24일 이명박 정권과 관련된 각종 의혹에 연루된 것으로 알려진 한상률 전 국세청장이 2009년 3월 미국으로 출국한 지 2년 만에 돌연 귀국했다. 한상률은 전군표 전 국세청장을 상대로 한 그림 상납, 이명박 정권 실세에 대한 연임 로비, 태광실업 세무조사 과정에서 직권남용 혐의 등으로 고발된 상태였다. 특히 한상률은 이명박 정부와 관련된 메가톤급 위력을 지닌 사안들에 대한 열쇠를 쥐고 있는 인물이었다.

노무현 정권 때 국세청장에 임명된 한상률은 2008년 연임을 위해 이른바 '형님 라인'에 줄을 댔고, 로비 의혹이 불거지자 여권 실세 쪽이 그의 외국 도피를 비호했다는 설이 끊이질 않았으며, 2007년 대선 당시 핵심 쟁점이었던 서울 도곡동 땅 실소유주 논란의 비밀도 알고 있는 인물로 꼽혔다. 구속된 안원구 전 국세청 국장은 포스코건설 세무조사 과정에서 도곡동 땅이 이명박 소유라고 나온 전표를 보았다고 진술한 바 있는데, 한상률은 이 진술이 사실인지를 확인할 수 있는 정보를 갖고 있는 인물로 거론된 것이다.[24]

이런 이유 때문에 이명박 정부 임기 내에 귀국하지 않을 것처럼 보였던 한상률이 돌연 입국하면서 이른바 '기획 귀국설', '청와대 교감설' 등이 파다하게 퍼졌다. 2월 25일엔 한상률에 이어 BBK 사건의 핵심 당사자인 에리카 김이 돌연 귀국해 자청해서 검찰 수사를 받기 시작했다. 정치권은 '너무나도 묘한 우연'이라는 반응을 보였으며, 민주당은 정권과 검찰이 '털고 가기' 수순에 들어간 것 아니냐는 의혹을 제기했다.[25]

아니나 다를까. 검찰은 한상률의 개인 비리 혐의를 넘어서는 의혹은 규명하지 못한 채 수사를 마무리하고 말았다. 4월 15일 서울중앙지검 특수2부(부장 최윤수)는 인사 청탁 명목으로 1,200만 원짜리 그림을 전군표 전 국세청장에게 상납하고(뇌물공여), 퇴임 뒤 국세청 간부를 통해 주정(술 원료)업체 3곳에서 6,900만 원의 자문료를 받아 챙긴 혐의(특정범죄가중처벌법의 뇌물 등)로 한상률을 불구속 기소했다.

검찰은 한상률이 차장 시절, 전군표에게 건넨 감정가 1,200만 원 상당의 〈학동마을〉 그림이 "의례적인 선물의 범위를 넘어서는 것"이라고 판단했다. 또 검찰은 주정업체의 생산·판매량을 결정하고, 관련 인허가권을 갖고 있는 국세청 소비세과 간부 ㄱ씨가 한상률에게 자문료를 건네라고 해당 업체들에 요구한 것은 직무 관련성이 인정된다고 밝혔다. 하지만 검찰은 SK텔레콤과 SK에너지, 현대자동차 등 대기업한테서 받은 자문료 6억 5,000여 만 원과 정권 실세에 대한 연임 로비, 태광실업 특별 세무조사 착수 배경, 이명박의 측근들에게 골프 접대를 통한 연임 로비 의혹 등에 대해서는 증거를 찾아내지 못했다고 밝혔다.[26]

『조선일보』는 4월 16일 사설 「'한상률 수사'도 개인 비리만 뒤지고 끝났으니」에서 "검찰은 한씨가 받아온 의혹 가운데 정권 관련 의혹에 대해선 모두 '사실무근'이라는 결론을 내렸다"면서 "지난 3월 검찰은 BBK 의혹을 폭로했던 재미교포 에리카 김 씨를 기소유예했다. 국민은 한씨와 김씨가 갑자기 지난 2월 하루 간격으로 엇비슷하게 귀국하더니 검찰 역시 두 사람에게 엇비슷한 처분을 내린 걸 보고 뭐라 말할 것인가"라고 했다.[27]

『한겨레』는 4월 16일 사설 「'한상률 사건' 특검이 필요하다」에서 "이런 수사 결과는 한씨가 미국에서 귀국할 때 나돌았던 '정권 비호설', '이면 합의설'이 단순히 설이 아니었음을 보여준다"면서 "이명박 정부 들어 검찰은 색검·떡검에 스폰서 검사, 그랜저 검사까지 온갖 오명을 얻었다. 특히 이전 정권을 탄압하며 현 정권의 앞잡이 노릇을 하는 바람에 '견검'이란 별명까지 붙었고, 이는 검찰 신뢰 추락에 치명타로 작용했다. 이번 사건 처리도 그 범주를 벗어나지 않는다. 특검에 의한 재수사가 불가피해 보인다"고 했다.[28]

지역 갈등을 부추긴 이명박의 '합리적 관점'

2011년 4월 4일 이명박은 청와대에서 열린 수석비서관회의에서 "갈등이 많은 사업일수록 시간을 끌면 안 된다. 총리실 등 관련 부처를 독려해달라"면서 "갈등이 있는 국책 사업은 가능한 한 조속히 결정해야 한다"고 말했다. 이명박은 또 "국책 사업을 결정할 때는 정치 논리

보다 합리적인 관점에서 철저히 국민 권익과 국가 미래를 최우선으로 고려해야 한다"고 말했다.[29]

하지만 이명박의 이날 발언은 지역과 지역의 싸움을 붙이는 발언이 되었다. 동남권 신공항 백지화 후 정부가 영남 민심을 달래기 위해 한국토지주택공사LH의 본사를 경남 진주로 몰아줄 가능성이 제기되면서 전북이 크게 반발하고 나섰고 이는 경남과의 갈등으로 치달았기 때문이다.

4월 4일 한나라당은 "공기업 혁신 차원에서 엘에이치공사가 통합됐는데 공사를 영호남에 나눠 배치하는 것은 재앙이 될 것"이라며 "통합 배치하되 진주와 전주 가운데 한곳을 공정하게 결정하면 된다"고 말했다. 이에 4월 4일 민주당은 최고위원회의에서 LH 본사의 "분산 배치"를 당론으로 정했다. 참여정부 당시 주택공사는 경남 진주, 토지공사는 전북 전주로 이전키로 했지만, 현 정부 들어 주·토공을 LH로 통합하면서 본사의 향방이 이들 지역의 첨예한 관심사가 되어 왔다.[30]

4월 6일 김완주 전북지사가 LH의 분산 배치를 정부에 촉구하며 삭발을 했다. 김완주는 이날 전북도청에서 '엘에이치 본사 분산 배치 관철을 위한 범도민 비상시국 선포식'을 열어 "엘에이치 본사 일괄 배치는 특정 지역에만 유리한 승자독식"이라며 "우리는 애초 전북으로 오기로 한 토지공사 몫만큼을 달라고 요구한다"며 삭발을 단행했다.[31]

4월 18일 오후 3시 국회의사당 본관 앞에서 전북도민과 재경도민 2,000여 명이 참석한 가운데 LH 본사 분산 배치를 위한 범전북도민 서울 궐기대회가 열렸다. 참석자들은 결의문을 통해 "정치 논리에 의해 특정 지역에 엘에이치 본사를 몰아주려는 의도를 분쇄하고, 엘에이치 본사 분산 배치를 관철시키겠다"고 다짐했다. 김완주는 "엘에이치 본사를 일괄 이전한다면, 도민들이 국정 철학인 '공정사회 건설'에 사망선고를 내리고 다시 머리띠를 두를 것"이라고 말했다. 이날 궐기대회에선 "한국토지주택공사 본사를 껴안고 죽을지언정 포기할 수 없다"는 말까지 나왔다. 앞서 전북도와 대책위는 이날 오전 전주시 완산구 중앙동 옛 전북도청 앞에서 출정식을 마치고 버스 10여 대로 국회 앞에 집결했다.[32]

같은 날 김두관 경남지사는 서울에서 경남 지역 국회의원들과 간담회를 열어 LH 본사의 진주 일괄 이전이 성사되도록 적극 협조해줄 것을 요청했다. 또 김두관은 이명박에게 진주 일괄 이전의 당위성을 직접 설명하기 위해 청와대에 대통령 면담을 요청하는 공문을 보냈다. 경남도 민주도정협의회는 이날 경남도청에서 기자회견을 열어 "어렵게 통합한 엘에이치를 다시 쪼개 분산 배치하는 것은 하나된 몸을 다시 둘로 나누는 것이므로 경남과 전북 둘 다 망하게 하는 것"이라며 "진주로 일괄 이전 외의 어떠한 조처에 대해서도 결코 가만히 두고 보지 않을 것"이라고 밝혔다.[33]

"이명박 정권은 지역 분열시키는 데엔 천재적"

2011년 5월 13일 이명박 정부는 LH 본사를 경남 진주로 일괄 이전하고 전북 전주에는 애초 경남으로 이전하기로 했던 국민연금공단을 재

배치하겠다고 발표했다. 이에 김완주 전북지사와 최규성·장세환 의원 등 전북 지역 국회의원들은 정부 방침 무효화 투쟁을 벌이겠다고 선언했다. 이들은 성명에서 "토지주택공사의 진주 이전으로 전북 혁신도시 건설은 산산이 부서지게 됐다"며 "전북의 몫을 빼앗고 약속을 지키지 않은 정부안은 결코 수용할 수 없다"고 밝혔다.[34]

전북도와 도의회, 범도민비상대책위는 이날 기자회견을 열고 "전북도는 정부 방침에 반발해 혁신도시를 반납하고 정부에 대한 불복종 운동을 전개키로 했다"고 선언했다. 이들은 "정부가 원칙과 약속을 깨 갈등과 분열의 길을 자초했다"면서 "LH 없는 혁신도시는 사실상 무산된 거나 마찬가지인 만큼 혁신도시를 반납하겠다"고 밝혔다.[35]

『한겨레』는 5월 14일 사설 「지역 갈등만 더 키운 엘에이치 본사 진주 이전」에서 "지난달까지만 해도 경남과 전북이 참여하는 지방이전협의회에서 협의가 되면 일괄 이전하고, 안 되면 분산 배치로 간다는 게 정부 입장이었다. 그런데 통합된 공사를 다시 양분하는 것은 경영 비효율화를 낳아 통합 취지에 부합하지 않는다며 어제 불쑥 일괄 이전을 발표했다. 쪼갤 경우 양 혁신도시 모두에서 제 기능을 발휘하지 못할 우려가 있다는 것이다. 그렇다면 분산 배치할 것처럼 하면서 시간을 끌 일이 아니라, 국가균형발전의 취지에 맞게 일찍이 결단을 내렸어야 했다"면서 다음과 같이 말했다.

"대형 국책 사업 추진 과정에서 정부가 원칙 없는 국정 철학으로 지역 갈등을 키운 게 한두 번이 아니다. 이번 일도 동남권 신공항이 무산되면서 정부·여당이 영남에 선물로 준 정치적 결정이라는 비판을 면하기 어려운 상황이다. 균형발전을 중시했다면 재정 자립도가 낮은 전북을 최대한 고려했어야 했다. 전북에는 새만금 등 대형 국책 사업이 있다고 하나 새만금 사업은 앞으로 본격 개발되려면 20년은 더 기다려야 하는 먼 뒷날의 일이다.ᵃ[36]

5월 16일 숱한 논란 끝에 국제과학비즈니스벨트 거점지구로 대전 대덕단지가 선정되자 야당은 물론 여당에서도 정부가 지역 갈등을 조장해 스스로 국력을 낭비하고 있다는 비판이 터져나왔다. 유치전에서 탈락한 경북과 광주광역시에선 정부의 결정을 '원천무효'라고 주장하며 소송 등 법적 대응에 나설 뜻을 밝혔다.

대구 출신인 서상기 한나라당 의원은 "동남권 신공항 사업, 과학벨트 등 국책 사업 결정 과정에서 정부가 지역 갈등을 유발했다"며 "이에 관한 책임을 정부가 져야 한다"고 말했다. 같은 지역구인 유승민 의원은 "차라리 정부가 세종시 수정안 부결 직후 '과학벨트는 세종시나 충청도로 간다'고 했으면 이 난리가 안 났을 텐데 청와대가 마치 원점에서 검토하는 것 같이 하는 바람에 동네방네 시끄러워진 것"이라며 "지역 분열시키고 표 깨는 데 청와대는 천재적"이라고 정부와 청와대를 비판했다. 최구식 의원도 "국민을 나눠서 편싸움을 시키는 것은 정부·정권 입장에서는 재미를 봤을지 모르겠지만 국민에게는 참 못할 짓을 시킨 것"이라고 말했다.

전현희 민주당 원내대변인은 "이명박 대통령이 대선에서 충청권 유치를 공약해놓고도 지난 2월 대통령 스스로 충청권 입지 백지화 검토 발언을 해 국론이 분열하고 지역 갈등이 일어났다"며 대국민 사과를 요구했다. 국제과학비즈니스벨트 충청권 유치를 주장해온 자유선진당의 변웅전 대표와 권선택 원내대표 등 지도부는 성명을 내 "결국 이렇게 충청권 입지를 결정할 거면서 도대체 무엇 때문에 지난 근 1년 간 국론 분열과 지역 갈등을 부추겼는지 도저히 이해할 수 없다"고 비판했다.[37]

이명박, "원전 사고 났다고 안 하면 인류 후퇴"

2011년 4월 16일 경북 의성군 4대강 사업 낙단보 공사현장에서 보와 인접한 20미터 높이의 기계실 건물 지붕이 콘크리트 타설 작업 중 무너져 내려 하 모씨와 김 모씨 등 건설노동자 2명이 18미터 아래로 추락해 사망했다. 두 사람은 콘크리트 더미에 묻혔다가 119구조대에 구조되었으나 병원으로 후송 도중 숨졌다. 4대강 사업이 본격적으로 시작된 2009년부터 2010년 4월 18일까지 4대강 공사현장에서는 19건의 사고로 20명의 노동자가 사망했다. 특히 2011년 들어서만 12명, 4월에만 6명이 숨지는 등 공사현장에서 사망자가 급증하자 정부의 '4대강 속도전'이 사망자 급증의 이유로 제시되었다.[38]

『한겨레』는 5월 13일 사설 「여당 쇄신파는 '4대강 일방통행'부터 뜯어고쳐라」에서 "지금까지 4대강 공사현장에서 19명이나 숨졌고, 관련 사고까지 포함하면 사망자가 모두 30명에 이른다. 이런 사고와 인명 피해는 모두 임기 내 치적을 올리겠다는 이명박 대통령의 '속도전' 때문이다. 그렇게 많은 사람이 4대강 공사 현장에서 세상을 떴는데도 대통령이나 관계 장관이 겉치레로라도 '안전사고가 발생하지 않도록 주의해달라'는 말 한마디 했다는 얘기를 못 들었다"면서 다음과 같이 말했다.

"문제는 앞으로도 계속 사고가 일어날 수 있다는 점이다. 16개의 보가 거의 완공돼가면서, 본류의 물 흐름이 안정적이지 못해 지류에서 홍수 등의 피해가 일어날 수 있다는 게 전문가들의 우려다. 지류를 정비하지 않은 채 4대강 공사를 강행해, 일을 거꾸로 진행한 탓이다.……사정이 이런데도 정종환 국토해양부 장관은 최근 국회에서 '(사망 사고는) 본인 실수' 탓이라고 했고, 이 대통령은 공사현장을 찾아 '이러쿵저러쿵하시는 분도 많지만 올가을 완공된 모습을 보면 아마 모두 수긍할 것'이라고 말했다. 4대강 공사가 왜 '이명박식 일방통행' 정치의 상징으로 불리는지 잘 보여주는 장면들이다."[39]

5월 17일 이명박은 대전 한국원자력안전기술원을 방문해 원자력발전소 논란과 관련해 "일본 원전 사고가 생겼다고 해서 안 되겠다고 하는 것은 인류가 기술면에서 후퇴하는 것"이라고 말했다. 이어 "비행기가 사고율이 낮지만 치사율은 높다. 그렇다고 비행기를 타지 말아야겠다고 하는가"라며 "체르노빌, 후쿠시마 등 (사고를 통해) 더 안전한 원전을 만들어내야지 포기하면 안 된다"고 강조했다.[40]

『경향신문』은 5월 19일 사설「"원전 사고 났다고 안 된다고 하면 후퇴"라는 대통령」에서 이명박의 이 발언을 소개한 후 다음과 같이 비판했다. "생각하건대 그의 원전 안전성에 대한 도를 넘는 자신감은 거의 맹목적으로 펼쳐지는 4대강 사업과 통하는 것 같다. 4대강 속도전에서 보는 토건주의와 독선이 원전에 대한 생각에도 깔려 있다는 것이다. 그런 자신감과 독선이 왕왕 재앙으로 발전하는 게 세상사다."[41]

5월 24일 4대강 공사현장에서 또 사망 사고가 발생했다. 2009년 8월 공사가 본격화한 이후 21번째 사망자로, 이날까지 4대강 공사현장에서 숨진 사망자는 낙동강 17명(16건)과 한강 3명(3건), 금강 1명(1건) 등 21명(20건)에 달했다. 이날 사망한 이 모씨는 밀양시 하남읍 명례리 낙동강 사업 14공구 준설 현장에서 수신호를 하던 중 후진하던 덤프트럭에 깔렸으며, 119응급차에 실려 병원으로 이송되던 도중 사망했다. 환경단체들은 "밤낮을 가리지 않는 4대강 속도전으로 현장노동자들이 죽어나가고 있다"면서 "이 같은 열악한 작업 환경을 방치한다면 앞으로 몇 명이 더 사고를 당할지 아무도 모른다"고 주장했다.[42]

"MB정권은 '가치 동맹'이 아니라 '이익 동맹'"

2011년 5월 26일 부산저축은행 비리 연루 의혹을 받고 있는 감사원 은진수 감사위원이 사표를 제출했다. 은진수는 2007년 대선 때 한나라당 이명박 후보 캠프에서 법률지원단장을 지낸 인사로 'BBK 사건'의 변호인을 맡았으며, 대통령직인수위원회에서는 법무행정분과 자문위원을 지냈다. 5월 30일 저축은행 비리 사건을 수사 중인 대검찰청 중앙수사부(김홍일 검사장)는 은진수를 긴급체포해 서울구치소에 수감했다고 밝혔다(2012년 2월 23일 서울고법 형사3부[최규홍 부장판사]는 은진수에게 1심과 같은 징역 1년 6월과 추징금 7,000만 원을 선고했다. 은진수는 대법원 상고를 포기했는데, 2012년 6월 30일 이명박은 은진수를 특별 가석방했다).

『경향신문』 논설위원 손동우는 5월 31일 칼럼 「동지同志」에서 이명박의 대선 캠프 출신인 은진수가 부산저축은행 비리 사건에 연루되자 임태희 대통령실장이 "청와대에 동지는 없고 동업자만 있다"고 탄식했다면서 이렇게 말했다.

"사건의 파장이 권력형 게이트로 확산될 조짐을 보이는데도 청와대 참모라는 사람들이 제 살 궁리만 하고 있는 현 상황을 겨냥한 것으로 보인다. 그런데 MB정권에서의 동지는 지금 와서 느닷없이 사라진 것이 아니라 애당초 별로 없었다고 봐야 한다. 정치적 지향이나 통치 철학을 공유하는 사람들이 모여 형성된 집단이 아니라 저마다 '한자리'를 위해 뛰어든 인사들이 대부분이었기 때문이다. MB정권은 '가치 동맹'이 아니라 '이익 동맹'이란 말도 이런 맥락에서 나왔다."[43]

『동아일보』는 6월 3일 사설 「정부는 부패 척결을 위해 뭘 했나」에서 "대통령은 첫 내각 인선에서부터 도덕적 결함이 적지 않은 사람들을 발탁해 국민을 실망시켰다. 정부는 부패를 척결하겠다는 말만 반복했지, 구체적인 계획을 갖고 단호하게 행동에 나선 적이 없다"며 다음과 같이 말했다.

"명절만 되면 청와대 총리실 감사원이 공직 기강을 바로잡는다며 공무원들에게 큰소리쳤지만 비리는 오히려 발밑에서 벌어졌다. 청와대 경호처 간부는 경호장비 업체에서, 군 장성은 방위산업체에서, 경찰청장은 건설현장 식당(속칭 함바집) 운영업자로부터 돈을 받았다.……모든 공무원이 청렴해야 하지만 그중에서도 감독기관 공무원들은 부패로부터 더 멀리 떨어져 있어야 한다. 그럼에도 지금 각종 감독기관은 부패 의혹으로 얼룩져 있는 상태다. '청지기'마저 무너졌다면 대한민국의 공직자들에게 더는 희망을 걸 수 없다."[44]

동지보다는 동업자가 더 많았기 때문일까? 2011년 6월 13일 발표된 국무총리실 산하 한국행정연구원이 2010년 전국(제주도 제외)의 기업인 600명과 자영업자 400명을 대상으로 심층면접을 통해 작성한 '한국 공공 부문 부패 실태 추이 분석' 보고서에 따르면, 설문 대상자 중 정부 중앙부처 국·과장 이상 공직자 및 장·차관의 부패 정도가 "심하다"고 답한 비율은 86.5퍼센트로 김대중 정부 4년차인 2001년 85.3퍼센트 이래 최고치를 기록했다. 기업인과 자영업자들이 느끼는 고위 공직자에 대한 부정부패 체감률은 노무현 정부 3년차인 2005년 76.4퍼센트까지 떨어졌다가 2007년 85퍼센트로 올랐으며, 이명박 정부 들어서는 정권 초기인 2008~2009년 각각 83퍼센트, 76.9퍼센트로 주춤했다가 다시 급격히 높아진 것이다.[45]

"MB 참모들, 자기 이익 챙기면 떠날 사람들"

2011년 7월 4일 열린 한나라당 전당대회에서 친이계가 몰락하고 비주류·중립 후보와 친박계 등 쇄신파가 약진했다. 대표엔 비주류인 4선의 홍준표 의원이 선출되었고 친박계 유승민 의원도 2위로 최고위원에 당선되었다. 반면 당내 최대 계파인 친이계의 지원을 받았던 원희룡 의원은 4위에 그쳤다. 홍준표는 7월 6일 『중앙일보』와의 인터뷰에서 "현재 청와대·정부의 문제는 무엇이라고 생각하나"라는 질문에 이렇게 답했다. "이명박 대통령의 참모들은 '정치적 동지'라기보단 '동업자' 성격이 강하다. 자기 이익을 챙기면 언제든 떠날 준비가 돼 있는

사람들이다. 일을 열심히 하지 않고 무책임한 경향도 있다."⁴⁶

7월 12일 이명박이 권재진 청와대 민정수석을 법무부 장관으로 사실상 내정한 것으로 알려져 야당에서 비판이 제기되었다. 여당 내부에서도 소장파를 중심으로 정치적으로 공정해야 할 법무부 장관 자리에 대통령 측근인 민정수석을 임명한 전례가 없는 데다, 내년 총선을 앞두고 선거 관리의 공정성 시비가 일 수 있다는 비판이 제기되었다. 남경필 최고위원은 "민정수석 출신을 법무부 장관에 기용할 경우 총선 관리에 대한 공정성 시비에 휘말린다. 절대 받아들일 수 없다"며 "13일 이 대통령과 당 지도부 오찬에서 반대 의견을 내겠다"고 말했다. 정두언 전 최고위원도 "한나라당이 야당 시절 민정수석을 법무부 장관에 기용하는 것에 반대했다"며 "권 수석을 임명할 경우 당과 청와대가 혼돈에 빠질 것"이라고 말했다. 소장파 모임인 '새로운 한나라' 소속 의원들도 이날 모임에서 "부적절하다"는 데 공감하고, 청와대가 임명을 강행할 경우 집단적인 의사 표시에 나서는 방안을 검토했다.⁴⁷

『한겨레』는 7월 14일 사설 「'권재진 법무'를 끝내 밀어붙이겠다는 건가」에서 "'권재진 법무장관'이 불가한 이유는 너무도 명백하다. 무엇보다 청와대 참모가 곧바로 법무부 장관에 기용된 선례가 없다. 법무부 장관은 검찰을 지휘하면서 공정한 법 집행을 책임져야 할 자리다. 그런 자리에 대통령의 의중을 곧바로 반영할 사람이 임명된다면 법 집행의 신뢰성을 의심받을 수밖에 없다"면서 다음과 같이 말했다.

"그럼에도 불구하고 이 대통령이 끝내 그릇된 인사를 고집한다면 그 저의를 의심받게 될 것이다. 가령 마지막까지 몸을 던져 일할 사람이 필요하다는 게 무슨 뜻이겠는가. 검찰권을 자의적으로 동원해 임기

말 권력 누수만을 막아보려는 뜻 아니겠는가. 아울러 자신의 퇴임 뒤 안전을 위한 길 닦기 수순으로 의심하지 않을 도리가 없을 것이다."[48]

그럼에도 이명박은 고집을 꺾지 않고 7월 15일 신임 법무부 장관에 권재진, 신임 검찰총장에 한상대 서울중앙지검장을 내정했다. 야당은 독립성과 공정성이 핵심인 사법 권력의 두 축에 측근을 내정했다며 "불통 인사, 코드 인사"라며 일제히 반발하고 나섰다.[49] 『경향신문』은 7월 18일 사설에서 "자기 발등을 찍고도 이를 눈치 채지 못하고 방치하는 사람이 가장 우둔하다고 할 수밖에 없다"면서 다음과 같이 말했다.

"지금 이명박 정권이 꼭 그렇다. 거듭된 실정으로 임기가 1년 반이나 남은 상황에서 권력 누수 현상을 겪고 있는 정권이 권 수석의 장관 내정이라는 잘못을 범하고도 이를 깨닫지 못하고 강변만 한다면 권력 누수 현상은 더욱 가속화할 수밖에 없는 일이다. 이미 장관 17명 중에서 기획재정·교육·외교·행정안전·지식경제부 장관 등 5명이 청와대 수석 출신들이다. 권 수석마저 법무장관이 되면 3분의 1이 넘는 숫자를 청와대 수석들이 차지하는 꼴이 된다. 현 정권이 남은 기간에 어떠한 행로를 걸을지 보지 않아도 뻔하다."[50]

"MB 낙하산 인사가 정전 대란 근본 원인"

2011년 9월 15일 초유의 대규모 정전 사태가 발생했다. 정전 대란은 늦더위 폭염이 예고된 상황에서 무리하게 정비·점검을 서두르는 바람에 발생한 것으로, 특히 14일과 15일 이틀 동안 전력 당국이 가동 중인 발전기 8기를 한꺼번에 세우면서 발생했다. 당국은 9월 들어 정비·점검을 목적으로 25기의 발전기 가동을 중단했는데, 추석 연휴 직후인 14일에는 7기의 발전기를 한꺼번에 세워 발전량 부족을 초래한 것이다.[51] 이날 정전으로 인한 피해 가구는 서울·경기 46만, 강원·충청 22만, 호남 34만, 영남 60만 가구 등 전국적으로 162만 가구에 이르렀다. 승강기 작동 중단으로 전국에서 944건의 구조 요청이 잇달았고, 신호등 2,877개도 전기 공급이 끊겨 주요 교차로에서 혼란이 벌어졌다.[52]

이명박은 9월 16일 전국적 정전 사태와 관련해 지식경제부와 한국전력, 전력거래소, 발전회사 등을 비판하며 "형편없는 후진국 수준"이라고 강하게 질책했지만, 이명박에겐 그렇게 말할 만한 자격이 없었다. 초유의 정전 대란은 측근 인사에서 비롯된 인재였기 때문이다.

9월 18일 김진표 민주당 원내대표는 국회에서 기자간담회를 열어 전국적인 정전 사태는 한국전력과 자회사에 대한 무더기 낙하산 인사가 낳은 인재라고 지적했다. 김진표는 "이명박 대통령이 대규모 정전 사태가 후진국 수준이라고 호되게 질책했지만 실상은 TK(대구·경북), MB맨, 고려대 출신 등 낙하산 인사들이 한전과 전력거래소 등 12개 전력 관계사의 기관장, 감사를 독차지한 '후진국형 낙하산 인사'가 근본 원인"이라고 주장했다. 김진표는 "한전의 상임이사 7명 가운데 5명이 TK(4명)와 한나라당 출신이고 특히 지난 16일 취임한 김중겸 사장 내정자는 'TK·고려대·현대건설' 등 이 대통령과 3중의 인연관계를 맺고 있다"고 밝혔다. 김진표는 "전문성이 떨어진 낙하산 인사들로 감사들이 채워지면서 사실상 전력 공급라인 책임자들에 대한 경영 감시

가 불가능한 실정"이라며 "인사가 만사인데 현 정부의 인사는 망사가 돼버렸다"고 말했다.[53]

김진표가 지식경제부에서 받아 이날 공개한 자료를 보면, 한전 자회사에 대한 낙하산 인사도 상당했다. 전력거래소 등 11개 한전 자회사 경영진과 감사 22명 중 17명이 현대나 대통령인수위, 한나라당, TK 출신 인사들이었다. 신유룡 한수원 상임감사와 전도봉 한전 KDN 사장은 각각 경북·경남 출신에 이명박 대통령 취임준비위원회 자문위원을 공통적으로 지냈고, 김무일 한전 KDN 상임감사는 대통령직인수위원회 외교안보 자문위원이었다.

한나라당 출신도 다수 있었다. 남동우 서부발전 상임감사는 한나라당 충북도당 부위원장이었고 설영주 원자력연료 상임감사는 한나라당 성동을 지구당위원장을 지냈다. 이명박의 모교인 동지상고 출신도 2명이 있었다. 백해도 동서발전 상임감사와 김무일 한전 KDN 상임감사가 모두 동지상고 출신이었다. 특히 한전 자회사의 감사 자리는 낙하산의 천국이었다. 11명 중 10명이 전력 전문가가 아닌 정치권 인사였다. 김진표는 이명박의 '후진국 수준 비판'을 놓고 "정작 후진국 의식 수준의 낙하산 인사를 한 이 대통령이야말로 비판받아 마땅한 장본인 아니냐"며 "이 대통령이야말로 대국민 사과를 해야 한다"고 주장했다.[54]

9월 19일 국회 기획재정위원회의 2011년도 기획재정부 국정감사에서 민주당 이용섭 의원은 정전 대란은 "인맥에 따른 낙하산 인사로 빚어진 직원 사기 저하와 내부 기강 해이가 주원인"이라며 공기업과 준정부기관에 대한 낙하산도 심각하다고 지적했다. 이용섭은 현 정부에서 임명한 공기업·준정부기관 기관장 103명 중 청와대와 대통령 직 인수위원회(19명), 정치권(10명), 관료(40명) 출신이 60명으로 소위 낙하산 인사가 심각하다고 주장했다.[55]

『한겨레』는 9월 20일 사설 「국정 운영의 기본도 못 갖춘 '정전 정부'」에서 "사고 원인과 관련해 지금까지 드러난 사실은 한마디로 충격적이다"면서 "가장 한심한 것은 전력수급 조절을 책임지는 지식경제부와 전력거래소 등 유관 기관들이 아직도 사고 원인을 두고 네 탓 공방만 벌이고 있다는 점이다. 특히 순환 정전 당시 보고된 예비 전력량이 사실상 지경부의 묵인 아래 '조작'된 것이라는 지적까지 나오고 있으니 이게 도대체 정상적인 정부인지 묻지 않을 수 없다"고 했다.[56]

낙하산 인사가 정전 대란을 불러온 근본 원인이라는 비판이 쏟아졌지만, 10월 25일 한국전력이 지분 100퍼센트를 모두 갖고 있는 자회사 한전 KDN에 또다시 '낙하산' 인사가 단행되었다. 10월 25일 임시 주주총회를 통해 새 사장에 선임된 김병일 교수는 2007년 이명박의 정보통신IT 쪽 자문단에서 활동하는 등 대선 캠프에 참여했던 인물이다. 한전 KDN 노조 관계자는 "사장 추천위원회가 지난달 면접 심사를 하기도 전에 김병일 씨가 이미 낙점돼 있다는 설이 파다했다"며 "이명박 대선 캠프에 있던 인물인 데다 산업 분야에 전혀 경험이 없는 교수 출신을 앉힌 것은 낙하산으로 볼 수밖에 없다"고 말했다.[57]

"언론인 출신 MB 측근 악취 진동, 석고대죄하라"

2011년 9월 부산저축은행 사태로 이명박 정권 실세들의 비리가 봇물처럼 터져나왔다. 9월 15일 이명박은 부산저축은행 로비스트인 박태규에게서 금품 로비를 받은 혐의로 검찰의 소환 통보를 받고 사의를 밝힌 김두우 청와대 홍보수석의 사표를 수리했다. 청와대 정무1비서관 출신인 김해수 한국건설관리공사 사장도 청탁과 금품 수수 혐의로 재판정에 서 있었다.[58]

이런 가운데 횡령과 분식회계, 비자금 조성 등의 혐의로 2009년 12월 기소되어 2심 재판을 받고 있던 이국철 SLS그룹 회장은 9월 21일 이명박의 측근인 "신재민 전 차관에게 2002년부터 최근까지 수십억 원대에 달하는 현금 및 법인카드, 차량 등 각종 편의를 제공했다"고 밝혔다. 2002년 가을 신재민이 언론사에 재직할 때 처음 인연을 맺었다고 밝힌 이국철은 "지난 대선 전 한나라당 경선 과정에서 (이명박 후보의 선거 조직인) 안국포럼에 급전이 필요하다는 이유로 신 전 차관이 가져간 돈만 10억 원에 이른다. 3,000만~1억 원씩 수십 차례에 걸쳐 가져갔다"면서 "이 대통령이 당선되면 회사 일을 돕겠다는 취지였다"고 밝혔다. 이국철은 또 "신 전 차관은 대선 직후부터 2008년 2월까지 대통령 당선자 정무·기획1팀장으로 있을 때도 월 1,500만~5,000만 원을 받아갔다"며 "신 전 차관이 문화부 차관으로 재직하던 1년 6개월 동안 싱가포르 법인 명의의 법인카드도 제공했다. 법인카드 사용 내역을 보면 적게는 매달 1,000만 원, 많게는 2,000만~3,000만 원씩 사용했다"고 말했다.[59]

9월 22일 이국철은 박영준 전 지식경제부 제2차관에게 수백만 원 대의 향응을 제공했다고 말했다. 그는 이날 서울 강남구 신사동 사무실에서 기자들과 만나 "박영준 씨가 국무총리실 국무차장 시절 총리실에서 연락이 와 '박 국무차장이 일본으로 출장을 가니 술 사고 밥 사고 접대하라'는 연락이 왔었다는 보고를 사장으로부터 받았고, 우리 회사 일본 지점에서 400만~500만 원어치 향응을 제공했다"고 말했다.[60]

이국철은 청와대에 낸 진정서에선 이명박 정권의 실세 측근들이 자신에게 먼저 접근했다고 말했다. SLS조선의 기업회생절차(워크아웃)가 개시된 뒤 이명박 정권 실세 ㄱ씨의 측근 2명이 회사를 되찾아주겠다며 접근하자 이들의 제안을 받아들여 현금 30억 원과 그룹 자회사를 넘겨주었다는 것이다. 이국철의 측근도 "이 회장은 회사를 살리기 위해 신 전 차관보다 윗선에 줄을 대려 노력했다"면서 "현 정권 실세 ㄱ씨 측 인사들이 '억울한 점을 해소해주겠다'며 이 회장에게 접근했다"고 말했다.[61]

9월 22일 민주당은 홍상표 전 홍보수석도 "저축은행 구명 로비 대가로 금품을 받고 검찰 수사 중인 김두우 전 홍보수석과 같은 의혹을 받고 있다"고 주장했다.[62] 한국기자협회는 9월 23일 성명 'MB의 언론참모 악취가 진동한다'를 내고 "'MB의 남자들'의 비리가 속속 드러나고 있는 가운데 언론인 출신들의 비리가 더욱 눈에 띈다"고 했다. 이들은 "MB의 언론참모였던 신재민, 김두우, 홍상표 씨가 모두 기자 출신이란 사실에 국민들 앞에 부끄러움을 느낀다"고 밝혔다.[63] (김두우는 2012년 2월 22일 1심에서 징역 1년 6월을 선고받았으나, 2012년 8월 24일 고등법원에서 무죄를 선고받았고, 2013년 4월 26일 대법원에서 무죄를 선고한 원심을 확정받았다.[64] 2013년 4월 11일 대법원은 이국철 SLS 그룹 회장에게서 뇌물을 받은 혐의로 구속 기소된 신재민에게 실형을 확정했다. 대법원 1부[주심 양창수 대법관]는 특정범죄가중처벌법상 뇌물수수 등의 혐의로 기소된 신재민에게 징역 3년 6월과 벌금 5,400만 원, 추징금 9,736만 6,530만 원을 선고한 원심을 확정한다고 밝혔다.[65])

편법과 꼼수로 얼룩진 '내곡동 사저' 신축

2011년 10월 8일 시사주간지 『시사저널』은 「MB 아들과 청와대, 왜 내곡동 땅 사들였나」라는 기사를 통해 "이 대통령이 퇴임한 이후 거처할 사저를 서울 내곡동에 짓고 있는 정황이 취재 과정에서 포착되었다"고 보도했다. 내곡동 사저 부지 매입과 관련해 대통령실이 이명박 아들 이시형과 공동으로 소유하고 있는 점과 이시형이 부지 매입을 위해 사용한 11억 2,000만 원의 자금 출처 등이 논란의 대상이 되었다.

청와대는 이명박이 아닌 아들 이시형이 구입한 것에 대해서 "사저라는 특성상 건축 과정에서 발생할 보안·경호 안전의 문제를 고려했다"고 밝혔으며, 자금 출처와 관련해선 "6억 원은 논현동 자택을 담보로 시형 씨가 금융기관으로부터 대출을 받았고 나머지 5억 2천만 원은 이 대통령의 친척들로부터 빌렸다"고 밝혔다.[66]

'내곡동 사저'의 경호 시설 부지 매입 예산도 도마 위에 올랐다. 이명박의 사저가 강남에 있어 상대적으로 매입 자금이 비싸다는 것을 감안하더라도 42억 8,000만 원은 역대 대통령에 비해 지나치게 높았기 때문이다. 김영삼 전 대통령의 '상도동 자택' 경호 시설 매입비는 9억 5,000만 원, 김대중 전 대통령의 동교동 경호 시설 부지 매입비는 7억 8,000만 원, 노무현 전 대통령 '봉하마을 사저'의 경호 시설 매입비는 2억 5,900만 원이었다.[67]

『한겨레』는 10월 10일 사설「편법과 꼼수로 얼룩진 '내곡동 사저' 신축」에서 "이번 사안은 청와대의 일처리 방식이 얼마나 편의주의와 꼼수로 점철돼 있는지를 극명하게 보여준다"면서 "청와대는 상식과 동떨어진 편법과 꼼수를 이쯤에서 멈추고 모든 것을 정상으로 돌려놓기 바란다. 그렇지 않으면 차라리 이 대통령이 불법 '명의신탁'으로 사저를 짓고 있노라고 말하는 편이 국민들의 이해를 돕는 길인지도 모르겠다"고 했다.[68]

10월 10일 이정희 민주노동당 의원은 이명박이 퇴임 이후 거주할 사저 부지를 아들 이시형의 이름으로 매입한 것과 관련해 "불법 부동산 명의신탁으로 최대 1억 9,200만 원의 과징금을 납부해야 한다"고 말했다. 이정희는 이날 보도자료를 내고 "명의신탁을 통해 부동산을 실소유자가 아닌 명의 수탁자 명의로 등기하는 것은 '누구든지 부동산에 관한 물권을 명의수탁자의 명의로 등기해서는 안 된다'는 부동산실명제법 제3조를 위반한 것"이라고 말했다.[69]

10월 10일 민주당 이용섭 대변인은 이명박의 서울 서초구 내곡동 사저 건립과 관련 "언론보도에 따르면 얼마 안 돼 100억 원 이상의 차익이 발생할 거라고 한다"고 말했다. 이용섭은 이날 오전 CBS 〈김현정의 뉴스쇼〉와 인터뷰에서 "(사저 부지는) 이 대통령이 서울시장으로 재직할 당시 그린벨트(개발제한구역)가 해제된 지역이다. 개발 가능성이 높은 지역"이라고 말했다. 그는 내곡동 사저 구입 시 아들 명의가 사용된 것에 대해 "이 대통령은 다 정리가 되면 매입하겠다고 했는데 그때 집값이 상승하면 아들이 양도소득세를 물고 이 대통령도 취득세를 물어야 한다"며 "왜 그렇게 복잡하게 했을까"라고 말했다. 이용섭은 또 내곡동 사저 토지를 아들 명의로 구입한 것과 관련해 편법 증여 의혹도 제기했다. 이용섭은 "이 대통령 아들은 직장 3년차에 불과하고, 아들 돈이 거의 없다. 재산 신고를 2009년도에 한 것 보면 몇 천만 원밖에 없었다"며 "11억 원이라고 하는 거액을 이자만 지급하는 것만 해도 매달 한 500만 원 가까이 될 것이다. 원금 상환 능력도 없다면 사실상 이건 증여라고 봐야 되지 않을까 싶다"고 말했다.[70]

비리 의혹 제기를 '시끄러운 나라'로 폄하한 이명박

2011년 10월 10일 국회 운영위의 대통령실 국정감사에서도 서울 서초구 내곡동 사저가 도마에 올랐다. 이날 국정감사에서도 이명박 부부가 아들 이시형 명의로 사저 부지를 매입한 것에 대해 부동산 투기, 증여세 탈루, 부동산거래실명제법 위반 논란이 이어졌다. 민주당 김재윤 의원은 "(이 대통령의 사저가 있는) 논현동 땅값이 비싸 내곡동으로 사저 부지를 옮겼다고 하는데 내곡동은 땅값이 싼 곳이냐"며 "전 재산을 헌납한 대통령으로 남으려면 시골로 가야지 금싸라기 땅 사서 엄청난 건축비 들여 집 지으면 아방궁 이야기가 나올 수밖에 없다"고 비판했다.

　자유선진당 김낙성 의원은 "직장 3년차인 이 대통령 아들이 부동산 가격 급등으로 인한 투기 의혹이 있고, 자금 출처도 불분명하다"며 "도덕적으로 완벽한 정권을 추구한다면서 편법으로 호화 사저를 준비하기보다는 국정에 전념하고 물러나는 게 좋지 않은가"라고 꼬집었다. 민주노동당 권영길 의원은 "이 대통령이 시형 씨 명의로 토지를 매입한 것에 대해 세무 전문가들은 명백한 증여세 탈루 시도라고 말한다"며 해명을 요구했다.[71]

　『중앙일보』는 10월 11일 사설에서 "상식적으로 가장 납득하기 힘든 점은 퇴임 후 살 집을 아들 이름으로 샀다는 점이다. 아들 시형 씨는 재산이 거의 없다. 2008년 재산 신고 당시 3,656만 원밖에 없었다. 이후 재산 신고를 거부하는 바람에 현재의 재산 상황을 정확히 알 수 없지만 큰아버지 회사인 다스에 근무하는 월급쟁이로서 큰돈을 모으진 못했을 것이다. 그런 그가 은행으로부터 6억 원을 대출받고, 친척들로부터 5억 원을 빌려 서울 서초구 내곡동 땅을 샀다고 한다"며 다음과 같이 말했다.

　"청와대의 해명은 모자란다. 대통령 이름으로 땅을 살 경우 인근 땅값을 비싸게 부를 것을 우려해 아들이 나섰다고 한다. 부동산 거래를 해본 사람들은 안다. 구입자를 굳이 알리지 않고도 땅을 살 수 있다는 것을. 돈 없는 아들이 11억 원에 대한 이자를 어떻게 갚을지도 의문이다. 나중에 대통령이 아들로부터 부동산을 살 예정이라는 대목도 이상하다. 왜 굳이 부동산 거래에 따른 각종 세금을 이중으로 부담하려고 하는가. 사정이 이렇다 보니 '증여하려고 했던 것이 아니냐'는 의혹이 남는다."[72]

10월 11일 민주당 이용섭 대변인은 기자회견을 열고 이명박의 내곡동 사저 부지 구입 과정에서 법을 위반하고 국민 세금이 사용되었다고 주장했다. 이용섭은 "대통령 아들(이시형 씨)은 토지를 공시지가보다 낮은 가격에 매입하고 대통령실은 4배 이상 고가에 매입한 것으로 나타났다"며 "이는 대통령 (아들)이 부담해야 할 구입 비용을 국민의 세금으로 대준 것"이라고 말했다. 이용섭은 "시형 씨는 싸게, 대통령실은 비싸게 땅을 사들이는 방식으로 사실상 대통령실이 시형 씨에게 돈을 보태주는 결과를 낳았다"며 "형법상 배임죄에 해당한다"고 주장했다.[73]

10월 12일 '내곡동 사저'의 경호시설 부지가 2,142제곱미터(648평)로 너무 넓다는 지적이 일자 청와대가 "경호 부지를 축소할 수도 있다"고 밝혔다. 10월 12일 이명박은 미국 워싱턴에서 열린 동포 간담회에서 "우리나라는 시끄러운 나라"라며 "국내 신문을 보면 시커먼 것(기사 제목)으로 매일 나온다"고 말했다. 여당 대표까지 사저 주변 경호시설의 축소를 요구하고 나서는 등 들끓고 있는 여론을 단순히 '시끄러운 일'이라고 지칭한 것이다. 이와 관련해 신율 명지대학교 교수(정치외교학과)는 "이 대통령 스스로 '역사상 도덕적으로 가장 깨끗하게 시작한 정권'이라고 규정한 바 있으니, 자신의 내곡동 사저 부지를 둘러싼 각종 의혹에 대해 깨끗하게 설명할 필요가 있다"며 "이 대통령이 '시끄러운 나라'라는 표현을 했는데, 투명하지 않으니까 시끄러워지는 것"이라고 말했다.[74]

'부패뉴스 1위'에 오른 이명박 사저 매입 의혹

2011년 10월 13일 『경향신문』은 「MB 사저 터 수상한 지목 변경」이라는 기사에서 이명박의 사저 터 매매 과정에서 원소유자 유 모씨가 땅을 이명박의 아들 이시형과 청와대에 판 뒤 '지목을 전田(밭)'에서 '대垈(집터)'로 변경한 것으로 확인되었다면서 지목이 이렇게 바뀌면 토지 위에 올릴 수 있는 건물의 면적과 용적률이 증가하기 때문에 땅값도 오른다고 보도했다.[75]

의혹은 끝이 없었다. 10월 13일엔 내곡동 사저 인근에 서초구가 테니스장 등 체육 시설 건립을 추진하고 있는 것으로 알려져 평소 테니스를 즐겨 치는 것으로 알려진 이명박을 위해 서초구가 갑자기 'MB 테니스장' 건립을 추진한 것 아니냐는 의혹이 일었다. 진익철 서초구청장은 서울시청 공무원 출신으로 MB 직계 라인으로 분류된 인물이었다.[76]

10월 13일 이상돈 중앙대학교 법대 교수는 자신의 블로그에 올린 '내곡동에 숨어 살면 된다?'라는 글을 통해 내곡동 사저 파문과 관련해 "내곡동 사저는 그 자체가 대통령이 직접 관련된 '대형 게이트'"라고 주장했다. 이상돈은 "이런 와중에 이상득 의원의 땅이 많이 있다는 남이천에 억지로 인터체인지를 만들고 있다는 소식마저 있으니 더이상 할 말도 없다"고 지적했다. 이상돈은 결론적으로 "철옹성 같은 사저를 지어 놓으면 시위대로부터 안전은 담보될 것"이라며 "하지만, 그렇다고 해서 국회가 발부한 청문회 출석 통지서나 법원이 발부한 영장이 도달되지 않는 것은 아니지 않는가"라는 반문으로 글을 맺었다.[77]

『경향신문』은 10월 14일 사설 「대통령 사저 의혹, 국정조사 불가피하다」에서 "도대체 그 끝은 어디인가. 이명박 대통령의 서울 서초구 내곡동 사저를 둘러싸고 불거져 나오는 갖가지 의혹과 논란을 지켜보고 있노라면 자연스레 이러한 의문이 생기게 된다. 처음에는 사저 부지를 평범한 봉급 생활자인 대통령 아들 시형 씨가 사들였다는 '대리매입' 문제가 부각되면서 편법 증여 및 부동산실명제법 위반 의혹이 제기됐다. 또 지나치게 넓은 경호부지와 과다한 구입 비용 등 '초호화 사저' 논란이 생기자 청와대는 이를 축소하겠다는 반응을 보였다. 사저 부지를 구입하면서 정부 예산이 이 대통령 본인이나 아들 시형 씨에게 전용됐다는 의혹도 나왔다"면서 다음과 같이 말했다.

"내곡동 사저 부지와는 별개지만 대통령 일가의 선영이 있는 경기도 이천시 호법면에 신설될 남이천 나들목IC을 둘러싸고도 온갖 의혹과 추측이 난무하고 있다. 나들목 공사는 대통령 일가의 '성묘도로'를 닦기 위해서이며, 이곳에 대규모 토지를 소유하고 있는 대통령 친형 이상득 의원이 지가 상승으로 막대한 이득을 보게 됐다는 것이다. 남이천 의혹도 대통령 일가의 사적 이익을 위해 국가 자원이 자의적으로 사용됐을지도 모른다는 점에서 내곡동 의혹과 궤를 같이한다고 하겠다."[78]

한국투명성기구는 2011년 부패뉴스 1위로 이명박의 내곡동 사저 매입 논란, 2위로 부산저축은행 비리 사건, 3위로 이명박의 친인척 측근 비리를 선정했다.

민심을 이반시킨 이명박의 유체이탈 화법

2011년 10월 26일 실시된 재보선에서 무소속 박원순 후보가 401만 6,971표의 유효표 가운데 215만 8,476표(53.40퍼센트)를 얻어 186만 7,880표(46.21퍼센트)를 득표한 한나라당 나경원 후보를 물리치고 서울시장에 당선되었다. 박원순은 서울 시내 25개 자치구 중 21곳에서 고르게 51~62퍼센트대의 득표율을 보였다. 나경원은 강남·서초·송파 등 이른바 '강남 3구'와 용산 등 4곳에서만 우세를 보였고, 그나마 강남·서초에서만 60퍼센트 이상의 압도적 득표율을 얻었다. 전국 11개 기초자치단체장 재보선에서는 한나라당 소속 후보가 8명, 민주당 소속 후보가 2명, 무소속이 1명 당선되었다. 광역시·도의회 선거에서는 한나라당과 민주당 소속 후보가 각각 4명, 무소속 3명이 당선되었다. 시·군·구의회 선거에 당선된 후보는 한나라당 6명, 민주당 7명, 민주노동당과 자유선진당이 각각 1명, 무소속 4명 등이었다.

『한겨레』는 10월 27일 사설 「서울 지역 민심은 '한나라당 응징'이었다」에서 "서울시장 선거를 통해 표출된 민심은 이명박 정권의 실정에 대한 심판, 한나라당의 오만함에 대한 응징으로 요약할 수 있다. 정치적 변화와 혁신, 새로운 리더십 출현에 대한 유권자들의 갈망도 확인됐다. 이번 선거를 통해 정치의 주요 아이콘으로 등장한 사람이 바로 안철수와 박원순이라는 사실이 이를 증명한다. 역대 어느 선거보다 낡은 정치 질서 타파에 대한 유권자들의 열망이 강하게 표출된 선거라 할 수 있다"면서 다음과 같이 말했다.

"이번 서울시장 선거는 사실 한나라당이 패배하지 않으면 오히려 이상한 선거였다. 선거 자체가 오세훈 전 시장과 한나라당이 무리하게 주도한 무상급식 주민투표 불발에서 비롯된 점부터가 그렇다. 정권의 숱한 실정에 더해 권력 핵심의 치부도 잇따라 드러나고 있다. 하지만 한나라당이 보여준 모습은 겸손함 대신에 오만함, 뼈를 깎는 변신 노력 대신에 변화 욕구 깎아내리기였다. 선거전을 이끈 것도 무차별적인 네거티브 공세, 상대편 후보에 대한 빨간색 덧칠하기, 보수층 결집 호소 전략 등 구태 일변도였다."[79]

10월 27일 이명박은 10·26 재보선 결과와 관련해 "재보선 결과에 담긴 국민의 뜻을 무겁게 받아들인다"고 말한 후, "특히 이번 선거에서 보여준 젊은 세대들의 뜻을 깊이 새기겠다"면서 "정부는 낮은 자세로 국민의 민생을 한 치 흔들림 없이 챙기겠다"고 말했다. 하지만 바로 이날 청와대 경호처장에 2008년 촛불집회 당시 명박산성으로 악명이 높았던 어청수 전 경찰청장을 내정했다.

10월 31일 한나라당 원희룡 최고위원은 "대통령이 열심히 일은 하고 있겠지만 민생 문제에 여러 소홀한 문제가 있음에도 불구하고 자화자찬, 국민의 개혁의 요구에는 마치 딴 사람의 이야기인 것"처럼 해서 "(이명박 대통령이) 일부 시중에선 '유체이탈 화법'이란 비판을 듣고 있다"고 비판했다.

원희룡은 또 "일방적이고 국민을 가르치려는 태도, 대통령을 모시는 입장에서 예스맨 행태만 부각되는 모습 때문에 국민이 절망하고 민심이 이반된다"며 "청와대의 개편과 개혁에 대해 더욱 누적된 강도 높은 요구에 부닥치게 될 것을 인정하지 않을 수 없다"고 말했다. 그는 또 "대통령과 청와대에 더이상 예의를 지키고 배려할 여유가 없다.

국민이 기다려주지 않는다. 그런 면에서 정치 변화를 위해 당 지도부부터 진정으로 국민 앞에 참회하고 반성하고 우리의 오만하고 공격적 자세에 민심을 헤아리고 우리 자신부터 기득권을 내려놓고 변화하겠다는 자세를 보여주고 앞으로 당원 동지와 국민 양심을 믿고 맡겨야 한다"고 강조했다.[80]

11월 6일 한나라당의 수도권 출신 소장파와 친박계 초선 의원들이 주축이 된 혁신파 25명은 10·26 서울시장 재보선 패배 이후 고조된 여권의 위기와 관련해 이명박의 대對국민 사과와 국정 기조 변화를 촉구하는 '쇄신 연판장'을 작성해 청와대에 전달했다. 구상찬·김성식·정태근 의원 등 '쇄신 서한' 작성에 참여한 의원 3명은 이날 여의도 당사에서 기자회견을 갖고 대통령의 대국민 사과, 747 공약 폐기, 청와대 참모진 교체 등 인적 쇄신, 비민주적 통치 행위 개혁, 측근 비리에 대한 신속한 재수사 등 '5대 쇄신' 요구를 담은 연판장 성격의 서한을 발표했다.[81]

"'이승만 독재'·'5·18 민주화 운동' 교과서에서 사라진다"

2011년 11월 8일 교육과학기술부(교과부)는 2013년부터 중학교에서 사용될 교과서를 펴낼 때 '지침' 구실을 하게 될 '2009 개정 교육과정 역사교과서 집필 기준'을 확정·발표했다. 교과서 집필 기준은 교과서 저자들이 집필할 때 반드시 따라야 하는 규정이다. 이날 교과부는 그동안 논란이 된 역사교과서의 3가지 표현에 대해서는 역사학계의 의견을 일부 반영한 절충안을 마련했다고 밝혔다. 이날 교과부가 발표한 집필 기준은 기존 집필 기준과 어떻게 다른가?

첫째, 기존의 '민주주의'라는 표현을 '자유민주주의'로 바꾸고 본문에 명기된 3곳 중 한 곳을 '자유민주적 기본질서'와 병행 사용하기로 했다. 현행 헌법에 '자유민주주의'라는 단어가 없고 '자유민주적 기본질서'라는 표현이 나온다는 지적이 계속되자 두 표현을 병기한 것이다. 반면 역사학계에서 계속 주장해온 '민주주의'라는 표현은 결국 배제했다.

둘째, 기존의 독재라는 단어는 '독재화'로 완화해 사용하기로 했다. 기존 집필 기준에서는 '이승만 정부의 정치적 탄압과 부정선거 등에 맞서 4·19 혁명이 일어났고, 박정희 대통령이 5·16 군사정변을 일으켜 군사정부를 세운 후 두 차례 헌법 개정을 통해 1인 장기 집권 체제를 성립했다'며 구체적으로 명시했지만 새 집필 기준에서는 독재 부분을 '자유민주주의가 장기 집권 등에 따른 독재화로 시련을 겪기도 하였으나 이를 극복하였으며……역대 정부의 공과를 서술할 경우에는 균형 있게 다루도록 유의한다'고만 언급했다. 또 기존 집필 기준은 유신 체제가 무너진 뒤 '5·18 민주화 운동'을 비롯해 민주주의 체제를 수립하려는 국민의 노력을 명시했으나, 새 집필 기준에서는 이 부분이 삭제되었다.

셋째, 역사학계에서 '사실관계에 오류가 있다'고 지적한 '한반도의 유일한 합법정부' 부분은 '유엔의 결의에 따른 총선거를 통해 대한민국 정부가 수립됐고 유엔으로부터 한반도의 유일한 합법정부로 승인받은 사실에 유의한다'는 문구로 수정해 '한반도의 유일한'을 포함한

원안으로 확정했다.[82]

역사학계는 당장 거세게 반발하고 나섰다. 역사학자들은 "공청회와 심의까지 거친 안이 장관의 독단적 결정으로 쉽게 뒤집힐 수 있는 현 시스템을 바로잡아야 한다"고 말했다. 이인재 한국역사연구회 회장(연세대학교 교수)은 "역사적 사실과 헌법 정신, 교육적 관점에서 집필 기준을 마련해야 할 교과부 장관이 마땅히 해야 할 일을 하지 못했으니 대통령이 직접 나서 해결해야 한다"며 "역사학계의 의견을 수렴해 이명박 대통령에게 공개 질의서를 보내는 방안을 추진할 것"이라고 말했다.[83]

"학교교육이 정권의 이데올로기 주입 수단인가?"

2011년 11월 9일 『경향신문』은 「개악된 역사교과서는 다시 바뀔 수밖에 없다」는 사설에서 "교육과학기술부가 끝내 역사학계가 공인하지 않는 역사교과서를 밀어붙이기로 했다. 교과부가 어제 최종 확정해 발표한 중학교 역사교과서 집필 기준은 앞서 역사교육과정 개정안 고시를 강행할 때 보여준 몰역사성과 비민주성을 거듭 확인해주고 있다. 움직일 수 없는 사실史實과 학문적 엄정성은커녕 이념의 잣대만 들이댄 남루한 집필 기준으로 중등 역사교과서를 어떻게 집필할 수 있다는 것인지, 또 그런 교과서로 아이들에게 어떻게 현대사를 제대로 가르칠 수 있다는 것인지 어안이 벙벙할 따름이다"면서 다음과 같이 말했다.

"정상적 절차도 안 거치고 학문적으로도 정의되지 않은 집필 기준이라면 역사교과서의 왜곡은 불가피하다. 정치학에서조차 분명한 개념이 정립되지 않은 자유민주주의로는 민주주의에 담긴 자유와 평등, 박애와 연대의 다채로움을 온전히 담아낼 도리가 없다. 민주주의를 민주주의라 부르지 못하고, 독재를 독재라고 가르치지 못하는 역사 수업으로 어떻게 대한민국의 빛나는 성취를 교육할 수 있다는 말인가. '자유민주주의'에서 말하려는 '자유'에는 민주적 절차를 무시하는 교과부의 독선이 함축돼 있다고밖에 생각되지 않는다. 이렇게 뒤틀린 역사교과서는 왜곡의 수정을 위해 또 한 번의 교육과정 개정을 예고할 뿐이다. 국가적 낭비가 아닐 수 없다."[84]

『한겨레』는 11월 10일 사설 「'역사 농단'과 정권의 운명」에서 "학계의 전면적인 반발과 간절한 요청에도 아랑곳하지 않고, 이 정권은 자신과 이해를 같이하는 소수의 친일·수구 언론과 재계, 관변학자의 주장을 그대로 반영했다. 헌법적 가치인 학문의 자유와 교육의 중립성은 안중에도 없었다. 교육을 권력 이데올로기의 홍보 수단으로 만들려는 그 의지가 놀랍다"면서 다음과 같이 말했다.

"내용 왜곡 문제보다 더 걱정스러운 건 교육의 중립성 훼손이다. 역대 독재정권이 가장 먼저 농단하려 한 것은 학교교육을 정권의 이데올로기 주입 수단으로 만드는 것이었다. 파시즘, 공산주의 등 모든 전체주의 정권에서 그러했다. 이명박 정권도 지금 그 대열에 발을 디밀고 있다. 그렇다고 두려워할 일은 아니다. 학문의 자유를 억압하고, 교육의 중립성을 왜곡한 정권의 말로는 자명했다. 이 땅의 이승만, 박정희 독재정권은 물론 다른 전체주의 정권의 종말은 예외 없이 비참했다. 학계뿐 아니라 우리 국민이 불행을 막는 데 함께 나서지 않으면 안 되는 까닭이다."[85]

"반역사적, 반민주적, 반교육적 행위를 즉각 철회하라"

2011년 11월 10일 교과부가 중학교 역사교과서 집필 기준에서 '민주주의'를 '자유민주주의'로 변경하고, 민주화 운동 관련 내용을 삭제한 것과 관련해 국회 교육과학기술위원회 소속 야당·무소속 의원 전원은 성명을 발표하고 "집필 기준에서 이승만 독재, 박정희 중심 5·16 군사정변, 전두환 신군부 정권 등 독재와 관련된 기술은 슬그머니 사라져버렸다"며 "제주 4·3 항쟁과 5·18 민주화 운동, 6월 민주항쟁과 관련한 기술도 모조리 삭제해 이 땅의 민주화 역사를 정면으로 부정한 집필 기준이 만들어졌다"고 지적했다. 이들은 이주호 교과부 장관의 사퇴를 요구하고 나섰다.[86]

새 역사교과서 집필 기준에서 5·18 민주화 운동과 4·3 항쟁 관련 내용이 삭제된 것으로 알려지면서 5·18 민주화 운동 관련 단체와 제주도 내 4·3 관련 단체들 역시 거세게 반발했다. 11월 10일 강운태 광주광역시장, 장휘국 광주시 교육감, 윤봉근 광주시의회 의장은 광주 시청에서 기자회견을 열어 교과부에 "피 흘려 쌓아온 자랑스런 민주 정신을 부정하는 반역사적, 반민주적, 반교육적 행위를 즉각 철회하라"고 촉구했다. 이들은 "5·18은 광주만의 역사가 아니며 대한민국을 뛰어넘는 인류문명사의 가치"라며 "유네스코도 인정한 세계의 유산인 5·18을 외면해서는 안 된다"고 지적했다.

장휘국은 "새 세대가 올바른 역사 인식을 가져야 민주주의가 발전한다"며 "청와대·총리실 등에 시대착오적 집필 기준 개정을 줄기차게 요구하겠다"고 말했다. 광주 지역 24개 단체가 꾸린 광주시민단체협의회도 이날 성명을 내 "광주 시민의 30년 투쟁과 희생을 부정하는 반민주적 기준"이라며 "'민주공화국'이라는 헌법 정신을 곡해하면서까지 교과서에 정치색을 입히려는 불순한 의도를 개탄한다"고 성토했다. 시민단체들은 집필 기준이 철폐되지 않으면 서명운동과 집단행동으로 대응할 뜻을 밝혔다.[87]

이에 앞서 11월 10일 제주도 내 4·3 관련 단체들은 "이번 역사교과서 집필 기준이 이승만 정부의 긍정적 측면을 강화한 반면 4·3을 포함해 4·19 혁명, 6월 민주항쟁, 5·18 민주화 운동 등을 제외한 것은 정파적이며 이념적인 의도를 숨겨놓은 행태"라며 "집필 기준을 수정해야 한다"고 주장했다. 제주4·3연구소의 한 연구자는 "4·3 사건이 한국전쟁을 제외하고 한국 현대사에서 최대의 인명 피해를 낸 사건이며, 2003년에는 노무현 대통령이 공식 사과하기도 했다"며 "후세들에게 역사의 진실과 교훈을 알리기 위해서는 교과서에 수록돼야 한다"고 말했다.[88]

11월 17일 교과서 검정심사기관인 교과부 산하 국사편찬위원회(위원장 이태진)는 '중학교 새 역사교과서 세부 검정기준'을 발표하고 2013년부터 중학교 수업시간에 사용될 새 역사교과서에 '친일파 청산 노력', '5·16 군사정변', '5·18 민주화 운동', '6월 민주항쟁' 등 주요 역사적 사건들이 반드시 서술되어야 한다고 밝혔다. 중학교 새

역사교과서 집필 기준을 발표하면서 현행 기준에는 들어 있는 친일파 청산 노력과 독재·민주화 운동 관련 역사적 사실들을 삭제했다가 관련 단체는 물론이고 역사학계에서 거센 반발이 일자 11월 14일 급하게 검정심사위원회를 꾸려 애초 2012년 1월에 발표할 예정이던 세부 검정기준을 사흘 만에 마련한 것이다. 김관복 교과부 학교지원국장은 "사회 갈등이 확산되는 것을 방지하기 위해 급하게 만든 것"이라며 "배점과 상관없이, 이번에 심사 요소에 포함된 역사적 사실들을 역사 교과서에 포함하지 않을 경우 검정심사에서 무조건 탈락하게 된다"고 말했다.[89]

역사교과서를 둘러싼 논쟁은 해를 넘겨 계속된다. 원래 어느 나라에서건 지지율이 바닥으로 떨어진 못난 정권은 이념적 갈등을 만들어내 '유능 대 무능'의 구도를 좌우의 구도로 바꾸려는 시도를 하기 마련이다. 이명박 정권이 그런 의도로 교과서 문제에 심혈을 기울인 건지는 알 수 없지만, 당시 이명박의 지지율이 바닥권이었던 건 분명했다.

『서울신문』이 2011년 말에 조사한 '2012년 신년 여론조사' 결과, 이명박에 대한 국정 지지도는 20퍼센트대로 추락했다. 이명박이 '매우 잘하고 있다'는 응답은 10.8퍼센트, '잘하고 있다'는 16.7퍼센트로, 긍정적인 평가는 27.5퍼센트에 불과했다. 반면 '못하고 있다'와 '아주 못하고 있다'는 응답은 각각 18.4퍼센트, 30.7퍼센트로 부정적인 평가는 49.1퍼센트에 달했다.[90] 그러나 이제 곧 산더미 같은 비리들이 정권 말기에 타져나오면서 아직도 떨어질 지지율이 많이 남아 있었으니, 이명박 개인을 위해서나 나라를 위해서나 참으로 불행한 일이었다.

"보수의 가치를 더럽힌 대통령 측근들"

2012년 1월 2일 이명박은 신년 국정 연설에서 "지난 한 해를 돌아보면서 국민 여러분께 송구스럽다는 말씀을 드리지 않을 수 없다"면서 "저 자신과 주변을 되돌아보고 잘못된 점은 바로잡고 보다 엄격하게 관리하겠다"고 밝혔다. 이 발언은 계속해서 발생한 대통령 친인척·측근 비리를 사과한 것으로 해석되었지만, 측근 비리 의혹은 계속 터져 나오고 있었다.

1월 3일 수백억 원대 횡령 혐의를 받고 있는 김학인 한국방송예술진흥원 이사장이 이명박의 멘토이자 방통대군으로 통했던 최시중 방송통신위원장의 '양아들'로까지 불렸던 최측근에게 억대의 금품을 건 냈다는 의혹이 불거져 나왔다. 최시중의 자진 사퇴를 요구하는 목소리가 나왔지만, 최시중은 "방통위가 선임한 EBS 이사가 개인 비리 혐의로 구속된 것에 대해 진심으로 사과하고 책임감을 느낀다"고 유감을 표명하면서도 자신에 대한 금품 수수 의혹은 부인했다.[1]

각종 측근 비리가 터져나오자 1월 13일 민주통합당은 "이명박 정권은 초기부터 '영일대군', '방통대군', '은평대군'들이 무소불위의 권력을 휘둘렀다"면서 "이제는 보좌관 정권, 청와대 행정관 정권과 더불어 양아들 정권이라는 말까지 듣게 생겼다"고 비아냥거렸다. 이어 민주당은 "지난 4년간 끊임없이 터져나오던 부패와 비리 의혹도 모자라 시쳇말로 '갈참정권'이 측근 비리의 백미를 보여주고 있다"면서 "검찰은 국민의 요구대로 그들의 온갖 비리를 철저히 수사해주기 바란다"고 요구했다.[2]

1월 18일 한나라당 비상대책위원인 김종인은 "스스로 판단해야 한다"며 우회적으로 이명박의 자진 탈당을 촉구했다. 다음 날 친이계 핵심인 이재오 의원은 의원총회 후 기자들에게 "아버지가 잘못했다고 나가라고 하는 것은 패륜아가 할 짓"이라며 "대통령이 잘못했다고 나가라고 하는 것은 있을 수 없고, 그렇게 해서 이득을 본다면 비대위원이든 누구든 나가면 된다"고 말했다.[3]

『동아일보』는 1월 25일 사설 「보수의 가치를 더럽힌 대통령 측근들」에서 이렇게 말했다. "이 대통령은 그동안 '우리는 도덕적으로 완벽하다'고 큰소리를 쳤지만 사촌 처남이 구속됐고 부인 김윤옥 여사의 사촌 언니는 3년형을 선고받았다. 측근 참모 여러 명이 각종 비리에 연루됐다. 그런데도 이 대통령은 올해 신년 국정 연설에서 결연한 의지나 진정성이 엿보이지 않는 형식적 사과를 하는 데 그쳤다. 민심이 현 정권에 등을 돌린 원인 가운데 하나가 대통령 친인척과 측근 비리에 대한 반감反感이라는 사실을 이 대통령은 뼈저리게 느끼지 못하는 듯하다."⁴

이명박 멘토와 개국공신들의 '도덕적 몰락'

2012년 1월 27일 최시중이 '양아들'로까지 불린 자신의 최측근 정용욱 전 방송통신위원회 정책보좌역의 금품 비리 의혹과 관련해 자진 사퇴했다. 정용욱은 김학인 한국방송예술교육진흥원 이사장에게서 EBS 이사 선임 청탁과 함께 2억 원을 수수한 혐의를 받고 있었다. 최시중은 2008년 3월 방송통신위원회 초대 위원장에 취임한 이래 3년 10개월간 이명박 정부의 방송·통신 정책을 주도해왔으며, 이 과정에서 종편 사업자 선정을 둘러싼 각종 특혜 의혹과 방송계 낙하산 인사, 온라인 통제 논란의 주역으로 지목되어 시민사회단체의 거센 반발을 샀던 인물이다.⁵

　최시중이 자진 사퇴하면서 '이명박 정권의 몰락이 현실화하고 있다'는 반응이 나왔다. 여당인 한나라당 의원들은 최시중 사퇴를 '정권 말기의 신호'로 받아들였다. 수도권 한 초선 의원은 "대선에 기여한 건 인정하지만 최 위원장이 방통위원장을 연임한 건 무리였다"며 "확실히 정권 말기로 간다는 느낌"이라고 말했다. 영남 지역 한 의원은

"현 정권이 한꺼번에 무너지는 느낌"이라고 말했다.[6]

최시중의 사퇴로 이명박의 핵심 측근인 '6인회' 멤버가 모두 몰락하게 됨으로써 이명박의 '측근 정치'도 막을 내리게 되었다. '6인회'는 2007년 대선 당시 대선 캠프의 최고의사결정기구를 이르는 말로, 이명박을 비롯해 '큰형님' 이상득 한나라당 의원과 '실세' 이재오 의원, '정치 9단' 박희태 국회의장, 최시중 방송통신위원장, 김덕룡 전 대통령 특보 등이 여기에 해당된다. 이명박을 제외한 5인은 정권 출범 이후 각자 맡은 분야에서 스포트라이트를 받으며 활동을 펴면서 '만사형통萬事兄通', 'MB 복심腹心' 등의 신조어를 만들어냈다. 그렇다면 이 시절 이들은 어떤 상황에 처해 있었기에 '6인회'의 몰락이라는 말이 나왔던 것일까?

김덕룡 전 대통령 특보만 별 소음 없이 물러났을 뿐 나머지 4명은 모두 이런저런 권력 비리와 연결되어 있었다. 이명박의 친형으로 '영일대군'으로 불리던 이상득은 보좌관이 이국철 SLS그룹 회장과 제일 저축은행 등에서 수억 원을 받은 혐의로 구속되고 자신까지 수사선상에 오르면서 4월 총선 불출마를 선언했다. 2007년 대선 후보 당내 경선 때 선대 위원장을 맡았던 박희태는 한나라당 전당대회 돈 봉투 사건에 연루되어 보좌관 등이 검찰에 소환되면서 여야에서 의장직 사퇴와 정계 은퇴 압박을 받고 있었다. 정권 2인자로 통하던 이재오는 당 비상대책위원회와 친박계에서 친이계 실세로 낙인찍혀 4·11 총선 공천도 장담하지 못하는 상황에 처해 있었다.[7]

"역대 정권보다 친인척·실세 비리 광범위"

6인회뿐만 아니라 측근·친인척 비리도 다양했다. 이때까지 비리에 연루되었거나 의혹을 받고 있는 측근은 모두 18명에 이르렀다. 신재민 전 문화체육관광부 차관 등 7명은 수감 중이었고, 불구속 상태에서 재판받거나 집행유예로 풀려난 사람은 4명, 검찰 수사와 맞물려 의혹을 받고 있는 사람은 7명이었다.

지역별로는 TK 출신이 5명, PK 출신이 4명으로, 영남 출신이 전체 의혹 대상자의 절반인 9명이었다. 고려대학교 출신도 8명이나 되었다. 이는 이명박 정부의 인사가 TK와 고려대학교 인맥에 편중되어 있다는 것을 보여주는 것과 동시에 이들에게 집중된 권력이 비리로 이어졌음을 보여주는 것이었다. 비리 유형의 대부분은 기업체에서 돈을 받은 혐의였다. 세무조사 무마, 저축은행 퇴출 저지, 상가 개발사업 수주 등을 이유로 기업체에서 금품을 받은 것이다.

비리 의혹이 수면 위로 불거지고 검찰 수사가 진행된 시점은 임기 4년차인 2011년 중·후반기에 집중되었다. 물밑에 가라앉아 있던 각종 비리가 집권 4년차에 접어들어 레임덕 현상이 나타나면서 동시다발적으로 터져나오기 시작한 것이다. 이명박 정부의 친인척 비리는 대부분 이명박 대통령의 부인 김윤옥 여사 쪽과 관련된 게 많았다. 2008년 이명박의 사촌 처형인 김옥희가 비례대표 국회의원 공천을 받아주겠다며 금품을 챙긴 혐의로 구속되었으며, 2011년 12월엔 김윤옥의 사촌 오빠인 김재홍 KT&G복지재단 이사장이 제일저축은행 구명로비 대가로 4억 원을 받은 혐의로 구속되었다.[8]

『경향신문』은 2월 1일 사설을 통해 "자고 나면 새 의혹이 불거진다 할 정도로 '돈 냄새'가 여권을 휘감고 있으나 한나라당은 '모르쇠'로 일관하고 있다. 이명박 대통령의 '멘토'로 불려온 최 전 위원장이 측근 비리 및 자신의 연루 의혹으로 물러났지만 책임 있는 여당이라면 당연히 내놓을 법한 진상 규명 촉구 논평도 없었다. '식물 의장'으로 전락한 박희태 국회의장의 '돈 봉투 전대'를 둘러싼 침묵은 더 가관이다"면서 다음과 같이 말했다.

"이 정권의 도덕 불감증은 특권층만 감싸는 바람에 누적된 '1% 정당'이라는 이미지와 더불어 간판을 내릴 수밖에 없을 정도로 한나라당을 망가트린 주요 원인이다. '도덕적으로 완벽한 정권'이라는 이 대통령의 발언이 두고두고 실소를 자아내는 것도 그 때문이다. 한나라당이 진정 국민 앞에서 뼈를 깎고 거듭나는 모습을 보이고 싶다면 지금 눈앞에서 드러나고 있는 권력형 비리에 대해 백배 사죄하고, 진상 규명을 촉구하는 게 우선이라고 본다. 한나라당은 언제까지 당 주변에서 진동하는 돈 냄새를 두고 오불관언吾不關焉할 셈인가."[9]

"이명박 정부 도덕성 추락 끝이 안 보인다"

외교마저 그런 '돈 냄새' 바람에 휩쓸렸다는 게 드러나기 시작했다. 1월 12일부터 이명박 정부의 부실 자원외교 논란이 다시 불거진 것이다. 이명박 정부가 2011년 3월 자원외교의 쾌거라며 홍보한 한국의 아랍에미리트UAE 10억 배럴 이상 유전에 대한 우선적인 지분 참여 권리가 단순한 참여 기회 보장을 과장한 것이라는 의혹에 휩싸였다. 당시 정부는 이명박의 UAE 방문 당시 10억 배럴의 원유를 확보하는 효과가 있는 계약을 체결했다고 발표했다가 야당 등에서 따지고 들자 매장량 10억 배럴 이상인 생산 유전에 대한 우선적인 지분 참여가 가능하다는 내용이라고 해명했다. 하지만 실제로는 '자격이 있는 한국 기업들에 참여할 기회를 준다'는 정도의 내용에 구속력도 없는 것으로 드러났다.[10]

자원외교는 이명박의 대통령 취임 후 정권 최실세들이 앞장서 진행해온 정책이었다. UAE 유전과 카메룬 광산, 미얀마 가스전 사업 등은 이명박의 친형인 이상득 의원, 박영준 전 지식경제부 차관, 곽승준 미래기획위원장 등 현 정권 핵심 실세들이 주도했으며, 측근들이 앞장서면서 지식경제부, 미래기획위원회, 석유공사 등 자원 개발 관계자들도 적극적으로 지원했다.[11]

1월 18일 『문화일보』는 「다이아몬드 게이트…이李 정부 도덕성 추락 끝이 안 보인다」라는 사설에서 "아프리카 카메룬의 다이아몬드 광산 개발과 관련한 씨앤케이인터내셔널사의 주가조작 사건이 범汎정부적 비리 의혹으로 확산되는 기막힌 일이 벌어지고 있다"면서 다음과 같이 말했다. "외교통상부는 물론 국무총리실, 지식경제부, 한국광물자원공사 등의 일부 직원과 친인척들이 미공개 정보를 활용, 시세차익을 거뒀다는 소문이 사실일 개연성이 더욱 커졌다. 이미 구속된 이명박 대통령의 측근과 친인척 숫자가 열 손가락이 모자랄 정도인 데다 유상봉 게이트·저축은행 게이트에 이어 다이아몬드 게이트까지 현실화하고 있는 것이다. 이 정부의 도덕성 추락에 끝이 보이지 않는다."[12]

1월 26일 감사원은 '씨엔케이CNK인터내셔널 의혹'과 관련해 김은석 에너지자원대사가 씨앤케이의 카메룬 다이아몬드 광산 개발권 획득과 관련한 허위 보도자료 배포를 주도했으며 이 과정에서 공직자들이 미공개 정보를 이용한 주식투자로 배를 불린 사실이 확인되었다고 밝혔다. 감사원은 또 "다이아몬드는 '해외자원개발 기본계획'의 6대 전략 광물이 아니고, 관련 기관들도 씨앤케이 사업에 신중하게 접근해야 한다는 의견을 제시했지만 총리실이 일방적으로 에너지 협력 외교 대상에 포함해 정부가 지원하도록 했다"고 지적했다. 하지만 감사원은 이렇게 총리실이 주가조작에 개입했음을 간접적으로 시사했으면서도 구체적인 혐의는 밝히지 못했다고 말했다.[13]

　『경향신문』은 1월 27일 사설 「다이아몬드 의혹 실체 규명 검찰에 달렸다」에서 "감사원은 김 대사 등 일부 공무원의 부정행위만 밝혀냈을 뿐 주가조작 의혹의 실체는 건드리지도 못했다. 한마디로 변죽만 울린 셈이다"면서 다음과 같이 말했다.

　"감사원의 감사 결과와 그동안 제기된 의혹들을 종합해볼 때 이번 사건에는 정권 실세의 힘이 작용했을 개연성이 농후하다. 단순한 고위 공무원의 주가조작 의혹 사건이 아니라 권력형 비리 사건으로 비화할 가능성이 높다는 얘기다. 지난해 초 청와대 민정수석실이나 총리실이 자체 조사를 벌이고도 별다른 조치 없이 어물쩍 넘어간 것만 봐도 권력형 비리 냄새가 난다."[14]

　1월 30일 무소속 정태근 의원은 "(씨앤케이 의혹에 연루된) 김은석 외교부 에너지자원대사가 (2006~2007년) 지금 한국국제협력단KOICA 이사장으로 있는 박대원 씨를 만난다는 이유로 이명박 대통령의 당시 대선 캠프였던 안국포럼을 들락날락했다"고 말해 안국포럼 실세들이 카메룬 다이아몬드 개발 사업에 어떤 식으로든 관련되어 있음을 시사했다.[15]

'순대 재벌'과 '물티슈 재벌'의 등장

2012년 총선과 대선의 해를 맞이해 1월부터 '재벌개혁'이 여야 정당들의 핵심 정책 가운데 하나로 떠올랐다. 이명박 정부가 취임 초부터 이른바 '비즈니스 프렌들리'를 강조하며 출자총액제한제 폐지, 지주회사 규제 완화, 법인세 인하 등 친재벌 정책을 잇따라 추진한 가운데 재벌의 횡포가 극에 달하고 있었기 때문이다. 위평량 경제개혁연구소 연구위원이 분석한 자료를 보면, 2011년 30대 재벌그룹의 전체 자산은 1,460조 5,000억 원에 이르러 국내총생산GDP 1,172조 원보다 300조 원 가까이 많았다. 연간 매출은 1,134조 원으로, 국내총생산의 96.7퍼센트에 이르고 있었다.[16]

1월 19일 이명박은 서울 중구 남대문로 대한상공회의소에서 재계 순위 5~15위 그룹 총수들을 만나 "나는 어떻게 하든 간에 기업이 흔들리지 않게 지켜주는 역할을 맡아서 할 것이고, 그런 면에서 경제 단체나 기업이 스스로 해나가야 한다"면서 "일자리를 만들고 세금을 내는 것이 애국이라고 생각한다"고 말했다. 이명박은 간담회에서 "국민들이 볼 때에도 기업이 자율적으로 하는 것이 좋다"면서 "기업 환경을 스스로 지혜롭게 만들어나가야 한다"고 말했다.[17]

하지만 이명박 정부의 '비즈니스 프렌들리'는 파탄을 맞이하고 있었다. 이를 잘 보여준 게 바로 이명박 정부에서 '대기업-중소기업 간 자율 합의'를 강조하며 민간기구로 탄생한 동반성장위원회의 유명무실화였다. 이명박 정부는 2009년 출자총액제한제를 폐지할 때도 '기업 인식이 많이 바뀌어 자율 규율이 가능하다'는 이유를 들었지만 재벌들은 동반성장위원회 활동에 공공연하게 반기를 들었다.[18] 그 결과 어떤 일이 발생했던가?

이명박 정부 출범 뒤 4년 동안 30대 재벌 계열사 수는 359개가 늘어 1,150개에 이르렀으며, 연평균 증가율은 13.8퍼센트로 경제 성장률의 4배를 기록했다. 특히 2009년 3월 출자총액제한제 폐지 뒤 계열사 증가 속도가 더욱 빨라졌으며, 새 계열사를 통해 뛰어드는 사업은 한계를 두지 않았다. 주로 문화·레저·유통 등 서비스업 진출 비중이 높았는데, 빵집이나 제과점, 커피전문점까지 건드리고 있었으며 골목 상권에서도 재벌의 독과점이 심화하고 있었다.[19] 그래서 이른바 '순대 재벌', '물티슈 재벌'이라는 말까지 등장할 정도였다. 0.1퍼센트에 불과한 재벌이 사실상 99퍼센트에 달하는 서민들의 삶을 포위하고 있는 형국이었다.

『경향신문』은 1월 17일 사설 「"대기업, 스스로 개혁 대상 전락했다"」에서 "대기업들은 그동안 동반성장 구호가 무색하게 기업형 슈퍼마켓SSM을 앞세워 골목상권을 초토화한 데 이어 최근에는 커피점·라면·순대·떡볶이 장사에까지 손을 대면서 자영업자와 영세 중소기업의 밥그릇을 빼앗고 있다"면서 다음과 같이 말했다.

"동네 빵집이 최근 8년 사이 78%(1만 4,000곳)가 감소한 배경에도 자본력을 앞세운 대기업의 탐욕이 자리 잡고 있다. 재벌가 2·3세 딸들의 커피점·베이커리 사업 진출은 하나의 유행이 된 듯하다. 납품 단가 후려치기 등 중소기업에 대한 횡포, 계열사 일감 몰아주기, 부의 편법 상속·증여, 사내 하청을 비롯한 저임금 일자리 확산 등 사회 발전을 가로막는 불공정 관행과 양극화 확대에 대한 대기업의 책임 의식은 찾아보기 어렵다. 사회적 책임이나 기업가 정신은커녕 최소한의 상도의조차 실종된 모습이다."[20]

2월 23일 국회예산정책처가 밝힌 이정희 통합진보당 의원의 의뢰로 조사·분석한 '세제개편의 세수효과, 2008~2012년 금융위기 극복을 위한 세제지원' 보고서를 보면, 이명박 정부 5년 동안 성장 촉진을 명분으로 실시한 감세 규모는 모두 82조 2,693억 원(기준연도 대비 방식)에 이르렀다. 이는 세율을 낮추거나 각종 공제를 확대한 영향에 따른 것으로, 가장 감세폭이 큰 부분은 법인세로 5년 동안 35조 원에 이르렀다. 같은 기간 소득세 감세 규모도 25조 원이 넘었다.[21]

"고위 공직자의 재산 증가와 팍팍한 서민의 삶"

2012년 3월 23일 국회·대법원·헌법재판소·선거관리위원회·정부 공직자윤리위원회가 공개한 2011년 고위 공직자 재산 변동 신고 내역에 따르면, 공개 대상자 2,329명 중 1,427명(61.3퍼센트)의 재산이 증가했다. 국무총리를 비롯한 국무위원 17명의 평균 재산은 16억 2,600만 원으로 집계되었는데, 이는 전체 고위 공직자 평균 재산보다

4억 원 이상 많은 규모였다. 국회의원은 절반 정도가 재산이 늘었으며, 평균 재산은 25억 8,100만 원이었다.[22]

신고 대상 고위 공직자 가운데 재산이 불어난 이들은 2008년 59.4퍼센트, 2009년 56.6퍼센트, 2010년 67.7퍼센트로, 2011년까지 4년째 고위직 10명 가운데 6명은 재산을 전년보다 불린 것으로 집계되었다. 공직자윤리위원회는 이번 재산 공개 때 고위직들의 재산이 증가한 요인으로 부동산 공시가격 상승, 급여 저축 증가 등을 꼽았다.[23]

이명박의 재산은 지난 1년 동안 3억 306만 원 늘어나 이명박과 부인 김윤옥의 총 재산은 57억 9,966만 원에 이르렀다. 청와대 참모진 53명(비서관 이상)의 재산 내역은 평균 15억 1,311만 원을 기록했다. 윤영범 국방비서관이 63억 1,648만 원으로 1위, 김태효 대외전략기획관이 51억 8,000만 원으로 2위에 올랐다. 정진영 민정수석(42억 6,329만 원), 박범훈 교육문화수석(42억 3,973만 원), 문화체육관광부 제2차관으로 이동한 김용환 전 국정과제비서관(41억 383만 원), 강한승 법무비서관(39억 5,884만 원) 순이었다. 10억 원 이상 자산가는 26명이었다.[24] 청와대 참모진의 재산은 2010년보다 1억 2,104만 원 줄은 것으로 나타났는데, 이는 주로 서울 강남 등 부동산값 하락 때문인 것으로 밝혀졌다.[25]

『경향신문』은 3월 24일 「공직자 땅 보유, 투기 의혹 여전히 많아」라는 기사에서 "정부 공직자윤리위가 23일 공개한 공직자 재산 공개 내역을 보면 여러 곳에 땅을 보유해 투기 의혹을 살 만한 공직자가 여전히 많다. 또 경제 정보를 취득할 수 있는 위치에 있는 공직자의 배우자나 자녀들이 주식투자를 하는 경우도 있고 예산을 배정할 위치에 있는 사람이 특정 기업에 출자한 사실도 드러났다. 자녀에게 재산을 증여하고도 공개를 거부하는 고지거부 제도를 '악용'하는 공직자가 더욱 늘어나는 추세다"고 했다.[26]

『아시아투데이』는 3월 30일 사설「고위 공직자의 재산 증가와 팍팍한 서민의 삶」에서 "고위 공직자들의 재산이 늘었다고 해서 이를 탓할 수는 없다. 오히려 이는 자연스럽고 권장할 만한 일이다. 문제는 불경기로 인해 서민들은 장사가 안 돼서, 또 근로자들은 적은 월급으로 빚조차 갚을 수 없어 허덕이는 판에 권세 있는 사람들만 재산이 늘고 있다는 것이다. 고위 공직자들이 보유 부동산과 주식 등 유가증권 평가액이 올라 그랬다고 해명하고 있으나 이를 믿는 서민이 얼마나 될까"라면서 다음과 같이 말했다.

"우리나라 총 근로소득자의 지난해 1인 평균 연봉은 3,040만 원이었다. 그것도 3,000만 원 미만 소득자가 63.4%나 된다. 또 지난해 말 현재 국민들의 가계부채는 총 1,089조 원이다. 금융사 대출 및 카드 신용 판매액만 그렇다. 전월세 보증금 등 개인 간 빚은 제외됐는데도 그렇다. 가처분소득의 138%나 된다. 급여 전액을 빚 갚는데 써도 모자라 또 빚을 내야 할 판이다. 서민들의 삶이 이렇다. 그러니 고위 공직자들의 재산 증가에 눈총이 가지 않을 수 없는 것이다.……불경기 속에서도 재산이 줄기는커녕 오히려 늘어나는 고위 공직자들이 빚에 쪼들리는 이러한 서민의 삶을 얼마나 이해할지 모르겠다. 고위 공직자들은 우리나라의 모든 정책을 좌지우지하는 사람들이다. 서민들의 삶을 조금이라도 이해한다면 여야 정치인이 국회에서 민생법안과 각종 개혁법안 처리를 미루지 않을 것이다."[27]

가계는 빚 갚는 데 소득 40퍼센트 쓰고, 공공부채는 1,000조 원

고위 공직자들의 재산이 증가한 반면 서민들은 빚에 치이고 있었다. 2011년 말 통계청, 금융감독원, 한국은행이 공동으로 발표한 '2011년 가계금융조사'를 바탕으로 4월 2일 한국은행이 분석한 '통화신용정책보고서'를 보면, 우리나라 전체 가구의 56.2퍼센트가 금융부채 위에 올라 있는 것으로 나타났다. 이는 1년 전 53.7퍼센트보다 늘어난 수치로, 1분위(소득 하위 20퍼센트 이하) 소득 계층에서 상대적으로 증가 폭이 크게 나타났다.

이 보고서에 따르면, 국내 과다채무가구는 전체 가구의 9.9퍼센트를 차지했다. 과다채무가구란 소득의 40퍼센트 이상을 빌린 돈의 원리금을 갚는 데 쓰는 가구를 의미한다. 소득 계층별로는 최상위(5분위)에서는 같은 기간 0.2퍼센트포인트 줄었지만 나머지 계층에서는 2~3.5퍼센트포인트씩 증가했다. 저소득 계층을 중심으로 과다채무가구가 늘어나고 있다는 의미였다. 공공 부문 부채 역시 빠르게 증가해 사상 처음으로 800조 원을 돌파했다. 한국은행과 기획재정부에 따르면, 정부와 공기업 등 공공 부문의 부채 잔액은 지난해 말 802조 6,629억 원을 기록해 지난 1년 사이 무려 85조 2,637억 원이 늘어났다. 2007년 465조 8,775억 원에 비해서는 거의 2배에 가깝게 증가한 것이다.[28]

4월 10일 기획재정부가 발표한 '2011 회계연도 국가결산'을 보면, 2011년 우리나라의 국가 채무는 전년도보다 28조 5,000억 원 증가한 420조 7,000억 원으로 나타나 사상 처음으로 400조 원을 돌파했다. 지방정부의 채무(잠정치)는 소폭 감소했으나 중앙정부의 채무가 크게 증가한 데 따른 것이다. 국가 채무의 적정성을 가늠해볼 수 있는 국내총생산 대비 국가 채무 비율도 33.4퍼센트에서 34퍼센트로 높아져 1997년 외환위기 이후 최고치를 기록했다.

국가 채무 증가의 원인으로 2008년 금융위기와 4대강 사업 등 대형 국책 사업이 꼽혔다. 이재은 경기대학교 교수(경제학)는 "금융위기를 극복하면서 대규모 재정지출을 한 것은 어쩔 수 없다고 치더라도, 동시에 대대적인 감세로 세입 기반을 약화시킨 것은 재정 운용상의 문제였다"며 "4대강 사업도 꼭 필요한 사업이었는지 의문"이라고 지적했다. 국가 채무에는 4대강 예산 가운데 8조 원을 떠안은 수자원공사 등 공기업 부채는 포함되지 않았다.[29]

『한겨레』는 4월 11일 사설 「가계부채에 이어 공공부채도 1,000조 원이라니」에서 "부자 감세로 거둬야 할 세금을 걷지 않고 엉뚱한 데 돈을 펑펑 쓴 결과 나랏빚이 급증한 것이다. 그래 놓고 기획재정부는 재정 건전성을 위해 정치권의 복지 공약을 점검한다고 호들갑을 떨었다. 소가 웃을 일이다"면서 "가계부채에 이어 공공부채까지 네 자리 숫자로 빚더미에 오르게 된 게 경제만큼은 살리겠다고 한 정권의 성적표다. 더 늦기 전에 세입 기반을 늘려 재정 여력을 확보하고 씀씀이를 구조조정해야 한다"고 했다.[30]

"민간인 불법사찰 증거, 청와대가 부숴라 지시"

국무총리실의 민간인 불법사찰에 이어 증거인멸 의혹이 새로운 이슈로 떠올랐다. 2012년 3월 2일 『오마이뉴스』 팟캐스트 방송 〈이슈 털어주는 남자〉는 방송에서 "최종석 전 청와대 고용노사비서관실 행정관이 당시 직접 증거인멸을 시행할 때 국무총리실 공직윤리지원관실(지원관실) 장진수 전 주무관에게 (컴퓨터를) 강물에 갔다 버리든지 부숴 없애라고 말했다"며 "증거의 물리적 파괴를 요구했다"고 밝혔다. 그러면서 "장 주무관은 위에서 시키니까 어쩔 수 없이 (증거인멸을) 실행한 꼬리 중에서 가장 낮은 꼬리"라고 지적했다.

3월 3일 『오마이뉴스』는 장진수 전 주무관이 증거인멸과 관련, 자신들이 "범죄 도구로 이용당했다"는 진술을 대법원에 제출한 것으로 확인되었다고 보도했다. 이 기사에 따르면, 장진수는 지난해 6월 대법원에 제출한 상고 이유 보충서에서 "지원관실 직원들은 치밀하고 교활한 계략에 의해 범죄의 도구로 이용당한 것"이라며 당시 지원관실 책임자였던 진경락 전 과장, 혹은 그와 공모한 또 다른 공범을 사건의 몸통으로 지목했다.

장진수는 이 같은 의혹을 제기한 후, "검찰은 '민간인 불법 내사' 수사를 위해 총리실을 압수수색했다고 하지만, 실제로 처음부터 '증거인멸'을 확인(수사)하기 위해 압수수색한 것"이라며 "증거인멸이라는 범죄를 만들어내고 본인을 기소한 것"이라고 주장했다. 그는 특히 검찰 수사가 시작되고 5일 후에나 압수수색이 있었다는 점에서 "지원관실에서 증거를 인멸하도록 검찰이 의도적으로 시간을 제공한 것"이라고 지적했다.

장진수는 2010년 7월 민간인 불법사찰과 관련한 검찰 수사가 시작되기 직전 지원관실 컴퓨터 하드디스크를 디가우징(강한 자력으로 파일 복구가 불가능하게 파기하는 방법)해 증거인멸 혐의로 기소되었으며, 2011년 2심에서 징역 8월에 집행유예 2년을 받았으나 이에 불복해 대법원에 상고한 상태였다.[31]

3월 4일 장진수는『경향신문』과의 인터뷰에서 "검찰 수사는 불법사찰에 대한 수사가 아니라 애초 증거인멸에 초점을 맞춘 수사"라며 "내가 희생양이 됐다"고 말했다. 장진수는 "뒤늦게 사실을 밝히는 게 후회스럽긴 하지만 이제라도 진실을 밝히는 게 국가 공무원으로서 마지막 도리라고 생각한다"며 다음과 같이 말했다.

"2008년 2월 공직윤리지원관실의 전신인 조사심의관실을 폐지할 때도 국가정보원의 지침에 따라 모든 직원 컴퓨터의 자료를 폐기한 적이 있다. 그와 비슷한 보안의 이유라고 생각했다. 범죄라고 생각했다면 청사의 폐쇄회로CCTV 앞을 그렇게 당당하게 지나지 못했을 것이다. 지시를 따르지 않았을 때 외부로 나가서는 안 될 고위 공무원 비위 자료 등이 알려져 큰 문제가 될 수 있다. 징계 책임을 피하기 위해서라도 상사의 지시를 따를 수밖에 없었다. 나는 범죄의 도구로 이용당하고 처벌받게 된 피해자다. 치밀한 계획하에 나를 끌어들인 자들이 진정한 범죄자들이다."

그는 또 "검찰의 압수수색에는 문제가 없었나"라는 질문에 대해선 다음과 같이 말했다. "압수수색 시기가 늦었을 뿐 아니라 사무실의 종이 문서를 거의 가져가지 않았다. 또한 직원들이 압수수색을 앞두고

종이 문서 4만 5,000장을 파쇄했다는 사실을 나중에 발견하고도 증거인멸로 보지 않았다. 검찰은 하드디스크에만 집착했다. 사실 총리실 직원들은 USB와 개인 노트북에 중요 자료를 넣어둬 하드디스크는 큰 의미가 없다. 검찰은 민간인 사찰의 중요한 증거가 될 수 있는 사무실 전화 통화 내역도 압수하지 않았다. 검찰이 '민간인 사찰'을 수사하려는 게 아니라 처음부터 '증거인멸'을 확인하려고 계획하고 압수수색을 한 것 아닌지 의심스럽다."[32]

'청와대가 지시한 한국판 워터게이트 사건'

2012년 3월 19일 민주통합당 박영선 최고위원은 서울 영등포 당사에서 열린 최고위원회의에서 "청와대가 이 사건과 무관치 않다는 또 다른 증거가 나왔다"며 장진수 전 주무관이 2011년 4월 청와대 민정수석실에서 5,000만 원을 받았다는 진술을 공개했다.[33] 장진수는 그 당시에 5,000만 원 받은 사실을 폭로하지 않는 것과 관련해 "아이튠즈와 트위터에 올라온 나에 대한 응원 글을 보며 창피했다"며 "국민 여러분께서 진실을 이렇게 갈망하고 있는데……, 고백하고 가는 것이 올바른 길이라고 판단했다"고 말했다. 이에 앞서 장진수는 "이영호 전 청와대 고용노사비서관으로부터 2,000만 원을 건네받았다가 돌려줬다"고 폭로한 바 있다.[34]

3월 21일 민주통합당은 민간인 불법사찰 사건과 관련해 '청와대 몸통론'을 제기하며 이명박을 직접 겨냥했다. 김진표 원내대표는 이날 최고위원회의에서 "(민간인 불법사찰은) 청와대가 지시하고, 총리실이 시행하고, 검찰이 은폐한 한국판 워터게이트 사건"이라며 "이제는 대통령이 직접 나서서 진상을 밝히고 국민 앞에 용서를 구해야 한다"고 말했다. 박지원 최고위원도 "대통령에게 보고되지 않고 (민간인 불법사찰이) 일어날 수 있느냐"며 "몸통은 박영준 전 지경부 차관, 형님(이상득 의원)으로 이어지는 영포라인과 청와대"라고 주장했다.[35]

3월 22일 검찰이 2010년 수사 당시 국무총리실 공직윤리지원관실 조사관에게서 청와대 지시로 민간인 불법사찰을 했다는 진술을 받고도 무시한 것으로 드러났다. 검찰이 청와대 개입 사실을 알고도 의도적으로 수사를 축소했다는 의혹이 사실로 확인된 것이다. 22일 공개된 검찰 진술서에 따르면 민간인 불법사찰을 실행했던 한 조사관은 2010년 당시 수사 검사에게서 '(민간인 불법사찰 대상이) 청와대 하명 사건인가'라는 질문에 "그렇다"고 답했다. 이 조사관은 남경필 의원에 대한 사찰도 청와대 하명 사건이라고 말했다. 그는 청와대 하명 사건은 공직윤리지원관실 기획총괄과가 직접 챙겼다고 덧붙였다. 이 조사관은 '청와대 하명 사건이 어떤 성질의 사건인가'라는 질문에 "대통령 국정 운영에 도움이 되는 사건, 혹은 국정 운영에 반대가 되는 사건"이라고 설명했다.[36]

3월 27일 장진수는 팟캐스트 〈이슈 털어주는 남자〉에서 "사건 관련자들의 입을 막기 위한 시도가 이명박 대통령에게 보고된 것으로 안다"는 취지로 증언했다. 그는 이날 "지난해 1월께 진경락 기획총괄과장의 후임인 정 아무개 과장과 대화를 나눴는데, 기소된 7명에 대해 민정수석실에 각각 담당자가 정해져 있고 이 같은 사실은 브이아이피

VIP한테도 전달됐다고 정 과장이 말했다"며 "엄지손가락을 세우며 브이아이피라고 말해서 대통령으로 이해했다"고 밝혔다.[37]

"불륜 행각 분 단위로 기록…사생활까지 엿봐"

2012년 3월 29일 전국언론노조 KBS본부(새노조)가 자체 제작하는 인터넷뉴스 〈리셋 KBS 뉴스9〉을 통해 국무총리실 공직윤리지원관실이 2008년부터 2010년까지 자행한 사찰 내용이 담긴 문건 2,600여 건을 무더기로 공개했다. KBS 새노조는 "〈리셋 KBS 뉴스9〉이 보도한 문건은 검찰이 '민간인 사찰 증거인멸' 사건을 수사하는 과정에서 법원에 제출한 자료"라고 밝혔다.

김현석 새노조 위원장은 "우리가 파업을 안 했으면 취재하기 어려웠을 것"이라며 "(자료를 건네준 취재원이) 파업 중인 한국방송 기자라고 하니까 진실을 보도할 수 있겠다며 건네줬다"고 말했다. 제작진이 확보한 자료 파일은 1년 단위로 작성한 '하명 사건 처리부' 엑셀파일 3건과 사찰을 한 기관이나 사람에 대한 구체적인 사찰 내역을 기록한 2,619건의 한글파일이다. 엑셀파일에는 '하명 사건 처리부 처리 현황과 진행 상황' 등이 세부 항목으로 구분되어 있다.[38]

문건 공개에 앞서 KBS 새노조는 3월 22일 〈리셋 KBS 뉴스9〉에서 "청와대의 지시로 총리실이 광범위하게 사찰하면서 작성한 이른바 '하명 사건 처리부'를 단독 입수했다"고 밝히면서 국무총리실이 김종익을 비롯해 최소한 수십 명을 대상으로 불법사찰을 진행했다고 보도

했다. 이 문건은 2010년 검찰이 민간인 불법사찰 의혹을 수사할 당시 작성한 이른바 '2008년 하명 사건 처리부'다. 새노조는 "청와대가 지시한 사찰이 어떻게 진행됐는지 정리한 자료"라고 설명했다.[39]

사찰 내용은 그야말로 충격적이었다. 우선 사찰 대상이 광범위했다. 공직자와 공기업·공공기관 간부는 물론 정·재계, 언론계, 노조, 시민단체 인사 등의 동태를 무차별적으로 파악한 것으로 나타났다. 노무현 정부 인사는 '축출용'으로, 이명박 정부 인사는 '충성 검증용'으로 활용된 정황도 드러나 무차별 사찰의 기준이 '정권 보위'에 있음을 보여주었다.[40]

'사찰 보고서'에는 KBS와 YTN에 '낙하산 사장'을 앉히기 위한 동향 파악과 함께 구체적인 지시 사항이 담겨 있어 이명박 정권이 집권 초부터 시도해온 언론 장악의 실체도 드러났다. KBS, YTN 등 언론은 'BH(청와대) 하명'이라는 이름으로 대대적인 사찰을 벌였다. 청와대 지시를 의미하는 BH 하명은 문건 곳곳에서 등장했다.

예컨대 2009년 8월 25일 작성된 'KBS, YTN, MBC 임원진 교체 방향 보고'라는 문건 비고란에는 'BH', 즉 청와대 하명이라고 기록되어 있어 청와대가 방송사 인사에 직접 개입했음을 시사했다. 이 시기는 김인규 KBS 사장과 배석규 YTN 사장의 선임이 결정되고 엄기영 전 MBC 사장에 대한 퇴임 압박이 거세지던 때였다.

2009년 9월 3일자로 작성된 'YTN 최근 동향 및 경영진 인사 관련 보고'에도 이명박 정부의 언론 장악 시나리오가 그대로 담겨 있었다. '노조의 반발 제압'이라는 소제목으로 정리된 이 문건은 배석규 사장 직무대행을 높게 평가한 뒤 정식 사장으로 임명해 힘을 실어줄 필요가 있다고 제안했다. 배석규는 보고서가 작성된 지 한 달 뒤 구본홍 사장에 이어 사장에 올랐다.

KBS도 마찬가지였다. 2009년 12월 작성된 것으로 보이는 'KBS 최근 동향 보고'라는 문건은 "KBS 색깔을 바꾸고 인사와 조직 개편을 거쳐 조직을 장악한 후 수신료 현실화 등 개혁과제 추진 예정"이라고 적었다. 이 문건은 2008년 촛불 정국으로 정연주 전 사장이 강제 해임된 이후 이명박 대선 후보 특보 출신인 김인규가 2009년 11월 KBS 사장에 취임한 지 1개월 후에 작성된 것으로, 당시 'MB 특보 낙하산 인사 반대', '공영방송 사수'를 요구한 노조를 회유하기 위해 회사 측이 수신료 인상을 앞세웠다는 것을 시사했다.

이 문건은 또 김인규와 관련해 김인규가 가장 먼저 KBS의 색깔을 바꾸고, 인사와 조직 개편을 거쳐 조직을 장악할 것이라고 분석했으며, 이명박의 고향인 포항 출신을 인사 실장으로, '수요회' 회장을 보도본부장으로 임명하는 등 측근들을 주요 보직에 배치해 친정 체제의 토대를 마련했다고 상세하게 적었다.[41]

사찰 대상에 오른 사람들은 일거수일투족을 감시당했다. 특히 당사자들이 나눈 소소한 대화까지 보고 대상에 올라 개인의 일거수일투족을 감시하기 위한 상시적인 미행과 감시는 물론 도청 의혹도 가늠케 했다. 예컨대 2009년 5월 19일 한 사정기관의 고위 간부에 대한 사찰 문건에는 이 간부의 불륜 행적이 분分 단위로 적혀 있었다. 이 간부가 내연녀와 함께 간 장소와 시간뿐 아니라 당시 지었던 표정, 어떤 말을 했는지까지 상세히 묘사되어 있었다. 사찰 결과가 보고된 지 두 달 뒤이 간부는 사의를 표명했다.[42]

문재인 "MB 청와대 참 나쁘고 비열하다"

청와대 하명 불법 민간인 사찰을 증빙하는 문서가 폭로되자 청와대는 '80퍼센트, 노무현 정부 작성론'으로 대응했다. 3월 31일 최금락 청와대 홍보수석은 "검찰이 법원에 제출한 CD에는 문서 파일이 2,619건 들어 있으며 이 가운데 80%가 넘는 2,200여 건은 한명숙 민주통합당 대표가 총리로 재직하던 노무현 정부 시절 이뤄진 문건"이라면서 민주통합당을 향해 총선을 앞두고 정치 공세를 즉각 중단하라고 밝혔다. 이어 "이 정부에서 작성한 문건은 공직자 비리와 관련한 진정, 제보, 투서, 언론 보도 등을 토대로 조사한 400여 건으로 제목과 개요 정도만 있고 실제 문서 형태로 된 문건은 120건 정도"라고 덧붙였다.[43] 그는 또 4월 1일 "참여정부 시절 총리실 조사심의관실이 다수의 민간인과 여야 국회의원 등을 사찰한 사실이 드러났다"고 말했다. 같은 날 임종룡 국무총리실장도 기자회견을 자청해 "(공개된 내용의) 80% 이상은 참여정부에서 이뤄진 문건"이라고 말했다.

2개월 전 당명을 한나라당에서 새누리당으로 바꾼 여당도 노무현 정부 책임론에 합류했다. 4월 1일 박근혜 새누리당 비상대책위원장은 국무총리실 공직윤리지원관실의 민간인 불법사찰 파문과 관련해 "(사찰) 문건의 80%는 지난 정권에서 작성된 것"이라고 주장하고 나섰다. 박근혜는 부산 유세에서 "저에 대해서도 지난 정권과 이 정권 할 것 없이 모두 사찰했다는 언론 보도가 여러 번 있었다. 이번에 공개된 문건의 80%가 지난 정권에서 만들어졌다는 것을 보면 어느 정권 할 것 없이 불법사찰을 했다는 것이 밝혀진 셈"이라고 말했다. 이는 전날 박근혜 주재로 연 중앙선거대책위 회의에서 국무총리실 불법사찰 진상 규명을 위한 '특검 도입'을 제안했던 것에서 대응 방향을 바꾼 것이다.

이에 대해 민주당이 발끈하고 나섰다. 4월 1일 민주통합당 'MB 새누리 국민심판위원회'의 박영선 위원장은 "청와대는 진상 고백과 사죄를 해도 모자라는데 마치 노무현 정부 때도 (불법사찰을) 했다며 물타기 하는 것은 대국민 사기행위"라며 "어느 정권 없이 불법사찰했다는 박근혜 위원장의 발언도 공직 기강을 바로잡기 위한 감찰과 정권에 대한 정적이나 민간인을 사찰한 것을 구별하지 못한 어리석은 발언"이라고 비판했다.

한명숙 민주당 대표는 서울 영등포 당사에서 특별 기자회견을 열어 "사건의 본질은 청와대가 주도한 무차별 국민 뒷조사 사건으로 민주주의 사회에서는 있을 수 없는 일"이라며 조사 대상인 권재진 법무부 장관 해임과 범죄 은닉 연루자인 검찰 수사 라인의 전면 교체, 특별수사본부 신설을 통한 재수사, 민간인 불법사찰 자료 전면 공개를 요구했다.

문재인 전 청와대 비서실장도 자신의 트위터에 "파일에 (참여정부 때의 총리실) 조사심의관실 시기의 기록이 남아 있다면 당연히 참여정부 때 기록일 것입니다. 물론 공직 기강 목적의 적법한 감찰 기록이죠"라며 "이걸 두고 참여정부 때 한 게 80%라는 등 하면서 불법사찰을 물타기 하다니 엠비mb 청와대 참 나쁩니다. 비열합니다"라고 적었다.[44]

"사찰에 비하면 노무현 탄핵 사유는 경미"

4·11 총선을 앞두고 민간인 불법사찰은 선거의 최대 변수로 떠올랐다. 『한겨레』가 3월 31일 한국사회여론연구소KSOI와 함께 진행한 전국 여론조사 결과에 따르면, 불법사찰 파문이 이번 선거에서 '여당에 불리할 것'이라는 답변은 67.4퍼센트로, '영향을 주지 않을 것'이라는 응답(25.0퍼센트)보다 월등히 높았다.[45] 『국민일보』가 여론조사기관 GH코리아에 의뢰해 지난 3월 31일과 4월 1일 이틀간 전국의 관심 지역구 10곳을 조사한 결과에 따르면, 절반 이상이 국무총리실 공직윤리지원관실의 불법사찰 의혹 사건이 4·11 총선에 영향을 미칠 것이라고 답했다. 특히 승부처로 꼽히는 서울에서는 그 비율이 60퍼센트대를 상회하는 지역구가 적지 않은 것으로 나타났다.[46]

4월 2일 새누리당 이상일 중앙선대위 대변인은 브리핑에서 "민간인 사찰은 인권을 유린하고 민주주의를 파괴하는 범죄행위"라며 "이에 대해 이명박 정부는 분명한 입장을 밝혀야 한다. 민간인 사찰이 왜 이루어졌는지, 그 결과가 어느 선까지 보고되었는지 진실 되게 밝혀야 한다. 그리고 있을 수 없는 일이 벌어진 데 대해 국민에게 사과해야 한다"고 말했다. 이어 그는 "(당시 청와대 민정수석이었던) 권재진 법무장관 등 책임 있는 분들에게 책임을 물어야 한다"고 덧붙였다.[47]

새누리당이 현 정부의 사과를 요구한 것에 대해 청와대 고위 관계자는 『뉴스1』과의 통화에서 "일반 공무원(총리실 공직윤리지원관실 등 검·경 외의 조사기관 직원을 지칭)들이 공무원 비리와 관련된 조사를 하는 것은 불법적인 게 아니다. 어느 정부에서나 그렇게 한다"며 "이 문제는 사과할 사안이 아니다. 대통령을 거론한다는 게 말이 되느냐"고 밝혔다. 이 관계자는 또 "공무원 100만 명을 관리하려면 이렇게 (조사를) 안 하면 큰일이 난다"며 "공무원들의 일탈을 막는, 기강을 바로잡은 행위"라고 주장했다.

현 정부의 사찰 문건 중 2건이 검찰 수사 대상이 되었던 점에 대해서도 "일을 하다 보면 에러도 있을 수 있다"며 "0.5% 정도의 실수는 범할 수밖에 없다"고 말했다. 이 관계자는 야권에서 'BH 하명'이란 부분을 부각하는 데 대해 "DJ 정부 등 어느 정부에서나 BH 하명이란 게 있었다. 진정이나 투서 등이 우리나라의 경우 청와대로 집중되는 경향이 있기 때문"이라며 "(사찰 논란이 계속되는 데 대해) 선거철이 되고 해서 그런 것"이라고 주장했다.[48]

4월 5일 새누리당 이상돈 비상대책위원은 MBC 라디오 〈손석희의 시선집중〉에 출연해 "현재 이런 상황(불법사찰)이 발생했기 때문에 (대통령이) 사과를 해야 하는 것은 분명하다"며 "더 어려운 부분은 대통령이 이 문제에 대해 사전에 인지한 바는 없느냐, 혹시 책임질 만한 일을 한 것은 아니냐는 부분"이라고 지적했다. 이어 "그런 부분까지 밝혀지면 사과로 끝날 문제가 아니며 정말로 심각한 상황이 된다"고 말했다.

이상돈은 '심각한 상황'의 의미에 대해 미국의 닉슨 대통령이 하야하게 된 '워터게이트 사건'을 예로 들어 설명했다. 그는 "(불법사찰이) 워터게이트 사건을 빼어 박았다"고 주장했다. "직접적인 관련이 있는 것으로 나오면 하야까지 요구할 수 있다는 의미로 들린다"는 질문에 "그런 해석이 가능하다. 이것은 법치주의에 대한 근본적인 훼손이기

때문에 과연 우리 국민들이 사과 정도로서 그냥 만족할 것인가라는 어려운 문제가 있다"고 덧붙였다.[49]

"라이스, 강간해서 죽이자" 김용민 발언 파문

2012년 4월 1일 민주통합당 서울 노원갑 김용민 후보가 2004년 10월~2005년 1월 인터넷 방송 라디오21의 〈김구라·한이의 플러스18〉 코너에서 "라이스(전 미국 국무장관)를 강간해서 죽이자"라는 발언을 한 사실이 알려져 총선의 새로운 변수로 떠올랐다.

김용민은 2004~2005년 자신이 PD로 참여한 인터넷 라디오 방송 〈김구라·한이의 플러스18〉에 직접 출연해 테러 대처 방안에 대해 이야기를 나누다가 "미국에 대해서 테러를 하는 거예요. 유영철을 풀어가지고 부시, 럼스펠드, 라이스는 아예 ××을 해가지고 죽이는 거예요"라고 말했다. 그는 또 저출산 문제와 관련해 "지상파 텔레비전 에스비에스, 엠비시, 케이비에스가 밤 12시에 무조건 떡영화를 두세 시간씩 상영하는 겁니다. 주말은 특집으로 포르노를 보여주는 거예요. 피임약을 최음제로 바꿔서 피임약이라고 파는 겁니다" 등의 발언을 했다. 4월 3일 새누리당 장덕상은 상근부대변인 명의의 논평을 내 "민주통합당과 통합진보당 지도부는 인터넷에 떠돌고 있는 방송을 실제 들어보라. 두 당이 단일 후보로 내세운 김 후보에게 도덕도, 인격도, 품위도 찾아볼 수 없다"며 김용민의 사퇴를 요구했다.[50]

4월 4일엔 같은 인터넷 방송에서 했던 김용민의 과거 노인 비하 발언이 터져나왔다. 이 음성 파일에 따르면 김구라가 "시청역 앞에서 오버하고 지랄하는 노친네들이 많은데요. 다스리는 법이 없을까요"라고 묻자 김용민은 "시청역은 4개 층 정도 지하로 내려가야 하잖나. 계단을 하나로 만드는 거예요. 에스컬레이터, 엘리베이터 다 없애고……. 그러면 엄두가 나질 않아서 시청에 안 오지 않겠나"라고 말했다. 이어 "또 다른 방법도 있다. 알카에다 테러 조직에 까놓고 '밥도 주고 돈도 줄 테니까'라고 해서 시청 광장에다 아지트를 지어주는 거예요"라고 했다.

민주당 한명숙 대표는 대전 유세 도중 기자들과 만난 자리에서 "걱정이다"라는 짤막한 답변으로 이번 사태에 대한 우려를 표시했다. 한 핵심 관계자는 "선거가 1주일도 남지 않았는데……. 악재 중 악재"라고 토로했다. 그러나 공식 언급을 내놓지는 않았다.[51]

4월 7일 한명숙은 김용민의 막말 파문과 관련해 공식적으로 사과하고 김용민의 사퇴를 권고했다. 한명숙은 비서실장을 통해 "김용민 후보의 과거 발언은 이유 여하를 불문하고 분명 잘못된 것"이라며 "민주통합당과 후보들을 지지하는 분, 국민 여러분께 마음의 상처를 드려 죄송하다"며 사과했다. 이어 한명숙은 "이번 선거는 특권재벌경제로 민생을 파탄시킨 이명박 새누리당 정권을 심판하는 선거"라며 "국민 여러분께 마음을 모아주길 간곡히 호소한다"고 말했다. 하지만 김용민은 유권자의 심판을 받겠다며 완주하겠다는 뜻을 굽히지 않았다.[52] 게다가 4·11 총선 직전의 주말에 문재인은 한명숙에게 전화를 걸어 "김용민 씨에게 사퇴를 요구해서는 안 된다"고 당부한 것으로 알려졌다.[53]

『동아일보』는 4월 9일 사설 「민주당, 진정 나꼼수에 업혀 집권하려는가」에서 "민주당은 후보자 등록 후라서 후보자를 바꾸는 것이 불가능하다면 당에서 제명해서라도 사과의 진정성을 보여줘야 한다. 나꼼수에 대한 세습 형태의 묻지마 공천이나 하고, 그들 눈치나 보는 정당의 집권 자격에 의문이 드는 것은 당연하다"면서 다음과 같이 말했다.

"김어준 씨 등 나꼼수 진행자들은 김 후보의 막말 논란에도 '끝까지 간다'고 큰소리친다. 막말이 본질인 나꼼수가 막말 때문에 김 후보의 사퇴에 동의하면 스스로를 부정하는 꼴이 되기 때문일 것이다. 그러나 나꼼수의 행태보다 이들에게 업혀 집권을 해보겠다는 민주당의 태도가 더 실망스럽다. 문재인 민주당 상임고문은 김 후보 논란의 와중에도 5일 부산에서 나꼼수와 만나 방송을 녹음했다. 결국 민주당은 한편으로는 종북從北 세력, 다른 한편으로는 나꼼수의 도구가 되려는가."[54]

반면 『한겨레』는 4월 9일 사설 「총선의 심판 대상은 정권이지 '김용민'이 아니다」에서 "이명박 정부의 민간인 불법사찰로 궁지에 몰려 있는 분위기를 한꺼번에 뒤집을 호재라고 생각했는지 연일 '김용민 막말'을 재방송하고, 새로운 문젯거리를 '발굴'하는 데 몰두하고 있다. 여기에 이른바 조·중·동 보수 언론까지 가세하면서 이번 총선이 '김용민 심판의 장'인 양 호들갑을 떨고 있다"면서 다음과 같이 말했다.

"이번 선거의 가장 중요한 의미는 누가 뭐래도 지난 4년간 이명박 정권의 국정 운영을 평가하고 더 좋은 미래를 열어갈 세력을 선택하는 데 있다. 이명박 정부와 새누리당이 그간 펴온 대기업 위주 및 성장 만능의 경제정책, 인권과 민주주의의 후퇴, 대결 위주의 남북정책을 지지하면 여당에, 반대하면 야당에 표를 던지는 게 정상적이다."[55]

4·11 총선: 새누리 152석, 야권연대 140석

4·11 총선은 유권자 4,020만 5,055명 중 2,181만 5,420명이 투표에 참여해 54.3퍼센트의 투표율을 기록했다. 전국 단위의 선거로는 역대 최저인 제18대 총선의 투표율 46.1퍼센트보다 8.2퍼센트포인트 높았다. 새누리당은 당초 예상을 깨고 과반인 152석을 차지했으며, 민주통합당은 127석, 통합진보당은 13석, 자유선진당은 5석, 무소속은 3석을 얻었다. 새누리당은 비례대표에서 25석을 차지했으며, 민주통합당은 21석, 통합진보당은 6석, 자유선진당은 2석을 얻었다. 정당별 득표율은 새누리당이 42.8퍼센트로 1위를 차지했으며, 민주통합당은 36.45퍼센트, 통합진보당은 10.3퍼센트, 자유선진당은 3.23퍼센트였다. 새누리당은 '정권 심판론'이 먹힌 서울과 수도권에서 패했지만 대구경북을 '싹쓸이'했다. 또 부산에선 사상(문재인), 사하을(조경태) 등 2석만을 내주었으며, 강원과 충청에서도 크게 약진했다.[56]

『경향신문』은 4월 14일 기사 「김용민 막말에 접전지 타격…"표 1~3%P 깎여"」에서 "19대 총선에서 민주통합당 김용민 후보(서울 노원을)의 '막말 파문'이 적지 않은 영향력을 미쳤다는 건 전문가들의 공통된 견해다"면서 "선거 이슈로서 '정권 심판론'을 상쇄했고, '스윙 보터(부동층)'인 30~40대 투표율도 저하시켰다. 특히 여야가 박빙 승부를 벌인 지역의 승패를 가른 것으로 평가됐다"고 했다.

안일원 리서치뷰 대표는 "민주당이 5~10% 앞서가던 곳들이 (막말 파문이 터진) 4월 들어 접전을 보이거나 역전되는 등 데이터상 충격이라고 할 정도의 변화가 나타났다"면서 "야권이 기대했던 것보다 투표율이 낮게 나온 데서 알 수 있듯이 젊은층 투표 의지도 약화시킨 것으로 보인다"고 밝혔다.

리얼미터가 4월 12일 유권자 750명을 상대로 여론조사를 한 결과 지지 후보를 결정하는 데 가장 큰 영향을 미쳤던 이슈는 '막말 파문'(22.3퍼센트)으로 나타났다. 이어 '경제민주화 공약'(16.1퍼센트), '민간인 불법사찰'(14.9퍼센트), '한·미 자유무역협정 폐기 논란'(10.7퍼센트), '서울 관악을 야권 단일화의 여론조사 조작 파문'(9.7퍼센트) 순이었다.

민주통합당 박선숙 사무총장은 막말 파문이 터지고 난 뒤 줄곧 "김용민 변수가 충청·강원 지역에 꽤 영향을 미치는 것 같다"고 말했다. 막말 파문이 보수층에 '대응 논리'를 마련해주면서 결집도를 높여준 것은 물론, 공천 파동과 경선 여론조작 논란 등 일련의 과정에서 야권에 대해 내키지 않는 시각을 가지고 있던 중도층의 표심이 이탈하는 빌미도 제공했다는 풀이도 나왔다.[57]

민주당이 김용민을 그대로 밀어붙인 것은 증오의 대결 구도를 말해주는 좋은 사례였다. 또 하나의 사례가 있었다. 4·11 총선에서 새누리당은 영화 〈완득이〉에 출연한 필리핀 출신 이자스민을 비례대표 의원으로 공천해 당선시켰다. 그런데 선거 과정 중 트위터 등 SNS 공간에서 이자스민에게 가해진 극도의 증오심 표출은 차마 눈뜨고 보기 힘들 정도였다. 이에 대해 이원재는 "흥미롭게도 이런 사람 중 상당수가 새누리당보다, 상대적으로 진보적인 민주화 세력을 지지하는 사람들이었다"며 다음과 같이 말했다.

"이 장면을 목격하는 순간 한국의 정치에 대한 골수 지지자들은 사실 보수적이지도 진보적이지도 않을지 모른다는 생각이 들었다. 우리 편이 하면 뭐가 됐든 좋은 것이고 상대편이 하면 뭐든 나쁜 것이라고 생각하는 수준일 수 있다는 이야기다.……이게 바로 절반으로 나뉜 51대 49 사회의 중요한 특징이다. 다양한 의견을 정치적으로 표출하고 토론할 길은 없다. 정치 세력은 단순히 두 개로만 나뉘어 있다. 그러니 증오가 판치는 것이다."[58]

파이시티 인허가 비리, 최시중·박영준 구속

2012년 4월 30일 대검찰청 중앙수사부(부장 최재경 검사장)는 서울 양재동 복합유통센터 파이시티 인허가 비리 의혹과 관련해 7억여 원의 금품을 받은 혐의(특정범죄가중처벌법상 알선수재)로 최시중 전 방송통신위원장을 구속했다. 서울중앙지방법원 박병삼 영장전담 판사는 "금품 공여자의 일관된 진술 등 범죄 혐의가 소명되고 수사 진행 경과에 비춰볼 때 증거인멸의 우려가 있다"며 영장을 발부했다. 최시중은 대검 청사 밖으로 나와 "내가 많이 잘못됐다고 생각하고 있다. 나에게 큰 시련이 왔다고 생각하고 시련을 잘 극복할 수 있도록 자중자애 하겠다"면서 돈 받은 문제에 대해서는 "유구무언"이라고 밝혔다.[59] 또 검찰은 박영준 전 지식경제부 차관이 파이시티 인허가 청탁과 관련해 EA디자인 이동율 사장이 준 돈을 이동조 제이엔테크 회장을 통해 건네받았다는 정황을 파악하고 수사 중이라고 밝혔다.

5월 7일 대검찰청 중앙수사부는 이명박 정부에서 '실세 중의 실세'

라고 불린 박영준 전 지식경제부 차관을 구속 수감했다. 박영준의 구속 전 피의자 심문(영장실질심사)을 진행한 이정석 서울중앙지법 영장전담 부장판사는 "범죄 혐의에 대한 소명이 충분하고 도망 및 증거인멸의 우려가 있다"고 영장 발부 사유를 밝혔다.[60]

5월 8일 과거 박영준을 향해 '권력을 사유화하고 있다'고 비판했던 새누리당 정두언 의원은 CBS 라디오에 출연해 "4년 전부터 일종의 112신고를 했고 여러 차례 경고를 하며 언질을 줬는데 전혀 작동하지 않았다"고 말했다. 그는 "이런 일이 (현 정권 내에) 더 있을 것으로 보느냐"는 질문에 "어떻게 보면 지금이 시작이라고 본다"며 "어떤 사람이 나올까가 아니라, 지금 사건이 하나 터져 얼버무렸는데 사건 하나만 문제가 되는 게 아니라 여러 가지로 문제가 될 것이라는 말"이라고 답변했다.[61]

5월 11일 박영준이 정준양 포스코 회장 선임 과정에 개입한 정황이 드러났다. 박영준이 2008년 11~12월 서울의 호텔 등으로 당시 윤석만 포스코 사장, 정준양 포스코건설 사장을 불러 회장 후보 '인터뷰'를 했으며, 두 달 후 박영준이 이구택 당시 포스코 회장에게 "청와대 의중"이라며 정준양이 사장으로 낙점되었음을 통보했다는 것이다. 『조선일보』는 「세계 3위 철강사社 포스코가 정권의 전리품이었나」라는 사설에서 다음과 같이 개탄했다.

"포스코는 정부 지분이 한 주株도 없는 순수 민간 기업이다. 외국인 지분이 50.54%나 되고 철강 생산량은 세계 3위다. 글로벌 민간 회사에 정권의 개입이 이 정도였다면 다른 공기업의 사장 선임 과정은 어떠했을까 짐작할 만하다. 포항 중소업자와 의혹에 가득 찬 거래로 얽

히며 정권의 전리품으로 취급받은 포스코가 2020년 글로벌 100대 기업이 되겠다고 나설 자격이나 있는 것일까."[62]

5월 13일 국무총리실 공직윤리지원관실의 민간인 사찰과 증거인멸 사건을 재수사중인 검찰이 지원관실 문건에서 윤석만 전 포스코 사장의 이름을 발견한 사실이 확인되었다. 윤석만은 2009년 포스코 회장 후보로 거론되었으나 박영준의 반대로 뜻을 이루지 못한 것으로 알려져 있다. 이에 따라 박영준이 지원관실을 움직여 윤석만을 사찰하는 방식으로 포스코 회장 인사에 개입한 것이 아니냐는 의혹이 불거졌다. 윤석만은 2009년 1월 29일 열린 포스코 이사 후보 추천 위원회에서 "박영준 씨가 '이명박 대통령의 뜻'이라며 회장 후보를 포기하라고 했다. 천신일 회장도 전화를 걸어와 같은 뜻을 밝혔다. 정부 쪽에서 정당한 절차 없이 정준양을 밀고 있다"고 폭로했다.[63]

"최시중 씨는 감옥에서도 여전히 '방통대군'인가"

2012년 5월 18일 대검찰청 중앙수사부는 이정배 전 파이시티 대표에게서 인허가 청탁과 함께 각각 8억 원과 1억 6,400여 만 원을 받은 혐의(특정범죄가중처벌법상 알선수재)로 최시중 전 방송통신위원장과 박영준 전 국무총리실 국무차장을 기소했다. 박영준에 대해서는 건설시행사 파이시티 외에 코스닥 상장사인 다른 기업에서도 1억 원을 받은 혐의를 추가했다. 이동조 제이엔테크 회장이 박영준의 자금 관리인이었다는 사실도 확인되었다. 검찰은 강철원 전 서울시 정무조정실장을 같은 혐의로 불구속 기소했다. 검찰은 파이시티 사건과 관련해 모두 5명을 형사처벌했다는 내용의 중간 수사 결과를 발표하고 사실상 수사를 일단락지었다. 검찰은 이명박이 서울시장 재임 중 인허가 과정에 개입했는지에 대해서는 "무관하다"고 밝혔으며, 권재진 법무부 장관이 2010년 경찰청의 이정배 전 파이시티 대표 수사와 관련해 청탁 전화를 받았는지에 대해서는 "확인하기 어렵다"고 말했다.[64] (2013년 9월 12일 대법원 2부[주심 이상훈 대법관]는 파이시티 인허가 비리와 관련해 직권남용 권리행사 및 특정범죄가중처벌법상 알선수재 혐의 등으로 기소된 박영준에 대한 상고심에서 징역 2년과 추징금 1억 9,478만 원을 선고한 원심을 확정했다.)

5월 23일 파이시티에서 8억 원을 받아 구치소에 수감 중인 최시중이 병원에서 심장 수술을 받았다. 이 과정에서 최시중이 법원의 구속 정지 결정이 아닌 구치소장 직권으로 풀려나 외부 병원에 입원했다는 사실이 알려져 논란이 되었다. 최시중은 구치소에서 풀려난 21일에야 변호인을 통해 '수술을 받아야 하니 잠시 풀어달라'는 구속 집행 정지 신청을 서울중앙지법에 냈고, 법원은 22일 최시중에게 법정 출석 통보를 했다가 최시중이 이미 입원한 사실을 알고 23일 전문심리위원만을 불러 최시중의 구속 정지 여부를 심리했다는 것이다. 재판부는 "황당하다. 구속 집행 정지 결정이 나오기 전에 병원에 가는 건 이례적"이라고 했으며, 검사는 "저희도 나중에 알았다. 송구스럽다"며 고개를 숙였다.[65]

『한겨레』는 5월 25일 사설 「최시중 씨는 감옥에서도 여전히 '방통대군'인가」에서 "구속 직전에 심장혈관 질환 수술을 예약해놓는 잔꾀를 부리더니 또 다른 해괴한 꼼수로 법질서를 농락했다. 이런 사실을 판사는 물론 검사도 까맣게 몰랐다고 하니 그는 감옥에 가서도 여전히 '권력 실세'의 위용을 뽐내고 있는 셈이다"면서 다음과 같이 말했다.

"이번 조치가 말 그대로 서울 구치소장의 재량으로 이뤄졌는지도 의문이다. 최 전 위원장 '석방'이 몰고올 후폭풍이 얼마나 클지는 구치소장이 너무나 잘 알 것이다. 그런데도 그런 대담한 결정을 내린 것은 '윗선'의 강력한 지시 내지는 책임지겠다는 약속이 없고선 불가능한 일이다. 교정당국의 최고 감독권자인 권재진 법무부 장관을 '최시중 감옥 빼내기' 작전의 총연출자로 지목할 수밖에 없는 이유다. 그가 장관직을 떠나야 할 이유에 법 집행의 공정성·평등성 파괴와 국민의 법 허무주의 조장이라는 항목이 또 하나 추가됐다."[66]

『조선일보』는 5월 25일 사설「법무부, 보통 시민도 최시중 씨 같은 혜택 누리게 할 건가」에서 다음과 같이 말했다.

"법무부는 최씨의 질병 '복부 대동맥류'는 혈관이 터지면 생명이 위험할 수 있어 긴급 수술이 필요하다고 했다. 하지만 최씨가 수술 날짜를 23일로 미리 통보한 것을 보면 그전에 법원에 구속 정지 결정을 서둘러 달라고 신청할 시간이 있었지만, 최씨는 그러지 않았다. 또 최씨가 21일 돌연 응급조치를 해야 할 상황에 빠진 것도 아니었다. 그런데도 법무부가 구치소장 직권이라는 편법으로 풀어주었으니 뒷말이 나오지 않을 수 없다. 법무부가 앞으로 이런 조치를 일반 시민들에게도 적용할 것인지 궁금하다."[67]

"현대 · 삼성 등 건설사 담합 4대강 혈세 1조 원 넘게 샜다"

2012년 6월 5일 민간 환경연구소 기후변화행동연구소는 서울 태평로 한국언론회관에서 '저탄소 녹색성장 4년-평가와 대안'을 주제로 열린 세미나에서 이명박이 2008년 광복절 경축사에서 국가 비전으로 제시한 이후 핵심 국정 과제로 추진해온 '녹색성장'의 지난 4년간 성과가 낙제점에도 못 미치는 수준이라는 평가 결과를 내놓았다.

기후변화행동연구소 안병옥 소장은 "경제협력개발기구OECD와 통계청이 내놓은 지표 가운데 녹색성장 평가에 적합하고 대표성이 있다고 판단된 10개 지표를 선택해 정부가 녹색성장 비전을 제시하기 이전과 이후의 변화를 살펴봤더니, 저탄소 녹색성장의 핵심 지표인 온실가스 배출량과 에너지 수입 의존도, 신재생 에너지 보급률 등 7개 지표에서 부정적인 평가를 내릴 수밖에 없었다"고 밝혔다.

이날 정부 쪽에서 세미나에 참석한 유복환 대통령 직속 녹색성장위원회 녹색성장기획단장은 "녹색성장은 향후 60년을 내다본 비전이어서 하루아침에 성과가 나오기 힘든데, 이제 3년이 좀더 지난 시점에서 성과를 평가하는 것은 이르다"며 논쟁을 피해갔다. 염형철 환경운동연합 사무총장은 "이명박 정부의 녹색성장이 전형적인 '그린워시(녹색세탁)'라는 점이 확인됐다"며 "정부의 녹색성장에는 녹색은 사라지고, 녹색으로 돈벌이를 하겠다는 생각만 남아 있다"고 말했다. 안병옥은 "이명박 정부의 녹색성장은 '지속가능 발전'과 달리 민주주의와 사회적 형평성을 고려하지 않았다는 점에서 치명적인 한계가 있다"며 "녹색성장의 한계와 문제점을 극복할 수 있는 방안을 찾아야 한다"고

말했다.[68]

6월 5일 공정위는 전원회의를 열어 4대강 1차 턴키 공사 입찰 담합을 주도한 혐의로 현대·SK·GS·대림·삼성물산·대우·현대산업·포스코 등 8개 건설사에 1,115억 원의 과징금을 부과했다. 또 쌍용·금호산업·한화 등 8개사에 시정 명령을, 롯데·두산·동부 등 3개사에 경고 조처했다. 과징금은 대림이 225억 원으로 가장 많았고, 현대건설 220억 원, GS 198억 원, SK 178억 원의 순이었다.

공정위 조사 결과 건설사들은 2009년 4월 서울 프레지던트호텔과 프라자호텔에서 만나 협의체를 구성하고 1차 공사 15개 공구 가운데 13개 등 총 14개 공구별로 낙찰 업체를 사전 결정했다. 이때 이들은 4대강 1차 사업의 평균 낙찰가로 예정가의 93퍼센트를 설정했는데, 통상 일반 경쟁 입찰의 낙찰가가 예정가의 65퍼센트 수준임을 고려하면 담합으로 인해 1조 2,000억 원의 국민 혈세가 낭비된 셈이었다. 이에 이명박 정부의 최대 국책 사업인 4대강 사업은 그동안 공사 과정에서 드러난 각종 수뢰 사건, 부실공사, 인명 사고, 환경 파괴에 이어 건설사 담합으로 1조 원이 넘는 국민 혈세의 손실까지 확인되면서 불법·비리·부실의 종합판이라는 지적을 면하기 어렵게 되었다.[69]

"'짬짜미' 눈감은 국토부…뻥 튀긴 공사비 국민에 덤터기"

공정위의 결정은 늑장 제재라는 비판을 받았다. 4대강 참여 건설 업체에 대해 처음 의혹이 제기된 것은 2009년 10월 국정감사 때로, 공정위의 제재는 2009년 10월 민주당 이석현 의원이 처음 담합 의혹을 제기한 지 2년 8개월 만에 이루어졌다. 당시 이석현은 "4대강 사업의 턴키 공사(설계·시공 일괄방식) 15개 공구의 시공업체 선정 결과 낙찰률이 93.4%나 되고 도급 순위 상위 11개 건설사가 독차지했다"며 입찰 담합 의혹을 제기했다. 의혹이 이어지자 공정위는 입찰 담합 조사에 착수했다. 당시 정호열 공정위원장은 수차례 "우리도 그렇게 (담합 위험성이 크다) 보고 있다", "대체로 보면 담합과 관련되는 듯한 정황이 포착되고 있다"고 말했지만 공정위의 4대강 담합 조사는 별다른 진척을 보이지 않았다.[70]

2009년 11월 11일 정호열은 국회 답변에서 "현장 조사를 통해 담합 관련 정황을 포착했다"고 결정적 발언을 했지만 이는 하루 만에 뒤집혔다. 이 과정에서 청와대 개입설이 튀어나왔다. 박재완 당시 국정기획수석이 국회에서 "정 위원장 발언은 와전된 것"이라고 제동을 걸고 나서자 공정위가 말을 바꾼 것이다. 후임 김동수 공정위원장은 2011년 3월 국회에서 "담합 여부를 검토 중"이라고 말했으며 9월에는 "조사를 가급적 빨리 결론 내겠다"며 조사가 마무리 단계임을 내비쳤지만 최종 제재까지는 무려 9개월이나 걸렸다.

이와 관련해 이석현은 "조사가 지지부진했던 것은 공정위가 청와대의 말에 왔다 갔다 하면서 정략적으로 시간을 끌어온 탓"이라고 주장했다. 4대강 사업을 예정 시간 안에 마치기 위해 정권 차원에서 공정위 조사를 늦춘 혐의가 짙다는 것이다. 경제정의실천시민연합 최승섭 간사도 "이제 공사가 다 끝났고, 대통령의 임기가 얼마 안 남았으니 '임기 내에 털고 가자'는 속셈"이라고 분석했다.[71]

공정위가 솜방망이 처벌을 내렸다는 비판도 쏟아졌다. 공정위는 과징금 규정에 따라 건설사들이 거둬들인 부당 수입의 10퍼센트를 과징금으로 물렸다고 밝혔는데, 이는 건설사가 챙긴 부당이득에 턱없이 못 미치는 금액이었기 때문이다. '천문학적인 부당 이익을 얻은 뒤 일부만 과징금으로 내면 그만이냐'는 비판이 이어졌다. 게다가 공정위는 담합을 주도한 현대·SK 등 6개 업체를 검찰에 고발하기로 했던 애초 방침은 철회하기까지 했다.[72]

6월 12일 환경운동연합은 논평을 내 "지류지천 사업은 실패한 4대강 사업과 붕어빵"이라며 "그간 환경운동연합은 본류가 아닌 지류부터 정비해야 함을 강조해왔다. 하지만 첫 단추부터 잘못된 4대강 사업으로 인해 막대한 혈세가 줄줄 새게 생겼다"고 말했다. 이어 "실패한 4대강 사업 때문에 15조 원이 또 들어가야 한다는 것은 어처구니없다"며 "22조 원이라는 천문학적 혈세가 투입되고도 평가조차 없다. 4대강 사업 방식이 공과를 분석해 이를 바탕으로 추가 사업 여부를 결정해야 하는데, 이 정권은 이를 또다시 무시하려 하고 있다"고 주장했다.

4대강범국민대책위원회도 이날 논평을 내고 "4대강 사업과 흡사해 4대강 사업 추가 공사에 예산만 더 들어가는 꼴"이라면서 "지금 당장 급한 것은 4대강 부실에 따른 재난 대비"라며 "전국적으로 10년 만의 가뭄으로 어려움을 겪고 있으나, 가뭄·홍수 대비가 목적이라는 4대강 사업은 이 문제 해결 모습을 보이지 않고 있다"고 말했다. 그러면서 "4대강 사업은 실패한 사업이다. 실패한 사업에 대한 명확한 책임을 져야 할 것"이라며 "4대강 사업 실패를 은폐하기 위한 지류지천 사업은 당장 취소해야 한다"고 주장했다.[73]

이런 일련의 문제에도 이명박은 2015년 2월에 출간한 회고록『대통령의 시간』에서 4대강 사업은 '세계의 부러움을 사는 대상'이 되었다고 주장했지만,[74] 결코 그렇게 볼 수 없는 문제들이 이후에도 계속 드러나기 시작했다. 이명박은 4대강 사업 반대 운동이 거세게 일어나던 2010년 3월 23일 청와대에서 주재한 국무회의에서 "경부고속도로, 경부고속철도도 정치적으로 반대가 많았다. 청계천과 버스 전용차로도 상대 당이 서울시장 사퇴하라고 공격했다"며 "하지만 결국 결과가 반대하던 사람들을 설득시켰다"고 말했다.[75] 자신의 그런 성공 경험이 오히려 독약이 된 건 아니었을까?

저축은행 비리, 이명박의 형 이상득 구속

2012년 7월 3일 저축은행에서 거액의 금품을 받았다는 의혹이 제기된 이명박 대통령의 친형 이상득 전 의원이 검찰에 출석했다. 이날 이상득은 "정말 가슴이 아프다. 검찰 조사에 성실히 임하겠다"고 말했다.[76] 7월 6일 검찰은 대선 직전인 2007년 임석 솔로몬저축은행 회장 등에게서 불법 자금을 받은 혐의로 이상득에 대해 사전구속영장을 청구했다. 이상득에게 사전구속영장이 청구되면서 대선 자금이 관심의 대상으로 떠올랐다.

이상득에게 임석 회장을 소개한 정두언 의원은 "대선 후보 경선이 끝나고 임 회장이 찾아와 '돈을 좀 어떻게 하겠다'고 해 이 전 의원에게 보냈다"고 말했으며, 임석 회장에게서 돈을 받은 혐의로 검찰에 출두한 정두언이 "이 전 의원이 받은 돈이 대선 자금과 관련된 것이냐"는 취재진의 질문에 고개를 끄덕였기 때문이다. 하지만 검찰은 대선 자금 수사에 부정적인 반응을 보였다. 합동수사단 관계자는 "대선 자금 수사라는 것은 정치적으로 해석하려는 분들의 뜻 아니냐"고 말했다.[77]

7월 10일 이상득은 불법 정치자금 7억여 원을 받은 혐의로 구속 수감되었다. 서울중앙지법 박병삼 영장전담 판사는 이날 "거액의 불법 정치자금을 받았다는 주요 범죄 혐의에 관한 소명이 있고, 지금까지의 수사 진행 상황과 피의자의 지위 및 정치적 영향력에 비춰볼 때 증거인멸의 염려가 있다"며 이상득의 구속 영장을 발부했다.

이상득은 2007년 대선 전 임석 솔로몬저축은행 회장(구속 기소)과 김찬경 미래저축은행 회장(구속 기소)에게서 청탁과 함께 6억여 원을 받은 혐의(정치자금법 위반 및 특정범죄가중처벌법상 알선수재)를 받았다. 이상득이 3억 원을 받은 것은 2007년 대선 직전으로 조사되었다. 이상득은 자신이 사장으로 일했던 코오롱에서 불법 정치자금 1억 5,000만 원을 받은 혐의도 있었다.[78]

이날 이상득은 구속 전 피의자심문(영장실질심사)에 출석하다 저축은행 피해자들에게 넥타이를 잡히고 계란 세례를 받는 등 험한 꼴을 당해야 했다. 저축은행 피해자 20여 명은 이날 오전 10시 30분으로 예정된 이상득의 영장실질심사 10분 전부터 법정으로 올라가는 청사 서관 2층 검색대 입구에 몰려들었다. 일부 피해자들은 바닥에 드러누워 "이상득을 구속하라", "대선 자금 수사하라"고 구호를 외쳐댔다. 이상득이 오전 10시 28분께 변호인 2명과 함께 청사 현관으로 들어

서자 저축은행 피해자들의 고함은 한층 커졌다.[79]

이날 전국저축은행 비상대책위원장 김옥주는 이상득의 넥타이를 잡아채고 "내 돈 내놔라", "이상득이 도둑놈"이라며 고성을 질렀다. 이날 한 피해자는 바늘자국이 선명한 배를 드러내 보이며 "돈이 없어서 수술을 못한다"고 울부짖었다. 전국저축은행 비상대책위원회 관계자는 "우리나라가 법이 있는 나라냐?"며 "비리에 연루된 정치인들과 이를 사전에 막지 못한 금융당국 관계자들을 모조리 구속하라"고 목소리를 높였다.[80]

법조계 · 시민사회 · 야당 "MB 대선 자금 전면 수사" 촉구

2012년 7월 17일 파이시티 인허가 청탁과 함께 8억 원을 받은 혐의로 구속 기소된 최시중 전 방송통신위원장이 2007년 대통령 선거를 앞두고 이명박 후보의 당내 경선에 사용하려고 돈을 받았다고 밝혔다. 이날 서울중앙지법 형사23부(재판장 정선재) 심리로 열린 재판에서 최시중의 변호인은 "2006~2007년 6억 원을 받은 것은 인정하지만, 2008년 2월에 2억 원은 받지 않았다"며 "대선 경선을 위한 자금을 순수하게 받은 것"이라고 주장했다. 지난 4월 의혹이 처음 제기되었을 때 최시중은 "대선 여론조사 비용으로 썼다"고 했다가 파장이 일자 "개인 용도로 사용했다"고 말을 바꾸었다. 그런데 공개된 법정에서 '대선 자금'이라고 번복한 것이다.

최시중에게 돈을 건넨 파이시티 쪽 브로커 이동율(구속 기소)도 이날 증인으로 나와 "2006년 4월 최 전 위원장이 서울 하얏트호텔로 이정배 파이시티 대표와 나를 불러 '경선을 하려면 언론 포럼을 해야 하는데 참여할 의향이 있느냐'고 물었다"며 "내용은 잘 몰랐지만 최 전 위원장 요청에 따르겠다고 말했다"고 밝혔다. 이정배는 또 "최 전 위원장이 (이명박 후보) 경선 때까지 1년만 지원해줬으면 좋겠다고 했다"며 "이후 경선이 예정보다 두 달 연기되자 (자금 지원을) 더 해달라고 부탁했지만 돈이 부족해 추가로 해주지는 못했다"고 말했다. 이상득이 대선 전 저축은행에서 3억 원을 받은 혐의로 구속된 데 이어 최시중도 '경선 자금으로 받았다'고 밝히면서 이명박 측근들이 2007년 대선을 앞두고 여러 곳에서 대선 자금을 끌어다 썼을 가능성이 커졌다.[81]

최시중이 대선 자금을 받았다고 털어놓자 야당은 물론 시민사회단체와 법조계에서는 "이명박 대통령의 대선 자금 수사가 불가피해졌다"면서 검찰의 전면 수사를 촉구했다. 민주통합당은 "검찰이 불법 대선 자금이라는 거악을 앞에 두고 권력이란 미풍에 납작 엎드려 있지만 계속 대선 자금 진술이 나오고 있으니 이제 일어나야 할 때"라고 밝혔다. 또 "임석 솔로몬저축은행 회장과 정두언 의원의 진술에 이어 최 전 위원장의 법정 진술까지 덧붙여졌으니 검찰이 발을 뺄 곳은 사라졌다"고 덧붙였다.

명광복 참여연대 시민감시팀 간사는 "검찰은 이 같은 (대선 자금 관련) 진술이 명백히 나온 만큼 국민이 납득할 수준으로 수사를 확대해야 한다"며 "대통령이 지금까지 나온 대선 자금 의혹들에 대해 스스로 이야기하고 국민의 이해와 판단을 구해야 하는 시점이 아닌가 싶다"고 말했다. 박주민 민주사회를위한변호사모임 변호사는 "법정에서 이 같은 진술이 나왔다는 것은 결국 검찰이 제대로 사실을 밝히지 못한 부실수사를 했음이 드러난 것이고 당연히 재수사를 해야 한다"며 "이 대통령이 최 전 위원장의 수뢰 사실을 알고 있었는지도 재수사 범위에 포함돼야 하는 것은 당연지사"라고 말했다.[82]

『경향신문』은 7월 19일 사설 「검찰, 불법 대선 자금 공소시효 끝나기만 기다리나」에서 "최 전 위원장은 이명박 대통령의 '정치적 멘토'로 불린 최측근 인사다. 그런 인물이 불법 대선 자금을 '자백'했는데도 검찰은 수사를 회피할 것인가. 최 전 위원장 측 진술 말고도 이 대통령의 측근들이 2007년 대선을 전후해 기업체로부터 불법 자금을 받은 정황은 넘쳐난다. 이 대통령의 친형인 이상득 전 새누리당 의원은 2007년 대선 직전 임석 솔로몬저축은행 회장에게서 3억 원을 수수한 의혹을 받고 있다. 임 회장은 검찰에서 '대선에 도움을 주기 위해 돈을 줬다'는 취지로 진술했다고 한다. 또한 이 전 의원이 대선 직후인 2008년 2월 라응찬 전 신한금융지주 회장으로부터 당선 축하금 명목으로 3억 원을 받았다는 의혹도 불거진 상태다. 임기 말 레임덕 현상이 심화되면서 불법 대선 자금의 뇌관이 곳곳에서 터질 날만 기다리는 형국이다"면서 다음과 같이 말했다.

"검찰은 즉각 불법 대선 자금에 대한 전면 수사에 착수해야 한다. 2007년 12월 정치자금법이 개정되면서 불법 정치자금의 공소시효가 5년에서 7년으로 늘어났지만, 법 개정 전 받은 자금은 공소시효 5년이 적용된다. 올해가 지나가면 17대 대선자금은 수사할 수 없다는 이야기다. 검찰이 공소시효 만료만 기다리며 버틴다면 올해 말 대선에서도 똑같은, 아니 더 심한 불법이 횡행할 수 있다. 이 대통령도 대선 자금에 대해 알고 있는 사실을 모두 털어놓을 때가 됐다. 돈의 출처를 알았든 몰랐든 대선 자금이란 궁극적으로 '이명박 후보'의 당선을 위해 모아진 것이기 때문이다."[83]

"이명박-박근혜 찰떡 공조로 중단시킨 특검 수사"

2012년 9월 3일 국회는 제19대 첫 정기국회 본회의에서 민주통합당이 추천하는 특별검사가 수사를 진두지휘하는 내용의 '이명박 대통령 내곡동 사저 부지 매입 의혹' 진상 규명을 위한 특별검사법을 통과시켰다. 특검법은 238명이 표결에 참여해 찬성 146표, 반대 64표, 기권 28표로 가결되었다. 이재오, 이병석, 심재철, 이군현, 조해진 의원 등 새누리당 친이계 의원들 다수는 반대표를 던졌으며, 박근혜 새누리당 대통령 후보는 특검법안의 찬반 토론이 시작되자 퇴장해 표결에 불참했다.[84]

본회의를 통과한 특검법은 수사 대상을 이명박 정부의 내곡동 사저 부지 매입과 관련된 배임, 부동산 실권리자 명의등기법 위반 의혹, 수사 과정에서 의혹과 관련되어 인지된 사항 등으로 명시했다. 막판까지 논란이 드셌던 특별검사 추천권은 민주당이 10년 이상 판사·검사·변호사 직에 있던 변호사 중 2명의 후보자를 대통령에게 서면으로 추천하고, 대통령이 이 중 1명을 임명하도록 했다. 역대 9차례 특검 중 야당이 추천권을 가진 것은 이번이 처음이다. 역대 9차례 특검은 대법원장이 4번, 대한변호사협회장이 5번 특검 추천권을 행사했다.[85]

9월 21일 이명박은 청와대에서 임시 국무회의를 열고 '내곡동 사저 부지 매입 의혹 특검법' 공포안을 채택했다. 10월 9일 오전 이명박은 청와대에서 내곡동 사저 부지 매입 의혹 사건을 수사할 이광범 특별검사에게 임명장을 주었다. 11월 2일 특검팀은 청와대 경호처와 총무기획관실의 컴퓨터 하드디스크를 넘겨달라고 공식 요청했다. 특검팀은 또 이명박의 아들 이시형이 큰아버지인 이상은 다스 회장에게 6억 원을 빌리며 작성했다는 차용증의 원본 파일도 요청했다.[86]

하지만 특검팀의 요청에 청와대는 비협조로 일관했다. 청와대 경호처에 내곡동 사저 터 매입 관련 자료 제출을 수차례 요구했으나 경호처는 제출하지 않았다. 특검팀은 이명박 아들 이시형이 현금 6억 원을 큰아버지 이상은에게서 빌리기 전에 건넸다는 차용증 원본 파일 등을 제출해달라고 청와대에 요구했지만 청와대는 '원본 파일이 없다'며 이를 거부해왔다. 청와대는 이시형이 검찰 수사 때 낸 서면 진술서를 대필한 청와대 행정관이 누구인지도 특검팀에 확인해주지 않았다.[87]

11월 12일 오후 이명박 일가의 서울 내곡동 사저 터 헐값 매입 의혹을 수사 중인 이광범 특별검사팀은 청와대 경호처에 대한 압수수색을 시도했다. 1차 수사 기간이 종료되는 11월 14일을 이틀 앞두고서였다. 하지만 이는 청와대의 거부로 무산되었다. 이광범 특검팀은 이날 오후 2시께부터 서울 통의동 금융감독원 연수원에서 청와대 경호처에서 '임의제출' 형식으로 사저 터 매입 관련 자료 등을 일부 넘겨받았다.[88]

청와대는 이날 이광범 특검팀의 수사 기간 연장 요구도 거부했다. 『한겨레』는 11월 13일 사설 「이명박-박근혜 찰떡 공조로 중단시킨 특검 수사」에서 "이명박 대통령이 결국 내곡동 사저 터 의혹 사건 특별검사의 수사 기간 연장 신청을 거부했다"면서 "의혹의 핵심 당사자인 이 대통령이 자기 손으로 자신에 대한 수사를 중단시킨 꼴이니 황당하기 이를 데 없다. 법을 빙자한 법 유린 행위라고 할 만하다. 그동안 출국과 출석 거부 등으로 수사를 지연시키고, 진술 번복과 자료 제출 거부 등 수단 방법을 가리지 않고 수사를 방해하더니 결국 이런 식으로 후안무치한 본색을 드러낸 셈이다"고 말했다.[89]

"한국 대통령 가족의 윤리 의식 언제쯤 바뀔 건가"

2012년 11월 14일 특검팀은 이명박 아들 이시형이 사저 부지를 매입한 돈은 어머니와 큰아버지에게 '편법 증여' 받은 것이라는 결론을 발표했다. 특검팀은 이시형이 김윤옥 여사 명의의 땅을 담보로 6억 원을 대출받고, 이상은 다스 회장에게 6억 원을 빌려 마련한 땅값 12억 원을 모두 증여라고 보았다. 재력이 있는 부모가 아들을 위해 집 매입 자금을 대주었고, 그 과정에서 세금 탈루가 있었다는 것이다. 검찰은 매입 자금의 실질 주인을 이시형으로 인정했지만 특검팀은 사실상 부모 돈이었다고 결론을 내린 것이다. 특검팀은 12억 원에 대해 증여세 부과 등 처분을 내리도록 서울 강남세무서에 과세자료를 통보했다. 다만 이시형의 부동산실명제법 위반과 배임 혐의는 무혐의 처분했으며, 이명박은 공소권이 없어 혐의 유무를 판단하지 않았다고 밝혔다. 또 용지 매입에 관여한 김인종 전 경호처장 등 청와대 직원 3명은 불구속

기소했다.[90]

특검팀이 '편법 증여'라는 결론을 내린 배경에는 영부인 김윤옥의 증언이 결정적인 역할을 한 것으로 보였다. 김윤옥은 특검 수사 만료 전날인 13일 특검에 보내온 서면 진술서에서 "아들의 장래를 생각해 사저 부지를 아들 명의로 구입하려고 했다"고 실토했다. 경호처 관계자들은 특검 조사에서 자신들이 "사저 부지 명의를 이시형으로 하자"고 건의했다고 진술했지만 이 발언을 정면으로 뒤집은 것이다. 김윤옥은 또 서면 진술서에서 자신의 서울 논현동 자택 부지를 담보로 이시형이 대출받은 6억 원에 대해 "아들이 이를 변제하지 못하면 논현동 자택 부지를 매각하는 방법으로 변제할 생각이었다"고 밝혔다. 사실상 6억 원을 증여할 의도가 있었음을 자인한 것이다. 특검은 "평소 시형 씨가 김 여사로부터 차량 구입비, 용돈, 생활비 등을 지원 받아온 점 등에 비춰, 시형 씨는 김 여사로부터 매입 자금을 증여받아 내곡동 사저 부지의 소유권을 취득했다고 봄이 상당하다"고 결론 내렸다. 내곡동 땅을 사면서 아들의 명의를 동원한 행위가 부동산실명법을 위반한 것이 되자, 이에 대해 해명을 하려다 결국 증여의 의도가 있었음을 인정하게 된 것이다.[91]

『경향신문』은 11월 15일 사설 「이 대통령, 내곡동 사저 부지 불법 증여 사과해야」에서 "현직 대통령 내외가 퇴임 후 살 집을 짓는 과정에서 아들에게 변칙 증여를 하고, 청와대는 국가 예산을 끌어다 썼으며, 이를 은폐하기 위해 사후에 증거물까지 조작했다는 게 특검팀의 결론이다. 사건 전개 과정이 처음부터 끝까지 부정과 위법으로 점철된 것이다. 참으로 어처구니가 없다"면서 다음과 같이 말했다.

"국민들은 참담하다. 청와대가 특검의 압수수색을 거부하고 수사기간 연장을 불허하는 등 줄곧 수사를 방해해온 이유가 백일하에 드러났기 때문이다. 가장 절망적인 것은 특검 수사 결과가 나왔음에도 이치에 닿지 않는 반박을 늘어놓는 행태이다. '경호처가 부지 가격을 20억 원 이상 깎는 등 국가 예산 절감을 위해 노력했다'거나 '보고서 변조 혐의는 문서 관리 시스템에 대한 오해에서 비롯된 것'이라는 주장에 이르면 할 말을 잃을 지경이다. 이 대통령은 더이상 참모들의 궤변 뒤에 숨어선 안 된다. 불법 증여 등 특검 수사 결과에 대해 직접 입장을 밝히고 국민 앞에 사과해야 한다. 특검이 끝났다고 사법적 심판이 모두 끝난 것은 아니다. 이 대통령은 내년 2월 퇴임 후 재수사 대상이 될 수 있음을 직시하기 바란다."[92]

『조선일보』는 11월 15일 사설「한국 대통령 가족의 윤리 의식 언제쯤 바뀔 건가」에서 "이번 특검 수사에서 김윤옥 여사가 시형 씨 장래를 위해 시형 씨 명의로 사게 했고 매입 자금도 대준 사실이 드러났다"면서 다음과 같이 말했다.

"대통령 가족의 법의식은 일반 국민보다 몇 배 투철해야 한다. 가장家長이 최고 권력자이기에 그 가족은 스스로에게 더 엄한 기준을 적용하며 처신해야 한다. 대통령 가족의 법과 윤리 의식이 흐트러지면 국민의 법·윤리 의식은 더 빨리 그걸 뒤쫓는다. 가장이 대통령이 되기 전의 법의식·윤리의식이 어쨌건 가장이 대통령이 되는 순간 혁명적으로 바뀌어야 한다. 그러지 못하면 불행이 따른다. 이 대통령 가족도 결국 한국 대통령의 이 불행한 대열에 끼고 말았다."[93]

제19대 대선: 박근혜 51.6퍼센트, 문재인 48퍼센트

"왜곡을 바로잡기 위해 기념사업을 시작하기 이전의 세월, 나의 생의 목표는 오로지 아버지에 대한 것이었다. 그 왜곡을 바로잡아야 한다는 일념 때문에 나 개인의 모든 꿈이 없어져버린 상태였다. 자나 깨나 꿈과 희망이 있다면 오직 그것을 바로잡아 역사 속에서 바른 평가를 받으시게 하는 것, 오매불망 그것만이 하고 싶은 일이었고 또 해야 할 일이었다."[94]

박근혜가 1991년 1월 6일에 쓴 일기의 한 대목이다. 그로부터 21년이 지난 2012년 박근혜는 오매불망 그리던 '아버지를 위하여'라는 꿈을 이룰 수 있는 절호의 기회를 맞게 되었다. 비록 5년 전 시도는 실패했지만, 이제 대통령이 될 수 있는 가능성이 훨씬 높아진 것이다.

제18대 대통령 선거전이 한창이던 2012년 9월 23일 저녁, 새누리당 박근혜 후보 선대위의 대변인에 임명된 김재원은 기분이 좋아 기자들을 한 식당으로 불렀다. 이런저런 이야기를 하다가 김재원은 "박근혜 후보가 정치하는 이유는 아버지의 명예회복을 위한 것이다"는 취지의 말을 했다. 얼마 안 지나 김재원은 어딘가로부터 '아버지 명예회복' 발언을 질책하는 전화를 받았다. 전화를 마친 김재원은 기자들에게 "네가 보고했어?"라고 물으면서 "이런 병신××들" 등의 막말을 쏟아냈다. 그는 막말에 책임진다며 다음 날 대변인을 그만두었지만, 실은 '아버지 발언' 때문이라는 게 정설이었다.[95]

11월 23일 무소속 후보 안철수가 대선 후보직을 사퇴함으로써 대선은 문재인과 박근혜의 대결로 압축되었다. 민주당 경선에서 문재인은 "노무현 정부는 총체적 성공"이라는 자평을 내렸고, 그런 자신감 때문이었는지 민주당은 새누리당이 제시한 '박정희 대 노무현'의 프레임을 따라갔다.⁹⁶ '독재자의 딸' 하나 못해보겠느냐는 자신감 과잉과 "노무현 정부는 총체적 성공"이라는 나르시시즘 때문이었는지도 모르겠다.

2012년 12월 19일 실시된 대선의 총 선거인 수는 4,050만 7,842 명으로 대선 사상 처음으로 4,000만 명을 넘어섰다. 대선 투표율은 75.8퍼센트를 기록해 김대중이 대통령으로 당선되었던 1997년 제15 대 투표율(80.7퍼센트) 이후 줄곧 하락세를 보였던 투표율에서 반등을 이루었다. 2002년 제17대 대선 투표율은 70.8퍼센트, 2007년 제18 대 대선 투표율은 63.0퍼센트였다.

박근혜는 1,577만 3,128표(51.6퍼센트)를 얻었으며 문재인이 얻은 표는 1,469만 2,632표(48퍼센트)였다. 박근혜는 호남과 서울을 제외한 전 지역에서 문재인을 앞섰다. 박근혜는 지역별로 대구(80.1퍼센트), 경남(63.1퍼센트), 강원(62퍼센트), 부산(59.8퍼센트), 충남(56.4 퍼센트), 충북(56.2퍼센트), 인천(51.6퍼센트), 경기(50.4퍼센트), 서울(48.2퍼센트), 호남(10.5퍼센트) 등의 득표율을 기록했다. 영·호남 지역구도가 과거에 비해 완화되긴 했지만 2012년 대선에서도 지역구도의 벽은 여전히 두터웠다. 박근혜는 호남에서 10.5퍼센트로 간신히 두 자릿수 득표율을 넘었으며, 문재인은 PK에서 목표로 했던 40퍼센트에 미치지 못한 39.9퍼센트를 기록했다. 박근혜의 대통령 당선은 헌정 사상 최초의 여성 대통령과 부녀父女 대통령, 1987년 직선제 개헌 이후 최초의 과반 득표 대통령이라는 기록을 남겼다.

박근혜의 승리는 이미지의 승리였지만……

박근혜의 승리는 이미지의 승리였다. 유권자들은 후보의 정책이나 콘텐츠보다는 인간적인 이미지에 영향을 받아 표를 던지는 경향이 있었다. 그래서 후보들은 정책이나 콘텐츠 제시와 더불어 이미지 메이킹에 전력을 기울이며, 이에 관한 많은 학술적 연구이 이루어져왔다.[97]

그런데 박근혜의 이미지 정치는 기존 연구에서 이루어진 이미지 정치와는 차원을 달리 한다. 박근혜에겐 오직 이미지밖에 없었던 게 아니냐는 의미에서다. 박근혜의 이미지 정치는 그 유례를 찾기 어려울 정도로 극단적인 형태의 것이었다. 박근혜 지지자들은 그의 정책, 이슈, 콘텐츠 등에 대한 평가를 통한 합리적인 기준으로 박근혜에게 표를 던진 건 아니었다. 박근혜는 정치에 입문하기 전 이미 37년간 박정희의 딸로서 모든 유권자의 뇌리에 각인된 저명인사였기에, 그의 정치 스타일은 이미지에 의해 좌우되는 이른바 '셀리브리티 정치celebrity politics'와 자신을 브랜드화하는 이른바 '브랜드 정치branding politics'의 요소를 다분히 갖고 있었다.[98]

박근혜의 대통령 당선에 가장 큰 역할을 한 것은 '박정희 신화'였다. 2012년 대선에서 박근혜 투표자의 75.4퍼센트가 박정희를 가장 긍정적으로 평가했고, 역으로 박정희를 가장 긍정적으로 평가한 사람의 74.7퍼센트가 박근혜에게 투표했다는 것은 박근혜와 박정희를 분리해 생각할 수 없다는 것을 잘 말해준다.[99] 이와 관련, 전여옥은 다음과 같이 말했다.

"'박정희의 딸'이라는 유산은 어마어마했다. 특히 영남에서는 '부모

잃은 박근혜'를 자신의 딸로 입양했다. 나이 든 세대에게 박근혜는 눈에 넣어도 아프지 않은 영원한 손녀였다. 그들은 요절한 맏아들이 남긴 딸처럼 박근혜를 아린 마음으로 바라봤다. 철철 넘치는 외사랑이었다."[100]

저소득층과 비정규직은 문재인보다는 박근혜에게 훨씬 더 많은 표를 준 것으로 나타났다. 박근혜가 얻은 저소득층 표는 52.7퍼센트, 비정규직 표는 54.0퍼센트인 반면, 문재인이 얻은 표는 각각 36.0퍼센트, 40.4퍼센트에 지나지 않았다.[101] 왜 이런 일이 벌어진 걸까? 110여 년 전 미국 경제학자 소스타인 베블런Thorstein Veblen, 1857~1929은 『유한계급의 이론The Theory of the Leisure Class』(1899)에서 가난한 사람에겐 생각할 여유가 없다는 이유를 제시했다.

"처절한 가난과, 자신의 에너지를 하루하루의 생존 투쟁에 모조리 쏟아붓는 사람들은 누구나 보수적일 수밖에 없는데, 이것은 그들이 내일 이후를 생각하는 데 드는 노력의 여유조차도 없기 때문인 것이며, 이것은 가장 부유한 사람들이 현재의 상황에 만족스럽지 못한 경우가 거의 없기 때문에 보수적일 수밖에 없다는 것과 동일한 맥락인 것이다."[102]

이후 '이익'보다는 '가치'를 중시하는 유권자가 많다는, 좀더 나은 설명이 제시되었다. 토머스 프랭크Thomas Frank가 2004년에 출간한 『왜 가난한 사람들은 부자를 위해 투표하는가: 캔자스에서 도대체 무슨 일이 있었나』를 비롯하여 그런 논지를 펴는 많은 책과 논문이 발표되었다.[103] 2012년 대선을 분석한 강원택도 저소득층 유권자들은 개인의 경제적 이해관계보다 사회문화적 가치를 중시한다는, 비슷한 결론

을 내렸다.[104]

역대 선거에서 20대 투표율은 늘 최저였으며, 20대 65퍼센트, 30대 72퍼센트, 40대 78퍼센트, 50대 90퍼센트, 60대 이상 79퍼센트를 기록한 2012년 대선 때는 19세 투표율보다 낮았다. 어떤 이들은 20대의 정치적 무관심을 겨냥해 '20대 개새끼론'을 주장하기도 했지만, 그들이 국가권력의 쟁취를 신앙으로 삼은 동시에 20대 때에 누렸던 '취업 호사'를 당연하게 생각하는 발상에서 나온 실언이거나 망언이었음은 두말할 나위가 없다. 20대의 정치적 효능감은 바닥을 드러내고 있었으니, 어찌 투표장에 나갈 마음이 있었겠는가.[105]

박근혜의 승리가 이미지의 승리였다는 진단에는 한 가지 전제가 필요하다. 그건 야권이 박근혜 쪽에 비해 더 못났거나 모자랐다는 사실이다. 4년 후 희대의 국정 농단 사태가 빚어지면서 박근혜 비판과 비난이 하늘을 찌르는 가운데 그런 박근혜에게도 패배한 야권의 책임을 묻거나 자성하는 목소리가 거의 들리지 않는 건 참으로 기이한 일이다. 스스로 잘하는 일은 없고 반드시 상대편이 스스로 무너지는 것의 반사이익만을 누리는 한국 정치의 오랜 전통 때문이라지만, 이건 해도 너무하는 게 아닌가?

자신이 한 말이 무슨 뜻인지도 잘 모르는 박근혜

대선 다음 날인 12월 20일 박근혜는 당선인 당선 인사에서 "저에 대한 찬반을 떠나 국민 여러분의 다양한 의견을 수렴해 나가겠습니다.

과거 반세기 동안 극한 분열과 갈등을 빚어왔던 역사의 고리를 화해와 대탕평책으로 끊도록 노력하겠습니다"라고 했다. 말은 그야말로 번지르르했다. 그래서인지 박근혜의 '탁월한 리더십'을 긍정 평가하는 논문이 나오기도 했지만,[106] 박근혜는 자신이 한 말이 무슨 뜻인지도 잘 모른다는 게 곧 밝혀진다.

12월 24일 박근혜는 대통령 당선 이후 첫 인선을 단행했다. 유일호 의원을 비서실장에, 윤창중 '칼럼세상' 대표를 수석대변인, 당선인 대변인으로는 박선규 전 중앙선대위 대변인과 조윤선 새누리당 대변인을 임명했다. 수석대변인으로 임명한 윤창중을 두고 논란이 발생했다. 윤창중은 어떤 사람이었던가?

『한겨레』는 12월 25일 「'정치 창녀' 막말 저주 윤창중, 박근혜 '입'됐다」에서 "박근혜 대통령 당선인이 24일 임명한 윤창중 수석대변인은 자극적인 어휘로 야권을 맹비난하는 등 극렬 보수층의 정서에 부합하는 격문을 많이 써온 보수 논객이다. 그는 각종 칼럼과 방송에서 야권을 향해 '막말' 수준의 폭언을 퍼부으면서, 아무런 근거도 없이 무차별적으로 '종북' 딱지를 붙여왔다"고 했다.[107]

『경향신문』은 12월 25일 「박근혜의 첫 인선, 대통합과 정반대로 간 '윤창중 기용'」에서 "그는 야권 지지 인사들을 '정치적 창녀'라고 비난하는 등 거친 언사로 상대 진영을 공격해왔다. 당선인의 첫 인사부터 '100% 대한민국 통합'과는 거리가 멀다는 평가가 나오고 있다. '보수'를 넘어 '극우' 코드 인사 논란으로 번질 조짐이 보인다"면서 "논란의 도화선은 그가 칼럼을 통해 여과 없이 드러낸 색깔이다. 단순한 보수 논객이 아니라, 진보·야권 등 상대를 극우적 논리와 극언으로 증오·

비하해왔기 때문이다"고 말했다.[108]

　무엇보다도 윤창중은 박근혜가 12월 21일 당선 인사에서 밝힌 '100퍼센트 대한민국'과는 전혀 어울리지 않는 인물이었다. 박근혜는 당선 인사를 "갈등과 분열의 정치, 제가 단번에 끝낼 수 없더라도 조금이라도 완화하며 오늘보다 나은 내일을 만들어가겠다. 저를 지지하지 않으신 분들의 뜻도 겸허히 받들고 야당을 진정 국정의 파트너로 함께하겠다"고 약속했다. 하지만 윤창중이 대선 하루 뒤인 20일에 쓴 칼럼은 이와는 정반대였다. 윤창중은 칼럼에서 "대한민국의 국가 정체성과 역사적 정통성을 지켜 내려는 '대한민국 세력'과 이를 깨부수려는 '반反대한민국 세력'과의 일대 회전에서 마침내 승리했다"면서 "대통령 당선자 박근혜, 자신을 반대하는 세력에 대해 섣부른 감상주의, 낭만에 빠져서는 절대 안 된다. 전통적 지지 세력부터 더욱 강고히 만드는 작업을 소홀히 말라"며 대통합론을 비판했다.[109]

"불통과 독선으로 출발한 '박근혜 인사'"

『한겨레』는 12월 26일 사설 「불통과 독선으로 출발한 '박근혜 인사'」에서 "박근혜 대통령 당선인의 사람 고르는 안목이 이 정도인 줄 몰랐다. 그토록 소리 높이 외친 대통합과 탕평책의 실제 내용이 이처럼 공허한 것인 줄도 몰랐다. 인사 절차와 검증 과정이 그렇게 허술하고 폐쇄적인지도 몰랐다. 박 당선인이 자신의 수석대변인에 윤창중 전『문화일보』논설실장을 임명했다는 소식은 참으로 놀랍고 충격적이다"

면서 다음과 같이 말했다.

"윤 대변인이 그동안 해온 말들을 보면 '극우논객'이라는 말이 오히려 과분할 정도다. '정치적 창녀' '지식의 탈을 쓴 더러운 강아지' '매국노' 등 입에 담기조차 힘든 모욕적 언사들이 수북이 쌓여 있다. 그뿐이 아니다. '문재인이 당선되면 종북 시대의 거대한 서막을 전 세계에 고하게 될 것' 등 '색깔 칠하기'가 대선 기간 매일의 일과였다. 탕평이니 통합이니 하는 것은 고사하고 야권을 종북 세력으로 매도할 정도로 비상식적이고 비이성적인 인물을 어떻게 수석대변인에 기용할 수 있는지 참으로 납득이 되지 않는다."[110]

『경향신문』은 12월 26일 사설 「박 당선인, 대통합 외치며 극우인사 중용하나」에서 "윤 수석대변인은 칼럼과 종편 방송에서 자극적인 언어와 색깔론으로 야권·진보 진영을 공격해온 극우인사다. 문재인 민주통합당 대선 후보를 지지한 정운찬·윤여준·김덕룡·김현철 씨 등을 '정치적 창녀'에 비유하고 안철수 전 후보를 겨냥해 '더러운 안철수'라고 막말을 했다. 대선 직후에는 '대한민국의 국가 정체성을 지켜내려는 '대한민국 세력'과 이를 깨부수려는 '반대한민국 세력'의 일대 회전에서 승리했다'고 썼다. 박 당선인을 지지하지 않은 48%를 '반대한민국 세력'으로 깎아내린 것이나 마찬가지다"면서 다음과 같이 말했다.

"박 당선인은 대선이 끝난 뒤 화해와 대탕평을 강조하며 '100% 대한민국'을 만들겠다고 다짐해왔다. 윤 수석대변인의 발탁은 이 같은 다짐에 정면으로 역행하는 인사다. 국민의 48%를 사실상의 반국가세력으로 매도하는 이에게 중책을 맡기면서 대통합을 외치는 것은 어불

성설이다."[111]

박근혜의 이른바 '깜깜이 인사'도 논란이 되었다. 당선인 신분으로 처음 행한 인사가 모두 철통 보안 속에서 이루어진 '비밀·밀실 인사'였기 때문이다. 박근혜는 비서실장·대변인 인선에 대한 질문을 받고 "전문성이 중요하고 그 외 여러 가지를 생각해서 인선을 했다"고 말했지만 선임과 관련된 모든 과정이 베일에 싸여 있었다. 새누리당도 윤창중은 물론이고 유일호 비서실장과 대변인단도 언론 발표 직전에야 임명 사실을 통보받은 것으로 알려졌다. 새누리당 박선규 대변인은 "기자들이 속보를 보기 10분 전에 연락받았다. 전화로 '박근혜입니다'라고 하길래, 아직도 선거 광고가 나오나 했다"고 말했다. 박근혜의 핵심 측근들조차 "나는 아무것도 모른다. 모든 의사 결정은 박 당선인 혼자서 한다"고 말했다. 윤창중도 "박 당선인과 저는 개인적인 인연이 전혀 없다. (자리를 맡아달라는 연락도) 너무너무 전광석화처럼 말해 저도 너무 당혹했다"고 말했다.[112]

『경향신문』은 12월 25일 「박의 비선 통한 '깜깜이 인사'…YS 인사 스타일과 닮은꼴」에서 "정치권에선 박 당선인의 인사 스타일이 김영삼 정부와 닮은 것이 많다는 이야기가 나온다"면서 "'철통 보안'식 깜깜이 인사나 외부 영입 인사 발탁 시 '깜짝 인사', 외부 교수 등 전문가들에게 후한 점수를 주는 게 그렇다고 한다. 차이가 있다면 박 당선인은 인사 선택도 내치는 것도 신중을 거듭하며 느린 반면 김 전 대통령은 결단엔 빨랐다는 점 정도다. 가장 닮은 점은 소위 '철통 보안'이다. 인사권만은 철저히 대통령이나 1인자의 권한이라고 보는 듯한 부분이다"고 했다.[113]

"흑백필름 시대로 되돌아간 박근혜 스타일"

2012년 12월 27일 박근혜는 제18대 대통령직인수위원회 1차 인선을 발표했다. 위원장은 대선 기간에 박근혜의 공동선거대책위원장을 맡았던 김용준 전 헌법재판소장, 부위원장은 진영 새누리당 정책위의장이었다. 인수위 내의 국민대통합위원장에는 한광옥 전 선대위 국민대통합위 수석부위원장, 국민대통합위 수석부위원장에는 김경재 전 민주당 의원 등이 발탁되었다.

이날 오후 2시 서울 여의도 새누리당 당사 4층에 들어선 윤창중은 A4 용지 크기의 노란 서류봉투를 들고 카메라 앞에 선 후, 테이프로 밀봉된 봉투를 뜯어 열고 인선 내용이 담긴 종이 3장을 꺼냈다. 그리고 내용을 잠깐 훑어본 뒤 인선 결과를 발표했다. 발표가 끝난 뒤 기자들이 "명단을 언제 받았느냐"고 질문하자 윤창중은 명단이 든 봉투를 들어 보이며 "밀봉을 해왔기 때문에 저도 이 자리에서 (뜯어보고) 발표를 드렸다"고 했다. "명단을 지금 받았느냐"는 질문에 그는 "인사에 있어서 보안이 중요하다 생각하기 때문에 저도 지금 여러분 앞에서 공개했다"며 웃었다. 윤창중은 또 추후 인수위원 발표 시기도 "(박 당선인이) 밀봉해서 주시면 발표하겠다"고 했다.[114]

'밀봉 인사'가 이루어졌으니 사고가 나지 않을 수 없었다. 윤창중 파동에 이어 청년특위 위원인 하지원 에코맘코리아 대표의 '돈 봉투' 기소 전력, 같은 특위의 윤상규 위원이 대표인 네오위즈게임즈의 '하도급 대금 지연 지급' 사실 등이 밝혀져 새누리당 내에서도 "깜깜이 인사 검증의 한계"라는 비판이 제기되었다. 새누리당에서는 인수위 인사 과정에서 인사 추천안이 여러 경로를 통해 박근혜에게 전달되었지만, 측근 참모인 이재만 보좌관과 정호성 비서관 정도만이 검증 실무를 담당하면서 인사 검증에 실패했다는 비판이 강하게 나왔다.[115]

12월 30일 민주통합당 박기춘 원내대표는 박근혜 대통령 당선인 대통령직인수위원회의 윤창중 수석대변인, 김경재 국민대통합위원회 수석부위원장, 윤상규·하지원 청년특별위원 등 4인을 '밀봉 4인방'으로 규정하며 교체를 요구했다. 박기춘은 이날 원내대표단 회의에서 "보복과 분열의 나팔수인 윤 수석대변인, 돈 봉투를 받은 하 청년특별위원, 하청업자에게 하도급 대금도 제때 안 주면서 이자를 떼어먹은 사람, 대선 때 호남민을 역적으로 매도하고 대선 후 언론을 협박했던 김 부위원장에 대한 인사가 온당한가"라고 비판했다. 그는 "소통은 사라지고 봉투만 남았다는 말도 있다. 수첩 스타일, 밀봉 스타일을 버리라는 것"이라며 "박 당선인은 진정한 국민 통합과 법치, 경제민주화를 바란다면 밀봉 4인방을 즉시 교체해달라"고 촉구했다.[116]

『조선일보』는 12월 31일 사설 「조각組閣도 '밀봉 인사' 할 건가」에서 "대선 후 당선인 주변을 보면 흑백필름 시대로 되돌아간 느낌이다. 대변인단은 '추가 인사 내용도 밀봉해주시면 발표할 것'(윤창중)이라며 자신들의 역할을 참모가 아니라 그저 '단순 낭독자'로 낮추고 있다. 자신들은 인사 같은 주요 현안에 대해선 당선인과 협의는커녕 제대로 물어보지도 못하는 처지라고 실토한 셈이다"면서 다음과 같이 말했다.

"당선인은 2인자가 발호해 권력을 사유화私有化할 위험을 차단하려면 본인이 인사권을 확실하게 움켜쥐고 갈 수밖에 없다는 판단인 것같다. 그렇다고 모든 인사를 혼자 다 챙길 순 없는 노릇이다. 유능한 인재를 널리 구하는 작업이나 이들을 검증하는 작업 모두 제도화해서 시스템으로 굴러가야지 당선인의 나 홀로 판단에만 의존해선 한계가 있다. 당장 27일 발표된 청년 특위위원 중 2명이 '돈 봉투'와 '하도급 대금 늑장 지급'과 관련해 잡음을 일으켰던 인물로 밝혀졌다. '철벽 보안'의 장점만 보고 지금 같은 밀봉 인사를 계속 밀고 갈 경우 새 정부 첫 내각 인선에서 무슨 일이 터질지 알 수 없다."[117]

물론 박근혜는 결코 그런 우려 또는 기대를 결코 저버리지 않는다. 깜짝 놀랄 일은 무수히 남아 있었다. 박근혜는 "선거란 무엇인가?"라는 근본적인 의문을 제기할 정도의 놀라운 일들을 계속 벌여 나간다. 아니 "한국인이란 무엇인가?"라는 의문마저 제기할 정도의 일들을 저지르게 된다. 정치란 약탈의 예술일 뿐이라는 신념을 가진 사람들, 즉 약탈 동맹의 군건한 결속은 이해한다 치더라도, 그렇게 믿기지 않을 수준의 근시안적 탐욕이나 광신에 휘둘릴 수 있는가 하는 의문을 양산해낸다는 이야기다.

제6장
★
"박근혜 대할 때 '나는 머슴이다' 생각하면 가장 편하다"
***
2013년

"역시 박근혜…대변인도 총리 지명 30초 전에 알았다"

이탈리아 정치철학자 노르베르토 보비오Norberto Bobbio, 1909~2004는 민주주의인지 독재인지를 판가름하는 가장 간단한 지표 하나를 제시했는데, 그것은 바로 '보이는 권력visible power'과 '보이지 않는 권력invisible power'의 구분이다. 즉, 민주주의란 모든 사람에게 권력을 보이게 하려는 하나의 시도며, "이 기준에서 본다면, 박근혜 정부 시기의 정치 체계는 완벽하게 독재정치의 범주에 속한다".[1]

고려대학교 명예교수 최장집이 『양손잡이 민주주의: 한 손에는 촛불, 다른 손에는 정치를 들다』(2017)에서 한 말이다. 사실 모든 걸 감추려는 박근혜의 비밀주의는 집권 이전 단계에서부터 극단적인 형태로 드러나기 시작했다.

2013년 1월 15일 대통령직인수위원회가 단행한 정부 조직 개편에서도 박근혜의 밀봉 스타일은 여전했다. 『경향신문』은 1월 16일 「박근혜에 보고 사흘 만에…또 '깜깜이 발표'」에서 "18대 대통령직인수위원회의 첫 결과물인 정부 조직 개편안 발표는 철저한 보안 속에 속전속결로 진행됐다"면서 다음과 같이 말했다.

"개편안은 박근혜 당선인에게 보고된 지 3일 만인 15일 전격 발표됐다. 이 바람에 인수위 관계자와 정부 관계자들도 대부분 이날 발표 사실을 몰랐다. 정부 부처의 업무보고가 마무리되지도 않았는데 조직개편안부터 발표됐다. 이 때문에 '깜깜이 발표'란 지적이 나온다. 정부 조직 개편안 완성에서 발표까지 걸린 시간은 단 3일이었다."[2]

『한겨레』 1월 18일 「박근혜의 '자택 정치' 한 달…인수위 회의 딱 1번 참석」이라는 기사에 따르면, 박근혜가 가장 오래 시간을 보내는 곳은 서울 삼성동 자택으로, 이와 관련해 핵심 측근들은 "모든 업무를 집에서 한다. 과거 대표 시절에도 그랬듯, 집에서 필요한 전화를 하고 자료를 살펴본다"고 말했다. 또 박근혜는 집에 사람도 잘 들이지 않으며, 박근혜에게 직접 전화를 걸 수 있는 측근도 한정되어 있었다. 박근혜와 대선 때 호흡을 맞추었던 핵심 참모들조차 "인선 작업을 어디서 하는지 정말 모르겠다. 혼자 할 것이다"고 말할 정도였다.[3] 이런 이유 때문에 일각에선 '따로 운영되는 비선 팀이 있을 것'이라는 분석을 내놓기도 했는데, 이는 훗날 사실로 드러났다.

박근혜의 비밀주의는 인사 참사로 이어졌다. 박근혜가 1월 3일 이명박 정부와 상의해 헌법재판소 소장에 임명한 이동흡 사퇴 논란은 이를 잘 보여주었다. 1월 18일 애국국민운동대연합 등 13개 보수단체가 기자회견을 열어 "국민에게 마지막 신문고인 헌재 소장 후보자가 편협한 사고방식, 국민 정서를 거스른 친일적 결정, 각종 부조리로 점철돼 있다면 앞으로 누가 헌재 판결을 믿겠는가. 후보 자리에서 명예롭게 퇴진하라"고 요구할 정도였다.[4]

『한겨레』에 실린 「역시 박근혜…대변인도 총리 지명 30초 전 알았다」는 기사에 따르면, 김용준 총리 후보자 지명도 철저하게 밀실 속에서 진행되었다. 당선인의 두 대변인이었던 조윤선과 박선규도 국무총리 후보자 발표 직전까지 누가 지명되는지 몰랐다고 말했다. '김용준 인수위원장이 총리로 지명되신 걸 언제 아셨나?'라는 기자들의 물음에 조윤선은 머쓱한 표정으로 "나도 여러분들보다 30초 전에……"라고 말했으며, 박선규도 기자회견 전 미리 회견장에 도착한 김용준과 한참 이야기를 나누었지만 잠시 뒤 김용준이 총리로 지명된다는 사실은 몰랐다고 했다.

김용준 총리 인사도 앞선 인수위원 발표 때처럼 박근혜가 누구와 상의했는지 전혀 알려지지 않았다. 박근혜의 측근들도 하나같이 "인사를 어디서 하는지 정말 모르겠다"고 혀를 내둘렀다. 인수위원회의 한 핵심 인사는 "사실 나한테도 인사 청탁하려고 만나자는 사람도 있는데, 안 만난다. 아무것도 모르니 부탁을 받아도 전달할 통로가 없다"고 털어놓았다.[5] 새누리당 한 핵심 당직자는 "황우여 대표가 지난 24일 총리 지명 발표 소문이 돌자 '누가 총리가 되느냐'고 묻고 다녔다. 그런데 이날 오후 2시에 박 당선인이 김용준 인수위원장을 후보로

내정하자 황 대표도 입을 다물지 못하더라. 당 대표도 몰랐던 게 틀림없다"고 이야기했다.[6]

"일반인도 알 수 있는 자료 박근혜 혼자만 몰랐다"

2013년 1월 29일 김용준 후보자가 국무총리 후보자직을 전격 사퇴했다. 후보 지명 5일 만으로, 새로 들어서는 정부의 첫 총리 후보자가 자진 사퇴한 것은 처음 있는 일이었다. 1월 30일 박근혜는 삼청동 청와대 안가에서 새누리당 소속 강원 지역 의원 8명과 함께한 오찬 자리에서 김용준 총리 후보자 낙마에 대해 "인재를 뽑아 써야 하는데 인사청문회 과정이 털기 식으로 간다면 누가 나서겠냐"면서 "후보자에 대한 '아니면 말고' 식의 의혹이 제기되고 사적인 부분까지 공격하며 가족까지 검증하는데, 이러면 좋은 인재들이 인사청문회가 두려워 공직을 맡지 않을까 걱정"이라고 말했다.

이어 박근혜는 "우리 인사청문 제도가 죄인 신문하듯 몰아붙이기 식으로 가는 것은 좀 문제가 있다. 그런 방식으로 청문회를 하면 의원들이 국민들에게 어떻게 비춰지겠느냐"고 덧붙였다. '각종 비리 의혹으로 낙마한 지명자'에 대해 국민에게 사과하지는 못할망정 제도 탓으로 돌리자 '무책임한 발언'이라는 비판이 쏟아졌다.[7]

『한국일보』는 1월 31일 「일반인도 알 수 있는 자료 박근혜 당선인 혼자만 몰랐다」에서 박근혜의 인선과 관련해 "삼성동 팀이라 불리는 비선이 따로 인선 작업을 하고 있다"는 확인되지 않은 소문이 떠돌고 있다면서 다음과 같이 말했다.

"박 당선인의 인사 스타일은 철저한 '나 홀로'이다. '수첩'으로 상징되는 자신의 인적 네트워크에 기반해 사람을 고르고 전적으로 자신의 판단에 따라 인사를 결정해왔다. 당 대표, 비상대책위원장 시절의 인선이 그랬다. 이 과정에서 검증은 이재만 전 보좌관 등이 인사 대상자의 기본적인 이력을 살펴보는 것으로 갈음했다. 청와대나 사정기관에 검증 관련 자료를 요청한 흔적은 보이지 않는다. 이런 방식을 썼기에 인선은 밀봉密封이라 불릴 정도로 철저한 보안이 가능했다."[8]

박근혜는 2월 8일 1차 인선을 단행하고 새 정부 첫 총리로 검사 출신의 정홍원 전 대한법률구조공단 이사장, 장관급인 청와대 국가안보실장과 경호실장에 김장수 전 국방부 장관과 박흥렬 전 육군참모총장을 각각 내정했다. 『내일신문』은 2월 8일 「불통·불안·불만, 3불의 박근혜」라는 기사에서 "박근혜 대통령 당선인이 '3불不의 늪'에 빠졌다. 불통과 불안, 불만이 그것이다"면서 "불통은 소통 부재와 밀봉 인사 이미지, 불안은 정상적인 정권교체가 가능할지에 대한 국민적 우려, 불만은 선거 때 고생한 친박계의 소외감을 의미한다. 박 당선인에 대한 기대와 지지가 역대 대통령 당선인에 비해 매우 낮은 배경에는 '3불'이 자리 잡고 있다"고 했다.[9]

대통령직인수위원회는 2월 17일 남은 장관 후보자 11명의 인선 결과를 발표했지만, 인선 배경은 물론이고 후보자의 기본적 인적 사항도 공개하지 않아 또다시 '깜깜이 인사'라는 논란에 휩싸였다. 『조선일보』는 「또 깜깜이 인사…인선 배경은 물론 인적 사항도 안 밝혀」라는 기사에서 "공직 경험이 없는 장관 후보자들은 나이, 가족 관계, 병역,

재산 등 기본적 사항부터 확인되지 않았다"며 놀라움을 표했다.[10]

"최악의 권력 사유화 사례로 기록될 'MB 특사'"

2013년 1월 29일 이명박은 임기 종료를 앞두고 특별사면을 강행했다. 특별사면 대상자 55명에는 최시중 전 방송통신위원장과 천신일 세중나모여행 회장을 비롯해 2008년 전당대회 돈 봉투 사건으로 징역 8월에 집행유예 2년을 선고받은 박희태 전 국회의장과 당시 박희태 캠프 상황실장을 맡아 징역 6월에 집행유예 1년을 받은 김효재 전 청와대 정무수석비서관도 포함되었다. 이명박은 특사와 관련해 청와대에서 열린 국무회의에서 "정부 출범 시 사면권을 남용하지 않을 것이고 재임 중 발생한 권력형 비리 사면은 하지 않겠다고 발표했다"며 "이번 사면도 그 원칙에 입각해서 실시했다"고 말했다. 또 "투명하고 법과 원칙에 맞는 사면을 위해 처음으로 민간 위원이 다수 포함된 사면심사위원회를 통하는 등 진일보한 절차를 거쳤다"고 강조했다.[11]

설 특사로 측근들을 대거 풀어주는 동시에 이날 이명박은 측근들에게 훈장도 남발했다. 5년 전 대통령직인수위원회 경제1분과 간사를 지내고 이명박 정부 첫 기획재정부 장관으로 활동하며 관치금융 논란을 불러온 강만수 산은금융그룹 회장에게는 국민훈장 무궁화장, 이명박 정부의 대표 브랜드나 다름없는 녹색성장 정책에 기여한 공로로 안경률 외교통상부 녹색환경협력대사에게도 국민훈장 무궁화장, 지상파 텔레비전 방송의 디지털 전환과 방송 콘텐츠 산업 경쟁력 강화

등을 이유로 대선 기간 이명박 당시 한나라당 후보 캠프에서 언론특보를 맡았던 김인규 전 KBS 사장에게 은탑산업훈장을 수여했다.[12]

『경향신문』은 1월 30일 사설 「최악의 권력 사유화 사례로 기록될 'MB 특사'」에서 "특사 대상에는 예상대로 최시중 전 방송통신위원장과 천신일 세중나모 회장, 박희태 전 국회의장, 김효재 전 청와대 정무수석비서관 등이 포함됐다"며 이렇게 말했다. "이 대통령의 최측근이자 이른바 '창업공신'들이다. 이 대통령은 '정부 출범 시 사면권을 남용하지 않을 것이라고 했다. 이번 사면도 법과 원칙에 따라 실시했다'고 밝혔다 한다. 후안무치厚顔無恥라는 표현으로도 충분치 않을 뻔뻔함에 말문이 막힐 지경이다. 국민의 법, 국민의 원칙과 유리된 이번 특사는 역대 최악의 권력 사유화 사례로 기록될 것이다."[13]

이명박은 임기 일주일을 남긴 2월 18일, 라디오 연설에서 "5년간 행복하게 일했다"고 마지막 인사를 했다. 사저가 있는 서울 강남구의 신연희 구청장은 "이 대통령은 5년이란 찰나의 순간에 경제대국, 수출대국, 문화대국, 체육대국, 관광대국이란 위업을 달성했다. 최고 반열의 평가를 받을 거라 확신한다"고 말을 보탰다.[14]

내내 행복하면서 '최고 반열의 평가'를 받을 수 있었다면 좋았겠지만, 현실은 전혀 그렇지 못했다. 미리 이야기하자면, 2015년 8월 한국갤럽이 광복 70주년에 맞춰 실시한 여론조사에 따르면, 잘못한 일이 가장 많은 역대 대통령 분야에서 이명박은 1위를 기록했으니 말이다. 역대 대통령별로 '잘한 일'과 '잘못한 일'에 대한 평가를 물은 결과, 이명박에 대해서는 응답자의 64퍼센트가 '잘못한 일이 많다'고 답했다. 이명박에 이어 전두환(60퍼센트), 노태우(45퍼센트), 김영삼(42퍼센트) 순으로 잘못한 일이 많다는 평가를 받았다.[15] 이런 비판적 평가는 이후에도 내내 지속된다.

"MB정부 기준이면 박근혜 내각 절반은 '낙마 대상'"

대통령 취임을 4일 앞둔 2월 21일 대통령직인수위원회는 박근혜 정부가 추진할 5개 국정 목표와 21개 국정 전략, 140개 세부 과제를 발표했다. 하지만 대선 당시 복지와 함께 박근혜의 대표 브랜드 역할을 했던 경제민주화라는 단어가 국정 목표·전략·과제 등에서 사라졌다.[16] 경제민주화는 선거용으로 급조된 것이라는 걸 사실상 시인한 셈이었다.

2월 25일 대통령 취임식에서 박근혜는 '희망의 새 시대를 열겠습니다'는 취임사의 제목대로 "부강하고, 국민 모두가 함께 행복한 대한민국을 만드는 데 저의 모든 것을 바치겠다"고 말했지만, 이 또한 믿기 어려운 말이었다. 우선 당장 장관 내정자들의 면면은 '희망의 새 시대'와는 거리가 멀어도 너무 멀었다.

박근혜는 야당 시절에 노무현 정부의 인사를 혹독하게 비판한 바 있었다. 박근혜는 2006년엔 "정실 인사, 낙하산 인사는 정권 자신을 해친다"고 했으며, 2007년엔 "이 정부 들어서 이념적, 편향적으로 코드 인사를 하고, 능력 있는 인재를 소외시켜 국력을 낭비했다"고 비판했다.[17] 박근혜는 2012년 대통령 당선 직후 "최근 공기업, 공공기관에 전문성 없는 인사들을 낙하산으로 보낸다는 얘기가 들린다. 국민들과 다음 정부에 부담이 되는 잘못된 일"이라고 말하는 등 여러 차례 낙하산·코드 인사를 비판했다.[18] 그러나 이런 비판은 똥 묻은 개가 겨 묻은 개 나무라는 식이었음이 드러났다.

『한겨레』는 3월 2일 「MB 정부 기준이면 박근혜 내각 절반은 '낙마 대상'」에서 "5년 전 이명박 정부는 초대 장관 후보자 15명과 청와대 참모진 내정자가 발표된 뒤 '강부자(강남 부자) 내각'이라고 불릴 정도로 부동산 투기 등 후보자들의 도덕성 문제가 불거"져 정부 초대 내각에서 박은경(환경), 이춘호(여성), 남주홍(통일) 후보자 등 3명이 도덕성 문제로 하차했다면서 다음과 같이 말했다.

"이들의 낙마 기준을 적용할 경우, 박근혜 정부에선 '의혹 백화점' 수준인 김병관(국방) 장관 후보자를 비롯해 절반가량이 대상이 될 수 있다. 부동산 투기, 편법 증여, 위장전입, 공금 유용, 전관예우 등 다양한 의혹이 망라돼 있고, 자녀들에게 아파트나 금융자산 등을 물려주고 세금을 내지 않다가 장관 내정 이후에 허겁지겁 증여세를 낸 후보자들이 수두룩하고, 로펌에 근무하면서 억대의 연봉을 받거나, 중앙부처 이사관으로 있으면서 자녀는 가계 곤란 장학금을 받도록 한 후보자들도 있다."[19]

이미 김용준 전 국무총리 후보자가 두 아들의 병역 면제와 부동산 투기 의혹을 받아 자진 사퇴했고, 김종훈 전 미래창조과학부 장관 후보자가 국적과 거액의 재산 축적 논란에 휩싸여 자진 사퇴했다. 이런 가운데 3월 18일 황철주 중소기업청장 내정자가 주식매각과 백지신탁 등 규정 때문에 또 사퇴했다. 박근혜 정부의 '인사 시스템'에 대한 비판이 들끓었다.[20]

3월 22일 '의혹 백화점'이라는 불명예를 무릅쓰고 완강히 버티던 김병관 국방부 장관 후보자도 여론의 압박을 견디지 못하고 결국 사퇴했다. 이동흡, 김용준, 김종훈, 황철주, 김학의에 이어 박근혜가 선택한 고위 공직자 후보의 6번째 낙마였다. 청와대 비서관까지 포함하면 모두 11명이 낙마했다.

"박근혜 대할 때 '나는 머슴이다' 생각하면 가장 편하다"

2013년 5월 5일 『동아일보』에 「[비밀해제 MB 5년] (9) 무대와 공주」라는 재미있는 기사가 실렸다. 이 기사는 박근혜가 어떤 사람인지를 잘 보여주는 일화들을 소개했다. 몇 가지 중요한 에피소드를 소개하면 다음과 같다.

친박인 손범규 전 의원(18대·경기 고양 덕양갑)은 언젠가 이런 이야기를 했다고 한다. "박근혜 대표를 대할 때 '나는 머슴이다'라고 생각하면 가장 편하다. '아씨와 머슴'이라고 생각하면 나도 마음이 편하고, 박 대표도 편하게 받아들인다. 김무성 의원이 박 대표와 안 된 것은 '아씨와 장수', '공주와 왕자'로 가려고 하니까 그런 거다."

정치 초년병인 손범규는 그렇게 박근혜를 대했다. 2005년 당시 한나라당 대표를 맡고 있던 박근혜가 '김대업 병풍兵風' 재판 과정에서 고생한 손범규에게 공로패를 주는 날, 손범규는 박근혜를 빤히 쳐다보며 "매번 공로패만 주시지 말고 공천장을 주시면 안 됩니까?"라고 떼를 썼다. 머슴이 아씨한테 애교를 부리는 것처럼……. 곁에 서 있던 당직자들이 모두 웃었다.

그러나 손범규를 한참이나 쳐다보던 박근혜는 당시 김무성 사무총장을 가까이 부른 뒤 "당에 공로하신 분을 인정해주셔야죠"라고 했다. 이 말이 영향을 미쳤는지는 알 수 없으나 1년 뒤 이성헌 사무부총장에게서 전화가 걸려왔다. "서울 은평갑이나 경기 고양 덕양 중 하나를 골라보라"고. 손범규가 아마 대가를 요구하거나 '거래'를 하려는 듯한 눈빛으로 그렇게 말했다면 박근혜는 싸늘하게 외면했을 것이다. 손범규는 훗날 대통령 탄핵 과정에서 그리고 탄핵 이후 박근혜의 변호인으로 맹활약하면서 보은報恩의 머슴 노릇을 충실히 수행하게 된다.

한나라당의 사무총장에 이어 2007년 경선 캠프 좌장까지 맡았던 김무성은 박근혜 때문에 자주 스트레스를 받아 소폭(소주폭탄주)을 벌컥벌컥 들이키기도 했다. 이런 식이었다. 2007년 경선 당시 경남 지역 언론사 편집국장·보도국장 초청 저녁 모임, 박근혜가 한 시간쯤 늦었다. 김무성은 이미 술이 올랐고······.

김무성 : "대표님, 돈이 다 떨어졌습니다."

박근혜 : "······."

김무성 : "(박 대표의) 삼성동 집을 부동산에 알아보니까 한 20억 원쯤 간다고 합디다. 그거 팔고 아버지하고 살던 예전 신당동 집으로 들어가십시오. 일주일이면 집을 고칠 수 있다고 하니······. 신당동 들어가면 (박 대표의) 이미지에도 좋습니다. 당선되면 (집 문제는) 어떻게든 풀릴 겁니다. 떨어지면 내가 전셋돈 마련해주겠습니다."

박근혜 : "(점점 표정이 일그러지면서) 제가 언제 돈 쓰라고 했어요? 돈 쓰지 마세요!"

박근혜가 버럭 고함을 질렀다. 멀찌감치 앉아 술을 마시던 김학송 의원(경남 진해)이 깜짝 놀라 "무슨 일입니까?"라며 달려왔다. 이야기는 끝난 것이나 다름없었다. 김무성도 "그래, 됐습니다. 고마 치아 삐리소!"라며 자리를 털고 일어섰다.

　'공주의 남자' 김무성은 박근혜보다 한 살 많았다. 김무성이 1951년 9월생이고, 박근혜가 1952년 2월생이니 실제로는 5개월 차이밖에 안 나지만 그래도 김무성은 '공주의 오라비' 같은 마음으로 박근혜를 대했다. 그럼에도 김무성은 박근혜의 '공주 의식'을 견딜 수 없었다고 한다. 김무성은 기자들과 술을 마시다가 이런 질문을 했다나.

　김무성 : "너거, 박근혜가 제일 잘 쓰는 말이 뭔지 아나?"

　기자들 : "원칙, 신뢰, 약속 아닌가요?"

　김무성 : "하극상이다, 하극상! 박근혜가 초선으로 당 부총재를 했는데 선수選數도 많고 나이도 많은 의원들이 자기를 비판하니까 '하극상 아니냐'고 화를 내더라. 그만큼 서열에 대한 의식이 강하다. 그다음으로 잘 쓰는 말이 '색출하세요!'다, 색출……. 언론에 자기 얘기가 나가면 누가 발설했는지 색출하라는 말이다. 그다음이 근절이고……. 하여간 영애令愛 의식에서 아직 벗어나지 못했다."[21]

국정원 대선 개입에 분노한 촛불집회

2013년 6월 14일 서울중앙지검 특별수사팀(팀장 윤석열 부장검사)은 국정원 선거 개입 의혹 수사 결과를 발표했다. 원세훈 전 국정원장에게 공직선거법 위반과 국정원법 위반 혐의를 적용해 불구속 기소하고 심리전단 직원 6명은 기소유예했다.

검찰은 2012년 9월 19일부터 12월 14일까지 대선 기간 국정원 직원들이 원세훈의 지시를 받아 인터넷 사이트 수십 곳에서 수백 개의 아이디를 동원해 특정 후보를 지지·반대하는 댓글 1,760여 건과 댓글에 대한 찬반 표시를 올렸으며 이 가운데 67개의 댓글이 선거 개입과 관련한 것으로 판단했다. 문재인 당시 민주통합당 후보를 직접적으로 비판한 댓글은 3건이라고 밝혔다. 새누리당은 수사 결과에 대해 "국정원 직원이 작성한 글 가운데 검찰이 밝혀낸 선거 관련 댓글은 3.8%였다"며 의혹을 제기한 민주당을 겨냥해 "태산명동서일필泰山鳴動鼠一匹(태산이 떠나갈 듯 소란을 떨었으나 나온 것은 불과 쥐 한 마리)"이라고 논평했다.[22]

6월 14일 민주당은 검찰의 국정원 정치·대선 개입 의혹 사건 수사 결과 발표에 대해 "용두사미식 면죄부 수사"라고 논평했다. 민주당은 기소하지 않은 국정원 직원들에 대해 재정신청을 하고, 국회 국정조사를 통해 진상을 철저히 밝히겠다고 주장했다. 또 검찰 수사에 개입한 의혹을 받는 황교안 법무부 장관과 곽상도 청와대 민정수석에 대해 즉각 사퇴를 요구했다. 이어 "여야는 검찰 수사가 종결되면 국정조사를 하기로 합의했다"며 "즉각 국정조사를 추진하겠다"고 말했다.[23]

국정원이 대선에 개입한 것으로 밝혀지면서 촛불집회가 열리기 시작했다. 6월 15일 저녁 '제18대 대통령 선거무효소송인단'은 서울 덕수궁 대한문 앞 광장에서 촛불집회를 열고 "18대 대선은 총체적 부정선거"라고 주장하며 국정원의 인터넷을 이용한 선거 개입과 '십알단'

등의 대선 여론조작 등을 비판했다.

대학가에선 '국정원 선거 개입 규탄' 시국 선언이 급속도로 확산되었다. 서울대학교 총학생회는 6월 20일 오전 서울 서초동 대검찰청 앞에서 기자회견을 열고 "문제의 핵심은 정부 권력기관들이 국민의 주권이 행사되는 선거에 개입해 절차적 민주주의를 훼손했다는 것"이라며 "공권력을 이용해 대통령 선거에 개입한 국정원 인사들과 축소 수사와 허위 보도로 국민을 속인 경찰 관계자들을 처벌해야 한다"고 주장했다.[24]

6월 21일 천주교정의구현전국연합 등 천주교 단체들도 시국 선언에 가세했다. 천주교 단체들은 "국정원의 선거 개입은 지난 대선 결과에 심각한 영향을 줄 수 있던 사안"이라며 "부당한 수사 간섭의 전모를 규명하고 이들에 대한 책임을 추궁해야 한다"고 주장했다. 서울 광화문광장에 다시 촛불이 켜졌다. 대학생, 직장인, 아이를 안고 나온 시민들이 국정원의 선거 개입을 규탄하기 위해 촛불을 들고 거리로 나섰다. 참석자들은 "정부가 해명하지 않고 덮기에만 급급할 경우 더 큰 국민의 저항에 직면하게 될 것"이라고 말했다.[25]

민주당 지지자 72퍼센트 "야당 역할 못하고 있다"

2013년 6월 24일 박근혜는 국정원의 대선 개입 사건에 대해 "국정원에 그런 문제가 있었다면 국정원 관련 문제들에 대해 국민 앞에 의혹을 밝힐 필요가 있다고 생각한다"고 말했다. 이어 "절차에 대해서는 대통령이 나설 문제가 아니다. 그것은 국회가 논의해서 할 일"이라고 밝혔다. 박근혜는 또 "국정원 댓글 사건에 대해 왜 그런 일을 했는지 전혀 알지도 못한다"면서 "대선 때 국정원이 어떤 도움을 주지도, 국정원으로부터 어떤 도움을 받지도 않았다"고 말했다.

박근혜의 이날 언급에 대해 민주당 김관영 수석대변인은 "엄중한 국기 문란 사건에 대한 대통령의 발언치고는 상당히 실망스럽다"며 "대한민국 국정 최고 책임자로서 책임 있는 자세와는 상당한 거리가 있고, 국정원 국기 문란 사건을 바라보고 있는 많은 국민들의 인식 수준과도 상당한 거리가 있다"고 밝혔다. 그는 이어 "문제의 본질은 대통령이 불법 대선 행위에 직접 관여했느냐 하지 않았느냐가 아니다"라며 "선거 개입 사실이 확인된 경찰과 국정원을 어떻게 개혁할 것인가 책임 표명을 하고 또 국정조사를 실시하는 것"이라고 덧붙였다.[26]

6월 25일 여야는 국정원의 대선 개입 의혹에 대한 진상 규명을 위해 국정조사를 실시하기로 합의하고 7월 2일 특위 활동을 시작했지만 특위 활동은 삐거덕거렸다. 7월 5일 한국갤럽이 공개한 여론조사 결과를 보면, 민주당 지지자 가운데 '민주당이 야당으로서의 할 일을 잘못하고 있다'고 답한 응답자는 72퍼센트에 달했지만 '제대로 잘하고 있다'는 응답은 13퍼센트에 불과했다. 정당 지지도에선 새누리당을 지지한다는 응답은 지난주보다 4퍼센트포인트 오른 41퍼센트, 민주당 지지도는 1퍼센트포인트 상승한 19퍼센트였다. '박근혜 대통령이 직무를 잘 수행하고 있다'는 응답은 지난주에 견줘 9퍼센트포인트 상승한 63퍼센트를 기록했다. '잘못하고 있다'고 답한 응답자는 5퍼센트포인트 떨어진 16퍼센트였다. 한국갤럽 조사를 기준으로 보면, 대통

령 취임 뒤 긍정 평가는 최고치를, 부정 평가는 최저치를 기록했다.[27]

7월 10일 김한길 민주당 대표는 국회 본관 앞에서 열린 '현장 최고위원회 발대식'에서 "대한민국은 지금 정상적인 민주주의 국가가 아니다"라며 "박근혜 대통령의 책임 회피가 민주주의의 위기를 심화시키고 있다"고 주장했다. 김한길은 특히 "나와는 상관없다는 식의 관찰자적 태도는 국민이 원하는 바가 아니다"라고 박근혜를 직접 겨냥했다. 김한길은 또 "개혁 대상인 국정원에 스스로 개혁안을 마련하라고 한 것은 주홍글씨 대신 훈장을 달아주는 일"이라며 "국정원 개혁은 국회와 국민이 해야 한다"고 주장했다. 김한길은 "특히 (2007년 남북) 정상회담 대화록을 입수해 선거에 불법적으로 활용했는데도 박 대통령은 아무 말이 없다"면서 "대통령은 국민 앞에 직접 나서 진심으로 사과하고 성역 없는 수사와 책임자 처벌 의지를 밝혀야 한다"고 주장했다.[28]

대정부 공세를 이어가던 민주당에 악재가 터졌다. 7월 11일 홍익표 원내대변인이 이른바 '귀태' 발언을 내놓은 것이다. 7월 11일 홍익표는 박정희 전 대통령을 '태어나지 않아야 할 사람'이라는 뜻의 '귀태'로, 박근혜를 '귀태의 후손'으로 비유했다. 이날 그는 당 고위정책회의 브리핑을 하면서 "지난해 출판된 『기시 노부스케와 박정희』라는 책에 '귀태鬼胎'라는 표현이 있다. 태어나지 않아야 할 사람들이 태어났다는 뜻이다. 일본 제국주의가 세운 만주국의 귀태 박정희와 기시 노부스케가 있었는데, 아이러니하게도 귀태의 후손들이 한국과 일본의 정상으로 있다. 바로 박근혜 대통령과 아베 총리다"라고 말했다.[29]

"민주 원내대변인의 저급한 '귀태' 발언 파문"

2013년 7월 12일 이정현 청와대 홍보수석은 청와대 춘추관에서 긴급 기자회견을 열고, 홍익표의 발언에 대해 "국민이 선택한 대통령의 정통성을 부정하고 자유민주주의에 정면 도전한 것"이라며 국민과 대통령에게 사과할 것을 공식 요구했다. 이정현은 또 "어제 발언은 국회의원 개인의 자질을 의심하게 할 뿐만 아니라 국민을 대신하는 국회의원이 했다고는 볼 수 없을 정도의 폭언이고 망언이었다"면서 "우리 대통령에 대해 북한에서 막말을 하는 것도 부족해 이제 국회의원이 대통령에게 그런 식으로 막말을 하는 것은 대한민국의 자존심을 망치고 국민을 모독하는 일로 있을 수 없는 일"이라고 목소리를 높였다.[30]

7월 12일 저녁 홍익표는 원내대변인직을 사퇴했다. 『경향신문』은 7월 13일 사설 「민주 원내대변인의 저급한 '귀태' 발언 파문」에서 "공당의 원내대변인이 저주에 가까운 표현을 써가며 국민의 선택으로 뽑힌 대통령을 비난한 것은 매우 부적절하다. 후손이라는 이유로 박근혜 대통령과 아베 신조 일본 총리를 대비시킨 것도 엉뚱한 연좌제이고 비약이다. 정치적 공방과 비판에서도 넘지 말아야 할 선이 있는데 홍 원내대변인의 발언은 그 선을 넘은 것이다. '막말'이 계속되는 우리 정치의 후진성을 또 보여줬다"면서 다음과 같이 말했다.

"새누리당의 강경 대처가 '국정원 정국'을 반전하려는 셈법이 아니었다면, 민주당 대표가 유감을 표명하고 홍 원내대변인이 사퇴한 만큼 즉각 국회를 정상화시켜야 한다. 사과의 진정성을 이유로 또다시 국회 일정을 중단시킨다면 '귀태' 발언 대응이 정략이었음을 고백하는 꼴이 된다. 새누리당이 이미 홍 전 원내대변인을 국회 윤리위에 제소한 만큼 거기서 추가적 책임 여부는 따지면 될 일이다.”³¹

하지만 민주당에선 막말이 계속해서 터져나왔다. 7월 14일 이해찬 상임고문은 지역구인 세종특별자치시에서 열린 국정원 대선 개입 의혹 규탄 당원 보고 대회에서 “옛 중앙정보부를 누가 만들었나. 박정희가 누구이고 누구한테 죽었나. 박씨 집안은 안기부 정보부와 그렇게 인연이 질긴가”라고 말했다. 이해찬은 박근혜를 ‘당신’이라 지칭하며 “자꾸 비호하고 거짓말하면 갈수록 당선 무효 주장 세력이 늘어난다. 정통성을 유지하려면 악연을 끊어 달라”고도 했다.³²

『경향신문』은 7월 30일 「NLL 정쟁」 여야 성적표 10:0…민주, 새누리에 사실상 완패」에서 “‘10대 0.’ 지난달 검찰 수사 결과 발표 이후 시작된 서해 북방한계선ɴʟʟ 정국과 29일 국가정보원 국정조사가 재개된 시점까지 새누리당과 민주당 간 부닥쳤던 정국 주도권 다툼의 결과다. 사실상 민주당의 완봉패라는 것이 정치권 평가다. 전략 부재, 무력한 지도부 리더십, 친노무현(친노) 세력의 강경론은 번번이 새누리당 역공에 꺾였다”면서 다음과 같이 말했다.

“NLL 논란 동안 문재인 의원의 남북정상회담 회의록 ‘원본 열람’ 주장, 국정원의 회의록 공개 및 ‘NLL 포기 맞다’ 성명 대응 실패, 새누리당의 회의록 사전 입수 의혹 이슈화 실패, ‘귀태’ 막말 파문, 새누리당에 발목 잡힌 김현·진선미 의원 국조 특위 사퇴, 회의록 실종, 뒤통수 맞은 회의록 실종 검찰 고발, 선점당한 NLL 종식 선언과 여야 대표 회담 제안, 결국 비공개에 합의한 국정원 기관 보고 등이 민주당의 10전 10패로 꼽힌다. 번번이 주도권을 놓치거나 한 수 앞을 못 본 강경론으로 양보를 거듭한 사안들이다."[33]

"국민 기만한 MB…4대강 사실은 대운하"

2013년 7월 10일 감사원은 '4대강 살리기 사업 설계·시공일괄입찰 등 주요 계약 집행 실태' 감사 결과 이명박 정부가 한반도 대운하 재추진을 포석에 깔고 4대강 사업을 설계했다고 발표했다. 감사 결과에 따르면, 4대강 사업은 대운하를 위한 건설 사업이었으며, 이 과정에서 이명박이 국민을 기만하고, 국토부는 진실을 은폐했으며, 공정위는 비리를 눈감는 등 행정기관이 총체적 '범죄행위'에 가담했다. 감사원 감사 결과 내용은 이렇다.

이명박의 대운하 중단 선언(2008년 6월) 이후인 2009년 2월 청와대는 국토부에 "사회적 여건 변화에 따라 운하가 재추진될 수도 있으니 이에 대한 대비가 필요하다"는 극비 지시를 내렸으며, 이명박은 국민에게 대운하 포기를 발표하고, 한편으로 국토부에 운하 건설 지시를 내리는 이중 플레이를 했다. 이에 따라 국토부는 대운하를 염두에 둔 마스터플랜을 작성하고 현대건설, 대우건설, 삼성물산, GS건설, 대림산업으로 구성된 경부 운하 컨소시엄이 그대로 4대강 사업에 참여토록 했다.

이 과정에서 국토부는 건설사들의 담합 정황에도 4조 1,000억 원 규모의 1차 턴키 공사를 발주해 담합을 방조, 엄청난 예산을 낭비했으며, 대운하를 염두에 두고 규모를 3배 가까이 늘리는 과정에서 수심 유지를 위한 유지 관리비 증가, 수질 관리 곤란 등의 부작용도 발생했다. 공정위는 또 4대강 담합 사건 처리를 1년 이상 방치했으며, 12개 건설사에 1,561억 원의 과징금을 부과하고 6개사를 고발한다는 사무처 의견을 8개사에 1,115억 원의 과징금만 부과하는 것으로 축소했고, 이에 대한 회의록조차 기록하지 않았다. 청와대는 진상 파악과 대책 마련을 촉구하고 나섰다.[34]

이정현 청와대 홍보수석은 강도 높게 이명박 정부를 비판했다. 그는 감사원 결과가 나오자마자 "감사원 감사 결과가 사실이라면 국가에 엄청난 손해를 입힌 큰일이다"면서 "전모를 확실히 밝히고 진상을 정확히 알아야 할 것 같다. 그래서 국민들에게 잘못된 부분은 잘못된 대로 사실대로 알리고, 그래서 바로잡아야 할 것은 바로잡고 고쳐야 할 것은 고쳐야 할 것이다"고 했다.[35]

이명박 정부에 대한 청와대의 이른바 '선 긋기'는 감사원 감사와 검찰 수사 등을 통해 4대강 사업의 문제점이 속속 드러났고 여론이 전반적으로 4대강 사업에 비판적이라는 이유가 작용한 것으로 해석되었다. 앞으로도 홍수나 녹조, 부실 공사 등 문제가 계속 불거질 가능성이 크기 때문에 책임 소재를 확실하게 해두지 않으면 현 정부에 두고두고 부담이 될 수밖에 없다는 점이 반영되었다는 것이다.[36]

"대운하 재추진 꿈꾸며 벌인 4대강 사기극"

언론도 어이없는 '4대강 사기극'에 놀라 비판의 목소리를 쏟아냈다.

『한겨레』는 7월 11일 사설「대운하 고려한 4대강 사업, 이 전 대통령 책임 물어야」에서 "4대강 사업을 대운하를 염두에 두고 추진하는 일은 이명박 전 대통령의 지시 없이는 불가능하다. 청와대와 국토부의 관련자는 물론 이 전 대통령에게도 책임을 엄중히 물어야 한다"면서 다음과 같이 말했다.

"전 국토를 헤집는 사업을 두고 국민을 이렇게 기만했다니 분노하지 않을 수 없다. 대통령 말고 누가 이런 지시를 할 수 있겠는가. 감사원 관계자도 진술이나 문건을 통해 이 전 대통령의 직접 지시를 확보한 것은 없지만 대통령의 의중이 반영된 것 아니냐는 생각이 든다고 말했다. 그렇다면 직권남용과 배임 등 법적 책임을 물어야 마땅하다. 감사원이 이 전 대통령에 대한 사법적 조처는 고려하지 않고 있다는 것은 감사 결과를 스스로 부정하는 꼴이다."[37]

『경향신문』은 7월 11일 사설「대운하 재추진 꿈꾸며 벌인 4대강 사기극」에서 "온 국민을 속이고 적반하장의 태도까지 보인 MB정부에 배신감을 넘어 허탈감을 느끼지 않을 수 없다"면서 다음과 같이 말했다.

"4대강 사업 과정에서 국고를 축낸 각종 비리는 당연히 철저히 규명해 단죄해야 한다. 이와 더불어 그런 원인을 제공하고 국민을 기만하고 정부의 신뢰에 치명적인 손상을 가한 부분도 반드시 규명해 정치적 책임을 물어야 할 까닭이 명백해졌다. 박근혜 대통령도 4대강 진상 규명을 공약했던 만큼 정부의 신뢰 회복을 위해서도 비리 문제와 별도로 정치적 책임 부분을 엄중하게 다뤄야 할 것이다. 정치적 책임을 함께 지겠다는 뜻이 아니라면 말이다."[38]

『조선일보』는 7월 11일 사설「'대운하 전前 단계로 4대강 팠다' 감사 결과 사실인가」에서 이명박 정부 시절 4대강 주무 장관들은 "4대강 사업은 대운하와 전혀 관련 없는 사업"이라고 여러 차례 말했다면서 다음과 같이 말했다.

"그래 놓고선 여차하면 4대강에서 화물선이 다니는 걸 전제로 사업을 진행했다면 국민을 기만한 행위이고, 운하로 개조改造를 염두에 두고 4대강 설계를 하는 바람에 사업비가 13조 9,000억 원에서 18조 3,000억 원까지 늘어났다면 그냥 묵과할 수 없는 일이다. 감사원이 2010년과 2012년 두 차례에 걸쳐 감사를 하고는 '특별한 문제없다', '공사가 부실했다'는 식으로 발표해놓고 정권이 바뀌자 '대운하를 염두에 둔 사업'이라고 나선 것 역시 문제다. 이명박 정부 4대강 사업 책임자들의 정치적·법률적 책임과 함께 감사원의 존재 의의意義가 논란의 도마 위에 오를 수밖에 없게 됐다."[39]

"4대강은 이명박·박근혜, 두 정권 공동 책임"

야당은 이명박 정권과 박근혜 정권을 싸잡아 비판했다. 민주당 김한길 대표는 7월 12일 최고위원회의에서 "대운하 사기극으로 밝혀진 4대강 사업은 명백한 전·현 새누리당 정권의 책임"이라고 규정했다. 김한길은 "청와대는 마치 남의 일인 것처럼 말하고 있지만, 박근혜 대통령은 2010년 이명박 대통령과 독대 후에 4대강 사업 자체가 큰 문제가 없다는 판단이 있어서 협조하겠다고 말하면서 국민을 믿게 했다"며 "여기에 새누리당은 국민과 야당의 강력한 반대에도 불구하고 3년이나 연속해서 4대강 사업 예산을 날치기했다"고 말했다.

진보정의당도 하루 전 논평을 내 "새누리당과 청와대가 당시에는 침묵 방조하고 4대강 예산을 날치기 통과시켜 놓고서도 이제 와서 이정현 홍보수석 입을 통해 선 긋기만 하면 끝이란 말인가"라며 "감사원과 새누리당, 청와대도 MB정부의 4대강 사기극으로부터 자유로울 수 없다"고 지적했다.[40]

감사원에도 비판이 쏟아졌다. 이명박 정부 시절에 실시한 두 차례의 감사 내용과 판이하게 달랐기 때문이다. 감사원은 4대강 공사가 본격적으로 시작된 뒤에도 논란이 끊이지 않자 2009년 8월 처음 감사에 착수, 2010년 6월 감사를 끝내고 4대강 사업에 별다른 문제점을 확인하지 못했다고 발표했다. 하지만 2013년 1월 발표한 2차 감사 결과에서는 4대강 사업으로 수질 악화가 우려되고 비효율적인 준설로 향후 유지 관리에 과도한 비용이 드는 등 총체적으로 부실한 사업이라고 했다. 그리고 이번 3차 감사 결과 발표에선 이명박의 대운하 건설 의지가 반영되었기 때문에 부실 사업이 버젓이 추진되었다고 말한 것이다.

『경향신문』은 7월 12일 사설 「감사원의 4대강 감사」를 감사하고 싶다」에서 "돌이켜보면 감사원이 그간 실시해온 4대강 사업 감사에는 아쉬움이 많다. 4대강 사업에 대한 평가가 처음에는 긍정적이다가 뒤에 부정적으로 바뀌었다는 점에서 그렇다. 감사 대상이 다른 데 따른 불가피한 결과라는 감사원의 해명은 설득력 있게 들리지 않는다. 오히려 4대강 사업 감사는 '정치 감사'라는 비판을 자초했다"면서 다음과 같이 말했다.

"4대강 사업을 처리해온 감사원의 자세에는 실망하지 않을 수 없다.

4대강 사업 감사 결과가 정권에 따라 극과 극을 오갔기 때문이다. 감사 결과 내용과 발표 시기를 보면 확인할 수 있다. 감사원은 대통령이 원장을 임명하는 대통령 직속기관이지만 헌법상 청와대 지시를 받지 않는 독립기관이다. 몇 차례 실시한 4대강 사업 감사 결과를 보면 감사원이 과연 정도正道를 걸었는지 의문을 제기하지 않을 수 없다."[41]

"휴지 조각이 돼버린 '기초연금 20만 원' 공약"

2013년 7월 10일 박근혜는 언론사 논설·해설위원실장 오찬 간담회에서 "(경제민주화) 중점 법안이 7개 정도였는데 6개가 이번(6월 임시국회)에 통과됐다. 그래서 거의 끝에 오지 않았나 생각한다"며 "이제는 서로가 법을 지키려고 노력하면서 투자하고 경제를 발전시키기 위해 노력해나가야 한다"고 말했다. 경제민주화 입법화가 일단락된 만큼 성장에 집중하겠다는 것이었다.

하지만 경제민주화 법안은 누더기가 되어 있는 상태였다. 특히 핵심 통과 법안은 내용상 당초 안보다 후퇴한 상태였다. 대기업의 일감 몰아주기 규제 대상이 대기업의 '모든 계열사'에서 '총수 일가가 일정 지분을 보유한 계열사'로 축소된 게 대표적이었다. 박근혜의 대선 공약이었음에도 국회 상임위 문턱을 넘지 못한 법안도 적지 않았다.

대기업의 신규 순환출자 금지 법안과 보험·증권 등 제2금융권으로 대주주 적격성 심사를 확대하는 법안은 6월 국회 처리 목표였지만 정무위에 계류 중이었으며, 횡령·배임 등 재벌 총수의 중대 범죄에 대해 집행유예를 금지하는 특정경제범죄가중처벌법 개정안, 형 확정 이후 대통령 사면을 차단하는 사면법 개정안 등은 법사위에 머물러 있는 상태였다. 이런 상황에서 박근혜가 경제민주화 입법에 대해 사실상 '종결 선언'을 한 것이다.[42]

7월 17일 보건복지부 장관 자문 기구인 국민행복연금위원회는 박근혜의 대선 공약에서 크게 후퇴한 내용의 기초연금 합의안을 발표했다. 합의안은 소득 하위 70퍼센트 노인에게 소득인정액(재산을 소득으로 환산한 금액과 정기 소득을 합친 금액)을 기준으로 최대 월 20만 원에서 차등 지급, 소득 하위 70퍼센트 노인에게 국민연금과 연계해 최대 월 20만 원까지 차등 지급, 소득 하위 80퍼센트 노인에게 월 20만 원 정액 지급 등 크게 3가지로 구성되었다.[43] '4대 중증질환 진료비 전액 국가 부담' 공약이 '4대 중증질환 보장성 강화'로 달라진 데 이어 '모든 65세 이상 노인에게 월 20만 원 기초연금 지급' 공약도 사실상 '공약空約'이 되면서 논란이 일었다.

『한겨레』는 7월 18일 사설 「휴지 조각이 돼버린 '기초연금 20만 원' 공약」에서 "'모든 노인에게 20만 원씩'을 약속했던 박근혜 대통령의 장밋빛 대선 공약은 휴지 조각이 돼버렸다"면서 다음과 같이 말했다.

"공약 후퇴는 재원을 확보할 길이 없기 때문이라고 한다. 국민행복연금위원회의 김상균 위원장은 '박근혜 대통령의 대선 공약을 만든 6개월 전과 현재의 경제 상황이 상당히 차이가 난다'고 궁색한 변명을 늘어놓았다. 그렇다면 6개월 전이라면 이 약속을 지킬 수 있었다는 말인지 묻지 않을 수 없다. 그게 아니라면 박 대통령은 예산이 얼마나 드는지도 모르고 화려한 공약만 남발한 무책임한 대통령인 것이다."[44]

『경향신문』은 7월 19일 사설 「사과 한마디 없이 뒤집히는 '박근혜 공약'」에서 "박근혜 대통령의 주요 대선 공약들이 대부분 뒤집히고 있다"면서 "뒤집힌 공약들은 박근혜 대통령을 탄생시킨 소위 '대표 공약'들이다. 복지, 경제, 안보 영역에서 핵심적인 공약들이 집권 6개월 만에 대폭 수정되거나 후퇴되고 있는 것이다. 문제의 심각성은 여기에 있다. 박근혜 대통령 후보의 경제민주화와 복지 공약 등을 평가해 박 후보를 선택한 국민들에게는 명백한 기만이기 때문이다"고 말했다.[45]

"김기춘의 복귀…청와대 유신시대로 회귀"

2013년 8월 5일 박근혜는 청와대 비서진 개편 인사를 단행하면서 김기춘 전 법무부 장관을 청와대 비서실장으로 임명했다. 김기춘이 누구인가? 김기춘은 박정희 시절 청와대 비서관을 지내고 유신헌법 제정에 참여한 인물이었다. 대표적인 공안통이었던 그는 법무부 장관 신분으로 1992년 대선 당시 관권선거 논란을 일으킨 이른바 '초원복집' 사건의 장본인이기도 했다. 당시 그는 부산 지역 기관장들을 모아 놓고 김영삼 민주자유당 대통령 후보 지원을 위한 대책 회의를 하다 발각되었다.

김기춘은 박정희뿐만 아니라 박근혜와의 인연도 깊었다. 두 사람의 관계는 2005년 7월부터 본격적으로 시작되었으며, 한나라당 대표였던 시절 박근혜는 김기춘을 여의도연구소장으로 발탁했다. 2007년에는 경선 캠프에서 법률지원단장으로 활약했으며, 2013년 7월 1일엔 박정희기념사업회의 초대 이사장을 맡았다. 김기춘은 박근혜를 도와온 원로 모임 '7인회의'의 멤버이기도 했다. 그는 2010년 10월 26일 한나라당 상임고문 자격으로 서울 동작구 국립서울현충원에서 열린 박정희 31주기 추도식에서 다음과 같은 추도사를 읽기도 했다.

"박근혜 전 대표는 암울했던 지난 10여 년간 국민과 함께 투쟁하고 인고하면서 지금의 자유민주 정부 탄생에 결정적 역할을 했습니다. 각하(박정희 전 대통령)와 영부인(육영수 여사)이 떠난 후 이 세상의 모든 힘겨운 무게를 외롭게 감당해야 했던 유자녀들을 따뜻하게 보살펴 주십시오. 각하가 못다 이룬 꿈들이 박 대표를 통해 꽃필 수 있도록 언제나 함께하고 가호加護해 주십시오."[46]

이날 민주당 등 야당은 박근혜의 청와대 비서진 교체에 대해 '시대착오적 인사', '끔찍한 인사', '유신·반민주 인사'라고 일제히 성토했다. 이언주 민주당 원내대변인은 "기가 막혀 말이 안 나올 지경의 시대착오적 인사"라고 규정한 뒤, "국민을 아연실색게 한다"고 비판했다. 홍성규 통합진보당 대변인은 "국정원 대선 개입 사건으로 정국이 얼어붙은 이 마당에 원조 정치 공작 책임자를 비서실장으로 앉힌 것은, 박 대통령이 희대의 국기 문란 사건인 국정원 대선 개입 사건을 짓뭉개고 가겠다고 작정한 것"이라며 "끔찍한 인사"라고 비난했다. 이정미 정의당 대변인도 "대통령이 철저한 유신, 반민주 인사로 불통을 고집스럽게 밀고 가겠다는 것"이라는 논평을 냈다.[47]

한홍구 성공회대학교 교수(현대사)는 "김기춘 실장은 정수장학회, 유신, 간첩 조작, 지역감정 등 온갖 부정적인 요소의 화신으로 볼 수 있는 인물이다. 박 대통령이 역사를 거꾸로 되돌리겠다고 선언한 것이나 다름이 없다. 반역사적 인사다"라고 평가했다. 박근혜와 김기춘을 다 잘 아는 한 인사는 이렇게 말했다.

"아무래도 대통령의 의식이 1970년대 어린 시절에 머물고 있는 것 같다. 청와대 비서실장은 대통령 개인의 참모가 아니라 중요한 공직자다. 국민이 상식적으로 납득할 수 있어야 한다. 김 실장이 부패한 사람은 아니지만 국가 운영의 큰 줄기를 이끌어갈 수 있는 지혜나 식견은 부족하다. 무엇보다도 대통령이 잘못된 방향으로 갈 때 안 된다고 막아설 수 있는 정직성이 없다. '대통령 심기만 살피는 비서실장'과 '정치를 전혀 모르는 정무수석'을 앉힌 것을 보면 박근혜 청와대에 참모는 필요 없다는 것이다. 큰 걱정이다."[48]

"'증세 없는 복지' 한다더니 결국 월급쟁이 '유리지갑' 털기"

2013년 8월 8일 박근혜 정부는 현오석 부총리 겸 기획재정부 장관 주재로 세제발전심의위원회를 열고 '2013년 세법 개정안'과 '중장기 조세정책 방향'을 확정했다. 세법 개정안의 골격은 고소득자가 더 많이 세금 혜택을 보는 소득공제 방식을 저소득층이 상대적으로 이득을 보는 세액공제 방식으로 바꾼 것으로, 방향은 잘 잡았다는 평가를 들었지만 두 가지 면에서 논란이 되었다.

하나는 세 부담 형평성이었다. 재벌들에겐 기업의 법인세는 직접 손대지 않고 대기업의 비과세·감면 혜택을 줄이는 방식의 '간접 증세'를 도입한 반면 근로자들에겐 세 부담을 가중시켜 이른바 '유리지갑'

털기라는 비판에 직면했다. 소득공제가 세액공제 방식으로 바뀌면서 연간 근로소득이 3,450만 원을 초과하는 근로자 434만 명(전체의 28퍼센트)의 세금이 평균 16~865만 원 늘어나는 것으로 추정되었다. 이 때문에 정부가 '증세 없는 복지'를 위해 상대적으로 세원이 노출된 중산층 근로자의 세 부담을 늘렸다는 지적이 제기되었다.[49]

또 하나는 박근혜 정부의 국정 과제 추진에 필요한 재원 마련이었다. 정부는 '국정 과제 이행을 위한 재정 지원 실천계획(공약가계부)'에서 향후 5년간 48조 원가량을 추가로 마련하겠다고 밝혔지만 새로 마련한 세법 개정안에 따르면, 5년간 마련할 수 있는 세금은 약 2조 4,900억 원에 그치는 것으로 나타났기 때문이다.[50]

사회공공연구소의 송유나 연구위원은 "박근혜 대통령의 '증세 없는 복지' 구호 탓에 소득 구조가 공개된 직장인들이 많은 부담을 짊어지게 됐다"며 "10%대 초중반에 머물고 있는 법인세 실효세율을 끌어올리고, 기업들의 사회보장금 비중을 높이지 않는다면, 아랫돌 빼 윗돌 괴는 현상이 계속될 것"이라고 지적했다.[51]

8월 8일 경제정의실천시민연합(경실련)은 정부의 세법 개정안에 대해 "박근혜 정부가 천명한 '증세 없는 복지 확대'가 결과적으로는 재벌에게는 또 다른 혜택을 주면서 서민층에게 그 부담을 전가하는 행태로 귀착됐다"고 주장했다. 경실련은 이날 논평을 통해 이같이 지적한 후 "세법 개정이 비현실적인 국정 과제 지원에 우선되면서 조세 형평성 제고는 뒷전으로 밀렸고, 경제민주화에 역행하는 재벌 특혜 세제로 조세 형평성을 더욱 악화시키고 있다"고 말했다.

경실련은 또 "재벌에게는 특혜를 주면서 서민에게 부담을 전가하고 있다"며 "2012년 조세 부담률 20.2%를 2017년에는 21%로 끌어올리겠다는 것은 결국 서민의 세금 부담을 높이는 것이며 신용카드 소득공제율을 현행 15%에서 10%로 낮추는 것 역시 서민들의 세 부담을 늘리게 된다"고 설명했다. 경실련은 이어 "1세대 1주택에 대한 양도소득세 장기보유특별공제율 인하는 다주택자들이 아닌 실주택 소유자에 대한 혜택을 축소하는 것이어서 서민들의 세 부담을 늘리는 항목"이라며 "이는 중산층 이하 근로소득자의 혜택을 축소해 손쉽게 세금을 부과하려는 행태"라고 주장했다.[52]

"공약 이행 재원을 근로자 주머니 털어 마련하나"

직장인들도 "복지를 위해 증세하지는 않겠다"던 박근혜의 대선 공약 취지에 맞지 않는다며 불만을 토해냈다. 2012년 대선에서 박근혜는 "증세는 하지 않겠다"고 말했다. 민주당 문재인 후보가 "고소득자 중심으로 증세를 해 복지 재원을 마련하자"고 주장하자 박근혜 후보는 "증세를 하지 않고도 복지 재원을 마련할 수 있다"고 맞섰다.

박근혜 정부의 '증세 없는 복지 정책'으로 세수 확보에 왜곡이 생기고 복지 정책에 대한 거부감이 커지고 있었기 때문일까? 증세를 통해 필요한 세원을 확보하고 투명하게 예산을 집행하는 게 필요하다고 주장하는 사람들도 있었다.

오건호 내가만드는복지국가 공동운영위원장은 자신의 페이스북을 통해 "4,000만~7,000만 원 계층이 월 1만 원 더 내는 것을 세금 폭탄이라 말하기 어렵다. 이번 세제 개편안으로 가장 부담이 커진 대상은 상위 계층"이라며 "핵심 문제는 대기업 과세가 빠졌다는 것으로 (이 부분을) 더 세게 집요하게 가야 한다"고 밝혔다.

안창남 강남대학교 교수도 "이번 세제 개편안은 세금 폭탄은 아니지만 과세 대상 폭을 너무 넓게 잡아 상대적 박탈감 때문에 저항이 심한 것"이라며 "복지 재원을 줄인 만큼 복지도 축소될 수밖에 없어 박근혜 대통령은 '복지를 할 테니 세금을 더 내달라'고 솔직하게 얘기해야 한다"고 말했다.

전성인 홍익대학교 교수는 "증세가 아니라 세금 감면 축소라고 하는 것은 말장난이다. 공약 이행을 위해 복지 재원 조달이 필요하다는 상식을 인정하지 않으니 국민이 반발하는 것"이라며 "증세는 상대적으로 세 부담이 적은 곳(고소득층)에 먼저 하고, 그래도 부족하니 서민과 중산층도 더 걷자, 이런 쪽으로 가야 한다"고 말했다.[53]

『경향신문』은 8월 9일 사설 「공약 이행 재원을 근로자 주머니 털어 마련하나」에서 "발표 내용에 대한 총평은 실망스럽다는 말로 표현할 수 있다. 세법 개정안이나 중장기 정책 방향이 박 대통령의 공약인 '증세 없는 복지'를 위해 비과세·감면 제도 정비 등으로 접근하고 있기 때문이다"면서 다음과 같이 말했다.

"올해 세법 개정안대로라면 고소득자와 대기업의 세 부담은 2조 9,700억 원 증가하는 반면, 서민·중산층과 중소기업은 6,200억 원 감소한다고 한다. 크게 보면 조세의 소득재분배 기능을 강화한다는 면에서 바람직하다. 그러나 세부적으로는 고소득자의 세 부담이 근로자에게 집중돼 형평성 문제가 제기된다. 소득공제가 세액공제 방식으로 바뀌면서 연간 근로소득이 3,450만 원을 초과하는 근로자 434만 명(전체의 28%)의 세금은 평균 16만~865만 원 늘어나지만 고소득 자영업자의 세 부담 증가는 없기 때문이다. 고소득 근로자 중에서도 소득이 적은 '중소득자'의 부담이 상대적으로 더 커지는 것도 문제다."⁵⁴

"거위가 고통을 느끼지 않도록 깃털을 살짝 빼내야 한다"

세법 개정안이 결국 '유리지갑'인 봉급생활자 세금 부담을 늘리며 "사실상 증세한 것"이라는 불만이 터져나오자, 8월 9일 청와대 조원동 경제수석은 예고 없이 춘추관을 찾아 정부 세법 개정안에 대해 "(박 대통령이) 대선 토론 과정에서도 계속 이야기했지만 증세는 새로운 세목을 신설하거나 세율을 인상하는 게 명시적 의미"라며 "그런 점에서 (내년도 세법 개정안은) 분명히 증세가 아니다"고 주장했다. 그는 "(박 대통령은 대선 때 복지 공약 소요 재원) 135조 원을 어떻게 (충당)하려느냐는 물음에 '비과세 감면 축소, 지하경제 양성화를 통해서 하겠다'고 말씀하셨다. 이번 세제 개편도 비과세 감면 축소"라고도 했다.

이어 그는 세법 개정안에 대한 월급쟁이·영세상인 등의 반발과 관련해 "올해 세법 개정안의 정신은 거위가 고통을 느끼지 않도록 깃털을 살짝 빼내는 식으로 세금을 더 거두는 것"이라고 말했다. "짐이 국가"라고 외친 프랑스 루이 14세 시절 재무 장관이던 장 바티스트 콜베르Jean Baptiste Colbert, 1619~1683가 "세금 징수 기술은 거위가 비명을 덜 지르게 하면서 최대한 많은 깃털을 뽑는 것과 같다"고 한 말을 인용한 것이다. 하지만 이 말은 오히려 월급쟁이들의 분노에 기름을 쏟는 격이었다. 주말 동안 트위터 등 SNS상에서는 조원동의 '거위론'을 질타하는 글들이 쇄도했다.[55]

8월 12일 박근혜는 청와대 수석비서관 회의에서 "서민경제가 가뜩이나 어려운 상황인데 서민과 중산층의 가벼운 지갑을 다시 얇게 하는 것은 정부가 추진하는 서민을 위한 경제정책 방향과 어긋나는 것"이라며 세제 개편안을 원점에서 재검토하라고 지시했다. 이른바 '중산층 증세 논란'의 조기 진화에 나선 것이다. 기획재정부가 세제 개편안을 발표한 지 나흘, 조원동 청와대 경제수석이 '증세가 아니다'라며 원안 고수 방침을 밝힌 지 사흘 만이었다.

박근혜는 또 정부의 세법 개정안이 "저소득층 세금이 줄고 고소득층 세금 부담이 상당히 늘어나는 등 과세 형평성을 높이는 것"이라면서도 "개정안에 대한 오해가 있거나 국민들께 좀더 상세히 설명드릴 필요가 있는 사안에 대해서는 사실을 제대로 알리고, 보완할 부분이 있다면 적극 바로잡아야 할 것"이라고 말했다. 박근혜가 이처럼 짧은 기간에 정부와 청와대가 내놓은 정책을 재검토하라고 지시한 것은 매우 이례적인 일로, 그만큼 이 사안이 심각하다고 판단한 데 따른 것이었다.[56]

『경향신문』은 8월 13일 사설 「'증세 없는 복지'의 한계 보여준 세법 개정 논란」에서 "국가 존립의 근간이라 할 조세 정책을 이토록 허술하게 추진했다니 믿기지 않는다"면서 다음과 같이 말했다.

"결국 이러한 논란과 혼선은 복지 공약의 이행을 위해 필요한 재원을 '증세 없이 마련하겠다'는 도그마에 집착하면서 벌어졌다고 볼 수 있다. 복지 재원을 '증세 없이' 비과세·감면 제도 정비 등을 통해 달성하려는 접근에서 문제가 잉태된 것이다. 그래서 더욱 세법 개정안의 재검토 작업에서 소득 세제 부문만을 조정해 일부 근로소득자의 부담을 완화하는 방향은 궁극적 해법이 될 수 없다. 외려 세수는 줄어들고, 고소득층과 대기업에 대한 과세의 문제는 해결되지 않기 때문이다."[57]

"박근혜, '구경꾼 화법' 그만두라"

세법 개정안 파동은 정부와 청와대 비서진의 실수와 무능으로 불거진 사안마다 자신과는 관계가 없다는 듯이 반응해온 박근혜의 이른바 '유체이탈' 화법이 또 드러난 사건이었다. 『한겨레』는 8월 14일 사설 「박 대통령, '구경꾼 화법' 그만두라」에서 "'조변석개' 등의 비판이 뒤따르고 있긴 하지만 어쨌든 조기 진화 쪽으로 방향을 잡은 것은 그나마 다행이다. 하지만 이 과정에서 박 대통령은 도무지 이해할 수 없는 모습도 함께 보여줬다"면서 다음과 같이 말했다.

"무엇보다 어안이 벙벙한 것은 세법 개정안 문제에 대해 자신은 아무런 관련도 없고 책임질 일도 없다는 투의 '구경꾼 화법'을 구사한 점이다. 세제 개편처럼 국민 부담과 직결되는 중차대한 정책 결정을 내리면서 청와대가 뒷짐을 지고 있었을 리는 만무하다. 게다가 박 대통령의 특기는 시시콜콜한 일에도 일일이 관여하는 이른바 '깨알 리더십' 아닌가. 그런데도 박 대통령은 어디 먼 곳에 있다가 돌아온 사람처럼 시치미를 뚝 떼고 모든 책임을 아랫사람들에게 미뤘다. 청와대는

'박 대통령은 세부 내용을 몰랐다'느니 '제대로 보고를 못 받은 것 같다'느니 하며 화살이 박 대통령에게 향하는 것을 막으려 안간힘을 쓰고 있으나 손바닥으로 하늘 가리기다. 백보를 양보해 이런 중대한 정책 결정 내용을 박 대통령이 몰랐다면 그것이야말로 대통령의 중대한 직무유기가 아닐 수 없다."

이어 이 사설은 "더욱 심각한 문제는 대통령의 말 한마디에 정부와 여당이 우왕좌왕하는 낙후된 '일인 통치' 문화다. 정상적인 나라라면 정책 수립 및 조율 단계에서 당-정-청이 긴밀히 협조하고 여론을 수렴하는 기능이 제대로 작동해야 옳다. 대통령의 지시 하나에 정책 결정이 춤을 추는 부실한 국가 운영의 궁극적 책임자는 바로 박 대통령인데도 본인은 성찰은커녕 그런 인식조차 없는 것 같다"면서 다음과 같이 말했다.

"박 대통령이 '민심'을 자신의 입맛과 정치적 이해관계에 따라 선택적으로 수용하는 것도 입맛을 씁쓸하게 한다. 시민들이 분노하는 것은 단지 세법 개정 문제뿐이 아니다. 국가정보원의 불법 정치 개입과 국가기밀 누설 등 민주주의의 근간을 뒤흔든 범죄 행위에 대한 분노의 목소리도 날이 갈수록 높아지고 있다. 보수적 분위기가 강한 대구 지역 천주교 사제들까지 시국 선언에 동참하고 나선 것도 민심의 흐름을 잘 보여준다. 박 대통령이 더는 '모르쇠'로 일관할 일도, '구경꾼 화법'을 되풀이할 때도 아니다. 대통령이 민심에 귀 기울이고 해법을 모색하는 것은 '선택 사항'이 아니라 국정 전반에 걸쳐 적용돼야 할 '의무'다.[58]

"박근혜 정부 갈수록 '보수본색'"

2013년 9월 22일 복지부가 26일 기초연금 지급 대상을 소득 하위 70퍼센트로 한정하고 지급액도 소득과 국민연금 수령액에 따라 차등 지급하는 내용의 기초연금 도입 방안을 발표할 것으로 알려졌다. 정부 안은 '65세 이상 모든 노인에게 월 20만 원씩 기초연금을 지급한다' 던 대선 공약 원안에서 대폭 축소된 것이다.

새누리당 윤상현 원내수석부대표는 이날 기자간담회에서 "공약 후 퇴라고 비난하는 분도 있지만 국가재정 형편상 힘든 걸 가지고 무조 건적으로 공약대로 이행하라, 이러는 것도 책임지는 모습은 아니라고 생각한다"며 공약 파기를 기정사실화했다. 앞서 보았듯, 대통령직인 수위원회는 재원 문제를 이유로 이 공약의 수정 의사를 밝혔다가 거 센 논란에 휩싸이기도 했다. 기초연금 도입은 '4대 중증질환 치료비 100퍼센트 보장'과 함께 박근혜의 핵심 대선 공약이었다.[59]

이런 가운데 진영 보건복지부 장관이 공약 후퇴 책임을 지고 취임 7개 월을 넘기지 못한 채 사의를 표명한 것으로 알려져 파문이 일었다. 취 임 7개월을 넘기지 못하고 진영의 사퇴가 거론된 것은 거듭된 기초연 금 후퇴에 대한 비난 여론 때문이었다.

박근혜는 2012년 대선 때 '모든 노인에게 기초연금 20만 원 지급' 을 내세워 노인들의 표를 얻었다. 하지만 대통령직인수위원회에서 노 인들의 국민연금 가입 기간에 따라 액수를 차등 지급하는 쪽으로 뒷 걸음질했고, 정권 출범 뒤 구성된 국민행복연금위원회에서는 소득 하 위 70~80퍼센트로 지급 대상을 축소하는 등 후퇴에 후퇴를 거듭했다. 진영의 측근은 『한겨레』와의 통화에서 "본인이 새누리당 정책위의장을 했고 대통령직인수위원회 부위원장을 한 데다 주무장관인 복지부 장관으로서 책임에서 자유롭지 못하다고 보는 것"이라고 말했다.[60]

『서울신문』은 9월 25일 「박근혜 정부 갈수록 '보수본색'」에서 "출범 7개월을 넘어선 박근혜 정부의 보수 색채가 점차 짙어지고 있다. 지난 대선 과정에서 이명박 정권과의 차별화를 위해 경제민주화와 복지 어젠다 등 진보 진영 주장을 적극적으로 포용하면서 '건강한 보수'를 표방했지만 집권 이후 '우향우' 기조가 눈에 띄게 강화되는 양상이다. 보수 회귀의 대표적 사례는 박 대통령의 대선 공약 핵심인 '한국형 복지'의 후퇴라는 지적이다"면서 다음과 같이 말했다.

"4대 중증질환 치료비 100% 보장 공약은 지난 2월 대통령직인수위 단계에서 선택 진료비·간병비·상급 병실료를 급여 대상에서 제외하는 것으로 수정됐다. '반값 등록금'과 '고교 무상교육' 등 교육 분야 복지 공약도 재원 마련이 어려워 사실상 연기되는 분위기다. 지난 대선 승리의 일등공신으로 꼽히는 핵심 복지 공약의 뼈대가 흔들리면서 '박근혜표 복지'는 사실상 유명무실해지고 있다는 지적이다. 보수 진영의 논리였던 선별적 복지로 돌아갔다는 질책도 나온다.……대기업 중심의 경제 질서를 바꾸기 위한 경제민주화 공약도 일자리 창출과 경제 활성화라는 명분을 앞세워 일찌감치 후퇴했다."[61]

"박근혜의 공약 먹튀 대국민 사기극"

2013년 9월 25일 박근혜는 기초연금 공약에 이어 무상보육 공약마저 사실상 파기했다. 기획재정부, 안전행정부, 보건복지부가 합동으로 영유아 보육 국고 기준보조율을 10퍼센트포인트 올리는 내용을 뼈대로 하는 '취득세수 감소 보전 및 지방재정 확충 방안'을 내놨기 때문이다. 지방정부들은 '국가가 0~5세 무상보육을 책임지겠다는 약속을 어겼다'며 강력히 반발했다.

전국시도지사협의회(회장 김관용 경북지사)는 이날 공동성명을 내 "어려운 지방재정 여건을 고려할 때 정부안은 도저히 수용할 수 없다"고 밝혔다. 한국지방세연구원은 "중앙정부의 지방재정 보전 규모가 연 7조 원은 돼야 지방재정의 지속가능성이 보장된다"고 분석한 바 있었다. 서울시는 자료를 내 "정부의 대책은 서울시를 비롯한 지방정부 모두에 실망을 넘어 절망을 느끼게 한다"고 비판했다.[62]

9월 25일 민주당은 '65세 이상 모든 노인에게 매달 20만 원씩 지급하겠다'던 공약이 국민연금 또는 소득과 연계한 차등 지급안으로 변질된 것과 관련해 "박근혜 대통령의 공약 먹튀 대국민 사기극"이라며 맹공에 나섰다.[63] 이날 복지국가소사이어티 등 20개 사회단체로 구성된 '국민연금바로세우기국민행동'은 서울 종로구 참여연대에서 기자회견을 열고 "기초연금을 소득 하위 70%에 대해서만 국민연금 가입 기간에 따라 차등 지급하겠다는 정부 방안은 국민과의 약속을 저버리고 공적연금에 대한 신뢰를 무너뜨리는 일"이라고 비판했다. 국민행동은 "박 대통령은 기초노령연금을 현재보다 2배 인상해 지급하겠다고 거듭 강조해 많은 국민들의 지지를 얻었다"며 "공약 후퇴는 국민의 염원을 저버리고 정치와 공익에 대한 국민들의 기대를 한순간에 저버린 처사"라고 밝혔다.[64]

9월 29일 진영 보건복지부 장관은 "기초연금은 가장 중요한 공약 중 하나다. 기초연금과 국민연금 연계에 계속 반대 의견을 냈고 지금도 그런 생각이다. 반대해온 안에 대해 장관 자리에 돌아와 어떻게 국민을 설득하고 국회와 야당을 설득할 수 있겠나. 이건 장관 이전에 나 자신의 양심 문제다. 이제는 물러날 수 있게 허락해주셨으면 한다"면서 박근혜와 국무총리 정홍원의 사표 반려에도 사퇴하겠다는 뜻을 분명히 했다.[65]

이에 민주당은 "대통령은 진영 장관 같은 양심도 없느냐. 국민은 양심 없는 대통령을 원치 않는다"며 청와대를 향해 직격탄을 날렸다. 윤상현 새누리당 원내수석부대표는 기자간담회를 열어 진영의 거듭된 사의 표명에 대해 "납득하기 힘들다"며 강한 어조로 불만을 나타냈다. 윤상현은 "오늘 진영 장관이 기초연금을 국민연금에 연계하는 것에 반대하는 것이 자신의 소신이라서 장관직을 사퇴한다고 했는데, 좀 이해가 안 된다. 국민연금에 연계한다는 대선 공약을 누가 만들었나. 자신의 소신·양심과 다르다니 참 납득하기 힘들다"고 했다.[66]

"친박 브레인 '연쇄 실종사건'"

2013년 10월 1일 무상의료운동본부·쌍용차 범국민대책위원회·공공부문 비정규직 연대회의 · 전국장애인차별철폐연대 · 경제민주화국민운동본부 등 19개 노동 · 시민단체는 서울 광화문광장에서 박근혜 정부의 대선 공약 파기를 규탄하는 공동 기자회견을 열었다. 이들 단체는 회견에서 "기초노령연금 2배 인상, 4대 중증질환 100% 국가 보장, 경제민주화 · 쌍용차 국정조사, 고교 무상교육, 0~5세 무상보육, 장애등급제 개선, 부양의무자 기준 완화, 공공부문 비정규직 정규직화 등 나열하기에도 숨 가쁜 수많은 공약들을 정부에 사기당했다. 공약을 이행하지 않을 경우 범국민적인 저항에 직면할 것"이라며 목소리를 높였다.

정용건 국민연금바로세우기국민행동 집행위원장은 "정부는 지난해 대선 기간 경로당을 찾아다니며 약속한 기초연금 20만 원 지급 공약을 이행할 돈이 없다고 하지만, 1년 새 경제가 그렇게 어려워졌나. 대통령이 공약에 관심이 없는 것 아닌가"라고 비판했다.[67]

진영 복지부 장관의 항명 사퇴 파문을 계기로 박근혜의 용인술이 다시 입길에 올랐다. 진영뿐만 아니라 박근혜의 정책 브레인을 자임했던 인사 다수가 중간에 내쳐지거나 스스로 그만두는 현상이 계속해 발생했기 때문이다. 이와 관련해 『한국일보』는 10월 1일 「친박 브레인 '연쇄 실종사건'」에서 "박 대통령은 사람을 쓰는 제1원칙으로 신뢰를 꼽아왔다. 한번 일하면서 신뢰가 쌓인 사람에 대해 '자퇴는 있어도 퇴출은 없다'는 것이다. 하지만 이 원칙은 박 대통령에게 쓴소리를 하는 인사들에게는 예외 규정이라는 지적이 많다"면서 다음과 같이 말했다.

"박 대통령이 한나라당 대표 시절 비서실장을 맡으며 원조 친박으로 활약했던 경제통 유승민 의원의 경우 박 대통령의 리더십에 대해 쓴소리를 마다하지 않다 결국 박 대통령과 멀어졌다. 경제민주화의 원조라며 삼고초려 끝에 영입했던 김종인 전 국민행복추진위원장은 대선 공약 전반을 총괄했지만 박근혜 정부 출범 이후 자취를 감췄다. 대선 과정에서 박 대통령의 경제민주화 의지 후퇴를 비판하는 등 반기를 든 것이 화근이었다. 박 대통령 주변에선 '참모가 소신을 내세우는 것 자체가 곧 배신'이란 말이 나오는 이유다."

이어 이 기사는 '2인자를 키우지 않는다'는 박근혜의 분산형 용인술도 정책통의 연속성을 단절시키는 요인 중 하나라고 지적했다. "박 대통령은 초대 내각 구성 당시 대선 이전부터 박 대통령과 공부 모임을 함께하며 공약 만들기에 참여했던 김광두 국가미래연구원장 등 오래된 정책통을 배제했다. 정책 입안과 집행을 각각 다른 사람에게 맡겨 실세를 두지 않겠다는 의도에서다. 이 때문에 장관의 역할도 현장 중심적이기보다는 청와대가 주문하는 정책을 집행하는 데 한정돼 있다는 평가다. 새누리당 비대위원을 지냈던 이상돈 중앙대 명예교수는 '청와대가 모든 정책을 틀어쥐고 좌지우지하는 상황에서 정작 정책을 책임질 장관은 형해화될 수밖에 없다'며 '자리만 원하는 사람이야 잠자코 앉아 시키는 대로 하겠지만 뜻을 가진 사람일수록 장관직에 회의를 느낄 수밖에 없다'고 말했다."[68]

"박근혜 대통령 '인사 참사 시즌 2'"

2013년 10월 1일 박근혜는 친일파를 미화하고 이승만 전 대통령을 찬양하는 등 뉴라이트 역사관을 지닌 유영익을 국사편찬위원장에 임명했으며, 같은 날 제18대 국회의원 시절인 2011년 9월 국회 교육과학기술위원회 국정감사에서 "자유민주주의를 부정하는 대한민국 국회의원이 있다면 북한에 가서 국회의원 하십시오"라고 발언해 물의를 일으킨 박영아를 한국과학기술기획평가원장에 임명했다. 이에 앞서 9월 17일엔 2012년 새누리당 중앙선대위 출신으로 뉴라이트 교과서포럼 고문 등을 지낸 이배용이 한국학중앙연구원 원장에 취임했다. 야당과 시민사회는 과거 물의를 빚었던 문제 인물들을 중용하는 것과 관련해 반발했지만 박근혜는 이에 개의치 않는 듯한 분위기였다.[69]

손호철 서강대학교 교수는 "박 대통령은 여론과 관계없이 역사적 평가를 받겠다는 일종의 확신으로 가득찬 스타일"이라며 "대통령 1인에 의존하는 인사 시스템이 바뀌지 않고 절대적 태도에 변화가 없을 경우 인사 참사는 반복될 수밖에 없을 것"이라고 말했다.[70]

10월 4일 새누리당은 두 차례 비리 전력으로 형사처벌을 받았던 서청원 전 한나라당 대표를 "개인이 착복하지 않았다"며 10·30 보궐선거 경기 화성갑에 전략 공천했는데, 공천 배후에는 청와대의 뜻이 실려 있는 것으로 알려졌다. 10월 4일 박근혜는 2009년 '용산참사'를 지휘한 책임을 지고 물러났던 김석기 전 서울지방경찰청장을 한국공항공사 신임 사장으로 내정하는 등 다시 불통 인사를 자행했다.

민주당 김관영 대변인은 "전문성은 안중에도 없는 낙하산 인사"라며 "김 전 청장이 영남대를 졸업하고 영남대 객원교수로 재직 중이라는 점에서 영남대 전 이사장인 박근혜 대통령과의 연관이 있다는 생각을 떨칠 수 없다"고 밝혔다. 용산참사 진상규명위원회도 긴급 성명을 내고 "사법적으로도 책임을 져야 할 인물을 공기업 사장으로 임명한 것은 국민을 기만하는 것"이라고 주장했다.[71] 김석기는 경북 경주 출신의 TK에 박근혜가 이사장을 지낸 영남대학교를 졸업했으며, 공사 임원추천위원회의 서류와 면접 평가에서 최하위 점수를 받은 것으로 알려졌다.[72]

부적절한 인사들이 부활하는 한편 요직을 차지하자 민주당은 정권 초반 인사 실패 전례를 들며 '인사 참사 시즌 2'가 시작되었다고 비판했다. 『경향신문』은 10월 7일 사설 「'용산참사' 김석기 씨, 공항공사 사장 자격 없다」에서 "박근혜 정부는 집권 초기 잇단 '인사 참사'로 위기를 겪은 뒤 인사 시스템 개선 등을 약속했다. 그러나 달라진 것은 없다. 오히려 악화일로다"면서 다음과 같이 말했다.

"'초원복집' 사건의 김기춘 전 법무장관이 청와대 비서실장으로 화려하게 복귀하고, '차떼기' 사건의 서청원 전 의원은 새누리당 국회의원 보궐선거 후보로 공천됐다. 불법 정치자금 수수 혐의로 유죄를 선고받은 홍사덕 전 의원은 민족화해협력범국민협의회(민화협) 대표 상임의장에 내정되고, 편향된 역사관으로 논란이 된 유영익 한동대 석좌교수는 국사편찬위원장에 임명됐다. 인사권자인 박 대통령의 근본적 인식이 바뀌지 않았음을 드러내는 증좌들이다. 스스로의 실패에서 교훈을 얻지 못하는 정권의 미래가 우려스럽다."[73]

『한겨레』는 10월 7일 사설 「용산참사 책임자까지 중용하는 오만한 인사」에서 이렇게 말했다. "김 전 청장의 발탁은 퇴행적이고 오만하기까지 한 일련의 박 대통령 인사와 궤를 같이한다. 두 번씩이나 비리혐의로 유죄를 받은 서청원 전 한나라당 대표의 경기 화성갑 보궐선거 후보자 공천, 정치자금 비리로 지난 대선 때 중도하차한 홍사덕 전 의원의 민화협 상임의장 선임, 초원복집 사건으로 지역감정을 일으킨 장본인인 김기춘 청와대 비서실장 기용 등에서 보듯 국민은 안중에도 없는 인사로 일관하고 있다. 자기와 가까운 사람이면 어떤 큰 흠이 있더라도 요직에 앉히고 마는 '고집불통' 인사가 되어가고 있다."[74]

"새누리당은 낙하산 공장인가"

2013년 10월 11일 국회 국토교통위원회 박기춘(민주당) 의원실에 따르면, 박근혜 정부 출범 이후 새로 임명된 국토부 산하 5개 대형 공기업 기관장 인사가 모두 대선 캠프 출신 보은 인사 혹은 국토부 출신 낙하산 인사로 이루어졌다. '낙하산 인사' 근절을 정치 공약으로 내세웠던 박근혜가 선거 때 자신을 도운 인사를 국토부 산하 주요 공기업 기관장으로 임명하는 등 보은 인사를 하고 있었던 것이다.

이 자료에 따르면, 국토부 산하 코레일 사장에는 2012년 국회의원 총선거 때 새누리당 후보로 대전 서구을 지역에 출마했다 낙선하고 2012년 대통령 선거 당시 박근혜 측 캠프의 선거대책위원을 맡았던 최연혜 전 한국철도대학교 총장이 선임되었다. 국토부 산하 기관인 제주국제자유도시개발센터JDC엔 역시 박근혜 측 캠프 출신인 김한욱 전

제주 행정부지사가 선임되었다. 한국토지주택공사 사장에는 전 국토해양부 주택토지실장을 지낸 이재영이 선임되었으며, 인천국제공항공사 사장에는 정창수 전 국토부 차관이 선임되었다.[75]

박근혜의 측근 보은 인사에 대해선 새누리당 내에서도 그간 누적된 '대선 공신 홀대'에 따른 불만이 쏟아져나왔다. 박근혜 정부 내각과 청와대 참모진 인사에서 공무원 출신에 대거 '물 먹은' 개국공신들이 대대적인 공공기관장 인사에서도 청와대에서 이렇다 할 '사인'을 받지 못하자 원성을 내놓기 시작한 것이다.

여당의 한 재선 의원은 "현역 의원은 괜찮다. 하지만 대선 때 별로 영향력 없는 직함이나, 직함 없이 헌신한 이들이 느끼는 상대적 박탈감은 상상 이상"이라며 "공공기관 인사가 지지부진한 데다 그렇다고 새로 임명된 공공기관장이 그다지 전문성이 있어 보이지도 않는다"고 지적했다. 새누리당 정우택 최고위원은 10월 10일 열린 최고위원회의에서 "대선 승리를 위해 애쓴 동지를 위한 적극적인 배려가 당 차원에서 고려돼야 한다고 생각한다"고 말했다.[76]

『중앙일보』는 10월 12일 사설 「새누리당은 낙하산 공장인가」에서 "새누리당이 조속한 공기업·공공기관 인사를 통해 박근혜 캠프에서 일했던 사람들을 배려해달라고 청와대에 요청했다 한다"면서 "이는 논공행상식 낙하산 인사를 노골적으로 청와대에 요청한 셈이나 다름없다. 물론 정권이 바뀌면 주요 포스트에 자기 사람을 쓰는 건 흔히 있는 일이다. '낙하산=사회악'으로 무조건 매도하는 것 역시 비현실적이다. 정권 입장에선 말이 통하고 미더운 이, 즉 국정 철학을 공유한 사람을 쓰는 게 효율적이다"고 했다.[77]

『조선일보』는 10월 12일 사설 「정권마다 '선거 공신功臣 챙겨주기' 공기업만 멍든다」에서 박근혜는 당선자 시절 "낙하산 인사가 새 정부에선 없어져야 한다"고 말했지만 "지난 7일 한국공항공사 사장에 임명된 김석기 전 서울경찰청장의 경우 과연 공항 경영에 관련된 무슨 전문성을 갖고 있어서 그 자리에 앉게 됐는지 설명할 수 있는 사람은 별로 없다"면서 다음과 같이 말했다.

"그는 공항공사 임원추천위원회 평가에서도 세 후보 가운데 최하점수를 받았다. 평생 경영을 해본 적이 없는 사람들에게 경영 규모가 수조~수십조 원에 이르는 핵심 공기업들 경영을 맡기는 것은 회사를 멍들게 하는 일이다. 정권마다 공기업을 자기편 사람들에게 한자리 챙겨주는 용도로나 쓰다 보니 10대 공기업의 부채가 373조 원에 이를 정도로 공공기관들이 골병들고 있는 것이다."[78]

"박근혜 정부서 임명된 공공기관장, 절반이 영남 출신"

2013년 10월 14일 국회 정무위원회 소속 송호창 의원(무소속)은 국무총리실 국정감사에서 "박근혜 정부 들어 임명된 24명의 공공기관장 중 12명이 영남 출신"이라며 "역대 어느 정권도 공공기관장 인사를 이처럼 지역적으로 편중되게 한 적은 없다"고 지적했다. 새로 임명된 공공기관장 24명을 지역별로 보면 대구·경북과 부산·울산·경남이 각각 33.3퍼센트와 16.7퍼센트를 차지했고, 서울·경기는 16.7퍼센트, 호남·강원·제주는 각각 8퍼센트, 충청권은 4퍼센트였다. 24

명의 공공기관장 중 9명은 전문성이 없거나 지난 대선 등에서 박근혜를 도운 인사로 분류되었다.

송호창은 또 "용산참사로 서울경찰청장직을 사퇴한 김석기 씨가 문외한인 공항공사 사장이 되었다는 것은 이해할 수 없는 인사"라며 "한국공항공사 사장 인사에 대해 국무조정실 차원의 재고가 있어야 할 것"이라고 지적했다. 공공기관장 인사 공백이 길어지는 문제도 거론했다. 송호창은 "기관장 인사가 늦어지는 것은 협소한 전문가 인재 풀로 인해 적합한 인물을 찾기 어렵기 때문"이라며 "공백 해소를 위한 대처가 필요하다"고 밝혔다.[79]

『경향신문』은 10월 15일 사설 「공공기관장 인사, '대선 논공행상' 흘러선 안 된다」에서 "새누리당은 연일 박근혜 캠프에서 일한 '대선 공신'들을 공공기관 인사에서 배려하라고 노골적인 압력을 넣고 있다. 공공기관의 요직에 앉힐 '공신록' 명단까지 청와대에 전달했다고 한다. 공공기관을 대놓고 대선 공신들에게 나눠줄 '봉토'쯤으로 여기는 발상이다"며 다음과 같이 말했다.

"대선 공신들에 대한 무분별한 논공행상, 김석기류의 최소한의 상식마저 저버린 인사가 공공기관장 인사에서 재연되어선 안 된다. 각종 여론조사 때마다 박근혜 정부에서 가장 잘못한 분야로 꼽히는 것이 '인사'다. 공공기관 인사에서도 잘못을 반복할 경우, 국민의 인내심을 시험하는 일이 될 것이다."[80]

11월 4일 국회 운영위 소속 민주당 장하나 의원이 295개 공공기관 인사를 전수 조사한 결과에 따르면, 박근혜 정부가 새로 임명한 공공기관장 가운데 45퍼센트가 이른바 '낙하산' 인사로 집계되었다. 장하나는 낙하산 인사를 대선 선대위와 인수위 참여 인사, 대선 당시 후보 지지 조직에 참여한 인사, 2012년 총선 이후 여당의 낙천·낙선 인사, 대통령 측근 인사, 전문성 부족·도덕성 미달 등 기타 부적격 인사 등 5가지로 분류했다. 분석 결과에서 박근혜 정부에선 대통령 측근 인사가 이명박 정부보다 2배가량 늘었으며, 전문성 부족·도덕성 미달 부적격 인사도 2배 이상 증가했다. 신규 임명된 공공기관장 78명 가운데 6명(7.7퍼센트)이 대통령 측근 인사로 분류되었다. 이명박 정부에선 180명 가운데 7명(3.8퍼센트)만이 대통령 측근 인사로 조사되었다.

또 전문성 부족·도덕성 미달 등 부적격 인사도 박근혜 정부에선 11명(14.1퍼센트)이나 되었다. 용산참사 강제 진압을 지휘한 김석기 한국공항공사 사장, '원전 마피아'로 알려진 김무환 한국원자력안전기술원장, 부산저축은행 특혜 인출 논란의 정창수 인천국제공항공사 사장 등이었다. 대선 선대위와 인수위 참여 인사는 11명(14.1퍼센트), 대선 당시 후보 지지 조직에 참여한 인사는 6명(7.7퍼센트), 총선 이후 여당의 낙천·낙선 인사는 5명(6.4퍼센트)으로 조사되었다.[81]

'꽃보직 비상임이사' 1시간 회의하고 250만 원

2013년 11월 14일 사회공공연구소와 『한겨레』가 해당 임원의 '대표 경력'을 중심으로 삼아 295개 공공기관의 임원을 분석한 결과에 따르면, 박근혜가 당선된 2013년 1월 이후 10월 말일까지 선임된 기관장 77명 가운데 낙하산 인사가 44.2퍼센트인 34명에 이르는 것으로 나타났다. 거의 절반이 낙하산 인사인 셈이었다. 이는 박근혜가 당선인 시절 "열심히 일하는 사람들의 사기를 떨어뜨리는 낙하산 인사도 새 정부에선 없어져야 한다"고 한 발언과 배치되는 것으로, '형님 인사' '보은 인사'로 악명 높았던 이명박 정부 때보다도 오히려 높은 수치였다. 이명박 정부가 들어선 2008년 3~10월 말 임명된 180명의 공공기관장 가운데 낙하산 인사는 43.3퍼센트인 78명이었다.

박근혜 정부 들어서 최연혜 한국철도공사 사장 등 대선 캠프 출신의 낙하산이 15명으로 가장 많았다. 박근혜가 이사장을 지낸 영남대학교 출신도 김석기 한국공항공사 사장을 비롯해 5명에 이르렀다. 대선 때 박근혜의 두뇌집단 노릇을 했던 국가미래연구원 출신들도 손양훈 에너지경제연구원장 등을 포함해 4명이나 되었다. 또 별 주목을 받지 못했던 이전 정부 때와 달리 대통령 자문기구인 국민경제자문회의에 참여했던 인사들도 낙하산 대열에 3명이나 합류했다.[82]

『한겨레』는 11월 15일 「꽃보직 비상임이사' 1시간 회의하고 250만 원」에서 "공공기관의 사장·감사 자리보다는 못하지만 '쏠쏠한 자리' 가 비상임이사다. 큰 공기업의 경우 7~8자리에 이르는 이 자리엔 정치권 인사, 전직 관료 등 친정부 성향 인사들이 포진해 매달 200만 ~300만 원씩 수당을 받고 있었다"고 말했다.

이 기사에 따르면, 현재 공기업·준정부기관의 비상임이사는 공기업 187명, 준정부기관 674명 등 861명에 이르렀다. 기타 공공기관 (1,348명)까지 합치면 책임은 안 지고 수당을 타갈 수 있는 비상임이사 자리는 무려 2,494곳에 달했다. 이에 대해 이윤석 민주당 의원은 "비상임이사 제도가 책임 있는 경영 감시와 자문 역할 대신 청와대나 여당 출신을 포함한 친정부 인사들의 고정적인 수입원으로 이용되는 것은 아닌지 의문이다. 공기업의 막대한 부채 문제는 비상임이사들의 방관하에 일어난 일"이라고 지적했다.[83]

『한겨레』는 11월 15일 사설 「낙하산 인사 하면서 공공기관 다잡을 수 있나」에서 박근혜가 당선인 시절 "열심히 일하는 사람들의 사기를 떨어뜨리는 낙하산 인사가 새 정부에선 없어져야 한다"고 한 말이 무색할 지경이라면서 다음과 같이 말했다.

"현 정부 들어 공공기관 임원 중에 군·경찰 출신 등이 득세하는 것도 문제다. 현직 기관장·감사·상임이사 중 군 출신은 8명, 대통령실 경호처 출신 8명, 경찰 출신은 6명에 이른다고 한다. 용산참사 책임자인 김석기 전 경찰청장이 한국공항공사 사장에 임명된 것이 대표적이다. 공공기관의 비상임이사 자리에도 군이나 경찰, 국정원 출신들이 상당수라고 한다."[84]

낙하산 보은 인사가 논란이 되고 있음에도 여권을 중심으로 대선 승리에 공이 있는 친박 인사를 공공기관장에 선임하라는 압력이 계속 이어졌다. 11월 20일 새누리당 정우택 최고위원은 현오석 부총리 겸 기획재정부 장관에게 "공공기관 임원 선임 시 원외 당원협의회 위원장을 배려해달라"고 말했다. 이에 장단 맞추듯 11월 25일 기획재정부 고위 관계자는 "공공기관 기관장에 '낙하산' 인사를 임명하는 것이 무조건 잘못됐다는 인식에 동의할 수 없다"고 말했다. 기획재정부는 전국 295개 공공기관의 관리·감독권을 갖고 있는 곳으로, 기획재정부가 공공기관 기관장이나 감사 등 주요 보직에 정치권 출신이나 박근혜 측근 인사를 임명하겠다는 입장을 밝힌 것으로 풀이되었다.[85]

'안녕들 하십니까' 대자보 달기 운동

2013년 12월 10일 고려대학교 경영학과 주현우가 '안녕들 하십니까?'라고 쓴 대자보를 교내 게시판에 붙인 후 이 글이 온라인과 대학 사회에서 큰 반향을 불러일으켰다. "철도 민영화에 반대한다는 이유로 4,213명이 직위 해제되고, 밀양 주민이 음독자살을 하는 하수상한 시절에 어찌 모두들 안녕하신지 모르겠다"며 글을 시작한 주현우는 국가기관의 불법 대선 개입, 철도 민영화 등 사회문제에 무관심한 청년들에게 관심을 촉구했다. 그는 "수차례 불거진 부정선거 의혹, 국가기관의 선거 개입이란 초유의 사태에도, 대통령의 탄핵 소추권을 가진 국회의 국회의원이 '사퇴하라'고 말 한마디한 죄로 제명이 운운되는 지금이 과연 21세기가 맞는지 의문이다"고 했다. 이어 "저는 다만 묻고 싶다. 안녕하시냐, 별 탈 없이 살고 계시냐고. 남의 일이라 외면해도 문제없으신가"라고 썼다.

대자보가 게시된 교내 게시판 옆에는 주현우의 글에 응답하는 다른 학우들이 '안녕하지 못합니다. 불안합니다!', '진심 안녕할 수가 없다!' 등의 대자보와 응원 게시물들이 연달아 붙었다. 이 대자보를 찍은 사진은 페이스북에서 1,000회 이상 공유되었다. 고려대학교 인터넷 커뮤니티에서는 대자보 게시물에 댓글이 수십 건 달렸다. 한 학우는 "안녕 못합니다. 그렇다고 나갈 용기도 없습니다. 목구멍이 포도청이라 함부로 나섰다가 기득권 눈 밖에라도 나면 취직도 못하고 목숨줄이 그들에게 있으니 어찌 대항하겠습니까. 용기 없는 자라 죄송합니다. 그리고 응원합니다"라고 밝혔다.[86]

12월 15일 '안녕들 하십니까' 대자보 달기에는 강원대학교, 경상대학교, 대구대학교, 명지대학교, 부산대학교, 성균관대학교, 이화여자대학교, 전북대학교, 카이스트 등이 합류해 이날까지 모두 30여 개 대학으로 확산되었다. 해외에서도 처음으로 '안녕들 하십니까' 대자보가 붙여졌다. UC버클리 4학년에 재학 중인 신은재(평화와 갈등 전공)·박무영(정치학 전공)은 '저도 안녕하지 못합니다'라는 대자보를 미국 캘리포니아주 버클리 캠퍼스 게시판에 올렸다. 이들은 "88만 원이 얼마나 큰돈인지 혹은 작은 돈인지 알지 못하고 살아왔기에, 너무나 안녕했기에 안녕하지 못함을 이야기하는 것이 미안합니다. 그렇지만, 나, 안녕하지 못합니다"라는 글을 올렸다. [87]

대학가에서 확산되기 시작한 '안녕들 하십니까' 대자보는 12월 16일 세대·지역·계층을 뛰어넘은 전국적 현상으로 확산되었다. 대학가는 물론 고등학생과 평범한 직장인, 주부들도 나름의 문제의식을 담은 대자보를 쓰기 시작한 것이다. 전문가들은 이런 현상의 원인을 '정치의 실종'이나 '온라인 공간에 대한 불신' 등으로 다양하게 분석했다. [88]

덕성여자대학교 문화인류학과 강사 엄기호는 『경향신문』 12월 17일 칼럼 「'안녕'이라는 말 걸기…파괴된 세계를 재건하는 힘」에서 "사실 주현우 씨가 쓴 대자보 내용은 평범하다. 한국이 왜 살 만한 사회가 아닌지에 대해 우리가 이제까지 알지 못하던 새로운 뉴스가 있는 것도 아니다. 그렇다고 자신이 왜 안녕하지 못한지에 대해 구구절절한 개인적 사정을 쓴 것도 아니다. 그런데도 많은 사람들이 이 말에 동감하고 있으며 각자의 '안녕하지 못한' 사연이나 감정을 풀어내고 서로에게 안부를 묻고 있다"면서 다음과 같이 말했다.

"우리가 살아가고 있는 이 사회는 타인의 안녕을 돌아볼 수 있는 사회가 아니다. 자기 자신이나 돌보고 살아야지 주제넘게 다른 사람의 안녕에 신경을 쓰다가는 자신도 탈락할 수 있다는 공포가 지배하는 사회다. 그래서 이 사회에서 살아가기 위해 무엇보다 필요한 것은 타인의 고통을 외면하는 능력이다. 학교에서 친구가 왕따를 당하더라도 못 본 척해야 하고 직장에서 동료가 '집단적으로' 부당하게 해고를 당하더라도 내가 살아남기 위해서는 그 고통을 외면해야 한다. 대신 자신이 안녕하지 못하다는 것을 호소하는 고통에 대한 '자기 이야기'는 넘쳐난다. 어디를 가나 자기 이야기를 들어달라는 사람들이다."[89]

보통 사람들은 자기 이야기를 들어달라고 하소연이나마 할 수 있었지만, 박근혜의 참모와 각료들은 그런 하소연은커녕 하소연의 낌새라도 보였다간 당장 목을 내놓아야 했다. 그들은 이른바 '박근혜의 레이저'에 사시나무 떨 듯 떨면서 자신의 자리를 보전하기에만 바빴다.[90] 나중에 다 드러나지만, 박근혜가 무슨 짓을 저질러도 묵묵히 그 하수인 역할에만 충실했다. 박근혜는 대통령이 될 자질과 역량이 전혀 없었지만, 권력으로 겁을 주면서 사람들을 복종시키는 기술만큼은 달인의 경지에 오른 인물이었으니, 이게 훗날 엄청난 비극을 불러올 줄 그 누가 알았으랴.

제7장

야당의 무능은 박근혜에게 축복이 아니라 독약이었다

박근혜는 '말이 안통하네뜨'

2014년 1월 6일 박근혜는 취임 후 첫 기자회견을 했다. 이날 박근혜는 취임 1년 내내 지적받아온 '불통' 비판에 대해 정면으로 반박했다. 박근혜는 "진정한 소통이 무엇인지 생각해봐야 한다"면서 "단순한 기계적 만남이라든지 국민 이익에 반하는 주장이라도 적당히 수용하거나 타협하는 것이 소통이냐. 그건 소통이 아니라고 생각한다"고 적극적으로 반론을 폈다. 이어 "그동안 우리 사회를 보면 불법으로 막 떼를 쓰면 적당히 받아들이곤 했는데 이런 비정상적 관행에 대해 원칙적으로 대응하는 걸 '소통이 안 돼서 그렇다'고 말하는 건 저는 잘못이라고 생각한다"고 강조했다.

박근혜는 또 "부족한 점은 있지만, 저는 우리 국민과 다양한 방식으로 그동안 소통을 해왔다"며 "제가 틈이 나면 현장을 방문해서 현장 목소리 경청하고 농어민, 소상공인, 중소기업인, 문화계, 과학계, 청년, 지방, 이런 각계각층의 국민과 대표들과 만나서 청와대에서 간담회 하고 제가 가서도 간담회 하면서 소통했다"고 말했다. 이어 "전국 각지에서 청와대에 민원이 답지한다. 그런 민원 해결하는 데도 노력해왔다"며 "국민이 보시기에 부족한 점이 있으시겠지만, 더욱 국민의 목소리 경청하며 노력해나가겠다"고 덧붙였다.[1]

『경향신문』 정치부장 박래용은 1월 9일 칼럼 「'말이 안통하네뜨'」에서 "대면對面이 꼭 좋은 게 아니다. 모르고 지내는 게 더 좋을 때도 있다. 취임 후 첫 기자회견에 나선 박근혜 대통령 얘기다"면서 다음과 같이 말했다.

"대통령 인식을 직접 확인하니 집권 2년차도 작년과 다를 바 없을 것이라는 비관만 뚜렷해졌다. 어전회의에 나온 신료들처럼 양 옆에 도열한 청와대 비서진과 내각은 꽉 막힌 정권의 전경全景을 보는 듯했다. 청와대 이정현 홍보수석의 '자랑스러운 불통' 발언이 그냥 나온 게 아니었다. 김기춘 비서실장의 45초 브리핑이 괜히 나온 게 아니었다. 한국갤럽이 매주 내놓는 박 대통령 지지율 여론조사 결과를 보면 '소통이 미흡하다'는 응답은 7%→11%→15%→18%→20%로 갈수록 높아지고 있다. 이른바 불통지수다. 극우 단체인 국민행동본부에서조차 '대한민국이 앞으로 더 나가려면 비정상인 대통령의 소통이 정상의 소통으로 돌아오는 것이 첫 출발이어야 한다'는 논평을 내놓았을 정도다.”[2]

　1월 9일 이명박 정부에서 총리를 지낸 정운찬 동반성장연구소 이사장은 “박근혜 대통령은 자신의 선친 박정희 전 대통령의 한에 대한 집착에 사로잡혀 있는 것 같다”고 비판했다. 정운찬은 평화방송 라디오에 출연해 “자신의 레거시(유산)를 지키는 것도 중요하지만, 더 중요한 것은 부국융성에 새로운 길을 펴는 것이다. 1960~70년대에는 아무것도 없던 때라 계획을 세워서 하면 모든 국민이 협조해서 잘 됐지만, 지금은 ‘위에서 알아서 할 테니 따라오라’는 것은 어렵다”며 그렇게 말했다.[3]

왜 스스로 공기업 망치면서 공기업 비판하나?

2014년 2월 10일 박근혜는 정부가 추진 중인 공공 부문 개혁과 관련해 “공공기관 노조가 저항과 연대, 시위 등으로 (공공기관) 개혁을 방해하는 행위에 대해서는 반드시 책임을 물어야 할 것”이라며 공기업 노조를 겨냥한 작심 발언을 쏟아냈다. 공공 부문 노조가 공공기관 부채의 원인으로 정부의 적자 떠넘기기와 낙하산 인사 등으로 인한 정책 실패를 거론하며 반발하자 직접 공기업의 과잉복지와 노조의 반발을 정조준한 것이다.

　박근혜는 “국민들은 어려움에 허리띠를 졸라매는데 공공 부문에서 방만 경영을 유지하려고 저항한다면 국민들에게 그 실태를 철저히 밝혀야 한다”며 “부채 상위 12개 공기업이 최근 5년간 3,000억 원이 넘는 복지비를 지출했고, 해외 직원 자녀에게 고액의 학자금을 지급하거나 직원 가족에게까지 100만 원 한도에서 치과 치료비를 지원하는 기관도 있다. 이들 12개 공기업의 총부채 규모만 400조가 넘고 295개 전체 공공기관 부채의 80% 이상 차지하고 있다"고 소개했다.

박근혜는 또 "다수의 공공기관이 별도 협약에서, 심지어는 이면 합의를 통해 과다한 복리후생비를 지원하고 있다"며 공공기관장들에게도 경고를 보냈다. 이날 박근혜는 공공 부문 개혁을 두고 "공공기관 노사가 만들어놓은 이면 합의를 놔두고서는 진정한 정상화가 불가능한 만큼 이번에 철저히 뿌리 뽑아야 할 것"이라고 강조했다.[4]

박근혜의 지적은 그 자체로는 타당했지만 박근혜에게 그런 말을 할 자격이 있는지는 의문이었다. 박근혜가 지적한 이면 합의에 의한 공기업 방만 경영은 낙하산 인사가 빚은 비극 가운데 하나였음에도 자신은 낙하산 인사를 근절시킬 계획을 갖고 있지 않았기 때문이다. 오죽했으면, 『동아일보』가 2월 4일 사설 「정부가 '낙하산 인사' 않겠다는 서약서 쓸 차례」에서 "이면 합의는 '낙하산 사장'과 '금밥통' 공기업 노조가 야합한 결과물이다. 선거에 공을 세운 정치인이나 퇴직 관료가 공기업으로 가면 노조는 반대 투쟁을 벌인다"면서 다음과 같이 지적했겠는가.

"신임 최고경영자가 이면 합의를 통해 노조 요구를 들어주면 노조가 슬그머니 협조 모드로 전환하는 일이 반복되고 있다. 박근혜 정부가 작년 11월 공공기관 정상화 대책을 발표하던 날, 친박계 서청원 씨에게 지역구를 양보한 김성회 전 의원은 한국지역난방공사 사장에 선임됐다. 낙하산 중에는 전문성이 전혀 없는 공천 탈락자나 선거 캠프 출신이 상당수다. 공기업 이사회가 정부 눈치만 보는 것도 문제다. 이러다가는 공공기관의 지배구조부터 뜯어고치자는 말이 나올 만하다. 공공기관들로부터 정상화 계획서를 받았으니 정부가 국민 앞에 낙하산 인사를 안 하겠다는 서약서를 쓸 차례다."[5]

"낙하산 인사 안 한다더니 국민 우롱하나"

2014년 2월 20일 박근혜는 경제 활성화 업무 보고 모두 발언에서 "지금이야말로 우리 경제의 체질을 확실히 바꿔서", "최선을 다해주기 바란다", "뼈를 깎는 구조개혁을 해야", "개혁에 저항하는 움직임에는 원칙을 가지고 대응해야", "국민들께서 이를 용납하지 않을 것", "엄정한 집행과 제재를 통해 발본색원해야", "국회에 계류 중인 법안이 하루속히 통과될 수 있도록 최선을 다하고" 등의 표현을 사용했다. 이에 대해 『한겨레』 정치부 선임기자 성한용은 "박근혜 대통령은 '규정자의 언어'를 사용한다"며 다음과 같이 말했다.

"모든 것을 내려다보고 지시하는 절대자의 어법이다. 자신이 무엇을 어떻게 하겠다는 내용은 없다. 규정자의 언어는 박정희 시대의 유물이다. 그 시대에는 대통령이 모든 것을 결정했다. 대통령이 지시하면 무조건 따랐다. 없애라고 하면 눈에 보이지 않는 곳으로 치우기라도 했다. 지금은 다르다. 대통령은 통치자가 아니라 조율사나 조정자에 가깝다는 것을 깨달아야 한다."[6]

박근혜가 사용하는 '규정자의 언어'에서 규정의 대상은 다른 사람들일 뿐 자신에게는 해당되지 않는 것이었다. 그의 정신세계에서 그는 초법적 인물이었다. 그날 기획재정부가 박근혜에게 업무 보고를 하면서 이른바 '낙하산 근절 대책'을 발표했지만 이로부터 불과 3일 뒤인 2월 23일 한국광물자원공사와 한국동서발전 두 공기업의 상임감사위원에 전문성이 없는 친박계 정치인이 임명된 것도 박근혜의 그런 특성을 알지 못하면 도무지 이해할 수 없는 일이었다.

『경향신문』은 2월 24일 사설 「'낙하산 방지' 대책 발표 직후 또 낙하산 인사라니」에서 "임명 시기가 기획재정부가 지난 20일 대통령 업무 보고에서 공공기관의 낙하산 인사를 막기 위한 대책을 마련하겠다고 밝힌 직후라는 점에서 하도 어이가 없어 말문이 막힌다"며 이렇게 말했다. "도대체 정부와 청와대는 무슨 생각으로 이런 일을 버젓이 저지르고 있는가. 국민은 안중에도 없고 국정을 독불장군식으로 운영하는 대통령의 고집을 드러내는 하나의 단면이 아닌가 싶다. 정부에 과연 낙하산 인사 근절 의지가 있는지조차 의심스럽다. 대통령 업무 보고 직후 두 명의 정치인을 상임감사위원으로 임명한 것만 봐도 그렇다."[7]

『국민일보』는 2월 24일 사설 「낙하산 인사 안 한다더니 국민 우롱하나」에서 "국민을 우롱해도 유분수다. 공공기관에 5년 이상 관련 업무 경력이 없는 기관장이나 감사를 선임하지 않겠다고 현오석 경제부총리가 박근혜 대통령에게 보고한 게 엊그제다"면서 "공기업 개혁을 하겠다면서 정작 방만 경영의 주된 원인인 낙하산 인사 근절 대책이 빠진데 대한 비판이 빗발치자 정부가 마지못해 내놓은 대책이다. 이마저 낙하산 다 내려 보내놓고 내놓은 뒷북 대책이다. 그러더니 보고서의 잉크가 마르기도 전에 친박계 인사들을 공공기관장과 감사에 또

집중 투하하고 있다"고 했다.[8]

야당의 무능은 박근혜에게 축복이 아니라 독약이었다

박근혜는 취임 1주년인 2014년 2월 25일 "제2의 한강의 기적을 이뤄내 우리 경제를 튼튼한 반석 위에 올리고 국민행복시대를 열겠다"며 '경제 혁신 3개년 계획'을 발표했다. 3년 안에 잠재성장률 4퍼센트와 고용률 70퍼센트를 달성해 1인당 국민소득 4만 달러로 가는 초석을 다져놓겠다고 공언했다. 이른바 '474 정책'이었다. 이명박 정부가 '747'이라면 박근혜 정부는 '474'였다. 숫자는 달랐지만 둘의 공통점은 사기성이 농후하다는 것이었다.

이날 민주당이 매긴 박근혜 정부의 성적표는 F학점이었다. 퇴행적 공안 통치로 민주주의를 무너뜨렸고, 지역 편중 인사로 사회적 갈등을 심화시켰으며, 안하무인식 불통 정치로 민의를 압살했을 뿐만 아니라 재벌만 편들고 복지 공약을 후퇴시켜 민생을 파탄냈다는 게 민주당의 진단이었다. 그런데 2월 21~22일 실시한 『중앙일보』의 여론조사에 따르면, 박근혜의 국정 수행 지지율은 62.7퍼센트에 달했다. 민주당의 지지율은 새누리당(43.0퍼센트), 새정치연합(13.9퍼센트)에 이어 11.1퍼센트에 머물렀다. 『중앙일보』 정치국제부문 차장 김정하는 "이런 '무능·오만·독선·불통·반민주·민생파탄' 정권의 지지율이 62.7%인데, 민주당의 지지율이 11.1%라면 민주당은 앞에다 어떤 수식어를 붙여야 하는 건지 누가 좀 가르쳐줬으면 좋겠다"고 꼬집었다.[9]

민주당이 더할 나위 없이 한심하긴 했지만, 박근혜의 '474'가 거의 사기에 가까운 것임은 분명했다. 미리 이야기하자면,『한겨레』논설위원 안재승은 2017년 3월「이명박근혜 정부의 '망쳐버린 10년'」이라는 칼럼에서 '474'와 관련해 다음과 같이 말했다.

"노무현 정부 때 4%대 후반이었던 잠재성장률은 올해 2%대 후반까지 떨어진 것으로 추정된다. 고용률은 지난해 66%에 그쳤고, 1인당 국민소득은 여전히 2만 달러의 늪에서 헤어나오지 못하고 있다. 지난주 발표된 '2016년 가계 동향'은 최악이었다. 빚이 눈덩이처럼 불어나는데 소득은 되레 줄어, 서민 가계가 먹는 것부터 입는 것까지 죄다 줄이고 있는 것으로 나타났다. 계층 간 소득 격차는 더 벌어졌다. 성장과 분배 가운데 어느 하나도 챙기지 못한 것이다. 대통령이 최순실과의 국정 농단에 시간 가는 줄 모르는 동안 민생은 파탄 지경에 이르렀다."[10]

야당의 무능과 지지부진은 박근혜에게 축복이라기보다는 독약이었다. 그걸 자신의 정치와 정책에 대한 지지로 착각한 나머지 무지막지한 낙하산 인사를 대규모로, 그리고 지속적으로 감행했기 때문이다. 2014년 3월 11일 민주당 민병두 의원실이 펴낸 A4 용지 35장 분량의 이른바 '공공기관 친박 인명사전'에 따르면, 2013년 이후 공기업·준정부기관·기타 공공기관의 기관장·감사·이사직으로 임명된 친박 인사는 모두 114명이었다. 기관장이 45명이나 되었고 이사와 감사가 각각 57명, 15명이었다. 새누리당 의원 출신은 모두 16명이었다.

새누리당 대선 후보 공보단장이었던 김병호 전 의원은 한국언론재단 이사장이 되었고, 경기도 화성갑 재보궐 선거에서 '친박 원로' 서청원 의원에게 후보 자리를 양보한 김성회 전 의원은 한국지역난방공사 사장 자리에 올랐다. '친박 중진'이었던 김학송 전 의원은 도로공사 사장 자리를 꿰찼다. 애초에 임원추천위원회가 추천하지 않은 후보였다. 전교조 교사 명단을 공개해 큰 물의를 일으켰던 조전혁 전 의원은 한국전력공사 이사 자리를 받았다. '친박 낙하산' 114명의 출신(중복 포함)을 보면 새누리당이 55명(48.2퍼센트)으로 가장 많았고 대선 캠프 40명(35.1퍼센트), '대선 지지 활동 등 기타'가 32명(27.2퍼센트), 인수위가 14명(12.3퍼센트) 순이었다.[11]

『국민일보』는 「모피아 대신 금피아·청와대발(發) 낙하산인가」라는 사설에서 "하루가 멀다 하고 공공기관은 물론 민간회사까지 침투하는 낙하산 부대에 신물이 날 지경이다. 청와대 대변인 출신 김행 씨를 여성가족부 산하 양성평등교육진흥원장에 앉히더니 이남기 전 청와대 홍보수석을 민간 회사인 KT스카이라이프 대표로 내려 보냈다. KT는 전·현직 정부의 낙하산 부대 집합소다. 수없이 지적하고 비판해도 쇠귀에 경 읽기다"고 비판했다.[12] 『동아일보』는 「친박 인명사전 vs 친노 낙하산 인사」라는 사설에서 "정권을 잡기만 하면 전리품처럼 공공기관 자리를 챙기는 것 자체가 문제라는 인식이 정치권에는 없는 듯하다"며 "낙하산 인사를 남발하면서 어떻게 공공기관을 정상화하겠다는 것인가"라고 개탄했다.[13]

'세월호 참사'와 '박근혜의 7시간'

2014년 4월 16일 오전 전라남도 진도군 앞바다에서 6,825톤급 여객선 세월호가 침몰하는 대형 참사가 발생했다. 이날 침몰한 여객선 세월호에는 제주도로 수학여행을 떠난 경기도 안산 단원고 학생 325명을 포함해 459명이 탑승했다. 사고 수습을 책임져야 할 정부는 현장 구조팀의 선실 진입은 물론 탑승객의 3분의 1도 구조하지 못한 상황이었는데도 언론 보도를 근거로 오전 내내 '승객 대부분이 구조되었다'고 낙관했다. 하지만 이는 사실과 다른 것이었으며, 정부는 초기 상황 파악에서부터 실패하며 온종일 허둥댔다.

정부가 꾸린 안전행정부 중앙재난안전대책본부(중대본)에서 내놓은 구조자 숫자가 계속 달라졌다는 게 이를 상징적으로 보여주었다. 중대본은 이날 오후 2시 공식 브리핑을 통해 오후 1시 30분 기준으로 여객선 탑승 인원 477명 중 368명이 구조되었고 사망 2명, 실종 107명이라고 밝혔다. 하지만 중대본의 발표가 나온 후 1시간 만에 해양경찰청(해경) 측은 실제 구조된 사람은 180여 명이고, 나머지 승객 290여 명의 생사는 확인되지 않았다고 밝혔다.

중대본과 해경이 발표한 구조자 숫자가 200명 가까이 차이가 나 사실 확인 요청이 빗발치자 중대본은 오후 3시 30분쯤 긴급 브리핑을 열어 "구조자 숫자를 확인 중"이라며 말을 바꾸었다. 중대본 차장인 이경옥 안전행정부 제2차관은 "민간 어선과 군인 등 여러 주체가 동시다발로 구조하다보니 착오가 있었다"며 "해경 상황 본부와 긴급히 연락하고 있다"고 말했다. "부상자 숫자가 변경될 수 있느냐"는 질문에도 "확인되는 대로 다시 말씀드리겠다"며 확답하지 못했다.

중대본은 첫 공식 발표가 나온 지 2시간 30분 만인 오후 4시 30분에야 실제 구조자 숫자가 당초 발표한 숫자의 절반도 되지 않는 164명이라고 밝혔다. 구조자 숫자뿐 아니라 침몰 여객선의 전체 탑승 인원도 당초 477명에서 459명으로 정정되었다. 중대본은 당초 구조자 숫자를 368명으로 발표했던 것에 대해서는 "인솔 교사와 아르바이트생, 후송선에 타고 있던 인원, 민간 어선이 구한 구조자 등이 이중 집계됐기 때문"이라고 해명했다.

사고 현장을 방문했다가 오후 5시 20분쯤 정부서울청사로 돌아온 강병규 안전행정부 장관(중대본 본부장)은 "인명과 관련한 문제는 혼선이 있었기 때문에 (시간이 걸려도) 세 차례, 네 차례 확인해서 정확한 정보를 드리겠다"고 말했다. 사고가 신고된 오전 8시 58분부터 무려 6시간 이상 잘못된 정보를 토대로 사고 수습에 나서고 있었던 것이다.[14]

청와대는 박근혜가 사고 발생 직후 청와대에서 노심초사하며 "단한 명의 희생자도 없게 하라"고 즉각 정부 관계부처에 지시했다고 발표했지만 박근혜는 제대로 상황 파악을 하고 있지 못했다. 박근혜는 사고 발생 8시간쯤 지난 오후 5시께 중대본을 직접 방문해 상황을 점검하면서 안전행정부 제2차관에게 "학생들이 구명조끼를 입고 있었다고 하는데 왜 발견하기 힘드냐"고 물었다. 세월호 사고 당시 승객들은 구명조끼를 제대로 챙겨 입을 수 없었으며, 실종자의 대부분은 침몰한 배의 객실에 갇혀 있을 것이라는 점은 방송 보도만 보더라도 알수 있었지만 엉뚱한 소리를 한 것이다.[15]

박근혜는 오전 10시쯤 세월호 침몰과 관련한 첫 서면 보고를 받았다는데 왜 7시간이 지나서야 중대본을 방문했으며, 게다가 이상한 헛소리를 한 걸까? 이는 두고두고 '박근혜의 7시간 미스터리'로 남아 뜨거운 논란의 대상이 된다. 중대본은 이날 오후 7시 30분 브리핑에서 "해양경찰청 사고 수습 본부 집계 결과 탑승 인원 459명, 구조 인원 164명, 사망 인원 4명, 실종 인원 291명"이라고 공식 집계 결과를 발표하면서 "한 명이라도 더 구하기 위해 공중과 수중, 해저에서도 탐색하고 있다"고 말했다.

"묻는다, 이게 나라인가"

2014년 4월 17일 학부모 긴급대책위원회는 해양수산부와 해양경찰청 등 관계자와 면담 자리에서 학생들의 생존 여부 확인, 생존자가 있을 경우 긴급 구조 지원, 해군과 해경, 민간 전문가를 포함한 릴레이 구조 활동, 가능한 한 모든 대형 장비를 구조에 동원, 사망자 발생 시 가족에게 확인 후 병원 이송과 후속 절차 이행, 정확한 언론 보도를 위해 구조 작업 현장 상황 정직하게 공개 등 6가지 요구 사항을 전달했다.

이날 박근혜는 세월호 침몰 사고 실종자 가족들이 머물고 있는 전남 진도군 진도실내체육관을 찾았다. 박근혜가 체육관에 들어서자 전날 정홍원 국무총리의 방문에 가족들이 터뜨렸던 울분은 '대통령이 내 자식 살려달라'는 간절한 호소로 변했다. "정부가 이틀 동안 한 일이 뭐가 있느냐", "해상 구조하는 것을 못 봤다. 이게 국가냐", "우리가 속아도 너무 속았다"는 고함도 터져나왔다. 한 실종자 가족은 "우리 애가 물속에 살아 있다. 제발 꺼내달라"고 호소했다.[16]

4월 18일 세월호 침몰 실종자 가족들은 정부의 부실한 대처에 분노해 국민에게 직접 전달하는 대국민 호소문을 발표했다. 이들은 "현 시점에서 진행되는 행태가 너무 분한 나머지 국민들께 눈물을 머금고 호소하려 합니다"면서 다음과 같이 말했다. "16일 낮 12시쯤 전원 구출이라는 소리를 듣고 아이들을 보러 이곳에 도착했지만 실상은 너무 어처구니가 없었다. 진도실내체육관 비상상황실에 와보니 책임 있게 상황을 정확히 판단해주는 관계자가 아무도 없었다. 심지어 상황실도 없었다."[17]

이날 단원고 학생들의 수학여행 인솔 책임자로 세월호에 타고 있었던 강 모 교감이 죄책감을 이기지 못하고 스스로 목숨을 끊었다. 강 교감의 주머니에서 발견된 유서 2장에는 "모든(수학여행) 일은 내가 추진했고 책임을 통감한다. 내가 발견되면 제자들이 숨진 해역에 화장을 해 뿌려달라"는 내용이 적혀 있었다.[18]

세월호 침몰로 온 나라가 충격에 빠진 가운데 행여 슬픔에 잠긴 실종자 가족들의 귀에 닿을세라 온 나라가 목소리를 낮추었다. 봄맞이 문화·체육 행사는 연기되거나 취소되었고, 기업들은 떠들썩한 홍보 활동을 자제하기로 했으며, 예정된 집회·시위는 보류되거나 규모를 축소해서 열기로 했다. 행사·공연 등도 줄줄이 취소되었다.[19]

『한겨레』는 4월 21일 사설 「묻는다, 이게 나라인가」에서 "현장이 제대로 대처하지 못하니 피해자 가족들의 원성은 자연 청와대로 몰리고 있다. 믿을 수 없는 정부 발표와 더딘 구조·수색 활동에 격분한 까닭이다. 그런데 정부는 사복경찰을 보내 가족들 동향을 감시하는가 하면 채증 활동까지 벌이고 있다고 한다. 피해 가족들을 잠재적 범죄자로 보고 있다는 비난을 자초하는 우행이 아닌가. 정부의 위기 대처 능력이 이런 데서만 제대로 작동되고 있다는 비아냥이 나오는 것도 당연하다. 배가 침몰하는 순간 선장은 가장 먼저 도망가버리고, 승객은 '가만히 있으라'는 지시를 충실히 따르다 차가운 바닷속에 가라앉았다. 여기까지가 세월호 침몰 사건의 전말이다"면서 다음과 같이 말했다.

"하지만 그다음부터 이어지는 구조 활동과 사고 수습 과정에선 국가 재난 대응 체계의 총체적 부실에 따른 '또 다른 참사'가 시작됐다고 해도 과언이 아니다. '대한민국호'에 탄 국민의 마음은 세월호 사고의 피해자 가족만큼이나 비통하고 우울하다. 자연재해든 인재든 국가적 위기는 언제나 발생할 수 있다. 중요한 것은 이런 위기로부터 국민을 보호하는 국가적 역량이다. 세월호 참사를 통해 지금까지 드러난 재난 대응 체계와 위기관리 실태를 보면, 정부라고 하기에도 민망할 정도로 엉망진창의 모습이다. 그래서 거듭 묻는다. 이게 나라인가."[20]

"뻔뻔스러움조차 넘어선 '마리 앙투아네트'의 몸"

2014년 4월 21일 박근혜는 청와대에서 열린 '세월호 관련 특별 수석비서관 회의'에서 "선장과 일부 승무원들의 행위는 상식적으로 용납될 수 없는 살인과도 같은 행태였다"며 "단계별로 무책임과 부조리, 잘못된 부분에 대해 민·형사상 책임을 물을 것"이라고 말했다. 이날 회의에서도 박근혜는 깨알 리더십을 다시 발휘했다. 박근혜의 모두 발언은 200자 원고지 28장 분량으로 읽는 데만 15분이 걸렸으며, 참모들은 여느 때처럼 수첩에 받아쓰기에 바빴다.[21]

박근혜는 또 "헌신적으로 근무하는 공무원들까지 불신하게 만드는, 자리 보존을 위해 눈치만 보는 공무원들은 우리 정부에서 반드시 퇴출시킬 것"이라고 말했다. 하지만 이날 박근혜는 국정 최고 책임자로서 사고 대응과 수습 과정에서 나타난 난맥상에 대한 사과나 유감 표명은 하지 않았다.

『한겨레』는 4월 22일 사설「시스템은 없고 질타만 있다」에서 "대통령의 강경한 발언은 전반적으로 질책과 처벌에 방점이 찍혀 있다. 그런데 왠지 공허하다. 뭔가 초점이 맞지 않는다는 느낌을 지울 수 없다"면서 다음과 같이 말했다.

"이번에 침몰한 것은 세월호만이 아니다. 정부의 재난 구호 시스템과 위기관리 능력에도 구멍이 숭숭 뚫렸다. 초동 대처는 미흡했고 부처들 간에 협업은 이뤄지지 않았으며, 재난 대응 매뉴얼들은 결정적 순간에 멈춰버렸다. 정부는 일사불란해야 할 때 허둥대고 일목요연해야 할 때 오락가락했다. 이 점에서 청와대도 결코 예외일 수 없다. 그런데도 박 대통령은 남 얘기 하듯 선장 욕하고 공무원 질책하기에 바쁘다."[22]

여성학자 정희진은『경향신문』4월 23일 칼럼「위로하는 몸」에서 "박 대통령의 인상을 말한다면 (유)가족들이 항의하고 몸부림칠 때 그의 표정은 경직되어 있었다. 대통령, 아니 최악의 고통을 목격한 평범한 인간으로서 느낄 수밖에 없는 슬픔, 무력감, 기막힘을 공감하는 얼굴과는 거리가 멀었다"면서 다음과 같이 말했다.

"통곡에 귀를 기울이고, 두 손을 잡고, 함께 눈물 흘리는 몸이 '안 되는' 캐릭터가 있다. 의지와 능력의 결여는 몸으로 드러난다. 어느 정도의 포커페이스는 모든 사람에게 필요한 자질이다. 감정이 즉각 얼굴에 드러나는 상황은 곤란하다. 포커페이스는 대개 위선이나 이중적 행동이라고 생각하지만, 필요악으로서 사회적 예의이기도 하다. 그러나 절대 권력자는 포커페이스 연기를 하지 않는다. 안하무인은 타인을 의식하지 않아도 되는 권력이다. 눈치 볼 필요가 없기 때문에 자기 생각과 표정 차이를 조율하는 감정노동을 하지 않아도 된다. 이게 뻔뻔함이다. 박 대통령의 경직된 얼굴은 국민의 고통에 대한 무감각, 판단력 부재, 평소의 나르시시즘(독재성)이 합쳐진 결과다. 이런 상황에서 '이성을 잃은 미개한 민초'들이 울부짖으며 달려들자 그의 몸은 자신도 모르게 불쾌감으로 대응했다. 굳은 얼굴, 위로하는 역할을 해야 할 사람이 화가 난 것이다. 뻔뻔스러움조차 넘어선 '마리 앙투아네트'의 몸이다. 한마디 말, 한순간의 표정에도 타인을 도울 수 있는 힘이 있다."[23]

"청와대, 세월호 선장과 다른 게 무언가"

2014년 4월 23일 김장수 청와대 국가안보실장은 "청와대 국가안보실이 '청와대의 재난 컨트롤 타워'라는 일부 신문의 보도는 잘못됐다"며 "청와대 국가안보실은 재난의 컨트롤 타워가 아니다"라고 밝혔다. 이는 4월 16일 세월호 사고 발생 당시 박근혜가 청와대 국가안보실을 통해 사건을 보고받으며 직접 챙기고 있다고 강조했던 모습과 180도 달라진 것이었다. 민경욱 청와대 대변인은 "안보실의 역할은 통일, 안보, 정보, 국방의 컨트롤 타워다. 자연재해 같은 거 났을 때 컨트롤 타워가 아니다"라며, "국가 안보와 관련해서 봐야 할 것이 많은 곳이다. 재난에 대해 모습을 드러내지 않는다는 (비판은) 적절치 않다"고 전했다. 또 "법령으로 보면 정부 안에서는 (컨트롤 타워 역할을) 중앙재난안전대책본부가 하는 게 맞다"며 안전행정부에 총괄책임을 떠넘겼다.²⁴

『한겨레』는 4월 25일 사설「청와대, 세월호 선장과 다른 게 무언가」에서 "김장수 청와대 국가안보실장이나 민경욱 대변인은 참으로 놀라운 사람들이다. 이런 상황에서 '청와대 국가안보실은 재난 컨트롤 타워가 아니다'라는 말을 그토록 스스럼없이 할 수 있으니 말이다. '일단 나는 살고 보자'는 보신주의, 책임으로부터의 약삭빠른 대피 행위는 세월호 선장 못지않다"면서 다음과 같이 말했다.

"청와대 관계자들이 정신이 제대로 박힌 사람들이라면 '컨트롤 타워의 부재를 심각하게 반성하고 있다'거나 '지금부터라도 청와대가 컨트롤 타워가 돼 사고 수습에 만전을 기하겠다'는 말을 해야 옳다. 아니면 컨트롤 타워 문제를 입 밖에 꺼내지 않는 편이 차라리 낫다. 그것이 자식을 잃은 슬픔 속에 오열하고 있는 유가족들에 대한 최소한의 도리다. 청와대는 그런 염치와 예의도 없다. 김장수 실장의 발언은 청와대의 현재 인식과 주된 관심사가 어디에 있는지를 잘 보여준다. 한마디로 말해 이번 사태에 섣불리 끼어들어 책임 문제가 거론되는 것이 싫다는 이야기다."²⁵

『미디어오늘』은 4월 29일「박근혜 정부, 세월호 '보도 통제' 문건 만들었다」에서 정부 부처가 전방위로 언론의 세월호 관련 의혹을 통제하고 방송사를 조정 통제하는 등 사실상 언론을 통제하는 정황이 담긴 '세월호 관련 재난상황반 운영 계획'이라는 정부 내부 문건을 입수했다고 보도했다.

이 문건에 따르면, 방송통신위원회(방통위, 위원장 최성준)는 4월 22일 재난상황반을 구성하면서 방통위 방송정책국 주요 임무로 '방송사 조정 통제'를 부여했으며, 재난상황반장 등 6명으로 상황반을 편성했다. 방송기반국은 '방송 오보 내용'을 모니터링하고, 이용자정책국은 '인터넷 오보'를 모니터링하고 방통위가 정부의 오보 판단 기준으로 언론 보도 등을 모니터링, 해당 언론사를 통제하기로 계획을 세웠다. 즉, 방송사 인허가 권한이 있는 방통위는 방송사를 '조정 통제'하고, 방송통신심의위원회(위원장 박만)는 모니터링을 강화하면서 사업자에게 '삭제'를 신고하는 등 전방위로 세월호 관련 보도와 의혹 제기를 통제한다는 내용이었다. 방통위는 경찰청, 해경 등이 참여한 범정부 사고대책본부에서 '여론 환기' 역할을 맡은 것으로 드러났다. 사고대책본부에 파견된 방통위 직원이 방통위에 보고한 내용에 따르면 방통위가 수사를 의뢰하면 경찰이 철저히 수사하기로 했으며, 대학생과 일반인 대상 사회적 여론 환기 역할도 방통위와 문화부가 맡았다.[26]

사고 발생 13일 만에 나온 박근혜의 사과

2014년 4월 29일 오전 박근혜는 경기 안산 화랑유원지의 '세월호 사고 희생자 정부 합동분향소'를 찾아 조문했다. 하지만 이 자리에서도 박근혜는 사과는 하지 않았다. 박근혜가 "반드시 안전한 나라를 만들겠다"며 "분향소 설치 혼선에 대해서도 알아보고 책임을 묻겠다"는 말만 하고 사과 없이 떠나자 일부 유족들은 "대통령 조화 밖으로 꺼내 버려"라고 소리쳤고, 다른 유족들도 분향소 한가운데 큼지막하게 놓여 있는 박근혜의 조화 등 고위 공무원과 정치인들의 조화를 치울 것을 요구했다. 결국, 박근혜, 강창희 국회의장, 정홍원 국무총리, 황우여 새누리당 대표최고위원, 강병규 안전행정부 장관, 이주영 해양수산부 장관 등의 조화는 모두 밖으로 치전졌다.[27]

박근혜는 합동분향소에 조문을 마친 후 청와대에서 주재한 국무회의에서 "세월호 침몰 사고가 발생한 지도 벌써 14일이 지났다"며 "국민 여러분께 죄송스럽고 마음이 무겁다"고 말했다. 이어 박근혜는 "이번 사고로 희생된 분들에게 깊은 애도를 표한다. 가족 친지 친구를 잃은 슬픔과 고통을 겪고 계신 모든 분들에게 진심으로 위로를 드린다"고 했다. 사고 발생 13일 만에 처음으로 사과한 것이다.[28]

『동아일보』는 4월 30일 사설 「그 정도 사과와 '셀프 개혁'으로 국가개조 될 것 같은가」에서 "세월호 참사 13일 만에 국무회의 모두冒頭 발언처럼 밝힌 사과에 국민이 감동과 위로를 받았을지 의문이다"면서 다음과 같이 말했다.

"대통령의 사과가 경솔해서도 안 되지만 이번 경우 대통령은 사과의 시기를 놓쳤고 형식도 기대에 못 미쳤다. 참사의 1차적 책임은 세월호에 있다 해도 어린 생명을 구할 시간이 분명 있었음에도 국가는 그렇게 하지 않았고, 못했다. 온 국민이 동영상으로, TV로, 카카오톡 메시지로 똑똑히 목격했기에 충격은 더 크다. 국정에 무한책임을 지는 대통령은 희생자와 유족, 실종자 가족 그리고 국민을 마주 보며 진심 어린 사과부터 했어야 했다. 하지만 박 대통령은 사고 다음 날인 17일 진도 현장과 21일 수석비서관 회의에서 공무원들을 질타만 했지 공무원의 고용주인 국민에게는 사과하지 않았다. 행정부의 수반도, 국정의 책임자도 아닌 듯한 모습이어서 일각에선 '유체이탈' 화법이라는 소리까지 나왔다."[29]

5월 9일 새벽 3시 30분쯤부터 세월호 참사 유족 100여 명은 "대통령을 만나고 싶다"며 청와대 인근 청운효자동 주민센터 앞에서 연좌농성을 시작했다. 이에 앞서 이들은 KBS 본관 앞에서 세월호 피해자를 교통사고 피해자 숫자와 비교한 것으로 알려진 김시곤 KBS 보도국장 파면과 대표이사의 공개 사과를 요구했지만 면담이 결렬되어 뜻을 이루진 못했다. KBS 항의 방문을 갔다가 청와대를 향해 온 유족들은 경찰이 길을 막아 광화문광장에서부터 걸어왔다. 청와대 주변에는 13개 중대 900여 명의 병력이 배치되어 일부 유족은 경찰 앞에 무릎을 꿇고 "길을 열어달라"고 애원했다.[30]

"세월호 때문에 소비심리 위축"?

5월 9일 오전 민경욱 청와대 대변인은 기자들과 만난 자리에서 "지금 (청와대 진입로에) 유가족 분들이 와 계시는데, 순수 유가족분들의 요청을 듣는 일이라면 누군가가 나서서 그 말씀을 들어야 한다고 입장이 정리가 됐다"며 "박준우 정무수석이 나가서 면담할 계획"이라고 밝혔다. 민경욱은 이 자리에서 '순수한 유가족'이란 표현의 의미를 묻는 기자들의 질문에 대해 "유가족이 아닌 분들은 대상이 되기 힘들지 않겠느냐는 말"이라며, "실종자 가족들이야 진도 팽목항에 계실 테니까 여기 계실 가능성이 적을 테고"라고 말했다. 누리꾼 사이에서는 '순수 유가족'이란 표현이 문제가 있다는 비판의 목소리가 쏟아졌다.[31]

세월호 유족들이 대통령과의 만남을 요구하고 있던 이날 박근혜는 오전 10시 청와대 세종실에서 열린 긴급민생대책 회의에서 '대한상의 상근부회장', '한국여행업협회장', '대한숙박업중앙회장', '한국관광협회중앙회 부회장', '목4동시장 상인회장', '현대·LG경제연구원장' 등을 불러 모아 놓고 "경제에 있어서 뭐니 뭐니 해도 가장 중요한 것은 국민의 심리가 아니겠느냐"며 "심리가 안정돼야 비로소 경제가 살아날 수가 있다"고 소비심리론을 폈다. 박근혜는 "그런데 사회불안이나 분열을 야기시키는 일들은 국민경제에 전혀 도움이 안 될 뿐 아니라 결정적으로 우리 경제에 악영향을 끼치게 된다"며 "또 그 고통은 국민들에게 돌아오게 된다"고 비난했다.[32]

『한겨레』는 5월 12일 사설 「또 '정치 선동론' 타령인가」에서 "박승춘 국가보훈처장이 9·11 테러 직후 조지 부시 미국 대통령의 지지율이 상승했던 점을 거론하며 '우리는 문제가 생기면 정부와 대통령만 공격하는 것이 관례가 되어 있다'고 말했다. 보수 언론은 일제히 '세월호 정치 선동 악용'을 거론하고 나섰고, 보수 단체의 집회에선 '세월호 정치 선동꾼 척결' 펼침막이 등장했다. '일부 좌파 세력', '정치 선동' 등 익히 들었던 표현들이 다시 쏟아지는 것 자체가 예사롭지 않다"면서 다음과 같이 말했다.

"세월호 추모 집회를 정치 선동, 정치 투쟁으로 몰아세우는 기준도 매우 자의적이다. 보수 언론은 '박근혜가 책임져라', '이런 대통령 필요 없다' 따위의 구호를 문제 삼았다. 대통령을 비판하면 정치 선동이요, 그렇지 않으면 '순수 추모 집회'라는 얘기인지 도무지 알 수가 없다. 세월호 침몰 사고는 우리 사회의 온갖 병폐를 일시에 드러냈다. 이를 계기로 우리 사회를 크게 뜯어고쳐야 한다는 생각에는 보수나 진보나 마찬가지일 것이다. 국민은 입을 꾹 다물고 관료집단에만 맡겨둘 수 없다는 점도 분명해졌다. 세월호 추모 집회를 정치 선동으로 몰아가는 일련의 흐름은 국민에 대한 침묵의 강요라고밖에 볼 수 없다. 그야말로 불순하다."[33]

5월 12일 새누리당 지도부는 세월호 침몰 사고 이후 잇따르는 추모 집회를 '정치 선동'으로 몰아붙이며 차단에 나섰다. 세월호 참사 후 민감한 발언을 자제하며 숨죽이고 있던 분위기에서 확 달라진 것이다. 여권의 '촛불 트라우마(정신적 외상)'가 은연중에 표출된 것으로 해석되었다. 2008년 이명박 정부 출범 첫해 광우병 촛불집회로 국정 동력을 상실한 경험을 공유하고 있던 새누리당이 세월호 참사 이후 박근혜의 지지율이 급락하면서 당시 악몽이 재연되지 않을까 하는 우려에 빠져 있다는 것이었다.[34]

"박근혜 대통령은 바뀌지 않았다"

2014년 5월 19일 박근혜는 청와대 춘추관에서 열린 세월호 참사 관련 대국민 담화를 발표하고 국민들을 향해 처음으로 직접 사과했다. 이날 박근혜는 "이번 사고에 제대로 대처하지 못한 최종 책임은 대통령인 저에게 있습니다. 국민의 생명과 안전을 책임저야 하는 대통령으로서 국민 여러분께서 겪으신 고통에 진심으로 사과드린다"면서 고개를 숙였다. 박근혜는 또 "살릴 수도 있었던 학생들을 살리지 못했고 초동 대응 미숙으로 많은 혼란이 있었고, 불법 과적 등으로 이미 안전에 많은 문제가 예견되었는데도 바로잡지 못한 것에 안타까워하고 (국민들이) 분노한 것이라 생각한다"면서 "그들을 지켜주지 못하고, 그 가족들의 여행길을 지켜주지 못해 대통령으로서 비애감이 든다"고 했다.

이날 박근혜는 연설 말미에 세월호 참사 희생자와 실종자를 수습하는 과정에서 인명 구조에 최선을 다했던 승객과 일부 승무원, 잠수사 등 '의로운' 희생자 이름을 거명하며 눈물을 흘렸다. 박근혜의 사과는 국민 전체를 슬픔에 빠트린 세월호 참사 34일 만에 이루어진 것으로, 대국민 담화 형식을 빌려 '직접적'으로 사과의 뜻을 표명하기는 이번이 처음이었다.[35] 박근혜는 대국민 담화 발표 직후 아랍에미리트를 방문하기 위해 출국했다.

『한국일보』 논설위원 이충재는 5월 20일 칼럼 「박근혜 대통령은 바뀌지 않았다」에서 "세월호 침몰도 제도와 시스템의 잘못이 아니다. 그것을 운용하는 관료들이 문제였다. 그들을 부리는 대통령의 국정 운영 방식과 철학이 더 큰 문제였다. 박 대통령의 대국민 담화에 국민들의 시선이 쏠린 것도 이런 연유다. 어떤 내용과 대책을 내놓을지가 궁금해서만은 아니었다. 회견의 형식과 박 대통령의 태도, 사과의 진정성에 더 주목했다. 이를 통해 박 대통령이 진짜 달라질 것인지를 확인하고 싶었기 때문이다"면서 다음과 같이 말했다.

"어제 담화문 발표는 이전과 한 치도 다르지 않았다. 박 대통령은 24분 동안 하고 싶은 말만 하고 자리를 떴다. 기자들과의 질의응답은 없었다. 곤혹스러운 질문을 피하고 싶었을 게다. 그러나 유족과 국민들의 상처받은 마음을 어루만져주기 위해서는 아픈 곳을 찌르는 질문과 고통스러운 답변 과정은 반드시 거쳐야 할 고해성사였다. '국민의 생명과 안전을 책임져야 하는 대통령으로서 제대로 대처하지 못해 진심으로 사과드린다'는 말은 한 달 전에 나왔어야 했다. 애걸복걸해서 받아낸 사과가 네 번째든, 다섯 번째든 유족들의 마음은 이미 싸늘히 식어 있다."

이어 "한꺼번에 수십 개가 쏟아져나온 대책은 즉흥적이다. '국가 개조' 차원의 정책이라면 청와대가 밀실에서 얼렁뚱땅 만들어낼 게 아니다. 시민사회와 정치권, 전문가 등 국가 역량을 총동원해 충분한 시일을 두고 차근차근 풀어나가야 할 사안이다. 해경의 구조가 엉망이니 해경을 해체하고, 공무원이 엉터리니 채용 방식을 바꾸면 된다는 식의 대책에서 졸속의 냄새가 물씬 풍긴다. '안전 대한민국'이 손쉽게 만들어진 대책 몇 개로 이뤄질 수 있다고 여기는 안이한 인식 자체가 진짜 문제다"면서 다음과 같이 말했다.

"이쯤 되니 박 대통령이 자신의 잘못이 뭔지를 알고는 있는지 의구심이 생긴다. 독주와 불통, 깨알 리더십, 만기친람식 국정 운영, 내 사람 심기 등이 결국 세월호 참사의 근원이라는 것을 깨닫고 있는지가 궁금하다. 그러나 담화문 어디에도 국정 운영 방식의 반성과 변화를 감지할 수 있는 대목은 없었다. 무능한 장관과 한심한 해경이 사고 수습을 엉망으로 해 자신을 욕보였다는 책임 전가만이 가득하다."[36]

실패로 돌아간 야당의 '세월호 심판론'

세월호 충격에도 6·4 지방선거에서 새누리당은 광역단체장 기준으로 8곳, 새정치민주연합은 9곳에서 승리했다. 영남(5곳)과 호남(3곳)을 빼고 계산하면 6대 3으로 새정치민주연합이 앞섰다. 새누리당은 경기, 인천, 제주에서, 새정치민주연합은 서울, 강원, 대전, 충북, 충남, 세종에서 이겼다. 광역단체장이 얻은 득표수에서도 야권의 후보들은 여권의 후보들에 비해 53만 표가량 더 얻었다. 17개 지역의 교육감 선거에선 진보 성향의 후보가 13명이나 당선되었다.

그러나 전국의 226개 기초단체장 선거에선 새누리당이 117곳을, 새정치민주연합이 80곳을 이겼다. 서울에선 5대 20으로 야당이 완승했지만, 경기·인천에서는 24대 40으로 4년 전의 15대 46에 비해 그 격차가 많이 줄었다. 광역의원 비례대표를 뽑는 정당 투표에서도 새누리당은 전국의 17곳 중 12곳에서 승리했으며, 특히 단체장 선거에서 패배한 서울, 강원, 충북, 충남에서도 앞섰다. 광역의원과 기초의원 수에서도 여당이 승리를 거두었다. 4년 전 288대 360으로 야당 우위였던 광역의원의 수가 416대 349로 역전되었으며, 기초의원 수는 4년 전 1,247대 1,025에서 1,413대 1,157로 격차가 늘었다.[37]

『경향신문』은 「새정치연합은 '선거 민심' 제대로 읽어야」라는 사설에서 "광역단체장에서 '9대 8', 기초단체장에서 '80대 117'의 지방선거 결과를 야당의 승리라고 매길 수 없다. 새정치연합 스스로도 선뜻 그렇게 말할 수 없기에 '절반의 승리', '지고도 이긴 선거' 등의 복잡한 수사를 동원하는 것일 게다"라면서 다음과 같이 말했다.

"새정치연합은 '세월호 심판론'을 내걸었으나 분노한 민심조차 대변하지 못했다. 대안 세력으로서의 능력과 신뢰감을 시민들에게 심어주지 못했다. '세월호 심판론'이 선거를 통해 정치적 심판으로 귀결되지 않은 것은 야당의 무기력 때문이다. 새누리당이 '박근혜 마케팅'으로 선거 본질을 호도하는 데도 새정치연합은 속절없이 휘둘렸다.……'9대 8'의 숫자놀음에 빠져 '지고도 이긴 선거'에 함몰하면 더 큰 선거 패배를 예비하는 길이다."[38]

『한겨레』는 6월 5일 사설「여당에 '경고', 야당에 '분발' 촉구한 6·4 선거」에서 "이번 지방선거는 '새누리당의 선방'이라고 말할 수 있다. 세월호 참사라는 초대형 악재 속에서도 이런 정도의 성적을 거둔 것은 놀라울 정도다. 책임정치라는 민주주의의 기본 원칙에 비추어 봐도 이례적이다"면서 다음과 같이 말했다.

"야당에 그 어느 때보다도 유리하게 조성된 선거 환경을 고려하면 새정치민주연합이 거둔 성적표는 오히려 기대에 못 미친다. 따라서 이번 지방선거는 여권의 독주에 '경고와 견제'를 보내면서도, 동시에 야당에 대해서도 전폭적인 지지를 꺼린 것이라고 정리할 수 있다. 이번 지방선거를 '박근혜 선거'라는 관점에서 보면 여권으로서는 빛과 그림자가 동시에 드리워진 결과다. 여당은 선거 막판 '박근혜 구하기'를 최대 선거 구호로 내걸고 읍소 작전을 펼쳤다. 야당의 '박근혜 심판론'에 맞선 이런 선거 구호는 나름대로 효험을 발휘한 것으로 보인다. 이번 지방선거 표심에는 세월호 사건으로 드러난 현 정부의 무능과 무책임에 대한 응징 심리와, 박 대통령에 대한 동정심이 복잡하게 혼재된 것으로 보인다."[39]

국무총리 후보자 문창극 파동

2014년 6월 10일 박근혜는 신임 총리 후보자로『중앙일보』출신 문창극 전 주필을 내정하고 국가정보원장에는 이병기 주英일본 대사를 내정했다. 정홍원 총리가 세월호 참사에 책임을 지고 사의를 밝힌 후 44일 만이며, 남재준 전 국정원장이 물러난 지 20일 만에 이루어진 후임자 인선이었다. 민경욱 대변인은 "냉철한 비판의식과 합리적 대안을 통해 우리 사회의 잘못된 관행과 적폐를 바로잡기 위해 노력해온 분으로, 뛰어난 통찰력과 추진력을 바탕으로 공직 사회 개혁과 비정상의 정상화 등의 국정 과제들을 제대로 추진해나갈 분이라고 생각한다"고 총리 인선 배경을 설명했다.

『한겨레』는 6월 11일 사설「통합·책임 총리와 거리 먼 '문창극 카드'」에서 "문 후보자는 극심한 우편향 언론인으로 평가받는다. 각종 칼럼을 통해 복지 확대를 앞장서 비판하는 등 극보수적 이념 성향을 내보였다. 학교 무상급식을 '사회주의적 발상'이라고 몰아세웠고 안보와 전교조 문제 등에서도 강한 보수성을 드러냈다. 새정치민주연합은 문 후보자를 '극우보수 인사'로 규정했다"면서 다음과 같이 말했다.

"반대파에 손을 내미는 통합형도 아니고, 공직·관료 사회를 개혁할 수 있는 책임형도 아니다. 김기춘 비서실장 휘하에서 정홍원 총리처럼 '대독형 얼굴마담 총리' 노릇을 할 가능성이 크다. 이는 박 대통령의 국정 운영 방식이 지금까지의 '마이웨이식 궤도'에서 크게 벗어나지 않을 것임을 예고하는 것이다. 총리와 내각에 책임과 권한을 나눠주기보다 청와대 참모진에 의존하는 '만기친람식 받아쓰기 깨알 리더십'도 변함이 없을 것으로 보인다. 박 대통령이 행여 지방선거에서 표출된 민심을 오독하고 있는 건 아닌지 우려스럽다. 여권에서조차 지방선거 결과가 일방적 국정 운영에 대한 경고라는 평가가 나오고 있음을 박 대통령이 알았으면 한다."[40]

6월 11일 KBS는 저녁 〈뉴스9〉에서 문창극 지명자가 2011~2012년 사이 서울 지역의 여러 교회에서 강연한 장면들을 보도했는데, 문창극의 과거 발언들이 문제가 되었다. 보도에 따르면, 문창극은 2011년 자신이 장로로 있는 서울 용산구에 있는 교회에서 근현대 역사를 주제로 한 강연에서 "'하나님은 왜 이 나라를 일본한테 식민지로 만들었습니까'라고 우리가 항의할 수 있겠지, 속으로. (거기에) 하나님의 뜻이 있는 거야. 너희들은 이조 5백 년 허송세월 보낸 민족이다. 너희들은 시련이 필요하다"라고 말했다. 일본의 식민지 지배가 우리 민족의 민족성을 바꾸기 위한 하나님의 뜻이었다고 설명한 것이다. 문창극은 남북 분단 역시 하나님의 뜻이라고 했다. 그는 "(하나님이) 남북 분단을 만들게 주셨어. 저는 지금 와서 보면 그것도 하나님의 뜻이라고 생각한다"며 "그 당시 우리 체질로 봤을 때 한국한테 온전한 독립을 주셨으면 우리는 공산화될 수밖에 없었다"라고 했다.

문창극은 또 다른 강연에서는 '제주 4·3 사건'을 폭동으로 규정했다. 문창극은 "제주도 4·3 폭동 사태라는 게 있어서……공산주의자들이 거기서(제주도) 반란을 일으켰다"고 주장했다. 이 밖에도 문창극은 2011년 6월 구한말 민족성에 대한 강연에서도 "조선 민족의 상징은 게으른 거"라며 "자립심이 부족하고 남한테 신세지는 거 이게 우리 민족의 DNA로 남아 있었던 거야"라고 말하기도 했다.[41]

"문창극 '4·3 망언' 일파만파…지명 철회 여론 비등"

노무현이 과거 잘못된 국가 공권력 행사에 대해 사과하고, 박근혜가 4·3 국가 추념일로 지정할 만큼 국가에 의해 공인된 4·3의 의미를 정면으로 부정하는 발언이 알려진 후 사퇴를 요구하는 비판이 쇄도했다. 6월 12일 제주 출신 강창일, 김우남, 김재윤, 장하나 등 국회의원 4명은 성명을 내고 문창극 총리 후보자 즉각 철회를 요구했다.

이들은 "문창극 후보자가 이념적이고 편협한 잣대로 제주 4·3을 폭동이라고 규정한다는 것은 4·3의 완전 해결과 화해와 상생이라는 역사의 도도한 흐름을 거부하는 것일 뿐만 아니라 국무총리로서의 자질에 심각한 하자가 있음을 보여주는 것"이라며 "더욱이 국무총리는 제주4·3위원회 위원장으로서 4·3 진상 규명과 명예회복을 주도하고 화해와 상생을 이끌어가야 할 위치에 있다"고 밝혔다.

이어 이들은 "그럼에도 불구하고 4·3을 폭동이라 규정하며 4·3을 이념적 갈등으로 몰고 가려는 사람이 국무총리가 되고 제주4·3위원회 위원장이 된다는 것은 도저히 용납될 수 없다"며 "만약 박근혜 대통령이 문창극 후보자의 국무총리 임명을 밀어붙이고 국회 인준을 강행한다면 이는 4·3의 완전 해결과 화해와 상생을 바라는 제주도민들의 열망을 짓밟고 다시 한 번 4·3 희생자와 유족들의 가슴에 대못질을 하겠다는 것"이라고 비판했다.[42]

6월 12일 문창극은 일제 지배와 관련된 식민사관 발언 관련 내용을 보도한 모든 언론사를 상대로 법적 대응에 나서겠다고 밝혔다. 이석우 국무총리실 공보실장은 이날 저녁 7시 30분 정부서울청사 창성동 별관에서 긴급 기자회견을 열어 "문 후보자의 교회 발언 동영상은 일부 언론의 악의적이고 왜곡된 편집으로, 마치 후보자가 우리 민족성을 폄훼하고 일제 식민지와 남북 분단을 정당화했다는 취지로 이해되고 있다"며 "해당 언론사 보도 책임자를 상대로 허위사실에 의한 명예훼손 등 혐의로 법적 대응에 나설 것"이라고 밝혔다. 이석우는 또 "(동영상) 관련 내용은 전혀 사실과 부합되지 않으며, 악의적이고 왜곡된 보도 내용 대부분이 전체 텍스트의 문맥을 파악하지 않고, 특정 글귀만을 부각하고 있다"며 "국무총리실 인터넷 사이트 등에 후보자의 강연 전문과 동영상을 게재해 국민들께서 직접 판단하도록 할 계획"이라고 말했다.

문창극은 이날 밤 9시께 정부서울청사 창성동 별관 앞에서 기자들과 만나 "과거 강연을 하루 종일 검토해봤다. 사과할 일이 아니다. 전체 맥락이 우리나라가 고난 견디고 잘된 나라가 됐다는 뜻이었다"고 말했다. 문창극은 "자진 사퇴할 의사가 없느냐"는 질문에 대해서도 "그런 이야기 할 단계가 아니다"라며 사퇴 의사가 없음을 분명히 했다. 그는 앞서 이날 출근길에 자택 앞에서 기자들과 만난 자리에서도 "사과는 무슨 사과할 게 있느냐"며 소신 발언임을 강조했다.[43]

"인간쓰레기를 솎아내라"는 김기춘의 명령

2014년 6월 12일 새정치민주연합 박영선 원내대표는 국회 본회의에서 문창극의 과거 발언 동영상 파문과 관련해 "이런 사람을 총리로 임명하면 국민이 어떻게 받아들일지, 얼마 전 돌아가신 배춘희 위안부 할머니가 어떻게 생각할지"라며 "(거취 문제에 대해) 박근혜 대통령과 김기춘 실장께서 답을 주셔야 할 것"이라고 말했다. 이어 "청와대 인사 시스템 붕괴가 멈추지 않았음을 또다시 확인시켜주고 있다"며 "청와대 인사위원장인 김기춘 비서실장의 책임을 다시 강하게 거론하지 않을 수 없다"고 '김기춘 책임론'을 정면 제기했다.[44]

6월 12일 이종훈·민현주·김상민·이재영·윤명희·이자스민 의원 등 여당 초선의원 6명은 오후 성명을 내고 "문 후보자의 역사관은 본인의 해명에도 불구하고 심각한 문제가 아닐 수 없다. 문 후보자의 역사 인식에 동의하는 대한민국 국민이 과연 몇 명이나 되겠느냐"며 문창극의 자진 사퇴를 촉구했다. 이들은 "새누리당 지도부는 문 후보자의 적격성을 냉철하게 판단해 국민의 뜻을 겸허히 수용하고, 청와대는 또다시 인사 검증에 실패한 인사 시스템을 근본적이고 대대적으로 손질해야 한다"고 요구했다. 김상민 의원은 별도의 개인 성명을 내 "계속되는 인사 참사는, 인사 문제의 심각성을 전혀 느끼지 못하는 사람들이 인사를 주도하기 때문"이라며 "청와대 김기춘 실장이 책임져야 한다"며 김기춘의 사퇴를 요구했다.[45]

나중에 박근혜 탄핵 정국에서 밝혀진 바에 따르면, 2014년 6월 14일 김영한 민정수석 부임 첫날 김기춘은 "김대중·노무현 정부 인사들이 공직·민간·언론을 불문하고 독버섯처럼 자랐다", "정권에 대한 도전은 두려움을 갖도록 사정 활동을 강화하라"고 지시했다. "과거를 보면 미래를 알 수 있으니 위태로운 자, 인간쓰레기를 솎아내는 일을 점진적으로 추진토록 하라"고도 했다. 김기춘은 '네, 아니요'로만 대답하기를 강요했다. '아니요'라고 하는 사람은 무좀으로, 독버섯으로, 인간쓰레기로 취급하라고 김기춘은 명령했다.[46]

여론조사 전문기관 한국갤럽이 6월 17~19일 전국 성인 남녀 1,002명을 대상으로 실시해 20일 발표한 전화 여론조사(신뢰수준 95% ±3.1%P) 결과에 따르면, 박근혜의 국정 수행 지지도는 취임 후 처음으로 부정 평가(48퍼센트)가 긍정 평가(43퍼센트)보다 5퍼센트포인트 높은 것으로 나타났다. 부정 평가를 한 응답자가 그 이유로 '인사 문제'를 지적한 비율은 지난주 20퍼센트에서 이번 주 39퍼센트로 배가까이 늘었다.[47]

"'인사 참사' 사과 없이 국민 눈높이 탓한 박근혜"

2014년 6월 24일 문창극이 자진 사퇴했다. 이날 박근혜는 "국회 인사청문회까지 가지 못한 점을 안타깝게 생각한다"고 말했다고 민경욱 대변인이 전했다. 박근혜는 "인사청문회를 하는 이유는 그것을 통한 검증으로 국민의 판단을 받기 위한 것"이라며 "앞으로는 잘못 알려진 사안들에 대해 청문회에서 소명할 기회를 주고 개인과 가족이 불명예와 고통 속에서 살지 않도록 했으면 한다"고 밝혔다.[48]

문창극이 자진 사퇴하면서 박근혜 정부는 출범 1년 4개월 만에 총리 지명자 3명이 낙마하는 '인사 참극'에 직면했다. 총리 지명자가 잇따라 낙마한 것은 2002년 김대중 정부 때 장상·장대환 총리 서리에 이어 12년 만이지만 국회 인사청문회에 서보지도 못한 것은 이번이

처음이었다.[49]

6월 26일 청와대는 정홍원 국무총리의 유임을 결정했다. 사의를 표명했던 총리가 유임되는 것 역시 헌정 사상 처음이었다. 6월 30일 박근혜는 청와대 수석비서관 회의에서 "청문회를 가기 전에 개인적 비판이나 가족들 문제가 거론된 데는 어느 누구도 감당하기 어려웠던 것 같고, 높아진 검증 기준을 통과할 수 있는 분을 찾기가 어려웠다"고 말했다. 안대희·문창극 총리 지명자의 연이은 낙마는 여론 재판, 경질 총리를 유임시킨 건 국민 눈높이 탓으로 돌린 것이다.

이에 대해『경향신문』은 7월 1일 사설「'인사 참사' 사과 없이 국민 눈높이 탓한 박 대통령」에서 "단언컨대 이번 '인사 참사'는 부적절한 인물을 선택한 박 대통령의 편협한 '인사 코드'와 부실한 검증 때문에 빚어졌다. 박 대통령이 비선 라인에 의존해 '수첩' 속 사람만을 대상으로 고르려니 '검증 기준을 통과할 분을 못 찾은' 것이다"면서 다음과 같이 말했다.

"박 대통령은 제대로 된 총리 후보를 지명하지 못한 까닭을 '높아진 검증 기준' 탓으로 돌렸다. 황당한 구실이다. 박근혜 정부 들어 유독 도덕성 기준이 높아진 게 아니다. 과거 정권에서도 여러 총리 후보자와 장관 내정자들이 위장전입, 부동산 투기, 논문 표절, 전관예우 등으로 낙마했다. 그 기준에 대입해도 김용준·안대희·문창극 총리 지명자는 물론 김명수 교육부 장관 후보자 등도 애초 자격이 없다. 문제는 '높아진 검증 기준'이 아니라, 국민의 상식과 동떨어진 박 대통령의 인사 철학과 청와대의 검증 잣대이다.……'인사 참극'을 벌여 놓고도 끝까지 내 잘못은 없고 모든 게 국민 여론, 인사청문 제도, 야당 탓이라고 우기는 대통령이 앞으로 선보일 인사와 국정 그 파탄은 불을 보듯 뻔하다."[50]

"7·30 재보선 민심, 세월호를 넘어 민생을 선택했다"

2014년 7월 30일 총 15곳에서 치러져 '미니 총선'으로도 불린 재보선 결과 새누리당이 11곳에서 승리했고 새정치민주연합은 4곳에서만 당선되었다. 새정치민주연합은 수도권 접전지 6곳 중 수원정 1곳밖에 이기지 못하는 충격적인 참패를 당했다. 특히 야당 텃밭인 전남 순천·곡성에서 새누리당 이정현 후보가 새정치연합 서갑원 후보를 10퍼센트포인트 가까운 상당한 표차로 누르고 당선되었다. 1988년 소선거구제 도입 이후 광주·전남 지역에서 새누리당(과거 신한국당·한나라당 포함) 후보가 당선된 것은 이번이 처음이었다. 재보선 결과로 정당별 의석수는 새누리당은 158석, 새정치연합 130석, 통진당과 정의당이 각각 5석, 무소속 2석이 되었다.

『중앙일보』는 7월 31일 사설 「7·30 민심, 세월호를 넘어 민생을 선택했다」에서 "7·30 재보선이 새누리당의 압승으로 끝났다. 세월호 사태가 중심이 됐던 6·4 지방선거만 해도 여야가 8대 9라는 무승부였다. 그로부터 두 달이 채 지나지 않았는데 이런 결과가 나온 건 국민이 세월호를 넘어 민생을 선택한 것으로 판단된다. 세월호가 심각한 사건이었지만 이를 수습하는 방법은 합리적이며 미래 지향적이어야 한다고 유권자는 판단한 것이다. 야당이 합리적인 대안을 제시하지 않고 세월호를 정치 쟁점화하려는 전략에 유권자는 '노no'를 선언했다"
면서 다음과 같이 말했다.

"야당에 대한 유권자의 이런 거부감은 명백하게 드러났다. 중도中道
지역이라고 볼 수 있는 대전·충남·충북에서 유권자는 지난 지방선
거와 달리 과감하게 새누리당을 선택했다. 이런 성향은 서울 동작을과
수원 등 수도권에서도 마찬가지로 나타났다. 수도권에 출마했던 손학
규·김두관·정장선 등 야당의 원로·중진 스타들은 커다란 표차로 패
배했다. 가장 의외인 것은 전남 순천·곡성에서 새누리당 이정현 후보
가 당선된 것이다. 호남은 민주당에 뿌리를 둔 새정치연합의 텃밭이
어서 이곳에서 영남을 지역 기반으로 하는 새누리당이 당선자를 내는
것은 불가능한 것으로 여겨졌다. 그런 곳에서 새누리당 후보가, 그것
도 압도적인 표차로 당선됐다. 유권자는 작심하고 새누리당에 표를 던
졌으며 이런 결심은 순천에서 강하게 나타났다고 봐야 한다. 새누리당
이정현 후보가 지역 개발 공약을 내세운 것이 영향을 미친 측면이 크
겠지만 그것은 어디까지나 부분적인 것이다. 근본적으로 표심이 변화
하지 않고는 이런 결과가 불가능하다."[51]

"'제대로 된 세월호특별법' 요구 국민 여론에 '화'낸 대통령"

2014년 8월 7일 여야는 13일에 '세월호특별법'을 처리하기 위한 원
포인트 본회의를 개최하기로 합의했다. 진상조사특별위원회 구성은
위원장을 포함해 총 17인으로 하고, 각 교섭단체가 추천한 10인(새누

리 5인, 새정치 5인)과 대법원장과 대한변협이 추천하는 각 2인, 유가족 측이 추천하는 3인으로 구성키로 했다. 합의 내용 대부분이 새누리당의 요구를 그대로 수용한 것이어서 유가족들이 철저한 진상 규명을 위해 그간 요구해왔던 수사권과 기소권을 진상조사특별위원회에 부여하는 것은 없던 일이 되었다. 새정치연합 유은혜 원내대변인은 브리핑을 통해 "오늘 세월호특별법이 타결됐다. 늦었지만 다행이라고 생각한다"면서 "그러나 유가족분들께는 죄송한 마음을 전한다"고 말했다.[52]

세월호 피해자 가족들은 큰 실망감을 나타내고 '합의 결과를 수용할 수 없다'며 재협상을 요구했다. 세월호특별법을 둘러싸고 진통이 발생하고 있는 가운데 8월 11일 박근혜는 국회를 향해 세월호특별법 처리와 경제 활성화 법안 처리를 요구하며 정치권을 강도 높게 비판했다. 박근혜는 이날 오전 청와대에서 열린 수석비서관 회의에서 "정치가 정치인들이 잘살라고 있는 게 아닌데 지금 과연 정치가 국민을 위해 존재하고 있는 것인가 자문해봐야 할 때"라며 정치권을 강도 높게 비판했다. 박근혜는 이어 "(경제 관련 법안 처리 지연을) 전부 정부 탓으로 돌릴 것인가. 정치권 전체가 책임을 질 일"이라며 국회에 계류 중인 경제 관련 법안을 하나하나 열거하며 조속한 처리를 촉구했다.

또 박근혜는 "말로만 민생, 민생 하면 안 된다", "우물 안 개구리식 사고로 판단을 잘못해 옛날 쇄국정책으로 기회를 잃었다고 역사책에서 배웠는데 지금 우리가 똑같은 우를 범하고 있다" 등 사실상 야당을 향해 수위 높은 표현을 쏟아냈다. 이어 박근혜는 "경제 활성화 법안 중에는 통과만 되면 청년들이 바라는 일자리가 생길 수 있는 게 보이는데도 안타깝게만 바라보고 있으니 모든 사람들의 가슴이 시커멓게

탄다"며 "서비스 산업의 체계적 육성을 위해 정부가 재정과 금융, 인력 양성을 지원하는 법, 해외 관광객이 급증하는 데 턱없이 부족한 숙박 시설을 확충하는 법, 아이디어만 있으면 온라인상에서 다수 투자자로부터 자금을 조달할 수 있는 법 등은 창업가를 위해 어떻게든 통과시켜야 한다"고 말했다.[53]

이에 대해 새정치연합 한정애 대변인은 브리핑에서 "대통령의 입에서 '세월호'가 사라졌다. 눈물로 사죄를 구하며 책임자를 처벌하고, 대한민국 구석구석 켜켜이 쌓인 적폐를 청산하겠다고 말한 그 이후 세월호는 사라졌다"고 말했다. 정의당 이정미 대변인은 "박 대통령의 기고만장, 적반하장에 할 말을 잃는다. 국회 안에서 30여 일에 가까운 목숨을 건 단식으로 차라리 죽은 자식들 뒤를 따르겠다고 싸우는 유족들이 보이지도 않는단 말인가"라고 비판했다.[54]

"세월호 피로감, 직면해야 할 건강한 불편함"

새누리당 이완구 원내대표와 새정치민주연합 박영선 원내대표는 임시국회 마지막 날인 8월 19일 세월호특별법을 재합의했다. 양당 원내대표는 논란이 된 특별검사 후보 추천위원회의 구성 방식에 대해 국회 몫의 특검 추천위원 4명 중에서 야당이 2명을 추천하고, 야당과 세월호 유가족의 사전 동의를 받아 여당이 2명을 추천하는 형식에 합의했다. 하지만 세월호 희생자·실종자·생존자 가족대책위원회는 이날 국회에서 기자회견을 열어 "여야의 재협상에도 결국 여당이 특검 추천위원 2명을 추천하게 되는 것은 받아들일 수 없다"고 밝혔다. 전명선 가족대책위원회 부위원장은 "야당과 유가족 동의를 받는다 해도 유족이 거부하거나 동의하지 않으면 여당은 계속 추천할 것"이라며 "이런 상황이 반복되면 진상 규명은 어렵다"고 주장했다.[55]

8월 25일 세월호 참사 일반인 희생자 유가족들은 기자회견을 열고 "최근 여야가 재합의한 특별법을 수용하겠다"며 "세월호 참사 진상 규명을 위해 특별법이 8월 말까지 반드시 제정돼야 한다"고 주장했다. 일반인 희생자는 단원고 학생, 교사와 세월호 승무원을 제외한 43명으로, 여야의 재합의안을 거부하고 단식농성 중인 세월호 가족대책위원회와 다른 입장을 밝힌 것이다. 일반인 희생자 유가족들은 "여야의 재합의안에 대해 '만족', '불만족'을 떠나 세월호 참사의 진상 규명을 위해서는 특별법이 제정돼야 한다"며 "유가족들의 의견은 진상 조사 과정에서 충분히 반영될 수 있을 것"이라고 설명했다. 이들은 또 특별법 때문에 민생 법안이 막혀서는 안 된다면서 민생 법안을 이달 중 분리, 처리하길 바란다고 밝혔다. 이들은 "일반인 희생자들은 6~70세로 연령부터 직업까지 다양해 단원고 학생, 교사들과는 성격이 다르다"며 "일반인 희생자 유가족들은 생계와 부양의무가 있어 언제까지 세월호에만 매달릴 수 없다"고 말했다.[56]

세월호 유족들 사이에서의 이견이 시사하듯, 세월호 피로감이 서서히 나타나기 시작했다. 정신과 전문의 정혜신은 8월 31일 자신의 페이스북을 통해 '세월호 피로감'을 우리 시대가 '직면해야 할 건강한 불편함'으로 규정했다. 정혜신은 "세월호 피로감이라 합니다. 끔찍한 일을 자꾸 떠올리면 마음이 '불편'해지니 고개를 돌리게 된다고도 합니다. 그럴 수 있지요"라면서 "그런데 정신분석학에서는 노이로제를 '건강한 불편함을 회피한 대가'라고 정의합니다. 직면해야 할 불편함을 회피한 결과로 얻는 것이 바로 정신적 질병이라는 거죠"라고 설명했다.[57] 세월호 피로감 속에서 이제 세월호특별법을 놓고 여론이 둘로 쪼개지는 현상이 본격적으로 발생하게 된다.

원세훈 무죄, 현직 판사 "법치주의는 죽었다"

2014년 9월 11일 서울중앙지법 형사합의21부(부장 이범균)는 국정원 직원을 동원해 조직적으로 2012년 대통령 선거와 정치에 개입한 혐의로 기소된 원세훈 전 국정원장에게 집행유예를 선고했다. 즉, 정치 개입의 국가정보원법 위반은 유죄지만 공직선거법 위반은 무죄라는 것이었다.

이날 재판부는 "(국정원의 활동은) 국가기관이 특정한 여론을 조성할 목적으로 국민들의 자유로운 여론 형성 과정에 직접 개입한 것으로서 민주주의의 근간을 뒤흔든 범행"이라고 밝혔다. 하지만 "그런 인터넷 활동이 국정원의 적법한 직무에 속한다고 오인해 범행을 저지른 것으로 보인다"며 양형에 참작했다고 설명했다. 같은 혐의로 기소된 이종명 전 국정원 3차장과 민병주 전 심리전단장에겐 징역 1년과 자격정지 1년에 집행유예 2년을 각각 선고했다.

재판부는 원세훈이 심리전단 직원들에게 트위터 계정 175개를 통해 정치 관여 트위트·리트위트 11만 3,621건을 올리고 인터넷 포털

사이트 등에도 글 2,125건, 찬반 클릭 1,214건을 올려 국내 정치에 개입하도록 지시한 혐의를 유죄로 인정했다. 재판부는 "국정원 직원들이 북한의 활동에 대응한다는 명목 아래 일반인을 가장해서 4대강 사업 등 국책 사업을 지지하고 이를 반대하는 정치인과 정당을 비방하는 글을 게시한 것은 국정원의 적법한 업무인 국내 보안 정보 작성·배포라고 도저히 볼 수 없다"고 밝혔다. 국정원 심리전단의 인터넷 활동은 원세훈이 매달 부서장 회의와 매일 모닝 브리핑에서 지시한 내용에 맞춰 전개되었다.

그럼에도 재판부는 원세훈이 선거운동을 지시하지 않았다고 판단했다. 재판부는 "대선 즈음에도 심리전단 직원들이 야권의 대선 후보자나 후보 예정자를 반대·비방하는 상당수의 글을 올려 원 전 원장이 선거운동을 지시한 것은 아닌지 의심이 든다"면서도 "선거운동은 '특정 후보의 당선·낙선을 도모하는 능동적·계획적 행위'로서 '선거 또는 선거 결과에 영향을 미치는 행위'와 엄격히 구분해야 한다"며 선거법 위반 혐의에 무죄를 선고했다.[58]

9월 12일 수원지법 성남지원 김동진(사법연수원 25기) 부장판사는 원세훈의 공직선거법 위반 혐의에 대한 무죄 판결을 신랄하게 비판하는 글을 법원 내부 게시판에 올렸다. 그는 '법치주의는 죽었다'는 제목의 글에서 다음과 같이 말했다. "한마디로 말하겠다. 나는 어제 있었던 서울중앙지법의 국정원 댓글 판결은 '지록위마指鹿爲馬의 판결'이라고 생각한다. 국정원이 2012년 당시 대통령 선거에 대하여 불법적인 개입 행위를 했던 점들은 객관적으로 낱낱이 드러났고, 삼척동자도 다 아는 자명自明한 사실이다. 그럼에도 불구하고, 이런 명백한 범죄 사실에 대하여 담당 재판부만 '선거 개입이 아니다'라고 결론을 내렸다. 이 것이 지록위마가 아니면 무엇인가? 담당 재판부는 '사슴'을 가리키면 서 '말'이라고 말하고 있다.["]59 (2015년 2월 9일 서울고법 형사6부[부장 김상환]는 공직선거법 및 국정원법 위반 혐의로 불구속 기소된 원세훈에게 징역 2년 6월에 집행유예 4년, 자격정지 3년을 선고한 원심을 깨고 징역 3년 의 실형과 자격정지 3년을 선고했다.[60])

"담뱃값 이어 주민세 · 자동차세까지 '또 서민 증세'"

2014년 9월 11일 박근혜 정부는 경제 관계 장관 회의를 열어 담뱃값 을 현행 2,500원에서 4,500원으로 인상하는 안을 포함한 종합 금연 대책을 보고했다. 문형표 보건복지부 장관은 "내년 1월 1일부터 담배 가격 2,000원 인상을 추진하고 담뱃값에 물가연동제를 도입할 것"이 라며 "2020년 성인 남성 흡연율 목표 29% 달성을 위해 노력하겠다" 고 말했다. 정부는 건강 증진 차원에서 담뱃값을 인상한다고 발표했 지만 이 말을 곧이곧대로 믿는 사람은 없었다. '꼼수 증세'라는 것이었다.[61]

담뱃값 인상을 결정하면서 박근혜가 2006년 노무현 정부가 인상을 추진했을 때 했던 발언도 회자되었다. 그때 한나라당은 "국민 건강 증 진보다 부족한 세수 확보를 위한 것"이라며 노무현 정부의 담뱃값 인 상을 무산시켰는데, 당시 한나라당 대표였던 박근혜는 노무현을 만난 자리에서 "소주와 담배는 서민층이 애용하는 것 아닌가. 국민이 절망 하고 있다"고 했기 때문이다.[62]

9월 12일 안전행정부는 주민세 인상 등을 담은 '2014년 지방세제 개편 방향'을 발표했다. 개편 내용을 보면, 현재 최대 1만 원 이내(상한선)에서 각 지방자치단체가 결정하는 주민세 부과 방식이 1만 원(하한선) 이상 2만 원(상한선) 이내 수준에서 부과하도록 바뀐다. 또 1991년 이후 오르지 않았던 영업용 자동차세도 지금까지의 물가인상률(105퍼센트)을 고려해 조정하기로 했다. 이에 따라 영업용 승용자동차·승합자동차(버스)·화물자동차·특수자동차·3륜 이하 자동차 등에 부과되는 자동차세가 2015년에는 현재의 1.5배로, 2016년에는 1.75배로, 2017년에는 2배로 오르게 되었다.[63]

『한겨레』는 9월 13일 사설 「담뱃세 이어 주민세…또 '서민 증세'인가」에서 "담뱃세와 주민세, 자동차세가 모두 소득이나 자산의 크기에 관계없이 부과되기에 이런 증세는 서민들에게 더 부담이 되기 마련이다. 서민 증세라고 해도 그르지 않다. 상대적으로 담세 능력이 큰 사람들에게 세금을 더 물리지 않고 서민들의 부담을 늘리는 세제 조정은 조세의 형평 원칙 등에 어긋난다"면서 다음과 같이 말했다.

"가뜩이나 소득 불평등이 심해 상대적 박탈감이 큰 서민들에게 더 우울한 소식이 아닐 수 없다. 박탈감을 덜어줄 대책을 마련하기는커녕 덧낼 조처를 취하고 있으니 안타깝다. 그런데도 정부는 이날 주민세와 자동차세 증세 방안을 내놓으면서 '조세 정의와 형평을 구현하는 등 비정상적인 지방세제를 정상화하는 데 초점을 두었다'고 밝혔다. 건강 부회라는 평을 듣기에 딱 좋다고 본다. '조세 정의와 형평을 구현'한다는 말을 이런 데에 쓰다니 말이다."[64]

동국대학교 경영대 초빙교수 이동걸은『한겨레』9월 15일 칼럼「민생경제 죽이는 '그네'노믹스」에서 "'근혜노믹스'가 오락가락 무한변신하고 있다. '줄푸세(세금 줄이고, 규제 풀고, 법치 세운다)'에서 맞춤복지로, 경제민주화로, 창조경제로, 그리고 다시 줄푸세로 돌고 돌아 왔다. 더 나아가 경제 활성화와 민생경제로 변신하고 있다. 과연 그 끝은 어딜까? 시류 따라 눈치 따라 그네처럼 왔다 갔다 하니 앞으로 또 어떻게 변할지. 차라리 '그네'노믹스라 부르자"면서 다음과 같이 말했다.

"줄푸세는 '명박'노믹스의 사촌이나 다름없다. 여기에다 저금리에 가계부채 조장, 부동산 투기 활성화, 그리고 서민 세금 폭탄이라는 '경환노믹스'까지 덧칠해놓고 보니 도무지 그 변신의 끝을 모르겠고 정체도 알 수가 없다. 부자 세금 줄이자는 것이 이명박의 '낙수 정책'이라면 '그네'노믹스는 부자 감세로 부족해진 돈을 서민에게 세금 폭탄 때려 걷자는 것이니 더 포악스럽다. 그나마 얼마 되지 않는 서민 복지도 서민들 돈 뺏어서 하겠단다. 아랫돌 빼서 윗돌 괴기다."[65]

"공공기관에 '관피아' 대신 '정치 마피아'인가"

국회 산업통상자원위원회 소속 백재현 의원에 따르면, 2014년 9월 초 현재 39개 공공기관 중 14곳의 감사가 정치권 출신인 것으로 나타났다. 이 때문에 세월호 참사로 인해 관피아가 사라진 곳에 정피아가 득세하고 있다는 지적이 나왔다. 『경향신문』은 9월 3일 사설 「공공기관에 '관피아' 대신 '정치 마피아'인가」에서 "세월호 참사가 엉뚱하게 '정피아(정치인+마피아)' 세상을 만들 것이란 우려가 현실화하고 있다.

세월호 참사 초래의 근인으로 꼽히는 '관피아(관료+마피아)'를 차단해 놓으니 그 자리를 '정피아'가 꿰차고 있기 때문이다"면서 다음과 같이 말했다.

"공공기관 감사는 공모 절차를 거치지만 결국은 청와대가 낙점한다. 정치인 출신도 자격 요건을 갖추었다면 공공기관 임원이 되는 것이 문제될 게 없다. 하지만 집권당 혹은 대선 캠프 출신이란 이유만으로 낙하산을 타고 내려온다면 사정은 달라진다. '관피아'의 폐해보다 '정피아'가 더 심각할 수 있다. 전문성은 물론 도덕성, 조직 관리 능력에서 떨어질 수 있기 때문이다. 기획재정부는 올 초 업무 보고에서 '일정 기간 해당 업무 경력을 갖추지 않은 사람은 공공기관 감사가 되지 못하도록 법 개정을 추진하겠다'고 했다. 박 대통령도 누차 '공공기관의 낙하산 인사는 없을 것'이라고 장담했다. 그래놓고 공공기관의 장과 감사 자리를 정권의 사은품인 양 '정피아'에게 하사하고 있다. 이러면서 국가 혁신을 외치고 공공기관 개혁을 운위할 텐가. 이제라도 이율배반, 막무가내식 보은 낙하산 인사를 중단해야 한다."[66]

9월 5일 민병두 새정치민주연합 의원이 공공기관에 임명된 '친박' 인사 실태를 조사해 발표한 '공공기관 친박 인명사전 2집'에 따르면, 2014년 4월부터 9월까지 6개월 동안 공공기관 고위직에 임명된 친박 인사는 66개 기관 94명에 달했다. 이는 2013년 정부 출범부터 2014년 3월까지 1년간 84개 공공기관, 114명이 임명된 것과 거의 맞먹는 수준이었다. 공공기관 친박 인명사전에 따르면 94명 가운데 새누리당 출신이 45명(47.9퍼센트)으로 가장 많았다. 새누리당 국민행복추진위원회 등 대선 캠프 출신이 25명(26.6퍼센트), 대통령직인수위 출신이 6명(6.4퍼센트)이었다. 친박 단체 활동이나 지지 선언에 나섰던 인사도 18명(19.1퍼센트)으로 나타났다. 낙하산으로 분류된 213개 직위 중 가장 많은 비중을 차지한 건 이사직으로 127개(59.6퍼센트)에 달했다. 기관장(60개·28.2퍼센트), 감사(26개·12.2퍼센트)가 뒤를 이었다. 기관장은 총 60명 중 대선 캠프 출신이 24명(40퍼센트)으로 압도적으로 많았다.[67]

『한국일보』는 9월 26일 사설 「청와대 보은·낙하산 인사, 해도 너무한다」에서 "과거 박근혜 대통령은 정권마다 되풀이돼온 '낙하산·보은 인사'를 강도 높게 비판했다. 야당 대표 시절 참여정부를 향해 '이런 인사가 대통령의 국정 운영에 큰 해를 끼치고 결국 대통령에게 부담으로 돌아갈 것'이라고 경고했고, 대선 당시 '부실 인사의 낙하산 임명 관행 근절'을 공약했다. 그러나 '박근혜 정부에서 낙하산 인사는 없다'던 다짐은 금세 거짓으로 드러났다"면서 다음과 같이 말했다.

"어떤 비판에도 귀를 막은 박 대통령에게 '부실 인사가 원칙 없이, 전문 분야와 상관없는 낙하산으로 임명되는 것은 반드시 근절하겠다'던 약속을 상기시키는 것은 부질없는 짓일지 모른다. 하지만 이런 식의 인사는 결국 대통령과 정부에게 부담으로 되돌아간다는 점을 명심해야 한다."[68]

"'만만회 사칭'에 대기업도 속절없이 당하는 현실"

2014년 10월 2일 서울중앙지검 특수2부(임관혁 부장검사)는 청와대 이재만 총무비서관을 사칭해 자신의 취업을 알선하고 실제 대기업에 채용되어 대기업의 채용 업무를 방해한 혐의(업무방해)로 조 모씨를 구속 기소했다고 밝혔다. 검찰은 조씨가 취업에 어려움을 겪자 이재만을 사칭해 2013년 8월 대우건설에 취업하고, 2014년 8월 KT에 취업을 시도했다고 보았다. 조씨는 2013년 7월 대우건설 박영식 사장에게 전화를 걸어 "청와대 총무비서관 이재만이다. 조 모 장로를 보낼 테니 취업을 시켜주면 좋겠다. 내일 3시에 보내겠다"라고 말했다. 이튿날 조씨는 박영식을 찾아가 허위 학력과 경력이 기재된 응시원서를 제출하며 "대우건설에서 일하고 싶다"고 말했다. 박영식은 한 달 뒤 조씨를 대우건설 부장직급으로 채용했다. 이재만의 추천을 받았다는 조씨의 말을 그대로 믿은 것이다.[69]

『한국일보』는 10월 3일 사설 「'만만회 사칭'에 대기업도 속절없이 당하는 현실」에서 "권력에 줄을 댈 특혜를 보려는 비뚤어진 심리, 이를 악용한 사기행각이 끊이지 않는 것은 우리 사회 곳곳에서 '권력형 뒷거래'가 여전히 횡행하고 있음을 방증한다"면서 다음과 같이 말했다.

"박근혜 정부가 대선 공약을 헌신짝처럼 내던지고 공공기관 등에 낙하산 인사를 줄줄이 내려보내는 것도 이 같은 범죄를 키우는 토양이다. 전문성이나 자질을 묻지도 따지지도 않고 권력이면 다 통하는 세태를 약삭빠른 사기꾼들이 놓칠 리 없다. '청와대 전화 한 통' 사기에 내로라하는 대기업까지 놀아난 현실이 참담하다."[70]

『서울신문』은 10월 4일 사설 「靑 비서관 사칭극 결국 낙하산 토양 탓 아닌가」에서 "대한민국 사회는 지금 인사에 관한 한 치유하기 어려울 정도의 중증을 앓고 있다. 공공이든 민간이든 영역을 가리지 않고 막무가내로 펼쳐지는 낙하산 난리 통에 하루도 영일寧日이 없을 지경이다"면서 다음과 같이 말했다.

"박근혜 대통령은 지난해 취임 직후 공공기관 낙하산 인사는 없을 것이라고 천명했다. 그러나 지금 우리 눈앞에 어떤 인사가 전개되고 있는가. 전문성이라곤 찾아보기 힘든 인물을 한국관광공사 감사 자리에 앉혀 '코미디 인사의 절정'이란 비판을 자초하더니 적십자비도 제대로 안 낸 사람을 전광석화처럼 대한적십자사 총재로 지명해 '보은인사의 끝판왕'이라는 비아냥을 듣고 있다. 인천국제공항공사 사장 자리를 놓고도 '친박 낙하산' 논란이 끊이지 않는다. 세월호 참사 이후 국가 혁신을 그토록 외쳤건만 그 핵심이라 할 인사 문제에 있어서는 오히려 퇴보하는 양상마저 보이고 있으니 안타까운 노릇이다."[71]

"조져도 조져도 끊임없이 투하되는 정피아 낙하산"

2014년 10월 15일 김기식 새정치민주연합 의원실 자료에 따르면, 금융공기업과 이들이 지분을 보유하고 있는 금융회사 34곳의 전체 임원 268명 중 112명이 관피아, 정피아, 연피아(연구원 출신) 인사였다. 특히 이 중 정피아가 48명으로 42퍼센트에 달해 금융공기업이 '정피아의 천국'으로 불릴 정도로 감사와 사외이사가 대거 포진한 것으로 나타났다.[72]

선임된 이들 금융공기업 감사들의 공통점은 2가지였다. 여당의 지지를 등에 업은 정피아라는 점과 금융회사에서 근무한 경험이 전혀 없는 금융 문외한이라는 점이 그것이었다. 세월호 참사 이후 관피아 배제 분위기가 확산된 이후 금융회사나 금융공기업 임원 자리를 정피아들이 속속 꿰차면서 "해도 너무 한다"는 원성이 자자하게 일었다.[73]

10월 21일 열린 국정감사에 참석한 친박 낙하산들은 박근혜와의 관계를 강조했다. 미래창조과학방송통신위원회 국감장에서는 9월 임명된 곽성문 한국방송광고진흥공사(코바코) 사장의 '친박 자기소개서'로 들끓었다. 최민희 새정치민주연합 의원이 공개한 코바코 사장 공모 지원서를 보면, 곽성문은 "육영수 여사 서거 20주년이 되는 1994년(MBC 기자 시절) 당시 큰 영애와의 특별 인터뷰를 계기로 인연을 맺게 됐는데 이 같은 오랜 개인적인 인연을 바탕으로 자연스럽게 박근혜 대표의 측근이 됐고, 의정 활동 4년 내내 '박근혜 대통령 만들기'에 앞장섰다"며 노골적으로 친박 이력을 내세웠다.

한국관광공사 신임 감사로 임명된 자니 윤도 이번 국감에서 제출한 자기소개서에 "2007년 해외동포 후원회장을 맡으면서 시작된 인연으로 박근혜 대통령님의 대선 재외선거대책위 공동위원장을 역임했다"고 쓰는 등 이른바 '친박'을 강조하는 '공모 지원서'를 쓴 사실이 알려져 논란이 되었다.[74]

이와 관련해 『조선일보』는 10월 23일 사설 「공기업 지원서에 당당히 '친박親朴' 쓰고 사장 된 사람」에서 "제목만 '공모公募 지원서'지 사실상 새누리당 공천 지원서나 '박 대통령 선거운동 빛 청구서'나 마찬가지다"고 비판했다.[75] 『한국일보』는 10월 25일 「조져도 조져도 끊임없이 투하되는 정피아 낙하산」에서 "해도 너무 한다. 조져도 조져도 꿈쩍도 않는다. '조질 테면 조져 봐라' 식이다"고 개탄했다.[76]

『동아일보』 경제부 기자 정임수는 11월 6일 「정피아 전성시대」에서 "요즘 낙하산 논란으로 시끄러운 곳이 금융권이다. 달라진 게 있다면 관피아(관료+마피아) 대신 정피아(정치권+마피아)가 논란의 중심에 있다는 점이다. 세월호 참사 이후 관피아의 산하기관 재취업이 봉쇄되자 정치권 인사들이 그 자리를 꿰차고 있다"면서 다음과 같이 말했다.

"정피아 낙하산이 주로 가는 곳은 막강 권한에 두둑한 보수까지 보장돼 '신神도 탐낸다'는 금융권 감사 자리다. 올 들어 금융공기업(자산관리공사, 기술보증기금, 예금보험공사, 한국거래소, 수출입은행)부터 정부나 공공기관이 지분을 가진 민간 금융회사(대우증권, 서울보증보험, 경남은행, 우리은행)까지 대선 캠프, 새누리당 출신들이 감사 자리를 싹쓸이했다."[77]

'정윤회 국정 개입 보고서' 파문

2014년 11월 28일 『세계일보』는 「정윤회 '국정 개입'은 사실」이라는 특종 기사에서 청와대 공직기강비서관실에서 작성한 '청靑 비서실장 교체설 등 VIP 측근(정윤회) 동향'이라는 제목의 동향 감찰 보고서를 입수했다면서 박근혜의 측근으로 알려진 정윤회가 여권 비선 실세로 알려진 '3인방'과 매달 두 차례 모임을 가져왔다고 보도했다. 이 보고서는 당시 서울 여의도 정치권에서 떠돌던 '김 실장 중병설', '김 실장 교체설'과 같은 루머의 진앙震央이 어디인지를 감찰한 결과를 담고 있었다.

기사에 따르면, 감찰 조사에서 정윤회는 이들과 매달 두 차례 정도 서울 강남권 중식당과 일식집 등에서 만나 청와대 내부 동향과 현 정부 동향을 논의한 것으로 파악되었다. 이들 모임에는 소위 '비선 실세'로 불리는 이재만 총무비서관과 정호성 제1부속비서관, 안봉근 제2부속비서관을 비롯한 청와대 내부 인사 6명, 정치권에서 활동하는 청와대 외부 인사 4명이 참석한 것으로 조사되었다. 보고서는 이들을 중국 후한 말 환관에 빗대 '십상시'로 지칭하고 실명으로 언급했다. 이 보고서는 경찰 출신 A 경정이 조응천 당시 공직기강비서관 지시로 작성했고, 김기춘 비서실장에게도 보고된 것으로 확인되었다.

이 기사는 "현재 공식 직함이 없는 정씨가 자신과 가까운 청와대·정치권 내부 인사들에게 지시를 내리는 등 영향력을 행사한 것으로, 세간의 '그림자 실세', '숨은 실세' 의혹이 사실임을 드러낸 것이어서 파문이 예상된다"면서 "특히 청와대 비서관들이 내부 동향을 외부 인사에 전달하는 행위는 공공기록물 관리에 관한 법률 등 실정법을 위반한 것이라는 지적이 나온다"고 했다.[78]

청와대는 문건의 존재에 대해서는 인정하면서도 문건이 공식 보고서가 아니며 내용도 '풍설'에 불과하다고 반박했다. 민경욱 대변인은 브리핑을 통해 "보도 내용은 사실이 아니다"며 "청와대는 오늘 중으로 문건을 작성한 행정관 및 『세계일보』를 고소하기 위한 고소장을 제출하는 등 강력한 법적 조치를 취할 것"이라고 말했다. 민경욱은 "문건은 당시 경찰 출신 행정관이 풍설에 불과한 내용을 모아 작성한 이른바 '찌라시'에 불과하다고 판단해 특별한 조치를 취하지 않았다"면서도 "당시 문건은 김기춘 실장까지 보고가 됐다"고 말했다.[79] 이날 청와대는 문건을 보도한 『세계일보』 경영진과 기자들을 명예훼손 혐의로 검찰에 고소하면서 문건 유출자로 박관천 청와대 행정관을 지목하고 수사 의뢰했다.

문고리 3인방으로 지목된 이들은 문건과 관련해 "정윤회 씨는 만난 적도 없고, (정씨와 만났다는) 강남 중국집은 가본 적도 없다"거나 "시중에 나도는 '찌라시'를 짜깁기한 것"이라는 반응을 보였다. 한 행정관은 "보는 눈이 얼마나 많은데 정씨와 '3인방'이 한자리에서 만났다는 건지 모르겠다. 더구나 10명씩 모여서 회의를 했다는 게 황당하다"고 말했다.[80]

정윤회는 박근혜의 젊은 시절 멘토로 불렸던 고故 최태민 목사의 사위로 박근혜와 인연을 맺은 뒤, 박근혜의 정계 입문 이후 약 10년 동안 박근혜를 보좌했던 인물이다. 2007년 이후 공식적인 직함을 맡은 적은 없지만, 정부 출범 이후 정치권에서는 그를 '그림자 실세'로 지목하는 말들이 끊이지 않았다.

"대통령 최측근 비서관들 후한 말 환관들처럼 국정 농단"

11월 28일 박지원 새정치민주연합 의원은 여권 비선의 국정 개입 보도와 관련해 "청와대는, 김기춘 실장은 묵인 말고 이 사건에 대해 해명하고 밝혀야 한다"고 말했다. '만만회(이재만·박지만·정윤회 의혹)'을 제기했던 박지원은 이날 비상대책위원 회의에서 일간지를 펼쳐 보이며 "박근혜 정부의 비선 라인 인사 개입을 지적하며 만만회가 배후에 있다고 의혹을 제기했지만 정부 검찰에서는 이 사실을 부인하고 나를 기소했다. 그러나 오늘 아침 보도를 보면 정윤회의 국정 개입은 사실"이라며 이 같이 말했다. 박지원은 또 "이러한 감찰 보고서를 입수해 보도했다면 이 사실을 부인하지 못할 것"이라며 "이런 것을 보고도 과연 만만회 사건에 대해 기소할 수 있는가, 김기춘 실장은 자기 명예를 위해서도 참고 있어선 안 된다"고 덧붙였다.[81]

이날 새정치민주연합 대변인 김성수는 국회 브리핑에서 "'십상시+常侍(중국 후한 말 영제 때 권력을 잡고 조정을 휘두른 환관 10여 명을 일컫는 말)'라는 비선 실세의 꼬리가 드디어 잡혔다"며 "정윤회 씨를 중심으로 대통령 최측근 비서관들이 후한 말의 환관들처럼 국정을 농단해왔다는 점에서 경악을 금치 못하겠다. 매우 충격적"이라고 말했다. 김성수는 "이들이 매달 두 차례씩 만나 청와대 내부 정보를 유출한 문제는 공공기록물관리법 등 명백한 실정법 위반"이라며 "또한 김진태 검찰총장 취임 이후 검찰 인사에 깊숙이 개입한 정황이 사실이라면 국정원 대선 개입 사건에 대한 검찰 수사를 무력화하기 위해 뒷공작을 벌였다는 말이 된다"고 주장했다.[82]

11월 30일 새정치민주연합은 현 정부 '비선 실세'로 꼽히는 정윤회의 국정 개입 의혹 파문을 '정윤회 게이트'로 명명하고 박근혜의 입장 표명을 촉구했다. 서영교 원내대변인은 브리핑을 통해 "이것을 '정윤회 게이트'라고 명명하겠다"면서 "정씨를 비롯한 비선 라인이 국정을 농단하고 있다는 사실이 드러났다"고 비판하며 국회 운영위 소집을 통한 진상 규명을 촉구했다. 정의당 김종민 대변인은 이날 "충격적인 사실로 도저히 용납하기 힘들다. 청와대 권력이 국민이 부여한 권력

인지, 십상시와 같은 환관들의 권력인지 의심스럽지 않을 수 없다"며 "국회 차원의 진상 조사를 위한 기구 구성 및 대책이 수립돼야 한다"고 밝혔다.[83]

"청와대 문건 유출, 국기 문란 행위"라는 박근혜의 적반하장

2014년 12월 1일 박근혜는 청와대에서 수석비서관 회의를 주재하며 '정윤회 국정 개입 의혹' 청와대 문건 유출 사건에 대해 "결코 있을 수 없는 국기 문란 행위"라며 "검찰은 내용의 진위를 포함해 모든 사안에 대해 한 점 의혹도 없이 철저하게 수사해 명명백백하게 실체적 진실을 밝혀달라"고 말했다. 박근혜는 또 "이제 선진국을 바라보는 대한민국에서 이런 근거 없는 일로 나라를 흔드는 일은 없어져야 한다"며 문건 내용이 사실이 아니라는 점을 강조했다. 그러면서 "누구든지 부적절한 처신이 확인될 경우 지위고하를 막론하고 일벌백계로 조치할 것"이라며 "악의적인 중상이 있었다면 그 또한 상응하는 책임을 물어야 할 것"이라고 말했다.[84]

『경향신문』은 12월 2일 사설 「'비선 의혹'에 무조건 "루머"라는 박대통령」에서 "박근혜 대통령의 오랜 측근인 정윤회 씨의 국정 개입을 담은 '청와대 감찰 보고서' 내용은 순전히 '루머'이다. '비선이나 숨은 실세가 있는 것같이 몰아가는' 언론 보도 자체가 문제다. 청와대 문건 유출이야말로 '국기 문란 행위'로 이번 사건의 핵심이다. 그리고 박근혜 정부 출범 이후 끊이지 않는 '비선 실세'나 '문고리 권력' 관련 의혹들은 '악의적 중상'일 뿐이다. 나라를 발칵 뒤집어놓은 '비선 실세'의 국정 농단 논란에 대해 박 대통령이 어제 수석비서관 회의에서 선포한 '셀프 결론'이다. 결론을 내리게 된 앞뒤 설명이나 근거 제시는 전혀 없다"면서 다음과 같이 말했다.

"매사 일 처리와 국정 운영이 이런 식으로 불투명하고 비밀주의에 빠져 있으니 '정윤회 국정 농단 의혹' 같은 사달이 끊이지 않는 것이다. 박 대통령의 동떨어진 상황 인식과 태도에 비춰 이제 검찰 수사를 통한 명명백백한 진상 규명과 청와대의 자체 정화 조치를 기대하기 힘들어졌다. '비선 권력'이 회자되고, 발호하게 만드는 '토양'이라 할 박 대통령의 폐쇄적 권력 운용의 개선을 기대하기도 무망해졌다. 참으로 답답한 노릇이다."[85]

『한겨레』는 12월 2일 사설「'국정 농단' 눈감고 '유출·보도'에만 성낸 대통령」에서 "박 대통령의 이날 발언으로 앞으로 진행될 검찰 수사의 결론은 이미 나와버렸다고 할 수 있다. 우리 검찰의 생리상 대통령이 수사의 가이드라인을 정했는데 그 선 밖으로 벗어날 가능성은 거의 없어 보인다. 문건 유출자를 색출해 처벌하고, 비선 실세들의 국정 개입 의혹에 대해서는 '면죄부'를 주는 일에 매진할 것이다. 검찰 수사를 통해 '진실'이 온전히 규명되길 바라는 것은 나무에서 물고기를 구하는 격이 됐다"면서 다음과 같이 말했다.

"박 대통령의 발언은 역설적으로 왜 이 정권에서 비선 실세니 문고리 권력이니 하는 말이 끊이지 않고 나오는지를 확실히 보여준다. 사실 박 대통령이 정치를 제대로 했으면 비선 따위의 말 자체가 나오지 않았을 것이다. 이 정권은 역대 어느 정권보다도 권력 내부의 암투가

빨리 불거져나왔고, 이번 문건 파동 자체도 치열한 내부 권력 투쟁의 연장선이라는 것이 지배적 관측이다. 그런데도 박 대통령은 자신의 책임을 전혀 느끼지 않을뿐더러 현실을 직시하려고도 하지 않는다."[86]

박근혜는 '리플리증후군' 환자인가?

2014년 12월 4일 유진룡 전 문화체육관광부 장관은 박근혜가 2013년 8월 문화체육관광부 국장과 과장 두 사람의 교체를 직접 지시했다고 인정했다. 유진룡은 박근혜가 2013년 8월 자신 등을 청와대 집무실로 부른 뒤 수첩을 꺼내 문화체육관광부 국장과 과장 이름을 직접 거명하면서 "나쁜 사람이라고 하더라"고 말했다는 『한겨레』 보도에 대해 "어디서 들었는지 대충 정확한 정황 이야기다. 그래서 BH(청와대)에서 반응을 보이지 못하는 것이겠지. (청와대가) 자신 있으면 허위사실 공표에 의한 명예훼손으로 고소하겠다고 할 텐데"라고 말했다.[87]

12월 5일 정부·여당과 청와대가 일제히 '유진룡은 배신자'라며 본질 흐리기에 나섰다. 특히 새누리당은 박근혜의 인사 개입 사실을 확인해준 유진룡에게 '배신자' 낙인을 찍으며 원색적으로 비난했다. 김재원 원내수석부대표는 주요당직자 회의에서 "한 나라의 장관을 지낸 분까지 나라를 혼란스럽게 만드는 데 동참하는 것에 개탄을 금할 수 없다. 도대체 왜 이런 분을 장관에 임명해 나랏일을 맡겼는지 기가 막힐 지경"이라며 "최소한 인간 됨됨이라도 검증해 장관을 시켜야 되지 않을까 하는 생각"이라고 말했다. 박대출 대변인은 브리핑을 통해 "배신의 칼날이 무섭고 가벼운 처신이 안타깝다. 업무상 다뤘던 일에 진지하고 책임 있는 자세를 보이는 것이 공복의 도리"라고 비난했다.[88]

'비선 실세'로 알려져온 정윤회의 문화체육관광부 인사 관여 등 국정 개입 정황이 속속 드러나고 있었음에도 12월 7일 박근혜는 청와대로 김무성 새누리당 대표와 이완구 원내대표 등 당 지도부와 당 소속 예산결산특별위원회 위원들을 초청해 오찬을 함께하면서 '정윤회 국정 개입 문건 파문'과 관련해 "찌라시에나 나오는 그런 이야기들에 나라 전체가 흔들린다는 것은 정말 대한민국이 부끄러운 일이라고 생각한다"고 밝혔다.

박근혜는 "우리 경제가 한시가 급한 상황인데 소모적인 의혹 제기와 논란으로 국정이 발목 잡히는 일이 없도록 여당에서 중심을 잘 잡아주셨으면 한다"면서 "모처럼 국회가 국민에게 큰 선물을 주셨는데 예상치 못한 논란들이 발생하고 있어서 안타깝게 생각한다. 한 언론이 제대로 확인도 하지 않고 보도한 후에 여러 곳에서 터무니없는 얘기들이 계속 나오고 있는데 이런 일방적인 주장에 흔들리지 말고 검찰의 수사 결과를 지켜봐주었으면 한다"고 말했다. 이어 박근혜는 "저는 항상 비리를 척결하고 국민의 삶이 편안해지도록 끝까지 그런 생각으로 일해왔고 앞으로도 그 생각밖에 없다"고 말했다.[89]

물론 박근혜의 말은 거짓말이었다. 나중에 "박근혜는 거짓 자기를 스스로 자기라 믿으며 마음의 평화를 지켜가는 리플리증후군과 비슷해 보인다"는 분석이 나오지만,[90] 이는 결국 박근혜를 파멸의 수렁으로 몰고 가는 동인動因이 된다. 『한겨레』 정치부장 권태호는 12월 8일 「3인방은 물러나지 않을 것이다」라는 칼럼에서 다음과 같이 말했다.

"정윤회 문건 파동 등에 대해 새누리당의 한 의원에게 '왜 2년차에 벌써 이런 일'이라고 말하자, '벌써가 아니라, 늦게 나온 것'이라 했다. 2004년 한나라당 대표 시절부터 폐쇄적이고, 비서 3인방(당시 4인방)을 통해서만 연결되고, 소통을 않는 전근대적 방식이 지금까지 제대로 문제되지 않았다는 게 오히려 더 이상한 일이라 했다. 지금은 '입안의 혀' 코스프레를 하는 김무성 대표도 한때 박 대통령을 '민주주의 개념이 부족한 분'이라고 했다.……박 대통령은 아마 왕을 했으면 잘했을 분이다. 차라리 1970년대에 박정희 대통령을 이어 곧바로 세습 통치를 했으면, 지금 같은 마찰은 없었을 것이다. 너무 늦게 대통령이 됐다."[91] (2016년 11월 14일 TV조선이 처음 공개한 고[故] 김영한 전 민정수석의 비망록을 보면, 김기춘 비서실장이 정윤회 문건 수사가 한창이던 2014년 12월 13일 '조기 종결토록 지도'하라는 지시를 내린 것으로 나타나 있다. '문건 유출자'로 지목받은 한일 전 경위는『세계일보』인터뷰에서 '자진 출두해 자백하면 불기소 편의를 봐줄 수 있다'고 자신에게 약속했던 사람은 청와대 민정비서관실 직속 특별감찰반 책임자인 우병우 당시 민정비서관이었다고 폭로했다. '김기춘-우병우' 라인이 문건 사태에 적극 나섰다는 것이다.[92])

왜 최경락 경위는 자살을 해야만 했는가?

2014년 12월 19일『한겨레』국제부 선임기자 정의길은 「박근혜의 공주병, 아베의 왕자병」이라는 칼럼에서 이른바 공주병, 왕자병 리스크에 대해 말했다. 그는 "공식 명칭이 '자기애성 성격장애'인 이 병의 핵심 증세는 유아독존이다. 권력형 공주·왕자병은 나라를 결딴낼 수 있다. 권력형 병자들은 자신의 능력보다는 주변 환경 덕택에 현재의 자리에 오른 사실을 모른다. 생득적인 주변 환경을 생득적인 능력으로 착각한다"며 다음과 같이 말했다.

"청와대 문건 사건이 일어나자 박근혜 대통령은 '세상 마치는 날이 고민이 끝나는 날이다, 이렇게 말을 할 정도로 어려움이 많다'며 '식사가 입으로 들어가는 건지, 어떻게 되는 건지 모르고……'라고 말했다. 중증의 공주병이다. '자기애성 성격장애'가 중증이 되면, 자신의 아픔은 강렬하게 느끼면서도 남의 아픔은 하찮게 여기게 된다. 마음이 상한 국민들에게 사과는 못할망정 자신이 더 아프다고 화를 낸 것이다. 김자옥의 노래처럼 '공주는 외로워'다."[93]

김자옥의 '공주병'은 누구에게도 해는 끼치지 않았지만, 박근혜의 공주병은 사람의 목숨까지 앗아갔다. 나중에 국정 농단 사태의 와중에서 나온 칼럼을 하나 음미해보자. 『세계일보』 논설위원 한용걸은 「나는 고발한다」는 칼럼에서 "『세계일보』는 2014년 11월 이른바 '정윤회·십상시 국정 농단' 청와대 문건을 보도했다. 대통령이 '문건 유출은 국기 문란'이라고 하자 유출자 색출에 혈안이 됐다.……유출 경로의 출발점을 찾는 데 조급했던 청와대는 박 모 경감을 시켜서 서울경찰청 정보분실 소속 한일 경위와 최경락 경위에게 접근했다. 박 경감은 한 경위에게 '녹취록이 있다면서요, 자진 출두해 자백하세요. 그러면 불기소로 편의를 봐준다더라'고 회유했다"며 다음과 같이 말했다.

"그는 이튿날 새벽에 긴급 체포됐다. 검찰은 아무런 죄도 없는 그의 아내를 소환해 남편과 대질시키는 잔인한 짓도 저질렀다. 아내는 수갑 차고 포승줄에 묶인 남편을 본 뒤 바닥에 털썩 주저앉았다.……아내의 좌절을 본 한 경위는 최 경위에게 문건을 넘겼다는 허위 진술을 했다. 청와대 회유에 넘어가면 안 된다고 말렸던 최 경위는 검찰에 끌려갔다가 결백을 주장하는 유서를 남겨놓고 스스로 목숨을 끊었다. 그의 아내와 딸들은 가장을 잃었고 가정이 파괴됐다. 덫에 걸려들어 동료의 극단적 선택을 봐야 했던 한 경위는 정신병원 신세를 지고 트라우마로 고생하고 있다. 불기소는커녕 5개월간 복역했다. 경찰에서 파면되었고, 전셋집에서 쫓겨났다. 그는 '우병우 수석한테 박살날까봐 두렵다. 당시에도 너무 무서웠다'며 몸서리쳤다."[94]

최경락 경위는 당시 14장의 유서를 남겨 '경찰의 명예를 지키고 싶었다'고 고백했다. 최 경위의 형은 "(동생이) 이 정부가 임기가 2년만 안 남았어도 끝까지 싸운다(고 했다)"며 "'근데 너무 길어서 희망이 없어. 싸워서 이길 수가 없어'라고 했다"고 전했다. 사건 관계자는 "최 경위가 지방(경찰)청 간부하고 통화를 해서 만났다고 했다"며 "'네가 안고 가라'는 거였다"고 말했다. 최 경위의 형은 최 경위의 죽음에 대해 "내 동생은 절대 자살이 아니예요. 타살이지"라고 말했다.[95]

"너무 길어서 희망이 없어. 싸워서 이길 수가 없어"라는 말이 듣기에 눈물겹다. 박근혜의 임기가 1~2년만 남았어도 자신의 억울함을 입증하고 경찰의 명예를 지키기 위해 끝까지 싸우겠는데, 3년은 너무 길어 어떻게 해볼 수가 없다는 이야기가 아닌가. 박근혜에게도 양심이라는 게 있다면 이 가슴 아픈 이야기를 듣고 눈물을 흘렸을지 궁금하다.

사실 최 경위의 이 말이 나중에 대통령 탄핵의 이유가 된 '박근혜 게이트'의 핵심을 꿰뚫는 비밀이었다. 그렇다. 바로 그거였다. 남은 기간이 너무 길었다! 정권 출범 당시부터 박근혜 정권에 내장되어 있던 '박근혜 게이트'에 대해 언론과 검찰이 그간 내내 모르쇠로 일관했던 이유도 남은 기간이 너무 길었기 때문이다. 박근혜 탄핵까진 아직 견뎌내야 할 세월이 너무 길었다.

제8장
★
"박근혜 여왕과 민주공화국의 불화"
★★★
2015년

"권력 서열 1위 최순실, 2위 정윤회, 3위 박근혜"

2015년 1월 5일 서울중앙지검 형사1부(부장 정수봉)와 특수2부(부장 임관혁)는 정윤회의 국정 개입 의혹 문건 사태와 관련해 중간 수사 결과를 발표하면서 현 정부 비선 실세 국정 개입 의혹을 담은 '정윤회 문건' 내용과 '박지만 미행설'은 모두 허위라고 발표했다. 검찰은 청와대 문서를 유출한 4명을 사법 처리하는 선에서 수사를 일단락했다.

이날 검찰은 조응천 전 청와대 공직기강비서관을 공무상 비밀 누설과 대통령기록물관리법 위반 혐의로 불구속 기소했다. 박관천 경정이 2014년 2월 청와대 파견 해제 후 서울경찰청 정보분실에 보관했던 짐에서 청와대 문서 14건을 빼내 무단 복사하고, 이를 최경락 경위에게 넘겨준 한일 경위도 공무상 비밀 누설 등 혐의로 불구속 기소했다. 이에 앞서 문건 작성자이자 조응천 비서관의 공범인 박관천은 지난 1월 3일 구속 기소했다. 이 때문에 사태 초기 "문건 내용은 찌라시 수준, 문건 유출은 국기 문란"이라고 했던 박근혜의 '수사 가이드라인'에서 벗어나지 않았다는 지적을 받았다.

새정치민주연합은 "청와대 맞춤형 결론을 내렸다"고 비판했다. 유기홍 수석대변인은 "비선 실세의 국정 농단의 진실을 밝히라고 했더니 정씨는 지워버리고 문건 작성자들의 자작극이라는 수사 결과를 발표했다"며 "사건의 동기와 결과는 못 밝히고 과정만 처벌하겠다고 나선 꼴"이라고 비판했다.[1]

박관천은 수사 초기 조사를 받는 과정에서 박근혜 정부의 권력 지형과 관련해 "(정윤회 씨의 전 부인이자 고 최태민 목사의 딸) 최순실 씨가 1위, 정씨가 2위이며 박근혜 대통령은 3위에 불과하다"고 말했다. 이 발언은 언론에 보도되었지만, 언론은 대부분 비웃듯이 조롱했다. 예컨대 『동아일보』는 2015년 1월 7일 「박관천의 황당한 '권력 서열' 강의」에서 "'황당한' 내용이었다. 허위로 결론 난 '정윤회 동향 문건'만큼이나 구체적이고 설득력 있는 근거를 대지 못한 것으로 전해졌다"고 보도했지만,[2] 훗날 이는 사실로 밝혀졌다.

미리 말하자면, 박관천은 2016년 4월 2심 재판에서 집행유예를 받고 풀려날 때까지 1년 4개월간 억울한 옥살이를 하고 이로 인해 그의 가정은 지옥 같은 삶을 살게 되는데, 사실 이거야말로 박근혜와 김기춘 일당의 가장 악독한 범죄행위였다. 대통령이 올바른 길로 가게끔 애국 충정으로 자신의 임무에 충실했던 공무원에게 상을 주기는커녕 오히려 없는 죄를 뒤집어씌운 이들의 파렴치한 범죄 행각은 대통령 탄핵 이후에도 규명되지 않은 미완의 사건으로 떠오른다.

1월 9일 김영한 청와대 민정수석비서관이 비선 실세 국정 개입 의혹 규명을 위해 열린 국회 운영위원회 출석을 거부하며 사퇴했다. 여야가 김영한의 운영위 출석에 합의하고 김기춘 청와대 비서실장이 국회 출석을 지시했는데도 김영한이 이를 거부하며 초유의 '항명 사퇴'를 한 것이다. 김영한은 이날 오후 여야가 자신의 운영위 출석에 합의한 사실이 공개된 직후 김기춘에게 '국회에 나가느니 차라리 사표를 내겠다'는 뜻을 전했다.[3] (2016년 8월 급성 간암으로 사망한 김영한이 2014년 6월 14일부터 2015년 1월 9일까지 김기춘의 지시 사항 등 청와대 수석비서관 회의를 적어놓은 '김영한 비망록'은 나중에 '박근혜 게이트'를 파헤치는 데에 큰 기여를 한다. 언론에 비망록을 넘겨준 김영한의 모친은 "청와대에 들어간 뒤 거의 매일 괴로워했다. 우리 영한이가 민정수석인데 김기춘 전 실장이 업무를 주도하고 [당시] 우병우 전 민정비서관과 직접 상의를 해서 자존심을 많이 상해했던 거 같다"고 말했다. 또 모친은 "급하게 술을 마셨다. 급성 간암이 왔다"며 "김기춘한테 전해달라. 우리 영한이를 이렇게 만든 건 김기춘, 우병우다. 대통령도 거기 있다"고 말했다.[4])

"대면 보고가 필요하다고 생각하세요?"

2015년 1월 12일 박근혜는 청와대 춘추관에서 한 신년 기자회견 연설에서 "나라를 위해 헌신과 봉사를 해야 할 위치에 있는 공직자들이 개인의 영달을 위해 기강을 무너뜨린 일은 어떤 말로도 용서할 수 없는, 있을 수 없는 일이라 생각한다"며 "이번 문건 파동으로 국민 여러분께 허탈함을 드린 데 대해 마음이 무겁고 송구스럽다"고 사과했다. 박근혜는 또 "그동안 사실의 진위 여부를 파악조차 하지 않은 허위 문건들이 유출돼 많은 혼란을 가중시켜왔다"며 "진실이 아닌 것으로 사회를 어지럽히는 일은 자라나는 세대를 위해서나 올바른 사회를 만들기 위해서나 결코 되풀이돼서는 안 될 것이다. 앞으로 공직 기강을 바로잡아 나가겠다"고 말했다.[5]

하지만 이날 박근혜는 김기춘 비서실장과 '정윤회 문건 파문 의혹'에 연루된 청와대 비서관 3인방의 교체론을 일축해 인적 쇄신을 할 뜻이 없음을 분명하게 밝혔다. 박근혜는 김기춘의 교체 가능성을 묻는 질문에 대해 "우리 비서실장께서는 드물게 사심이 없는 분이고, 가정에서도 어려운 일이 있기 때문에 자리에 연연할 이유가 없음에도 옆에서 도와주셨다. 이미 여러 차례 사의 표명도 했다"며 "그러나 여러 가지로 당면한 현안들이 있어서 그 문제를 먼저 수습해야 하지 않느냐"라고 답변했다.

박근혜는 또 이재만 총무비서관과 정호성 제1부속 비서관, 안봉근 제2부속 비서관에 대해서도 "교체할 이유가 없다고 생각한다"고 잘라 말했다. 박근혜는 "세 비서관이 묵묵히 고생하며 자기 맡은 일 열심히 하고 그런 비리가 없을 것이라고 믿었지만 이번에 대대적으로 뒤지는 바람에 '진짜 없구나' 하는 걸 나도 확인했다"며 "세 비서관이 의혹을 받았다는 이유로 내치거나 그만두게 한다면 누가 제 옆에서 일을 할 수 있겠느냐"라고 말했다.

박근혜는 정윤회와 관련해서도 "정윤회 씨는 벌써 수년 전에 저를 돕던 일을 그만두고 제 곁을 떠났기 때문에 국정 근처에도 가까이 온 적 없다. 실세는커녕 국정과 전혀 관계가 없다"고 말했으며, 정씨 부부의 문화체육관광부 인사 개입 의혹에 대해서도 "터무니없이 조작된 얘기"라고 말했다. 박근혜는 '정윤회 문건' 등 각종 의혹과 관련해 '조작', '허위', '터무니없는 일', '둔갑' 등의 표현을 동원해 적극 반박했다.[6]

이날 기자회견에서 한 기자가 "대통령께서는 소통이 잘된다고 여기고, 국민들은 그렇지 않다고 생각하는 인식의 괴리가 문제의 출발인 것 같다"고 묻자 박근혜는 "지난 2년 동안 민생 현장, 정책 현장에 가서 터놓고 이야기도 듣고, 청와대로 각계각층 초청해 활발하게 했다. 여야 지도자 모셔서 대화 기회를 많이 가지려 했는데 오히려 제가 여러 차례 딱지를 맞았다"고 답했다. 자신은 노력하고 있는데 다른 사람들이 문제라는 식이었다.[7]

박근혜는 장관들의 대면 보고에 소홀한 것 아니냐는 질문에는 "과거엔 전화도, 이메일도 없었지만 지금은 여러 가지가 있어서 대면보다 전화 한 통으로 빨리빨리 하는 게 편리할 때가 있다"고 답했다. 이어 "대면 보고가 그렇게 중요하다고 생각하시면 대면 보고를 더 늘려 나가는 방향으로 의논했으면 좋겠다"면서도 회견장에 배석한 장관들을 보며 "그게 필요하다고 생각하세요?"라고 물었다.[8]

"콘크리트 벽을 보고 얘기하는 기분이 든다"

『동아일보』논설위원 박성원은 "박근혜 대통령이 신년 회견에서 배석 장관들을 향해 '그게(대면 보고가) 필요하다고 생각하세요?'라고 물었을 때, 여기저기서 가슴 철렁하는 소리가 들리는 듯했다. 웃음을 띠기는 했지만 '대체 어떤 얘기들을 하고 다녔기에 대면 보고 부족 얘기가 나오는 거냐'는 레이저 광선이 느껴졌기 때문이다"며 다음과 같이 말했다.

"박 대통령이 '각 부처 고위 공무원 인사는 해당 부처 장관이 전부 실질적 권한을 행사한다'고 했을 때는 각 부처의 출입 기자들이 곳곳에서 한숨을 쉬었다. 대통령의 말이 사실이라면 부처 국·과장급 인사까지도 청와대 결재를 받기 위해 몇 달 동안 기다려야 한다던 부처 관계자들이 거짓말을 했거나, 대통령도 모르는 새 청와대 문고리 권력들이 장관들의 인사권을 가로채 주물러왔다는 얘기가 된다."⁹

사실 박근혜가 기자회견장에서 장관의 대면 보고가 너무 적다는 지적에 "그게 필요하다고 생각하세요?"라고 농담하듯 장관들에게 되물은 건 결코 농담이 아니었다. 오죽하면 "콘크리트 벽을 보고 얘기하는 기분이 든다"거나 "성은이 망극하옵니다. 저희 백성들은 견마지로犬馬之勞를 다하겠습니다"라는 자조 섞인 반응이 나왔을까?¹⁰

이와 관련, 고려대학교 명예교수 최장집은 『양손잡이 민주주의: 한 손에는 촛불, 다른 손에는 정치를 들다』(2017)에서 "말하자면 박근혜 정부에서는 국무회의에서 정책 사안들을 심의하는 것은 고사하고, 정부 부서의 장관들, 청와대의 수석 비서관들조차 대통령과 직접 만나기 어렵다는 것이다"며 다음과 같이 말한다.

"그들은 단지 '벨을 누르면 충성 경쟁'으로 달려가는 부하 직원에 불과한 존재로 여겨졌다. 공직 윤리도, 개인으로서의 자존감도 없으면서 머리는 좋은 엘리트에 불과한 것이다. 상황을 그렇게 만든 것은, 민주주의에서 대통령의 권력이란 무엇이고 어떠해야 하는가에 대한 무지와 오해에서 비롯된 것이라고 본다."[11]

박근혜는 평소 차분한 듯 보이지만 자신의 절대 권력에 눈곱만큼이라도 이의를 제기하면 불같이 화를 냈다. 그러니 공직자들이 겁을 먹지 않을 수 없었다. 1월 12일 기자회견에서 쏟아진 박근혜의 막말들은 사실상 공직자들에 대한 협박이기도 했다.

박근혜는 이날 "말려든 것 아니냐", "바보 같은 짓", "정신을 차리고 살아야 된다", "제가 딱지를 맞았다", "말도 안 되는……" 등 대통령이 공식적인 자리에서 쓰기엔 부적절한 거친 어투를 그대로 썼다. 정윤회 국정 개입 의혹, 김기춘 청와대 비서실장과 '청와대 3인방'의 거취 문제 등 민감한 현안에 답할 때는 다소 격앙된 모습도 보였다. '청와대 3인방'을 "교체할 이유가 없다"며 단호하게 답했고, 정윤회를 두고는 "실세냐 아니냐 답할 가치도 없다"고 목소리를 높였다. 특히 정윤회 사건에 대해선 "정말 우리 사회가 이렇게 돼선 안 된다. 이렇게 혼란스럽고, 또 그게 아니라고 하면 바로잡아야 하는데 계속 논란은 하고, 우리가 그럴 여유가 있는 나라인가"라며 되레 비판 여론을 문제 삼는 공격적인 태도를 보였다. 중간에 말을 더듬는 일도 잦았다.[12]

그 장면을 본 공직자들이 무슨 생각을 했겠는가? 고위 공직자건 새누리당 의원이건 "찍히면 죽는다"는 말을 제1의 행동 강령으로 삼아 행동해왔으니, 국정 농단 사태가 썩어 곪아터질 때까지 방치되어온 게 아니었겠는가. 새누리당 사람들이 박근혜 게이트를 예견하지 못했던 것도 아니었지만, 그저 "찍히면 죽는다"는 공포에 벌벌 떨었던 것이다.

세월호 참사 후 '관피아'에서 '정피아 · 박피아'로

2015년 1월 23일 박근혜는 새누리당 원내대표 이완구를 총리로 내정하고 청와대 민정수석에 우병우 민정비서관을 승진 임명하는 등 청와대 개편을 단행했다. 병역 논란과 재산 관련 투기 의혹, 언론 외압 의혹 등 갖은 의혹 속에 2월 16일 가결 요건보다 7표 더 많은 148명 찬성으로 총리 임명 동의안이 통과되었다. 2월 17일 박근혜는 장관(급) 4명을 교체하는 개각을 단행했다. 홍용표 청와대 통일비서관을 통일부 장관, 새누리당 유일호 · 유기준 의원을 각각 국토 · 해수부 장관에 내정했으며, 금융위원장 후보자엔 임종룡 NH농협금융지주 회장을 지명했다.[13] 2월 27일 박근혜는 청와대 비서실장에 이병기 국가정보원장을 전격 발탁했다. 또 '측근 돌려막기 · 회전문 인사'라는 지적이 나왔다. 야권은 "정보 정치와 공안 정치의 망령이 되살아날까 걱정스럽다"는 반응을 보였다.[14]

『경향신문』이 박근혜 정부 2주년을 맞아 1월 말 기획재정부가 지정 · 발표한 316개 공공기관 중 박근혜 정부에서 기관장이 바뀐 공공기관 237곳을 전수 조사한 결과, 박근혜 정부에서 임명된 공공기관장 3명 중 1명이 낙하산 인사에 통칭되는 '정피아(정치+마피아, 정치인 출신

기관장)' 혹은 '박피아(친박+마피아)'인 것으로 나타났다. 237곳 중 '정피아'가 수장으로 취임·재직 중인 기관은 85개(35.9퍼센트)로 조사되었으며, 이 중 71개 기관(30.0퍼센트) 수장 69명(겸직 포함)은 박근혜 대선 캠프와 대통령직인수위원회, 청와대, 대통령 직속위원회에서 활동했던 '박피아'로 나타났다. "인사 원칙의 첫 번째 기준은 전문성"이라는 박근혜의 대선 전 발언과 정면 배치되는 수치였다.

'박피아'를 출신별로 분류하면 48개 기관장(46명, 겸직 포함)이 2007·2012년 대선 캠프에 참여했으며, 10개 기관장은 대통령직인수위 출신이었다. 청와대나 대통령 직속위원회 출신 인사들이 6개 기관, 2012년 대선 때 지지 선언을 한 단체 인사들이 5개 기관이었다. 세월호 참사 후 인선 흐름이 '관피아'에서 '정피아·박피아'로 바뀐 것도 특징 가운데 하나였다. 세월호 이전 임명된 154명 중 중앙부처·군·검경 출신은 58명(37.7퍼센트)이었으나, 세월호 후엔 9명(10.8퍼센트)에 그쳤다. 반면 정치권 출신들은 급격히 늘어났다. 세월호 참사 후 교체된 83개 기관장 중 24곳(38.1퍼센트) 수장은 새누리당 등 여권 출신 정피아였으며, 24곳 중 18개 기관의 장은 '박피아'로 분류되었다.[15]

친박 낙하산은 특히 어느 분야보다 전문성이 요구되는 금융권에서 두드러지게 나타났다. 대선 캠프에 몸담았던 몇몇 인사와 전직 의원 등이 국책은행 기관장은 물론 금융권 감사 자리를 꿰찼다. 기술보증기금 감사인 박대해는 정당 당직자 출신으로, 2008년 총선 때 친박연대로 당선되었다. 기업은행은 여당 대선 캠프에 몸담았던 양종오를 IBK캐피탈 감사, 대선 외곽 조직인 국민희망포럼 서동기 이사를 IBK자산운용 사외이사로 임명했다. 수출입은행 공명재 감사도 새누리당 대선

캠프 출신이었다.[16]

"박근혜 정권 낙하산, MB 때보다 30퍼센트 늘어"

2015년 2월 24일 SBS 〈뉴스토리〉 탐사보도팀이 공공기관 경영정보 공시사이트 '알리오'에 공시된 303개 공공기관 경영진 2,109명 중 주무부처 고위 공무원을 제외한 1,859명을 전수 조사한 결과에 따르면, 전체의 17.1퍼센트인 318명이 낙하산이었다. 구체적으로 기관장 낙하산은 77명, 감사는 45명, 이사는 225명이나 되었다. 이는 MB정권 출범 2년 동안 낙하산 245명보다 30퍼센트나 많은 수치였다.

낙하산은 주로 새누리당과 인수위원회 출신 등 이른바 '정피아'가 175명으로 가장 많았고, 대선 캠프 인사도 128명, 대선 당시 박근혜 후보 지지 선언을 한 대학교수 등 전문가 그룹이 77명으로 집계되었다. 특히 지난 2007년 한나라당 대통령 경선 당시 박근혜 캠프의 외곽 단체였던 '국민희망포럼' 출신이 13명이나 되는 등 친박 단체 출신 낙하산도 29명이나 되었다.

공공기관장의 평균 연봉은 1억 6,400만 원, 감사들의 평균 연봉도 1억 2,800만 원이나 되어서 박근혜 정부 출범 2년 동안 이사직을 빼더라도 낙하산 공공기관장 77명과 감사 45명의 월급으로만 171억 원의 혈세가 지급된 것으로 나타났다. 이들 낙하산 기관장, 감사들에게 제공되는 개인 비서와 고급 승용차, 운전기사를 포함하면 실제 소요되는 경비는 이보다 훨씬 더 컸다.[17]

지역 편중 인사도 여전했다. 3월 2일 새정치민주연합 '박근혜 정부 특정지역편중인사실태조사TF'가 발표한 박근혜 정부 인사 실태 보고서에 따르면, 대한민국 국가 의전 서열 상위 10위까지의 11명 중 73퍼센트인 8명이 영남권 출신이며, 충청권 출신은 2명, 호남권 출신은 1명으로 나타났다. 국가 의전 서열 33위권 34명으로 범위를 넓혀도 영남권 출신은 44.1퍼센트인 15명으로, 충청권 출신 5명(14.7퍼센트), 호남권 출신 4명(11.8퍼센트)의 4배에 이르렀다. 국무회의 구성원인 전·현직 국무위원 33명의 출신지는 수도권 출신이 12명(36.4퍼센트), 영남권 출신이 11명(33.3퍼센트), 충청권 출신이 5명(15.2퍼센트), 호남권 출신이 4명(12.1퍼센트)이었다. 이 중 서울 출신이 9명(27.3퍼센트)으로 가장 많았고 대구경북이 6명(18.2퍼센트), 부산경남이 5명(15.2퍼센트)으로 뒤를 이었다.

박근혜가 대통령 취임 후 임명한 청와대 비서관급 이상 전·현직 고위직 115명의 출신 지역을 조사한 결과에 따르면, 대구경북 출신이 31명(27퍼센트)으로 가장 많았고, 영남권 출신은 41명으로 35.7퍼센트를 차지했다. 호남권 출신은 14명(12.2퍼센트), 충청권 출신은 18명(15.7퍼센트)에 그쳤다. 5대 권력 기관이라 불리는 검찰, 경찰, 국세청, 감사원, 공정거래위원회 인사도 편중이 심각했다. 일단 5개 기관장의 출신지가 모두 경남과 경북으로 영남권이었다.

5대 권력 기관의 고위직 분석 결과도 이와 유사했다. 검찰 검사장급 이상 고위직 47명, 경찰 본청 국장급과 지방청장 등 고위직 40명, 국세청 국장급 이상 고위직 30명, 감사원 국장급 이상 고위직 35명, 공정거래위원회 국장급 이상 고위직 16명 등 총 168명을 전수 조사한 결과 부산경남 출신이 37명(22퍼센트), 대구경북이 34명(20.2퍼센트)으로 영남권 인사가 42.3퍼센트(71명)에 달했다. 호남권 출신은 30명(17.9퍼센트), 충청권 출신은 28명(16.7퍼센트)에 그쳤다.

공기업, 준정부기관, 기타 공공기관 기관장 243명의 출신지도 대구경북 출신이 51명으로 21.8퍼센트, 부산경남 출신이 4명으로 20.9퍼센트 등 영남권 출신이 100명으로 42.7퍼센트를 차지했다. 호남권 출신은 24명(10.3퍼센트), 충청권 출신은 18명(7.7퍼센트)이었다.

이와 관련해 새정치민주연합 실태조사단은 "국민통합, 100% 대한민국이라는 박근혜 대통령의 대선 공약은 국민 분열, 반쪽 대한민국으로 전락했다"며 "특정 지역 편중 인사는 공직 사회의 갈등과 지역주의를 조장하고 국민 화합을 저해함으로써 대한민국 국가 발전에 역행하는 근원이 되고 있다"고 비판했다.[18]

성완종의 자살과 '성완종 메모' 파동

2015년 4월 9일 '자원개발외교 비리'와 관련해 회삿돈 횡령 혐의 등으로 사전구속영장이 청구된 성완종 전 경남기업 회장이 억울하다는 내용의 유서를 남기고 스스로 목숨을 끊었다. 성완종은 이날 새벽 5시께 '억울하다', '어머니 묘소 옆에 묻어달라'는 등의 내용을 적은 유서를 남기고 서울 청담동 집을 나섰으며, 오후 3시 32분께 북한산 형제봉 매표소에서 300미터가량 떨어진 장소에서 숨진 채 발견되었다.

성완종은 서울 청담동 자택을 나온 직후인 오전 6시부터 50분간

『경향신문』과 전화 인터뷰를 통해서 김기춘 전 청와대 비서실장에게 미화 10만 달러를 건넸으며, 2007년 한나라당 대선 후보 경선 때 허태열 전 비서실장(당시 캠프 직능총괄본부장)에게 현금 7억 원을 전달했다고 말했다. 성완종은 이 인터뷰에서 "김 전 실장이 2006년 9월 VIP(박근혜 대통령) 모시고 독일 갈 때 10만 달러를 바꿔서 롯데호텔 헬스클럽에서 전달했다"며 "당시 수행비서도 함께 왔었다. 결과적으로 신뢰 관계에서 한 일이었다"고 밝혔다.

성완종은 또 "2007년 당시 허 본부장을 강남 리베라호텔에서 만나 7억 원을 서너 차례 나눠서 현금으로 줬다. 돈은 심부름한 사람이 갖고 가고 내가 직접 주었다"고 말했다. 그는 "그렇게 경선을 치른 것"이라며 "기업 하는 사람이 권력의 중심에 있는 사람들이 말하면 무시할 수 없어 많이 했다"고 했다. 그는 '허 본부장의 연락을 받고 돈을 줬느냐'는 물음에 "적은 돈도 아닌데 갖다 주면서 내가 그렇게 할(먼저 주겠다고 할) 사람이 어딨습니까"라며 "다 압니다. (친박계) 메인에서는……"이라고 덧붙였다. 성완종의 주장에 대해 김기춘은『경향신문』과의 통화에서 "그런 일 없다. 더이상 드릴 말이 없다"고 부인했고, 허태열도『경향신문』기자와 만나 "그런 일은 모른다. 그런 일은 없었다"고 말했다.[19]

이에 앞서 성완종은 영장실질심사를 하루 앞둔 4월 8일 서울 중구 전국은행연합회관에서 기자회견을 열어 억울하다고 호소했다. 그는 "2007년 한나라당 대선 후보 경선 때 허태열 (당시) 의원의 소개로 박근혜 후보를 만났고, 그 후 박 후보 당선을 위해 누구보다 열심히 뛰었다"고 밝혔다. 그는 이어 "왜 내가 자원외교(비리 의혹 수사)의 표적이

됐는지 모르겠다"며 "나는 MB(이명박 전 대통령)맨이 아니다. 어떻게 MB정부 피해자가 MB맨일 수 있겠나"라고 주장했다. 또 그는 "사리사욕을 챙기고 싶었다면 얼마든지 할 수 있었지만 그렇게 하지 않았다"며 혐의를 대부분 부인했다.[20]

4월 10일 이른바 '성완종 리스트'가 적힌 메모가 발견되었다. 이날 검찰은 성완종의 시신을 검시하는 과정에서 김기춘·허태열 등을 비롯해 정치인 8명의 이름과 특정 액수가 적힌 쪽지가 발견되었다고 밝혔다. 이 메모에는 허태열 실장 7억 원, 김기춘 실장 10만 달러, 유정복(인천시장) 3억 원, 홍문종(새누리당 의원) 2억 원, 홍준표(경남지사) 1억 원, (서병수) 부산시장 2억 원, 이완구(국무총리), 이병기(청와대 비서실장) 등이라고 적혀 있었다.[21]

4월 21일 국무총리 이완구가 사의를 표명했다. 4·29 재보선이 다가오면서 민심 악화를 우려한 새누리당이 박근혜가 귀국하기 전에 자진 사퇴를 유도하는 방향으로 가닥을 잡고 이를 청와대와 이완구 쪽에 직간접적으로 전달하는 등 조기 사퇴를 요구하고 나선 데 따른 것으로 알려졌다. 또 이날 성완종과 "개인적인 관계는 아니었다"고 주장해온 이완구가 2014년 1년 동안 성완종과 210여 차례 통화를 시도했다는 새로운 사실도 알려졌다.[22]

"박근혜의 적반하장식 도발, 낯 두꺼운 역공"

2015년 4월 28일 박근혜는 이완구 사퇴와 관련해 "국정 공백을 최소화하기 위해 더 늦출 수 없는 사안이라 안타깝지만 국무총리 사의를 수용했다"며 "이번 문제로 국민 여러분께 심려를 끼쳐드려 유감스럽게 생각한다"고 밝혔다. 총리 임명권자로서 총리 퇴진에 유감을 표명했지만, 여야가 요구한 '대국민 사과'는 하지 않은 것이다. 박근혜는 또 '성완종 리스트'와 관련해서는 "고 성완종 씨에 대한 연이은 사면은 국민도 납득하기 어렵고 법치 훼손과 궁극적으로 나라 경제도 어지럽히면서 결국 오늘날 같이 있어서는 안 될 일이 일어나는 계기를 만들어주게 되었다"고 말해 노무현 정부 때 이루어진 성완종 전 경남기업 회장에 대한 특별사면 때문에 '성완종 리스트' 파문이 일어났다는 식으로 말했다.[23]

『한겨레』는 4월 29일 사설 「박 대통령의 적반하장」에서 "박근혜 대통령이 28일 '성완종 리스트' 파문과 관련해 내놓은 대국민 메시지는 사과도, 유감 표명도, 책임감의 표출도 아니었다. 그것은 오히려 적반하장식 도발이며, 낯 두꺼운 역공, 치졸한 정치 공세에 불과했다. 변명과 발뺌, 책임 미루기, 사태 핵심 피하기 등 그동안 수없이 비판을 받아온 박 대통령 특유의 화법이 총동원된 결정판이라고 할 만하다"고 비판했다.[24]

'성완종 리스트' 파문과 세월호 1주기 정국 속에서 4월 29일 4곳에서 치러진 4·29 국회의원 재보궐 선거에서 새누리당은 수도권 3곳을 석권하며 압승했으며, 새정치민주연합은 광주에서마저 무소속 천정배에게 의석을 내주며 한 석도 건지지 못한 채 참패했다.

『한겨레』는 4월 30일 사설 「벼랑 끝에 몰린 제1야당」에서 "4·29 재보궐 선거는 새정치민주연합의 참패로 끝났다. 최대 승부처로 꼽혀

온 서울 관악을에서 새누리당에 의석을 내준 것은 물론 안방인 광주 서울에서도 무소속 천정배 후보에게 무릎을 꿇는 등 0대 4로 전패했다. 특히 '성완종 리스트'라는 대형 호재에도 불구하고 이런 초라한 성적표를 받아든 것은 새정치민주연합에 뼈아픈 결과다"면서 다음과 같이 말했다.

"새정치연합은 이번 선거도 역시 '정권 심판론'에만 기대 선거를 치렀다. 특히 선거전 중반에 불거진 성완종 스캔들을 최대한 부각시키는 데 선거의 사활을 걸었다. 하지만 민심은 꿈쩍도 하지 않았다. 오히려 노무현 정부의 특별사면 문제에 대한 여당의 물타기 공세에 제대로 대처하지 못하면서 수세에 몰리는 상황까지 연출했다. 더욱 문제는 야당이 '정권 심판론'을 최대의 무기로 내세우면서도 정작 '정권 심판에 적합한 선거 구도'를 짜는 데는 실패했다는 점이다."[25]

5월 21일 박근혜는 새 국무총리 후보자로 황교안 법무부 장관을 지명했다. 이에 새정치민주연합 이종걸 원내대표는 "김기춘의 아바타라고 하는 분을 이번에 총리 후보로 지명했다"며 "국민과 야당을 무시한 것"이라고 강하게 비판했다. 이종걸은 이날 오전 원내정책조정 회의 뒤 기자들과 만나 "야당이 황 장관에 대해 해임 건의안을 두 번이나 낸 적이 있다"며 "소통과 통합의 정치가 아닌 공안 통치, 국민을 강압하는 통치에 앞으로 국민과 야당이 어떻게 대응해야 할지 걱정스럽고 앞이 막막하다"고 말했다.[26]

"신속하고 철저하게 수사해 한 점 의혹도 남기지 않겠다"며 대대적으로 수사팀을 꾸린 지 82일 만인 7월 2일 검찰은 2013년 4월 4일 성완종에게서 3,000만 원을 받은 혐의로 이완구를, 옛 한나라당 대표 경선에 출마한 2011년 6월 중하순께 성완종 측근을 통해 1억 원을 받은 혐의로 홍준표를 정치자금법 위반 혐의로 각각 불구속 기소하고 성완종 리스트에 오른 6명은 무혐의 처리하는 선에서 수사를 종결지 었다. 이에 대해 『한겨레』는 7월 3일 사설 「'눈치 검찰'의 왜곡 재현된 성완종 사건」에서 다음과 같이 말했다.

"검찰이 정치권력의 눈치를 보면서 사건의 본질을 왜곡한다는 비판은 요즘 부쩍 잦아졌다. 정윤회 씨 등 비선 권력의 국정 개입 의혹을 청와대 문건 유출 사건으로 뒤바꾸고, 세월호 참사에 대한 정부의 책임을 유병언 전 세모그룹 회장에게 전가한 것 등이 그런 예다. 이번 사건도 마찬가지다. 검찰이 국민을 속이려 한다는 의심을 받는 게 정상일 순 없다. 특검 재수사를 통해 엄중히 규명해야 마땅하다."[27] (2017년 2월 16일 서울고등법원 형사2부가 홍준표에게 징역 1년 6개월을 선고한 원심 판결을 파기하고 무죄를 선고하자, 홍준표는 기자회견을 열고 "박근혜 정부 4년을 견디면서 김대중, 노무현 정부 10년보다 힘들게 보냈다"면서 "일부 '양박[양아치 같은 친박]'들과 청와대 민정의 주도로 내 사건을 만들어냈다"고 주장했다.)

세월호 참사에 이어 메르스 사태에도 무관심한 박근혜

2015년 5월 20일 질병관리본부가 바레인에서 입국한 한국 국적의 68세 남성이 중동호흡기증후군MERS, Middle East Respiratory Syndrome에 감염되어 치료받고 있다고 밝히면서 메르스에 감염된 한국인이 처음 확인되었다. 이후 메르스 확진 환자는 빠르게 증가했으며, 6월 1일 메르스로 인한 첫 번째 사망자가 나오면서 정부의 안이한 대응에 대한 비판의 목소리가 높아졌다.

6월 2일 청와대는 메르스로 2명의 사망자가 발생하고 3차 감염이 확인된 뒤에야 긴급 점검회의를 여는 등 부랴부랴 대응에 나섰다. 5월 20일 첫 감염자가 확인된 뒤 13일 만에 대응에 나서면서 늑장·부실 대처라는 지적이 일었다. 게다가 박근혜가 메르스 상황을 실시간으로 제대로 파악하지 못하고 있었다는 정황도 드러났다. 야당은 "박근혜 대통령이 (국회법 논란 등) 정치적 갈등만 키운 채, 메르스 문제에는 관심을 기울이지 않았다"며 비판했다.[28]

아닌 게 아니라 박근혜는 세월호 참사 때와 비슷한 행태를 보였다. 5월 20일 첫 감염자가 발생한 이후, 메르스가 병원 응급실 감염자를 통해 사방으로 번져나가는 동안 박근혜는 전혀 보이지 않았다. 박근혜는 첫 확진 환자가 나온 지 엿새 만에 국무회의 자리에서 처음 대면 보고를 받았고, 6월 3일에서야 대통령 주재 '메르스 대응 민관 합동 긴급 점검회의'를 열었다.[29]

6월 19일 모든 종합 일간지와 경제지 1면에 '메르스, 최고의 백신은 함께 이겨낼 수 있다는 믿음입니다'라는 제목으로 시작하는 메르스 관련 정부 광고가 실렸다. 그런데 유일하게 『국민일보』만 광고가 누락되어 의혹이 일었다. 이와 관련해 『미디어오늘』은 6월 19일 「청와대 홍보수석, 신문사 전화 걸어 "그게 기사가 되냐"」에서 『미디어오늘』 취재 결과 이날 앞서 박근혜 대통령 관련 비판적 기사를 쏟아냈던 몇몇 언론사에 김성우 청와대 홍보수석이 직접 전화해 편집국장 등을 압박했던 것으로 드러났다"면서 "실제로 『국민일보』의 경우 지난 16일 김성우 청와대 홍보수석이 박현동 편집국장과 김영석 정치부장 등에게 전화해 박 대통령을 비판하는 기사에 대해 강한 어조로 항의했던 것으로 확인됐다"고 말했다.[30]

6월 19일 전국언론노동조합(김환균 위원장)은 성명을 내 "함께 이겨내겠다는 믿음을 말하면서 '정부 대처를 꼬집는 언론'은 배제하겠다는 식은 과거 70~80년대 비판적인 기사에 대한 광고 탄압이 아니고 뭐냐"고 질타했다. 언론노조는 이어 "청와대는 심각한 메르스 사태 앞에서 언론 탄압이라는 말도 안 되는 행태를 벌이지는 않았을 것"이라면서도 "지금 국민들 사이에 온갖 괴담은 물론 심지어 '메르스 퇴치' 부적까지 돌고 있는데 이 이유가 어디에서 왔는지, 정부 잘못은 없다고 보는지, 틀어막는다고 될 문제인지 다시 한 번 생각해보길 바란다"고 당부했다.

6월 20일 김언경 민주언론시민연합 사무처장은 『미디어오늘』과 인터뷰에서 "지금 정부가 언론사를 대하는 태도를 보면 한마디로 박정희 군부독재 시절로 돌아가 정부가 언론을 완전히 장악했다고 기고만장해하는 행태"라며 "이런 일이 한두 번이 아니고 지난 이완구 총리 후보 때도 여러 거만한 언론 통제 발언을 했음에도 우리 사회와 정치권이 크게 문제 삼지 못하고 지나갔던 전례로 또 이런 일이 터졌다"고 지적했다. 그러면서 김언경은 "정부 각 부처에서 광고뿐만 아니라 여러 힘을 이용해 취재를 못하게 한다거나 전화로 직접적인 압력을 넣는 등 정부 비판과 감시라는 기자가 해야 할 역할을 위축하고 겁박하는 일들이 많다"면서 "기사에 문제가 있으면 공식 해명·보도자료를 내면 되지만, 사실 해명성 보도자료를 너무 남발하는 정부의 태도도 자칫 언론장악 시도로 볼 수 있기에 조심해야 한다"고 강조했다.[31] (7월 28일 정부는 국무회의를 통해 메르스가 사실상 종식되었음을 선언했다. 첫 환자가 발생한 지 68일 만이었다. 정부는 20일 넘게 확진자가 나오지 않았고 격리 대상자 모두 격리가 해제되어 감염 가능성이 사라진 것으로 판단한다고 밝혔다. 메르스 사태로 감염된 사람은 총 186명이었으며, 그중 38명이 사망해 치사율은 20.4퍼센트를 기록했다. 완치되어 퇴원한 환자는 145명이었다. 메르스로 인해 총 1만 6,693명이 시설 혹은 자가 격리되었다.[32])

박근혜의 대對국회 선전포고

2015년 5월 29일 여야는 공무원연금 개혁안 가결과 함께 국회가 모법母法의 취지에서 벗어난 행정부의 시행령·시행규칙에 대해 수정·변경을 요구할 수 있도록 하는 내용의 국회법 개정안을 찬성 211표, 반대 22표, 기권 11표로 통과시켰다. 개정안에 따르면, 정부 시행령이 법률 취지와 어긋나는 경우 국회가 정부에 수정·변경을 요구하면 정부는 이를 반드시 따라야만 한다. 여야는 세월호특별법 시행령 개정을 정부가 확실히 하도록 강제하기 위해 국회법을 개정했다.[33]

5월 29일 청와대는 여야가 합의로 통과시킨 국회법 개정안에 대해 "삼권분립 위배"라며 대통령의 거부권 행사 가능성을 거론했다. 이에 여당은 "위배가 아니다"라고 반박하는 등 당·청이 정면충돌했다. 청와대 김성우 홍보수석은 이날 춘추관에서 브리핑을 갖고 "국회법 개정은 법원의 심사권과 행정입법권을 침해하는 것으로 헌법상 권력분립 원칙에 위배될 소지가 있다"면서 "정부 시행령을 국회가 좌지우지하도록 한 개정안은 행정부 고유 권한까지 제한하는 것으로, 행정부 기능은 사실상 마비 상태에 빠질 우려도 크다"고 밝혔다. 이어 "국회는 개정안을 정부에 송부하기에 앞서 다시 한 번 면밀하게 검토하길 바란다"고 요구했다.

이에 대해 새누리당 유승민 원내대표는 국회에서 기자들과 만나 "어떤 부분이 삼권분립에 위배되는지 이해할 수 없다"며 "법률과 시행령 충돌 문제에 대한 최종 판단은 대법원이 하는 것이고, 삼권분립에 아무 이상이 없다"고 정면 반박했다. 유승민은 "국회가 시행령 모든 조항에 간섭하는 게 아니다. 좀 너무 과하게 해석하는 것 같다"고도 했다.[34]

그럼에도 6월 1일 박근혜는 여야 합의로 국회를 통과한 국회법 개정안에 대해 "정부로서는 도저히 받아들일 수 없다"고 말해 거부권 행사 뜻을 내비쳤다. 박근혜는 이날 청와대 수석비서관 회의에서 "과거 국회에서도 이번 국회법 개정안과 동일한 내용에 대해 위헌 소지가 높다는 이유로 통과되지 않은 전례가 있다"며 "(이번 개정안에 따르면) 국정은 결과적으로 마비 상태가 되고 정부는 무기력해질 것"이라고 말했다.

박근혜는 이날도 특유의 '여론전'을 전면에 내세웠다. 박근혜는 "국회에 상정된 각종 민생 법안조차 정치적 사유로 통과되지 않아 경제 살리기에 발목이 잡혀 있다", "미래세대를 위한 공무원연금 개혁조차 전혀 관련도 없는 각종 사안들과 연계시켜서 모든 것에 제동이 걸리고 있는 것이 지금 우리의 정치 현실"이라며 "피해는 고스란히 국민들에게, 그리고 우리 경제에 돌아가게 될 것"이라며 '민생 논리'를 들고 나왔다.[35]

이에 『경향신문』은 6월 2일 사설 「삼권분립을 더 훼손하는 건 박 대통령이다」에서 "국회의 입법권에 개의치 않고 자기가 원하는 대로 국정을 운영할 수 있는 일탈된 행정입법 권한을 내놓지 않겠다는 발상이다. 그러니 여당인 새누리당 의원 대다수를 포함해 재적 의원 3분의 2가 넘는 211명이 찬성해 통과시킨 국회법 개정안을 기어코 막겠다고, 국회에 선전포고를 하고 나섰을 터이다"고 비판했다.[36]

국회를 '배신 집단' · '심판 대상'으로 비난한 박근혜

2015년 6월 25일 오전 박근혜는 청와대에서 직접 주재한 국무회의에서 "국회법 개정안은 사법권을 침해하고 정부 행정을 국회가 일일이 간섭하겠다는 것으로 역대 정부에서도 받아들이지 못했던 사안"이라며 국회법 개정안에 대한 '재의요구안(거부)'을 의결했다. 박근혜의 강한 의지를 반영한 듯 재의요구안은 국무회의 첫 안건으로 상정되어 법제처장의 법안 내용 설명 후 5분여 만에 의결되었다. 이어 "국가 위기를 자초하는 것이기 때문에 불가피하게 거부권을 행사할 수밖에 없다"고 강조했다. 박근혜는 이날 모두 발언 16분 중 12분가량을 정치권 비판에 할애했다. 목소리 톤은 평소보다 3배 정도 높아 거의 유세하는 수준이었으며, 특히 실무진이 전날 밤 올린 연설 원고를 본 후 더 강한 표현을 넣도록 지시한 것으로 알려졌다.[37]

이날 박근혜는 "정치가 국민들을 이용하고 현혹해서는 안 된다"며 작심한 듯 대국회 선전포고를 했다. 그는 "늘상 정치권에서는 언제나 정부의 책임만을 묻고 있고, 정부와 정부 정책에 대해 끊임없는 갈등과 반목, 비판만을 거듭해왔다"며 "일자리 법안들과 경제 살리기 법안들이 여전히 국회에 3년째 발이 묶여 있다. 정치권에서 민생 법안이 아닌 정치적 이해관계에 묶인 것들부터 서둘러 해결하는 걸 보고 비통한 마음마저 든다"고 말했다. 또 "국회가 꼭 필요한 법안을 당리당략으로 묶어 놓고 있으면서 본인들이 추구하는 당략적인 것을 빅딜을 하고 통과시키는 난센스적인 일이 발생하고 있다"고 말하는 등 그동안 묵은 감정을 토해내듯 비판했다. 여야 합의로 국회에서 의결한 법안을 거부한 것은 물론 그 법안을 만든 국회와 정치권을 '배신 집단'·'심판 대상'으로 맹비난한 것으로, 대통령이 국회를 이처럼 강도 높게 비난한 것은 헌정 사상 유례없는 일이었다.

이날 박근혜는 또 여당에 대한 '충격과 압박 요법'도 썼다. 박근혜는 "여당 원내 사령탑도 정부·여당의 경제 살리기에 어떤 협조를 구했는지 의문이 가는 부분"이라며 "민의를 대신하고 국민들을 대변해야지, 자기의 정치철학과 정치적 논리에 이용해서는 안 된다"고 유승민 새누리당 원내대표를 직접 언급하면서 비판했다. 그러면서 박근혜는 "저도 당과 후보를 지원하고 다녔지만 돌아온 것은 정치적·도덕적 공허함"이라며 배신감을 토로했다.

나아가 박근혜는 새누리당을 향해 "오로지 선거에서만 이기겠다는 생각으로 신의를 저버리고 국민의 삶을 볼모로 이익을 챙기려는 구태정치는 이제 끝을 내야 한다"면서 "당선된 후 신뢰를 어기는 배신의 정치는 결국 패권주의와 줄세우기 정치를 양산하는 것으로 반드시 선거에서 국민이 심판해주셔야 할 것"이라고 말했다. 사실상 유승민의 사퇴를 촉구한 발언으로 여당 운영에 직접적으로 개입한 것이다.[38]

"박근혜 여왕과 민주공화국의 불화"

이에 대해 정치평론가 유창선은 "메르스 사태에 대한 최고 책임자로서 책임을 통감하고 국민 앞에 고개 숙여도 시원치 않을 판에 국민이 보는 앞에서 국회와 정치권에 호통을 치는 것이야말로 삼권분립을 무시하고 국회 위에 군림하려는 것"이라며 "박 대통령이 유신독재 시절에나 통했던 리더십이 지금도 받아들여지리라 착각을 하고 있다"고 비판했다.[39]

김윤철 경희대학교 후마니타스칼리지 교수는 "민주국가에서의 대통령 권력은 민심을 샀을 때 얻어지는 것인데 박 대통령은 그런 의미에서 대통령과 왕을 헷갈려하는 것이 아닌가 싶다"며 "대통령 권력의 절대화를 지향하는 것이 아닌가 생각된다"고 말했다. 윤여준 전 환경부 장관은 "박 대통령 자신이 최고 책임자가 아니라 본인은 그 위에 있는 '초월자'라는 의식이 있어 보였다"면서 "그렇기 때문에 대통령은 국정 최고 책임자인데도 책임의식이 없는 것"이라고 지적했다.

윤평중 한신대학교 교수는 '박근혜 정치'의 전형성을 언급하며 "불신을 키우고 갈등을 증폭하는 정쟁에는 능한데, 리더십을 통해 현안을 해결하고 비전을 제시하는 통치에는 대단히 무능하다"고 평가했다. 윤평중은 이번 사태도 "메르스로 인한 지지율 폭락, 민심 이반이라는 상황에서 레임덕(권력 누수) 탈출을 위한 또 하나의 승부수를 띄운 것"이라고 분석했다.[40]

『한겨레』는 「정국을 파국으로 모는 대통령의 협박 정치」라는 사설에서 "박 대통령이 이날 국무회의 발언에서 쏟아낸 정치권에 대한 비판과 혐오는 섬뜩할 정도다. 여야 정치권을 싸잡아 비판하는 목소리가 청와대 본관 회의실을 쩌렁쩌렁 울릴 정도였다고 한다"며 다음과 같이 말했다.

"정부의 총체적 능력 부족과 계속된 시행착오, 판단 잘못에 대한 자성은 눈곱만큼도 없다. 무엇보다 국가의 위기를 초래한 당사자가 그런 말을 하는 것부터 염치없는 일이다. 그런데도 박 대통령은 본인을 제외한 정치인들을 모두 '형편없는 사람들'로 몰아쳤다. 심지어 국회법 개정 문제의 원만한 해결을 위해 동분서주했던 국회의장에게까지 박 대통령은 공개적으로 망신과 모욕을 안겨주었다. 입법부 수장마저도 손아랫사람으로 업신여기고 있는 것이다."[41]

『조선일보』 논설주간 양상훈은 「여왕과 공화국의 불화」라는 칼럼에서 "박 대통령은 열두 살 때 청와대에 들어가 18년간 물러나지 않을 것 같은 통치자의 딸로 살았다. 그를 '공주'라고 부른다고 해서 이상할 것이 없는 시대였다. 나중에는 퍼스트레이디의 역할까지 했다. 열두 살부터 서른 살까지의 생활이 사람의 인격 형성에 어떤 영향을 미치는지는 모두가 안다. 박 대통령은 청와대에서 나온 뒤 18년간은 사회와 사실상 분리된 채 살았다. 공주에서 공화국의 시민으로 자연스럽게 내려올 수 있었던 그 기간을 일종의 공백기로 보냈다"며 다음과 같이 말했다.

"박 대통령이 당선된 다음 날 언론은 '대통령의 딸이 대통령 됐다'고 썼지만 박 대통령을 잘 아는 사람들 중에는 그때 이미 '공주가 여왕 된 것'이라고 말하는 사람들이 있었다. 박 대통령의 불통不通 논란에 대해 어떤 이는 '왕과 공화국 사이의 불통'이라고 했다. 대통령과 국민이 다른 시대, 다른 세상을 살고 있다는 얘기인데 작은 문제가 아니다. 사람들이 국회의원이라면 진저리를 치는데도 박 대통령이 국회 원내대표를 배신자라며 쫓아내는 데 대해서만은 부정적 여론이 높다고 한다. 왕이 군림하는 듯한 모습을 본 공화국 시민들의 반응일 것이다."[42]

"수십조 나랏돈 날린 '이명박 자원외교'"

2015년 7월 14일 감사원은 '해외자원개발사업 성과분석' 성과 감사 결과를 발표하면서 이명박 정부에서 중점을 두고 추진한 해외자원개발사업의 실적이 거의 없다고 밝혔다. 이는 이명박 정권 시절 감사원이 행한 감사 결과와 판이하게 다른 결과였다.

이명박은 2015년 2월 출간한 회고록 『대통령의 시간』에서 "(이명박 정부 시절) 총 회수 전망액은 30조 원으로 투자 대비 총 회수율은 114.8%에 이른다"고 말했는데 현실은 이와도 전혀 달랐던 것이다. 이명박은 회고록에서 "오랫동안 유전 개발을 해온 서구 선진국도 많은 검토 끝에 시추해 기름이 나올 확률은 20%에 불과하다"며 "실패한 사업만 꼬집어 단기적 평가를 통해 책임을 묻는다면 아무도 그 일을 하려 들지 않을 것"이라고 말했다. 이어 이명박은 "자원외교는 그 성과가 10년~30년에 거쳐 나타나는 장기적 사업"이라면서 "퇴임한 지 2년도 안 된 상황에서 자원 외교를 평가하고 문제를 제기하는 것은 '우물가에서 숭늉을 찾는 격'이라 생각한다"고 밝혔다.[43]

감사원에 따르면, 우리나라가 1984년 이후 해외자원개발을 위해 투자한 돈은 모두 169개 사업 35조 8,000억 원에 이른다. 이 가운데 이명박 정부 시절에만 77.6퍼센트에 달하는 28조 원이 투자되었다. 하지만 투자 규모에 비해 성과는 극히 미미했다. 석유의 경우 실제 도입 실적은 우리가 손에 쥔 지분의 0.4퍼센트(220만 배럴)에 불과했으며, 이마저도 대부분 3차례 시범 도입한 물량일 뿐이었다. 감사원은 또 사업에 참여한 공사들은 막대한 적자를 떠안고 부실화될 우려가 높다고 지적했다. 사업 초기인 2008~2014년에 발생한 적자는 예상(3조 1,000억 원)보다 9조 7,000억 원 많은 12조 8,000억 원에 달했지만 각 공사가 향후 46조 6,000억 원을 추가 투자할 계획을 세우고 있어 사업 부실화와 재무 위험이 커질 것이라는 게 감사원의 지적이었다. 당장 2019년까지 필요한 추가 투자 규모만 22조 원이 넘는 것으로 지적되었다.[44]

『경향신문』에 따르면, 자원외교는 부실 덩어리였다. 산업통상자원부는 비상시 해외자원개발 지역에서 들여올 자원 양이 하루 23만 6,000배럴이라고 호언했지만, 감사원 감사 결과는 24퍼센트인 6만 배럴에 그쳤다. 또 석유·광물·가스공사가 투자 중인 60개 사업 중 자원 확보 효과가 있는 사업은 23개에 불과했다. 석유공사는 자원의 해외 반출을 금지(미국)하거나, 자국 석유공사에만 원유를 독점 공급 (페루)하는 등 자원 확보가 안 되는 10개 사업에 5조 7,000억 원을 투자했다. 투자 결정 과정에서 문제도 심각했다. 가스공사는 2012년 탐사 사업을 하면서 전문가 자문 없이 토목기사 자격증이 있는 사내 직원 1명에게 평가를 맡기고 투자를 결정했으며, 석유공사는 2011년 투자비를 3,080억 원 증액하면서 이사회 의결도 받지 않았다. 광물공사는 자문사에서 채굴 활동 금지 가능성에 대해 자문을 받고도 이사회에 보고하지 않았다.[45]

『한겨레』는 7월 15일 사설「수십조 나랏돈 날린 '이명박 자원외교'」에서 "사정이 이 지경까지 이른 데는 특히 이명박 정부가 철저한 준비나 투명한 절차 없이 실적 보여주기식 국책 사업으로 해외자원개발을 무리하게 밀어붙인 탓이 제일 크다. 부실 투성이 사업을 4조 5천억 원을 들여 덜컥 인수했다가 손실 확정액만 이미 1조 5천억 원을 넘긴 석유공사의 캐나다 하베스트 인수가 대표적이다"며 다음과 같이 말했다.

"이 과정에서 겉으로는 자원 공기업의 의사 결정이라는 모양새를 띠었지만, 실제로는 청와대와 정권 실세가 모든 과정을 쥐락펴락한 정황은 충분히 드러난 상태다. 한때 온 나라를 뜨겁게 달군 무상급식 재정은 연간 2조 원 남짓이다. 무책임한 정권이 날려버린 나랏돈 수십조 원에 견줄 때 새 발의 피에 불과한 액수다. 이명박 정부의 '자원외교'는 단순한 정책 실패 사례가 아니다. 더 늦기 전에 진상을 낱낱이 밝혀내고, 책임자를 반드시 가려내야 한다."[46]

지뢰 도발 사건에도 대면 보고는 없었다

2015년 8월 4일 경기도 파주 비무장지대DMZ에서 지뢰가 터져 부사관 2명이 다리가 절단되는 등의 중상을 입는 사건이 발생했다. 8월 10일 합참은 비무장지대에서 수색 작전을 벌이던 우리 병사 2명이 북한이 매설해놓은 것이 확실시되는 목함 지뢰에 심각한 중상을 입었다고 발표했다. 이날 합참은 대북 성명을 통해 "북은 혹독한 대가를 치르게 될 것"이라고 경고한 뒤 첫 조치로 11년 만에 대북 확성기 방송을 개시했다.[47]

8월 11일 박근혜는 북한의 지뢰 도발을 두고 "우리 정부는 강력한 대북 억지력을 바탕으로 한 압박도 지속해나가는 한편 북한과의 대화 재개를 위한 노력도 지속해나갈 것"이라고 말했다. 북한 지뢰 도발 사태에 대한 첫 공식 언급이었다. 이에 앞서 민경욱 대변인은 이날 춘추관 브리핑에서 "이번 사건은 북한군이 군사분계선을 불법으로 침범해 목함 지뢰를 의도적으로 매설한 명백한 도발"이라며 "북한의 도발 행위는 정전협정과 남북 간 불가침 합의를 정면으로 위반한 것으로서 우리는 북한이 이번 도발에 대해 사죄하고 책임자를 처벌할 것을 엄중히 촉구한다"고 말했다.[48]

8월 11일 김종대『디펜스21』편집장은 자신의 페이스북에 올린 '지뢰에 무너진 박근혜 정부의 위기관리'라는 글에서 지뢰 폭발 사건과 관련해 박근혜 정부의 위기관리 능력에 대해 강하게 성토했다. 김종대는 "최초 지뢰 사고가 발생한 8월 4일로부터 6일이 지난 시점에서야 북한의 지뢰 도발이라고 말하는 믿어지지 않을 만큼 느린 대응, 이건 무얼 말하는 걸까요?"라면서 "6일이 지나도록 가만있다가, 그것도 일부 예비역들과 국회의원이 말하는 동안에도 국방부는 아무런 대응 작전도 하지 않았다? 그리고 이제 와서 대북 확성기 방송 재개와 DMZ 주도권 장악 작전을 실시한다? 이게 어찌된 일일까요? 이게 실효성이 있습니까?"고 추궁했다.[49]

8월 12일 청와대는 북한의 지뢰 도발 사건에 대한 정부의 늑장·부실 대응 논란이 불거지자 사건이 발생한 4일부터 9일까지 4차례에 걸쳐 박근혜에게 보고했다고 밝혔다. 이날 브리핑에서 청와대는 1차 보고는 위기관리센터를 통해 박근혜에게 보고되었고, 나머지 3차례는 김관진 안보실장이 서면 또는 유선 구두 형식으로 보고했다고 설명해 박근혜가 국방부 장관이나 국가안보실장에게서 직접 대면 보고를 받지 않은 것으로 밝혀졌다.[50]

8월 12일 새누리당 의원 유승민은 한민구 국방부 장관이 참석한 국회 국방위 전체회의에서 북한의 지뢰 도발 바로 다음 날 정부가 남북 고위급회담을 제안한 데 대해 청와대의 컨트롤 타워 기능을 문제 삼았다. 유승민은 "전날(4일) 지뢰 사고가 터졌는데 통일부 장관이란 사람이 다음 날 북한에 (회담) 제안을 하고, 정신 나간 짓 아니냐"면서 "부처 사이에 전화 한 통 안 하나? 청와대 NSC 사람들은 도대체 뭘 하는 사람들이냐"고 따졌다. 앞서 유승민은 한민구 국방부 장관에게 지뢰 폭발 사건이 발생하고 이틀이 지나서야 현장 조사가 이루어졌다는 국방부 보고서에 대해서도 "이상한 것 아니냐"고 지적했다. 지뢰 1차 폭발이 있었던 시간이 지난 4일 오전 7시 31분인데도, 5일엔 박근혜 대통령의 북한 경원선 기공식 참석, 이희호 여사 방북, 남북 고위급

장관 회담 제안 등이 진행되었고, 6일에서야 현장 조사가 이루어진 사실에 대한 문제제기였다.[51]

"박근혜는 콘텐츠가 없어 대면 보고를 받을 능력이 없다"

또다시 대면 보고 문제가 대두되었다. 『한겨레』는 「이번에도…박 대통령에 '대면 보고' 전혀 없었다」는 기사에서 "지난 4일 비무장지대DMZ에서 발생한 북한 지뢰 도발 사건이 청와대 보고 시점 등 '진실게임' 공방으로 확대되고 있다. 특히 박근혜 대통령이 4차례에 걸쳐 보고받으면서, 국방장관은커녕 청와대 국가안보실장의 대면 보고조차 한 차례도 받지 않은 것으로 드러나 또다시 불통 논란에 휩싸이고 있다. 세월호 참사와 중동호흡기증후군(메르스) 사태 등에서 드러난 '대면 보고·컨트롤 타워' 논란이 또 다시 재연된 셈이다"면서 다음과 같이 말했다.

"박 대통령이 이번에도 대면 보고를 한 차례도 받지 않았다는 점도 논란이 되고 있다. 국가 안보와 관련한 사안이 발생했는데도, 국군 통수권자인 박 대통령에게 김관진 청와대 국가안보실장이 서면 및 유선으로만 보고한 데다 그나마 실질 책임자인 한민구 국방부 장관은 박 대통령에게 직접 보고조차 못한 사실이 또다시 드러난 것이다."[52]

『경향신문』은 8월 15일 사설 「위기 상황에도 대면 보고 안 받는 '불통 대통령'」에서 이렇게 말했다. "중대 사안이 발생할 때마다 대통령이 보고를 언제, 어떻게 받았는지 물어야 하는 상황은 비정상적이다.

위기 상황에서 문서만 들여다보는 지도자가 정확한 판단과 효율적 대응을 할 수 있겠는가. 핵심 참모들과도 소통하지 않는 지도자가 민심을 헤아릴 수 있겠는가. 박 대통령의 리더십이 바뀌지 않는 한 정권의 위기는 계속될 것이다. 문제는 정권뿐 아니라 시민의 생명과 안전도 위기에 처할 수 있다는 점이다.”[53]

대면 보고 논란은 박근혜의 절반 임기 동안 끊임없이 제기된 비판 가운데 하나였다. 소통 방식이 단순히 개인적 ‘스타일’을 넘어 국정 운영 혼란의 주범으로 꼽혔기 때문이다. 예컨대 박근혜는 2014년 세월호 참사 당일에도 21차례의 보고를 받았지만 모두 서면과 전화 보고였으며, 2015년 상반기 메르스가 급속히 확산되면서 국민을 공포와 불안 속으로 몰아넣었음에도 문형표 보건복지부 장관에게서 일대일 대면 보고를 한 차례도 받지 않았다. 왜 박근혜는 대면 보고 방식으로 바꾸려 하지 않았던 것일까?

박근혜의 ‘대면 보고 기피증’에 대해 한 참모는 “서면으로 보면 더 많은 정보를 빠른 시일 안에 습득할 수 있다. 서면 보고를 받는다고 소통이 안 된다고 보는 게 문제”라고 해명했지만 서면이나 전화 보고는 ‘쌍방향 소통’이 아닌 ‘일방적 지시’ 성격이 강하다는 점에서 이는 설득력이 없는 변명이었다. 박근혜가 대면 보고를 기피하는 이유에 대해 새누리당의 한 인사는 “박 대통령은 콘텐츠가 없는 사람이다. (오랜 정치 생활을 했다는 점을 감안하면) 깜짝 놀랄 정도다. 대면 보고를 받으면 그 자리에서 결정을 내려줘야 하는데 그게 불가능하다”고 적나라하게 지적했다. 김만흠 한국정치아카데미 원장은 “대면 보고의 특징은 대통령이 잘못 알고 있거나 잘못 판단하는 걸 그 자리에서 바로잡을 수 있다는 점"이라며 "서면·유선 보고는 일방적인 지시일 뿐이고, 박 대통령 국정 운영의 단면을 보여주는 것"이라고 말했다.[54]

한국사 교과서 국정화 파동

2015년 10월 12일 오후 2시 황우여 사회부총리 겸 교육부 장관은 정부세종청사에서 브리핑을 열고 중·고등학교 한국사 교과서를 현행 검정에서 2017년부터 국가가 발행하는 국정 체제로 바꾸기로 했다면서 관련 계획을 행정예고했다. 교육부는 국정교과서를 '올바른 역사교과서'로 명명했다.[55]

한국사 교과서 국정화는 "균형 잡힌 역사교과서 개발 등 제도 개선책을 마련하라"는 박근혜의 뜻이 사실상 반영된 결과였다. 박근혜 정부의 역사교과서 국정화는 2013년 6월 박근혜가 수석비서관 회의에서 "교육 현장에서 진실이나 역사를 왜곡하는 것은 절대로 있어서는 안 되며 바로잡아야 한다"고 강조한 이후 당정이 이를 주도하고 교육부가 뒷받침하는 식으로 진행되어왔다. 2014년 8월 황우여 부총리 겸 교육부 장관이 인사청문회에서 "역사는 국가가 책임지고 한 가지로 가르쳐야 한다"며 국정화를 시사하는 발언을 하면서부터 역사교과서 국정화 논란이 불거졌다.[56]

정부가 역사교과서 국정화 전환 방침을 발표한 이날 전국 곳곳에서는 국정화 찬성과 반대 집회가 열렸다. 전국 466개 시민단체가 모인 '한국사 교과서 국정화 저지 네트워크'는 이날 오전 10시 서울 종로구

청운동 동사무소 앞에 모여 발표한 성명서에서 "한국사 교과서 국정화는 민주주의에 대한 도전"이라며 "정부가 공론公論을 무시하고 교과서 국정화를 통해 유신시대로의 회귀를 강행할 경우 전 국민적 저항에 직면할 것임을 명심하라"고 밝혔다.[57]

반면 서울 여의도 국회의사당 앞에서 종북좌익척결단·반국가교육척결국민연합·나라사랑실천운동 등 보수단체 7곳은 "정부의 국사교과서 국정화에 정당·언론·교육계는 협조하라"는 내용의 기자회견을 열었다. 이들은 "현행 교과서는 학생들에게 민중혁명을 가르친다"는 김무성 새누리당 대표의 말을 인용하며 "좌편향적 국사교과서를 정상적으로 교정하려는 정부의 노력에 우리는 환영과 지지를 보낸다"고 했다.[58]

10월 12일 새정치민주연합은 정부가 역사교과서 국정화 방침을 담은 고시를 행정예고하자 이를 '역사 쿠데타'로 규정하고 14개월여 만에 장외투쟁을 재개하는 등 전면전을 선언했다. 문재인 새정치민주연합 대표는 이날 긴급 의원총회에서 "경제와 민생을 내팽개치고 이념전쟁에 혈안이 된 박근혜 정부와 새누리당이 더이상 역사 앞에 죄를 짓지 말기를 엄중 경고한다"고 목소리를 높였다.[59]

정부가 국정화를 천명한 가운데 야당·역사학계·교육계 등이 '민주주의 역행'이라며 강력 반발하면서 경제 살리기, 노동 개편, 내년 예산 등 시급한 국정 현안이 모두 역사교과서 국정화 블랙홀로 빨려들기 시작했다. 사실상 정국이 청와대가 주도하는 '역사 전쟁'의 격랑 속으로 빠져든 것이다.

"염치도 논리도 없는 대통령의 '국정화 궤변'"

박근혜는 미국 순방길에 오르기 직전인 10월 13일 오후 2시 청와대에서 수석비서관 회의를 열어 "대한민국 국민으로서 올바른 역사관을 가지고 가치관을 확립해서 나라의 미래를 열어가도록 하는 것은 자라나는 세대들에게 우리가 필연적으로 해주어야 할 사명이라고 생각한다"고 주장했다. 박근혜가 한국사 교과서에 대해 공개적으로 언급한 것은 2014년 2월 이후 처음이었다.[60]

『한겨레』는 「염치도 논리도 없는 대통령의 '국정화 궤변'」이라는 사설에서 "온 나라를 갈등과 혼란의 구렁텅이로 몰아넣은 한국사 교과서 국정화 추진의 '진원지'인 박근혜 대통령이 드디어 입을 열었다.……그 발언은 온통 적반하장, 자가당착으로 가득 차 있었다. 특유의 유체이탈 화법도 어김없이 등장했다. 다수 여론의 반대를 무릅쓰고 국정화를 강행하는 것이 박 대통령의 집착과 아집 때문임을 세상이 아는데도 박 대통령은 모든 것이 교육부의 결정인 양 딴청을 부렸다"고 비판했다.[61]

여성학자 정희진은 "유체이탈 화법은 소통 무능처럼 보이지만 실제 인식론적 기반은 사람이 보이지 않는, 안하무인이다"고 했는데,[62] 사실 박근혜의 유체이탈 화법은 안하무인 화법이었다. 박근혜는 한국사 교과서 국정화로 "국민통합의 계기"가 마련되기를 기대한다고 말했지만, 국민들의 의견은 절반으로 확연하게 쪼개져 통합을 기대하기 어려운 지경에 이르렀다. 10월 14일 '머니투데이 더300'이 여론조사 기관 리얼미터에 의뢰해 실시한 역사교과서 국정화 관련해 여론조사한 결과에 따르면, 찬성 47.6퍼센트, 반대 44.7퍼센트로 의견이 반으로 갈렸다. 보수층과 진보층은 각기 찬성이 76.3퍼센트, 반대가 75.7퍼센트로 양극으로 갈라졌고, 지역별로도 영남 지역은 찬성, 호남 지역은 반대가 압도적이었다. 충청과 서울에서는 반대가 52퍼센트대로 찬성보다 많았다.[63]

한국사 국정화를 두고 대립이 극에 달한 가운데 10월 22일 청와대에서 박근혜와 여야 대표·원내대표 '5자 회동'이 1시간 48분 동안 진행되었다. 이날 회담의 40퍼센트 가까이가 '교과서 토론'이었다. 문재인 새정치민주연합 대표가 모두冒頭 발언을 통해 "국민들은 역사 국정 교과서를 친일미화, 독재미화 교과서라고 생각한다. 또 획일적인 역사교육을 반대한다. 교과서 국정화를 중단하고 경제와 민생을 돌봐주길 바란다"고 말했다.

이에 박근혜는 "현재 학생들이 배우는 역사교과서에는 북한이 정통성이 있는 것처럼 서술돼 있다"고 주장하며 "(한국사 교과서 국정화는) 이것을 바로잡자는 순수한 뜻"이라고 말했다. 또 "검정 역사교과서 집필진의 80%가 편향된 역사관을 가진 특정 인맥으로 연결돼 7종의 검정 역사교과서를 돌려막기로 쓰고 있어, 결국은 하나의 좌편향 교과서라고 볼 수밖에 없다"며 "따라서 국정교과서는 불가피하다"고 밝혔다. 박근혜는 이어 "6·25전쟁에 관해 남과 북 공동의 책임을 저술한 내용을 봤다"며 "대한민국 정통성을 부인하고, 책을 읽어보면 대한민국에 태어난 것을 부끄럽게 여기게끔 기술돼 있다"고 말했다.

이종걸 원내대표가 "부끄러운 역사로 보이는 게 어떤 부분인가"라고 묻자 "전체 책을 다 보면 그런 기운이 온다"고 답한 것으로 전해졌다. 이종걸은 "우리나라 역사학자 2,000여 명이 국정교과서 집필을 거부했는데 그렇다면 다 특정 좌파 이념에 물든 전문가라는 취지인가. 우리는 그렇게 이해하지 않는다"고 반박했다.[64]

청와대가 관여한 교과서 국정화 비밀 작업 발각

2015년 10월 25일 도종환 새정치민주연합 한국사 교과서 국정화 저지 특위 위원장은 특위가 입수한 '(한국사 교과서 국정화) TF 구성·운영계획(안)'을 공개하고 "박근혜 정부가 국정화를 공식 발표하기 전인 지난 9월 말 이미 국정화 방침을 확정한 뒤 서울 종로구 대학로 국립국제교육원에 비선 조직(비공개 TF) 사무실을 차려놓고 국정화 작업을 추진해왔다"면서 "이 조직은 국정화 작업을 총괄하고 검정교과서 집필진과 전국교직원노동조합(전교조) 등에 대한 색깔론 공세를 주도해왔다"고 밝혔다.

도종환이 입수한 'TF 구성·운영계획(안)'을 보면, 이 조직은 단장 1명, 기획팀 10명, 상황관리팀 5명, 홍보팀 5명 등 총 21명으로 구성되어 있었다. 단장은 오석환 충북대학교 사무국장이었고, 기획팀장은 김연석 교육부 교과서정책과 역사교육지원팀장이 맡았다. 오석환은 교육부의 정식 파견 발령도 받지 않은 채 TF 단장으로 일하고 있었으며, 대부분 교육부 직원들인 다른 팀원들도 별도의 파견 발령 없이 정부 세종청사가 아닌 이곳에서 일요일에도 근무하는 것으로 드러났다.

TF가 추진 경과를 청와대에 일일 보고하는 정황도 확인되었다. '운영계획'의 상황관리팀 소관 업무에는 'BH 일일점검 회의 지원'이라고 명시되어 있었다. 도종환은 "제보에 따르면 TF는 진행 상황을 청와대에 날마다 보고하고 청와대 교육문화수석을 포함한 몇몇 청와대 수석들이 회의에 참석했다"고 밝혔다. 상황관리팀은 '교원·학부모·시민단체 동향 파악 및 협력' 업무도 맡고 있었다. 홍보팀은 한 발 더 나아가 '온라인 뉴스(뉴스·블로그·SNS) 동향 파악 및 쟁점 발굴'과 '기획기사 언론 섭외, 기고, 칼럼자 섭외, 패널 발굴'까지 담당하고 있었다.[65]

이날 밤 새정치민주연합의 도종환·유기홍·김태년 의원과 정의당의 정진후 의원 등 야당 의원 4명과 보좌진, 『한겨레』를 비롯한 취재진이 이 사무실을 찾아서 확인한 결과 이 조직은 일요일임에도 사무실로 출근해 보고서 작성 업무 등을 하고 있었다. 야당 의원들이 문을 열어줄 것을 요구했으나, 이들은 문을 잠근 채 열어주지 않았고 곧 다른 곳으로 빠져나갔다.

『한겨레』는 10월 26일 「문 앞서 야당 의원들 막고 '검정교과서 분석' PC 서둘러 꺼버려」에서 "야당 의원과 『한겨레』 등 취재진이 들이닥치자 사무실에 있던 티에프 관계자들은 건물 출입문을 걸어잠갔다. 야당 교육문화체육관광위원회 소속 국회의원들이라는 신분을 밝혔으나, 이들은 문을 열지 않았다. 곧이어 경찰 경비 병력이 들이닥쳐 건물을 에워싼 채 건물 안에 있는 티에프 관계자들을 보호하기 시작했다"면서 다음과 같이 말했다.

"야당 의원들과 취재진은 밤 10시 현재까지 티에프 사무실 건물 앞에서 잠긴 문이 열리기를 기다렸다. 『한겨레』 취재진이 창밖으로 확인해보니, 사무실 안 컴퓨터 화면에는 현행 검정교과서들의 '편향성'을 분석한 자료가 창에 띄워져 있었다. 컴퓨터에 붙어 있는 메모지에는 '차관님 업무 보고', '대정부 질의', '국회 입법조사처 요구 자료' 등의 메모가 빼곡히 적혀 있었다. 그간 이 사무실에서 이뤄진 작업의 면면을 유추해볼 수 있는 내용들이다. 건물 안에 남아 있던 티에프 관계자들은 취재진의 인기척을 느꼈는지 황급히 불을 끄고 컴퓨터 등 장비를 교체하는 모습을 보였다."

도종환은 "아직 국민의 여론을 수렴하는 행정예고 기간이 남았는데, 박근혜 정부는 벌써 국정화를 기정사실화한 채 비밀 작업을 하고 있다"며 "정부가 비공개 조직을 운영하면서 국가 중대사를 국가 기밀처럼 추진하는 것은 명백히 행정절차법 위반"이라고 주장했다.[66]

"극우 단체들이 '호위무사'로 등장한 대통령 시정연설"

2015년 10월 27일 박근혜는 전 국민에게 방송으로 생중계된 국회에서 진행한 2016년도 예산안 시정연설을 통해 "취임 후 비정상적인 관행과 적폐를 바로잡기 위해 노력해왔다. 역사 교육을 정상화시키는 것은 당연한 과제이자 우리 세대의 사명"이라고 말했다. 박근혜는 또 "집필되지도 않은 교과서, 일어나지도 않을 일을 두고 더이상 왜곡과 혼란은 없어야 한다고 생각한다"며 "역사를 바로잡는 것은 정쟁의 대상이 될 수 없고 되어서도 안 되는 일"이라고 주장했다. 대다수 역사학자들이 집필을 거부하고, 국민 다수가 반대하는 한국사 교과서 국정화를 '비정상의 정상화'로 규정하며 국정화를 예정대로 밀어붙이겠다고 공개 선언한 것이다.[67] 청와대는 이날 박근혜의 시정연설에 보수우익 단체 회원 80여 명을 초청했다.

『한겨레』는 10월 28일 사설 「극우 단체들이 '호위무사'로 등장한 대통령 시정연설」에서 "박근혜 대통령의 국회 시정연설에는 국민행동본부 등 극우 단체 회원 80여 명이 '특별 방청객'으로 참여했다. 극우 단체 회원들이 박 대통령의 연설을 응원하는 '치어리더' 내지는 '호위무사'로 등장한 셈이다. 이런 풍경은 지금 박 대통령이 추구하는 정치 지향점이나 국정 운영의 방향이 어디를 향하고 있는지를 상징적으로 보여준다"면서 다음과 같이 말했다.

"박 대통령은 이날도 경제니 개혁이니 하는 말을 수없이 되풀이했다. 경제란 단어가 56차례, 청년이라는 말이 32차례, 개혁이 31차례나 나왔다고 한다. 그러나 지금 중요한 것은 이런 단어를 되풀이 강조하는 게 아니다. 역사교과서 국정화 문제로 나라가 두 동강 난 상태에서 경제가 살아날 리 없고, 분열과 갈등의 소용돌이 속에서 나라가 새롭게 변모할 수 없다. 그래서 대통령의 말들은 모두 아무런 감동도 울림도 전하지 못한 채 공허한 수사만으로 남았다. 그리고 시정연설은 '분열된 국론의 통합'이 아니라 오히려 분열과 갈등의 골을 더욱 깊게 하는 또 다른 계기가 되고 말았다. 억지 논리를 강변하는 대통령, 그리고 여기에 기립박수를 보내는 새누리당과 극우 단체 회원들의 뒤틀린 충성 속에 나라는 더욱 멍들어가고 있다."[68]

11월 3일 정부는 여론의 반대를 무릅쓰고 '한국사 교과서 국정화'를 확정 고시했다. 10월 12일부터 11월 2일 자정까지 이루어진 행정 예고 기간에 접수된 의견 중 반대 의견을 낸 인원은 32만 1,075명으로 전체(47만 3,880명)의 67.75퍼센트에 달한 것으로 집계되어 찬성 의견을 제출한 인원(15만 2,805명)의 2배가 넘는 수치였지만 이는 무시하고 속전속결로 처리한 것이다.[69]

정부의 일방통행식 국정화 추진에 국정화 반대 측은 불복종 운동을 전개하겠다고 밝혔다. 전국 17개 시·도 교육감 가운데 진보 성향의 교육감 10여 명은 대안 교과서를 공동으로 발간하겠다고 말했으며, 479개 시민사회단체가 결성한 한국사 교과서 국정화 저지 네트워크와 청년연대 등 진보 단체는 정부의 확정 고시를 "쿠데타 군사작전"이라고 규정하고 촛불집회 등 국정화 반대 운동의 강도를 높이겠다고 밝혔다.[70]

이 한국사 교과서 국정화 정국에서 나온 여당 정치인들의 막말은 매카시즘의 극단을 치달았다. 역사학자의 90퍼센트와 중·고교 역사 교사들 다수가 좌파로 매도당했고, '국정화 반대는 적화통일 대비용'이라거나 '북한 지령'이라는 도 넘은 색깔론이 난무했다. 이런 '악마 만들기'가 두렵다고 말하는 이들이 나올 정도로 여당의 언어폭력은 심각한 수준이었다.[71] 그럼에도 국정화 정국의 와중에서 치러진 10·28 재보선 24개 선거구에서 새누리당은 15곳에서 후보를 당선시킨 반면 새정치민주연합은 불과 2명의 후보만 당선시켜 참패를 당한 것이 말해주듯, 적어도 대중과의 소통에선 야당이 더 심각한 문제를 안고 있는 것으로 보였다.[72]

"진실된 사람만이 총선 선택받아야 한다"

2015년 11월 10일 박근혜는 청와대에서 주재한 국무회의를 통해 국회가 각종 경제 법안들을 처리하지 않고 있는 상황을 강력 비판하면서 "국회가 이것(경제 법안들)을 방치해서 자동 폐기한다면 국민들은 절대 용서하지 않을 것"이라고 말했다. 이날 박근혜는 한·중 FTA 비준안, 노동개혁법, 일자리 관련 법안 등을 사례로 들고 2016년 5월 제19대 국회 임기가 끝날 때까지 이 안건들이 처리되지 않으면 결국 폐기될 수밖에 없다며 "(그렇게 되면) 국민이 용서치 않을 것", "볼모로 잡는 것", "통탄스러운 일", "불임不姙 국회" 같은 격한 표현을 쏟아냈다.[73]

박근혜는 또 "이제 국민 여러분께서도 국회가 진정 민생을 위하고, 국민과 직결된 문제에는 무슨 일이 있어도 소신 있게 일할 수 있도록 나서주시고, 앞으로 그렇게 국민을 위해서 진실한 사람들만이 선택받을 수 있도록 해주시기를 부탁드린다"고 말했다. 지난 6월 국회법 개정안을 둘러싼 당·청 갈등 과정에서 유승민 당시 원내대표를 겨냥해 '배신 정치 심판론'을 들고 나온 지 5개월 만에 이번엔 '국민 심판론'을 거론한 것이다. 이는 새누리당 친박계 핵심 윤상현 의원 등이 유승민의 빈소에서 '대구 물갈이론'을 공론화한 직후에 나온 것이어서 청와대가 2016년 4월 총선 국면에 적극 개입하려는 것 아니냐는 관측이 제기되었다.[74]

박근혜가 공개석상에서 사실상의 '진박(진짜 박근혜 사람) 판정론'을 제기하면서 여권은 이날 하루 종일 술렁였다. 새누리당 인사들은 "진실한 사람들만이 선택받을 수 있도록 해달라"는 박근혜의 발언을 '총선에서 내 사람을 뽑아달라'는 메시지로 해석했다. 특히 그 메시지가 여권의 심장부이자 박근혜 자신의 정치적 기반인 TK를 향해 있다고 보는 시각이 많았다.[75]

박근혜의 '총선 심판론'을 두고 정치권이 요동치자 청와대는 11월 11일 "경제와 민생을 위한 대통령의 절실한 요청"이라며 진화에 나섰다. 하지만 이날 박근혜는 청와대에서 열린 사회보장위원회 회의에서 "은혜를 갚는다는 것은 그 은혜를 잊지 않는 것"이라고 말해 미묘한 여운을 남겼다. 박근혜는 6·25전쟁 벨기에 참전 용사가 "우리를 잊지 말아달라"는 말을 했다고 소개하며 "은혜를 갚는다는 것은 그 은혜를 잊지 않는 것이다. (은혜를) 잊지 않는다는 것이 바로 은혜를 갚는 것이라는 말이 생각났다"고 말했다.[76]

친박계는 이날 박근혜가 말한 '은혜론'과 예전의 '배신론'은 동일한 맥락이라고 해설했다. 정치적 이견을 배신으로 간주하는 박근혜의 통치 스타일상 '맹목적 충성파'가 아니고서는 '진실한 사람' 범주에 들기 어렵다는 말이었다. 친박계의 말을 종합해보면 이 범주에 드는 여당 정치인으로는 대통령 정무특보를 지낸 새누리당 윤상현·김재원 의원, 당 지도부 서청원·이정현 최고위원, 홍문종 전 사무총장 등이 이에 해당했다.

내각에 기용한 장관들로는 이날 이임식을 마치고 국회로 귀환한 유기준 해양수산부 장관, 최경환·황우여 부총리, 유일호 국토교통부 장관, 김희정 여성가족부 장관, 정종섭 행정자치부 장관, 윤상직 산업통상자원부 장관 등이 거론되었다. 이 외에 조윤선 전 청와대 정무수석

(서울 서초갑), 곽상도 전 민정수석(대구 달성), 윤두현 전 홍보수석(대구 서) 등도 이 범주에 포함되는 정치인들이었다.[77]

"점점 더 거칠어지는 대통령의 입"

2015년 11월 12일 『한겨레』 선임기자 성한용은 「점점 더 거칠어지는 대통령의 입」에서 11월 10일 국무회의에서 나온 박근혜의 발언은 "'사정', '통탄', '국민이 보이지 않는', '절대 용서하지 않을 것', '진실한 사람들', '선택', '혼이 없는 인간', '혼이 비정상', '전교조', '특정 이념' 등 자극적이고 증오와 저주에 찬 어휘가 가득"하다고 개탄했다.[78]

11월 12일 새누리당 서울시당위원장인 김용태 의원은 SBS 라디오에 출연해 박근혜의 '진실된 사람들' 발언 이후 당내에서 '진박(진짜 친박)'과 '가박(가짜 친박)' 논란이 가열되는 것을 두고 "지금 시대가 어떤 시대인데 국민들께서 뭐라고 생각하겠나. YS, DJ 때 상도동계 동교동계도 아니고 무슨 일인가"라며 "너무나 부끄럽고 국민들이 뭐라고 할까 얼굴이 화끈거린다"고 말했다.[79]

『경향신문』은 11월 13일 「진박·가박·용박·멀박·홀박…'친박 용어사전 개정판'」에서 박근혜가 지난 10일 국무회의에서 "진실한 사람들만이 선택받을 수 있도록 해달라"고 말한 이후 '진박·가박' 논란이 여권을 휩쓸고 있다면서 다음과 같이 말했다.

"진박은 '진짜 친박' 또는 '진실한 친박', 가박은 '가짜 친박'이란 뜻이다. 여기에 '박 대통령을 이용만 한다'는 개념의 용박用朴까지 등장했다. 2007년 한나라당 대선 후보 경선을 앞두고 이명박·박근혜 후보 가운데 어느 쪽에 줄섰느냐를 두고 의원 분류 개념으로 쓰인 친이·친박이 '친박용어사전'의 출발점이다. 이후 이명박 정부 후반기 친이계가 쇠퇴하고 박근혜 대통령이 집권에 성공하면서 친박의 분화는 가속화했다. 그러면서 다양한 '○박'이 '친박용어사전 개정판'에 이름을 올렸다. 원박(원조친박)·범박(범친박)·신박(신친박)·복박(돌아온 친박)·홀박(홀대받는 친박)에서 멀박(멀어진 친박)·짤박(잘린 친박), '옹박(박근혜 옹위) 부대'까지 온갖 조어가 등장했고, '친박 카스트 계급도'까지 탄생했다. 급기야 박 대통령이 직접 '진실한 사람들'을 거론하면서 용어사전 '재개정판'까지 등장한 것이다."[80]

성한용은 박근혜의 "얼굴에는 야당에 대한 혐오가 이글거린다"고 했다. "도대체 왜 그러는 것일까. 20대 '퍼스트레이디 대리' 시절 경험했던 박정희 방식이 편하기 때문일 것이다. 박정희 방식의 요체는 대통령 1인 지배구조다. 독재다. 그런데 그렇게 해서 잘될까? 안 될 것이다. 지금은 1970년대가 아니다. 큰일이다. 대한민국은 박근혜 대통령만 바라보다가 '잃어버린 20년' 블랙홀로 빨려들어가는 경로에 들어선 것 같다."[81]

『중앙일보』 논설위원 이훈범은 "우리 대통령의 화법은 참으로 독특해서 듣는 사람을 곧잘 헷갈리게 한다. 우선 화자의 시점視點이 기이한데 1인칭도 3인칭도 아닌 거의 전지적 작가 시점이다. 그래서 관찰자였다가 비판자가 되기도 하며, 판관도 되었다가 때로 피해자가 되기까지 한다"며 다음과 같이 말했다.

"스스로 국정교과서를 밀어붙여 갈등을 조장해놓고는 이념 싸움을 하지 말아야 한다고 으르고, 자신은 정부와 상관없는 양 메르스 창궐의 책임을 보건복지부에 떠넘긴다. 세월호 승객 구조에 실패한 해양경찰을 질타하면서 사과 한마디 없고, 측근들이 연루된 '리스트'와 '문건'을 수사하는 검찰에 친절한 '가이드라인'을 제시한다. 국제적 망신을 한 윤창중 성추행 사건 때 대통령 자신이 공개적으로 홍보수석의 사과를 받은 것은 그야말로 압권이었다."[82]

11 · 14 민중총궐기 대회와 백남기 농민의 사망

2015년 11월 14일 서울 광화문광장에서 주최 측 추산 13만 명(경찰 추산 7만 명)이 참여한 가운데 2008년 미국산 쇠고기 수입 반대 촛불집회 이후 최대 규모의 시위가 발생했다. 이날 광화문광장은 전쟁터를 방불케 했다. 김성환은 『한국일보』 11월 17일 「물대포와 쇠파이프… 7년 전前 그때와 같았다」에서 "2008년 6월 광우병 촛불집회 이후 최대 인파가 모였던 14일 민중총궐기 대회. 해가 질 무렵 집회 참가자들의 행진이 시작되자 서울 광화문광장을 살피던 기자는 7년 전 기억을 떠올렸다. 차벽, 물대포, 최루액, 쇠파이프, 횃불……. 활극 영화에서나 볼 법한 도구들이 어김없이 등장했고, 우려는 금세 현실로 나타났다"면서 다음과 같이 말했다.

"가장 먼저 차벽이 눈에 들어왔다. 2008년 처음 선보인 '명박산성'보다 더욱 견고해진 경찰버스 띠 행렬은 물샐 틈 없이 시위대의 북쪽 행진을 막고 있었다. 여기에 시위 수위가 높아지면서 물대포와 캡사

이신 최루액이 더해졌다. 비가 흩뿌리는 가운데 참가자들은 '파바'라 불리는 최루액 성분이 섞인 물대포를 맞고 맥없이 쓰러졌다. 경찰 분사기에서 뿌려진 최루액을 맞고 기침을 내뱉는 참가자도 부지기수였다.……변하지 않은 건 시위대도 마찬가지였다. 경찰이 설정한 질서유지선이 무너지고 집회 참가자들이 북상을 시도하는 도중 일부는 쇠파이프를 꺼내들었다. 밧줄을 이용해 경찰버스를 끌어내리려는가 하면, 심지어 버스 주유구에 불을 붙이려는 위험천만한 장면도 포착됐다. 오후 9시가 넘어서자 세종로 사거리 파이낸스센터 앞에는 지난해 5월 노동절 집회 때 선보였던 횃불까지 등장했다."[83]

이날 시위에 참석한 농민 백남기가 경찰이 쏜 물대포(살수차)에 직격으로 맞아 병원으로 옮겨졌지만 위중한 상태에 빠져 경찰의 과잉진압이 논란이 되었다. 사고 현장을 촬영한 영상과 목격자들의 말을 종합하면, 백남기는 이날 오후 6시 56분쯤 종로구청 사거리 인근 대치 현장에서 경찰이 쏜 물대포에 가슴과 얼굴 부위를 직격으로 맞아 뒤로 넘어졌으며, 경찰은 백남기가 쓰러진 뒤에도 그를 향해 15초간 물대포를 계속 쐈다.

경찰의 '살수차 운용지침'에 따르면 직사 살수 때는 안전을 고려해 가슴 이하 부위를 겨냥해야 하지만 백남기를 포함한 참가자 여러 명이 얼굴과 상반신을 직격으로 맞았다. 지침은 또 물대포 사용 중 부상자가 발생할 경우 즉시 구호 조치하도록 규정하고 있지만 경찰은 오히려 백남기를 구조하려는 다른 참가자들을 향해서도 조준 살수를 계속했다. 지침과 달리 분사나 곡사 같은 '경고 살수' 없이 곧바로 조준 살수가 되었다는 참가자들 증언도 잇따랐다. 이날 집회로 총 51명의

참가자가 연행되었으며, 훈방된 고등학생 2명을 제외한 49명이 입건되었다.[84]

이날 경찰이 시위 강경 진압을 위해 사용한 진압 물량은 경찰 역사에 기록될 만한 엄청난 양이었다. 물대포에 쓰인 물 양만 200톤이 넘었고, 캡사이신 최루액은 651리터가 쓰였다. 살수차는 경찰이 보유한 전국의 19대가 전부 서울로 올라왔다. 이번 진압 과정에서 새롭게 등장한 차벽 보호용 식용유와 실리콘도 100리터가 넘는 양이 쓰였다. 경찰 인력만 2만 명가량이 동원되었는데, 이는 경찰 추산 8만 명으로 가장 많은 시민이 모였던 2008년 6월 10일 광우병 촛불집회 당시의 경찰 병력 1만 7,000여 명보다 많은 규모였다. 이를 위해 전국에서 총 284개 중대가 투입되었다. 경찰 1명이 시민 3.4명(경찰 추산 집회 인원 6만 8,000명)을 맡았던 셈이다. 새정치민주연합 안전행정위원회 소속 의원 정청래는 "이는 최근 10년 이래 최대의 경찰 인원과 장비가 동원된 것"이라고 밝혔다.[85] (2016년 9월 25일 백남기가 사망했다. 국가의 공권력에 쓰러진 지 316일 만이었다. 이날 백남기를 치료해온 서울대병원은 "백씨가 오후 1시 58분께 급성신부전으로 숨을 거뒀다"고 밝혔다. 백남기는 민중총궐기 당일 저녁에 쓰러진 뒤 외상성 뇌출혈 진단을 받고 줄곧 의식을 잃은 채 인공호흡기 등에 의존해 생명을 이어왔다.[86])

"한국 대통령이 자국 시위대를 IS에 비교했다. 이건 정말이다"

주요 20개국G20 정상회의 등 참석을 위한 열흘간의 순방을 마치고 귀국한 박근혜는 귀국 다음 날인 11월 24일 국무회의에서 11·14 민중 총궐기 대회를 '불법 폭력 사태'라고 규정했다. 박근혜는 이날 모두 발언을 통해 "구속영장이 발부된 민노총 위원장이 시위 현장에 나타나서 나라 전체를 마비시킬 수 있다는 것을 보여주자며 폭력집회를 주도했다"며 "대한민국의 체제 전복을 기도한 통진당의 부활을 주장하고, 이석기 전 위원 석방을 요구하는 정치적 구호까지 등장했다"고 언급했다. 이어 박근혜는 "특히 복면 시위는 못하도록 해야 할 것"이라며 "IS(이슬람국가)도 지금 얼굴을 감추고 그렇게 하고 있지 않느냐"고 말했다. 박근혜는 집회 참가 시위대를 'IS 테러리스트'에 비유해가며 집회에서 '복면착용 금지법' 필요성을 강조한 것이다.[87]

이날 박근혜는 '립 서비스', '국민에 대한 도전' 등 거친 표현을 써가며 국회를 또다시 맹비난했다. 박근혜는 이날 한·중 FTA 비준동의안의 조속한 처리를 촉구한 후, "백날 우리 경제를 걱정하면 뭐하느냐. 지금 할 수 있는 것에 최선을 다하는 게 책임 있는 자리에 있는 사람들의 도리"라면서 "맨날 앉아서 립 서비스만 하고, 경제 걱정만 하고, 민생이 어렵다고 하고, 자기 할 일은 안 하고, 이건 말이 안 된다. 위선이라고 생각한다"고 국회를 비판했다. 박근혜는 감정이 격앙된 듯 잠시 발언을 멈췄다가 "앞으로 국회가 다른 이유를 들어 경제의 발목을 잡아서는 안 된다. 그것은 직무유기이자 국민에 대한 도전"이라고 말했다.[88]

11월 24일 미국 경제 전문지 『월스트리트저널』의 알라스테어 게일 Alastair Gale 서울 지국장은 집회·시위 참가자를 IS와 연관 지은 박근혜의 발언에 놀라움을 표시하면서 자신의 트위터에 "한국 대통령이 자국 시위대를 IS에 비교했다. 이건 정말이다South Korea's president compares local protestors in masks to ISIS. Really"라고 적었다.[89]

『경향신문』은 11월 25일 사설 「박 대통령은 시민을 테러리스트로 몰 셈인가」에서 "박 대통령 발언은 인간적 예의와 염치에도 어긋난다. 당시 물대포에 맞은 60대 농민은 지금 생명이 위태로운 처지다. 정부를 대표하는 대통령은 사과부터 해야 도리다. 하지만 대통령은 '안타깝다'는 수준의 유감 표명조차 하지 않았다"면서 다음과 같이 말했다.

"며칠 전 서거한 김영삼 전 대통령은 '통합과 화합'이란 유훈을 남겼다고 한다. 평생을 도전과 투쟁 속에 살아온 고인의 마지막 메시지가 통합과 화합이라는 사실은 깊은 울림을 준다. 여당과 야당, 새누리당 내 친박근혜계와 비박근혜계, 새정치민주연합 내 주류와 비주류가 잠시나마 정쟁을 멈춘 데는 이러한 유지를 따르자는 의미가 클 터다. 그런데 박 대통령은 고인의 유지를 새기기는커녕 국민을 모욕하고 편 가르는 데 나섰다. 역사교과서 국정화로 수세에 몰리자, 신공안정국을 조성해 국면을 전환하려는 시도로 짐작한다. 전가의 보도처럼 활용해온 '종북'도 모자라 '종IS' 타령이라도 할 참인가. 그러나 우방국의 불행을 자국 정치에 이용하고, 전직 대통령의 죽음 앞에서도 삼갈 줄 모르는 대통령에게 동의할 시민은 많지 않을 것이다."[90]

박근혜의 '호통 정치'·'윽박 정치'·'질타 정치'·'독선 정치'

정기국회 종료일(9일)이 다가온 가운데 12월 7일 박근혜는 청와대에서 김무성 새누리당 대표와 원유철 원내대표를 만나 노동시장 개편 법안과 이른바 '경제활성화법' 등의 조속한 처리를 촉구했다. 이날 박근혜는 "이제는 19대 정기국회가 이틀밖에 남지 않았고, 이번에 우리가 꼭 해야 될 것은 반드시 하고 넘어가야겠다. 그렇지 않으면 두고두고 가슴을 칠 일"이라며 "내년에 국민을 대하면서 선거를 치러야 되는데 정말 얼굴을 들 수 있겠느냐. '뭘 했냐 도대체' 이렇게 국민들이 바라보지 않겠는가"라고 말했다.

박근혜는 또 "걱정을 백날 하는 것보다 지금 경제활성화법들, 노동개혁법들을 통과시키다 보면 경제가 살아나고 국민 삶도 풍족해진다", "한숨만 쉬면 하늘에서 돈이 떨어지는가"라고 말해 은연중 야당을 공격했다. 여야는 12월 3일 기업활력제고를 위한 특별법(원샷법), 대·중소기업 상생 협력 촉진에 관한 법, 서비스산업발전기본법(서비스법), 사회적경제기본법, 테러방지법 등을 9일로 끝나는 정기국회에서 '합의 후 처리'하기로 합의한 바 있었지만 합의가 되지 않은 상황이었다.[91]

박근혜가 국무회의에서 정치권 심판론을 제기한 것은 2015년에 들어서만 4번째였다. 박근혜는 6월 유승민 전 새누리당 원내대표를 향해 "배신의 정치에 대한 심판"이라고 했으며, 11월 10일 국무회의에선 "국회가 이것(법안들)을 방치해서 자동 폐기된다면 국민들은 절대 용서하지 않을 것"이라고 했다. 또 11월 24일 국무회의 때도 "립 서비스만 한다", "자기 할 일은 안 한다", "위선"이라고 야당을 비판했다.[92]

박근혜가 소통을 시도할 생각은 하지 않고 남 탓만 하자 박근혜의 이런 정치 스타일에 대해선 '호통 정치'·'윽박 정치'·'질타 정치'·

'독선 정치' 등의 다양한 비판이 쏟아졌다. 그럼에도 박근혜는 12월 8일 작심한 듯 국회에 대한 비판의 수위를 높였다. 이날 박근혜는 '국회', '정치권'을 17번이나 거론하며 의회를 강하게 비판했다. 박근혜는 "국회가 명분과 이념의 프레임에 갇힌 채 기득권 집단의 대리인이 됐다"며 "말로는 일자리 창출을 외치면서도 행동은 정반대로 노동개혁 입법을 무산시킨다면 국민의 열망은 실망과 분노가 되어 되돌아올 것"이라고 주장했다. 박근혜는 특히 야당을 직접 겨누고 선거 심판론까지 거론했다.[93]

12월 9일 제19대 마지막 정기국회에서 서비스산업발전기본법 등 경제활성화법안 처리가 끝내 무산되었다. 12월 14일 박근혜의 불편한 심기를 고려한 정부·여당은 돌연 '경제 위기론'을 꺼내들었다. '국가 비상사태'라는 단어까지 등장했다. '노동 5법'과 경제활성화법안 등이 연내 국회를 통과하지 않으면 경제가 위기 수준으로 악화될 것이라고 주장한 것이다.

박근혜는 이날 청와대에서 주재한 수석비서관 회의에서 "대량 실업"을 두 차례나 언급했다. 박근혜는 기업활력제고법의 국회 통과를 통한 선제적 업종 구조조정이 되지 않으면 "대량 실업으로 이어질 수밖에 없다"며 "대량 실업이 발생한 후 백약이 무슨 소용이 있겠느냐"고 말했다. 박근혜는 이날도 선거 심판론을 제기했다. 박근혜는 새정치민주연합을 두고 "국민들의 삶과 동떨어진 내부 문제에만 매몰되고 있는 것은 국민과 민생을 외면하고 있는 것이나 다름없다"고 콕 집어 비판했다. "국회의 국민을 위한 정치는 실종되어버렸다", "국회가 국민을 외면하고 있다" 등을 동원하며 "국회의 존재 이유를 묻지 않을

수 없다"고까지 했다. 이날까지 해서 박근혜의 정치권 심판론은 6번으로 늘었다.[94]

"박근혜의 진박 밀어주기, 정도가 심하다"

2015년 12월 16일 박근혜는 청와대에서 경제 관계 장관 회의를 주재한 자리에서 "국회가 존재하는 이유는 국민들을 대변하기 위해서다"라며 "국민들이 간절히 바라는 일을 제쳐두고 무슨 정치 개혁을 할 수 있겠냐"며 국회에 경제활성화와 노동개혁 관련 법안 처리를 거듭 촉구했다. 이날 박근혜는 "정치 개혁을 먼 데서 찾지 말고 가까이 바로 국민들을 위한 자리에서 찾고, 국민들을 위한 소신과 신념에서 찾아가기 바란다"며 "국민들이 바라는 일들을 하는 것이 정치 개혁의 출발점"이라고 비판했다. 박근혜는 또 "1,430여 일 동안 묶여 있는 서비스산업발전기본법이 만약 1,000일 전에 해결됐다면 수많은 젊은이들이 일자리를 찾고 활기찬 삶을 살 수 있었을 것"이라며 "이 젊은이들이 잃어버린 시간, 잃어버린 인생을 누가 보상할 수 있겠냐. 우리 미래 세대에 더이상 죄 짓지 말고 지금이라도 실행을 해야 한다"고 말했다.[95]

『한겨레』는 12월 17일 사설 「유신시대 '긴급조치'까지 내릴 셈인가」에서 "박근혜 대통령은 이날도 청와대에서 열린 경제 관계 장관 회의에서 노동시장 구조 개편 법안 등 쟁점 법안의 국회 처리를 다그치면서 이런 법안들의 처리를 '국민이 바라는 일'이라고 못 박았다"면서 다음과 같이 말했다.

"법안 앞에 '쟁점'이라는 말이 붙은 데서도 알 수 있듯이 이 법안들이 온 국민의 박수를 받지 못하고 있음은 박 대통령이 더 잘 알 것이다. 노동법의 취업 규칙 불이익 변경 요건 완화만 해도 노동자의 고용 안정성을 해칠 위험이 크다는 지적이 나오고, 기간제법과 파견제법 개정 역시 비정규직 노동자를 늘릴 우려가 있다는 비판을 받고 있다. 그런데도 박 대통령은 모든 사안을 흑백과 선악으로 나누어 자신은 언제나 백이고 선이라는 식이다. 이러다가는 '국민이 바라는 일을 위해 군대를 동원하겠다'고 나서지나 않을까 걱정이다."[96]

12월 22일 박근혜는 국무회의를 주재한 자리에서 "옛말에 '들어갈 때 마음과 나올 때 마음이 한결같은 이가 진실된 사람'이라는 말이 있다"며 "그것은 무엇을 취하고 얻기 위해서 마음을 바꾸지 말고 일편단심의 마음을 가져야 한다는 말이기도 하다"고 말했다. 이어 박근혜는 개각으로 국무회의를 떠나는 장관 이름을 하나하나 거명하며 감사를 표시했다. "그동안 국무위원으로 최선을 다해주신 최경환 (경제)부총리와 황우여 (사회)부총리, 정종섭 행정자치부 장관, 윤상직 산업통상자원부 장관, 김희정 여성가족부 장관에게 감사하다"고 말했다.[97] 거명된 장관 5명은 한결같이 총선 출마 예정자였기에 11월 10일 "진실한 사람들만이 선택받을 수 있도록 해달라"는 국무회의 발언에 이은 진실 시리즈 2탄으로 해석되었다.

이와 관련해 『중앙일보』는 12월 24일 사설 「대통령 진박 밀어주기, 정도가 심하다」에서 "정치권은 '물러나는 장관들이 진실한 사람'이란 메시지와 '장관들은 국회에 돌아가도 마음을 바꾸지 말라'는 뜻으로 받아들인다"면서 다음과 같이 말했다.

"가뜩이나 새누리당은 'TK(대구·경북) 물갈이'와 '진박(진실한 친박) 논란'으로 자중지란이다. TK 지역에선 대통령과의 친밀도를 인도의 카스트제도에 빗댄 '친박 4대 계급론'이 퍼졌다고 한다. 박 대통령이 '배신의 정치를 심판해달라'고 유승민 의원을 찍어낸 뒤 생긴 현상이다. 유 의원과 경쟁하는 이재만 전 대구 동구청장 출정식엔 친박계 의원들이 몰려가 '이재만은 진실하다'는 말을 쏟아냈다. 더욱 걱정스러운 대목은 여당의 이런 '진실 찾기' 행태가 유 의원과 가까운 사람을 대상으로, 더 나아가 TK만이 아닌 전국으로 확산되고 있다는 점이다. 최근 인천 송도와 경남 사천에서 열린 대통령 행사엔 이 지역 총선 예비후보인 민경욱 전 청와대 대변인과 최상화 전 청와대 춘추관장이 참석해 박 대통령과 사진을 찍었다. 대통령 행사엔 경호에 따른 청와대의 사전 승인이 필요하다. 인천공항공사 박완수 전 사장, 한국공항공사 김석기 전 사장 등 친박 인사들도 공기업을 팽개친 채 선거판으로 달려가 '진실한 사람'을 외치고 있다."[98]

"2015 마지막 날까지 대국민 '질타' 메시지…'불통의 집약판'"

박근혜와 그 추종자들이 정치 코미디의 극치를 보이고 있는 동안 엉뚱한 외교적 합의가 이루어졌다. 박근혜 정부가 12월 28일 한·일 외교장관 회담을 통해 '위안부' 피해자 문제의 해결 방안에 합의한 것이다. 일본 정부의 위안부 책임 통감, 아베 신조安倍晋三 총리 명의 사죄와 반성 표명, 한국 정부의 재단 설립과 일본 정부 예산 10억 엔(한화 약

96억 원) 출연 등이 골자였다. 윤병세 외교부 장관은 일본의 예산 출연 조치 이행을 전제로 "이번 발표를 통해 이 문제가 최종적, 불가역적으로 해결될 것을 확인한다"며 "향후 유엔 등 국제사회에서 이 문제에 대해 상호 비난·비판을 자제한다"라고 말했다.[99]

하지만 양국 정부가 상대 쪽에 요구해온 핵심 관심 사항을 맞교환하는 과정에서 타결된 내용에 대한 등가성 여부를 놓고 논란이 일었다. 특히 일본의 '법적 책임'을 끝내 명시하지 못했다는 점, 아베 신조 일본 총리의 직접 사죄 없이 재단 설립으로 무마했다는 점, 주한 일본 대사관 앞의 소녀상을 우리 정부가 관련 단체와 협의해 적절히 해결하기로 노력하기로 합의했다는 점 등 3가지에 대한 문제 제기가 이어졌다.[100] 한일 간 합의에서 가장 큰 논란의 대상이 된 것은 이번 합의를 "최종적·불가역적 해결"로 선언한 것이었다. 이에 따르면, 한국 정부는 앞으로는 일본 정부를 상대로 위안부 문제를 다시 거론할 수 없게 되었기 때문이다.

12월 29일 시민단체를 중심으로 '제2의 한일협정'이라는 비난 여론이 일었다. 평화와통일을여는사람들 등 47개 시민단체 회원들은 이날 서울 종로구 외교부 청사 앞에서 기자회견을 열고 "일본 외무상이 대신 발표한 아베 신조安倍晋三 일본 총리 입장은 오래전 고노 담화를 되풀이하는 수준"이라며 "총리 개인의 추상적 사과는 역사 왜곡에 대한 비판을 무마하려는 감언에 불과하다"고 비판했다. 이들은 그러면서 "50년 전에도 3억 엔의 축하금으로 식민 범죄 청산과 법적 배상을 맞바꾼 굴욕적인 한일 기본조약과 청구권 협정을 맺은 적이 있지 않느냐"고 상기시킨 뒤 "10억 엔으로 일본군 위안부 문제에 대해 국가

적·법적 사죄와 배상 문제를 도외시한 이번 야합은 반역사적"이라고 목소리를 높였다.[101]

여론조사기관 리얼미터가 12월 29일 전국 19세 이상 국민들을 대상으로 일본 대사관 앞에 설치된 소녀상을 다른 장소로 옮기는 데 대한 의견을 물은 결과, 응답자의 66.3퍼센트가 '반대한다'고 답해 '찬성한다'는 응답(19.3퍼센트)의 3배가 넘는 것으로 조사되었다. 모든 지역과 계층에서 일본 대사관 앞 소녀상 이전에 반대하는 것으로 나타났다.[102]

12월 31일 김성우 홍보수석은 '일본군 위안부 문제 합의와 관련해 국민께 드리는 말씀'을 통해 위안부 협상 타결 이후 불거진 소녀상 이전 문제와 졸속·이면 협상 의혹과 관련해 "소녀상 철거를 전제로 돈을 받았다는 등 사실과 전혀 다른 보도와 사회 혼란을 야기하는 유언비어는 위안부 문제에 또 다른 상처를 남게 하는 것"이라고 밝혔다. 이날 청와대가 내놓은 메시지는 여론을 설득하고 이해를 구하기보다는 질타에 가까웠다.[103]

이와 관련해 『경향신문』은 2016년 1월 1일 「2015 마지막 날까지 대국민 '질타' 메시지…'불통의 집약판'」에서 "이번 청와대의 대응은 세월호 참사 등 현안 대응에서 드러난 '나홀로 국정', '밀어붙이기' 스타일의 집약판이다. 정부가 피해 할머니들에게 알리지 않고 협상을 타결한 것을 두고, 이해당사자 정서를 무시한 밀어붙이기 협상이라는 지적이 나온다"며 다음과 같이 말했다.

"외교부 등 정부가 협상 타결 직전 피해 할머니들이 아닌 언론을 상대로 협조 요청을 한 것도 명백히 일의 선후가 바뀐 것이다. 여권 특유의 편 가르기 전략이 재현되고 있다는 지적도 있다. 청와대와 여권은 세월호 참사 때 '경기 불황' 등 여론을 조성하면서 유족들을 고립시켰다. 이번에는 '비판 여론=유언비어'라고 옥죄고, 당사자인 위안부 피해 할머니들과 일반 국민 여론을 분리해 여론의 압력으로 밀어붙이려한 것 아니냐는 분석도 있다. 정부 결정은 국민을 위한 것인 만큼 받아들여야 한다는 군주적 리더십이 깔려 있다는 지적도 있다."[104]

박근혜의 리더십을 가리켜 '군주적 리더십'이라는 말은 2015년 내내 나왔고 이후에도 계속 나오지만 결코 정확한 진단은 아니었다. 리더십의 스타일 못지않게 알맹이가 더 큰 문제였다는 뜻이다. 나중에 혼군昏君, 즉 '사리에 어둡고 어리석은 임금'이라는 말이 나오는데, 사실 박근혜는 역사상의 그 어떤 혼군도 능가할 만큼 모든 일에 어둡고 어리석었음이 나중에 밝혀진다.

제9장
*

박근혜 게이트, 박근혜 탄핵

***
2016년

"박근혜 주연 청와대 기자단 조연의 서툰 '개콘'"

2016년 1월 6일 북한이 사전 예고 없이 4차 핵실험을 실시했다. 2013년 2월 3차 핵실험을 한 이후 2년 11개월 만이었다. 1월 11일 청와대는 박근혜가 13일 오전 '북핵 담화'를 발표하고 신년 기자회견을 가질 예정이라고 발표했다. 담화가 북한에 대해 강력한 메시지를 밝히면서 국민들의 단합을 호소할 것으로 예상된 가운데 관심사는 담화 형식으로 쏠렸다. 그간 진행된 대국민 담화가 이른바 '짜고 치는 고스톱' 형식으로 진행되어왔기 때문이다.[1]

북한의 4차 핵실험에 따른 안보·경제 위기와 관련해 마련한 대국민 담화였지만 13일 기자회견에서 박근혜는 예상과 달리 북핵과 안보 문제보다는 경제 문제, 특히 노동 개혁 법안과 경제 법안 처리에 대부분의 시간을 할애했다. 이날 박근혜는 우리 경제의 위기 상황을 전하고 국회에서 지연되는 법안 처리를 촉구하는 대목부터는 톤이 고조되었으며 절박한 심정을 대변하듯 두 손을 모으거나, 단상을 살짝 내리치는 등 제스처도 다양하게 구사했다. 특히 "욕을 먹어도, 매일 잠을 자지 못해도, 국민들을 위해 최선을 다할 수 있으면 어떤 비난과 성토도 받아들이겠다. 그러니 국민 여러분께서 힘을 모아달라"고 대국민 동참을 호소하는 마지막 대목에서 감정이 북받친 듯 잠시 울먹이기도 했다.[2]

이날 담화에서 박근혜는 여전히 국회와 정치권을 비난하는 데도 공을 들였다. 담화에서 국회는 17차례, 정치는 9차례 등장했다. 박근혜는 정치권을 향해 "이번에도 (법안을) 통과시켜주지 않고 계속 방치한다면 국회는 국민을 대신하는 민의의 전당이 아닌 개인의 정치를 추구한다는 비판에서 벗어나지 못할 것"이라는 등 강력히 성토했다.[3]

청와대는 연설 시작 전 연설문에 엠바고(일정 시점 이전까지 보도할 수 없다는 제약사항)를 붙인 뒤 주요 언론사에만 배포했으며, 질의응답도 사실상 청와대와 기자단 간사들이 사전에 짜 맞춘 '각본'에 따라 진행했다. 국민TV의 '뉴스 K'가 사전에 입수한 '질문지'와 실제로 기자회견에서 나온 질문 내용은 대부분 일치했으며, 『미디어오늘』이 박근혜가 '대국민 담화문'을 읽기 전에 미리 입수한 기자들의 질문 순서는 '한 치의 오차도 없이' 지켜졌다. 자유언론실천재단 이사장 김종철은 「박근혜 주연 청와대 기자단 조연의 서툰 '개콘'」이라는 칼럼에서 다음과 같이 말했다.

"박근혜가 언론을 '하수인'처럼 대하는 태도는 아버지 박정희를 닮았다. 그는 헌정을 뒤엎는 조치나 위헌적 법령을 발표할 때 달랑 '특별 담화' 한 장을 텔레비전에서 읽거나 대리인을 통해 낭독시켰다. 박근혜는 올해 신년 기자회견에서 조금 다른 방식을 택했지만, 그가 받아든 '각본'은 KBS의 장수 프로인 〈개그콘서트〉의 잘 만들어진 '코너'보다 엉성하고 허점이 많았다. 작가팀이 구성한 대본과 개그맨들의 연기가 전성기 때만은 못하나, 지난해 'KBS 연예대상'에서 최우수 아이디어상을 받은 '민상토론' 같은 코너는 한국의 정치·경제·사회·문화 현실에 대한 어눌한 풍자와 진행자의 재치 있는 질문으로 많은 이들의 사랑을 받고 있다. 청와대도 앞으로 각본에 따른 기자회견을 계속 하려면 차라리 '민상토론' 작가팀의 도움을 받는 편이 좋지 않을까?"⁴

"'헌법보다 의리'라는 친박들, 국민 뭐로 보고 그런 말 내뱉나"

이날 담화에 대해선 보수 언론들조차 비판하고 나섰다. 보수 언론은 북한의 핵실험에 대한 대응에서부터 국회와 정치권을 비판한 것까지 모두 냉소의 비판을 보냈다. 『조선일보』는 「북핵北核 대책은 안 보이고 국회·노동계 비판만 한 국민 담화」라는 사설에서 "전체 담화 중 북핵 관련 내용은 20%에 못 미쳤다. 나머지 대부분은 노동·경제 문제에 집중됐다. 새로운 북핵 대책을 기대했던 국민으로서는 실망스러울 수밖에 없다"면서 '국회 심판론'에 집중한 것을 비판했다.⁵

국가 안보? 박근혜에게 그건 '국회 심판'과 '배신자 응징'보다는 덜 중요한 문제였다. 이렇게 단언할 수 있는 근거들이 이후 계속 밝혀진다. 친박 정치인들은 박근혜의 그런 의지를 관철시키는 데에 앞장섰다. 2월 4일 새누리당 최경환 의원은 경기도 분당 두 지역구를 잇따라 찾았다. 분당을에선 친박 현역 의원을, 분당갑에선 비박 현역 의원에게 도전하는 친박 도전자를 당내 경선에서 뽑아달라고 했다.

보름여 전 경제 부총리에서 물러난 뒤 이른바 '진박 지원 행보'라는 것을 계속해온 최경환은 2월 들어서만도 대구·경북과 부산·경남·경기 지역의 특정 후보 선거 사무실 개소식을 돌며 '이 사람이야말로 진박'이라는 식의 '인증認證 발언'을 되풀이하고 있었다. 3일에는 대구에 출마한 정종섭 전 행자부 장관이 '의리를 지키고 마음을 바꾸지 않는다'는 뜻의 글을 쓰자 최경환은 그것이 진실한 사람이라는 의미라고 말하기까지 했다.

유승민 의원이 출마 선언을 하면서 "모든 권력은 국민으로부터 나온다"고 말하자, 친박 핵심이라는 조원진 의원은 유승민을 겨냥해 "헌법보다 의리가 먼저", "헌법보다 인간관계"라는 말까지 했다. 『조선일보』는 「'헌법보다 의리'라는 친박들, 국민 뭐로 보고 그런 말 내뱉나」라는 사설에서 "아무리 정치판이라고 해도 할 말과 못 할 말이 있다. 국회의원이라는 사람이 어떻게 이런 낯 뜨거운 말까지 할 수 있는 것인지 자괴감이 들게 한다"고 개탄했다.[6]

여성학자 정희진은 "이번 새누리당 공천에서 대통령의 심중을 대변한 조원진 의원(대구 달서병)의 발언, '헌법보다 인간관계'는 명언 중의 명언銘言이다. 가슴을 후비며 새겨진다. 이처럼 한국 사회의 성격을 명료하게 정의한 '학자'는 당분간 등장하기 힘들 것이다. 그가 다시 국회의원이 된다면(아마도 되겠지만), 우리는 부끄러워해야 한다. 민심의 지지 없이는 나올 수 없는 결과이기 때문이다"며 다음과 같이 말했다.

"조 의원의 발언은 헌법의 가치를 훼손한 것이 아니다. 규범, 상식, 최소한의 약속 등 인간의 사회성을 일거에 무너뜨릴 수 있다는 자신감의 발로다. 그들은 언제나 그렇게 살아왔기 때문에 자연스러운 일상이 무의식적으로 입 밖으로 나온 것이다. 두려운 것은 이들 인간관계의 힘이다. 기득권 세력은 관계로 살아가고, 나머지 국민은 법대로 살아야 한다. '인간관계'는, 법 위를 활보하는 이들과 법이라는 이름만으로도 겁박이 통하는 이들을 구별하지 못하도록 우리를 혼란시킨다. '헌법보다 인간관계'는 모순어법이지만 현실이다. 이 발언이 막말인 것은 옳지 않아서가 아니다. 누구나 알고 있지만, 최소한 발설해서는 안 되는 암묵을 만천하에 드러냈기 때문이다. 그것도 선거철에."[7]

"개성공단 입주 기업들 '날벼락'…계약 파기로 수조 원 피해"

2016년 2월 7일 북한이 장거리 로켓을 발사하자 남북 간 긴장이 고조된 가운데 2월 10일 정부는 개성공단 중단을 전격 선언했다. 이날 오후 5시 홍용표 통일부 장관은 서울 세종로 정부서울청사에서 열린 긴급 브리핑에서 '개성공단 전면 중단 관련 정부 성명'을 통해 "정부는 더이상 개성공단 자금이 북한의 핵과 미사일 개발에 이용되는 것을 막고 우리 기업들이 희생되지 않도록 하기 위해 개성공단을 전면 중단하기로 결정했다"고 밝혔다. 홍용표는 "남북한이 공동 발전할 수 있도록 북한의 거듭된 도발과 극한 정세에도 불구하고 개성공단을 유지하기 위해 노력해왔다. 그러나 결국 북한의 핵무기와 장거리 미사일 고도화에 악용된 결과가 됐다"고 말했다. 성명 발표에 맞춰 북쪽에 개성공단 전면 중단을 통보했다.[8]

이날 정부는 중단을 선언했지만 '핵무기 등 대량살상무기 개발에 따른 국제사회의 우려 해소'를 재개 조건으로 달아 사실상 폐쇄를 한 것이나 마찬가지였다. 남북 교류의 상징이었던 개성공단이 2004년 첫 가동 이후 12년 만에 사실상 폐쇄 절차를 밟게 된 것이다.

정부가 북한의 장거리 로켓 발사를 이유로 개성공단 가동을 전면 중단시키자 개성 공단 입주 기업들은 이날 '개성공단 전면 중단에 대한 우리의 입장'이라는 제목의 성명을 발표해 정부의 일방적 발표에 강하게 반발했다. 이들은 "정부가 전시 상황도 아닌데 설 연휴에 개성공단 전면 중단 결정을 일방적으로 통보한 데 대해 전혀 납득할 수 없는 부당한 조치라고 생각한다"고 말했다.

정기섭 개성공단기업협회 회장은 이날 오후 서울 종로구 삼청동 남북회담본부에서 홍용표 통일부 장관과 면담을 끝낸 직후 기자들과 만나 "정부가 개성공단 가동 전면 중단 결정을 재고해주길 요청한다. 공단 가동이 전면 중단되면 기업들이 입게 될 피해는 어떤 방법으로도 회복이 안 된다"면서 "2013년 4월 개성공단 가동이 중단됐다가 9월 남북 합의에 따라 가동이 재개됐을 당시 정부가 정세에 영향 받지 않고 개성공단이 운영되도록 하겠다고 약속해놓고도 이제 와서 이를 뒤집었다"고 비판했다.

입주 기업 대표들은 피해 보상과 경영 정상화를 위한 정부 대책도 미흡하다고 입을 모았다. 정부는 개성공단 입주 기업들에 남북경제협력 보험금을 지급하고 남북협력기금 특별대출을 제공하겠다고 밝히면서도 "구체적인 지원책은 앞으로 마련할 계획"이라고 말했다. 이에 대해 한 입주 업체 관계자는 "이번에는 정부로부터 보상을 얼마나 받을지가 관건이 아니라, 업체들이 망하지 않도록 하는 방안을 찾는 데 몰두해야 할 상황"이라고 절박함을 드러냈다. 이 관계자는 "124개 입주 기업의 개성공단 주재원 800여 명에 남쪽 본사 인력 2천여 명을 합쳐 3천여 명의 급여 부담과 고용 유지도 큰 문제다. 2013년 지원받았던 특별경영안정자금도 올해 6월 중소기업진흥공단에 상환해야 하고 연말에는 수출입은행에 상환해야 하는데 어떻게 갚아야 할지 걱정"이라고 토로했다.[9]

"'대책 없는' 정부의 개성공단 손실 보전 대책"

2016년 2월 11일 북한은 박근혜 정부가 개성공단 전면 중단을 발표한 지 24시간 만에 개성공단을 전면 폐쇄하고 군사 지역으로 선포했다. 이날 북한의 대남 기구인 조국평화통일위원회는 남측 인원 전원을 추방하고 개성공단 자산을 동결했으며, 남북 간 통로로 유일하게 남아 있던 판문점 연락 채널도 폐쇄 조치했다.[10]

2월 12일 정부는 개성공단 가동 중단으로 피해를 입은 입주 기업에 기존 대출 원리금의 상환을 유예해주고 남북경협 보험에 가입한 기업들에 보험금을 즉시 지급하는 내용의 긴급 지원 대책을 발표했지만, 있으나 마나한 빈껍데기에 불과했다.

이날 서울 여의도 중소기업중앙회에서 열린 개성공단기업협회 비상 총회에서 정기섭 개성공단기업협회장은 "긴급 경영 안정 자금 지원, 대출 상환 유예 등 금융 지원 내용이 3년 전 폐쇄됐을 때와 똑같다"며 "합당한 보상과 책임을 다 해야지 '돈 빌려준다', '세금 좀 미뤄준다'는 것은 답이 아니다"고 목소리를 높였다. 특히 입주 기업들은 개성공단에서 원·부자재와 제품들을 갖고 나오지 못한 것에 대해 정부 책임론을 제기했다.

정기섭은 "정부가 갑작스럽게 개성공단 전면 중단을 일방적으로 기업에 통보했고 11일부터 출입을 통제했다"며 "제품 반출을 위해 1,000명 이상이 출경 신청했지만 11일 개성공단으로 들어간 인원은 몇 명 되지 않는다"고 주장했다. 그는 "북한의 자산동결 조치로 원·부자재와 제품을 반출하지 못했다고 하는데 1차 책임은 정부가 일처리를 잘못했기 때문"이라며 "중단 조치가 내려진 당일 통일부 장관과 간담회 때 입주 기업의 피해를 줄일 수 있는 시간을 달라고 했지만 전혀 이행되지 않았다"고 덧붙였다. 이날 기업 대표단은 "개성공단에서 재고 물품을 반출할 수 있도록 정부가 대북 접촉을 해달라"고 하소연했지만 정부 측에서 난색을 표한 것으로 알려졌다.[11]

『한겨레』는 「'대책 없는' 정부의 개성공단 손실 보전 대책」이라는 사설에서 "기업들은 자칫 존립이 위태로운 지경에 처했는데, 정부 대책은 허술하고 무책임하다. 말미를 거의 주지 않은 정부의 통보로 입주 기업들은 완성품과 원자재를 거의 갖고 나오지 못했다. 정부와 민간의 투자액은 1조 원 남짓인데, 북쪽은 모든 자산을 즉시 동결했다"
며 다음과 같이 말했다.

"여러 불확실성을 무릅쓰고 남북 긴장 완화에 기여해온 공단 입주
기업들은 억울할 뿐이다. 2013년 8·14 '개성공단 정상화를 위한 합
의'에서 남과 북은 '어떠한 경우에도 정세의 영향을 받음이 없이 남
측 인원의 안정적 통행, 북측 근로자의 정상 출근, 기업 재산의 보호
등 공단의 정상적 운영을 보장한다'고 했다. 기업들은 이 합의를 신뢰
했을 터인데, 정부는 '고도의 정치적 판단'으로 공단 가동을 중단했다.
그래 놓고 아무 잘못이 없는 입주 기업들한테 '딱하다'고만 할 것인지
정부가 분명하게 답해야 한다."[12]

"청와대가 이렇게 노골적으로 선거에 개입해도 되나"

그럼에도 박근혜의 주요 관심사는 여전히 '국회 심판'과 '배신자 응
징'이었다. 2016년 2월 24일 청와대 충무실에서 열린 제8차 국민경
제자문회의에서 박근혜는 국회를 비판하는 대목에서 손날로 책상을
10여 차례 쿵쿵 내리치는 등 '분노'를 감추지 못했다. 박근혜는 "국회
가 (법안을) 다 막아놓고 어떻게 국민한테 또 지지를 호소할 수 있느냐
이거죠"라며 목소리를 높인 뒤, 고개를 숙이고 한숨을 내쉬었고 10초
간 흥분을 가라앉힌 뒤 발언을 이어가기도 했다.[13]

'배신자 응징'은 박근혜의 지시를 받은 친박 의원들의 몫이었다. 2월
25일 부산·울산·경남을 시작으로 영남 지역 공천 신청자 면접을 두

고 새누리당 안팎에선 의원 실명이 적힌 살생부가 나도는 등 흉흉한 분위기가 감돌았다.[14] 2월 26일 비박계인 정두언 의원은 "25일 김 대표의 측근이 '김 대표가 친박 핵심으로부터 현역 의원 40여 명 물갈이 요구 명단을 받았는데 거기에 당신 이름이 들어 있다'고 했다"고 밝혀 살생부 논란에 불을 지폈다. 이와 관련해 당 안팎에선 '청와대와 친박 핵심 관계자들이 공천관리위원장에게 꼭 당선되어야 할 의원 110명 정도 명단을 넘겼다', '살생부에 오른 의원은 비박계가 25명, 친박계는 10여 명이다' 등의 소문까지 나돌았다.[15]

3월 8일 새누리당 친박계 핵심인 윤상현 의원이 김무성 대표를 욕설과 함께 원색적으로 비난한 내용이 담긴 녹취 파일이 공개되었다. 채널A가 공개한 이 녹취 파일에 따르면, 윤상현은 지인에게 전화를 걸어 "김무성 죽여버리게. 죽여버려 이 XX. (비박계 등) 다 죽여. 그래서 전화했어"라고 발언했다. 윤상현은 또 "내가 당에서 가장 먼저 그런 XX부터 솎아내라고. 솎아내서 공천에서 떨어뜨려버려 한 거여"라고도 했다. 윤상현이 해당 발언을 한 날은 김무성과 정두언 사이에 살생부 관련 대화가 오고 간 2월 27일 밤이었다.[16]

3월 10일 박근혜는 자신의 '정치적 고향'인 대구를 방문했다. 대구·경북 창조경제혁신센터 성과 보고회 참석이 명목이었지만 사실상 대구·경북에 출마한 '진박 후보'들에게 힘을 실어주기 위한 방문이었다. 총선을 불과 한 달여 앞둔 데다 대통령 정무특보 출신인 친박 실세 윤상현 의원의 '김무성 찍어내기' 발언 등 새누리당 친박들의 공천 개입 파문이 극에 달한 와중에서 대구를 방문했기 때문이다. 게다가 이날 박근혜는 대구·경북 창조혁신센터 성과 보고회, 대구 국제섬유박

람회 전시장, 대구 육상진흥센터 등을 차례로 찾았는데, 이 지역들은 진박 후보들이 각종 여론조사에서 비박 현역 의원들에게 고전하고 있거나, 정치적 상징성이 큰 곳이었다.[17]

『조선일보』는 「청와대가 이렇게 노골적으로 선거에 개입해도 되나」라는 사설에서 "지금 여권에선 황당무계한 계파 싸움이 벌어지고 있다. 그 와중에 현기환 정무수석이 이한구 공천관리위원장을 만났다는 의혹도 제기됐다. 거기에 대통령의 대구·경북 방문으로 인해 당내 패싸움에 대통령까지 당사자로 뛰어드는 꼴이 되고 말았다. 청와대가 당내 경선과 총선에 노골적으로 개입하고 있다는 비판을 피할 수 없게 됐다"고 했다.[18]

"독재국가에서나 있을 박근혜의 '공천 학살'"

'배신자 응징'에 눈이 먼 박근혜는 자멸의 길을 택하고 있었다. 2016년 3월 15일 밤 새누리당 공천관리위원회가 공천자 명단을 발표했는데, 박근혜 정부 3년 동안 박근혜에게 비판적인 목소리를 냈던 의원들이 우수수 낙천되었으니 말이다. 이날 공천으로 사실상 비박계는 초토화되었고, '유승민계'도 궤멸되었다.[19] 엄청난 공천 후폭풍이 발생하지 않을 수 없었다.

3월 16일 이재오 의원의 지지자 200여 명은 서울 여의도 새누리당 당사 앞에 몰려와서 '이재오를 살려내라', '국민 공천 한다더니 까고 보니 보복 공천', '바른 소리 잘한다고 공천 배제 웬 말이냐' 등의 손팻

말을 들고 거칠게 항의했다. 친이계로 유승민 의원과 가까운 재선의 조해진 의원은 기자회견에서 "밀실에서 정해진 살생부에 따라 마구잡이 난도질하고 정치생명을 죽이는 것이 투명한 공천인가", "역대 최악의 밀실 공천, 집단학살 공천, 정당 민주주의 압살 공천"이라고 한껏 날을 세웠다.[20]

'청와대의 보복 공천', '공천 학살', '완장 찬 친박'들의 도 넘은 공천 개입이라는 비판이 쏟아졌지만, 박근혜는 전혀 아랑곳하지 않았다. 이날 박근혜는 부산 창조경제혁신센터 성과 보고회 참석을 명분으로 내세우고 부산에 출마한 '진박 후보'들에게 힘을 실어주기 위해 부산을 찾았다. 『경향신문』은 「대통령의 선거, 대통령에 의한 공천, 대통령을 위한 나라」라는 사설에서 "새누리당의 이번 공천은 한마디로 박근혜 대통령에게 무조건 충성하지 않는 사람이 누구인지를 찾아내 제거하는 과정에 다름 아니었다"고 했다.[21]

『한겨레』는 「독재국가에서나 있을 박 대통령의 '공천 학살'」이라는 사설에서 "과거에도 공천 갈등이 불거지고 청와대 개입이 논란된 적이 있지만, '대통령 눈 밖에 났다'는 이유 하나만으로 이렇게 현역 의원들을 무더기로 공천에서 배제한 사례는 찾기 힘들다"면서 다음과 같이 말했다.

"최대 표적인 유승민 의원에 대한 공천 여부는 아직 결정되지 않았지만, 이미 나온 결과만으로 새누리당은 공당이 아니라 '박근혜 한 사람의 사당'이란 비판을 피할 수 없다. 야당 분열로 여당이 어부지리를 얻는 형국이라 해도, 이런 식의 공천으로 총선을 치르겠다는 새누리당의 오만과 배짱이 놀랍다.……최소한의 원칙과 기준조차 깡그리 무시하고 오로지 '진박(진실한 친박)'을 뽑기 위해 온갖 편법을 동원하는 정당을 과연 '민주 정당'이라 부를 수 있는가. 이 당의 유일한 원칙과 기준은 바로 '박근혜 대통령의 뜻'이다. 이걸 군말 없이 집행하는 공천 관리위원회(위원장 이한구)는 말 그대로 여왕의 시종일 뿐 정당의 공식 기구라고 할 수조차 없다."[22]

보수 신문들도 독재국가에서나 있을 박근혜의 '공천 학살'에 경악했다. "이번 새누리당 공천은 한마디로 대통령 눈 밖에 난 사람들이 거의 모두 축출당한 결과라 할 수 있다. 설마 했던 일이 현실이 되고 있는 것이다." "새누리당은 대통령에게 밉보인 사람을 잘라내기 위해 수단 방법을 가리지 않는다는 인상을 남기고 말았다."(『조선일보』3월 16일) "새누리당의 정체성이란 것이 박 대통령 말을 잘 듣느냐 아니냐에 달린 것이라면 더이상 공당公黨이 아니다."(『조선일보』3월 17일)

"시중에는 '한 번 찍은 사람은 반드시 잘라내는 박 대통령이 정말 무섭다'는 얘기가 파다하다." "그 누구도 박 대통령에게 찍힐 경우 정치적 미래가 없다면 공천의 공정성 여부를 떠나 정치 혐오마저 불러일으킨다. 새누리당이 이러고도 국회 180석, 아니 과반수 의석을 노린다면 도둑놈 심보다."(『동아일보』3월 16일) "그러지 않아도 시중에는 '이번 총선은 박근혜 선거'라느니, '공천이 아니라 박천朴薦'이라는 얘기가 파다하다."(『동아일보』3월 17일)

『한겨레』선임기자 성한용은 「새누리판 '찍히면 죽는다'…'비박 학살'의 진짜 이유」라는 칼럼에서 '설마 했던 일', '정말 무섭다', '공천이 아니라 박천' 등의 표현으로는 뭔가 좀 부족하다는 생각을 하고 있던 차에 어느 누리꾼의 촌평이 눈에 띄였다고 했다. "생각이 다르다는 이유로 다 쳐냈다. 박근혜 대통령이 김정은과 뭐가 다른가."[23]

박근혜의 집요한 '유승민 죽이기'

2016년 3월 17일 새누리당 공천에서 탈락한 진영은 탈당을 선언하면서 "오직 국민 편에서 일하겠다는 국민과 약속을 지키려 했던 지난날의 선택이 저에게 이처럼 쓰라린 보복을 안겨주었습니다"라고 했다. 진영은 '쓰라린 보복이 무엇을 의미하느냐'는 기자들의 질문에 "가슴 아픈 일이라 설명 안 하겠다. 다 아실 것"이라고 했다. 진영이 말한 "쓰라린 보복"은 박근혜 정부 초대 보건복지부 장관 시절이던 2013년 9월 청와대의 기초연금 대선 공약 수정 방침에 대해 항명성 사퇴를 한 것에 대한 보복이라는 의미로 해석되었다.[24]

보복 공천 논란 때문인지 박근혜가 과거 자신이 보복 공천의 희생자라면서 했던 발언들이 다시 주목받았다. 박근혜는 2008년 제18대 총선 당시 친이계가 주도한 공천에서 친박계 의원들이 무더기로 잘려나가자 기자회견이나 측근의 입을 통해 이렇게 말했다. "단지 '나'를 도왔다는 이유로 탈락시킨 것은 사적 감정으로 표적 공천을 한 것으로밖에 볼 수 없다." "'승자' 쪽에서 마음대로 하는 것이 법이 된다는 이야기 아니겠느냐." "공천에서 정치 보복이 있다면 시스템을 붕괴시키고 정치 문화를 완전히 후퇴시키는 일이다."

이와 관련해 『한국일보』는 3월 22일 「"보복 공천 비난하던 박朴, 스스로 원칙 허물어" 비판 무성」에서 "'보복 공천'이 최대 논란이라는 점에서 새누리당의 이번 공천은 2008년 18대 총선 때와 판박이다"면서 "'나'를 유승민 새누리당 의원으로, '승자'를 청와대로 바꾸면 새누리당의 요즘 상황과 정확히 들어맞는다. 8년 전 '계파의 이해가 아닌 정치 발전의 문제'라고 호소한 박 대통령의 진정성을 믿었던 지지자들이 배신감을 느끼는 대목이다"고 말했다.[25]

3월 23일 새누리당 4·13 총선 공천의 최대 관심사였던 유승민 의원이 탈당, 무소속 출마를 선언했다. 총선 후보 등록 개시일 하루 전인 이날 밤까지도 새누리당이 자신의 공천 여부를 결정하지 않는 치졸한 '고사 작전'을 이어가자 결단을 내린 것이다.

유승민은 이날 밤 지역구 사무실에서 기자회견을 열어 "새누리당이 공천에 대해 지금 이 순간까지 보여준 모습은 정의도 민주주의도, 상식과 원칙도 아닌 부끄럽고 시대착오적인 정치 보복"이라며 "저의 오랜 정든 집을 잠시 떠나 정의를 위해 출마하겠다"고 밝혔다. 유승민은 당 공천관리위원회가 자신의 공천을 미루며 문제 삼은 정체성 문제와 관련해 "정체성 시비는 개혁의 뜻을 저와 함께한 죄밖에 없는 의원들을 쫓아내기 위한 핑계에 불과했다"며 "공천을 주도한 그들에게 정체성 고민은 애당초 없었고, 진박, 비박이라는 편 가르기만 있었을 뿐"이라고 비판했다.

이어 유승민은 2015년 국회법 파동 때 청와대·친박계의 '찍어내기'로 물러날 때 언급한 헌법 제1조 2항("모든 권력은 국민으로부터 나온다")을 다시 언급하며 "어떤 권력도 국민을 이길 수는 없다"고 강조했다. 이어 "저와 뜻을 같이했다는 이유로 경선 기회조차 박탈당한 동지들을 생각하면 가슴이 미어진다"며 "제가 동지들과 함께 당으로 돌

아와 보수 개혁의 꿈을 꼭 이룰 수 있도록 국민 여러분의 뜨거운 지지를 부탁드린다"고 밝혔다.[26]

북한의 '백두 혈통', 남한의 '친박 타령'

2016년 3월 24일 김무성 새누리당 대표는 유승민·이재오 의원의 지역구 등 5개 선거구에 대해서는 공천관리위원회의 결정을 최고위원회가 의결하지 않겠다고 선언했다. 이날 김무성은 전날 유승민이 "시대착오적 정치 보복"이라며 박근혜를 겨냥해 탈당 무소속 출마의 변으로 내걸었던 '정의가 아니다. 민주주의가 아니다'를 그대로 인용하며 "당이 가해자, 피해자로 나뉘었다. 당을 억울하게 떠난 동지가 남긴 '정의가 아니고 민주주의 아니다'라는 말이 가슴에 비수로 꽂혔다"고 말했다. 이날 김무성은 박근혜 측근들의 공천장에 직인 찍는 것을 거부하고 자신의 지역구인 부산으로 내려갔다. 이른바 '옥새투쟁'에 돌입한 것이다. 이로써 대통령과 집권 여당 대표가 정면으로 맞서는 상황이 발생했다.[27]

　3월 25일 김무성의 옥새투쟁이 끝났다. 이날 새누리당은 최고위원회의를 열어 전날 김무성이 의결 보류를 선언한 지역구 6곳 가운데 대구의 동갑(정종섭), 달성(추경호), 수성을(이인선) 3곳의 공천안을 의결했지만 이재오와 유승민, 김영순이 낙천해 각각 무소속 출마한 서울 은평을(유재길)과 대구 동을(이재만), 서울 송파을(유영하) 3곳의 공천안은 상정하지 않았다. 이날의 결과는 친박계와 비박계의 대타협에 따

른 결과였다.[28]

보복 공천 논란 속에서도 친박계의 추태는 계속되었다. 3월 28일 새누리당은 탈당한 유승민 등 대구의 무소속 출마 의원들에게 "박근혜 대통령의 '존영尊影(사진을 높여 부르는 말)'을 반납하라"는 공문을 보냈다. 대구 달서병이 지역구인 친박계 조원진 의원은 이날 문자 메시지를 돌려 "유승민, (대통령) 사진을 계속 사무실에 걸어두겠다는 것은 가장 졸렬한 행동"이라며 "무시를 넘어 대통령을 조롱하는 것"이라고 거칠게 비난했다. 조원진은 또 "용서해달라고 해놓고 배신하고 권력에 (의해) 쫓겨났다고 하고는 사진은 걸어놓겠다고 한다"며 "대통령에 대한 최소한의 예의는 갖추어야 한다"고 했다.

이에 대해 한 의원실 관계자는 "대통령을 향한 과도한 아부이자 옹졸함의 극치"라고 했다. 의원들은 사진 반납을 모두 거부했다. 이 사실이 알려지자 당내에서도 "도리어 대통령이 공천을 했음을 방증하는 것 아니냐", "대구의 민도를 무시하고 오로지 '진박 마케팅'에만 의존하겠다는 유치한 발상" 등의 비판이 나왔다.[29]

전 독립기념관장 김삼웅은 『경향신문』 3월 29일 칼럼 「신판 '박타령' 산조」에서 "부끄럽고 창피하다. 대명천지 21세기에 대한'민국'에서는 박근혜 대통령을 추종하는 '친박', 북쪽의 '인민공화국'에서는 김정은 일족의 '백두 혈통'이 권력의 핵심이 되어 이전투구를 벌인다"면서 다음과 같이 말했다.

"천년왕국 신라가 성골·진골의 골품제로 나라가 망하고 한말 조선이 여흥 민씨, 풍양 조씨, 안동 김씨 등 혈족의 세도정치로 국치를 당했는데, 지금 한반도 남북에서 벌어지는 신판 골품제는 이보다 심하면

심했지 덜하지 않은 것 같다. 북쪽의 3대 세습에 이르는 '백두 혈통'은 우리 영향권 밖이라 지켜볼 수밖에 없지만 남쪽의 2대에 이르는 '친박 타령'은 이 땅이 과연 민주공화제 국가인가 왕조인가 되묻게 한다. '신박·친박·원박·종박·비박·멀박·겉박·가박·짤박·홀박·죽박·절박에 탈박과 쪽박……"(임의진). 여기에 그치지 않는다. 뼈박(뼛속까지 친박), 남매박(누님박), 진진박(진짜진박), 양박(대를 거쳐 충성파) 등 일일이 헤아리기 어려울 정도의 '박타령'이다."[30]

4·13 총선: 더민주 123석, 새누리 122석, 국민의당 38석

새누리당이 보복 공천 논란으로 내홍을 앓는 상황에서도 새누리당이 4·13 총선에서 과반 이상을 확보할 것이라는 게 일반적인 시각이었다. 안철수가 2015년 12월 13일 새정치민주연합을 탈당하고 나중에 동반 탈당한 호남권 의원들과 2016년 2월 2일 국민의당을 창당했던 바, 야권 분열에 이어 야권 연대마저 무산되면서 선거 구도가 '1여다야'로 형성되었기 때문이다(국민의당은 창당 46일 만인 3월 18일 더불어민주당 공천에서 탈락한 정호준, 부좌현 의원을 영입하면서 21석을 확보해 국회 원내교섭단체 구성에 성공했다). 진보적 성향의 언론들은 새누리당의 압승으로 국회선진화법을 무력화시킬 수 있는 '공룡 여당'이 출현할 것이라는 우려를 제기했다.

예컨대 『한겨레』는 4월 4일 사설 「분열의 야권, 기어이 여당에 '압승' 안길 텐가」에서 "야권 후보 단일화가 사실상 물 건너감에 따라 새누리당 압승 가능성도 커졌다. 각종 여론조사에서 '정권 심판론'이 더욱 높아지는데도, 심판론을 담아낼 그릇이 깨어진 탓에 새누리당에 압승을 갖다 바치는 기형적 상황이 현실로 굳어지는 양상이다"고 개탄했다.[31]

『경향신문』은 4월 4일 「180석 넘는 '공룡 여당' 예고」에서 "20대 국회의원 선거가 '1여다야' 구도로 치러지면서 새누리당의 단독 국회 운영 가능 의석인 180석 확보가 현실로 거론되고 있다"면서 "여야 각 당 분석과 여론조사를 종합한 결과 지금 판세대로라면 새누리당은 이번 총선에서 '165석+a'를 가져갈 가능성이 있는 것으로 나타났다. 초경합 지역 40여 곳을 감안하면 180석까지 넘볼 수 있다는 관측이 나온다"고 했다.[32]

4월 10일 『한겨레』가 한길리서치, 오피니언라이브, 아젠다센터 등 5곳의 여론조사 전문기관의 예측을 모아본 결과, 새누리당의 예상 의석은 155~170석, 더불어민주당은 80~99석, 국민의당은 25~35석으로 나타났다. 정의당은 6~8석, 무소속 당선자는 6~12석을 차지할 것으로 예상되었다. 더불어민주당도 사흘 앞으로 다가온 4·13 총선에서 새누리당이 180석을 가져가며 '거대 여당'이 출현할 것이라는 전망을 내놨다.[33]

이렇듯 모든 전문가도 새누리당이 무난히 과반 의석을 차지할 것이라고 전망했으며, 더불어민주당은 야권 분열 속 국민의당 부상과 호남 약세 등의 악재 탓에 100석 넘기기가 어려울 것으로 예상했다. 선거 전날까지도 새누리당 160석 이상, 더불어민주당 100석 이하로 전망되었지만 결과는 전혀 딴판으로 나타났다.

최종 투표율 58퍼센트를 기록한 2016년 4·13 총선에서 더불어민주당은 123석, 새누리당은 122석, 국민의당은 38석, 정의당은 6석, 무소속은 11석을 차지해 더불어민주당이 원내 제1당이 되었다. 이로 인해 16년 만에 '여소야대', 20년 만에 '3당 체제'가 성립되었다. 지역구 의석수는 더불어민주당 110석, 새누리당 105석, 국민의당 25석, 정의당 2석, 무소속 11석이었다.

더불어민주당은 최대 격전지로 꼽혔던 수도권에서 완승했다. 더불어민주당은 총 49석이 걸린 서울에서 35석, 의석수가 60개로 가장 많은 경기 지역에서도 40석을 챙겼다. 특히 강남을에선 전현희 후보가 새누리당 김종훈 후보를 상대로 승리해 새누리당의 '강남벨트'를 무너뜨렸다. 정당 투표율에서는 새누리당 33.5퍼센트, 국민의당 26.7퍼센트, 더불어민주당 25.5퍼센트, 정의당 7.2퍼센트를 기록했다. 새누리당은 253곳 중 188곳(74.3퍼센트)에서 1위를 기록했으며, 국민의당은 52개 지역구에서 1위, 더민주당은 13곳에서 1위를 차지했다.

"박근혜와 친박의 오만에 대한 국민적 심판"

한국의 거의 모든 선거가 그렇듯이, 4·13 총선 역시 '응징 선거'였다. 『동아일보』는 4월 14일 1면 제목을 「성난 민심 '선거의 여왕'을 심판했다」로 달고 "'선거의 여왕'으로 불린 박근혜 대통령이 노 전 대통령 탄핵 때의 성적표를 받아든 것은 충격적"이라고 했다.[34] 『동아일보』는 또 사설 「여당 참패, 박근혜 대통령 확 바뀌라는 국민의 명령이다」에선 "기득권에 빠져 국정은 도외시하고 자신들의 안위만 염두에 둔 '웰빙 새누리당'에 국민이 철퇴를 내린 것"이라며 "특히 친박(친박근혜) 충성분자를 꽂아 넣기 위해 '총선 결과에 개의치 않겠다'는 역대 최악의 막장 공천은 전통적인 지지층의 이반을 불러왔다"고 했다.[35]

『조선일보』는 4월 14일 사설 「박근혜 대통령과 친박의 오만에 대한 국민적 심판이다」에서 "이 결과에 대한 책임은 박근혜 대통령과 진박 眞朴이라는 사람들이 질 수밖에 없다. 박 대통령과 대통령을 둘러싼 사람들이 새누리당에 책임을 미루려 한다면 민심은 더 멀어질 것이다"면서 다음과 같이 말했다.

"박 대통령은 작년 5월 자신의 말을 충실히 따르지 않는다는 이유로 유승민 당시 원내대표를 '배신자'로 지목해 끌어내렸다. 진박이라는 사람들은 이번 공천을 주도하면서 유 전 원내대표와 가까운 사람들을 단지 그 이유 하나만으로 모두 잘라냈다. 도대체 왜 이렇게까지 거칠게 하는지 알 수 없다는 말이 쏟아졌지만 그것에 아랑곳하지 않고 자신들의 눈 밖에 난 사람들을 몰아냈다. 유권자를 한 줄로 세울 수 있다는 오만이 아니었다면 도저히 할 수 없는 일이었다."[36]

『중앙일보』는 4월 14일 사설 「중간평가에서 참패한 여권…국민 이기는 권력 없다」에서 "유권자의 분노는 직접적으로는 오만하고 졸렬한 막장극이었던 지난 2~3월의 새누리당 공천 파동에서 비롯됐다. 이른바 친박 핵심세력은 박 대통령의 시대착오적인 배신자론을 맹목적으로 추종해 멀쩡한 유승민 의원 등에게 어설픈 표적 칼날을 휘둘렀다. 그들은 힘과 권력만 있으면 무슨 일이든 해치울 수 있다는 패권주의적 자세에서 벗어나지 못했다"고 했다.[37]

새누리당은 총선에서 참패했지만 친박계는 소기의 목적을 달성한 것으로 나타났다. 『한국일보』 4월 17일 「새누리 총선 대패에도 당내 입지 더 넓힌 친박」에 따르면, 4·13 총선에서 당선된 새누리당의 지역구(105명)와 비례대표(17명) 당선자 122명을 계파별로 집계한 결과 친박계가 절반인 50퍼센트(61명)에 육박한 것으로 파악되었다. 이는 부당 컷오프(공천 배제)에 반발해 탈당 사태가 있기 직전을 기준으로 친박계 비중이 40퍼센트(63명)였던 19대 국회 때보다 늘어난 수치였다. 그래서 새누리당 내에서는 "잘못은 친박계가 하고 화살은 수도권의 비박계가 맞았다"는 이야기도 나왔다.[38]

"'싸가지 없는' 친박, 보수 시민의 역적 됐다"

박근혜와 친박계에겐 국가보다는 새누리당, 새누리당보다는 친박 패권이 더 중요한 것처럼 보였다. 총선에서 패한 후에도 친박계는 아무런 성찰 없이 여전히 당권에 욕심을 내고 있었으니 말이다. 『중앙일보』는 4월 18일 사설 「반성 않는 친박, 아직도 정신 못 차렸나」에서 "'공천 내전'의 주축 세력이었던 친박親朴계가 자성하지 않은 채 과거의 행태로 복귀하는 모습은 답답한 노릇이 아닐 수 없다. 도대체 언제 정신을 차릴지 한심할 따름이다"면서 다음과 같이 말했다.

"진정 대통령을 위한다면 감언甘言이 아닌 고언苦言으로 바른길을 갈 수 있도록 도와야 한다. 친박계는 온 국민이 싸늘한 눈초리로 지켜보고 있음을 알아야 한다. 선거가 끝났다고 구태를 반복하는 건 그 누구를 위해서도 바람직하지 않다."[39]

『조선일보』는 4월 18일 사설「골육상쟁 끝에 참패 자초한 친박, 이제 당권 못 잡아 안달하나」에서 "총선이 끝난 지 나흘 만에 새누리당의 집안싸움이 재연되고 있다. 선거 참패 책임과 지도부 구성을 놓고 친박과 비박이 다시 힘겨루기에 들어간 것이다. 호된 민심의 회초리를 맞고서도 고질적인 계파 싸움을 그만두지 못하는 한심한 모습이다"면서 다음과 같이 말했다.

"친박은 그동안의 국정 운영 실패와 공천 막장극에 대해 진솔한 사죄부터 하는 것이 도리다. 친박들은 선거 직전엔 표를 얻자고 길바닥에 넙죽 엎드려 속 보이는 '사죄 쇼'를 벌였다. 그러더니 진짜 사죄를 해야 할 지금, 때를 만난 듯 당권 다툼에 나서려는 모습을 보이는 것은 적절치 못한 일이다. 청와대도 지난 14일 남의 집 불구경하는 듯한 내용을 담은 단 두 줄짜리 논평으로 총선 참패를 어물쩍 덮으려 했다. 권력에 중독된 나머지 아직도 민심의 회초리가 따갑게 느껴지지 않는 모양이다. 집권 세력의 이런 행태가 단지 새누리당의 비극에서 끝나지 않고 나라의 비극으로 번질까 걱정이다."[40]

『동아일보』 논설실장 김순덕은 4월 18일 칼럼「'싸가지 없는' 친박, 보수 시민의 역적 됐다」에서 "총선 결과보다 박 대통령의 성공이 중요하다던 그들이 이젠 싸가지 없이 당권 쟁탈전에 나서는 걸 보면 정말 대통령과 당과 국가에 관심이나 있는지 의문"이라면서 이렇게 말했다.

"싸가지 없는 진보에 넌더리를 냈던 사람들이 이번에는 대통령의 권세를 업고 하늘을 쓰고 도리질했던 친박의 싸가지 없음을 표로, 또 기권으로 심판했다. 웰빙 보수 세력이 배가 부르다 못해 싸가지까지 없어진 친박, 그래서 다음번 정권은 좌파로 넘어갈 것을 걱정하게 만든 이들이 보수 시민에게는 역적과 다름없다."⁴¹

박근혜는 총선 패배에 대해 사과를 하진 않았지만 4·13 총선 결과 이후 서서히 레임덕 징후, 아니 파멸의 조짐을 보이기 시작했다. 이른바 '어버이연합 게이트'는 이를 알리는 징후적 사건이었다.

"청와대가 세월호 반대 집회 열라고 지시했다"

2016년 4월 11일 『시사저널』은 대한민국어버이연합이 세월호 반대 집회에 북한 이탈 주민(탈북자)을 '일당 알바'로 동원한 의혹이 담긴 '어버이연합 집회 회계장부'를 폭로했다. 이 장부에 따르면, 어버이연합은 해당 기간 집회에 총 1,259명의 탈북자를 동원했다. 알바 일당은 2만 원으로, 장부상 총 2,518만 원을 지출했다. 월별로 보면 2014년 4월 480만 원, 5월 1,698만 원, 6월 1,684만 원, 7월 1,466만 원, 8월 1,000만 원, 9월 664만 원, 10월 484만 원, 11월 638만 원이었다. 어버이연합은 해당 기간에 총 39차례의 세월호 반대 집회를 열었으며, 집회에 동원된 탈북자는 평균 50~80명 수준이었다. 어버이연합은 5월에는 5건, '유민 아빠' 김영오가 세월호특별법 제정을 요구하며 단식에 돌입한 7월 9건, 9월 15건 등 세월호 반대 집회 횟수를 늘렸다.

『시사저널』은 또 탈북자를 모집하고 일당을 지급하는 '총책'이 있고, 그 밑에는 지부장 6~7명이 탈북자 밀집 지역인 인천·광명·송파·가양·양천·상계·중계 등을 관리한다고 보도했다. 보도에 따르면, 해당 장부에는 일당을 지급하고 동원한 탈북자들의 숫자, 개개인의 이름과 계좌번호, 지급한 일당 액수와 날짜까지 세세하게 기록되어 있었다.

이와 관련해 '4·16연대'는 "세월호 반대 집회에 '일당 알바'가 대규모로 동원된 것은 가히 충격적"이라며 "이 자금이 어디에서 나온 것인지 분명히 밝히고 응당의 처분을 받아야 한다"고 말했다. 이어 "어버이연합은 세월호 문제를 얘기하는 것 자체를 정치적 의도가 있는 것으로 몰아가며 세월호 반대 집회를 열어 세월호 가족들의 상처에 소금을 붓는 것처럼 커다란 고통을 줬다"며 "즉각 세월호 피해자 가족들과 국민 앞에 사죄해야 한다"고 말했다.[42]

4월 19일 JTBC가 추선희 어버이연합 사무총장의 차명계좌로 의심되는 계좌에 전경련 이름으로 2014년 9월, 11월, 12월 세 차례에 걸쳐 1억 2,000만 원 정도가 입금되었다고 보도했다. 어버이연합의 탈북자 집회 동원에 전경련의 돈이 쓰였다는 것이다. 김용화 탈북난민인권연합 회장도 『한겨레』와의 통화에서 "어버이연합으로부터 몇 차례 돈을 받아, 그 돈을 주고 탈북자를 집회에 동원한 적이 있는데, 이 돈이 전경련에서 나온 돈으로 알고 있었다"고 말했다. 탈북난민인권연합은 이 밖에도 퇴직 경찰관 단체인 재향경우회에서 500만 원을 받아 집회에 나온 탈북자들에게 지급한 것으로 확인되었다.[43]

4월 20일 『시사저널』은 어버이연합 핵심 인사 ㄱ씨의 증언을 인용해 "청와대에서 (어버이연합에) 집회를 열어달라고 지시했다"고 보도했다. 이 기사에 따르면, (지난해 12월 28일 이뤄진) 한·일 위안부 합의안 체결과 관련해 올해 초 청와대 쪽에서 어버이연합에 지지 집회를 지시했지만 어버이연합에서 이를 거부했다. ㄱ씨는 청와대의 지시를 거부한 이유와 관련해 "집회를 했다가는 역풍이 일 것이라고 여겼"고 "애국보수단체의 역할과도 맞지 않는다고 판단했다"고 설명했다.

ㄱ씨는 청와대의 '집회 지시'를 전달한 인물로 청와대 정무수석실 국민소통비서관실의 ㅎ 행정관을 지목했다. ㅎ 행정관은 뉴라이트 운동을 주도한 '전향 386'과 '시대정신'이라는 단체의 핵심 멤버로, 박근혜 정부 출범 뒤 청와대에 들어가 탈북·보수 단체들을 사실상 관리해온 것으로 알려졌다. 한 탈북 단체 관계자는 『시사저널』과의 인터뷰에서 "박근혜 정부 출범 직후 탈북 단체가 주도한 집회가 있었는데, 이때 ㅎ 행정관을 처음 만났고 이후에도 수차례 만났다. 청와대로 직접 찾아가 ㅎ 행정관을 만난 적도 있다"고 말했다.[44]

"어버이연합-청와대-국정원-전경련의 4각 커넥션"

2016년 4월 26일 박근혜는 45개 언론사 편집·보도국장과의 오찬 간담회에서 "(청와대 행정관이) '지시를 했느냐, 안 했느냐'는 과정을 제가 죽 봤다"면서 "사실이 아니라고 그렇게 분명히 보고를 받았다"고 말했다. 박근혜는 또 어버이연합의 활동에 대해선 "시민단체가 이것 하는데 이게 어떠냐 저쩌냐 하는 것을 대통령이 이렇다 저렇다 하고 평가하는 것도 좀 바람직하지 않다고 생각한다"면서 "다 자신들의 어떤 가치와 추구하는 바가 있기 때문에 많은 단체들이 다양한 활동을 하는데, 대통령이 막 공개적으로 이야기하는 것은 바람직하지 않다"고 말했다.[45]

4월 27일『시사저널』은 "청와대의 보수 집회 개최 지시에 대한 증언을 접한 후 수차례 확인 작업을 거쳤다"며 추선희 어버이연합 사무총장과 김미화 탈북어버이연합 대표와 나눈 대화 일부를 공개했다. 이날『시사저널』이 공개한 지난 4월 20일 녹취록을 보면 '허 행정관이 지시를 한 건 맞잖아요. 팩트fact잖아요'라는 기자의 질문에 추선희는 "말 그대로 지금 이 시민단체들 다 걔(허 행정관) 손에 의해서 움직이는 건 맞지"라고 답했다. 그는 '다른 단체에서도 다 아는 내용이라는 거죠?'라는 기자의 질문에도 "다 알지 걔네들. 지네들끼리도 경쟁 붙었으니까"라고 답했다. 집회 개최를 지시한 것으로 지목된 허현준 청와대 국민소통비서관실 행정관과 추선희는 '청와대 지시설'을 부인해 왔다.

또 김미화 대표는 같은 날 기자와 나눈 대화에서 "자기(허 행정관)가 집회 지시를 이렇게 이런 방향으로 지시하는데, 총장님(추 사무총장)은 '그게 아닙니다. 그렇게 하면 이게 오히려 역작용을 할 수 있습니다' 이렇게 얘기를 했더니 이 ×이 '자기 말 안 듣는다. 반말 찍찍 한다' 그래 가지고 '예산 지원하는 거 다 잘라라. 책정된 거도 보류시켜라. 못 준다' 이런 식으로 허현준이가 다 잘랐어요"라고 이야기했다.[46]

5월 3일 더불어민주당은 청와대와 국정원, 전경련, 어버이연합 사이에 '사각 커넥션'이 있다고 보고, 이를 규명하기 위해 국회 상임위 개최를 비롯, 국민의당 등 다른 야당과의 공조도 적극 검토하겠다고 밝혔다. '어버이연합 등 불법자금지원 의혹규명 진상조사 TF' 위원장인 이춘석 더불어민주당 원내수석부대표는 "대통령은 사실이 아니라고 보고받았다고 한마디 했고 청와대는 침묵으로 일관하고 있다. 여당도 상임위 개최 요구에 답변하지 않고 검찰은 수사권을 손에 쥐고 가만히 앉아 있다"며 "마치 아무 일도 없다는 듯 모두 침묵하는 이 순간이 증거인멸과 말맞추기를 위한 시간이 아닌지 의심이 든다"고 말했다.[47]

미리 이야기를 하자면, 2017년 2월 1일 '최순실 게이트'를 수사한 박영수 특검팀은 청와대가 2014년 1월 15개 보수우익 단체 명단과 지원 금액까지 적힌 이른바 '화이트리스트'를 작성해 전경련에 직접 전달했다고 밝혔다. 특검팀에 따르면, 청와대 정무수석실의 신동철 전 비서관은 2014년 1월께 국민행동본부·어버이연합·애국단체총협의회·고엽제전우회 등 15개 보수우익 단체 명단과 그 옆에 지원 금액까지 적은 리스트를 최홍재 전 행정관을 통해 전경련에 전달했다. 최홍재는 전경련 관계자를 만나 '청와대 요청 사항인데 검토해달라'며 명단을 준 것으로 알려졌다. 당시 청와대는 단체당 2억 원 정도로 총 30억 원 규모의 돈을 요청했다. 이때 전경련은 자신들이 자금을 지원한 단체가 친정부 집회를 벌여 문제가 될 경우 불똥이 튈 것을 우려해 청와대가 지원을 요청한 15개 단체 중 국가 또는 지방자치단체 보조를 받는 한국자유총연맹·재향군인회·재향경우회 등 3개 단체 지원에 대해선 난색을 표했지만 청와대는 문제가 될 수 있는 단체를 오히려 추가하는 등 막무가내로 지원을 요청했다. 결국 청와대가 지원을 요청한 보수단체는 12개로 추려졌다.

특검팀은 김기춘 전 실장이 블랙리스트와 마찬가지로 화이트리스트 작업도 주도한 것으로 보았다. 김종덕 전 문화체육관광부 장관, 신동철·정관주 전 비서관의 공소장을 보면, 김기춘은 2014년 3~4월 무렵 신동철에게 "좌파에 대한 지원은 많은데 우파에 대한 지원은 너무 없다. 중앙정부라도 나서서 지원해야 한다"며 정부의 민간 지원 실태에 대해 질책했고, "정권이 바뀌었는데도 좌파들은 잘 먹고 잘사는데 비해 우파는 배고프다. 잘해보자"고 했다.[48]

"KBS 보도 일상적 검열한 KBS 사장, 간섭한 홍보수석"

2016년 5월 11일 『미디어오늘』이 김시곤 전 KBS 보도국장이 자신의 징계 무효 소송 중인 법정에 제출한 비망록을 확보해 폭로했다. 이 비망록은 자신의 보도국장직 수행 지침과 길환영 전 사장에 대한 평가, 길환영이 개입해 〈뉴스9〉 편집안이 바뀐 내역(표)으로 구성되어 있었다. 김시곤은 길환영이 매일 오후 5시경 팩스로 가편집안(큐시트)을 받은 뒤 약 30여 분 뒤 전화 통화로 수정사항을 요구했다고 말했다.

비망록에 따르면, 길환영이 큐시트에 추가로 뉴스를 넣으라고 지시한 사례는 모두 7건, 삭제하라고 지시한 것은 3건, 애초 배치한 비슷한 유형의 뉴스 꼭지 수를 늘리라는 지시는 4건, 줄이라는 지시는 1건, 큐시트 순서를 앞쪽에 배치하라는 지시는 5건, 뒤쪽으로 빼라는 지시는 4건 등 모두 24건이었다. 이 밖에 김시곤이 길환영의 큐시트 수정 요구를 거부하거나 설득해 원안을 고수한 사례가 5건, 방송 이후 길환영이 김시곤에게 항의한 사례 1건, 청와대가 항의한 사례 1건, 뉴스 방향성 지시(또는 의견) 관련 기록 2건 등이었다. 큐시트에 이른바 '넣으라-빼라', '올려라-내려라', '늘려라-줄여라' 등 크게 6가지 요구를 했다는 것이다.[49]

5월 11일 김시곤은『한겨레』와의 인터뷰에서 "공영방송사에서 사장이 지시를 할 수는 있지만, 문제는 지시 내용이다. 전반적으로 정부 여당과 청와대에 유리한 것은 '만들어서라도 해라', '순서를 올려라' '늘려라'이고, 불리한 것은 '내려라', '줄여라'와 '빼라' 등 6가지 가운데 하나로 일관성 있게 내려왔다. 상식에서 너무 벗어나 기록하기 시작했다"고 말했다.[50]

5월 12일『미디어오늘』은 "이정현 새누리당 의원이 청와대 홍보수석 시절 KBS 보도국장에 직접 전화해 박근혜 대통령 관련 청와대 내부 행사 소식이 뉴스 맨 뒷부분에 방송된 것에 불만을 표시하는 전화를 걸었다고 김시곤 전 KBS 보도국장이 폭로했다"면서 "이에 따라 청와대 고위 관계자가 KBS 뉴스 배치 순서에까지 관여하려 한 것 아니냐는 의문이 나오고 있다"고 말했다.

이 기사에 따르면, KBS는 지난 2013년 10월 27일 〈뉴스9〉 '청와대 안뜰서 아리랑 공연'이라는 청와대 내부 행사 소식을 뉴스의 맨 마지막 순서인 16번째 리포트로 방송했다. KBS는 이날 이것뿐 아니라 박근혜가 코리안 시리즈에서 깜짝 시구를 했다는 내용도 뉴스의 5번째 꼭지로 방송하기도 했다. 그런데 이날 방송이 나간 뒤 이정현 수석이 당시 김시곤 KBS 보도국장에게 직접 전화를 걸어왔다. 김시곤은 "저녁 무렵 이정현 홍보수석이 전화를 걸어와 '청와대 안뜰서 아리랑 공연'을 맨 마지막에 편집한 것은 문제 있는 것 아니냐고 불만을 토로하길래 내가 맨 뒤에 편집하는 것은 이른바 백톱으로 오히려 시청자들의 주목도가 높아서 홀대하는 것이 아니라고 설명했다"고 말했다. 그는 "이 얘기를 정치부장에게 전하자 정치부장은 이정현 수석에게 전화해 '앞으로 사장이나 보도국장에게 직접 전화하지 말고 정치부장에게 얘기하라'고 항의했다며 내게 전했다"고 비망록에 적었다.[51]

『경향신문』은 5월 14일 사설 「KBS 보도 일상적 검열한 길환영 사장, 간섭한 홍보수석」에서 이정현은 "홍보수석으로서 사정하고 부탁한 것뿐이지 언론자유를 침해한 것은 아니다"라며 "다시 돌아가도 똑같이 했을 것"이라고 당당하게 말했다면서 다음과 같이 말했다.

"공영방송의 존재 이유와 언론의 자율성을 대하는 정권의 인식을 그대로 대변하는 셈이다. 청와대나 사장이 아니라 일반인이라도 잘못된 보도 내용을 지적하는 것을 넘어 특정한 보도를 넣고 빼도록 지시하고 편집 순서까지 간여했다면 방송법 4조 2항의 방송 독립을 전면 부정하는 것이다. 정권의 방송 장악을 막고 제작 자율성을 제도적으로 보장하기 위해서라도 20대 국회는 공영방송의 정상화 입법을 더이상 늦춰선 안 될 것이다."[52]

"17년간 안방에서 은밀하고 조용하게 벌어진 살인사건"

모든 국정 기조와 관심이 오직 '박근혜를 위하여'에 맞춰져 있는 정권에서 민생 문제는 귀찮고 성가신 것이나 다름없었던가 보다. 이를 잘 보여준 또 하나의 사례가 2016년 5월 전 국민을 충격에 빠트린 '가습기 살인' 사건이었다.

가습기 살균제 사건은 '안방의 세월호'로 불릴 만큼 정부의 한계가 총체적으로 드러난 대형 참사였다. 2012년 질병관리본부는 가습기 살균제와 폐 손상의 인과관계를 공식 확인했지만, 2013년 발의된 가습기 살균제 관련 특별법은 끝내 국회 상임위원회 문턱조차 넘지 못했기 때문이다. 기업의 이윤 논리가 시민의 건강을 압도한 까닭이었다. 여기엔 재계와 정부, 여당의 3각 커넥션이 작용했다.

당시 기획재정부는 '살균제 피해는 업체와 개인의 문제며, 특별법은 국가의 과잉개입'이라는 논리로 제동을 걸었으며, 심지어 '살균제와 폐질환 간 인과관계가 명확하지 않다'는 내용의 검토 의견을 환경부에 보내기까지 했다. 이에 윤성규 환경부 장관은 "일반 국민이 낸 세금으로 책임을 지는 것은 옳지 않고, (가습기 살균제 소송에서) 패소하면 인과관계를 확인받지 못한 것으로 볼 수밖에 없다"고 주장해 같은 정부 기관인 질병관리본부의 공식 발표를 인정하지 않는 일이 벌어졌다.

새누리당은 법안 심의를 차일피일 미루는 행동대의 역할을 자처했는데, 2014년 '교통사고와 형평성이 맞지 않다'는 논리를 내세우기도 했다. 정부 여당의 이런 논리는 2013년 '특별법이 기업의 재정 부담을 가중시킨다'는 보고서를 국회에 제출한 전경련의 반대 주장과 사실상 궤를 같이하는 것이었다. 요컨대 재계의 '경제 위축' 타령에 정부와 여당이 가습기 살균제 사건을 '기업과 개인의 문제'로 떠넘기면서 힘없는 서민들의 건강권과 생명권이 박탈당한 것이다.[53]

2016년 11월 현재 정부에 접수된 가습기 살균제 피해 신고는 무려 5,000명을 넘어섰으며, 이 중 사망자는 1,000명이 넘어 20.8퍼센트에 이르렀다. 이에 환경보건시민센터와 참여연대는 "대한민국 국민의 20%인 1,000만 명을 대상으로 17년 동안 안방에서 은밀하고 조용하게 벌어진 살인사건"이라고 말했다. 11월 15일 서울중앙지방법원은 가습기 살균제 피해자 A씨 등 10명이 제조업체 세퓨 등을 상대로 낸 손해배상 청구 소송에서 "피해자 또는 유족 총 10명에게 1인당 1천만 ~1억 원씩 총 5억 4천만 원을 지급하라"라고 판결했다.[54]

아, 박근혜가 '진실한 사람' 운운하는 친박 타령에 쏟아부은 관심의 반의 반, 아니 반의반의 반만이라도 이런 문제에 돌렸더라면 그런 가공할 피해를 막거나 최소화할 수 있는 일이었음에도 박근혜는 딴 나라에 살고 있는 사람처럼 보였다.

'사드 배치'가 드러낸 박근혜의 갈등 관리 능력

2016년 7월 13일 한미 양국은 경북 성주에 고고도미사일방어체계 (THAAD·사드)를 배치하기로 공식 발표했다. 군 당국은 군사적 효용성과 주민 안전, 포대 배치 토지를 조기에 확보할 수 있는지 등을 두루 고려한 결정이라고 말했지만 정부는 어떤 기준으로 후보지를 선정했는지는 일체 공개를 거부했다. 게다가 군 당국의 발표는 그간 사드 배치의 필요성을 강조해왔던 이유와도 동떨어져 있었다. 사드가 성주에 배치되면 서울과 경기도 북부권은 사드 요격 사거리인 200킬로미터 바깥에 있게 되기 때문에 국민의 안전을 위해 사드를 배치한다는 정부의 주장은 무색해졌다.

야당은 한·미 군 당국이 경북 성주를 사드 배치 지역으로 확정 발표한 데 대해 "졸속 결정", "안보 도박"이라며 강력히 비판했다. 더불어민주당 이재경 대변인은 이날 구두 논평에서 "사드 배치 결정부터

부지 선정에 이르기까지 졸속"이라며 "왜 이렇게 졸속적으로 급하게 했는지 설명해야 한다"고 밝혔다.[55]

대구·경북 지역의 여야 국회의원 21명은 경북 성주로 사드 체계 배치 지역이 결정되자 입지 선정 기준을 투명하게 공개하고 합당한 보상 대책을 내놔야 한다며 반발했다. 새누리당 이완영(경북 칠곡·성주·고령), 이철우(경북 김천), 이만희(경북 영천·청도) 의원은 국회에서 기자회견을 열어 "사드 배치 결정에 대해 시·도민이 충분히 납득할 수 있어야 하고, 배치 지역 역시 한반도 방어의 최적지임을 전 국민이 인정할 수 있어야 한다"며 정부의 일방적 결정을 비판했다.[56]

사드가 성주 배치로 발표가 나자 성주 군민들은 상경 투쟁을 벌였다. 김항곤 성주 군수와 이재복 '성주 사드 배치 반대 범군민 비상대책위원장' 등 성주 군민 300여 명은 이날 오후 서울 용산구 국방부 청사를 방문해 결정에 대한 철회를 촉구했다. 김항곤 성주 군수는 "오늘 3시 사드 배치 지역으로 경북 성주가 최종 결론 난 보도를 보고 5만 군민은 경악을 감출 수가 없다"며 "어떻게 해서 우리 지역이 사드 배치 최적지로 선정이 됐는지 중앙정부의 일방적 행정행위로 인해 우리 군민들은 지금 치를 떨고 있다"고 비판했다.[57]

사드 배치는 박근혜 정부의 갈등 관리 능력이 바닥임을 다시 한 번 보여주었다. 이는 배치 지역 결정 과정에서 드러났다. 정부가 사드 배치 지역 선정 과정을 비밀리에 진행하면서 사드 배치 후보지로 거론된 지역과 지자체에서 사생결단식 반대 시위로 몸살을 앓았다는 게 이를 잘 말해주었다.

예컨대 7월 초 사드의 칠곡 배치설이 불거지자 백선기 칠곡 군수는

7월 9일 군민 3,000여 명이 참가한 사드 반대 집회에서 "국가 위기 상황 때마다 칠곡군을 안보의 희생양으로만 몰아가는 현실에 13만 군민들은 분노를 금치 못하고 있다"며 삭발했다. 이를 신호탄으로 경기 평택과 전북 군산, 충북 음성, 강원 원주, 경남 양산에서 시민사회단체로 구성된 대책위원회들이 출범식, 시위, 기자회견 등을 이어갔다. "미군 기지 공여 등 국가 안보를 위해 수십 년 희생을 감수했다"(평택), "중국과의 관계 악화 등으로 새만금 개발에 차질이 생긴다"(군산)는 등 성난 목소리들이 넘쳐흘렀다.[58]

"사드 갈등 부추겨 놓고 '불필요한 논쟁 멈추라'는 박근혜"

2016년 7월 14일 박근혜는 청와대에서 주재한 국가안전보장회의에서 사드 배치 논란과 관련해 "검토 결과, 성주가 최적의 후보지라는 판단이 나오게 됐다. 우려한다는 것이 이상할 정도로 우려할 필요가 없는 안전한 지역"이라고 말했다. 이날 박근혜는 "오늘날 대한민국의 안보는 커다란 도전에 직면해 있다. 이해당사자 간의 충돌과 반목으로 경쟁이 나서 국가와 국민의 안위를 잃어버린다면 더이상 대한민국은 존재하지 않을 것"이라며 "지금은 사드 배치와 관련한 불필요한 논쟁을 멈출 때"라고 주장했다.

박근혜는 또 "정부는 성주 기지에 사드를 배치하는 과정에서 지역 주민들의 의견을 경청하고 소통을 계속해나가야 한다"며 "국가 안위를 위해 지역을 할애해준 주민들에게 보답해야 한다고 본다"고 말했다. 비밀주의로 혼란을 부추겨 놓고 여론 수렴도 없이 기습 발표하고 는 '논쟁'도 '우려'도 하지 말라는 것이었다.[59] 이날 박근혜는 일방적 으로 자기가 하고 싶은 말만 한 채 제11차 아시아·유럽정상회의참석 차 몽골로 출국했다.

『경향신문』은 7월 15일 사설 「사드 갈등 부추겨 놓고 "불필요한 논 쟁 멈추라"는 대통령」에서 "박근혜 대통령이 시민과 '소통'하는 방법 은 대체로 몇 가지 단어로 요약된다. 훈시, 겁박, 불통, 독선, 일방통 행"이라고 했다.[60] 『한겨레』는 7월 15일 사설 「박 대통령, 사드마저 불 통과 일방통행인가」에서 "사드 배치를 둘러싼 다양한 반응과 주장을 '불필요한 논쟁'으로 몰아세운 것은 박 대통령의 독선과 일방통행식 국정 운영 방식이 전혀 바뀌지 않았음을 보여준다"면서 "논쟁을 멈추 는 것은 옳지도 않고, 현실적으로 가능하지도 않은 것을 왜 박 대통령 만 모르는지 안타깝다"고 했다.[61]

8월 2일 박근혜는 청와대에서 주재한 국무회의에서 "사드 배치를 둘러싼 갈등이 멈추지 않고 있어서 속이 타들어가는 심정"이라며 "사 드 배치는 국가와 국민의 안위가 달린 문제로 바뀔 수도 없는 문제"라 고 사드 배치 강행 의사를 거듭 확인했다. 박근혜는 이날 "저도 가슴 시릴 만큼 아프게 부모님을 잃었다. 이제 저에게 남은 유일한 소명은 대통령으로서, 나아가 나라와 국민을 각종 위협으로부터 안전하게 지 켜내는 것"이라며 '감성'에 호소하기도 했다.[62]

『경향신문』은 8월 3일 사설 「다시 드러난 박 대통령의 사드 문제 설 득 능력의 한계」에서 "논란적 이슈에 대한 상대의 의견이 나오면 그 의미를 숙고한 뒤 반영해 답변하는 게 아니라 아무것도 듣지 못한 것처럼 애초 발언을 그대로 반복한다. 논의 상대를 무시하는 일이다. 국무회의를 통해 각료에게 지시하는 형식의 간접 소통을 고집하는 권위주의적 태도도 그 연장선에 있다"고 비판했다.[63]

8월 4일 박근혜는 새누리당 대구·경북 지역 초선 의원들, 성주 지역 이완영 의원과 만난 자리에서 "성주군에서 추천하는 새 지역이 있다면 면밀하게 조사해 검토하겠다"면서 사드를 경북 성주군의 다른 지역에 배치하는 방안을 검토할 수 있다고 밝혔다. 부지 선정에 문제가 없다는 정부의 입장을 완전 뒤집은 것으로 사실상 사드 성주 배치 결정이 졸속으로 이루어졌음을 시인한 것과 다를 바 없는 발언이었다.[64] (정부의 오락가락 속에 2017년 2월 27일 사드 배치 최종 부지는 롯데 성주골프장으로 확정되었다.)

"박근혜는 우병우에게서 자신의 미래를 보는가"

2016년 7월 18일 『조선일보』는 「우병우 민정수석의 처가妻家 부동산…넥슨, 5년 전 1,326억 원에 사줬다」는 기사에서 이른바 '진경준 게이트'와 관련해 "우병우 청와대 민정수석의 장인인 이상달 전 정강중기·건설 회장이 자신의 네 딸에게 상속한 서울 강남역 부근 1,300억 원대 부동산을 넥슨코리아가 매입해줬던 것"으로 확인되었다고 보도했다.[65] 넥슨 주식을 특혜 거래해 120여 억 원의 수익을 올린 진경준이 이른바 '진경준 게이트'로 구속된 가운데 우병우 처가가 보유한 땅을 넥슨이 매입했고 이 과정에 진경준이 개입했다는 의혹이다. 이로 인해

'진경준 게이트'는 '우병우 스캔들'로 비화되었다.

7월 19일엔 우병우가 정식 수임계를 내지 않고 법조 비리로 구속된 홍만표 변호사와 함께 정운호 전 네이처리퍼블릭 대표 등의 변론을 맡았다는 의혹이 제기되었다. 이에 대해 우병우는 "나에 관한 이러저러한 소문이 서초동에 돌고 있다는 소리를 들었지만 제기된 의혹은 모두 사실이 아니다"라며 "일일이 답변할 가치를 느끼지 못한다"고 말했다.[66]

우병우 스캔들이 터지자 박근혜의 '우병우 구하기'가 시작되었다. 7월 21일 박근혜는 청와대에서 주재한 국가안전보장회의(NSC)에서 "요즘 저도 무수한 비난과 저항을 받고 있는데 지금 이 저항에서 대통령이 흔들리면 나라가 불안해진다"면서 "여기 계신 여러분도 소명의 시간까지 의로운 일에는 비난을 피해가지 마시고 고난을 벗 삼아 당당히 소신을 지켜가시기 바란다"고 강조했다. 이 말은 각종 의혹에 시달리는 우병우를 교체하지 않겠다는 뜻을 분명히 하고 청와대를 겨냥한 비판 여론을 정면 돌파하겠다는 뜻을 밝힌 것으로 해석되었다. 이런 이유 때문에 국가 안보 컨트롤 타워격인 NSC가 우병우를 비호하는 자리가 된 것이란 비판마저 제기되었다. 비위 의혹에 휘말린 참모를 구하기 위해 '안보'를 이용했다는 것이다.[67]

왜 이렇게 박근혜는 '우병우 구하기'에 몰입했던 것일까? 『미디어오늘』은 8월 3일 사설 「박근혜는 우병우에게서 자신의 미래를 보는가」에서 "지난 주(7월 25~29일) 휴가를 보낸 뒤에도 박근혜는 여전히 말이 없다. 왜 그럴까? 혹시 박근혜는 우병우를 '자신의 미래'로 생각하는 것은 아닐까?"라는 질문을 던진 후 다음과 같이 말했다.

"박근혜는 '배신'이라는 트라우마를 치료하지 못하고, 대통령이 된 뒤에도 '배신'에 갇혀 있는 특이하고, 불행하고 안타까운 정치인이다. 박근혜는 임기 끝까지 자신과 함께 할 '순장조殉葬組'로 불리는 우병우를 내칠 경우, 자신의 방패막이가 없어질 것이라고 생각하는 것일까? 우리가 역설적으로 보기에, 이대로 가면, 우병우는 '박근혜의 미래'가 될 가능성이 높다. 박근혜의 딜레마는 우병우를 청와대에 오래 붙잡아 둘수록 레임덕이 가속화할 것이라는 점이다. 그것이 곧 '박근혜의 불행'에 방아쇠를 당길지도 모른다. 그래서 박근혜에게 우병우는 계륵鷄肋이 아니라 박근혜의 미래라고 말하는 것이다. 임기가 19개월이나 남아 있는 박근혜로서는 우병우에 집착할수록 더 깊은 늪으로 빠져 들게 돼 있다. 만 23세에 검사가 되어 세상 무서운 줄 모르고 날뛰던 우병우나, 상황은 다르지만, 만 22세에 어머니를 잃고 퍼스트레이디 역할을 하며 세상이 모두 내 것 같았을 박근혜 앞에 기다리는 운명은 항용유회亢龍有悔! 주제를 모르고 하늘 높이 올라가는 바람에 추락해 후회할 일만 남았다는 뜻이다."[68]

"'우병우 구하기' 법과 상식 뒤엎는 청와대"

2016년 8월 16일 박근혜는 문화체육관광부·농림축산식품부·환경부 등 3개 부처의 장관을 바꾸는 소폭 개각을 단행했지만 관심이 집중되었던 우병우는 자리를 지켰다. 이날 개각에서 박근혜는 문체부 장관에는 조윤선 전 여성가족부 장관, 농식품부 장관에는 김재수 한국농수산식품유통공사 사장, 환경부 장관에는 조경규 국무조정실 2차장을 각각 인선했다.[69] 전형적인 돌려막기 인사였다.

『경향신문』은 "박 대통령 측근 그룹인 '그사세(그들이 사는 세상)'의 인사 법칙은 크게 세 가지다"면서 다음과 같이 말했다. "먼저, 2012년 박근혜 대선 후보 캠프와 대통령직인수위에서 기용된 인사들은 당·정·청 요직에 계속해서 등장한다. 국무위원과 청와대 수석비서관 등을 두 번씩 맡는 '이례적' 인사는 '일반적'인 경우로 정착했다. 여기에 4·13 총선을 거치면서 한 가지가 더해졌다. 측근 인사 중 20대 국회 입성에 실패한 경우 정부·청와대에 자리를 마련해준다는 것이다. 일종의 보은 인사다. 조윤선 문화체육관광부 장관 내정자는 세 가지 모두에 해당한다."[70]

8월 18일 우병우를 감찰해온 이석수 특별감찰관이 우병우를 검찰에 수사 의뢰했다. 의경 아들의 보직 배치에 영향력을 행사(직권남용)하고 가족회사 (주)정강을 통해 차량 지원을 받는 등 회삿돈을 횡령한 혐의였다. 현직 청와대 민정수석이 비리 혐의로 검찰 수사를 받게 된 초유의 사태를 맞이했지만 청와대는 오히려 적반하장의 태도를 취했다.

8월 19일 김성우 청와대 홍보수석은 춘추관에서 발표한 '이석수 특별감찰관의 수사 의뢰에 대한 청와대 입장'에서 이석수 특별감찰관의 감찰 내용 '누설' 의혹을 제기하며 "특별감찰관의 본분을 저버린 중대한 위법행위이고 국기를 흔드는 일"이라며 이석수 특별감찰관을 정면 겨냥하고 나섰다. 김성우는 "국기를 흔드는 이런 일이 반복돼서는 안 되기 때문에 어떤 감찰 내용이 특정 언론에 왜 어떻게 유출되었는지 밝혀져야 한다"고 말했다. 김성우는 "특별감찰관은 어떤 경로로 누구와 접촉했으며 그 배후에 어떤 의도가 숨겨져 있는지 밝혀져야 한다"고 촉구해 사실상 검찰에 이석수에 대한 '수사 가이드라인'을 제시했다. 이석수가 우병우를 검찰에 수사 의뢰한 데 대해 '이석수 흔들기'로 '우병우 살리기'에 나선 것이다.[71]

8월 21일 청와대는 우병우를 둘러싼 도덕성 의혹에 대해 "이를 입증할 결정적 증거가 나온 게 없다"면서 "그 본질은 집권 후반기 대통령과 정권을 흔들어 식물정부를 만들겠다는 데 있다"고 주장했다. 우병우 의혹을 근거 없는 '우병우 죽이기'이자, 청와대를 향한 정치 공세로 규정한 것이다.[72]

『한겨레』는 8월 23일 사설 「청와대의 가당찮은 '식물정부' 음모론」에서 "현실과 동떨어진 황당한 음모론, 자의적인 상황 왜곡이 아닐 수 없다. 이런 억지 논리에 함몰된 사람들이 국가 운영을 책임지고 나라의 앞날을 결정하고 있다는 생각에 이르면 참으로 허탈해진다"면서 다음과 같이 말했다.

"청와대에 묻는다. 우병우 민정수석이 그 자리에서 물러나면 곧바로 식물정부가 될 정도로 박근혜 정부는 허약하기 짝이 없는가. 일개 청와대 수석비서관 한 명이 사라진다고 정부가 뇌사상태에 빠진다면 그것이야말로 비정상 중의 비정상 아닌가. 역대 정부에서도 청와대 수석이 불명예 하차한 적이 있었으나 식물정부가 됐다는 이야기는 들어보지 못했다. 청와대는 비리 의혹에 휩싸인 청와대 참모 한 사람 경질하면 간단히 끝날 일을 불필요하게 키우고 확대해서 헤어나오기 힘든 늪으로 더욱 깊이 빠져들고 있다."[73]

개인적 도덕성 의혹에도 굳건하게 사퇴 여론을 버텨내며 '신적 존재'

라는 비아냥까지 들었던 우병우는 '최순실 게이트'가 터지면서 10월 30일 청와대를 떠난다.

"정권 말 물불 안 가리는 '낙하산 인사'"

2016년 8월 29일 한국증권금융 상근 감사위원 자리에 조인근 전 청와대 연설기록비서관이 선임되면서 다시 낙하산 논란이 불거졌다. 『동아일보』는 "가신家臣을 공기업 감사로 보낸 청靑, 나라가 사유물인가"라고 따져 물었고,[74] 『조선일보』는 "청와대 낙하산 이제 바깥 눈치도 안 본다"고 비판했다.[75] 『중앙일보』는 "관피아 자리를 친박 정치인들이 장악하더니 이젠 퇴임한 청와대 참모를 떨어뜨리는 '청靑피아' 인사다. 이런 인사를 보면서 누가 금융 개혁 약속에 고개를 끄덕일 수 있겠는가"라고 물었다.[76]

국회 정무위원회 소속 박찬대 더불어민주당 의원이 총리실 산하 경제인문사회연구소(경인사)에서 제출 받은 경인사 이사회와 산하 연구기관 23곳의 기관장 임명 현황을 분석한 결과, 박근혜 정부 출범 이후 총리실 산하 국책연구기관 23곳 중 11곳에 낙하산 인사들이 기관장으로 임명된 것으로 드러났다. 이들 기관장들은 박근혜의 대선 후보 시절 싱크탱크 역할을 했던 국가미래연구원(미래연), 대선 캠프, 대통령직인수위 등을 두루 거친 인물들이었다.[77]

국토부 산하 기관도 이와 별반 다르지 않았다. 윤영일 국민의당 국회의원이 국토부에서 받은 자료에 따르면, 국토부 산하 23곳 산하기관은 현 정부가 들어서기 시작한 2013년 2월부터 2016년 8월까지 기관장을 포함해 이사, 감사 등 임원 72명을 낙하산으로 투하했다. 이는 전체 임원(239명)의 30.1퍼센트에 해당했다.[78]

9월 21일 국회 정무위원회 소속 김해영 의원(더불어민주당)은 금융 공공기관 등의 임원 현황, 정부공직자윤리위원회의 공직자 취업 제한 심사 결과를 분석한 결과, 박근혜 정부가 출범한 2013년 2월부터 9월까지 금융기관에 취업한 공직자·금융권·정치권 출신 인사가 204명에 이른다고 밝혔다. 출신별로 보면 기획재정부·감사원 등 공직자 출신이 76명으로 가장 많았다. 금융감독원·금융위원회·한국은행 등의 금융권 출신은 68명이었고, 새누리당·대선 캠프·청와대 등 정치권 출신 인사가 60명이었다.

'낙하산 인사'가 가장 많이 투입된 곳은 KB국민은행 계열과 NH농협은행 계열 금융기관이었다. KB국민은행에는 대통령 경제제제도비서관·서울중앙지방법원 판사 출신이 사외이사로 재직했거나 재직 중이었고 재정경제부 출신 인사를 상임감사위원으로 두기도 했다. KB금융지주, KB손해보험, KB자산운용, KB투자증권, KB부동산신탁, KB생명, KB저축은행에도 서울고검·국가정보원·금융감독원·재정경제부·안전행정부·한국은행 출신 인사가 고루 분포되어 있었다.[79]

『한겨레』는 9월 27일 사설 「정권 말 물불 안 가리는 '낙하산 인사'」에서 "정권 말이 다가오면서 박근혜 정부의 '낙하산 인사'가 물불을 가리지 않고 있다"면서 다음과 같이 말했다.

"낙하산 인사가 한국 경제를 어떻게 망치고 있는지는 대우조선 사태가 생생하게 보여준다. 무능하고 무책임한 인사들이 낙하산을 타고 내려와 기업을 부실 덩어리로 만들고 천문학적 규모의 세금을 축냈다. 박 대통령이 2013년 주위의 반대를 물리치고 임명을 강행한 홍기택 전 산업은행 회장이 그중 한 명이다. 대우조선을 망친 것도 모자라 아시아인프라투자은행AIIB 부총재 자리까지 날리고 나라 망신을 시켰다. 낙하산 인사가 근절되지 않는 한 이런 폐단은 계속 되풀이될 것이다. 제2, 제3의 대우조선 사태가 터질 수도 있다. 그리고 그 피해와 고통은 고스란히 노동자와 국민에게 돌아온다. 이젠 낙하산 인사를 멈춰야 한다."[80]

'박근혜 게이트'의 서막을 연 미르 · K스포츠 의혹

2016년 7월 26일 TV조선은 "청 안종범 수석, 500억 모금 개입 의혹" 리포트를 내보냄으로써 이제 곧 불거질 '박근혜 · 최순실 게이트'의 서막을 열기 시작했다. 이런 내용이었다. "미르재단 설립 두 달 만에 대기업에서 500억 원 가까운 돈을 모았는데, 안종범 대통령 정책조정수석비서관이 모금 과정에 깊숙이 개입한 정황이 드러났다. 삼성, 현대, SK, LG, 롯데 등 자산 총액 5조 원 이상 16개 그룹 30개 기업이 미르재단에 돈을 냈는데, 설립 두 달 만에 486억 원을 모았다."

TV조선은 7월 27일엔 "안 수석 말고도 미르재단에 영향력을 행사한 막후 실력자가 있었다. 현 정부 들어 문화계 황태자로 급부상한 CF 감독 차은택"이라고 보도했으며, 8월 2일엔 "전경련이 중간에 나서 기업 돈을 모아준 곳은 미르뿐만이 아니었다. K스포츠라는 체육재단

법인에도 380억 원 넘게 거둬준 것으로 확인됐다"고 보도했다.[81]

이후 50일간 잠잠하더니, 9월 20일 최순실이란 이름이 처음 언론에 등장했다. 『한겨레』는 9월 20일 1면 기사에서 입소문으로 떠돌던 박근혜의 '비선 실세' 최순실을 현실의 영역으로 끌어냈다. 『한겨레』는 2016년 1월 출범한 K스포츠재단은 이보다 불과 두 달 반 앞서 2015년 12월 출범한 재단법인 미르의 복사판이라고 보도했다. 이 기사는 그 근거로 두 재단의 설립 과정과 창립총회 회의록 등이 쌍둥이처럼 닮았다는 것을 지적했다. 두 재단 모두 통상 일주일 정도 걸리는 다른 재단과 달리 설립 신청 다음 날에 곧바로 문화체육관광부에서 설립 허가를 받았으며, 두 재단의 '창립총회 회의록'은 회의 순서와 안건, 등장인물까지 거의 똑같은 판박이라는 것이었다. 이 기사는 재단의 성격을 드러내는 동시에 가장 중요한 정관의 목적 또한 유사하다고 했다. 설립 목적에 미르가 "문화라는 매개"라고 기재한 것을 K스포츠는 "체육이라는 매개"라는 표현으로 바꾼 정도가 다를 뿐이라는 것이다.

이 기사는 또 두 재단의 돈줄 역시 같다며 전경련을 앞세운 표면적 모금 과정도 똑같다고 했다. 두 재단엔 각각 19개 기업이 참여했는데, 양쪽에 돈을 댄 곳은 모두 국내 굴지의 기업들이라는 것이다. 이 기사에 따르면, 공기업을 뺀 자산 기준 상위 10대 그룹인 삼성, 현대자동차, SK, LG, 롯데, 포스코, GS, 한화가 두 재단에 모두 출연하기로 약속했으며, 이렇게 해서 두 기업이 모은 돈이 800억 원에 가깝다고 했다. 이 기사는 재단 모금 과정에 안종범 청와대 정책조정수석(당시 경제수석)이 깊이 개입한 정황이 있다는 의혹이 일고 있지만 안종범은 이를 부인하고 있다고 했다. 하지만 거액을 출연한 기업체의 재무담당 관계자는 "우리에게 모금 과정을 취재하려고 하지 마라. 정권 차원에서 이뤄진 일에 대해서는 우리에게 입이 없다"고 말해 박근혜 정부의 개입을 시사했다.[82]

또 『한겨레』는 K스포츠재단 이사장 자리에 최순실이 자신이 단골로 드나들던 스포츠마사지센터 원장을 앉힌 것으로 드러났다면서 박근혜 비선 실세인 최순실이 K스포츠재단 설립과 운영에 깊숙이 개입한 정황이 드러났다고 보도했다. 이 기사는 또 최순실이 올해 초부터 자신이 잘 아는 주변의 체육인들에게 K스포츠재단의 취지를 설명하며 재단 이사장 등의 자리를 제안한 것으로 확인되었다고 전했다.[83] 전직 청와대 관계자는 『한겨레』와 인터뷰에서 "권력의 핵심 실세는 정윤회가 아니라 최순실이다. 정윤회는 그저 데릴사위 같은 역할을 했을 뿐이다"고 했으며, 청와대 내부 관계자는 "문고리 3인방은 생살이고, 최순실은 오장육부다. 생살은 피가 나도 도려낼 수 있지만 오장육부에는 목숨이 달려 있다"고 말했다.[84]

박근혜 "비상시국에 비방·폭로성 발언은 사회 혼란 가중"

2016년 9월 20일 더불어민주당, 국민의당, 정의당 등 야 3당은 국회 국정감사에서 박근혜의 비선 실세가 개입된 미르재단과 K스포츠재단 의혹을 '제2의 일해재단'이라고 규정했다. 오영훈 더불어민주당 원내부대표는 이날 "각종 특혜와 위법 정황이 드러난 미르재단과 K스포츠재단이 모금한 900억 원이 불법 비자금이 되지 않도록 국감을 통해 의혹을 명확하게 밝힐 것"이라면서 "오늘 언론 보도를 보면, 정권의 실세가 지목한 최측근이 K스포츠의 이사장으로 선정되는 등 (정권의) 개입 정황이 드러났다. 이런데도 새누리당은 이 의혹을 밝히는 데 필요한 증인 채택을 한 명도 수용할 수 없다는 행태를 보이고 있는데, 이는 손바닥으로 하늘을 가리는 국민 우롱하는 처사"라고 말했다.[85]

야당의 공격에 새누리당은 "아직 확인되지 않은 정치 공세에 불과하고 기업의 자율적 모금은 정치권에서 왈가왈부할 일이 아니다"며 미르와 K스포츠 설립·모금과 관련한 모든 증인의 채택에 반대했다. 최순실의 미르·K스포츠재단 관여 의혹이 불거지면서 9월 21일 국회 교육문화체육관광위원회의 국정감사 증인 채택 협상이 코앞으로 다가온 국감의 뜨거운 쟁점으로 부상했다. 야당은 최순실 등 핵심 관련자 중 일부라도 증인 채택을 해야 한다는 입장이었지만 새누리당은 "민간 기업의 일"이라며 "1명도 안 된다"고 철통 방어막을 쳤다. 야당은 국감을 앞두고 불거진 미르·K스포츠재단 의혹과 관련해 기부금 모금에 영향력을 행사한 의혹을 받고 있는 청와대 안종범 정책조정수석과 이승철 전경련 부회장, 두 재단의 전·현직 이사장, 재단 출연금을 댄 상위 4개 그룹(삼성·현대자동차·SK·LG) 임원 등을 증인으로 신청했지만 새누리당의 반대로 증인을 한 명도 채택하지 못했다.[86]

9월 22일 박근혜는 "비상 시기에 난무하는 비방과 확인되지 않는 폭로성 발언들은 우리 사회를 뒤흔들고 혼란을 가중시키는 결과를 초래하게 될 것"이라고 말했다. 야권에서 미르·K스포츠재단 관련 의혹을 제기하고 있는 것을 겨냥한 발언으로 풀이되었다.[87] 『경향신문』은 9월 23일 사설 「최순실·안종범 의혹에 대한 박 대통령의 인식 수준」

에서 "그동안 청와대 대변인이 '근거 없는 부당한 정치 공세'라며 부인하더니 이젠 대통령이 나서서 역공세를 취하고 있는 것이다. 최고지도자가 자신에게 이렇게까지 관대할 수 있는지 이해가 가지 않는다"면서 다음과 같이 말했다.

"박 대통령의 어제 발언은 정치권과 검찰 등을 향해 최순실 사건을 건드리지 말라고 가이드라인을 제시한 것이나 다름없다. 예상대로 새누리당은 즉각 권력형 비리 의혹을 제기하는 야권을 향해 '무책임한 폭로 정치에 사로잡혀 민생을 외면하고 있다'고 반격하기 시작했다. 국회에서 관련 증인을 채택하려고 하자 집단적으로 회의를 보이콧하겠다는 위협도 했다. 민심을 청와대에 전하지는 못할망정 청와대를 위해 방어벽을 치고 나선 꼴이다. 하지만 박 대통령의 이런 지시는 상황을 더욱 복잡하게 할 뿐이다. 우병우 민정수석에 이어 안 수석까지 대통령의 최측근 참모들이 줄줄이 비리 의혹의 중심에 섰다. 이런 상황에서 대통령이 국정을 제대로 이끌 수 있을까. '비상시국'을 자초한 것은 바로 박 대통령 자신이다."[88]

JTBC '최순실 태블릿PC' 특종 보도의 충격

10월 중순경부터는 JTBC가 본격적으로 국정 농단 사건의 실체를 파헤치기 시작했다. 10월 18일 JTBC는 "최순실 씨가 K스포츠재단 설립 하루 전 '더블루K'라는 스포츠 마케팅 회사를 세웠고 이 회사는 K스포츠재단을 배경으로 돈벌이를 해왔던 것으로 확인됐다. K스포츠재단 직원이 최씨 회사인 '더블루K'에 매일같이 출근하며 사실상 최씨를 수행했다는 정황도 확인됐다"고 보도했다.

10월 19일 JTBC는 "최순실 씨의 핵심 측근 고영태 씨의 증언 중에 특히 눈길을 끄는 것은 최순실 씨가 박근혜 대통령의 연설문을 손보는 일까지 했다는 것이었다"고 보도했다. 고영태는 박근혜 대통령이 당선인 시절부터 들고 다닌 핸드백 가방을 만든 사람이었다. 고영태는 "회장이 제일 좋아하는 건 연설문 고치는 일", "연설문을 고쳐놓고 문제가 생기면 애먼 사람을 불러다 혼낸다"고 말했다.

이를 두고 10월 21일 『조선일보』는 "정치권에선 박 대통령 연설문에서 이상한 부분이 가끔 나온 것이 그 영향(최순실 연설문 수정) 때문 아니냐는 의문이 계속 이어졌다"며 의혹을 증폭시켰다. 『조선일보』는 '간절하게 원하면 전 우주가 나서서 도와준다'(2015년 어린이날 행사)와 같은 발언을 예로 들며 "대통령 연설문 단어로는 쉽게 생각하기 힘든 말이었다"고 전했다.

이원종 청와대 비서실장은 "봉건시대에나 있을 일"이라며 무시했지만, 박근혜의 생각은 달랐다. 박근혜는 10월 24일 오전 국회 시정연설에 등장해 매우 뜬금없이 개헌을 하겠다고 발표했다. 모든 이슈를 빨아들이는 개헌 논의를 통해 최순실 국정 농단 프레임을 무력화하려는 의도였다. 실제로 이날 KBS와 MBC 메인 뉴스는 개헌 리포트로 가득했다. 다른 언론사도 사정은 비슷했다.

그러나 이날 저녁 흐름은 완전히 뒤바뀌었으며 국민적 분노가 폭발하기 시작한 사건이 벌어졌으니, 그건 바로 최순실이 박근혜의 연설문을 미리 받아 보고 첨삭했다는 사실을 밝힌 JTBC의 '최순실 태블릿

PC' 특종 보도였다. JTBC는 "박근혜 정부의 국정 철학이 가장 잘 녹아 있다고 평가받는 2014년 3월 독일 드레스덴 연설문을 최순실 씨가 하루 전에 받아본 것으로 확인됐다"고 보도했다. 비선 실세 국정 농단의 '명백한' 물증이 나타난 첫 장면이었다. JTBC는 "2012년 12월 31일 공개된 박 대통령 당선 첫 신년사도 최씨는 공식적으로 공개되기 하루 전에 받아본 것으로 드러났다"며 "최씨에게 건네진 연설문은 최씨를 거친 뒤에 내용이 달라지는 경우가 대부분이었다"고 보도했다.[89]

JTBC의 '최순실 태블릿PC' 특종 보도 다음 날인 25일 아침 박근혜는 국민 앞에 고개를 숙이고 사과하지 않을 수 없었으며, 개헌 이야기는 하루도 안 되어 자취를 감추고 말았다. 박근혜의 개헌 카드는 JTBC 보도를 감지하고 부랴부랴 던진 것이라는 주장이 등장한 것도 무리는 아니었다.[90]

"자고 나면 쏟아지는 의혹들, 이게 정권의 실상이었나"

하나씩 낱낱이 드러나기 시작한 '박근혜 게이트'에 분노한 민심이 10월 29일 3만 명이 모인 서울 광화문광장의 촛불집회로 폭발하기 시작한 가운데 10월 30일 독일에서 귀국한 최순실은 다음 날인 10월 31일 검찰에 출석했고 당일 심야에 긴급체포되었다. 11월 4일 한국갤럽 조사에서 박근혜의 지지도는 5퍼센트로 곤두박질쳤다.

11월 5일 광화문광장에 모인 4만여 명(경찰 측 추산)은 대부분 평범한 시민이었다. 머리가 희끗희끗한 노인, 어린아이를 목말 태우고 나온 젊은 부부, 교복을 입고 나온 중·고등학생도 있었다. 『조선일보』 기자 오윤희는 "이들을 광화문으로 모이게 한 것은 비선秘線 실세의 꼭두각시 노릇을 한 대통령과 거기에 동조하거나 모르쇠로 일관했던 정치인들을 향한 분노였다. 하루하루 열심히 살아가는 것을 허무하게 만들어버린 최순실 일가를 향한 분노였고, 그런 일을 가능하게 만든 이 사회를 향한 분노였다. 그 분노의 힘이 그들을 광화문광장으로 이끌었다"고 했다.[91]

11월 6일 최순실과 공모해 대기업들에서 800억 원 상당의 미르·K스포츠재단 출연금을 강제 모금한 혐의(직권남용권리행사방해) 등으로 안종범 전 청와대 정책조정수석, 청와대 내부 문건 유출 혐의(공무상 비밀누설)로 정호성 전 부속비서관이 구속 수감되었다. 11월 11일 최순실의 최측근으로 '문화계 황태자'로 군림하던 차은택이 강요 및 직권남용, 횡령, 알선수재 등의 혐의로 구속되었다. 11월 12일 3차 촛불집회엔 처음으로 100만 명이 넘는 사람이 모였다.

박근혜는 11월 4일 최순실 국정 농단에 관한 2차 대국민 담화에서 "검찰 조사에 성실히 임할 각오"라고 말했지만, 검찰 중간 수사 결과 발표 직후인 11월 20일 "검찰 수사의 공정성이 의심된다"며 조사를 거부했다. 검찰 수사가 불리할 듯하자 약속을 뒤집은 것이다. 그러나 박근혜의 그런 '오리발 전략'이 먹히기엔 박근혜 일행이 저지른 불법 행위가 너무 많았다. 11월 21일 최순실·박근혜의 영향력을 바탕으로 이권을 챙기려 한 최순실 조카 장시호와 이를 지원한 혐의를 받은 김종 전 문화체육관광부 차관이 구속되었다.

정두언 전 새누리당 의원은 11월 21일 라디오 인터뷰에서 이렇게 말했다. "단재 신채호 선생이 묘청의 서경 천도 실패를 '조선 역사 일천년 이래 일대 사건'이라고 했다. 제가 볼 때는 그게 제2대 사건으로 밀리는 것 같다. 최태민, 최순실, 박근혜 드라마는 앞으로 50년 후, 100년 후, 1000년 후, 2000년 후 계속 연속극 드라마의 주제가 될 것이다."[92]

그렇게까지 멀리 갈 필요는 없었다. '박근혜·최순실 게이트'는 JTBC의 선전을 넘어 '드라마보다 재미있는 뉴스의 시대'를 열어젖혔으니 말이다. 『한겨레』(11월 22일)에 실린 「시민들 일상 바꾼 국정 농단…막장 현실에 "드라마보다 뉴스가 재밌어"」라는 기사는 "'국정 농단' 사태가 두 달여 가까이 지속되면서 시민들의 일상이 바뀌고 있다. 가장 대표적인 현상이 뉴스 소비 급증이다.……음식점에서도 드라마보단 뉴스를 틀어놓는다. 손님들 사이에 화젯거리는 단연 박 대통령이다"고 했다.

서울 마포구 망원동에서 포장마차를 운영하는 김 모씨는 "손님들이 시댁 흉보고, 자식 걱정하고, 아파트 사느냐 마느냐, 같은 먹고사는 얘기를 주로 했는데, 요즘엔 박근혜·최순실 얘기만 하는 것 같다"며 "텔레비전도 거의 뉴스를 틀어놓는다. 간혹 드라마가 틀어져 있으면 '뉴스 좀 보자'며 손님들이 채널을 돌린다"고 말했다. 시민단체에서 일하는 김 모씨 어머니는 하루에 드라마를 10편씩 보는 '드라마 열혈팬'인데, 이젠 드라마를 끊고 뉴스에 중독되었다. 김씨는 "어머니가 '드라마보다 뉴스가 더 재미있다'고 하시더라. 원래는 박근혜 대통령이 부모를 일찍 잃어 불쌍하다고 하셨는데, 이번 사건 터지니까 '속았다'며 분해하신다"고 말했다.[93]

11월 25일 『경향신문』은 사설을 통해 "자고 나면 또 무슨 일이 터질까 겁이 난다. 대한민국의 현실은 영화나 드라마에서나 있을 법한 일들이 매일 일어나는 '막장극'이나 다름없다"고 했다.[94] 11월 28일 『경향신문』은 「주말마다 광장에 서는 사람들…움츠린 가요·영화·공연」이라는 기사에서 "'박근혜·최순실 게이트'에 세간의 관심이 쏠리면서 연말 특수를 고대했던 문화계도 이에 적잖은 영향을 받고 있다. 현 시국에 분노한 사람들이 문화생활을 즐기는 대신 뉴스 등을 찾아보고, 문화 공연이 많은 주말 촛불집회에 모여들기 때문이다"고 했다.[95]

"촛불 든 학생들의 정유라를 향한 분노"

촛불집회를 통해 민심의 분노가 폭발한 이면엔 당시 광범위한 설득력을 얻고 있던 '흙수저론'으로 대변되는 세습자본주의에 대한 강한 문제의식이 있었다. 계급이 세습되고 있는 현실은 막연한 불만의 수준을 넘어 사회과학적 연구를 통해 입증된 것이었기에,[96] 사실상 문제 제기의 폭발을 기다리고 있던 상황이었다. 폭발을 촉발시킨 건 최순실의 딸 정유라의 이화여자대학교 부정입학 의혹이었다.

이미 이화여자대학교 학생들은 7월 28일 학교 측의 평생교육 단과대학(미래라이프대학) 설립 계획에 반대하며 '본관 점거 농성'을 수십 일간 지속시켜온 상황에서 『경향신문』은 9월 23일 삼성이 정유라를 위해 독일에 승마장을 구입해 제공하는 등 특혜 의혹을 제기했다. 이런 가운데 10월 12일 『한겨레』는 "3년 전 최순실 씨 딸의 승마 문제와 관련해 박근혜 대통령이 '나쁜 사람'이라고 지칭해 좌천됐던 문화체육관광부 국장과 과장이 최근 강제로 공직에서 물러난 것으로 확인됐다"고 보도했다. 『한겨레』는 "이들의 사퇴에는 박 대통령이 '이 사람들이 아직도 있어요?'라며 공직에 남아 있는 걸 문제 삼은 게 결정적인 작용을 한 것으로 알려졌다"고 보도했다.[97]

10월 13일 『경향신문』이 더 파헤쳐보니 정유라가 입학할 당시 승마 특기생 전형이 생겼고 입학처장이 "금메달을 가져온 학생을 뽑으라"고 지시했다. 해당 전형 서류 마감은 9월 14일, 정유라가 메달을 받은 날은 9월 20일이었다.[98] 같은 날 『CBS 노컷뉴스』 보도로 정유라가 이화여자대학교에 제출한 리포트가 공개되었다. 인터넷 블로그를 짜깁기해 "마음속에 메트로놈 하나 놓고 달그닥 훅 하면 된다"고 쓴 리포트였지만 B학점을 받았고, 교수가 정유라에게 쩔쩔 매는 모습까지 공개되며 특혜 의혹이 폭발했다. 이화여자대학교와 각종 온라인 커뮤니티는 '달그닥 훅'과 특혜 입학을 풍자하는 대자보로 가득 찼다.[99]

10월 19일 인터넷에서는 정유라가 2014년 말 소셜네트워크서비스 SNS에 쓴 것으로 추정되는 글이 뜨거운 논란을 불러일으켰다. 이런 내용이었다. "능력 없으면 니네 부모를 원망해. 있는 우리 부모 가지고 감 놔라 배 놔라 하지 말고. 돈도 실력이야. 불만이면 종목을 갈아타야지. 남의 욕하기 바쁘니 아무리 다른 거 한들 어디 성공하겠니?" 이 글의 작성 시점은 정유라가 2014년 9월 인천아시안게임에서 승마 국가대표 선수로 발탁되어 단체전에서 금메달을 따고, 이화여자대학교 수시 체육특기자 전형에 합격한 직후였다.[100]

바로 이날 TV조선은 정유라에게 제적 경고를 했다가 지도교수에서 교체된 이화여자대학교 함 모 교수와 인터뷰를 내보냈다. 함 교수는 "최씨가 전화를 걸어와 교수 같지도 않은 이런 뭐 같은 게 다 있냐고 말했다"고 밝혔다. 당시 학장은 함 교수에게 "정윤회 씨 부인이니 잘하라"고 말했다고 전해졌다. 함 교수는 "저는 정씨가 자퇴했으면 좋겠다. 그게 가장 옳은 답"이라고 말했다. 최경희 이화여자대학교 총장이 논란에 책임을 지고 물러난 것도 바로 이날이었다.[101]

10월 19일 이전까진 최순실 게이트는 박근혜의 지지율에 영향을 미치는 요소가 아니었다. 9월 26일 김영란법이 실시되자 박근혜 지지율이 소폭 상승했고, 10월 3일 박근혜가 북한 국민을 상대로 탈북을 권유하는 발언을 하자 지지율이 더 상승하기도 했다. 박근혜의 굳건했던 콘크리트 지지율은 조윤호의 말처럼 "이화여대가 흔들고 '태블릿 PC'가 박살냈다"고 할 수 있었다.[102] 다음과 같은 4건의 기사는 민심의 폭발엔 이화여자대학교의 역할이 컸다는 걸 잘 말해준다 하겠다.

(1) "나는 100만 시민과 함께 '박근혜 퇴진'을 외친 중고생들의 마음에 주목했다. 연필 대신 촛불을 들고 '이게 나라냐'고 울부짖는 아이들에게 부끄러웠다. 그들의 상처는 깊고 깊었다. 특히 최순실 딸 정유라의 '특혜 인생'을 향한 분노는 혼박昏朴에 대한 그것 이상이었다."[103]

(2) "입시 중압감에 짓눌린 또래들이 피 말리는 나날을 보내고 있을 때 누군가는 '비선 실세' 엄마 덕분에 대학의 관문을 '프리패스' 했다. 대학생이 된 뒤에도 출석과 성적 관리 등 비정상적 특혜가 이어졌으니 대학생들의 분노가 하늘을 찌른다. 일부 수험생은 오늘 촛불시위를 앞두고 '이제는 고3이 나선다. 수능 끝 하야 시작'이라며 잔뜩 벼르고 있다."[104]

(3) "고교생들은 정유라의 고교 장기 결석보다는 참여하지도 않은 국어 수업 수행평가에서 만점을 받은 데 분노했다. 그의 국어 실력은 이화여대에 제출한 리포트와 페이스북에 올린 글에서 잘 드러난다. 수업과 야간 자율학습에 파김치가 된 몸을 일으켜 수행평가를 한 학생들은 시쳇말로 꼭지가 돈다."[105]

(4) "40년간 최씨 일가가 저지른 불법과 비리는 단군 이래 최고라 해도 지나치지 않다. 특히 백년대계인 교육 현장을 망가뜨리고, 입시만은 공정할 거라 믿었던 학생들의 꿈을 빼앗은 죄는 그 무엇에도 비교할 수 없다."[106]

"거짓말도 제대로 못하는 대통령"

박근혜·최순실 게이트는 상상을 초월하는 엽기의 연속이었다. 그걸 모르지 않을 '애국보수'와 '친박' 세력이 언론 탓을 하는 건 자연법칙을 바꾸라는 것처럼 황당한 동시에 무지한 발상이었다. 그럼에도 언론 탓을 해대면서 심지어 '언론의 난亂'이라고 떠들어대는 애국보수 인사들이 계속 나타나는데, 이들 역시 50년 후, 100년 후, 1000년 후, 2000년 후 계속될 드라마의 조연급으로 모시기에 충분했다.

2016년 11월 17일 국회는 '박근혜 정부의 최순실 등 민간인에 의한 국정 농단 의혹 사건 규명을 위한 특별검사의 임명 등에 대한 법률안'을 재석 의원 220명 중 찬성 196명, 반대 10명, 기권 14명으로 통과시켰다. 친박계 최경환·박명재·김광림·김진태·이학재 의원 등 새누리당 의원 10명은 반대표를 던졌고, 권성동 법제사법위원장과 박맹우·안상수·홍문종 의원 등 새누리당 의원 14명은 기권했다.[107] 11월 30일 '박근혜 정부의 최순실 등 민간인에 의한 국정 농단 의혹 사건 진상 규명을 위한 국정조사 특별위원회(국조특위)'가 첫 기관 보고를 위한 전체회의를 열고 활동을 시작했다.

12월 1일 『경향신문』 논설위원 박구재는 "박근혜는 거짓으로 무너졌다"는 진단을 내렸다. 그는 "2012년 대선 당시 '경제민주화와 국민 행복시대를 열겠다'는 공약부터 거짓이었다. 경제민주화는 취임 6개월도 안 돼 폐기됐다. 기초연금·반값 등록금·4대 중증질환 100% 보장 등 복지 공약은 파기 또는 축소했다. 대통령 취임 이후엔 틈만 나면 규제 완화를 주술처럼 외쳐댔다. '규제는 암 덩어리다. 단두대에 올려 규제 혁명을 이루겠다'고 했지만 그것도 거짓이었다. 겉으로는 '기업하기 좋은 나라를 만들겠다'고 했지만 속셈은 '기업 뻥 뜯기'를 위한 밑밥 깔기였다"며 다음과 같이 말했다.

"세월호 참사 이후 대국민 사과를 하며 흘린 눈물도, '필요하다면 특검을 통해서라도 세월호 참사의 진상을 낱낱이 밝히겠다'는 말도 거짓이었다. '세금이 많이 들어간다'며 세월호특조위 활동 기한을 연장하지 않은 것은 '7시간 미스터리'가 밝혀질 것을 두려워했기 때문일 터이다. 국정을 농단하고, 헌정질서를 파괴한 게이트의 주범이란 사실이 밝혀진 뒤 2차 대국민 담화를 하면서 보인 눈물도 거짓이었다. '모든 사태는 저의 잘못이다. 검찰 조사는 물론 특별검사의 수사까지 수용하겠다'고 하더니 검찰의 대면 조사를 거부하고 190만 촛불에 포위돼 섬처럼 고립된 청와대에서 장기농성을 했다. '임기 단축을 포함한 진퇴 문제를 국회에 맡기겠다'고 밝힌 3차 대국민 담화에서도 끝내 거짓의 가면을 벗지 않았다. 국회를 분열시켜 탄핵을 모면하려는 간교한 정치적 술수를 감춘 채 '단 한순간도 사익을 추구하지 않았다'는 변명만 늘어놨다. 거짓으로 쌓은 사상누각沙上樓閣이 무너졌는데도 또 다른 거짓의 성城을 쌓으려는 대통령을 시민들은 마음속에서 탄핵한 지 오래다."[108]

12월 3일 6차 촛불집회는 참여 인원 232만 명으로 사상 최대 인원을 기록했다. 시민들은 특히 박근혜의 거짓말에 분노했다. 12월 5일 여성학자 정희진은 「거짓말도 제대로 못하는 대통령」이라는 칼럼에서 "국정 파탄도 파탄이지만 촛불정국 전 과정을 통해, '대통령이 저런 수준인지 몰랐다'는 사람은 나만이 아닐 것이다.……박 대통령과 그 주변인들의 근본적인 문제는 거짓말 각본도 없다는 사실이다. 여기서 '이것이 국가인가'라는 탄식이 나올 수밖에 없다. '정치력', '통치력'이 전무한 것이다. 거짓말을 하려면 어느 정도의 현실감각과 판단력이 필요하다"며 다음과 같이 말했다.

"거짓말을 옹호하는 것이 아니다. 거짓말의 전제인 자기 파악이 안 돼 있다. 지금 232만 명이 거리에 나온 이 시국에 대통령만 다른 나라에 살고 있다. 놀라운 점은 대통령이라는 자의 '백치성'이다.……그가 '나쁜 사람'이라기보다 개념 없는 사람이라는 판단이 들자, 혹시 향후에 정 많은 한국인들이 그의 백치성을 불쌍히 여겨 용서할지도 모른다는 생각이 들면서 끔찍해진다. 세상에서 가장 악한 사람은 나쁜 의지를 가진 사람이 아니다. 알 수 없는 사람이다. 국가 지도자가 이런 유형인 경우 국민은 의미 없는 고민에 빠지고, 공동체는 분노와 의구심으로 소진된다. 박 대통령의 능력은 단 하나, 유신의 유령이다."[109]

박근혜 게이트, 박근혜 탄핵

2016년 12월 5일 시작된 국회 청문회는 '박근혜·최순실 게이트'에 대한 국민적 분노를 키웠다(청문회는 총 7차례에 걸쳐 열렸으며, 국조특위 활동은 2017년 1월 15일 활동이 종료되었다). 박근혜의 지지율은 4퍼센트로 떨어지고 국민의 80퍼센트가 탄핵을 지지하기에 이르렀다. 2016년 12월 9일 오후 3시. 여야 의원들이 본회의장에 들어섰다. 박근혜에 대한 탄핵 소추안이 상정되었다.

박 대통령이 '대통령의 권력을 남용하여 국가의 권력과 정책을 최순실 등의 사익 추구 도구로 전락하게 함'으로써 국민주권주의(헌법 제1조)와 대의민주주의(헌법 제67조 제1항)의 본질을 훼손하는 등 헌법 위배행위를 한 것을 비롯해 '제3자 뇌물죄'와 세월호 참사 부실 대응이 탄핵 사유로 적시되었다.

여당인 새누리당은 반발하지 않았다. 차분히 투표가 진행되었다. 4시 10분. 정세균 국회의장은 "박근혜 대통령 탄핵 소추안이 가결됐다"고 밝혔다. 299명의 국회의원 중 234명이 박근혜 탄핵에 찬성표를 던졌다. 표결에 참여한 야당 의원 172명이 모두 찬성했다고 가정해도 새누리당 의원 중 최소한 62명이 찬성표를 던진 셈이었다.

박근혜는 2016년 12월 9일 오후 7시 3분 국가원수이자 행정부 수반으로서 모든 권한 행사가 공식 중단되면서 언제 끝날지 모를 관저

생활을 시작했다. 박근혜는 직무 정지 직전 국무위원 간담회에서 탄핵 가결 등의 정치적 상황에 대해 "피눈물이 난다는 게 무슨 말인가 했는데 이제 어떤 말인지 알겠다"면서 자신의 답답하고 억울한 심정을 토로했고, 눈물을 보이며 국무위원들과 인사를 나눈 것으로 보도되었다.[110]

그러나 정작 "피눈물이 난다"는 말을 써야 할 사람들은 따로 있었다. 박근혜로 인해 억울하게 피눈물을 흘려야 했던 사람들 가운데 한 명인 김해호 목사는 12월 13일 국회 정론관에서 기자회견을 가졌다. 2007년 박근혜와 최태민 일가 '검증'을 주장했다가 명예훼손과 선거법 위반으로 1심에서 1년 징역형을 받고 2심에서 징역 8개월 집행유예 2년을 받았던 그는 "2012년 대선을 앞두고 박근혜 후보 측이 외국으로 떠나게 만들었다"고 폭로했다.

그는 "(2007년 당시) 박근혜 대통령은 진실을 말했을 때 한마디로 '천벌 받을 소리'라고 잘라 말했다"며 "처절하게 감옥에서 반년을 살다가 세상에 나오니 세상은 저를 범법자, 범죄자로 만들어 한 세월을 고통 속에 살게 했다"고 회고했다. 그는 베트남에서 사는 5년 동안 "피눈물을 흘리며 살았다"고 호소했다.[111]

12월 21일 박영수 특검이 현판식을 열고 대대적인 수사에 착수했다. 특검은 26일 '문화계 블랙리스트' 작성과 관련, 조윤선 문화체육관광부 장관의 자택과 집무실도 전격적으로 압수수색하는 등 열심히 활동했지만, 가장 큰 난관은 의혹 대상자들의 거의 대부분이 "난 모른다"로 버티는 것이었다. 12월 27일 서울대학교 사회학과 교수 송호근은 「'난 몰라' 공화국」이란 칼럼에서 "조류인플루엔자AI가 전국을 강타했다. 살처분된 닭이 벌써 2,500만 마리에 이른다"며 다음과 같이 말했다.

"대통령이 친애하는 최순실의 손길이 닿은 곳마다 곪아터진 상처 자국이 선명한데 '최순실'을 만난 사람은커녕 이름조차 듣지 못했다고 항변하는 꼴이 그렇다. 청와대에 앉아 대한민국을 통치했다는 최고 엘리트들이 그러하니 씁쓸하다 못해 부끄럽다. 국정 농단의 상처는 유혈 낭자한데 자신과는 '관련 무無!'거나 '난 모른다'로 일관하니, 귀신이 곡할 노릇이다. 발각됐으니 다행이지 호열자보다 더 무서운 최순실 인플루엔자CI가 '난 몰라' 공화국을 쓰러뜨렸을 거다."[112]

최고 엘리트들은 오직 "난 몰라"만을 외친 반면, 한때 최순실을 위해 일했던 고영태와 노승일은 내부고발에 앞장섰다. 12월 23일 밤 손혜원 더불어민주당 의원은 자신의 페이스북을 통해 "두 사람이 많이 두려워하고 있다"며 "한 사람은 두려워서 옷을 입은 채로 잠을 자고, 한 사람은 수면제 없이는 잠을 못 잔다고 한다"고 이들의 근황을 전했다. 네티즌들은 손혜원에게 "진실을 위해 마음을 돌이키고 용기를 낸다는 건 존경받고 보호받을 가치가 있다"며 "이번 사태가 내부고발자의 신변을 보호하는 계기가 됐으면 좋겠다"고 의견을 전했다.[113]

12월 27일 비박계 의원 29명이 집단 탈당을 선언함에 따라 새누리당 의석수는 128석에서 100석 미만의 두 자릿수가 되었다(탈당파는 2017년 1월 24일 바른정당을 창당하며, 잔존 새누리당은 2017년 2월 13일에 당명을 자유한국당으로 변경했다).

12월 28일 특검은 문형표 전 보건복지부 장관을 삼성물산과 제일모직 합병에 국민연금이 찬성하도록 압력을 행사한 혐의로 긴급 체포했다. 특검팀은 검찰에서 정호성 전 비서관의 휴대전화 녹음 파일을 넘겨받아 분석했는데, 12월 30일 최순실이 정호성에게 "국정을 보느라 머리가 아프다"고 말하는 등 최순실이 국정에 깊숙이 개입했다는 정황 증거들이 특검 수사를 통해 속속 드러나기 시작했다.[114]

"의도적 눈감기: 비겁한 뇌와 어떻게 함께 살 것인가"

2016년 12월 31일 『동아일보』 논설위원 정성희는 「2016년, 엘리트 치욕의 해」라는 칼럼에서 "2016년 우리가 살아온 나라는 어떤 나라였나. '원칙 없는 정치', '노동 없는 부', '인격 없는 지식' 등 간디가 주창한 7대 사회악의 정수를 우리는 최순실 게이트에서 목격했다. 국민이 분노한 것은 단순히 최순실의 국정 농단이 아니라 개·돼지인 민중과 동떨어진 삶을 사는 지식엘리트, 경제엘리트, 법률엘리트의 공고한 카르텔이었다. 최순실의 국정 농단이 혼자 가능했을까. 뛰어난 법률 지식과 실행 능력을 갖춘 엘리트의 조력 덕분이었다"며 다음과 같이 말했다.

"대런 애스모글루는 『국가는 왜 실패하는가』에서 국가가 실패하는 건 지도자의 무지 탓이 아니라 소수 엘리트가 포용적 제도가 불러올 창조적 파괴를 두려워하기 때문이라고 지적했다. 엘리트가 바른 윤리 의식과 가치관을 가지고 기득권을 포기할 때 나라는 융성하지만 비겁하게 행동할 때 망국의 지옥문이 열린다. 이건 역사가 시작된 이래 한 번도 어긋난 적이 없는 만고의 진리다. 2016년 최대의 실패자는 엘리트다."[115]

2016년 마지막 날인 31일 밤 서울 광화문광장에서 열린 촛불집회에 참석한 시민들은 한마음으로 '송박영신送朴迎新(박 대통령을 보내고 정유년 새해에는 새로운 대한민국을 맞는다)'을 기원하면서 '부패·비리 없는 새해'를 소망했다. 이날 탄핵 가결 이후 최대 인원인 전국 110만 4,000명이 촛불집회에 참여해, 10차에 걸친 촛불집회 참여 인원수가 누적 인원 1,000만 명을 돌파했다. 단일 의제로 1,000만 명의 시민이 광장에 집결한 것은 처음이었다.[116]

더할 나위 없이 아름다운 일이긴 했지만, 왜 우리는 몇 년에 한 번씩 모든 것이 썩어 곪아터진 것을 알게 되었을 때에서야 들고 일어서는 것일까? 혹 우리는 평소엔 이른바 '의도적 눈감기willful blindness'를 하면서 살다가 그걸 할 수 없게 된 긴박한 상황에 이르러서야 눈을 뜨게 되는 건 아닐까? 마거릿 헤퍼넌Margaret Heffernan은 『의도적 눈감기: 비겁한 뇌와 어떻게 함께 살 것인가Willful Blindness: Why We Ignore the Obvious at Our Peril』(2011)에서 우리 인간은 '마주하기에는 너무나 고통스럽고 두려운 진실'을 회피하는 성향이 있다고 말한다.

"인정하고 논쟁하며 행동으로 변화시켜야 할 불편한 진실을 거부하면서 우리는 문제를 키운다. 수많은 사람들, 아니 어쩌면 대부분의 사람들이 저지르는 오류는 아무도 볼 수 없게 진실을 감추고 덮어두는 것이 아니라, 너무나 빤히 보이는데도 불구하고 어느 누구도 들여다보거나 캐묻지 않는 것이다.……복종하고 순응하려는 무의식적인 충동은 우리의 방패가 되고 군중은 우리의 타성에 친절한 알리바이가 되어준다. 돈은 심지어 우리의 양심까지도 눈멀게 한다."[117]

어떻게 해야 의도적 눈감기를 넘어설 수 있을까? 헤퍼넌은 "우리가 할 수 있는 일은 질문을 던지는 것이다"고 말한다. "알지 않겠다고 결정을 내릴 때 우리는 스스로를 무력하게 만든다. 그러나 보겠다고 주장할 때는 우리 스스로에게 희망이 생긴다.……모든 지혜가 그렇듯, 보는 것은 단순한 질문으로 시작된다. 내가 알 수 있고, 알아야 함에도 알지 못하는 것이 무엇인가? 지금 여기서 내가 놓친 것이 무엇인가?"[118]

의도적 눈감기의 가장 심각한 문제는 그것이 노동력의 분화로 인해 일상적 삶의 한 패턴으로 고착화되고 있다는 점이다. 권리를 행사하는 데엔 매우 적극적이지만 책임은 한사코 피하려 드는 이른바 '칸막이 현상'이 심한 한국과 같은 사회에서 의도적 눈감기는 더욱 기승을 부린다. 이런 경우엔 헤퍼넌의 해법은 통하기 어렵다. 강한 의도를 갖고 눈을 감는 사람들에게 질문을 던질 뜻이 있을 리 만무하다. 왕성하게 질문을 던지는 사람들, 즉 공익제보자(내부고발자)들을 보호해주는 법부터 제대로 만들어야 하는 게 아닐까?

제10장
*
역사는 앞으로 '3·10 이전'과 '이후'로 나누어질 것인가?
***
2017년

"새해 첫날부터 변명만 늘어놓은 뻔뻔한 대통령"

헌법재판소 탄핵 심판 변론을 이틀 앞둔 2017년 1월 1일, 박근혜는 예정에 없던 이상한 기자 간담회를 열었다. 기자들에게 노트북을 지참하지 못하게 하고 녹음과 사진 촬영도 금지되었다. 그 내용은 일방적인 해명에 그쳤다. 탄핵 소추안이 가결된 상태에서 대통령이 기자 간담회를 열 수 있는지도 논란이었다.

박근혜는 기자 간담회에서 모든 것을 부인했다. 세월호 참사 당일 미용 시술 의혹 등을 전면 부인했고 삼성물산과 제일모직 합병 찬성 대가로 재단 모금과 정유라 지원 등 뇌물을 받았다는 의혹에 대해 "완전히 엮은 것"이라고 밝혔다. 최순실 게이트와 관련해 기존의 입장과 달리 "국정 운영에 저의 철학과 소신을 갖고 일을 해왔다"고 밝혔다. 외려 "방송 나오는 것을 보면 너무나 많은 왜곡, 오보, 거기에다 허위가 그냥 남발이 됐다"고 언론 탓을 하기 급급했다. 가장 논란이 된 세월호 참사 당일 7시간 행적에 관해서는 두루뭉술하게 해명했다.¹

이에 『한겨레』는 「새해 첫날부터 변명만 늘어놓은 뻔뻔한 대통령」이라는 사설에서 "특검과 검찰 수사를 통해 확인된 내용이나 국회 청문회장의 증언조차 모조리 부인으로 일관하는 대통령을 보면서, 현실을 제대로 인식할 수 있는 정상 상태인지 의문이 들 정도다"며 "나라를 이 지경으로 만들고도 국민에게 사과하기는커녕 '모든 게 정상으로 바로잡혀 보람찬 새해가 되길 바란다'고 말하는 뻔뻔함이 놀랍기만 하다"고 했다.² 『중앙일보』는 「국민 분노에 불 지른 대통령 신년 간담회」라는 사설에서 "임기를 끝까지 채우고 싶다는 오기만 부렸다"며 "탄핵안 가결 이후 누그러질 조짐을 보여온 국민의 분노에 새해 벽두부터 기름을 부은 것이나 다름없다"고 했다.³

공영방송은 일방적인 대통령의 해명을 전달하는 데 급급했다. 1일 MBC〈뉴스데스크〉는 "예고 없이 기자단과 간담회를 가진 박 대통령은 세월호 7시간 의혹에 대해 적극 해명에 나섰다"면서 "관저에서 세월호 사고 관련 상황을 챙기면서 구조 지시 등 대통령으로서 할 일을 다 했고, 많은 양의 밀렸던 기초연금 보고서 등을 읽었다고 설명했다"고 보도했다. KBS〈뉴스9〉역시 "박 대통령은 제기된 의혹들에 대해 처음으로 조목조목 반박했다"고 보도했다. 지상파 3사 중 SBS〈8뉴스〉만 "박 대통령이 간담회를 자청해 반박에 나선 건 이번 주 시작되는 헌재의 탄핵 심판 변론을 앞두고 의혹에 대한 입장을 직접 밝힐 필요가 있다는 법률적 판단에 따른 것으로 보인다"며 의도를 분석했다.

반면 JTBC 〈뉴스룸〉은 "(기자 간담회가) 논리적 방어라기보다는 주장에 가까웠다는 지적이 나온다"면서 "특히나 언론이 제기한 의혹에 대해서 구체적인 팩트로 반박하는 대신 허위, 왜곡 오보라고 표현하며 불만을 드러냈다"고 지적했다. JTBC는 이전 박근혜의 입장 발표와 이날 기자 간담회의 차이를 분석하며 '철학과 소신'이라는 표현을 쓴 배경을 짚었다. JTBC는 "철학과 소신에 따른 것이라고 주장하는 것은 국정 농단 의혹 등을 통치행위의 일환이었다고 주장하려는 의도로 풀이된다"면서 "통치행위이기 때문에 수사를 통해 처벌할 수도 없고 탄핵의 대상도 안 된다는 주장을 펴기 위한 것"이라고 분석했다. JTBC는 박근혜의 논리가 빈약하다는 점도 언급했다. 특히 세월호 참사 7시간 관련 해명에 대해 "다른 업무도 같이 봤다"며 관저 출근을 하지 않았다고 밝힌 점은 이해하기 어렵고, 구체적으로 어떤 보고를 받고 어떻게 지휘했는지는 이날 해명에도 나타나지 않고, 경호실 준비 시간 때문에 중앙재난안전대책본부에 몇 시간 동안 가지 못했다는 것도 이해하기 힘들다고 비판했다.[4]

"박근혜 신년 기자회견 궤변에 놀아난 청와대 기자단"

청와대 기자들은 들러리 역할만 했다는 비판을 받았다. 김종철 자유언론실천재단 이사장은 「박근혜 신년 기자회견 궤변에 놀아난 청와대

기자단」이란 칼럼에서 『뉴스타파』(2016년 11월 16일)에 실린 「'박근혜·최순실 체제의 부역자들 5-청와대 출입기자'」라는 기사의 한 대목을 소개했다.

"박근혜 정부 들어 청와대 출입 기자들은 기사를 쓰는 것보다는 청와대로 모이는 고급 정보들을 사주와 경영진, 데스크에 정보 보고하거나 자사의 이익을 관철시키는 창구 역할로서 기능하고 있다는 것이 언론계 내·외부의 평가다. 특히 방송의 경우, 그 정도가 더 심해 결국 '청와대 방송'으로 전락해버렸고 청와대 출입 기자 경력은 승진을 위한 지름길이 돼버렸다는 비판을 받고 있다."

이어 김종철은 "이런 일이 청와대 출입 기자 대다수의 주업主業이라면 그들은 더이상 춘추관에 둥지를 틀고 앉아 있을 이유가 없다"며 "기자의 사명이자 권리는 많은 사실 가운데 무엇이 진실인지를 언론소비자가 판별하도록 하는 작업과 활동이다. 그리고 독자와 시·청취자들은 공적 기능을 가진 언론에 대해 '알 권리'를 주장할 수 있다"고 했다.[5]

국내 최장수 청와대 출입 기자(9년 6개월간)였던 송국건 『영남일보』 서울취재본부장은 "(박근혜 정부가) 기자들을 춘추관에만 가둬 놓고 있다. 청와대 출입 기자가 아니라 춘추관 출입 기자다. MB정부 때까지만 해도 비서실장부터 500여 명의 직원들과 연락할 수 있는 내부 조직도가 있었다. 대외비라곤 했지만 기자들은 조직도를 복사해서 가지고 다녔다. 박근혜 정부 들어서는 그것마저도 없어졌다"며 다음과 같이 말했다.

"청와대 안에서 무슨 일이 일어나는지 기자들은 알 수가 없다. 청와대 조리장도 아는 이야기를 기자들은 모른다. 최순실 국정 농단이 여기까지 이르게 된 이유는 언론과의 '불통'에 있다. 언론과의 불통은 국민과의 불통이다.……선배들에게 책임이 있다. 사전에 기자회견 질문지를 제출하라고 했을 때 '정해진 틀대로 하지 않겠다', '자유 질문하겠다'라며 저항하고 바꿔놨다면 지금과 같진 않을 것이다. 다음 정권이 들어오면 강력하게 요구해야 한다. 기자들의 요구를 받아들이지 않는다면 대통령 기사를 쓰지 않겠다는 등의 압박도 생각할 수 있을 것이다. 최순실 게이트 이후 청와대 기자들은 권력을 감시하는 새로운 틀을 고민해야 한다."[6]

『미디어오늘』은 「병풍이 된 기자들, 반성은 하고 있나」라는 사설에서 "기자들이 격식 있는 기자회견을 연출하려는 청와대의 의도를 거부했다면, 그래서 어설픈 답변에 추가 질문이 이어지고 난상토론이 벌어졌다면 박근혜의 실체가 좀더 일찍 드러났을 것이다. 2014년 11월 공개됐던 정윤회 문건에 기자들이 좀더 집요하게 달라붙었다면 한국 사회의 퇴행을 더 일찍 막을 수 있었을 것이다"며 다음과 같이 말했다.

"기자들이 청와대의 권위에 주눅 들어 있었던 것은 아닌지 돌아봐야 한다. 그건 예의도 질서도 아닌 직무유기일 뿐이다. 어느 취재 현장에서도 질문 순서를 짜고 질문 내용을 조율하는 곳은 없다. 질문하지 않기로 합의하고 듣기만 하는 취재는 다른 취재 현장에서도 상상조차하기 어렵다. 대본이 없으면 한 마디도 하지 못하는 대통령, 보여주고 싶은 것만 보여주려 하는 청와대와 무력하게 청와대의 요구를 따르는 착한 기자들, 이 기묘한 질서가 청와대를 망치고 한국 사회를 이 지경으로 몰고왔다. 청와대 기자실이 바뀌지 않으면 언제든 이런 비극이 되풀이될 수 있다."[7]

"촛불은 민심 아니라는 박근혜의 정신 상태"

박근혜가 뻔뻔한 변명만 늘어놓던 새해 첫날 최순실의 딸 정유라는 덴마크 북부 올보르Ålborg에서 불법체류 혐의로 현지 경찰에게 체포되면서 기나긴 도피 생활에 마침표를 찍었다. 그러나 이후 정유라는 귀국을 거부하는 시간 끌기 작전으로 버틴다. 이런 시간 끌기는 박근혜 대리인단이 헌법재판소의 탄핵 심판 변론에 임하는 기본 전술이기도 했다. 그 전술의 대부분은 승산이 없는 법적 대결을 포기한 가운데 박근혜의 골수 지지자들을 염두에 두고 벌인 정치적 궤변 공세였다.

1월 5일 박근혜 측은 헌법재판소에서 열린 탄핵 심판 변론에서 촛불집회 참가 시민들을 종북 세력으로 규정했다. '촛불'은 민심이 아니라는 말도 했다. 박근혜 대리인단의 서석구 변호사는 "광화문 대규모 촛불집회를 주도한 곳은 민중총궐기투쟁본부인데, 이를 주도한 곳은 민주노총"이라고 언급한 후 "민주노총이 김일성 주체사상을 따르는 이석기를 석방하라고 행진하는 것을 볼 때 민심이 아니다"라고 말했다. 서석구는 "북한 『노동신문』이 '김정은 명령에 따라 남조선 인민이 횃불을 들었다'고 했다"는 말도 했다. 박근혜는 또 서석구의 입을 빌려 "소크라테스도 사형됐고, 예수도 군중 재판으로 십자가를 졌다"면서 자신을 박해받은 성인들에 비유했다.[8]

1월 6일 『동아일보』가 정호성 전 청와대 부속비서관의 휴대전화에 녹음된 최순실 등과의 통화 녹취 파일 28분 34초 분량 12건의 전문을 분석해 보도한 기사에 따르면, 최순실은 마치 대통령처럼 행동했다. 박근혜의 공식 일정과 국무총리 대국민 담화 발표 시간을 마음대로 정하고, 정호성을 통해 대통령수석비서관 회의와 국무회의 개최 지시를 내렸다. 또 외국인투자촉진법이 통과될 경우 경제적 이득이 어느 정도 되는지를 알아보라고 지시했고, 예산 정국에서 야당에 대한 대응 방안도 제시했다.[9]

1월 10일 '박근혜 대통령 탄핵 심판' 3차 공개 변론 현장의 증언석에 최순실과 정호성은 나타나지 않았다. 국회와 특검의 소환에는 불응하더라도 국가 최고의 헌법 해석 기관인 헌재의 부름은 거부하지 못하리라는 예상을 깬 것이다. 변론은 30분 만에 허망하게 휴정했고, 오후 2시 재개된 변론도 30분 만에 끝났다. 안종범마저 불과 2시간 전에 불출석을 통보하는 바람에 재판관들은 할 일이 없게 되었다.

이에 대해 『중앙일보』 논설위원 고대훈은 「국정 농단보다 더 큰 죄」라는 칼럼에서 "탄핵 심판이라는 역사적 사건에 증언을 거부하는 배짱은 어디서 기인하는가. 양심과 죄의식에서 그 배경을 찾을 수밖에 없다. 유무죄를 떠나 나라를 이런 대혼돈에 빠뜨렸다면 대통령과 그의 사람들은 양심의 가책을 느끼는 게 상식이다"며 다음과 같이 말했다.

"국정 농단 사건이 남길 가장 큰 상처는 리더십 공백도, 진보와 보수의 갈등도 아니다. 대통령의 사람들은 법을 우습게 아는 풍조를 전염시키고 있다. 염치나 양심을 벗어던지는 도덕적 아노미와 냉소주의를 전파하고 헌법과 법률을 불신하도록 부추긴다. 이런 사회라면 법치주의는 힘없는 서민이나 지키는 공허한 수사修辭로 전락한다. '법, 그거 정말 웃기는 농담'이란 세상을 만드는 더 큰 죄를 그들은 저지르고 있다."10

"대통령이 수석들 모아놓고 거짓말 모의했다니"

2017년 1월 16일 헌법재판소의 박근혜 탄핵 심판 사건 공개 변론에 증인으로 나온 최순실은 '모른다'는 말을 130번 넘게 했고, '기억이 안 난다', '아니다'라는 답변은 각각 50차례와 30차례를 넘었다. 최순실이 일체의 혐의를 부인하는 대답을 가장 많이 한 것은 자신이 국정에 개입하고 이권利權을 챙겼다는 의혹에 대해서였다. 최순실은 세월호 당일인 2014년 4월 16일 행적을 묻는 질문엔 "저는 어제 일도 기억이 안 난다"고 했다. 그는 또 정호성 전 비서관이 자신이나 박근혜와 나눈 통화를 녹음한 파일에 대해선 "(녹음 당시) 상황을 몰라 (증거로) 인정할 수 없다"고 했고, 검찰에서 진술한 조서調書도 "검찰의 강압에 의한 것"이라고 했다.11

이날 공개 변론에서 안종범 전 청와대 정책조정수석은 "박 대통령이 작년 10월 12일 참모들과 면담 자리에서 '미르·K스포츠재단 자체를 전경련이 주도한 것으로 하고, (재단 일부) 인사는 청와대가 추천한 거다' 이런 식으로 말씀하신 것으로 기억난다"고 증언했다. 그 자리엔 민정수석과 홍보수석도 참석한 것 같다고 했다. 실제 안종범이 그날 작성한 업무 수첩에는 '(재단) 모금 청와대 주도·개입 ×', '전경련 주도'라고 적혀 있었다. 이에 『조선일보』는 「대통령이 수석들 모아

놓고 거짓말 모의했다니」라는 사설에서 다음과 같이 말했다.

"검찰 수사를 앞두고 박 대통령이 참모들과 대책 회의를 열어 전경련이 두 재단을 주도하고 기업들이 자발적으로 돈을 낸 것으로 포장하려 한 것이다. 실제로는 대통령이 재단 명칭과 사무실 위치까지 지시한 것으로 검찰 수사에서 드러났다. 안 전 수석은 또 헌재 공개 변론에서 '대통령으로부터 기업마다 재단 출연금 30억 원씩 받으라는 지시를 받았다'고 했다. 출연금 모금 액수도 대통령이 지정한 것이다. 이는 '대기업들이 선의로 냈다'는 박 대통령의 그간 해명과 반대다. 검찰이 안 전 수석 측에서 압수한 '압수수색 대응 문건'에는 '(집에서 휴대폰을 파기하려면) 전자레인지에 돌리라'는 내용도 들어 있었다. 청와대가 대통령 주도로 거짓말을 모의하고 증거인멸까지 시도했다. 있을 수 없는 일이다."[12]

1월 18일 서울중앙지법 형사22부 심리로 열린 공판에서 검찰은 "압수한 정호성 전 비서관의 휴대전화 통화 내역을 분석한 결과 최순실 씨와 2013년 2월부터 2014년 12월 사이 총 2,092차례 연락한 것으로 드러났다"며 "이 중 문자메시지가 1,197차례, 전화 통화는 895차례 있었다"고 밝혔다.[13] 최순실과 정호성이 하루 세 차례꼴로 연락했다는 것인데, 박근혜는 그렇게까지 최순실의 지도를 받지 않으면 하루도 국정 수행을 할 수 없었다는 것인지 기가 막힐 일이다.

'문화계 블랙리스트' 주도한 김기춘·조윤선 구속

2017년 1월 20일 도널드 트럼프Donald Trump가 제45대 미국 대통령에 취임하면서 한국은 급변하게 될 미국의 외교·통상 정책에 대응해야 할 절박한 상황에 놓이게 되었다. 그렇지만 한국은 대통령 하나 잘못 뽑은 죄로 사실상 아무런 대응도 할 수 없는 국정 마비 상태에 놓여 있었으며, 박근혜가 오직 '아버지를 위하여' 되살려 놓은 유신독재 시절의 잔재를 밝히는 데에 여념이 없었다.

2017년 1월 21일 문화계 지원 배제 명단인 이른바 '문화계 블랙리스트' 작성을 주도한 혐의로 김기춘 전 비서실장과 조윤선 문화체육관광부 장관이 구속되었다. 이에 앞서 박영수 특검은 두 사람 외에도 김종덕 전 문체부 장관, 정관주 전 문체부 1차관, 김상률 전 청와대 교육문화수석, 신동철 전 정무비서관, 김소영 전 문화체육비서관 등을 줄줄이 구속 또는 불구속 기소했다. 『경향신문』 기자 박래용은 "대한민국 어두운 역사, 부끄러운 과거마다 김기춘 이름 석 자가 빠지지 않았다. 부산 초원복집 지역감정 발언은 도청 사건으로 뒤집었다. 김기설 분신은 강기훈 유서대필 사건으로 돌려놓았다. 세월호 참사는 유병언 잡기와 유족들에 대한 공격으로, 정윤회 문건은 찌라시 유출로, 이석수 특별감찰관은 국기 문란으로 몰아 상황을 반전시켰다. 최순실 국정 농단은 태블릿PC 출처 시비로 또다시 국면을 바꾸려 했다. 위기 때마다 본질을 덮고 '불이야', '강도야'라고 외친 사람을 잡아 가뒀다. 그는 법비法匪, 법을 악용한 도적이라고 한홍구 성공회대 교수는 말했다"며 다음과 같이 말했다.

"법비는 48년간 이 나라를 활개치고 군림했다. 그건 누군가의 용인과 지원이 있었기에 가능했다. 보수 언론은 그에게 '미스터 법질서'란 애칭을 붙여줬다. 거제 주민들은 3선 국회의원을 만들어줬다. 박근혜는 그를 대통령 비서실장으로 불러들였다. 부끄럽다. 이 나라는 친일도, 유신 잔재도, 군사독재도 제대로 청산해본 적이 없다. 대청소를 할라치면 미래로 가야지 과거를 들쑤셔서 어쩌자는 거냐고 덤벼든다. 그 결과가 김기춘이란 괴물을 만들었다. 온 나라에 제2의 김기춘이 즐비하다. 정의도 아니다. 하늘이 무섭지 않으냐는 말은 저승의 법정 몫이다. 그때까지 기다릴 수 없다. 이승의 법정에서도 정의는 행해져야 한다. 역사의 법정에서도 정의가 이긴다는 것을 보여줘야 한다."[14]

1월 23일 유진룡 전 문화체육관광부 장관이 '문화계 블랙리스트' 작성 관련 참고인 신분으로 특검에 출석해 "현 정부가 대한민국 역사를 30년 전으로 돌려놨다"고 비판했다. 유진룡은 박근혜 정부 취임 직후인 2013년 3월부터 장관직을 맡았지만, 블랙리스트 실행 등을 놓고 청와대와 갈등을 빚다 2014년 7월 면직되었다.

유진룡은 이날 특검 조사실에 들어가기에 앞서 미리 준비한 메모지를 꺼내 "김 전 실장이 취임한 뒤 블랙리스트가 실행되기 시작했고, 실제로 그 리스트 적용을 강요했다"며 "정권에 반대하는 의견을 가진 사람을 조직적으로 차별하고 배제하기 위해 '좌익'이라는 누명을 씌워서 배제한 것은 심각한 범죄행위"라고 주장했다.

그는 "박 대통령에게 블랙리스트 관련 보고를 두 차례 했다"고 밝혀 박근혜도 블랙리스트에 연루되었음을 시사했다. 유진룡은 "2014년 1월과 그해 7월 두 차례 대통령을 만나 블랙리스트와 관련해 (문화예술인)

차별 배제 행위를 하지 않아야 한다고 말했다. 하지만 거기에 대해 (대통령은) 묵묵부답이었다"고 말했다.[15]

1월 24일 박영수 특별검사팀은 전직 청와대 직원에게서 김기춘이 2013년 말에서 2014년 초 극우 단체에 자금 지원을 지시했다는 진술을 확보했다. 김기춘의 지시에 따라 정무수석실은 전경련에 자금 지원을 요청했고, 전경련은 극우 단체에 차명으로 돈을 보냈다. 특검은 김기춘 등이 2014년 6월 극우 단체를 동원해 세월호 유가족을 비난하는 집회를 열게 한 구체적인 정황도 포착했다. 단식 농성 중인 유가족들 앞에서 '폭식 투쟁'을 벌인 극우 단체의 패륜에 시민들이 충격을 받고 의아해했는데 이제야 의문이 풀린 것이다. 정권의 꼭두각시 노릇을 한 극우 단체 대표들은 최근 박근혜 탄핵 반대 집회에도 적극 참가한 것으로 알려졌다.[16]

"최순실 사태, 날 끌어내리려 오래전부터 기획된 느낌"

2017년 1월 25일 오전 11시 15분쯤 서울 대치동 특검 사무실로 강제 구인된 최순실이 갑자기 취재진을 향해 "여기는 더이상 민주주의 특검이 아닙니다. 박근혜 대통령과 경제 공동체임을 밝히라고 자백을 강요하고 있습니다"라고 소리쳤다. 최순실은 한 달 넘게 6번에 걸친 특검팀의 소환에 불응하다 이날 오전 9시 30분쯤 체포영장이 집행되어 서울구치소에서 특검 사무실에 나왔다. 그는 "어린애와 손자까지 멸망시키겠다고 하고 이 땅에서 죄를 짓고 살게 하겠다는데…… 자유민주주의 특검이 아니다"라고 말했다. 최순실은 엘리베이터 앞에 멈춰서더니 취재진을 향해 고개를 돌려 "이것은 너무 억울하다. 우리 아기까지 다, 어린 손자까지 그렇게 하는 건……"이라고 외쳤다. 이 장면을 지켜보던 특검 사무실 청소관리원 아주머니가 "염병하네"라고 세 차례 소리쳐 나중에 시민들에게 큰 박수를 받았다.[17]

미리 짜고 한 것인지, 우연인지는 알 수 없지만, 바로 그날 박근혜도 청와대 상춘재에서 『한국경제』 정규재 주필이 운영하는 1인 인터넷 방송 '정규재 TV'와 인터뷰를 갖고 자신의 혐의에 대해 "거짓말로 쌓아올린 커다란 산"이라고 주장했다. 밤에 공개된 이 인터뷰에서 박근혜는 "뭔가 오래전부터 기획된 것이 아닌가 하는 생각"이라며 "우발적으로 된 건 아니라는 느낌"이라고 했다.

박근혜는 특검팀이 제기하는 최순실과의 '이익 공동체' 의혹에 대해 "말도 안 되는 거짓말이다. 희한하게 경제 공동체라는 말을 만들어냈는데 엮어도 너무 엮은 것"이라고 했다. 박근혜는 유진룡 전 문체부 장관의 (블랙리스트 관련) 폭로에 대해선 "장관으로 재직할 때 말과 퇴임한 후의 말이 달라지는 것, 개탄스러운 일이라고 생각한다"고 했다. 박근혜는 "'태극기 집회'가 점점 커지고 있다. 약간 위로받으시나?"라는 질문엔 다음과 같이 답했다.

"촛불시위보다 두 배도 넘을 정도로 정말 열성 갖고 많은 분들이 참여하신다고 듣고 있는데, 그분들이 왜 저렇게 눈도 날리고 날씨도 추운데 계속 많이 나오시게 됐나. 자유민주주의 체제 수호해야 한다, 법치 지켜야 한다, 그런 것 때문에 여러 가지 고생 무릅쓰고 나온다고 생각할 때 가슴이 미어지는 그런 심정이다."[18]

"국민 가슴에 불 지른 박근혜의 '적반하장 인터뷰'"

역사학자 전우용은 "최순실 게이트는 거짓말로 쌓아올린 커다란 산"이라는 박근혜의 인터뷰 발언을 두고 같은 날 자신의 트위터에 "'거짓말로 쌓아올린 커다란 산'이 바로 박근혜의 일생이며, 그 산에 집 짓고 산 자들이 그 일당이고, 그 집들에서 배출한 쓰레기 더미가 '종박단체'"라고 강하게 비판했다.

한인섭 서울대학교 법학전문대학원 교수도 페이스북에 "친박 집회엔 촛불 인파의 2배라고 들어"라는 내용의 자막이 적힌 박근혜의 인터뷰 화면을 게재하면서 "이런 걸 보고라고 듣고 있으니, 국정을 하나도 제대로 했을 리가 없다. 이런 염병"이라고 적었다. 같은 대학의 조국 교수도 "(25일) 아침에는 최순실이 특검을 비방하더니, 저녁에는 박근혜가 촛불을 모독한다. 양인은 '정신적 공동체' 관계임을 재확인한다"고 비판했다.

인터뷰를 지켜본 시민들은 충격에 빠졌다. 충남 천안에 사는 류대영은 "박 대통령은 여전히 자신이 뭘 잘못했는지 모르고 있다는 것과 적반하장식 태도가 놀라웠다. 처음부터 대통령이 되면 안 될 사람이었는데, 국민들한테 재앙이다"라고 말했다. 경기도 김포에 사는 박춘봉은 "박 대통령 말로는 '태극기 집회가 촛불 집회 두 배'라고 주장하던데, 국민들이 추운 날씨에 주말도 반납하고 촛불 들고 나가는 이유를 본인만 모르는 것 같다. 자신을 지지하는 쪽만 국민이고, 나머지 국민은 자신의 적이라고 생각하는 것 같아 충격적이었다"라고 했다.[19]

『한겨레』는 「국민 가슴에 불 지른 박 대통령의 '적반하장 인터뷰'」

라는 사설에서 "박근혜라는 이름 뒤에 계속 대통령이라는 호칭을 붙여줘야 옳은가. 이제는 그냥 박근혜 씨로 부르든가, 아니면 아예 씨라는 호칭도 빼버려야 하는 게 아닌가. 박 대통령이 25일 '정규재 티브이'에 나와 한 인터뷰 내용을 접하고 밀려드는 회의다. 그것은 한마디로 정신 나간 사람의 넋두리요, 혼이 비정상인 사람의 패악질이었다" 며 다음과 같이 말했다.

"박 대통령과 인터뷰를 한 정규재 『한국경제』 주필 역시 언론인이 아니라 박 대통령 진영의 주요 공격수라 불러야 옳다. 그의 극우 편향 성향이야 어쩔 수 없다고 쳐도 언론인이라면 당연히 지켜야 할 인터뷰의 기본 상식마저 깡그리 무시했다. '4대 세력이 동맹군을 만들어 대통령을 포위하고 침몰시키는 듯한 양상이다' 따위의 말은 하나같이 인터뷰 질문이 아니라 미리 짜놓은 각본의 대사에 불과했다.……최순실 씨의 난동 모습을 지켜본 청소 아주머니가 일갈한 '염병하네'란 꾸짖음은 박 대통령에게도 고스란히 해당한다. 박 대통령은 더는 뒤에 숨어서 여론 장난질을 하지 말고 헌법재판소와 특검에 나가서 말하라. 그곳에서도 '염병할 거짓말'이 통할지 한 번 지켜볼 일이다."[20]

"극우 단체 지원·관제 시위 지시, '주범'은 결국 청와대"

2017년 1월 30일 청와대가 삼성 등 재벌들의 돈을 받아 어버이연합·엄마부대·고엽제전우회·시대정신 등 관제 시위를 열어온 보수·극우 성향 단체들을 지원해온 사실이 박영수 특별검사팀 수사에서 좀더 구체적으로 드러났다. 2014년부터 2016년까지 청와대 정무수석실의 신동철·정관주 당시 비서관이 김완표 삼성 미래전략실 전무, 이승철 전경련 부회장과 주기적으로 만나 지원 대상 단체와 지원 금액을 일일이 정했다는 것이다. 청와대 요구에 따라 삼성이 돈을 내면 다른 대기업들도 따라서 내는 식이었고, 규모도 3년간 70억 원에 달했다. 이에 『한겨레』는 "그 돈으로 사람들을 동원해 관제 시위를 열었을 것이니, 돈으로 여론을 조작하고 왜곡한 명백한 증거다"며 다음과 같이 말했다.

"그런 돈으로 지난 몇 년간 온갖 친정부·친재벌 집회가 만들어졌던 것이다. 최근 대규모로 열리는 박근혜 대통령 탄핵 반대 집회에도 지원금의 '잔액'이 쓰인 게 아닌지 의심된다. 그렇잖아도 이른바 '태극기 집회'에 적게는 2만 원, 많게는 15만 원씩의 수당이 지급된다는 익명 증언까지 보도된 터다. 청와대가 처음부터 끝까지 주도했음이 드러났으니 그 책임을 묻지 않을 수 없다. 이미 김기춘 전 비서실장은 보수단체 대표들의 항의를 받고 '왜 자금지원이 제대로 되고 있지 않느냐'고 비서실을 질책하는 등 직권을 남용해 깊숙이 개입한 정황이 확인됐다. 더 엄중한 처벌은 당연하다."[21]

『경향신문』은 「시대착오적인 청와대·삼성·극우 단체의 3각 커넥션」이라는 사설에서 "삼성의 고위 임원은 청와대 정무수석실이 마련한 회의에 직접 참여하기까지 했다고 한다. 그동안 삼성은 박근혜 대통령과 최순실 씨의 강요에 의해 어쩔 수 없이 돈을 댔다며 피해자를 자처했는데 이번 청와대, 극우 단체의 3각 커넥션 의혹에는 뭐라고 변명할지 궁금하다. 이재용 삼성전자 부회장에 대한 박영수 특별검사팀의 구속영장 청구에 극우 단체들이 '경제 위기' 운운하며 강하게 반발한 것도 지금 보니 이해가 된다"며 다음과 같이 말했다.

"권력과 금권을 이용한 여론 조작은 지금도 진행형이다. 박근혜 대통령 탄핵 반대 집회 역시 이들 극우 단체가 적극 참여하고 있다. 참가자들 일당은 통상 2만 원이지만 추운 날은 6만 원, 유모차를 끌고 나오면 15만 원을 준다는 관계자의 발언이 언론에 보도됐지만 박 대통령은 이를 자신의 방패막으로 활용하고 있다. 박 대통령은 최근 인터뷰에서 '그분들이 눈 날리고, 추운 날씨에 계속 나오시는가에 대해 생각을 해보면, 자유민주주의 체제를 수호하고 법치를 수호하기 위해 고생을 무릅쓰고 나오는 것 같습니다. 가슴이 좀 미어지는 심정입니다'라고 했다. 재벌 돈으로 관제 데모를 열고 이를 건전한 여론인 양 호도했다. 사기도 이런 사기가 없다."[22]

『중앙일보』는 「관제 데모는 정치 공작이나 다름없다」는 사설에서 "청와대가 국정 운영에 타격을 입을 만한 대형 사건이 터지면 이를 희석하려고 정권 비호 단체들을 동원해 맞불 집회를 지시했다는 그간의 의혹이 사실로 파악된 셈이다. 문화예술계 블랙리스트에 이어 관제 데모의 실상까지 밝혀지면서 청와대가 그간 얼마나 집요하게 여론 조작을 시도했는지가 드러났다. 대통령과 여야 정치권의 대화 채널이자 청와대의 정무적 판단을 위한 종합 소통 창구 역할을 해야 할 정무수석실이 소통 대신 관제 데모나 기획했다니 기가 막힐 따름이다"며 다음과 같이 말했다.

"더욱 경악할 일은 청와대가 전국경제인연합회에서 사회공헌기금으로 책정한 50억 원과 2015년 말 삼성·현대차·SK·LG 등 4대 그룹에서 받아낸 특별회비 21억 원 등 70여 억 원으로 특정 단체를 지원했다는 점이다. 청와대가 민간기업의 공익 자금을 쌈짓돈처럼 꺼내 쓰며 정권 비호 세력을 지원했던 것이다. 법도 도덕성도 무너진 민정수석실의 삐뚤어진 의식을 보여준다. 대통령의 비위를 맞추려고 국민을 속이려 했던 것이나 다름없다."[23]

"최순실을 평범한 가정주부로 알았다는 박근혜표 거짓말"

2017년 2월 1일 반기문 전 유엔 사무총장이 전격적으로 대선 불출마를 선언함으로써 그를 중심으로 한 연대·연합으로 문재인 전 더불어민주당 대표와 맞서려던 범여권의 대선 전략엔 큰 차질이 생겼다. 20일 전인 1월 12일 귀국하면서 대통합과 정치 교체를 내세웠던 반기문은 지지율 폭락에 대선 전 개헌을 매개로 한 소위 '빅 텐트'에 탄력이 붙지 않자 진흙탕 싸움을 견디지 못하고 중도하차한 것이었다.[24]

2월 3일 박근혜는 헌법재판소에 낸 '소추 사유에 대한 피청구인의 입장'이라는 의견서에서 "피청구인(박 대통령)은 최순실에 대해 평범한 가정주부로 생각했고 그녀가 여러 기업을 경영한다는 사실은 알지 못했음"이라고 적었다. 박근혜는 청와대 기밀 유출 책임도 인정하지 않았다. 모든 것을 부하인 정호성 전 부속비서관 탓으로 돌렸다.

이에 『경향신문』은 「최순실을 평범한 가정주부로 알았다는 박근혜표 거짓말」이라는 사설에서 "미르·K스포츠재단 설립 등이 최씨에게 속아서 벌어진 일이라는 점을 강조하려다 보니 40년 지기인 최씨를 작년까지 평범한 가정주부로 알고 있었다고 표현하게 된 것이다. 어이가 없다. 안종범 전 청와대 정책조정수석이 박 대통령으로부터 재단 설립과 모금에 대한 세부 지시를 받았다고 증언하는 등 박 대통령과 최씨가 공범이라는 증거는 차고도 넘친다"며 다음과 같이 말했다.

"거짓말도 손발이 맞아야 한다. 정 전 비서관은 최씨에게 문서를 전달한 것은 박 대통령 지시였다고 이미 검찰에서 자백하고 법정에서도 진술했다. 헌재 재판관들이 박 대통령 주장을 받아들일 리 만무하다. 박 대통령은 언론 취재와 특검·검찰 수사를 통해 확인된 사실에도 '오리발'을 내밀었다.……박 대통령의 파렴치 행태는 끝이 없다. 특검이 어제 수사 기간 연장을 추진하겠다는 방침을 밝혔다. 특검법상 1차 수사 기간은 오는 28일까지인데 황교안 대통령 권한대행의 결정으로 한 달간 연장이 가능하다. 박 대통령의 거짓 증언과 수사 방해 행위가 지속되고 있는 점을 고려하면 특검 수사 기간 연장은 당연하고 필수적이다. 특검은 수사 강도를 더욱 높여 박 대통령의 증거 은폐 의혹까지 낱낱이 밝혀야 한다."[25]

박근혜가 9일로 정해졌던 박영수 특별검사팀의 대면 조사를 일방적으로 연기했다. 9~10일 대통령을 조사할 것이라는 사실은 이미 널리 알려졌음에도 조사 일정이 언론에 보도되었다는 이유를 대 괜한 트집을 잡아 핑계로 삼는 게 아니냐는 비판이 쏟아졌다. 『한겨레』는 「해도 해도 너무하는 대통령의 특검 수사 방해」라는 사설에서 "수사와 재판을 방해하고 지연시키는 대통령의 행태는 진작에 도를 넘었다. 청와대는 검찰과 특검의 압수수색을 모두 거부했다. 수사를 앞두고 청와대가 주요 피의자나 참고인들의 거짓 진술을 요구한 흔적도 있다. 증거인멸에 다름 아니다. 대통령이 자신의 주장대로 아무 죄가 없다면 당당히 수사에 응해 무고함을 밝히면 될 일이다. 그러기는커녕 가까스로 성사된 대면 조사마저 비상식적인 핑계로 거부했다"며 다음과 같이 말했다.

"헌법재판소의 탄핵 심판에서도 대통령 쪽은 큰 필요가 없거나 되레 자신에게 불리한 증인까지 무더기로 신청하는 등 심판을 늦추는 데 안간힘이다. 애초 출석하지 않기로 했던 박 대통령이 변론 일정이 끝날 즈음에 뒤늦게 출석을 자청해 심판 일정을 크게 지연시키려 할 것이라는 예상도 있다. 실제 그럴 생각이라면 참으로 비루하고 치졸하다. 대통령은 더는 '꼼수'를 부리지 말아야 한다. 자신이 임명한 특검의 조사에 당당히 응하고, 헌법기관인 헌재의 심판에 성실하게 협조하는 것은 헌법을 수호해야 할 대통령이 지켜야 할 최소한의 의무다. 이미 잘못을 저질렀더라도 품격은 지켜야 하지 않겠는가."[26]

"박근혜·최순실, 국정 농단 의혹 제기 뒤에도 127회 통화"

2017년 2월 15일 서울행정법원에서 열린 청와대 압수수색 불승인에 대한 효력 정지 재판에서 박영수 특별검사팀은 박근혜 '차명폰'의 사용 내역을 공개했다. 청와대 압수수색이 필요하다는 근거로 수사된 내용을 들고 나왔다. 특검팀 측은 "박 대통령과 최씨는 차명폰을 이용해 지난해 4월 18일부터 10월 26일까지 총 570회 통화했다. 이를 증명할 자료가 청와대 내에 있다"고 주장했다.[27]

『동아일보』는 「박 대통령은 왜 독獨 도피한 최순실과 '대포폰' 통화했나」라는 사설에서 "이 중 127차례는 최씨가 독일로 도피한 9월 3일부터 귀국 직전인 10월 25일까지의 국제전화였다. 이때는 최씨가 미르·K스포츠재단 설립과 운영에 개입했다는 의혹에 이어 대통령 연설문은 물론이고 국정에도 개입했다는 의혹이 쏟아져나온 시기다. 박 대통령이 최씨와 대응책을 논의한 게 아니냐는 의혹이 나올 수밖에 없다. 최씨의 귀국도 두 사람이 논의한 결과가 아닌지 의심스럽다"며 다음과 같이 말했다.

"성매매 보이스피싱 등에 주로 사용되는 차명 휴대전화인 일명 '대포폰'은 개설, 이용 시 3년 이하의 징역이나 1억 원 이하의 벌금에 처하도록 돼 있다. 특검팀은 두 사람의 수백 회에 걸친 '몰래 통화'가 국정 농단의 공모와 은폐 가능성을 뒷받침하는 증거라고 주장했다. 청와대 측은 대통령 일정상 매일 3회 이상 통화하는 것이 가능하냐며 특검 주장을 부인하지만 바로 그 때문에 국민은 더 궁금한 것이다. 내부 고발자인 고영태 씨가 'VIP(대통령)는 이 사람(최순실)이 없으면 아무것도 못해'라고 한 말이 과연 맞는지 국민은 알 권리가 있다."[28]

2월 17일 이재용 삼성전자 부회장이 뇌물공여 등 혐의로 전격 구속되었다. 특검은 1월 19일 첫 번째 구속영장이 기각된 후 보강 수사에 상당한 공을 들였다. 특검이 새로 확보한 안종범 전 청와대 정책조정수석의 업무 수첩 39권에는 이재용과 박근혜의 2차 독대를 전후해서 삼성 측이 청와대와 긴밀하게 접촉했다는 사실과 이재용의 경영권 방어에 협조하라는 박근혜의 지시도 고스란히 담겨 있었다고 한다. 특검은 공정거래위원회에 대한 압수수색을 통해 박근혜가 삼성의 경영권 승계를

위해 순환출자 문제를 해소하도록 압력을 넣은 정황도 포착했다.[29]

심리기획자 이명수는 「이재용을 구속할 가장 적당한 때」라는 『한겨레』칼럼에서 "새벽에 삼성 이재용 부회장의 구속 결정 소식을 접하고 아내와 환호했다. 알고 보니 그날 곳곳에서 비슷한 풍경들이 벌어졌다. 이재용 구속 기념 떡을 돌린 이들까지 있다. 모난 성정을 가진 사람들만 가득한 나라여서 그랬을 리는 만무다. 삼성의 총수 일가는 늘 이 나라 법 위에 존재했다. 문장으로 존재하지 않았을 뿐이지 이 땅의 불문율이었다. 이재용의 모친이 들으면 가슴 아프겠지만 이재용 구속에 대한 국민들 대다수의 반응은 '잘됐다'였다. 그게 정의고 법의 상식이라고 믿어서다"라면서 다음과 같이 말했다.

"가뜩이나 경제도 어려운데 하필 지금 삼성의 총수를 구속하면 어쩌나 따위의 말들이 난무한다. 이재용을, 대통령을 구속하기 가장 적당한 때는 언제인가. 이 나라 언론에 의하면 그런 때는 없다. 하지만 민심에 의하면 법치국가의 원리에 의하면 이재용들을 구속할 가장 적당한 때는 죄를 지었을 때다. 그때가 바로 지금이다."[30]

"아스팔트가 피로 덮일 것"이라는 김평우의 난동

2017년 2월 22일 헌재에서 열린 탄핵 심판 사건 변론에서 박근혜 측 변호인인 김평우 변호사는 "헌재가 (공정한 심리를) 안 해주면 시가전市街戰이 생기고 아스팔트가 피로 덮일 것"이라고 했다. 김평우는 "대통령파와 국회파가 갈려 이 재판은 무효라고 주장하면서 내란內亂 상태로 들어갈 수 있다. 영국 크롬웰 혁명에서 100만 명 이상이 죽었다"
고도 했다. 이날 박근혜 측 변호인단은 주심인 강일원 재판관을 포함
한 재판부와 국회 소추위원단을 향해 "(서로) 편을 먹었다"는 막말에
가까운 비난을 쏟아냈다. 국회 측 소추위원단을 향해서는 "북한식 정
치 탄압", "국회가 야쿠자"라는 언사도 서슴지 않았다.[31]

　김평우의 난동과 관련, 김현 대한변협회장 당선자는 "당사자를 위
해 열심히 변론하는 것은 필요하지만 재판부에 '국회의 대리인' 같은
과도하게 불경한 언어를 쓰는 것은 바람직하지 않다. 변호사 품위 유
지 의무 위반이 될 가능성이 높아 징계 사유가 될 수 있다"고 밝혔다.
징계를 요구하는 변호사들의 진정이 들어올 경우 징계위원회를 열어
징계 여부를 검토할 수 있다는 것이다.

　헌법학자들도 김평우의 난동 수준의 발언을 비판했다. 장영수 고려
대학교 법학전문대학원 교수는 "자신들의 주장을 모두 받아주지 않으
면 잘못됐다는 식의 주장은 '땡깡'에 불과한 부끄러운 행동"이라고 했
다. 한상희 건국대학교 법학전문대학원 교수는 "심판 지연보다 헌재
결정의 정당성에 흠집을 내 파면 결정 이후를 내다본 저급한 정치 전
략 같다. 앞으로 재판부 능멸에 대해 감치 명령을 하거나 법정에서 쫓
아내야지 발언 기회를 계속 주는 것은 바람직하지 않다"고 했다. 감치
는 재판부가 직권으로 법정 모욕 당사자를 교도소, 경찰서 유치장, 구
치소 등에 가두는 조처다.[32]

　2월 23일 박사모 온라인 카페에 이정미 헌재소장 권한대행을 살해
하겠다는 글이 실린 데 이어, 24일 서울 서초구 박영수 특별검사의 집
앞에서 열린 집회에서 장기정 자유청년연합 대표는 야구방망이를 들

고 연단에 올라 "이제는 말로 하면 안 됩니다"라며 "몽둥이맛을 봐야 합니다"라고 목소리를 높였다. '대통령 탄핵 기각을 위한 국민총궐기 운동본부'가 25일 오후 서울 덕수궁 대한문 앞에서 연 이른바 '태극기 집회'에서 정광용 박사모 회장은 "악마의 재판관 3명이 있다. 이들 때문에 탄핵이 인용되면 아스팔트에 피가 뿌려질 것이다. 어마어마한 참극을 보게 될 것"이라고 위협했다.[33]

이게 바로 김평우가 원했던 효과였을까? 김평우는 '아스팔트의 피'라는 자신의 말을 행동으로 옮기겠다는 의지를 밝힌 정광용에게 박수를 보내고 싶었을까? 경찰은 이정미 헌법재판소장 권한대행 등 헌재 재판관 전원을 대상으로 밀착 경호해온 것에 이어 25일부터 박영수 특별검사팀을 상대로 신변 보호에 들어갔다. 이에 대해 『경향신문』은 다음과 같이 말했다.

"헌법재판관과 특검에 대한 위협은 용납할 수 없는 반사회적, 반문명적 행위이다. 친박 단체들이 자신들의 탄핵 반대 논리가 빈약하다는 것을 스스로 드러내는 격이다. 이상한 것은 정부의 태도이다. 불법적 행태에 대해 자제를 요청하고 엄단을 경고해야 마땅한데 아무런 조치도 취하지 않고 있다. 틈만 나면 법질서를 강조하는 황교안 대통령 권한대행도 침묵하고 있다. 방조 의혹이 제기될 수밖에 없다."[34]

"대통령의 '망상과 기만', 인내의 한계 넘었다"

2017년 2월 27일 헌재에서 대통령 탄핵 심판의 증거와 법리를 둘러싼 공방은 끝났으며, 황교안 대통령 권한대행 겸 국무총리가 박영수 특별검사팀 수사 기간 연장을 거부함으로써 특검은 28일 90일간의 활동을 종결했다. 박근혜는 27일 헌법재판소 탄핵 심판 최후 변론에서 자신이 직접 작성해 대리인단에게 대독시킨 의견서를 통해 "단 한 번도 사익을 위해, 또는 특정 개인의 이익 추구를 도와주기 위해 대통령으로서의 권한을 남용하거나 행사한 사실이 없다"고 탄핵 사유를 전면 부인했다. 이에 대해『경향신문』은「탄핵 사유 하나도 없다는 박 대통령의 기막힌 최후 변명」이라는 사설에서 다음과 같이 말했다.

"미르·K스포츠재단 강제 모금, 인사 개입, 청와대 문건 유출 등 그동안 특검 수사에서 증거와 증언으로 확인된 사실도 모두 부정하며 억지와 궤변만 늘어놓았다.……그동안 특검·헌재의 출석 요구에 한 번도 응하지 않다가 헌재 변론 마지막 날 억지 주장을 펼친 노림수는 분명하다. '불쌍한 대통령 코스프레'를 통해 지지층을 결집하고 헌재를 압박해보려는 얄팍한 술수다. 이에 발맞춰 대리인단은 이날도 국회와 특검, 언론, 촛불을 싸잡아 비난하며 막말을 이어나갔다. 국정 농단에 이어 헌재 농단이다. 이제 이런 꼴을 보는 것도 마지막이라는 데서 그나마 위안을 찾는다."[35]

『한겨레』는「대통령의 '망상과 기만', 인내의 한계 넘었다」라는 사설에서 "앞뒤 분별도 제대로 못할 만큼 사고 체계가 어느 단계에서 멈춰버린 '미성숙 인간'이 대한민국의 최고 지도자로 군림해왔음을 확인하는 비감이 몰려온다. 박 대통령의 비정상적인 정신 상태는 최후 진술서에서 '약속'이란 단어를 13차례나 쓴 것에서 단적으로 드러난다"며 다음과 같이 말했다.

"박 대통령은 검찰·특검 조사를 받겠다는 약속을 세 차례나 하고서도 이를 헌신짝처럼 내팽개쳤다. 다른 단어는 몰라도 '약속'이란 단어는 피했어야 마땅했다. 사실 박 대통령의 재임 4년은 '약속 위반의 역사'였다. '국민행복시대'를 열기는커녕 나라를 '국민불행시대', '국민분열시대'에 빠뜨렸다. '헌법을 준수하고 국가를 보위하며 대통령의 직책을 성실히 수행하겠다'는 취임 선서부터 철저히 어겼다. 헌법을 파괴하고 국가를 수렁에 빠뜨리고 대통령의 직책을 비선 실세에게 넘겼다. 그런데도 천연덕스럽게 '약속'이란 단어를 남발하는 대통령 앞에서 더 무슨 말이 필요한가.……이제 박 대통령의 망상과 착각에 경종을 울릴 때가 됐다. 헌재는 조속히 헌법과 민심의 이름으로 박 대통령에게 준엄한 심판을 내리기 바란다."[36]

특검은 2월 28일 마지막 브리핑에서 정유라 입시 특혜 의혹과 관련해 최경희 전 이화여자대학교 총장 등을 구속 기소한다고 밝혔다. 이에 앞서 특검은 입시 비리와 관련해 김경숙 전 학장, 남궁곤 전 처장, 이인성 교수, 류철균 교수 등을 구속 기소했다.[37]

'조물주 위에 건물주'가 있는 '약탈 공화국'

2017년 2월 28일 가수 이랑은 제14회 한국대중음악상KMA 시상식에서 '최우수 포크 노래상' 트로피를 즉석 경매에 부쳤다. 월세를 마련하기 위해서라고 했다. "2월 수입이 96만 원"이라는 이랑에게 트로피 경매 수입(50만 원)을 더해도 34퍼센트 이상이 월세 몫이었다. 『경향신문』기자 전병역은 「우리들의 일그러진 꿈 '건물주'」라는 기사에서 "이씨의 깜짝 퍼포먼스는 요즈음 젊은층의 주거비 부담 실태를 극적으로 드러냈다"며 다음과 같이 말했다.

"이런 저당 잡힌 젊은 인생들 뒤에 임대인은 '늑대의 얼굴'만 하고 있을까. 임대인의 적잖은 수는 그저 '평범한' 월급쟁이다. 은행 빚을 내서라도 전세보증금을 끼고 '갭투자'에 나선 이들이 적잖다. 요즘 임금 노동자들이 불안한 자영업 대신 노후 대비용으로 집이나 상가 2~3채를 가지고 임대소득을 거두는 게 꿈인 세상이 됐다. 어쩌다가 2017년 대한민국 사회는 이렇게 전락해버렸을까."[38]

사실 부동산은 한국을 '조물주 위에 건물주'라는 슬로건으로 대변되는 '약탈 공화국'으로 만든 인프라였다. 역대 정권들은 모두 다 경기 부양을 내세워 '약탈 공화국'을 만든 공범들, 아니 '부동산 뺑소니범들'이었다.[39] 1988년 이래 노동자 평균 임금이 약 6배 오른 데 비해 서울 강남권(강남·서초·송파구) 아파트값은 임금 상승치의 43배, 비강남권은 19배나 오른 것으로 나타났다. 30년 땀의 대가가 2,400만 원일 때 강남 집값 상승액만 10억 원을 넘은 것이다.[40]

최순실은 2016년 12월 19일 첫 공판에서 "직업이 임대업이냐"고 묻는 재판장의 질문에 아무 말 없이 고개만 끄덕였다. 박영수 특별검사팀은 최순실 일가가 소유한 땅과 빌딩이 178건 2,230억 원(신고가)에 달한다는 수사 결과를 내놓았다. 최순실 소유로 확인한 것은 228억 원어치(36건)였다. 『한겨레』기자 김남일은 「임대업자의 나라」라는 칼럼에서 "부동산 공약·정책을 쏟아냈던 박 대통령은 정작 '내 집 마련'이라는 것을 해본 적이 없다"며 다음과 같이 말했다.

"세상의 모든 임대업자가 손가락질을 받을 이유는 없다. 다만 수십 년 동안 대통령 옷까지 대신 사서 입혀주려면 '나인투식스'에 야근까지 하는 생활인은 불가능하다는 얘기다. 서울 강남 가로수길 주변 건물 10곳 중 4곳이 상속·증여되는, 임대업을 가업으로 대물림하는 나라. 김해호 씨는 10년 전 박 대통령을 향해 '최태민과 그 딸의 꼭두각시에 불과하다'고 했다. 지난 4년, 우리는 정말 '임대업자의 나라'에 살았던 것이다."[41]

『경향신문』 경제에디터 안호기는 「건물주님, 그만 내려올 때가 됐습니다」라는 칼럼에서 "부동산 가격을 잡아야 가깝게는 위기에 처한 자영업자를 구하고, 장기적으로는 경제성장도 기대할 수 있다. 보유세 강화는 부동산 문제를 푸는 정답이다. 소득이 있는 곳에 세금을 부과하는 것은 당연하다. 게다가 불로소득이라면 당연히 세금으로 환수해 분배해야 한다. 조물주 위로 올라간 건물주는 내려와야 한다"고 했다.[42]

김평우 "쓰레기 소추장", 조갑제 "쓰레기 언론"

3·1절 98주년을 맞은 3월 1일 탄기국(대통령 탄핵 기각을 위한 국민총궐기운동본부)과 퇴진운동(박근혜 정권 퇴진 비상국민행동) 양측은 오후 2시(탄기국 주최)와 오후 5시(퇴진운동 주최) 각각 대규모 집회를 열었다. 경찰은 610여 대의 버스를 동원해 광화문광장을 둘러쌌다. 이 차벽 바깥쪽에선 박근혜 탄핵에 반대하는 측의 집회가, 반대로 차벽 안쪽 광화문광장에선 박근혜 탄핵·구속을 요구하는 촛불집회가 열렸다.

양쪽 참가자 가운데 일부는 마주칠 때마다 말다툼과 몸싸움을 벌였다. 군중을 자극하는 발언도 이어졌다. 태극기 집회에선 "탄핵에 찬성한 정치인들을 척살하자", "정국에 따라 폭력을 써야 할 때는 먼저 피를 흘리자" 등의 발언이 나왔다. 촛불집회 참가자들도 "탄핵이 기각되면 헌재에 쳐들어가자"고 했고, 일부는 "사드 부지를 내준 롯데는 망할 것" 같은 구호를 외쳤다.[43]

특검 수사가 종료된 뒤 첫 주말인 3월 4일 오후 2시 서울 중구 덕수궁 대한문 앞에서 열린 '대한민국 대통령 탄핵 기각을 위한 16차 국민총궐기대회'에선 '피', '혁명', '교수대' 등과 같은 원색적인 단어들이 쏟아졌다. 정광용 탄기국 대변인은 무대에 올라 "만약 탄핵이 인용되면 순국선열들이 태극기에 피를 뿌리면서 죽었던 것처럼 여러분이 그 주체 세력이 되어야 한다"고 말했다. 정광용은 심판 당일 다시 한 번 모여 달라고 요청하는 글을 5일 탄기국 홈페이지에 올리며 "저는 비록 아이들이 아직 어리지만 살 만큼 살았다"고 적어 극단적인 행동을 예고하기도 했다.

헌재 탄핵 심판 대통령 쪽 변호인인 김평우 변호사는 "탄핵(소추장)은 재판할 가치도 없는 쓰레기 종잇장에 불과하니 즉시 찢어서 버려야 하고 그것을 법적으로 각하라고 한다"고 주장했다. 조갑제『조갑제닷컴』대표는 무대에 올라 "국회가 쓰레기 언론을 바탕으로 탄핵 소추장을 썼다"며 "탄핵은 내란이다. 내란은 진압해야 한다. 내란에 가담한 기자, 검사, 판사, 특검, 국회의원들 반역 세력이다. 핵심적인 주모자는 교수대로 보내야 한다"고 주장했다.[44]

3월 5일 '박사모' 인터넷 카페에는 '[속보] 3·1절 이후 탄핵 찬성

31% 반대 47% 완전히 뒤집어졌다'는 '가짜뉴스'가 게시되었다. 이 가짜뉴스는 실제 여론조사 결과처럼 보이기 위해 '탄핵 반대 47%, 탄핵 찬성 31%, 태도 유보 19%'라는 수치를 막대그래프로 제시했다. 이런 가짜뉴스가 무더기로 양산되었으며, 박사모 게시판에는 '전투 태세 준비 완료 끝'이라는 제목에 "이젠 태극기 깃대를 죽창으로……" 라는 글이 올라오는 등 탄핵 반대 세력은 이성의 마지막 줄마저 놓아버린 대혼돈 속으로 빠져들었다.[45]

헌법재판소의 박근혜 탄핵 심판 선고가 임박한 3월 7일 김평우는 기자회견에서 특검과 특수본을 비하하며 "'특'자가 붙으면 '견犬찰'" 이라고 말했다. 또 "특검과 검찰의 횡포를 낱낱이 조사하고 범죄 사실을 밝혀내 처단해야 한다"고 막말을 쏟아냈다. 특검과 검찰을 '나치스 게슈타포', '중국의 홍위병'에 비유했다. 기자회견에 참석한 박근혜 측 참석자 300여 명 중 일부는 김평우를 향해 "난세의 영웅", "구국의 영웅"이라고 소리쳤다.[46]

사드 배치 갈등과 중국 정부의 졸렬한 보복

2017년 3월 7일 한·미 군 당국은 주한 미군이 발사대 2기 등 사드의 일부 장비를 한국으로 들여왔다고 밝혔다. 민주당은 사드 장비가 도착했다는 소식에 강하게 반발하며 "비밀리에 한밤중에 한반도에 배치하는 것은 명백한 주권 침해"라고 비난하는 등 사드를 둘러싼 갈등이 고조되었다.

『경향신문』은 「탄핵 정권이 도둑처럼 사드 배치하다니, 용납할 수 없다」는 사설에서 "조기 대선으로 정권이 바뀌더라도 뒤집을 수 없도록 대못을 박겠다는 의도가 드러난다"며 이렇게 말했다. "사드 배치는 안보에 중요한 영향을 미칠 뿐 아니라, 시민 사이에서도 첨예하게 의견이 갈리는 사안이다. 정상적인 정부라도 밀어붙이기 어려운 일이다. 그런데 탄핵당한 정권의 과도 정부가 시민과 소통하지도 않고 국회와 정당에도 비밀에 부친 채 도둑처럼 일을 처리했다. 박근혜 정권의 못된 습관을 황교안 대통령 권한대행이 되풀이한 것이다. 이런 사드 배치는 과도 정부의 월권이자 용납할 수 없는 폭거다."[47]

반면 『동아일보』는 「사드 배치가 '주권 침해'라는 민주, 어느 나라 당黨인가」라는 사설에서 "한미동맹보다는 친중반미親中反美의 운동권 사고방식에서 아직도 벗어나지 못한 것은 아닌가"라면서 이렇게 말했다. "민주당 지도부는 어제 사드 배치의 국회 비준을 하지 않으면 위헌이라고 주장했지만 설득력 없는 억지다.……사드 용지 제공은 이미 국회 동의를 얻은 한미상호방위조약에 따른 것이다. 매번 방어무기를 들여올 때마다 비준을 받아야 한다면 우리를 안보 무방비 상태로 놔두자는 것이나 마찬가지다.……민주당이 정강정책에선 '굳건한 한미동맹'을 강조해놓고도 실제 하는 일을 보면 '중국 정부 2중대' 같다는 느낌이 든다."[48]

그렇게 싸우는 동안 정작 사드 문제로 인해 가장 큰 피해는 중국에 진출한 기업들과 국내 관광업계의 몫이었다. 중국 정부가 치졸한 보복을 가하고 있었기 때문이다. 특히 중국에 부지 제공자로 찍힌 롯데가 몰매를 맞고 있었다. 『중앙일보』 칼럼니스트 이정재는 중국의 보복은 다음과 같은 3가지 특징을 갖고 있다고 했다.

① 하나만 골라 팬다. 다른 이들에게 '말만 잘 들으면 나는 괜찮을 것'이라고 믿게 하는 것이다. 롯데만 두들기는 이유다. ② 빌미를 주지 않는다. 롯데 세무조사는 중국의 조세 주권 행사요, 위생·소방 규제 역시 국내법에 따른 것이다. 한류를 금하는 금한령禁韓令은 서비스업은 개방 안 한 한·중 자유무역협정FTA에 걸리지 않는다. ③ 민·관이 찰떡궁합이다. 정부는 어르고 빠진다. 현대차 파괴범을 찾아 구금하고 '한국에 대한 공격을 자제하라'고 말하는 식이다. 대신 민간이 알아서 거국적 불매운동을 펼친다.[49]

『조선일보』는 「안팎에서 난타당하는 롯데, 무슨 죄 지었다고 괴롭히나」라는 사설에서 이렇게 말했다. "롯데 소유 성주 골프장이 사드 부지로 정해진 건 롯데가 원해서가 아니다. 첫 후보지를 주민이 반대한다고 정부가 지역을 바꾼 탓이다. 그런 연유로 우리 기업이 외국의 공격을 받는다면 여야가 합심해 기업을 지원해줘야 하는 것이 상식이다. 그런데 더불어민주당 대변인은 롯데가 사드 부지를 제공하는 것을 '뇌물'이라고 비난했다. 정치에 눈이 멀어 이성을 잃었다. 기업도 잘못했으면 당연히 조사받고 처벌받아야 한다. 하지만 롯데에 가해지는 뭇매를 보면 정말 이런 나라에서 누가 기업하고 싶겠나 하는 생각이 든다."[50]

헌법재판소의 탄핵 심판 선고 "대통령을 파면한다"

운명의 2017년 3월 10일! 오전 11시에 시작한 헌법재판소의 탄핵 심판 선고는 22분 만에 "대통령을 파면한다"는 주문主文(결론)으로 끝났다. 8인 재판관 만장일치의 결과였다. 헌재는 이날 선고에서 국회가 제출한 탄핵 소추 사유 13개를 4개로 묶었고 이 가운데 '사인의 국정 개입 허용과 대통령 권한 남용 여부'만을 파면의 근거로 인정했다. 나머지 '공무원 임면권 남용', '언론의 자유 침해', '생명권 보호 의무 등 위반'은 인정하지 않았다.

헌재는 구체적으로 대기업 출연금으로 만든 미르·K스포츠재단의 설립·운영·의사 결정에 관여했으며 KD코퍼레이션·플레이그라운드·더블루K 등을 통한 이권 추구 과정을 지원했다고 적시했다. 이정미 헌재 소장 권한대행은 결정문에서 "대통령의 이런 행위는 헌법·국가공무원법·공직자윤리법 등을 위배해 대의민주주의제와 법치주의 정신을 훼손하는 것"이라고 밝혔다. 또 "대통령은 최씨의 국정 개입 사실을 철저히 숨기거나 부인하고 오히려 의혹 제기를 비난해 국회의 견제와 언론의 감시 장치가 제대로 작동될 수 없었다"고 지적했다. 국정은 비선 실세가 아닌 공조직에 맡겨 공정하고 투명하게 운영한 뒤 국민의 평가를 받아야 한다는 것이다. 또한 헌재는 "대통령의 법 위배 행위가 반복되고, 헌법 수호 의지가 드러나지 않는다"고 비판했다. 헌법을 수호하겠다고 선서한 박근혜가 세 차례 대국민 담화에서 진상 규명 협조를 약속하고도 정작 검찰과 특검 조사에 불응하고 청와대 압수수색마저 거부했다는 것이다.[51]

오전 11시 25분께 헌법재판소의 탄핵 인용 결정이 전해지자 현장에서 결과를 기다리던 탄핵 반대 집회 현장은 충격에 빠졌다. 일부 참가자들은 오열하며 쓰러지기도 했다. 탄기국 관계자는 단상에서 "박근혜 대통령은 결국 예수의 길을 선택했다"며 숙연한 모습을 보였지만, 곧장 "박근혜 대통령"이라는 구호와 함께 "기자를 색출해야 한다"는 극단적인 반응이 나오기도 했다. 실제로 단상 앞에서는 취재진과 집회 참가자들이 뒤엉켜 몸싸움이 벌어졌다.[52] 탄핵 반대 집회 측이 참가자들에게 '헌재 쪽으로 돌진하자'며 선동하면서 3명이 숨지고 부상자가 속출했다. 기자에 대한 무차별 폭행도 일어났다.[53]

반면 '탄핵 찬성 촛불집회' 참가자들은 일제히 환호성을 질렀으며, 곳곳에서 폭죽이 터지고 꽹과리 소리가 울렸다. 일부 참가자들은 눈물을 흘리며 옆 사람과 얼싸안고 "고생했다", "애썼다"는 말을 주고받았다. '촛불 항쟁 승리 선언문'을 낭독한 참가자들은 청와대를 향해 축하 퍼레이드를 시작했다. 푸른색 수의囚衣를 입고 손목에 포승을 한 '박근혜 대통령 인형'이 그 뒤를 따랐다. 이들은 청와대 인근에서 "박근혜 방 빼" 같은 구호를 연호했다.[54]

여론조사기관 리얼미터가 MBN과 『매일경제』의 의뢰로 헌재 결정 직후 전국 19세 이상 1,008명을 대상으로 조사한 결과, 헌재의 '대통령 박근혜 탄핵 소추안 인용'을 어떻게 보느냐는 질문에 86.0퍼센트가 "잘했다"고 응답했다. 헌재의 탄핵 결정을 "잘못했다"고 응답한 이는 12.0퍼센트였다. 헌재의 결정에 '승복하겠다'는 응답은 92.0퍼센트, '승복할 수 없다'는 의견은 6.0퍼센트에 그쳤다.[55]

역사는 앞으로 '3·10 이전'과 '이후'로 나누어질 것인가?

2017년 3월 11일 오후 서울 광화문광장에선 65만 명(주최 측 추산)의 시민들이 박근혜 파면 소식을 반기는 마지막 촛불을 밝혔다. 박근혜의 퇴진을 요구하며 2016년 10월 29일부터 시작한 촛불집회가 134일 만에 대단원의 막을 내린 것이다. 4개월간 20여 차례의 집회가 진행되는 동안 연인원 1,600만 명이 참여한 촛불집회는 국민이 하나로 뭉치면 못할 것이 없다는 자신감을 안겨주었다.

『한겨레』 논설위원실장 오태규는 「'대통령 박근혜 파면' 이후」라는 칼럼에서 "박근혜의 불복에도 불구하고 대한민국의 역사는 앞으로 '3·10 이전'과 '이후'로 나누어질 것이 틀림없다. 적어도 한국 정치사는 그렇게 기록될 것이다. 그만큼 국가 최고 권력자를 국민의 힘으로 자리에서 끌어내린 의미는 매우 크다"고 했다.[56]

3월 12일 밤에서야 청와대를 나와 삼성동 자택으로 옮긴 박근혜는 "진실은 반드시 밝혀진다고 믿고 있다"는 마지막 메시지를 남김으로써 탄핵 판결에 승복할 수 없다는 뜻을 분명히 했다. 3월 13일 자유한국당 소속 서청원·최경환(이상 총괄)·윤상현·조원진·이우현(이상 정무)·김진태(법률)·박대출(수행)·민경욱(대변인) 의원들이 전직 대통령 보좌팀을 구성하기로 했다. 이에 『중앙일보』는 사설을 통해 "자기 잘못을 도대체 인정하지 않으려는 박 전 대통령의 행태를 돌이켜보면 '사법 투쟁'과 함께 대선 정국에서 영향력의 행사는 물론 대선후 정치 재개를 포함한 '사저 정치'를 준비하고 있는 것으로 보인다. 한마디로 죽어야 할 정치 세력이 다시 살아나 '좀비 정치'를 하겠다는

것이다"고 비판했다.[57]

『조선일보』는 이런 '사저 정치'와 '좀비 정치'의 이면을 이렇게 분석했다. "TK 지역과 박 전 대통령 지지층이 여전히 견고하게 존재한다는 것이 근본적인 이유다. 대구 『매일신문』과 TBC가 탄핵 결정 직후인 지난 11~12일 TK 지역 주민 1,366명을 상대로 실시한 조사에서 '헌재의 탄핵에 동의하지 않는다'는 응답이 51.4%로 나타났다. 당 관계자들은 '박 전 대통령과 친박 핵심부가 마음만 먹는다면 태극기 세력과 TK 지지층을 묶어 재기를 모색하는 것은 그리 어렵지 않을 수 있다'고 하고 있다. 지지층을 결집해 앞으로 있을 박 전 대통령에 대한 검찰 수사에 대비하고, 나아가 대선 과정에서 일정 정도 영향력을 행사할 수 있는 효과도 있다."[58]

3월 14일 『한국일보』 논설위원 이충재는 「박근혜 씨 '세월호 비극' 속죄하십시오」라는 칼럼에서 "혹시나 해서 하는 말이지만 헌재가 면책을 했다고 착각하지 않기를 바랍니다. 헌재는 명백히 '대통령의 대응 조치가 미흡하고 부적절했다'고 결론 내렸습니다.……당신의 잘못은 사고 당일에 그치지 않습니다. 자식을 잃은 부모들에게 너무나 심한 모멸감을 안겨주었습니다. 기억하십니까. 그해 가을 국회 시정연설 방문 때 세월호 유가족들이 당신을 만나려고 밤새 기다렸는데 눈길 한 번 안 주고 지나갔던 순간 말입니다"라면서 다음과 같이 말했다.

"당신이 외면하는 사이 세월호는 '교통사고'가 됐고, 유가족은 '시체 장사꾼'으로 매도됐습니다. 세월호 특조위를 '세금도둑'으로 몰고 우병우를 시켜 수사 압력을 넣도록 한 사람이 누굽니까. 당신은 국민들로 하여금 국가의 존재 이유에 회의를 갖게 했을 뿐 아니라 우리 사회를 떠받치는 최소한의 인륜조차 무너지게 만든 장본인입니다. 당신이 지금 할 것은 불복과 오기가 아닙니다. 참회와 속죄입니다. 광화문 농성장과 팽목항을 찾아 유가족을 부여안고 진심 어린 사과와 반성을 해야 합니다. 하늘의 별이 된 어린 생명들을 떠올리며 속죄하는 삶을 살기를 바랍니다."[59]

세월호 인양, 박근혜 구속

2017년 3월 15일 황교안 대통령 권한대행은 임시 국무회의를 소집해 대선 날짜를 5월 9일로 지정하면서 "국정 안정과 공정한 대선 관리를 위해 제가 대선에 출마하는 것은 적절하지 않다고 판단했다"며 대선 불출마를 선언했다. 반기문의 출마 포기 이후 지지율이 10퍼센트대로 뛰면서 문재인 전 더불어민주당 대표에 이어 2위에 오르기도 했던 황교안이 불출마를 선언함으로써 대선 레이스에서 보수 진영의 유력 후보가 사라지고 말았다. 일부 관료들은 문재인 측에 줄을 대기 위해 바쁜 모습을 보이기 시작했으며, 그래서 "'문文바라기'가 된 관료 사회"란 말까지 나왔다.[60] 문재인 캠프에 몰려든 '폴리페서polifessor'는 1,000명에 이르러 이른바 '문재인 대세론'을 실감나게 했다.[61]

　이제 박근혜가 당면한 문제는 검찰 수사였다. 검찰 1기 특수본은 박근혜에게 8가지 혐의를 적용했다. 적용된 죄명은 4개로 직권남용 권리행사방해, 강요, 공무상 비밀누설, 강요미수가 그것이다. 혐의를 구체적으로 보면 전경련 회원사를 대상으로 미르·K스포츠재단에 774억 원 출연 강요, 롯데그룹에 하남 복합체육시설 70억 원 교부 강요, 현대차그룹에 11억 상당의 KD코퍼레이션 제품을 납품받도록 강요하고 최순실 실소유인 플레이그라운드에 62억 상당의 광고를 맡기도록 강요, 포스코에 펜싱팀 창단 후 최순실 실소유인 더블루K에 매니지먼트를 맡기도록 강요, KT에 최순실 실소유인 플레이그라운드에 68억 원 상당의 광고 맡기도록 강요, GLK에 장애인 스포츠단 창단 후 최순실 실소유인 더블루K에 에이전트를 맡기도록 강요, 최순실에게 말씀 자료와 외교 자료 등 국정 문건 총 180건 유출, 이미경 CJ그룹 부회장의 퇴진 강요가 그것이다.

여기에 더해 박영수 특검은 5개의 범죄 사실을 추가했다. 적용 죄목은 특정범죄가중처벌법상 뇌물수수·제3자 뇌물수수, 직권남용 권리행사방해와 강요 등 3가지다. 구체적인 혐의로는 삼성이 최순실 소유인 비덱스포츠와 213억 원의 컨설팅 계약 체결, 삼성의 미르·K스포츠재단 204억 원 출연, 장시호가 운영하는 동계스포츠영재센터에 16억 원을 후원, 김정태 하나금융그룹 회장에게 최순실 측근인 이상화를 승진 임명하도록 강요, 노태강 전 문체부 체육국장 사퇴 강요, 문화계 블랙리스트 작성 등이 그것이다.[62]

이런 13가지 혐의를 받은 박근혜는 3월 21일 오전 9시 23분쯤 검찰에 소환되어 이날 밤 11시 40분까지 약 14시간 동안 신문訊問을 받았으며, 이후 7시간 넘게 검찰의 피의자 신문 조서를 열람·수정한 뒤 자택으로 돌아갔다. 통상 피의자와 변호인의 조서 검토는 길어야 3시간 정도였기에 7시간 검토는 이례적인 일이었다.[63]

2017년 3월 23일, 세월호가 침몰한 지 1,073일, 인양 추진 702일 만에 세월호의 누렇게 녹슨 처참한 모습이 물 위로 나왔다. 『한겨레』
는 「세월호 앞에서 옷깃을 여미며」라는 사설에서 "수백 명의 목숨이
경각에 달린 위중한 7시간을 허비한 대통령이 제 한 몸 처벌을 피하
려 조서를 7시간이나 읽었다는 사실에 국민이 분노한다. 세월호가 올
라온 이 시점에 박근혜 씨에게 7시간에 대한 고백과 진솔한 사과를
다시 요구한다"고 했다.[64]

　3월 31일 오전 4시 45분 박근혜는 서울구치소에 구속 수감되었으
며, 2시간여 후인 오전 7시 세월호를 실은 반잠수식 선박 화이트마린
호가 동거차도 인근 해역에서 목포 신항을 향해 출항했다. 네티즌들은
"박근혜가 구속되는 날 세월호가 돌아오는구나. 씁쓸하고 슬프다"고
했다.

　앞으로 박근혜에 대한 사법 처리가 어떻게 되건, 그는 '약탈 정치'의
모든 유형을 다 선보인 대표적 인물로 기록될 게 틀림없다. 박근혜 지
지자들은 "대통령은 이번 일로 단돈 1원도 챙긴 것이 없다"고 주장하
지만, 약탈은 단지 금전적 이익만을 위해서 저질러지는 게 아니다. 자
신의 본분을 망각하고 국민의 신임을 배신한 채 권력욕의 충족과 과
시를 위해 저지르는 약탈이 훨씬 더 고약한 법이다. 이에 관한 이야기
는 '맺는말'에서 하기로 하자.

맺는말

*

왜 이명박근혜는 한국 정치를 비춰주는 거울인가?

"대통령이 좌지우지하는 자리 수만 개"

대기업은 중소기업을 약탈하고, 박근혜 일행은 대기업을 약탈했다. 일부 대기업이 박근혜 일행과 공모 관계였다 해도 그건 약탈 방법론의 변주에 불과할 뿐이다. 돈만 뺏은 게 아니라 아예 기업을 통째로 뺏으려고도 했다. 어느 광고회사 사장에게 "회사를 넘기지 않으면 세무조사하고 당신도 묻어버린다는 얘기가 나온다"고 압박한 것은 무엇을 말하는가? 앞서 '머리말'에서 지적했듯이, "이쯤 되면 박근혜 정권은 최순실 권력의 조종을 받는 '약탈 국가'로 기능했다고 해도 할 말이 없게 됐다. 공직자가 국가권력을 공공의 이익이 아닌 남의 재산을 강도질하기 위해 동원했다면 그렇게 규정할 수밖에 없다."[1]

약탈은 돈과 기업에 국한되지 않았다. 박근혜는 대한민국을 "공무원이 '최순실 앞의 파리 목숨' 되는 나라"로 전락시켰던바,[2] 이는 사실상 공무원의 자리까지 약탈한 셈이었다. 이 모든 유형의 약탈은 결국 국민의 신임을 약탈한 것과 다름없다. 헌재는 약탈의 먹이사슬 관계에서 최종 포식자로 군림한 박근혜를 탄핵했다. 헌재 판결문은 점잖게 표현했지만, 이 희대의 국정 농단 사건은 바로 '약탈의 대향연'이었다.

약탈은 박근혜와 그 일행에만 국한되지 않는다. 이명박과 그 일행도 마찬가지였다. 아니 약탈은 보수와 진보를 막론하고 저질러지는 한국적 삶의 본질이 되어버리고 말았다. 우리나라 대통령이 임명할 수 있는 자리는 중앙부처 장차관, 공공기관 기관장·감사 등 어림잡아도 3,000~4,000개에 이르며, 법원, 검찰, KBS, 각종 협회 등 영향을 미칠 수 있는 자리까지 포함하면 수만 개나 된다. 유진룡 전 문화체육관광부 장관은 "박근혜 대통령은 과장급 인사까지 간섭했다"고 폭로했는데,[3] 그런 간섭은 '블랙리스트'가 말해주듯이 사회 전 분야에 걸쳐 자행되었다.

대학 총장도 예외는 아니었다. 2017년 1월 국공립대 총장 1순위자로 추천되었지만 박근혜 정권에서 정당한 사유 없이 임용이 거부된 총장 후보 8명이 김기춘·우병우 등을 겨냥한 고소장을 특검에 제출했다. 그들은 김사열(경북대학교)·권순기(경상대학교)·김영상(충남대학교)·김현규(공주대학교)·류수노(한국방송대학교)·방광현(한국해양대학교)·이용주(전주교대)·정순관(순천대학교) 교수다. 이 중 5개 대학은 이미 2순위자가 총장으로 임용되었지만, 한국방송대학교·공주대학교·전주교대는 아직도 총장이 없으며, 특히 한국방송대학교는 총장 공석이 무려 30개월을 넘기고 있다.[4]

5·9 대선으로 새로 들어설 정권이 박근혜 정권처럼 약탈에 몰두할 리는 없지만, 우리는 두 정권이 서로 다른 것보다는 서로 같을 수 있는 것에 더 주목해야 한다. 즉, 이명박근혜는 한국 정치를 비춰주는 거울일 수 있다는 점에 유념해야 한다는 것이다.

적폐 청산을 최대 사명으로 내세우는 정권일지라도, 그 일을 해보겠다고 몰려드는 사람들은 우선적으로 권력이 있는 자리를 원하는 것임을 인정해야 한다. 그래야 조심하고, 조심하지 않으면 안 되게끔 하는 감시 기능이 제대로 작동할 수 있다. "우리는 정의로운 사람들"이라는 독선에 빠지면 다음 대통령이 누가 되더라도 권력 남용과 측근 비리는 반복될 수밖에 없다. 이게 희대의 약탈 정권이 우리에게 주는 최대의 교훈이 되어야 하지 않을까? 역사는 앞으로 과연 '3·10 이전'과 '이후'로 나누어질 것인지, 아니 나누어지게끔 모든 국민이 눈을 부릅떠야 하지 않을까?

수만 개의 고급 일자리를 놓고 벌이는 약탈 전쟁

'박근혜·최순실 게이트' 이전에 나온 박근혜 리더십에 관한 연구들은 대체적으로 부정적이며, 특히 그의 소통 능력에 비판적이라는 공통점을 갖고 있다. 하지만 그 어떤 연구도 박근혜의 무능과 부지에 각별한 관심을 기울이진 않았다.[5] 박근혜에 대한 언론 보도를 분석하는 연

구도 적잖이 이루어졌지만, 박근혜의 무능과 무지가 이렇다 할 이슈로 떠오르진 않았다.[6]

일반 유권자들이 정치인의 실체를 제대로 알기는 어렵지만, 적어도 말하는 걸 보고선 어느 정도 판단할 수는 있다. 9세의 어린 나이 때부터 외부와 격리된 청와대 생활, 청와대를 나온 후에도 사회와 격리된 은둔 생활, 성인이 되어서도 지속된 독서량의 절대적 부족 등으로 인해 박근혜는 정치 무대에 데뷔한 이래로 '베이비 토크'라는 말을 들을 정도로 횡설수설, 중언부언, 동어반복, 문법 파괴, 유체이탈 화법 등 심각한 문제를 드러냈다.[7]

그럼에도 그게 대통령 자격의 중요한 결격 사유가 되지 않았다는 건 무얼 의미하는가? 박근혜의 '텍스트'보다는 박근혜를 둘러싼 '콘텍스트'에 더 큰 문제가 있었다는 걸 말해주는 게 아닐까? 물론 이는 이명박도 마찬가지다.

미국 사회학자로 영국에서 활동하고 있는 리처드 세넷Richard Sennett, 1943~은 영국의 여야 정당들이 주요 정책에서 내용이 대단히 유사한 표준 플랫폼을 공유하는 이른바 '플랫폼 정치'를 하고 있다고 말한다. 그는 그런 상황에선 필연적으로 서로의 차이를 부각시킬 수 있는 수사법을 구사하는 '상징 부풀리기'가 이루어지는 가운데 정치는 지크문트 프로이트Sigmund Freud, 1856~1939가 말한 '사소한 차이에 대한 집착narcissism of small differences'으로 전락할 수밖에 없다고 지적한다.[8]

왜 그렇게 사소한 차이에 집착하는 걸까? '이익 투쟁' 때문이다. 물질적이거나 상징적인 자원의 분배를 둘러싼 갈등과 투쟁은 서로 가까운 사이에서 벌어지기 마련이다. 유산 분배, 승진, 권력 장악은 가족,

같은 조직, 민족 내부에서 벌어지는 것이 아닌가 말이다. 그런 '이익 투쟁'에 따라붙는 것이 바로 '증오의 배설'과 '자아 존중감'이다. 로버트 스턴버그Robert J. Sternberg와 카린 스턴버그Karin Sternberg는 『우리는 어쩌다 적이 되었을까?』에서 다음과 같이 말한다.

"사람들은 대개 나와 내가 증오하는 사람들 사이에서 차이점을 찾아내고 그것을 최대한 부풀린다. 그 차이점이 증오를 정당화하는 데 도움이 되기 때문이다.……또한 자아 존중감이 위협받을 때, 사소한 차이점을 과장하여 자아 존중감을 회복하려는 성향이 높아진다."[9]

정치는 그런 투쟁의 마당이 된다. 정치의 전반적인 보수화 체제에선 큰 이슈를 놓고 싸울 일이 없어진다. 하지만 '싸움 없는 정치'는 생각할 수 없으므로 여야 정당들은 사소한 차이를 큰 것인 양 부풀리는 싸움을 하게 되는 것이다. 물론 한국 정치도 다를 바 없다. 정당들 간의 차이가 사소할수록 싸움은 더 격렬해지고 증오는 더 깊어진다. 그래야만 자신들의 존재 근거는 물론 존재감을 확인 · 확보할 수 있기 때문이다.[10]

우리는 싸움의 격렬함을 보면서 정당들 간의 차이가 크다고 느끼기 쉽지만, 보통 사람들이 원하는 세상의 변화는 오히려 정당들이 무엇이 같은가 하는 점에 주목할 때에 이루어질 수 있다. 즉, 이명박근혜는 한국 정치의 예외적 현상이 아니라 한국 정치를 비춰주는 거울이라는 걸 깨달아야 한다는 것이다. 대통령이 사실상 제공할 수 있는 수만 개의 고급 일자리를 놓고 벌이는 쟁탈전이 핵심인 것이지, 누가 그 일자리를 차지하느냐 하는 건 부차적인 문제에 지나지 않는다는 이야기다.

문제의 핵심은 '승자 독식주의'다

국민의 화합과 통합을 외치는 목소리가 높다. 갈등의 필연성과 다원주의라는 민주주의의 기본 원리를 들어 그런 외침을 마땅치 않게 보는 사람들도 있지만, 그런 시각으로 보자면 나라를 망치는 갈등조차 존재할 수 없는 법이다. 모든 갈등은 아름다우니까 말이다. 박정희가 독재를 '한국적 민주주의'로 포장하는 몹쓸 짓을 저지르는 바람에 한국적 특수성을 경멸하면서 서구적 보편주의에 경도된 사람이 많아진 것은 이해할 수 있는 일이지만, 화합·통합의 외침을 민주주의에 반하는 것으로 볼 필요는 없다.

사실 문제는 갈등 그 자체라기보다는 '갈등의 사유화privatization'다. 미국 정치학자 엘머 에릭 샤트슈나이더Elmer Eric Schattschneider, 1892~1971는 정치 엘리트들이 한 사회의 지배적 사회 갈등을 배제하고 자신들의 당선과 재선에 유리한 갈등만을 선택적으로 동원하는 행태를 가리켜 '갈등의 사유화'라고 했는데,[11] 현재 이루어지고 있는 대선 정쟁은 바로 그런 '갈등의 사유화' 전쟁이라고 해도 과언이 아니다.

같은 이치로 사실 문제는 통합 그 자체라기보다는 통합의 내용과 방식이다. 그간 우리 사회에서 외쳐진 통합은 주로 기만적인 정치적 선전 구호로 동원되는 개념에 불과했다. 2012년 대선에서 '100% 대한민국'이니 '국민대통합'이니 하는 아름다운 말을 외쳤던 후보가 대통령이 된 후에 어떤 일을 했던지를 상기해보라.

하지만 언론과 유권자들도 나눠져야 할 책임이 있다. 통합을 지도자나 정치인의 의지에만 맡긴 채 통합의 구체적 내용과 방향을 따져 묻지 않은 책임이다. 통합을 정치적 관점으로만 이해하는 것도 문제다. 정부의 고위직 인사와 예산 배분에서 특정 연고에 치우치지 않고 여러 이해관계를 균형 있게 반영하면 통합이요, 그렇지 않으면 통합이 아니라고 보는 그릇된 시각이 팽배해 있다. 안희정처럼 상대편의 '선의'를 인정하자는 통합론을 제시한 대통령 후보가 나온 건 반가운 일이지만, 이런 철학적 접근법 역시 실효성이 떨어진다는 점에서 문제가 있다.

중앙대학교 사회학과 교수 신진욱은 「한국에서 결손 민주주의의 심화와 '촛불'의 시민정치」라는 논문에서 한국의 민주주의를 '결손 민주주의'로 규정한다. 그는 "한국형 결손 민주주의는 첫째 민주적 통제를 결여한 고도집중적 권력구조라는 제도적 특성, 둘째 국가기구와 제도 정치 내에 권위주의 세력의 잔존이라는 역사적 현실이 결합되어 만들어진 산물이다. 거기에 셋째 요인을 추가한다면 그와 같은 민주적 결손을 예방하거나 교정할 수 있는 조직된 시민사회가 두텁게 존재하지 않는다는 점을 들 수 있다"며 다음과 같이 말한다.

"결손 민주주의라는 역사적 현상으로부터 우리가 배워야 하는 가장 중요한 교훈은 제도의 민주적 형식이 그것의 실제적인 민주적 운용과 기능을 보증하지 않는다는 것이다.……그런 관점에서 본다면, 문제의 핵심은 두 가지다. 첫째는 부패 세력이 자신의 사익 추구를 위한 '핵심 권력자원'으로 활용하는 조직적 수단과 제도적 기제를 개혁하는 일이다. 결손 민주주의의 중요한 특성 중 하나는 법과 제도를 공공연히 유린하면서 독재를 하는 것이 아니라, 민주적 제도의 외양과 정당성의 명분을 훼손하지 않으면서 실제로는 국가기관을 사적 이익을 위한 수단으로 전락시킨다는 데 있다.”[12]

날카로운 분석이요 진단이다. 같은 맥락에서 좀더 구체적으로 말하자면, 일단 문제의 핵심은 '승자 독식주의'에 있다. 승자가 모든 걸 독식하는 체제에선 민주주의는 물론 통합이 원초적으로 불가능하다. 패배하면 모든 걸 잃는 상황에서 수단과 방법의 정당성을 살펴보고 나라와 국민을 생각할 겨를이 없다. 목숨 걸고 죽을 때까지 싸워야만 한다.

나눠먹지 않는 통합은 불가능하다

어떤 이들은 미국의 승자 독식주의가 더 심하다며, 우리의 승자 독식주의를 과장하지 말자는 주장을 편다. 동의하기 어렵다. 미국은 연방국가다. 아니 그걸 따질 필요도 없이, 우리에겐 권력의 위세에 '스스로 알아서 기는' 독특한 쏠림 문화가 있다는 걸 지적하는 것으로 족할 것 같다. 이번 국정 농단 사태에서 대통령 권력의 부당한 행사에 저항한 용감한 공무원들이 몇 명 나온 건 더할 나위 없이 고무적인 일이긴 하지만, 그들을 '의인'으로 볼 수밖에 없는 우리의 현실이 모든 걸 다 말해준다.

스스로 알아서 기는 데엔 그만한 합리적 이유가 있다. 권력의 부당한 행사에 저항하면 권력의 잔인한 보복이 이루어진다. 언론은 이런 보복에 별 관심이 없다. 나중에 모든 실상이 밝혀진 후에도 저항을 택한 '의인'들에 대해선 그 어떤 보상도 없다. 이는 법과 제도의 문제이기도 하지만, 각자도생하기에 바쁜 한국 사회의 독특한 습속의 문제다.

그런 습속엔 '조폭 의리'도 포함되어 있다. 윗사람이 무슨 짓을 하건 아랫사람은 윗사람의 명령에 무조건 복종해야 한다고 믿는다. 생각하는 게 크게 달라 복종하지 않고 이탈하면 '배신자'라고 낙인을 찍는다. 설사 못된 윗사람이야 그렇게 생각한다 하더라도, 언론은 왜 그런 엉터리 주장의 확성기 노릇을 하면서 그 사람을 배신자로 몰아가는 공범이 되는가? 언론도, 그리고 많은 국민도 그런 '조폭 의리'에 오염되어 있기 때문이다.

한국의 승자 독식주의는 그런 사회문화적인 이유들로 인해 증폭될 수밖에 없다. 그런 이유를 들어 기존 대통령제의 폐기를 주장하는 개헌파들도 있지만, 정략적 목적을 가진 개헌파도 많아 승자 독식주의 문제가 선명하게 부각되지 못하는 게 현실이다. 개헌에 반대하거나 시기론을 내세우는 사람들이 이구동성으로 하는 "헌법에 무슨 죄가 있느냐. 제도가 아니라 사람이 중요하다"는 주장 역시 정략적이다. 사람의 실수가 계속 반복되면 제도를 의심해보아야 한다. 최고 권력자의 선한 의지에 모든 걸 다 맡겨두고 있는 게 문제가 아니냐는 의심이 필요하다는 것이다. 그런 의심을 향해 "제도가 아니라 사람이 중요하다"는 주장은 "나는 다르다"는 독선이거나 궤변과 다름없다.

개헌을 어떻게 보건, 개헌이 아니더라도 할 수 있는 일은 많다. 대통령에서부터 각급 지방자치단체장에 이르기까지 행정 권력이 침범할 수 없는 중립 영역을 법으로 제도화해 넓혀나가면 된다. 이걸 공약으로 내걸어야 한다. 즉, 집권 후 논공행상의 전리품으로 간주되어온 인사권의 상당 부분을 중립적인 시민사회에 넘김으로써 승자 독식의 전쟁터의 수단이 된 선거의 공공성을 다소나마 회복해보자는 것이다. 시위마저 조작하기 위해 특정 관변 단체에 돈을 집중적으로 몰아주는 일이 상식으로 통용되는 한 그 어떤 명분을 내걸 건 선거는 '밥그릇 쟁취'를 위한 사생결단의 전쟁이 될 수밖에 없다.

그러나 그 어떤 정치 세력도 그렇게 하지 않으려고 한다. 반대편 정치 세력이 집권했던 기간에 쌓인 문제들을 청산해야 한다는 이유 때문이다. 아무리 좋은 뜻일망정, 그로 인해 승자 독식은 강화되고, 반대편은 이를 갈면서 정치를 재청산의 기회를 얻는 동시에 '밥그릇'을 다시 찾아오는 투쟁으로 환원시킨다. '밥그릇'은 결코 천박한 용어가 아니다. 그 어떤 명분을 내걸 건 모든 정치 투쟁의 심연에 자리 잡은 근본 동기다. 그걸 천박하게 보지 않아야 공공적이고 생산적인 갈등을 전제로 한 통합의 길도 열린다. 나눠먹지 않는 통합은 불가능하다.

싸우면서 닮아가면 안 된다

한성대학교 교수이자 경제개혁연대 소장인 김상조는 2016년 12월 「87년과 97년의 갈림길에서」라는 『경향신문』 칼럼에서 "지금 광장의 요구는 1987년 이상으로 고양되어 있다. 반면 국내외 경제 환경은 1997년이 무색할 정도로 최악이다. 이 양자의 괴리 속에서 한국은 어디로 갈 것인가? 현재 우리는 1987년 승리와 1997년 위기 사이의 갈림길에 서 있다"며 다음과 같이 말했다.

"요즘 분위기에서 이런 말 했다가는 '부역자' 소리 듣기 십상이지만, 나는 매우 비관적이다. 조기 대선이 불가피해지면서 잠룡들은 더

없이 조급해졌다. 그러나 변변한 정책 공약집도 만들지 못하고 인수위도 없이 출범하는 '준비 안 된 대통령'을 보게 될 게 뻔하다. 그럼 대책은? 상상력 결핍증의 천박한 경제학자가 무슨 말을 하겠는가? 국민을 통합하고 그 인내심을 제고하는 정치 리더십이 필요하다는, 하나마나한 말만 되뇔 뿐이다. 크게 기대하지 않는다. 그래서 비관적이다."[13]

아니다. '부역자' 소리 듣더라도 할 말은 해야 한다. 지금 문제가 매우 심각하다. 본문에서도 지적했지만, 한국 정치의 최대 비극은 스스로 무엇을 잘해서가 아니라 상대편이 스스로 망해서 선거에 이기거나 집권한다는 사실이다. 그러니 스스로 잘하기 위해 애를 쓸 필요가 없어진다. 상대편을 공격만 하면 된다. 이게 바로 한국 정치의 민낯이다.

소스타인 베블런Thorstein Veblen, 1857~1929은 『유한계급의 이론The Theory of the Leisure Class』(1899)에서 약탈 계급의 계급적 기반은 약탈 자질과 능력 기준으로 부단한 도태 과정을 통해 유지된다고 했다. 그는 약탈 의지의 강인성이 다른 계급의 사람들과 구별시켜주는 중요한 특성이며, 이 점에서 이들의 유일한 라이벌은 하층계급 부랑자라고 했다. 정신 구조가 같다는 의미에서다.[14] 이 비유를 원용하자면, 한국 정치는 전방위적으로 벌어지는 약탈과 공모 관계에 있다고 볼 수 있겠지만, 그렇게 되지 않도록 하는 게 우리가 앞으로 해야 할 일일 게다. 상대편과 싸우면서 닮아가는 건 한사코 피해야 할 일이다. 연세대학교 교수 박명림이 「박근혜 이후 우리를 위하여」라는 『중앙일보』 칼럼에서 한 다음과 같은 제안은 어떤가?

"전직 대통령이 사적 몽매가 아닌 공적 이성을 갖고 국민들과 대화를 했다면 오늘 대한민국의 민주공화와 공공성이 이토록 참담한 파탄

상태에 직면하지는 않았을 것이다. 금번 광장의 폭발이 시민들이 주도한 공적 이성의 회복이요 대화의 복원인 이유다. 박근혜 이후를 이끌 개혁 세력은 복원된 이성에 바탕해 절대적으로 품격과 품위와 노겸勞謙을 갖추지 않으면 안 된다."**15**

　이런 상황에서 '품격과 품위와 노겸'이라니! 가슴에 와닿지도 않거니와 그게 가능할 것인지도 의문이다. 미국의 목사이자 노예 폐지 운동가였던 헨리 워드 비처Henry Ward Beecher, 1813~1887가 "증오만큼 끈질기고 보편적인 정신력은 없다"고 했듯이, 증오를 할 땐 반드시 해야 한다. 더욱이 정치는 '공격성 분출의 제도적 승화'로 탄생한 것인바, 정치의 원동력이 증오라는 건 매우 자연스러운 일이다.**16**

　그럼에도 다시 한 번 생각해보자. 사랑과 증오는 혈연관계라는 말이 있다. 남북 간의 증오가 바로 그걸 잘 말해주는 사례일 게다. 우리가 증오로 가득 찬 남남(북) 갈등조차 슬기롭게 해결하지 못한다면, 앞으로 무슨 수로 민족의 대화합을 기대할 수 있겠는가? 증오를 없애는 건 인간의 본성을 바꾸는 일과 다를 바 없지만, 증오의 양과 수위를 조절하는 것은 얼마든지 가능한 일이다. 증오가 정치의 주요 동력과 콘텐츠가 되는 지금과 같은 '증오 시대'는 필연이거나 숙명은 아니다. 증오를 가급적 줄이는 방향으로 나아가면서 통합과 화합을 모색하는 건 얼마든지 가능한 일이다. 무엇보다도 우리의 아이들을 위해서 말이다.

선심 공약 그만두고 '피와 노고와 눈물과 땀'을 말하라!

2017년 3월 22일 정의당 대선 후보인 심상정 상임대표는 YTN 라디오에서 "'하인리히 법칙'이라고 있다. 대형 사고가 나기 전에 수많은 사고와 징후가 존재한다"며 "지금 문 후보 캠프에 사건 사고가 끊이지 않는다. 주변 인사들의 말실수는 해프닝으로 치부할 수 있지만, 부적절한 인사들이 모여드는 건 위험한 일"이라고 말했다. 심상정은 문재인 측에 "김대중 전 대통령이 당선될 때를 상기해야 한다"고 고언했다. 심상정은 "(김 전 대통령) 지지자들이 혹시나 하는 마음에 술도 끊고 말도 크게 못하고 웃지도 않았다고 한다", "(문재인) 후보도 지지하시는 분들도 그 정도 간절함이나 절실함은 보여야 하지 않나"라고 말했다.[17]

문재인 측이 부디 명심해야 할 고언이다. 김상조의 다음과 같은 우려는 결코 기우杞憂가 아니다. "현실에서 실현 가능한 대안을 제시하려면 정확한 '팩트 파인딩(사실관계 확인)'이 전제돼야 하는데, 야당과 시민단체의 사고가 30년 전과 별 차이 없이 타성에 젖어 있다. 개혁을 위해서는 보수의 한계를 극복하는 것 못지않게 진보의 혁신이 필요하다.……야당으로 정권 교체가 이뤄져도 차기 정부가 개혁에 실패한다면 임기 5년은커녕 6개월도 못 가서 내려와야 할지 모른다."[18]

사실 5·9 대선을 앞두고 후보들 간 경쟁이 치열하지만, 누가 대통령이 되건 그를 기다리고 있는 건 '불행'이지 '행복'은 아니다. 우리 모두에게 고통을 안겨주는 남북문제와 외교 문제는 말할 것도 없지만, 그 이전에 경제, 아니 민생이 엉망진창이기 때문이다.

2017년 1월 『중앙일보』 논설주간 이철호는 「"빚내서 집 사라더니…" 곡소리 나나」라는 칼럼에서 한국 경제의 최악의 위기 상황을 거론하면서 이렇게 말했다. "어쩌면 올해 온 사방에서 '빚내서 집 사라더니……'라는 통곡소리가 퍼질지 모른다. 정부 정책에 잘 따랐거나 가난한 계층부터 AI와 금리 인상의 피해자가 될까 겁난다."[19]

2017년 2월 22일 한국은행은 2016년 말 기준으로 가계 빚을 1,344조 3,000억 원으로 집계해 발표함으로써 그런 '통곡소리'를 내는 집이 많으리라는 걸 예고했다. 이 통계는 가계대출과 신용카드 사용 대금을 합한 잔액 기준이었는데, 신용카드 사용 대금을 뺀 가계대출 잔액은 2016년 한 해 동안 11.7퍼센트나 늘었다. 가계의 은행 대출액이 9.5퍼센트 증가하는 동안, 이자율이 매우 높은 제2금융권 대출은 17.1퍼센트나 증가했다. 『경향신문』은 「폭발 직전 가계부채, 머뭇거릴 시간이 없다」는 사설에서 다음과 같이 말했다.

"그동안 가계 빚 급증의 위험을 쉼 없이 경고했지만, 주택 건설 경기를 끌어올려 경제성장률 수치를 분칠하려는 정부의 의지 앞에서 '쇠귀에 경 읽기'였다. 정부가 이제 와서 제2금융권 대출 억제 대책을 다시 마련하겠다는데, 더는 믿음이 가지 않는다. 단기적으로 경제 성장에 해가 되는 한이 있더라도 가계부채 증가를 억제하고 가계소득을 늘려 연착륙을 꾀하는 특단의 방안을 모색해야 한다. 최악을 피할 대책을 마련할 수 있는 시간조차 이제 그리 많이 남아 있지 않다."[20]

그런 상황에서 대선 후보들이 해야 할 말은 이른바 '피와 노고와 눈물과 땀'이지 무작정 무엇을 해주겠다는 선심 공약이 아니다. 독일군이 프랑스 파리를 향해 파죽지세로 돌격하던 1940년 5월 13일 영국의 윈스턴 처칠Winston Churchill, 1874~1965이 총리 취임 연설에서 "내가 국민에게 드릴 수 있는 것은 피와 노고와 눈물과 땀밖에 없습니다 have nothing to offer but blood, toil, tears and sweat"라고 했듯이, 국민에게 해주겠다는 말만 하지 말고 위기 극복과 국민 화합을 위해 우리 모두가 나눠져야 할 책임에 대해 말해야 한다. 그렇게 말할 수 있는 자격과 조건을 갖추기 위해 자신들을 돌아보면서 애쓰는 게 바로 진정한 적폐 청산이요 개혁이다. 이명박근혜는 한국 정치를 비춰주는 거울이라는 걸 명심하고, 그 거울을 깨는 새로운 정치를 시작해보자.

머리말 왜 '약탈 정치'인가?

1 강준만, 「왜 정치와 행정은 사익을 추구하는 비즈니스인가?: 공공 선택 이론」, 『감정 독재: 세상을 꿰뚫는 50가지 이론』(인물과사상사, 2013), 291~295쪽 참고.

2 김시윤, 「국가와 경제발전: 약탈적 국가론에 대한 비판적 고찰」, 『한국행정학보』, 38권 2호(2004년 4월), 203~223쪽.

3 예컨대, 자유연구센터 대표 박광성은 다음과 같이 말한다. "정부와 관료들은 비효율성을 남발하고 정치 대중들은 끊임없는 시기심과 배타성에 빠져 가진 자들을 약탈하기를 원하며 또한 자신들에 대한 특혜를 원한다. 정치인들은 정치 대중의 수요에 대한 공급, 자신의 정치적 생존을 위해 법이라는 이름으로 자유 시장경제를 규제하고 강압적으로 약탈한다. 그들에게 있어서 정부 부문의 최소화 혹은 폐지는 자신들의 정치적 입지에 대한 도전으로써 보다 많은 정부 부문을 요구한다." 또 시장경제제도연구소 소장 김이석은 다음과 같이 말한다. "복지국가, 무상 시리즈나 각종 보조금의 경쟁적 제시가 이루어지는 지난 대선과 총선을 보면 우리 사회가 점차 동의와 자발적 거래에 의한 재산권의 이전이 아니라 약탈적으로 행해지는 부분이 점차 커지고 있다.……사실 재산권과 가격을 철폐한 사회주의는 쉽게 작동을 멈추지만, 재산권과 가격에 대한 간섭은 금방 작동이 멈추지 않는다는 점에서 그 생명력이 오히려 덜 질길 수 있다. 그런 점에서 이런 간섭주의가 횡행하는 경제가 보기에 따라서는 원래 의미의 사회주의보다 더 비극적인 상황일 수도 있다." 박광성, 「약탈의 정치가 자유 시장경제를 병들게 한다」, 『미디어펜』, 2016년 3월 18일; 김이석, 「포퓰리즘 판치는 약탈의 정치와 타락한 민주주의」, 『미디어펜』, 2016년 5월 4일.

4 「Public choice」, 『Wikipedia』.

5 맨커 올슨(Mancur Olson), 최광 옮김, 『지배권력과 경제번영: 공산주의와 자본주의 아우르기』(나남, 2000/2010), 66~67쪽.

6 이병천, 「"대한민국은 '약탈적 포획 국가'"」, 『프레시안』, 2016년 11월 28일.

7 「The Predator State」, 『Wikipedia』; 「James K. Galbraith」, 『Wikipedia』.

8 류상영, 「한국 관료의 정치적 중립성: 이상과 현실」, 『황해문화』, 79권(2013년 6월), 48쪽.

9 장덕진, 「유능한 관료와 무능한 국가」, 『경향신문』, 2015년 6월 5일. 장덕진은 2016년 2월 『허핑턴포스트코리아』 인터뷰에서도 이 유랑 도적단론을 다시 역설했다. 황세원, 「"남은 시간은 7~8년뿐, 그 뒤엔 어떤 정책도 소용없다"」, 『허핑턴포스트코리아』, 2016년 2월 2일.

10 「[사설] 기업 상대 협박과 갈취 박근혜 정권은 '약탈 국가'였나」, 『경향신문』, 2016년 10월 29일.

11 박원호, 「이 분노의 기원에 대하여」, 『중앙일보』, 2016년 11월 8일.

12 윤평중, 「공화국의 敵들」, 『조선일보』, 2016년 11월 11일.

13 이병천, 「"대한민국은 '약탈적 포획 국가'"」, 『프레시안』, 2016년 11월 28일.

14 이선민, 「"市場보수·安保보수를 넘어서는 혁신 보여줘야 위기 탈출"」, 『조선일보』, 2016년 12월 3일.

15 신진욱, 「2008년 정치적 주체 자각, 2016년 국가를 바꾸러 나섰다」, 『한겨레』, 2016년 12월 26일.

16 김기현, 「진정한 일류를 위하여」, 『중앙일보』, 2016년 12월 27일.

17 최장집 외, 『양손잡이 민주주의: 한 손에는 촛불, 다른 손에는 정치를 들다』(후마니타스, 2017), 28~29쪽.

18 장덕진, 「'자연인'이 아니라 '정치인'으로 돌아온 박근혜」, 『경향신문』, 2017년 3월 14일.

19 서지문, 「[서지문의 뉴스로 책읽기] (26) 대통령의 참회를 넘어서」, 『조선일보』, 2016년 12월 13일.

20 남정욱, 「'별의별' 保守」, 『조선일보』, 2017년 1월 7일.

21 송호근, 「한강을 건너며」, 『중앙일보』, 2017년 2월 7일.

22 김대호, 『2013년 이후: 희망 코리아 가는 길』(백산서당, 2011), 276쪽.

23 Ambrose Bierce, 『The Devil's Dictionary』(New York: Bloomsbury, 2008), p.115.

24 Michael A. Genovese, 『The Presidential Dilemma: Leadership in the American System』, 2nd ed.(New York: Longman, 2003), p.57.

25 이철희, 「선거주의의 폐해」, 『한겨레』, 2014년 2월 10일.

26 임상우, 「비판적 지성과 책임의 윤리」, 『문학과사회』, 1994년 겨울, 1461~1471쪽.

27 정희진, 「트럼프, 캐릭터의 승리」, 『경향신문』, 2016년 11월 14일.

제1장 보잉 747 점보기 이미지를 이용한 '747 사기극'

1 차병석 외, 『MB노믹스: 숨겨진 진실』(한국경제신문, 2012), 13~22쪽.

2 허만섭, 『이명박 절반의 정직』(디오네, 2008), 123쪽.

3 안재승, 「이명박근혜 정부의 '망쳐버린 10년'」, 『한겨레』, 2017년 3월 3일.

4 이재기, 「이명박-박근혜, "전과 14범" 발언 논란」, 『CBS 노컷뉴스』, 2007년 6월 28일.

5 허만섭, 『이명박 절반의 정직』(디오네, 2008), 75쪽.

6 성한용, 「'친노'들의 길」, 『한겨레』, 2007년 10월 24일.

7 강준식, 『대한민국의 대통령들』(김영사, 2017), 474쪽.

8 허만섭, 『이명박 절반의 정직』(디오네, 2008), 96~97쪽.

9 「[사설] 검찰을 그만 흔들라」, 『동아일보』, 2007년 11월 31일.

10 「[사설] 정동영 신당 '法治 파괴 세력' 될 셈인가」, 『동아일보』, 2007년 12월 7일.

11 소종섭, 「깨어진 약속 갈라선 형님들」, 『시사저널』, 2009년 4월 6일.

12 최혜정·이정애, 「이상득"BBK 개입말라" 노건평"패밀리 건드리지 말라"」, 『한겨레』, 2009년 4월 8일.

13 이계성, 「[메아리] 이명박 지지선언 홍수」, 『한국일보』, 2007년 12월 8일.

14 「[사설] 끝내 육탄전까지 벌이는 이번 대선」, 『조선일보』, 2007년 12월 15일.

15 이기수·박영환, 「[李 BBK 동영상] 한나라 "노골적 鄭 지원" 신당 "靑, 왜 지금 나서나"」, 『경향신문』, 2007년 12월 17일.

16 이본영·노현웅, 「재야원로들 "가장 가능성 있는 후보 밀어줘야": 백낙청·함세웅·박형규 등 사실상 정동영 지지」, 『한겨레』, 2007년 12월 18일.

17 이본영, 「이명박 당선자 48.7% 득표 최종집계: 투표율은 63.0%」, 『한겨레』, 2007년 12월 21일.

18 성연철·황준범, 「이명박+이회창 63.7%…유권자 '우향우'」, 『한겨레』, 2007년 12월 21일.

19 허만섭, 『이명박 절반의 정직』(디오네, 2008), 6, 26~27쪽.

20 김영명, 『한국 정치의 성격: 쏠림과 휩쓸림, 인물정치와 당파싸움, 응집성과 안정성』(오름, 2016), 110쪽.

21 성연철·황준범, 「이명박+이회창 63.7%···유권자 '우향우'」, 『한겨레』, 2007년 12월 21일.

22 안홍욱, 「李, 25개구서 모조리 1위···서울 '변심'이 압승 이끌어」, 『경향신문』, 2007년 12월 21일.

23 김정하·윤창희, 「종부세, 수도권 신지역주의 낳았다」, 『중앙일보』, 2007년 12월 21일.

24 「사설」친노 廢族들, 새 정권의 반면교사다」, 『동아일보』, 2007년 12월 28일.

25 김병준, 『대통령 권력』(지식공감, 2017), 122~123쪽.

26 최문선, 「'고소영 S라인'을 아시나요?: MB 인사 빗댄 신조어 속속」, 『한국일보』, 2008년 2월 22일.

27 정상원, 「'고소영 이어 강부자 정부': 민주, 이춘호·남주홍 청문회 거부 검토」, 『한국일보』, 2008년 2월 23일.

28 박현철, 「'도곡동 땅 이상은 씨 소유'」, 『한겨레』, 2008년 2월 21일.

29 황준범·이지은, 「이 당선인 "모든 의혹 해소돼 다행"」, 『한겨레』, 2008년 2월 21일.

30 김성동, 「"눈에 확실하게 보이는 성과로 국민들을 설득하는 게 나의 전략": 청계천 복원의 주인공 이명박 서울시장의 24시」, 『월간조선』, 2005년 11월, 129~130쪽.

31 안경숙·최훈길, 「보수지, 대운하 반대 외면 안간힘: 사설 따로 기사 따로···4·9 총선 '이중플레이'」, 『미디어오늘』, 2008년 4월 2일.

32 김정선·선근형, 「"20대 투표율 19%는 대의정치 심각한 위기": 경향신문 총선보도 자문위원 좌담」, 『경향신문』, 2008년 4월 11일.

33 박민영, 「선거는 국민의 뜻을 반영하는가?」, 『월간 인물과사상』, 2008년 6월호, 56쪽.

34 김근철·이주영, 「무소불위 '203석 보수' 신자유 법안 양산 우려」, 『경향신문』, 2008년 4월 11일.

35 강희철, 「민주당 운동권 쇠퇴···당선자들 '오른쪽으로'」, 『한겨레』, 2008년 4월 12일.

36 이고은, 「무색·무능 '아류 중도' 민주···'욕망 정치'에 패했다」, 『경향신문』, 2008년 4월 17일.

37 신수정, 「돈 몰리는 학원 시장···'강자' 중심 재편」, 『동아일보』, 2008년 2월 6일.

38 이종규, 「우열반─0교시─심야보충···학교 '입시전쟁터'로」, 『한겨레』, 2008년 4월 16일.

39 임지선, 「정진화 위원장 "학교 자율화는 99%의 아이들 포기하는 길"」, 『경향신문』, 2008년 5월 3일.

40 한승동, 「위기의 공영방송, 당신이 지켜줘!: 보수언론·여당·검찰·방통심의위 공조의 'PD수첩 죽이기'」, 『한겨레』, 2008년 8월 9일.

41 박원수, 「영남 단체장들 "낙동강 운하 조기 건설을": 5개 시·도지사 정부에 공동 건의문」, 『조선일보』, 2008년 5월 24일.

42 이정훈·최원형, 「대운하 연구원 "4대강 정비 실체는 운하 계획": "정부가 논리 개발 요구···대안 못찾아" 고백」, 『한겨레』, 2008년 5월 24일.

43 허정헌·강희경, 「쇠고기 불만, 총체적 반정부 시위로 돌변」, 『한국일보』, 2008년 5월 26일.

44 하어영 외, 「유모차 밀고 예비군복 입고···뜨거운 촛불 새벽 달궈」, 『한겨레』, 2008년 5월 31일.

45 박석원, 「민주 "마지막 경고"···11년 만에 거리로: 당원 4000명 참석···촛불집회로 합류」, 『한국일보』, 2008년 6월 2일.

46 「사설」무역 피해 오더라도 쇠고기 재협상 논의하는 수밖에」, 『조선일보』, 2008년 6월 3일.

47 석진환, 「촛불은 외쳤다. 장벽 걷어내고 민심 들어라: 서울 40만 명 등 전국 50만 명 촛불행진」, 『한겨레』, 2008년 6월 11일.

48 노현웅, 「"이것이 국보 0호 명박산성" 조롱거리 된 '컨테이너 철벽'」, 『한겨레』, 2008년 6월 12일.

49 이영태, 「[쇠고기 협상 타결] 100% 만족은 아니지만···정부도 촛불도 할 만큼 했다」, 『한국일보』, 2008년 6월 23일.

50 「사설」경찰버스 지붕 위에서 펄럭인 깃발들」, 『동아일보』, 2008년 6월 24일.

51 박성원, 「"野 국회 등원을" 75.9%」, 『동아일보』, 2008년 6월 24일.

52 석진환 외, 「촛불 짓밟는 '공안 불도저' 민주주의 질식 위기」, 『한겨레』, 2008년 7월 2일.

53 「사설」본연의 자세 회복하는 게 진정한 촛불」, 『국민일보』, 2008년 7월 2일.

54 「[사설] 광우병 선동세력, 사회 마비-정부 전복을 노렸다」, 『동아일보』, 2008년 7월 12일.

55 안준호, 「경찰도 발가벗긴 무법천지」, 『조선일보』, 2008년 7월 28일; 「[사설] 시위대에 인민재판 받더니 옷까지 벗겨진 대한민국 경찰」, 『조선일보』, 2008년 7월 29일.

56 류정민, 「대형 스포츠 행사, 뒤에서 웃는 청와대: 이명박 정부, 올림픽-월드컵 때 어떤 일 있었나」, 『미디어오늘』, 2010년 11월 24일.

57 「[사설] 공천 비리수사 끝나기도 전에 터져나온 권력형 납품 비리」, 『조선일보』, 2008년 8월 11일.

58 박근영, 「MB가 투하한 '보은 낙하산' 대한민국 점령」, 『시사IN』, 제49호(2008년 8월 18일).

59 박근영, 「'BBK 공신'은 금배지 달았네」, 『시사IN』, 제49호(2008년 8월 18일).

60 이순혁 외, 「보수의 복수」, 『한겨레21』, 제725호(2008년 8월 25일).

61 이순혁 외, 「보수의 복수」, 『한겨레21』, 제725호(2008년 8월 25일).

62 류정민, 「정치선전 활용된 올림픽 '땀의 결실'」, 『미디어오늘』, 2008년 8월 27일.

63 최재영 · 김정선, 「李 대통령, 뉴라이트 청와대로 초청 "도와달라"」, 『경향신문』, 2008년 8월 29일.

64 정연주, 「'무죄'도 너무 무겁구나」, 『한겨레』, 2010년 12월 27일.

65 「[사설] 종부세 완화가 '순수성'을 의심받는 이유」, 『경향신문』, 2008년 9월 24일.

66 정남구, 「부부 공동명의 땐 대상자 80%가 종부세 한 푼도 안 내: '세대별 합산 위헌' 파장」, 『한겨레』, 2008년 11월 14일.

67 「[사설] 민주당 '부자 對 서민' 타령 언제 끝나나」, 『국민일보』, 2008년 11월 15일.

68 김남일, 「재판관 8명 종부세 대상, '이해당사자'가 판단한 셈」, 『한겨레』, 2008년 11월 14일.

69 김병권, 「보수의 낙관과 진보의 나태로 '스타 탄생'」, 『한겨레21』, 제738호(2008년 12월 5일).

70 강민석, 「'미네르바' 소동 거품 키운 조연들」, 『중앙일보』, 2009년 1월 12일.

71 하현옥, 「미네르바 "이민 가고 싶다": NYT와 인터뷰…"한국 사회의 광기 목격"」, 『중앙일보』, 2009년 5월 18일.

72 김종화, 「검은 옷, YTN은 안 되고 SBS · MBC는 괜찮나」, 『미디어오늘』, 2009년 1월 13일.

73 황영식, 「'혼명(混名)'의 정치」, 『한국일보』, 2009년 1월 14일.

74 박찬수, 「환상의 벽」, 『한겨레』, 2008년 12월 30일.

75 박두식, 「[동서남북] 정치를 망치는 '그룹싱크'의 함정」, 『조선일보』, 2009년 1월 12일.

76 권태선, 「소통? 불통! 울화'통'」, 『한겨레』, 2008년 6월 13일; 이태희, 「아고라가 청와대에 말한다…재벌과의 핫라인 철폐부터 촛불의 새로운 상상력까지 그들의 말말말」, 『한겨레21』, 제715호(2008년 6월 16일).

제2장 이명박 정권 공신들의 동종교배형 '약탈 전쟁'

1 채원호, 「[커버스토리] "임기 보장된 기관장 사퇴 강요 안 돼"」, 『위클리경향』, 제808호(2009년 1월 13일).

2 김경은, 「[커버스토리] MB정부 '낙하산 인사' 자격도, 절차도, 검증도 없었다」, 『위클리경향』, 제808호(2009년 1월 13일).

3 김태열, 「[커버스토리] MB정부 막가파식 물갈이 수법」, 『위클리경향』, 제808호(2009년 1월 13일).

4 김태열, 「[커버스토리] MB정부 낙하산 공공기관장 총 101명」, 『위클리경향』, 제808호(2009년 1월 13일).

5 최익림, 「'포항 인맥' 권력기관 포진…공직 사회에 막강한 '입김'」, 『한겨레』, 2009년 1월 17일.

6 「[사설] 첫 단추부터 '내 사람' 챙기는 인적 개편」, 『한겨레』, 2009년 1월 19일.

7 신승근 · 권태호, 「'TK · 고대 · 공안 출신 약진 '진골 정치' 시동」, 『한겨레』, 2009년 1월 20일.

8 「[사설] '누가 뭐래도 내 갈 길 가겠다'는 이명박식 개각」, 『한겨레』, 2009년 1월 20일.

9 「[사설] 이명박식 강압 통치의 예고된 참사」, 『한겨레』, 2009년 1월 21일.

10 성한용, 「"'민주' 정부의 실패한 10년이 이명박 정부라는 '괴물' 낳아": 진보신당 '이명박 정부 1년 평가' 토

론회」, 『한겨레』, 2009년 1월 21일.

11 이인숙, 「마들연구소 "李 정부 '노가다 정치' 나서」, 『경향신문』, 2009년 1월 21일.

12 김영규, 『이명박 정권 대안』(박종철출판사, 2010), 30쪽.

13 성한용, 「청계천 이명박, 용산 이명박」, 『한겨레』, 2009년 1월 28일.

14 김종훈, 「[아침을 열며] 재개발 사업 방식 바꿔야 한다」, 『경향신문』, 2009년 3월 2일.

15 한대광, 「재개발·재건축 비리 23% '공무원 연루': 경실련 언론 보도 분석…조합 주도 50% 최다」, 『경향신문』, 2009년 2월 13일.

16 임주환·전종휘, 「용산의 사각동맹」, 『한겨레21』, 제748호(2009년 2월 20일).

17 최훈길, 「"용산 진실 묻히는 게 제일 무서워요": 철거민 생애사 담은 구술집 '여기 사람이 있다' 출간」, 『미디어오늘』, 2009년 4월 2일.

18 김민경, 「"정부 비판 앞서 소통과 연대 말하고 싶었다": 서울대 시국 선언 참여 김명환 교수」, 『한겨레』, 2009년 6월 5일.

19 정희상, 「불타 죽고 감옥 가고 참담한 피해자들」, 『시사IN』, 제92호(2009년 6월 15일).

20 박상주, 「"차라리 물러나라!"」, 『미디어오늘』, 2009년 6월 16일.

21 조현, 「[김수환 추기경 선종] '김수환 신드롬' 배경 뭔가」, 『한겨레』, 2009년 2월 20일.

22 백혜영, 「김수환 추기경 선종 뉴스가 불편한 이유」, 『PD저널』, 2009년 2월 19일.

23 오명철, 「추기경 김수환의 '장엄한 낙조'」, 『동아일보』, 2009년 3월 11일.

24 김서중, 「시장주의자들의 반시장적 언론 정책」, 민주화를위한전국교수협의회 외 엮음, 『독단과 퇴행, 이명박 정부 3년 백서』(메이데이, 2011), 224~254쪽.

25 최훈길, 「대선 캠프 언론인 70%, '낙하산': 언론 특보 출신 등 41명 중 29명」, 『미디어오늘』, 2009년 2월 25일.

26 김서중, 「시장주의자들의 반시장적 언론 정책」, 민주화를위한전국교수협의회 외 엮음, 『독단과 퇴행, 이명박 정부 3년 백서』(메이데이, 2011), 226쪽.

27 하윤해·노용택, 「靑 인사 라인 TK가 절반 넘어…PK 포함 땐 80%, 호남 출신 전무」, 『국민일보』, 2009년 2월 13일.

28 「[사설] '코드 인사'에 짓밟힌 감사원 독립」, 『한겨레』, 2009년 2월 11일.

29 박석원, 「"고위직 45%가 영남…MB정부는 향우회"」, 『한국일보』, 2009년 2월 18일.

30 고제규, 「100대 인사들도 '강부자'였네」, 『시사IN』, 제76호(2009년 2월 23일).

31 최재영, 「4대 권력기관 요직 14명 중 非영남·非고려대 출신 4명」, 『경향신문』, 2009년 2월 17일.

32 성기철, 「지역 편중 인사의 악순환」, 『국민일보』, 2009년 2월 22일.

33 류정민, 「"청와대 TK 편중 인사, 대통령 성격이 배경"」, 『미디어오늘』, 2009년 2월 19일.

34 이유식, 「동종교배의 시작과 끝」, 『한국일보』, 2009년 3월 3일.

35 차병석 외, 『MB노믹스: 숨겨진 진실』(한국경제신문, 2012), 45~57쪽.

36 「[사설] 정부는 인사를 망사(亡事)로 만들 작정인가」, 『경향신문』, 2009년 5월 4일.

37 최승현, 「연예 매니지먼트의 그늘 (상) 일부 기획사 '접대용' 신인 따로 관리」, 『조선일보』, 2009년 3월 17일.

38 임지선·임인택, 「연기자 5명 중 1명 "나 또는 동료가 성 상납 강요받았다"」, 『한겨레21』, 제768호(2009년 7월 13일).

39 김학민, 「룸살롱으로 서민경제 활성화?」, 『한겨레21』, 제743호(2009년 1월 9일).

40 박상주, 「더러운 포식자들…」, 『미디어오늘』, 2009년 3월 24일.

41 최연진·이훈성, 「청와대, 룸살롱에 2차까지」, 『한국일보』, 2009년 3월 30일.

42 송태희·김성환, 「MB정부 2년차…'2차' 가는 공무원: 3월까지 성매매 적발 95명 예년 두 배」, 『한국일보』, 2009년 5월 6일.

43 김원철, 「[우리 사회 거품을 빼자] (14) 기업 접대비」, 『국민일보』, 2009년 4월 15일, 7면.

44 김용철, 『삼성을 생각한다』(사회평론, 2010), 419~420쪽.

45 강준만, 『룸살롱 공화국: 부패와 향락, 패거리의 요새 밀실접대 65년의 기록』(인물과사상사, 2011).

46 강인식·이정봉, 「논쟁 즐기던 달변가 "면목이 없습니다" 도덕적 실패 자인: 노무현 전 대통령 '가장 긴 하루'」, 『중앙일보』, 2009년 5월 1일.

47 이지선, 「언론들 '망신주기' 보도 盧 서거 책임」 비난 여론」, 『경향신문』, 2009년 5월 27일.

48 이지선, 「극우 논객 잇단 막말 논란」, 『경향신문』, 2009년 5월 28일.

49 김광호 외, 「[뉴스분석] 막힌 소통 푸는 추모의 場」, 『경향신문』, 2009년 5월 28일.

50 「[사설] 노 전 대통령 추모 행렬이 말하는 것」, 『경향신문』, 2009년 5월 28일.

51 박창식, 「민주, 4년 8개월 만에 한나라에 지지율 앞서」, 『한겨레』, 2009년 6월 2일.

52 양문석, 「민주당 지지율 상승, 그 함의」, 『미디어오늘』, 2009년 6월 3일.

53 장상환, 「재벌 특혜와 대외 의존 심화에 추락하는 서민」, 민주화를위한전국교수협의회 외 엮음, 『독단과 퇴행, 이명박 정부 3년 백서』(메이데이, 2011), 57~58쪽.

54 안홍욱, 「조중동의 신문·방송·통신 무제한 확장 길 터 줘」, 『경향신문』, 2009년 7월 23일.

55 「[사설] 헌재, 제 얼굴에 침 뱉었다」, 『한겨레』, 2010년 11월 26일.

56 「[사설] 김대중 대통령과 그의 시대」, 『조선일보』, 2009년 8월 19일.

57 김원정, 「'행동하는 양심'에서 '화해와 용서'까지」, 『미디어오늘』, 2009년 8월 26일.

58 여현호, 「[아침햇발] 블랙홀」, 『한겨레』, 2009년 9월 4일.

59 김봉선, 「[경향의 눈] '홍보'가 이겼다」, 『경향신문』, 2009년 9월 15일.

60 차병석 외, 『MB노믹스: 숨겨진 진실』(한국경제신문, 2012), 227~236쪽.

61 이유주현, 「정운찬 '세종시 축소' 발언 청와대 '사전교감' 있었나」, 『한겨레』, 2009년 9월 5일.

62 이명박, 『대통령의 시간 2008-2013』(알에이치코리아, 2015), 631~632쪽.

63 박주연, 「김제동 없으니 웃을 일 '없고', 손석희 없으면 좋을 일 '없고'」, 『위클리경향』, 제847호(2009년 10월 27일).

64 임지욱, 「"손석희도 MBC 〈100분 토론〉 하차"」, 『뷰스앤뉴스』, 2009년 10월 12일.

65 김이택, 「대통령의 '거짓말'」, 『한겨레』, 2009년 10월 29일.

66 최훈길, 「"언론 입 닫게 하면 정권에도 손해"」, 『미디어오늘』, 2009년 12월 7일.

67 이유주현 외, 「'백년대계'가 불 지른 '세종시 전쟁'」, 『한겨레』, 2009년 10월 21일.

68 「[사설] 박 전 대표의 세종시 발언과 국가 백년대계」, 『중앙일보』, 2009년 10월 24일.

69 안홍욱·장관순, 「황당·발끈·모르쇠…'정운찬의 재발견'」, 『경향신문』, 2009년 11월 12일.

70 「[사설] 막가는 세종시 기업 유치전」, 『경향신문』, 2009년 11월 19일.

71 「[사설] 세종시 풀자고 대학 정원 증원하나」, 『한겨레』, 2009년 11월 23일.

72 「[사설] 4대강 기공식 장면을 통해 본 세종시 문제」, 『조선일보』, 2009년 11월 24일.

73 신승근, 「"정부, 종편 통해 일부 언론 노예화": 이회창 총재 '세종시 수정 옹호 보도' 비판」, 『한겨레』, 2009년 11월 26일.

74 강병한, 「전국 35개 방송 '온통 MB'…전파 독점 정권 홍보」, 『경향신문』, 2009년 11월 28일.

75 임도혁 외, 「[대통령과의 대화] 충청권 "원안 이외 대안 없어"…여(與) "이제 힘 모아야 길 있어"」, 『조선일보』, 2009년 11월 28일.

76 윤덕민, 「'세종시'와 '4대강'에 매몰된 나라」, 『조선일보』, 2009년 11월 30일.

77 「[사설] '세종시 홍보'에 매달리는 총리와 장관들」, 『한겨레』, 2009년 12월 21일.

제3장 전두환의 '정의사회'를 연상케 한 이명박의 '공정사회'

1 「[사설] 자기모순 드러낸 세종시 '백지화' 계획」, 『경향신문』, 2010년 1월 6일.

2 한장희, 「[세종시 수정안 임박] 野 수정안 맹공」, 『국민일보』, 2010년 1월 8일; 송윤경 · 경태영, 「"세종시 수정안 반대" 박근혜 정면 반발」, 『경향신문』, 2010년 1월 8일.

3 손원제 · 박창섭, 「"모든 장관 총출동 '지역 차별 없다' 홍보하라"」, 『한겨레』, 2010년 1월 13일.

4 「[사설] 홍보수석실 문건, 규명과 문책 필요하다」, 『한겨레』, 2010년 1월 14일.

5 윤희일 · 정혁수, 「세종시 집회 참가자 '돈 받았지만 출처 몰라'」, 『경향신문』, 2010년 2월 5일; 송인걸, 「세종시 수정안 찬성 집회 돈으로 군중 동원」, 『한겨레』, 2010년 2월 5일.

6 정용관, 「이명박 대통령 "세종시 국민투표 현재 검토 안 해"」, 『동아일보』, 2010년 3월 3일.

7 「[사설] 국정원 미술품 철거 압력, 독재 시절 회귀인가」, 『경향신문』, 2009년 12월 6일; 전종휘, 「오지랖도 넓으셔라! 국가정치정보수집원」, 『한겨레21』, 제798호(2010년 2월 10일).

8 신승근, 「"MB맨" 국정원장의 MB 향한 헌신?」, 『한겨레』, 2010년 1월 29일.

9 강진구, 「국정원, 조계사에 전화…시민들 기부 행사 취소」, 『경향신문』, 2010년 1월 29일.

10 「[사설] '원세훈 국정원'의 탈법 · 탈선 행진」, 『한겨레』, 2010년 2월 1일.

11 김고은, 「"수신료 거부 막으려 사찰까지 '사찰'하나"」, 『PD저널』, 2010년 2월 1일.

12 이고은, 「문화예술위 '한 지붕 두 수장'」, 『경향신문』, 2010년 1월 28일.

13 진중권, 「'MB 분신' 유인촌 장관의 좌충우돌」, 『오마이뉴스』, 2009년 7월 6일.

14 안흥기, 「유인촌 장관, 김정헌 출근에 "잘했더만~" "재판 아직 진행 중이니까"…최종심까지 언급 않을 듯」, 『오마이뉴스』, 2010년 2월 1일.

15 「[사설] 김정헌 위원장 복귀시키고, 유인촌 장관 물러나야」, 『한겨레』, 2010년 2월 1일.

16 우제윤, 「김정헌 前 위원장 업무 정지…예술위 '두 수장' 체제 중단」, 『매일경제』, 2010년 3월 19일.

17 최재봉, 「작가회의, 문인 길들이기에 격분」, 『한겨레』, 2010년 2월 8일.

18 류정민, 「전쟁 공포 자극한 '카더라 통신' 보도」, 『미디어오늘』, 2010년 3월 27일.

19 주용중 · 유용원, 「'기뢰 폭발 가능성' 집중 조사」, 『조선일보』, 2010년 3월 29일; 주용중, 「[천안함 침몰] [기뢰, 왜 무서운가] 金 국방 "北 개입 가능성 없다고 한 적 없다"」, 『조선일보』, 2010년 3월 30일.

20 류정민, 「'북풍 몰이'를 경계한다」, 『미디어오늘』, 2010년 3월 30일.

21 석진환 · 권오성, 「'무능한 대응'에 국민들 분노」, 『한겨레』, 2010년 3월 30일.

22 김보근, 「"북한제 고성능 어뢰 피격"…북 "날조극, 김열단 파견"」, 『한겨레』, 2010년 5월 20일.

23 「[사설] 대한민국 自衛權 선포해 北 도발에 쐐기 박으라」, 『조선일보』, 2010년 5월 20일.

24 김상협 · 박영출, 「"北 무력 도발 땐 즉각 자위권 발동"」, 『문화일보』, 2010년 5월 24일; 「"개성공단 제외 남북 교역 중단…대북 심리전 재개"」, 『한겨레』, 2010년 5월 24일.

25 류정민, 「"함포 꽝…적 함정 화염" 전쟁 르포 등장」, 『미디어오늘』, 2010년 5월 28일.

26 강병태, 「[강병태 칼럼] 천안함의 심리학」, 『한국일보』, 2010년 6월 1일.

27 선대식, 「'폐족'으로 몰렸던 '친노'의 화려한 부활」, 『오마이뉴스』, 2010년 6월 3일.

28 「[사설] 이명박 정부에 대한 심판은 매서웠다」, 『한겨레』, 2010년 6월 3일.

29 「[사설] 여권, 人事 · 정책 · 소통 장애 대대적으로 혁신해야」, 『조선일보』, 2010년 6월 4일.

30 김진국, 「일격 당한 MB식 무소통 정치」, 『중앙일보』, 2010년 6월 4일.

31 김세균, 「기로에 선 한국 사회: 민중 승리의 길이냐, 전쟁으로의 길이냐」, 민주화를위한전국교수협의회 외 엮음, 『독단과 퇴행, 이명박 정부 3년 백서』(메이데이, 2011), 20쪽.

32 박영환, 「이 대통령 "4대강 사업 계속 추진 靑 · 내각 시스템 교체"」, 『경향신문』, 2010년 6월 15일.

33 「[사설] 세종시 꼼수 중단하고 원안 추진에 매진하라」, 『한겨레』, 2010년 6월 23일.

34 김진우, 「정 총리 "책임지겠다"…사실상 사의」, 『경향신문』, 2010년 6월 30일.

35 「[사설] 사과 한마디 없는 정 총리 세종시 담화」, 『경향신문』, 2010년 6월 30일.

36 손봉석, 「야당들, 총리실 '민간인 불법사찰'에 비난 '한목소리'」, 『경향신문』, 2010년 7월 22일.

37 김동현, 「'민간인 사찰' 파문, 민주당 "영포회 해체하라"」, 『조선일보』, 2010년 7월 2일.

38 최우규, 「야당, 사찰 주도 '영포회' 맹공」, 『경향신문』, 2010년 6월 30일; 조수진, 「'영포회' 중심 비공식 사찰 라인 의혹…우연인가 비선인가」, 『동아일보』, 2010년 7월 3일.

39 최우규, 「야당, 사찰 주도 '영포회' 맹공」, 『경향신문』, 2010년 6월 30일.

40 강병한, 「포항 라인 안에 '사찰 몸통' 있나」, 『경향신문』, 2010년 7월 3일.

41 유정인, 「총리실 '민간인 불법사찰' 또 있었다」, 『경향신문』, 2010년 7월 6일.

42 김수현·최혜정·김경락, 「박영준 '선진연대 인맥', KB회장 선임 개입 의혹」, 『한겨레』, 2010년 7월 5일.

43 김광호·강병한, 「형님 권력·선진연대 고리 '왕차관' 몸통 논란 핵으로」, 『경향신문』, 2010년 7월 8일; 강병한, 「논란의 핵」 선진국민연대…靑·내각 잇단 진출 '권력 속 권력'」, 『경향신문』, 2010년 7월 8일.

44 홍영림, 「"사전 예방했어야"…통곡하고픈 심정」, 『조선일보』, 2010년 7월 6일.

45 김광호·강병한, 「형님 권력·선진연대 고리 '왕차관' 몸통 논란 핵으로」, 『경향신문』, 2010년 7월 8일.

46 이인숙, 「"영포회·선진국민연대, 호텔에 모여 인사 전횡"」, 『경향신문』, 2010년 7월 8일; 한장희·강주화, 「민주당, "영포회+선진국민연대→메리어트 모임…공기업·정부 인사 휘둘러…"」, 『국민일보』, 2010년 7월 8일.

47 「사설」 고구마 줄기처럼 나오는 비선 라인」, 『경향신문』, 2010년 7월 9일.

48 「사설」 갈 데까지 간 '비선 조직'의 국정 농단」, 『한겨레』, 2010년 7월 9일.

49 황장석, 「"박영준, SD보다 세…KB같은 件 100건은 더 있어"」, 『동아일보』, 2010년 7월 10일.

50 「사설」 대통령은 측근들의 '추한 권력 게임' 보고만 있나」, 『동아일보』, 2010년 7월 10일.

51 김순덕, 「김순덕 칼럼」 어떻게 잡은 정권인데 말아먹나」, 『동아일보』, 2010년 7월 12일.

52 박영환, 「'발등의 불' 끄는 MB…'권력투쟁' 당사자에 경고」, 『경향신문』, 2010년 7월 12일.

53 강병한, 「여 권력 다툼 MB 말도 안 먹힌다」, 『경향신문』, 2010년 7월 13일.

54 황준범·신승근, 「'사찰 배후' 의혹 눈감고 '친정체제' 강화」, 『한겨레』, 2010년 8월 13일.

55 「김미화 "KBS에 연예인 블랙리스트 존재"」, 『경향신문』, 2010년 7월 7일.

56 박경은, 「알아서 기는 '윗선' 지시…"심리적 블랙리스트 분명 있다"」, 『경향신문』, 2010년 7월 12일.

57 「KBS 블랙리스트 의혹」 진중권·유창선 "나도 피해자"」, 『경향신문』, 2010년 7월 7일.

58 백인성, 「'지자체 '4대강 반대' 땐 정부가 직접 공사」, 『경향신문』, 2010년 7월 27일.

59 「사설」 이번에는 민주당이 심판받았다」, 『한겨레』, 2010년 7월 29일.

60 「사설」 변화 없는 민주당을 심판한 재·보선」, 『경향신문』, 2010년 7월 29일.

61 「사설」 이번에는 민주당의 오만을 심판했다」, 『중앙일보』, 2010년 7월 29일.

62 이석우, 「"지자체 4대강 공사 거부하면, 손해배상 청구"」, 『조선일보』, 2010년 8월 2일; 오상도, 「"4대강 포기 6일까지 결정하라" 정부, 김두관·안희정 지사에 공문」, 『서울신문』, 2010년 8월 2일.

63 김남일·안창현, 「지원관실, 남경필 의원 부인 사찰 의혹」, 『한겨레』, 2010년 7월 21일.

64 「사설」 총리실 여당 중진까지 사찰했다면 뭘 못했겠는가」, 『조선일보』, 2010년 7월 23일.

65 신승근·황준범·손원제, 「"정두언·정태근 의원 주변도 사찰"」, 『한겨레』, 2010년 7월 23일.

66 안창현, 「사찰당한 여당 의원들 '이상득 퇴진' 요구 '공통점'」, 『한겨레』, 2010년 7월 23일.

67 「사설」 국정 농단하는 음성적 통로가 존재하는가」, 『중앙일보』, 2010년 7월 24일.

68 정제혁, 「불법 민간사찰」 이인규 씨 등 3명 기소, '윗선 의혹'은 단서도 못 찾아」, 『경향신문』, 2010년 8월 12일.

69 신승근, 「남경필·정두언·정태근 '사찰 피해 3인방' 반발」, 『한겨레』, 2010년 8월 12일.

70 류정민, 「국가 범죄, 검찰은 덮고 언론은 눈감나」, 『미디어오늘』, 2010년 8월 18일.

71 류정민, 「국가 범죄, 검찰은 덮고 언론은 눈감나」, 『미디어오늘』, 2010년 8월 18일.

72 강병한, 「정태근 의원 "이상득, 불법사찰 알고 있었다"」, 『경향신문』, 2010년 9월 1일.

73 이주영, 「의혹 제기한 소장파 "박통 시대냐"…여권 '권력 사유화' 논쟁 가열」, 『경향신문』, 2010년 9월 1일.

74 「사설」 불법사찰 진상규명, 특검 외에 길이 없다」, 『한겨레』, 2010년 9월 1일.

75 장관순, 「박지원 원내대표 "MB정권 간판도 권력도 핵심도 전부 영남"」, 『경향신문』, 2010년 8월 9일; 엄수아, 「박지원 "MB정권은 간판과 권력 핵심이 모두 영남"」, 『뷰스앤뉴스』, 2010년 8월 9일.

76 「사설」 영남 편중 인사로 어떻게 소통·화합하겠다는 건가」, 『한겨레』, 2010년 8월 10일.

77 김성수, 「[차관급 인사] MB가 직접 '포석' 국정 주도권 '고삐'」, 『서울신문』, 2010년 8월 14일; 박영환, 「정권 출범 후 최대 23명 인사···11명 영남 출신 지역 편중 여전」, 『경향신문』, 2010년 8월 13일.

78 김진우·박영환, 「장·차관, 靑 비서관 10명 중 4명 '영남'」, 『경향신문』, 2010년 8월 25일; 김진우, 「맨 앞에 'MB맨'···2명 중 1명 '영남이거나 고려대'」, 『경향신문』, 2010년 8월 25일.

79 김두우, 『오늘 대통령에게 깨졌다: MB 정부 '봉숭아 학당' 참모회의』(알에이치코리아, 2015), 70쪽.

80 송호진·이세영, 「낯 뜨거운 '죄송 청문회'」, 『한겨레』, 2010년 8월 24일.

81 강구열, 「이만섭 "이번 인사청문회는 '죄송 청문회'"」, 『세계일보』, 2010년 8월 24일; 이지운, 「"죄송 청문회": "돈 좋아하면 장사를 해야지···" 이만섭 전 국회의장 쓴소리」, 『서울신문』, 2010년 8월 25일.

82 강민석·이가영, 「[뉴스분석] '죄송 청문회' 이제 그만」, 『중앙일보』, 2010년 8월 26일.

83 「사설」 고개 숙여 사과해야 할 사람은 바로 이 대통령」, 『한겨레』, 2010년 8월 30일.

84 김태완, 「MB 정부의 '공정사회 談論'이 성공하려면: "스스로를 돌아보고 국민과 소통하는 것이 공정의 출발점」, 『월간조선』, 2011년 9월호.

85 이인숙, 「"청와대가 대포폰 만들어 '민간사찰' 윤리관실에 지급"」, 『경향신문』, 2010년 11월 1일.

86 신승근·송호진, 「한나라 사찰당한 3인방 "수사 부실···특검을"」, 『한겨레』, 2010년 11월 10일.

87 노현웅·이유주현·송경화, 「검찰 '청와대' 관련 대포폰 기록 깡그리 숨겼다」, 『한겨레』, 2010년 11월 8일.

88 정제혁, 「청와대 대포폰' 윗선 개입 갈수록 뚜렷」, 『경향신문』, 2010년 11월 9일.

89 양상훈, 「참을 수 없는 검찰의 국민 농락」, 『조선일보』, 2010년 11월 10일.

90 「사설」 불법사찰 사건에서 '대포폰 몸통' 잘라내선 안 된다」, 『문화일보』, 2010년 11월 16일.

91 정영철, 「이석현 '靑 행정관이 국정원장까지 사찰' 폭로」, 『노컷뉴스』, 2010년 11월 17일.

92 김진우·임지선, 「민주 "예결특위·상임위 보이콧" 전면전 선언」, 『경향신문』, 2010년 11월 17일.

93 송호진·고나무, 「민주당 예산 국회 복귀···원내외 동시 투쟁 돌입」, 『한겨레』, 2010년 11월 23일.

94 장은교, 「불법사찰 증거인멸' 실형 선고」, 『경향신문』, 2010년 11월 23일.

95 「사설」 대포폰 이어 '사찰 수첩', 다음엔 또 뭔가」, 『경향신문』, 2010년 11월 23일.

96 박영환, 「긴박한 靑 벙커 회의···이 대통령 '단호한 대응' 지시」, 『경향신문』, 2010년 11월 23일; 황준범, 「MB "확전 안 되게"→"막대한 응징" 발언 혼선」, 『한겨레』, 2010년 11월 23일.

97 허범구, 「정치권, 초기 대응 부실 정부 성토」, 『세계일보』, 2010년 11월 24일.

98 권대열, 「김태영 국방장관 전격 경질」, 『조선일보』, 2010년 11월 26일; 서승욱, 「전쟁 중 장수 교체···MB의 배수진」, 『중앙일보』, 2010년 11월 26일.

99 김동현, 「이상돈 "군 미필 정권, 국민 신뢰 못 얻고 있다"」, 『뷰스앤뉴스』, 2010년 11월 26일

100 이주환, 「지금 인터넷선···'군 미필 정권' 다시 도마에」, 『부산일보』, 2010년 11월 26일.

101 임지선, 「홍준표 "안보 라인, 병역 면제자 이번 기회에···"」, 『경향신문』, 2010년 11월 29일.

102 최우열, 「[北. 연평도 포격 도발] 연평도 간 안상수, 보온병 보고 "포탄"」, 『동아일보』, 2010년 11월 30일.

103 김정은, 「선진, 안상수 '보온병 포탄' 발언 공세」, 『연합뉴스』, 2010년 12월 1일.

104 이인숙, 「"지난 8월 서해 공격 인지 북 추가 공격 위험도 농후"」, 『경향신문』, 2010년 12월 1일; 신승근·고나무, 「서해 5도 공격 계획 8월에 알고도 오판」, 『한겨레』, 2010년 12월 2일.

105 김성수·홍성규, 「[北 연평도 공격 이후] MB "국방 개혁 직접 챙기겠다"」, 『서울신문』, 2010년 12월 4일.

106 「사설」 국민의 군대인가, '영포라인 군벌'인가」, 『한겨레』, 2010년 12월 16일.

107 「사설」 이런 인사를 해놓고 군다운 군을 만들다니」, 『한국일보』, 2010년 12월 17일.

108 권혁철, 「3군 총장 '영남 싹쓸이' 17년간 없었다」, 『한겨레』, 2010년 12월 17일.

109 안홍욱, 「방아쇠 쥔 남북 '치킨게임'···상황 전개 예측 불허」, 『경향신문』, 2010년 12월 20일.

110 김승련, 「[연평도 사격 훈련 단행] 李 대통령 "주권국의 당연한 영토 방위 훈련"」, 『동아일보』, 2010년 12월 21일.

111 이제훈, 「진보-보수 함께 "전쟁은 안 된다"」, 『한겨레』, 2010년 12월 29일.

112 송호진, 「MB정권, 예산안 3년째 '날치기'」, 『한겨레』, 2010년 12월 8일.

113 이주영, 「여당 혼자 주무른 '기막힌 예산'」, 『경향신문』, 2010년 12월 8일.

114 김진우 · 강병한, 「"영남의, 실세에 의한, 토건 사업을 위한' 예산이었다」, 『경향신문』, 2010년 12월 12일.

115 김경호, 「날치기 와중에…이상득 1,790억 박희태 288억 챙겼다」, 『한겨레』, 2010년 12월 9일.

116 김광호, 「'형님 예산' 3년 동안 1조 넘어」, 『경향신문』, 2010년 12월 11일.

117 류정민, 「몰래 늘린 '형님 예산' 충청도 전체의 268배」, 『미디어오늘』, 2010년 12월 11일.

118 이인숙, 「"MB 심판" 민주 천막으로 총집결…야 장외투쟁 본격화」, 『경향신문』, 2010년 12월 10일.

119 신승근 · 이정애, 「이상득 '형님 예산' 3년 동안 1조 원 이상 챙겼다」, 『한겨레』, 2010년 12월 10일; 김광호, 「'형님 예산' 3년 동안 1조 넘어」, 『경향신문』, 2010년 12월 11일.

120 여정민, 「'장외투쟁' 손학규 "MB정부, 형님 예산 지키고 국정 예산 놓쳐"」, 『프레시안』, 2010년 12월 10일; 류정민, 「몰래 늘린 '형님 예산' 충청도 전체의 268배」, 『미디어오늘』, 2010년 12월 11일.

121 김봉선, 「[아침을 열며] 형 · 님 · 본 · 색」, 『경향신문』, 2010년 12월 13일

122 이충신, 「"뉴욕 한식당 개업' 50억도 날치기…'김윤옥 예산' 비판」, 『한겨레』, 2010년 12월 13일.

123 「[사설] '형님 예산'에 이어 '안주인 예산'까지, 이게 나라살림인가」, 『한겨레』, 2010년 12월 14일.

124 이세영, 「"형님 예산' 뒷감당에 10조 든다」, 『한겨레』, 2010년 12월 14일; 손봉석, 「전병헌 의원 "형님 예산 다 집행하려면 10조 2,000억 필요"」, 『경향신문』, 2010년 12월 14일.

125 조국 · 오연호, 『진보집권플랜: 오연호가 묻고 조국이 답하다』(오마이북, 2010), 68쪽.

126 김아진, 「최장집 "정당정치 퇴행…민주, 프랜차이즈 정당"」, 『국민일보』, 2013년 7월 31일.

제4장 "이명박 정권은 '가치 동맹'이 아니라 '이익 동맹'"

1 이주영, 「'MB 인사 난맥' 예고된 파탄」, 『경향신문』, 2011년 1월 10일.

2 박영환 · 송윤경, 「MB '회전문 인사' 왜…레임덕 우려 · 인재풀 한계」, 『경향신문』, 2011년 1월 2일.

3 「[사설] '인의 장막'으로 집권 후반기를 버틸 셈인가」, 『한겨레』, 2011년 1월 2일.

4 「[사설] 정부 인사, 측근들 불러 모아 측근끼리 등 부딪칠 판」, 『조선일보』, 2011년 1월 2일.

5 성연철, 「홍준표 "개각, 회전문 인사 전철 밟아" 비판」, 『한겨레』, 2010년 1월 4일.

6 정환보, 「여당 국회의원 · 전 장관까지 거론…'함바 게이트' 조짐」, 『경향신문』, 2011년 1월 8일; 「[사설] 권력형 비리 냄새 나는 함바집 로비 의혹」, 『경향신문』, 2011년 1월 9일.

7 정환보, 「MB 서울시 인맥 최영 연루 포착…검찰 '살아 있는 권력'까지 겨누나」, 『경향신문』, 2010년 1월 10일.

8 정환보, 「'함바 비리' 강희락 전 청장 구속」, 『경향신문』, 2011년 1월 27일.

9 이영준, 「MB 최측근 '정조준'…檢 함바 수사 화룡점정」, 『서울신문』, 2011년 2월 17일.

10 황준범 · 고나무, 「MB 측근 비리 속출 '정권 말기 증후군'」, 『한겨레』, 2011년 2월 17일; 김영봉, 「정권 비리로 함몰하려는가」, 『문화일보』, 2011년 2월 23일.

11 이신석, 「MB, "수도권에 R&D센터 설치 지원하겠다"」, 『조선일보』, 2011년 1월 24일; 김광호 · 김진우, 「수도권 규제 완화 '가속'…지방 '반발' 거센 후폭풍」, 『경향신문』, 2011년 1월 25일.

12 김종훈, 「정부, 수도권 진입 장벽 낮춘다」, 『경향신문』, 2011년 1월 24일.

13 김광호 · 김진우, 「수도권 규제 완화 '가속'…지방 '반발' 거센 후폭풍」, 『경향신문』, 2011년 1월 25일.

14 김승련, 「MB "지역사회 통합에 관심 가져달라"」, 『동아일보』, 2011년 2월 1일.

15 신승근 · 전진식, 「"'과학벨트 공약집에 없다' 발뺌…충청 "약속 위반" 반발」, 『한겨레』, 2011년 2월 1일.

16 신승근 · 전진식, 「"과학벨트 공약집에 없다" 발뺌…충청 "약속 위반" 반발」, 『한겨레』, 2011년 2월 1일.

17 남도영 · 김호경, 「선진당, 靑 항의 방문 MB 공격…커지는 '과학벨트' 후폭풍」, 『국민일보』, 2011년 2월 6일.

18 송호균 · 윤태곤, 「충청은 과학벨트, 영남은 新공항…전국이 사분오열」, 『프레시안』, 2011년 2월 7일.

19 전예현, 「[신공항 · 과학벨트 내홍 확산] 여당 지방의원, 국회서 '삭발' 시도」, 『내일신문』, 2011년 2월 8일.

20 김광호 · 강병한, 「뒷북 · 무능 · 뒷짐…총체적 국정 위기」, 『경향신문』, 2011년 2월 14일.

21 황준범, 「"나는 대통령 해먹기 힘들단 생각 없다"」, 『한겨레』, 2011년 2월 20일.

22 황준범 · 성연철, 「민생경제 '연쇄부도'…헛될 된 '경제대통령'」, 『한겨레』, 2011년 2월 20일.

23 「사설」 반성 없는 'MB 외교', 남은 2년이 걱정스럽다」, 『경향신문』, 2011년 3월 3일.

24 안창현 · 송호진, 「"한상률 입 열면 '정권 실세' 바로 간다"…정치권 술렁」, 『한겨레』, 2011년 2월 24일.

25 김재중, 「민주 "한상률 · 에리카 김 수사, '털고 가기' 아니냐"」, 『경향신문』, 2011년 2월 29일.

26 노현웅 · 김태규, 「한상률 '뇌물' 비리만 불구속 기소」, 『한겨레』, 2011년 4월 15일.

27 「사설」 '한상률 수사'도 개인 비리만 뒤지고 끝났으니」, 『조선일보』, 2011년 4월 16일.

28 「사설」 '한상률 사건' 특검이 필요하다」, 『한겨레』, 2011년 4월 16일.

29 김상협, 「"갈등 있는 국책 사업 조속히 결정"」, 『문화일보』, 2011년 4월 4일.

30 임지선 · 장은교, 「'균형발전 논쟁'으로 번진 신공항 갈등」, 『경향신문』, 2011년 4월 4일.

31 박임근 · 최상원, 「김완주 전북지사 'LH 분산 배치' 촉구 삭발」, 『한겨레』, 2011년 4월 6일; 박용근, 「전북 "서울서 LH 유치 궐기대회"」, 『한겨레』, 2011년 4월 6일.

32 박임근 · 최상원, 「"LH 분산 배치, 죽을지언정 포기 못해」, 『한겨레』, 2011년 4월 18일.

33 박임근 · 최상원, 「"LH 분산 배치, 죽을지언정 포기 못해」, 『한겨레』, 2011년 4월 18일.

34 박영률 · 박임근, 「LH, 진주로…전북 지역 "무효화 투쟁"」, 『한겨레』, 2011년 5월 13일.

35 홍인표 · 박용근 · 조현철, 「LH 놓친 전북 "불복종"…도 · 의회 "혁신도시 사업 반납"」, 『경향신문』, 2011년 5월 13일.

36 「사설」 지역 갈등만 더 키운 엘에이치 본사 진주 이전」, 『한겨레』, 2011년 5월 14일.

37 성연철 · 구대선 · 안관옥, 「여당서도 "청와대는 지역 분열시키는 데 천재적"」, 『한겨레』, 2011년 5월 16일.

38 최지용, 「하루 17시간 작업도…'낙동강 주검'의 행렬, 이유 있다」, 『오마이뉴스』, 2011년 5월 3일.

39 「사설」 여당 쇄신파는 '4대강 일방통행'부터 뜯어고쳐라」, 『한겨레』, 2011년 5월 13일.

40 박영환, 「이 대통령 "원전 사고 났다고 안 하면 인류 후퇴"」, 『경향신문』, 2011년 5월 17일.

41 「사설」 "원전 사고 났다고 안 된다고 하면 후퇴"라는 대통령」, 『경향신문』, 2011년 5월 19일.

42 김정훈, 「4대강 공사 노동자 또 사망」, 『경향신문』, 2011년 5월 27일.

43 손동우, 「[여적] 동지(同志)」, 『경향신문』, 2011년 5월 31일.

44 「사설」 정부는 부패 척결을 위해 뭘 했나」, 『동아일보』, 2011년 6월 3일.

45 이동훈 · 김아진, 「[3대 정권 부패 조사] "고위공직자 부패, 2010년에 가장 심해"…MB정부 3년차에 급속 악화」, 『국민일보』, 2011년 6월 13일.

46 이상일, 남궁욱 정리, 「홍준표 신임 한나라 대표 "MB 참모들, 자기 이익 챙기면 떠날 사람들"」, 『중앙일보』, 2011년 7월 6일.

47 신승근 · 석진환, 「청, 권재진 법무 내정…여야 모두 반발」, 『한겨레』, 2011년 7월 12일.

48 「사설」 '권재진 법무'를 끝내 밀어붙이겠다는 건가」, 『한겨레』, 2011년 7월 14일.

49 박영환, 「대통령 독주 인사…한나라당도 수용」, 『경향신문』, 2011년 7월 15일.

50 「사설」 법무장관 '대통령 비서론'은 헌법 모독이다」, 『경향신문』, 2011년 7월 18일.

51 홍재원, 「발전기 8개 동시 중단…'정전 대란' 불렀다」, 『경향신문』, 2011년 9월 16일.

52 최현준 · 류이근 · 남종영, 「어이없는 정전 대란」, 『한겨레』, 2011년 9월 16일.

53 김경화, 「김진표, "MB 낙하산 인사가 정전 대란 근본 원인"」, 『조선일보』, 2011년 9월 18일; 「"한전에는 MB 맨 · 고대 · TK · 한나라당 출신들만…"」, 『경향신문』, 2011년 9월 18일.

54 허재현, 「"정전…후진국 수준" MB한테 혼난 'MB 낙하산들'」, 『한겨레』, 2011년 9월 19일.

55 박의래, 「[국감] 공공기관 선진화, 공공기관 부실 가져와」, 『조선일보』, 2011년 9월 19일.

56 「[사설] 국정 운영의 기본도 못 갖춘 '정전 정부'」, 『한겨레』, 2011년 9월 20일.

57 류이근, 「한전KDN 사장에 또 '낙하산' MB 대선 참모 김병일 씨」, 『한겨레』, 2011년 10월 25일.

58 박영환, 「"측근 비리 없다"던 MB…핵심 측근들 줄줄이 비리 잡음」, 『경향신문』, 2011년 9월 22일.

59 구교형 · 정제혁, 「"신재민에 수년간 수십억 금품 줬다"」, 『경향신문』, 2011년 9월 21일.

60 박영환, 「"측근 비리 없다"던 MB…핵심 측근들 줄줄이 비리 잡음」, 『경향신문』, 2011년 9월 22일.

61 정제혁 · 구교형, 「"이국철에 수십억 받아간 정권 실세 2,3명 더 있다"」, 『경향신문』, 2011년 9월 23일.

62 안창현, 「신재민 · 김두우…줄줄이 엮이는 MB 측근」, 『한겨레』, 2011년 9월 22일.

63 조수경, 「기자들 "언론인 출신 MB 측근 악취 진동, 석고대죄하라"」, 『미디어오늘』, 2011년 9월 24일.

64 황춘화, 「'저축은행 비리' 김두우 전 수석 징역 1년 6월」, 『한겨레』, 2012년 2월 22일; 김혜영, 「대법원, 김두우 전 홍보수석 무죄 확정」, 『뷰스앤뉴스』, 2013년 4월 26일.

65 장은교, 「신재민 전 차관 실형 3년 6개월 확정」, 『경향신문』, 2013년 4월 11일.

66 이영섭, 「靑 "이시형, 은행과 친인척에게서 돈 빌려 땅 매입"」, 『뷰스앤뉴스』, 2011년 10월 9일.

67 「MB 아들, 대통령실과 공동명의 땅 구입…왜?」, 『한겨레』, 2011년 10월 9일.

68 「[사설] 편법과 꼼수로 얼룩진 '내곡동 사저' 신축」, 『한겨레』, 2011년 10월 10일.

69 「"MB 부동산실명제법 위반…과징금 1억 9,200만 원"」, 『한겨레』, 2011년 10월 10일.

70 손봉석, 「민주 "靑 말 대로면 MB 아들은 한 달 이자만 500만 원"」, 『경향신문』, 2011년 10월 10일; 「"MB 내곡동 사저, 100억 원 차익 발생할 수도"」, 『경향신문』, 2011년 10월 10일.

71 김청중, 「"MB 사저 부지 다운계약서 의혹"」, 『세계일보』, 2011년 10월 10일.

72 「[사설] 대통령 사저 관련 해명은 미흡하다」, 『중앙일보』, 2011년 10월 11일.

73 이승현 · 윤완준, 「[서울시장 보선 D-14] 민주 "MB가 낼 땅값, 청와대가 냈다"」, 『동아일보』, 2011년 10월 12일; 「이용섭 "MB 사저 구입에 국민 세금 흘러갔다"」, 『경향신문』, 2011년 10월 11일.

74 이태희 · 안창현, 「MB '나랏돈 사저' 의혹…민주당, 국정조사 추진」, 『한겨레』, 2011년 10월 12일.

75 류인하, 「MB 사저 터 수상한 지목 변경」, 『경향신문』, 2011년 10월 13일.

76 「대통령 사저 부근에 '테니스장 건설' 추진 논란」, 『한겨레』, 2011년 10월 13일.

77 손봉석, 「이상돈 교수 "李 대통령, 철옹성 짓는다고 영장 안 가나"」, 『경향신문』, 2011년 10월 13일.

78 「[사설] 대통령 사저 의혹, 국정조사 불가피하다」, 『경향신문』, 2011년 10월 14일.

79 「[사설] 서울 지역 민심은 '한나라당 응징'이었다」, 『한겨레』, 2011년 10월 27일.

80 강병한, 「원희룡 "李 대통령, 남 얘기처럼…'유체이탈 화법' 비판 나와"」, 『경향신문』, 2011년 10월 31일.

81 이창구, 「與 혁신파 25명 쇄신 연판장 靑 전달」, 『서울신문』, 2011년 11월 7일.

82 송현숙 · 정유진, 「'이승만 독재' '5 · 18 민주화 운동' 교과서에서 사라진다」, 『경향신문』, 2011년 11월 9일; 박건형, 「'역사교과서 전쟁' 일단락 보 · 혁 불만…논란 계속될 듯」, 『서울신문』, 2011년 11월 9일.

83 송현숙 · 정유진, 「역사학계 "교육부 장관 고시 권한 견제 장치 필요"」, 『경향신문』, 2011년 11월 9일.

84 「[사설] 개악된 역사교과서는 다시 바뀔 수밖에 없다」, 『경향신문』, 2011년 11월 9일.

85 「[사설] '역사 농단'과 정권의 운명」, 『한겨레』, 2011년 11월 10일.

86 김향미, 「"역사교과서 5 · 18, 4 · 19, 6월 항쟁 삭제는 반민주"」, 『경향신문』, 2011년 11월 10일.

87 안관옥 · 허호준, 「역사교과서 '4 · 3'과 '5 · 18' 삭제 광주 · 제주서 집단 대응 움직임」, 『한겨레』, 2011년 11월 10일.

88 허호준, 「'제주 4 · 3' 중학 교과서에서 빠진다니…」, 『한겨레』, 2011년 11월 10일.

89 이재훈 · 진명선, 「친일파-5 · 18, 교과서 검정 기준에 반영」, 『한겨레』, 2011년 11월 17일.

90 황비웅, 「[신년 여론조사] MB 지지도 20%대로 하락」, 『서울신문』, 2012년 1월 2일.

제5장 "이명박 정부 도덕성 추락 끝이 안 보인다"

1 박성준, 「민주통합 "MB 앞장서 최시중 사표 받아라"」, 『세계일보』, 2012년 1월 5일.

2 정채철, 「창대한 시작, 초라한 마무리」, 『내일신문』, 2012년 1월 13일.

3 「사설」 대통령 탈당史는 왜 반복되나」, 『동아일보』, 2012년 1월 20일.

4 「사설」 보수의 가치를 더럽힌 대통령 측근들」, 『동아일보』, 2012년 1월 25일.

5 정유미, 「'방통대군' 최시중 결국 사퇴」, 『경향신문』, 2012년 1월 27일.

6 안창현 · 성연철, 「'종편 특혜' MB 멘토 불명예 퇴장…정권 중심축 무너지나」, 『한겨레』, 2012년 1월 27일.

7 박영환, 「이명박 멘토 · 개국공신들, MB정권 막판에 '도덕적 몰락'」, 『경향신문』, 2012년 1월 27일; 신창호, 「최시중 전격 사퇴] 개국공신 '6인회의' 권력 뒤안길로」, 『국민일보』, 2012년 1월 27일.

8 박종찬, 「'편중 인사에 편중 비리'…한눈에 보는 'MB 측의 비리'」, 『한겨레』, 2012년 1월 17일; 박영환 · 박홍두, 「역대 정권보다 친인척 · 실세 비리 광범위」, 『경향신문』, 2012년 1월 29일.

9 「사설」 '돈 냄새 진동' 한나라, 언제까지 오불관언할 텐가」, 『경향신문』, 2012년 2월 1일.

10 「사설」 아부다비 유전 개발 계약 진상 밝혀야」, 『국민일보』, 2012년 1월 13일; 이천종, 「MB정부 'UAE 유전 개발' 뻥튀기 논란」, 『세계일보』, 2012년 1월 13일.

11 「사설」 李 정부의 資源外交에 뒷말 왜 이리 많은가」, 『문화일보』, 2012년 1월 13일; 「사설」 자원외교 뻥튀기…이러니 정부 말 믿겠나」, 『서울신문』, 2012년 1월 14일.

12 「사설」 다이아몬드 게이트…李 정부 도덕성 추락 끝이 안 보인다」, 『문화일보』, 2012년 1월 18일.

13 박병수, 「김은석 대사, '다이아 매장량 뻥튀기' 알고도 보도자료 주도」, 『한겨레』, 2012년 1월 26일.

14 「사설」 다이아몬드 의혹 실체 규명 검찰에 달렸다」, 『경향신문』, 2012년 1월 27일.

15 박병률, 「정태근, 김은석 외교부 대사 안국포럼 '들락날락'」, 『경향신문』, 2012년 1월 30일.

16 김진철, 「0.1% 재벌, 서민의 삶 포위하다」, 『한겨레』, 2012년 2월 12일.

17 김성수, 「MB "기업 지켜주겠다"」, 『서울신문』, 2012년 1월 20일.

18 황예랑, 「자율에 맡긴 MB 재벌 정책이 화 불렀다」, 『한겨레』, 2012년 1월 24일.

19 「사설」 재벌 개혁, 말이 아니라 실천이 중요하다」, 『한겨레』, 2012년 1월 24일.

20 「사설」 '대기업, 스스로 개혁 대상 전락했다'」, 『경향신문』, 2012년 1월 17일.

21 류이근, 「MB정부 5년 동안 82조 감세」, 『한겨레』, 2012년 2월 23일.

22 박찬준, 「고위 공직자 61% 재산 불었다」, 『세계일보』, 2012년 3월 24일.

23 권혁철, 「고위 공직자 61%가 재산 증가」, 『한겨레』, 2012년 3월 23일.

24 한민수, 「[공직자 재산 공개 내역] 靑 참모진 53명 평균 재산 15억…2011년보다 줄어」, 『국민일보』, 2012년 3월 23일.

25 안창현, 「이 대통령 부부 3억 306만 원 증가」, 『한겨레』, 2012년 3월 23일.

26 원희복, 「[공직자 재산공개] 공직자 땅 보유, 투기 의혹 여전히 많아」, 『경향신문』, 2012년 3월 24일.

27 「사설」 고위 공직자의 재산 증가와 팍팍한 서민의 삶」, 『아시아투데이』, 2012년 3월 30일.

28 박재현, 「[가계부채 1,000조 원] 가계는 빚 갚는 데 소득 40% 쓰고, 공공부채 사상 최대」, 『경향신문』, 2012년 4월 2일; 「'한국, 빚에 허덕인다'…국민 56% 빚지고 살아」, 『동아일보』, 2012년 4월 2일.

29 류이근, 「'나라 빚 420조 넘었다'…MB정부 4년간 121조 원↑」, 『한겨레』, 2012년 4월 10일.

30 「사설」 가계부채에 이어 공공부채도 1,000조 원이라니」, 『한겨레』, 2012년 4월 11일.

31 「'민간인 불법사찰 증거, 靑이 부숴라 지시'」, 『경향신문』, 2012년 3월 4일.

32 조미덥 · 남지원, 「"검찰의 목적은 '사찰 수사'가 아니라 '증거인멸 확인'이었다"」, 『경향신문』, 2012년 3월 5일.

33 박홍두, 「민간인 사찰 폭로 주무관 "청와대가 5,000만 원 줬다"」, 『경향신문』, 2012년 3월 19일.

34 박종찬, 「"청와대로부터 5,000만 원 받았다" 메가톤급 폭로」, 『한겨레』, 2012년 3월 19일.

35 황준범, 「민주당 "대통령이 민간 사찰 몸통 밝혀라"」, 『한겨레』, 2012년 3월 21일.

36 김재중, 「"민간인 사찰, 靑 지시" 檢, 진술 듣고도 무시…축소 수사 의혹 사실로 판명」, 『국민일보』, 2012년 3월 22일.

37 노현웅, 「이영호, 민정수석 윗선에 '직보'했다」, 『한겨레』, 2012년 3월 28일.

38 권귀순, 「KBS 새노조 "검찰이 법원에 제출한 자료"」, 『한겨레』, 2012년 3월 30일.

39 「KBS 새노조 "총리실 민간인 불법사찰 수십 건 더 있다"」, 『경향신문』, 2012년 3월 22일.

40 노현웅, 「참여정부 인사는 '축출용' MB정부 인사는 '충성 김중용'」, 『한겨레』, 2012년 3월 30일.

41 정유미, 「'방송사 임원 교체' 옆에 'BH 하명'…청와대 개입 드러나」, 『경향신문』, 2012년 3월 30일.

42 김승훈·최재헌, 「"BH 하명" "참여정부 인사 밀어내기" 등 명시」, 『서울신문』, 2012년 3월 30일; 김정필, 「불륜 행각 분 단위로 기록…사생활까지 엿봐」, 『한겨레』, 2012년 3월 30일.

43 「靑 "민간인 사찰 대부분 노무현 정부서 이뤄져"」, 『세계일보』, 2012년 3월 31일.

44 김종철, 「문재인 "참여정부 자료 적법…MB 참 비열하다"」, 『한겨레』, 2012년 4월 1일.

45 손원제, 「"민간인 불법사찰, 여당에 불리할 것" 67%」, 『한겨레』, 2012년 4월 1일.

46 한민수, 「[4·11 총선 D-8 여론조사] 국민 절반 이상 "사찰, 선거에 영향"」, 『국민일보』, 2012년 4월 2일.

47 나기천, 「새누리당 "민간인 사찰 MB 사과하라"」, 『세계일보』, 2012년 4월 2일.

48 「청와대 "민간인 사찰, 사과할 일 아냐"」, 『경향신문』, 2012년 4월 3일.

49 강구열, 「새누리, 불법사찰 MB 겨냥 "하야 요구도 가능"」, 『세계일보』, 2012년 4월 5일; 「새누리 이상돈 "사찰에 비하면 노무현 탄핵 사유는 경미"」, 『한겨레』, 2012년 4월 5일.

50 민병선, 「"라이스, 강간해서 죽이자" 김용민 발언 파문」, 『동아일보』, 2012년 4월 4일; 손원제, 「김용민, 과거 막말 발언 "용서 구합니다"」, 『한겨레』, 2012년 4월 3일.

51 조수진·노지현, 「민주 김용민 "시청역 에스컬레이터 다 없애면 노인들 시청 앞 못 나오지 않겠냐」, 『동아일보』, 2012년 4월 5일; 「"노인들 시청에 못 나오게…" 김용민 막말 논란」, 『경향신문』, 2012년 4월 5일.

52 「막말 김용민, 민주당·한명숙 사퇴 압박에도…」, 『세계일보』, 2012년 4월 8일.

53 조수진, 「김용민 감싸고돈 문재인 '부메랑'」, 『동아일보』, 2012년 4월 13일.

54 「[사설] 민주당, 진정 나꼼수에 업혀 집권하려는가」, 『동아일보』, 2012년 4월 9일.

55 「[사설] 총선의 심판 대상은 정권이지 '김용민'이 아니다」, 『한겨레』, 2012년 4월 9일.

56 성홍식, 「새누리 152석, 야권연대 140석」, 『내일신문』, 2012년 4월 12일.

57 김진우, 「김용민 막말에 접전지 타격…"표 1~3%P 깎여"」, 『경향신문』, 2012년 4월 14일.

58 이원재, 『이상한 나라의 정치학』(한겨레출판, 2013), 50~51쪽.

59 최창봉, 「파이시티 금품 수수 혐의 최시중 구속…"내가 많이 잘못됐다"」, 『동아일보』, 2012년 5월 1일.

60 이범준, 「박영준 구속…검찰, 파이시티 인허가 청탁 대가 1억 수수 혐의」, 『경향신문』, 2012년 5월 8일.

61 한민수, 「정두언 "4년 전부터 박영준 112 신고했는데 작동 안 해"」, 『국민일보』, 2012년 5월 8일.

62 「[사설] 세계 3위 철강社 포스코가 정권의 전리품이었나」, 『조선일보』, 2012년 5월 11일.

63 「윤석만 전 포스코 사장 사찰…박영준이 지시했나」, 『한겨레』, 2012년 5월 13일.

64 구교형, 「박영준, 코스닥 업체서 1억 원 추가 수수」, 『경향신문』, 2012년 5월 19일.

65 「[사설] 납득하기 어려운 최시중 씨의 신병 처리」, 『경향신문』, 2012년 5월 25일.

66 「[사설] 최시중 씨는 감옥에서도 여전히 '방통대군'인가」, 『한겨레』, 2012년 5월 25일.

67 「[사설] 법무부, 보통 시민도 최시중 씨 같은 혜택 누리게 할 건가」, 『조선일보』, 2012년 5월 25일.

68 김정수, 「MB정부 녹색성장 '낙제점'…"돈벌이로 변질된 녹색세탁"」, 『한겨레』, 2012년 6월 6일.

69 곽정수·최종훈, 「현대·삼성 등 건설사 담합 4대강 혈세 1조 넘게 샜다」, 『한겨레』, 2012년 6월 5일.

70 김다슬, 「건설사 4대강 입찰 담합 확인…업체당 100억~200억 과징금 예상」, 『경향신문』, 2012년 5월 24일.

71 곽정수, 「공정위, 4대강 담합 의혹 나온 뒤 2년 8개월 질질 끌었다」, 『한겨레』, 2012년 6월 5일.

72 이귀전·장원주, 「"짬짜미" 눈감은 국토부…뻥 튀긴 공사비 국민에 덤터기」, 『세계일보』, 2012년 6월 5일.

73 손봉석, 「환경단체 "15조 지류지천 사업, 22조 4대강 사업 붕어빵"」, 『경향신문』, 2012년 6월 12일.

74   이명박, 『대통령의 시간 2008–2013』(알에이치코리아, 2015), 564~565, 572~583쪽.

75   남도영, 「이 대통령, 4대강 관련 강도 높은 질타 '설득 못하고…노력 안 하고'」, 『국민일보』, 2010년 3월 23일.

76   구교형, 「저축은행 금품 수수 의혹 이상득 검찰 출석…"정말 가슴이 아프다"」, 『경향신문』, 2012년 7월 3일.

77   「사설」 2007년 대통령 선거 뒤편에서도 돈 보따리 오갔나」, 『조선일보』, 2012년 7월 6일.

78   조미덥, 「'MB 친형' 이상득 전 의원 구속 수감」, 『경향신문』, 2012년 7월 11일.

79   김정필 · 박태우, 「넥타이 잡히고 계란 맞은 이상득 "저런 사람들 통제 못하고…"」, 『한겨레』, 2012년 7월 11일; 유정인 · 조미덥 · 정희완, 「'상왕' 이상득, 멱살 잡히자 "저런 사람들 왜 통제 못하나"」, 『경향신문』, 2012년 7월 11일.

80   강현창, 「이상득 법원 출석…저축銀 피해자들 '분노'」, 『서울경제』, 2012년 7월 19일.

81   김정필 · 박태우, 「최시중 "대선 앞 MB 경선 자금으로 6억 받았다"」, 『한겨레』, 2012년 7월 17일.

82   백인성 · 이효상, 「법조계 · 시민사회 · 야당 "MB 대선 자금 전면 수사" 촉구」, 『경향신문』, 2012년 7월 19일.

83   「사설」 검찰, 불법 대선 자금 공소시효 끝나기만 기다리나」, 『경향신문』, 2012년 7월 18일.

84   김재중, 「'내곡동 의혹' 특검법 통과…야당이 특검 추천 '초유'」, 『국민일보』, 2012년 9월 3일.

85   성연철 · 김태규 · 안창현, 「'내곡동 특검법' 국회 통과…야당에 첫 특검 추천권」, 『한겨레』, 2012년 9월 3일.

86   백인성, 「내곡동 건물 철거 때 이 대통령 명의로 계약서 다시 썼다」, 『경향신문』, 2012년 11월 2일.

87   「특검에 자료 제출 거부하면 청와대 수색할 수밖에」, 『한겨레』, 2012년 11월 5일.

88   황춘화 · 안창현, 「내곡동 특검 압수수색 청와대 거부로 무산」, 『한겨레』, 2012년 11월 12일.

89   「사설」 이명박–박근혜 찰떡 공조로 중단시킨 특검 수사」, 『한겨레』, 2012년 11월 13일.

90   지호일 · 신창호, 「[내곡동 특검 수사 종료] "이시형 씨 땅 매입 돈은 편법 증여"…시형 씨에 무혐의 처분」, 『국민일보』, 2012년 11월 14일.

91   김태규, 「영부인의 빗나간 '모정'이 내곡동 특검 자초했다 김윤옥 씨 "아들 장래 생각해 아들 명의로…"」, 『한겨레』, 2012년 11월 14일.

92   「사설」 이 대통령, 내곡동 사저 부지 불법 증여 사과해야」, 『경향신문』, 2012년 11월 15일.

93   「사설」 한국 대통령 가족의 윤리 의식 언제쯤 바뀔 건가」, 『조선일보』, 2012년 11월 15일.

94   박근혜, 『고난을 벗삼아 진실을 등대삼아: 박근혜 일기모음집』(부일, 1998), 194쪽.

95   김종철, 「"오매불망 아버지를 위해"…박정희를 극복 못한 유신공주」, 『한겨레』, 2017년 3월 18일.

96   김윤태, 「50대 보수화가 대선을 결정했는가?: 세대 동원의 전략적 오류」, 이창곤 · 한귀영 엮음, 『18 그리고 19: 18대 대선으로 본 진보개혁의 성찰과 길』(밈, 2013), 77~78쪽.

97   김재범 · 최믿음, 「정치인 이미지 구성 요인과 유권자의 투표 행위」, 『광고연구』, 98(2013), 154~183쪽; 마정미 · 천현숙, 「18대 대통령 선거 후보 이미지에 대한 대학생 유권자의 공유 개념도: 은유추출기법(ZMET)을 적용하여」, 『광고연구』, 95(2012), 398~432쪽; 민영, 「뉴스미디어, 캠페인 미디어, 그리고 정치 대화가 후보자 이미지와 정치적 의사결정에 미치는 영향: 제17대 대통령 선거를 중심으로」, 『한국언론정보학보』, 44(2008), 108~143쪽; 박선영, 「정치인의 이미지가 유권자의 후보자 선택에 미치는 영향: 미국 대통령 예비선거 과정을 중심으로」, 『법학연구』, 16:1(2016), 261~286쪽; 이준웅, 「후보 이미지의 정치적 영향력에 대한 사회인지론적 설명: 15대 대통령 선거를 중심으로」, 『한국언론학보』, 43:2(1998), 243~284쪽; 최영재, 「정치인의 이미지 관리: 언어 및 비언어 메시지를 중심으로」, 『한국언론학보』, 50:1(2006), 378~405쪽.

98   Marsh, D., P. Hart & K. Tindall. 2010. 「Celebrity Politics: The Politics of the Late Modernity?」, 『Political Studies Review』 8(3): pp.322~340; Serazio, M. 2016. 「Branding politics: Emotion, authenticity, and the marketing culture of American political communication」, 『Journal of Consumer Culture』, pp.1~17; Street, J. 2004. 「Celebrity Politicians: Popular Culture and Political Representation」, 『The British Journal of Politics and International Relations』 6(4): pp.435~452; Wood, M., J. Corbett & M. Flinders. 2016. 「Just like us: Everyday celebrity politicians and the pursuit of popularity in an age of anti-politics」, 『The British Journal of Politics and International Relations』 18(3): pp.581~598.

99 장덕진, 「박근혜 정부 지지율의 비밀: 정치적 양극화」, 『황해문화』, 제82호(2014년 3월), 32~47쪽.

100 전여옥, 『오만과 무능: 굿바이, 朴의 나라』(독서광, 2016), 316~317쪽.

101 한상진 · 최종숙, 『정치는 감동이다: 2017 승리를 위한 탈바꿈 정치』(메디치, 2014), 87~88쪽.

102 소스타인 베블런(Thorstein Veblen), 이완재 · 최세양 옮김, 『한가한 무리들』(동인, 1899/1995), 201쪽.

103 토마스 프랭크(Thomas Frank), 김병순 옮김, 『왜 가난한 사람들은 부자를 위해 투표하는가: 캔자스에서 도 대체 무슨 일이 있었나』(갈라파고스, 2004/2012).

104 한귀영, 「왜 가난한 이들은 보수 정당을 지지했는가?」, 이창곤 · 한귀영 엮음, 『18 그리고 19: 18대 대선으로 본 진보개혁의 성찰과 길』(밈, 2013), 35쪽.

105 박원호, 「세대 갈등: 청년의 정치적 소외를 중심으로」, 고상두 · 민희 편저, 『후기산업사회와 한국정치: 갈등 의 지속과 변화』(마인드탭, 2015), 152~157쪽.

106 윤종성 · 김영오, 「박근혜 대통령 당선인의 리더십에 관한 연구」, 『사회과학연구』(경성대학교 사회과학연구 소), 29권 1호(2013년 2월), 71~93쪽.

107 김외현, 「'정치 창녀' 막말 저주 윤창중, 박근혜 '입' 됐다」, 『한겨레』, 2012년 12월 25일.

108 이지선, 「박근혜의 첫 인선, 대통합과 정반대로 간 '윤창중 기용'」, 『경향신문』, 2012년 12월 25일.

109 신승근 · 송채경화, 「박 '100% 대한민국' 외치더니…첫 인선은 국민통합 역행」, 『한겨레』, 2012년 12월 24일.

110 「사설」 불통과 독선으로 출발한 '박근혜 인사'」, 『한겨레』, 2012년 12월 26일.

111 「사설」 박 당선인, 대통합 외치며 극우인사 중용하나」, 『경향신문』, 2012년 12월 26일.

112 조혜정, 「박, 또 드러난 '밀실 인사'…당사자들도 10분 전 통보 받아」, 『한겨레』, 2012년 12월 25일.

113 김광호 · 이지선, 「박의 비선 통한 '깜깜이 인사'…YS 인사 스타일과 닮은꼴」, 『경향신문』, 2012년 12월 25일.

114 이지선, 「대변인이 밀봉 봉투 뜯고 그대로 읽은 '깜깜이 인사'」, 『경향신문』, 2012년 12월 27일.

115 신승근, 「'박 밀봉 인사' 연이은 논란에도 검증 개선책 감감」, 『한겨레』, 2012년 12월 30일.

116 손병호, 「박기춘 "밀봉 4인방 바꿔야…새 대통령 발목 안 잡을 것"」, 『국민일보』, 2012년 12월 30일; 「박기 춘 "인수위 '밀봉 4인방' 교체하라"」, 『동아일보』, 2012년 12월 30일.

117 「사설」 組閣도 '밀봉 인사' 할 건가」, 『조선일보』, 2012년 12월 31일.

제6장 "박근혜 대할 때 '나는 머슴이다' 생각하면 가장 편하다"

1 최장집 외, 『양손잡이 민주주의: 한 손에는 촛불, 다른 손에는 정치를 들다』(후마니타스, 2017), 24~25쪽.

2 임지선, 「박근혜에 보고 사흘 만에…또 '깜깜이 발표'」, 『경향신문』, 2013년 1월 16일.

3 석진환, 「박근혜의 '자택 정치' 한 달…인수위 회의 딱 1번 참석」, 『한겨레』, 2013년 1월 18일.

4 「사설」 이동흡 현재 소장 후보자 스스로 결단할 때」, 『동아일보』, 2013년 1월 19일.

5 석진환, 「역시 박근혜…대변인도 총리 지명 30초 전 알았다」, 『한겨레』, 2013년 1월 24일.

6 신승근 · 석진환 · 조혜정, 「비판 커지는 박근혜 '수첩인사'…"시스템 인사로 가야"」, 『한겨레』, 2013년 1월 31일.

7 엄지원, 「"죄인 다루듯…" 박근혜, 인선 실패 사과 대신 '청문회' 탓」, 『한겨레』, 2013년 1월 31일.

8 이동훈, 「일반인도 알 수 있는 자료 박근혜 당선인 혼자만 몰랐다」, 『한국일보』, 2013년 1월 31일.

9 허신열, 「불통 · 불안 · 불만, 3불의 박근혜」, 『내일신문』, 2013년 2월 8일.

10 배성규, 「[박근혜 정부 組閣 마무리] 또 깜깜이 인사…인선 배경은 물론 인적 사항도 안 밝혀」, 『조선일보』, 2013년 2월 18일.

11 정환보, 「李 대통령, "이번 사면도 원칙 입각해 실시"」, 『경향신문』, 2013년 1월 30일.

12 정환보, 「임기 말 훈장도 남발…관치금융 논란 빚은 강만수에 무궁화장」, 『경향신문』, 2013년 1월 29일.

13 「사설」 최악의 권력 사유화 사례로 기록될 'MB 특사'」, 『경향신문』, 2013년 1월 30일.

14 정희진, 「행복했던 대통령」, 『경향신문』, 2013년 3월 15일.

15 정재호, 「MB 역대 최악 대통령…전두환·노태우·YS 순」, 『한국일보』, 2015년 8월 7일.

16 조혜정·안선희·곽정수, 「팽 당한 '경제민주화'…표현 바뀐 채 하위 전략 밀려」, 『한겨레』, 2013년 2월 21일.

17 「[사설] 국정 철학을 공유한 인사는 '코드 인사'와 다른가」, 『동아일보』, 2013년 3월 13일.

18 석진환, 「박 대통령, 공공기관장 대규모 '코드 인사' 예고」, 『한겨레』, 2013년 3월 12일.

19 김종철, 「MB 정부 기준이면 박근혜 내각 절반은 '낙마 대상'」, 『한겨레』, 2013년 3월 2일.

20 임지선, 「기본적 검증도 없는 부실 인사…황철주 중기청장 내정자 사퇴」, 『경향신문』, 2013년 3월 19일.

21 김창혁, 「[비밀해제 MB 5년] (9) 무대와 공주」, 『동아일보』, 2013년 5월 5일.

22 디지털뉴스팀, 「검찰이 밝힌 선거 개입 의혹 댓글 보니…쥐 한 마리?」, 『경향신문』, 2014년 6월 14일.

23 디지털뉴스팀, 「민주당 국정원 수사 논평 "용두사미…유권무죄 현실 봤다"」, 『경향신문』, 2013년 6월 14일.

24 이서화·남지원·김한솔, 「대학가 '국정원 선거 개입 규탄' 시국 선언 확산」, 『경향신문』, 2013년 6월 20일.

25 남지원, 「"국정원 선거 개입 규탄" 광화문 광장에 촛불 켜졌다」, 『경향신문』, 2013년 6월 21일.

26 안홍욱·구교형, 「박 대통령 "국정원 댓글 사건, 의혹 밝힐 필요 있다"」, 『경향신문』, 2013년 6월 24일.

27 김남일, 「민주당 지지자 72% "야당 역할 못하고 있다"」, 『한겨레』, 2013년 7월 5일.

28 원희복, 「[뉴스 플러스] 4대강은 운하 건설 "MB가 국민 속였다"…감사원」, 『경향신문』, 2013년 7월 10일.

29 성한용, 「"박 대통령과 아베는 귀태의 후손"」, 『한겨레』, 2013년 7월 11일.

30 석진환, 「청와대, '홍익표 막말'에 초강경 드라이브 왜?」, 『한겨레』, 2013년 7월 12일.

31 「[사설] 민주 원내대변인의 저급한 '귀태' 발언 파문」, 『경향신문』, 2013년 7월 13일.

32 김아진·김현길, 「이해찬, 박 대통령에게 "당신" 호칭 "국정원과 악연 끊어라" 맹공」, 『국민일보』, 2013년 7월 14일.

33 구혜영·구교형, 「'NLL 정쟁' 여야 성적표 10:0…민주, 새누리에 사실상 완패」, 『경향신문』, 2013년 7월 30일.

34 원희복, 「[뉴스 플러스] 4대강은 운하 건설 "MB가 국민 속였다"…감사원」, 『경향신문』, 2013년 7월 10일; 최종훈·석진환, 「국민 기만한 MB…4대강 사실은 대운하」, 『한겨레』, 2013년 7월 10일.

35 온라인뉴스팀, 「청와대 "4대강 감사 결과 사실이면 국민 속인 것"」, 『한겨레』, 2013년 7월 11일.

36 석진환, 「MB 정부 실정에 발목 잡힐라…박 대통령 '4대강 선 긋기'」, 『한겨레』, 2013년 7월 11일.

37 「[사설] 대운하 고려한 4대강 사업, 이 전 대통령 책임 물어야」, 『한겨레』, 2013년 7월 11일.

38 「[사설] 대운하 재추진 꿈꾸며 벌인 4대강 사기극」, 『경향신문』, 2013년 7월 11일.

39 「[사설] '대운하 前 단계로 4대강 팠다' 감사 결과 사실인가」, 『조선일보』, 2013년 7월 11일.

40 심혜리, 「야권 "4대강은 이명박·박근혜, 두 정권 공동 책임"」, 『경향신문』, 2013년 7월 12일.

41 「[사설] '감사원의 4대강 감사'를 감사하고 싶다」, 『경향신문』, 2013년 7월 12일.

42 안홍욱·심혜리, 「경제민주화 '빈 수레 입법'」, 『경향신문』, 2013년 7월 11일.

43 손준현, 「기초연금, 소득하위 70~80%에만 지급…대선 공약 대폭 수정」, 『경향신문』, 2013년 7월 17일.

44 「[사설] 휴지 조각이 돼버린 '기초연금 20만 원' 공약」, 『한겨레』, 2013년 7월 18일.

45 「[사설] 사과 한마디 없이 뒤집히는 '박근혜 공약'」, 『경향신문』, 2013년 7월 19일.

46 윤완준·고성호, 「"모든 길은 김기춘으로"…원조친박의 귀환」, 『동아일보』, 2013년 8월 6일.

47 송호진, 「야당 "정치공작 했던 사람 기용 웬말" 여당선 "경륜과 능력을 중시한 인사…"」, 『한겨레』, 2013년 8월 5일.

48 성한용, 「김기춘의 복귀…청와대 유신시대로 회귀」, 『한겨레』, 2013년 8월 5일.

49 권은중, 「"대기업 법인세는 놔두고…" 직장인들 분노」, 『한겨레』, 2013년 8월 9일; 디지털뉴스팀, 「소득 3,450만 원 넘는 근로자 434만 명 세금 더 낸다」, 『경향신문』, 2013년 8월 8일.

50 박병률, 「5년간 48조 더 확보한다더니…내년 추가 세수 4,300억 불과」, 『경향신문』, 2013년 8월 8일.

51 노현웅, 「"증세 없는 복지" 한다더니 결국 월급쟁이 '유리지갑' 털기」, 『한겨레』, 2013년 8월 8일.

52 디지털뉴스팀, 「경실련 "세법 개정안, 재벌에 혜택·서민에 부담"」, 『경향신문』, 2013년 8월 8일.

53 박병률 · 강병한 · 이재덕, 「세법 개정안 후폭풍…시민사회 '증세론' 확산」, 『경향신문』, 2013년 8월 8일.

54 「사설」 공약 이행 재원을 근로자 주머니 털어 마련하나」, 『경향신문』, 2013년 8월 9일.

55 최병성, 「조원동의 "거위 깃털 살짝 뽑기" 역풍 급확산」, 『뷰스앤뉴스』, 2013년 8월 12일.

56 김수현 · 석진환 · 송호진, 「세법 개정안 역풍에 화들짝 박 대통령 "원점서 재검토하라"」, 『한겨레』, 2013년 8월 12일.

57 「사설」 '증세 없는 복지'의 한계 보여준 세법 개정 논란」, 『경향신문』, 2013년 8월 13일.

58 「사설」 박 대통령, '구경꾼 화법' 그만두라」, 『한겨레』, 2013년 8월 14일.

59 이용욱 · 유정인, 「박근혜 대표 공약 '기초노령연금' 결국 대폭 후퇴」, 『경향신문』, 2013년 9월 22일.

60 손준현 · 송채경화, 「공수표된 '기초연금'…박근혜 정부, 노인 빈곤 해소 포기?」, 『한겨레』, 2013년 9월 22일.

61 오일만, 「박근혜 정부 갈수록 '보수본색'」, 『서울신문』, 2013년 9월 25일.

62 박기용 · 조혜정 · 송채경화 · 손준현, 「박 대통령, 기초연금 공약 파기 이어 무상보육 공약도 저버렸다」, 『한겨레』, 2015년 9월 25일.

63 조혜정, 「민주당 "박 대통령의 공약 먹튀 대국민 사기극"」, 『한겨레』, 2013년 9월 25일.

64 정대연 · 허남설, 「"국민과 약속 저버리고 공적연금 신뢰 무너뜨리는 일" 반발」, 『경향신문』, 2013년 9월 25일.

65 유정인 · 송윤경, 「진영 "장관으로서 어떻게 국민 · 야당 설득하겠나"」, 『경향신문』, 2013년 9월 29일.

66 김남일, 「새누리 "대선공약 만든 사람이 이제 와…" 민주 "대통령에겐 장관 같은 양심 없나"」, 『한겨레』, 2013년 9월 29일.

67 김효진, 「'박근혜 정부 공약 파기' 시민사회 분노 확산」, 『한겨레』, 2013년 10월 1일.

68 강윤주, 「친박 브레인 '연쇄 실종사건'」, 『한국일보』, 2013년 10월 1일.

69 이용욱 · 유정인, 「박근혜 대통령 '인사 참사 시즌 2'…이유는」, 『경향신문』, 2013년 10월 6일.

70 이용욱 · 유정인, 「박근혜 대통령 '인사 참사 시즌 2'…이유는」, 『경향신문』, 2013년 10월 6일.

71 박은하 · 구교형, 「'용산참사' 지휘 김석기, 공항공사 사장 내정」, 『경향신문』, 2013년 10월 4일.

72 심혜리, 「[단독] 한국공항공사 사장 김석기, 심사에선 '꼴찌'」, 『경향신문』, 2013년 10월 11일.

73 「사설」 '용산참사' 김석기 씨, 공항공사 사장 자격 없다」, 『경향신문』, 2013년 10월 7일.

74 「사설」 용산참사 책임자까지 중용하는 오만한 인사」, 『한겨레』, 2013년 10월 7일.

75 정유진 · 고서정, 「野 '낙하산 근절 공약한 朴, 보은 인사」, 『문화일보』, 2013년 10월 11일.

76 김재홍 · 박세준, 「"대선 공신 홀대 너무 지나쳐" 새누리 인사 불만 부글부글」, 『세계일보』, 2013년 10월 11일.

77 「사설」 새누리당은 낙하산 공장인가」, 『중앙일보』, 2013년 10월 12일.

78 「사설」 정권마다 '선거 功臣 챙겨주기' 공기업만 멍든다」, 『조선일보』, 2013년 10월 12일.

79 오창민, 「박근혜 정부서 임명된 공공기관장, 절반이 영남 출신」, 『경향신문』, 2013년 10월 14일.

80 「사설」 공공기관장 인사, '대선 논공행상' 흘러선 안 된다」, 『경향신문』, 2013년 10월 15일.

81 심혜리, 「박근혜 정부 새 공공기관장 45%가 '낙하산'」, 『경향신문』, 2013년 11월 14일.

82 류이근 · 이완, 「박 대통령, 없애겠다더니…공공기관 절반이 '낙하산'」, 『한겨레』, 2013년 11월 14일.

83 이완 · 류이근, 「'꽃보직 비상임이사' 1시간 회의하고 250만 원」, 『한겨레』, 2013년 11월 15일.

84 「사설」 낙하산 인사 하면서 공공기관 다잡을 수 있나」, 『한겨레』, 2013년 11월 15일.

85 오창민, 「[단독] "공공기관 파티 끝났다"더니…'낙하산' 옹호」, 『경향신문』, 2013년 11월 25일.

86 김여란, 「하 수상한 시절, 한 대학생의 물음 "안녕들 하십니까"」, 『경향신문』, 2013년 12월 12일.

87 정대연, 「"안녕들 하십니까" 봇물 터져…페이스북 '공감' 20만 명에 육박」, 『경향신문』, 2013년 12월 15일.

88 송호균 · 정대하 · 전진식, 「고교생 · 주부 · 직장인도 '안녕들 하십니까' 신드롬」, 『한겨레』, 2013년 12월 16일; 박은하, 「"성적 · 돈에 굴종 가르쳐" 고려대생 엄마의 자성 대자보」, 『경향신문』, 2013년 12월 17일.

89 엄기호, 「[세상읽기] '안녕'이라는 말 걸기…파괴된 세계를 재건하는 힘」, 『경향신문』, 2013년 12월 17일.

90 고성호, 「[비밀해제 MB 5년] (12) 박근혜의 레이저」, 『동아일보』, 2013년 6월 15일.

제7장 야당의 무능은 박근혜에게 축복이 아니라 독약이었다

1 디지털뉴스팀, 「박근혜 대통령에게 '소통'이란?」, 『경향신문』, 2013년 1월 6일; 온라인뉴스팀, 「박 대통령 "원칙적 대응을 불통이라 함은 잘못" 반박」, 『한겨레』, 2013년 1월 6일.

2 박래용, 「말이 안통하네뜨」, 『경향신문』, 2014년 1월 9일.

3 김수헌, 「정운찬 "박 대통령, 아버지의 한에 집착"」, 『한겨레』, 2014년 1월 9일.

4 석진환, 「박 대통령 "노조 개혁 방해 책임 물어야"」, 『한겨레』, 2014년 2월 10일; 안홍욱·유정인, 「박 대통령 "공공기관 노사 이면 합의 뿌리 뽑아야"」, 『경향신문』, 2014년 2월 10일.

5 「사설」 정부가 '낙하산 인사' 않겠다는 서약서 쓸 차례」, 『동아일보』, 2014년 2월 4일.

6 성한용, 「박근혜 대통령 성공할 수 있다」, 『한겨레』, 2014년 2월 25일.

7 「사설」 '낙하산 방지' 대책 발표 직후 또 낙하산 인사라니」, 『경향신문』, 2014년 2월 24일.

8 「사설」 낙하산 인사 안 한다더니 국민 우롱하나」, 『국민일보』, 2014년 2월 24일.

9 김정하, 「62%가 무능·오만이면 11%는 뭘까」, 『중앙일보』, 2014년 2월 28일. 왜 이런 일이 벌어지는지에 대해선 강준만, 「사울 알린스키의 커뮤니케이션 전략: 한국 정치의 소통을 위한 적용」, 『정치·정보연구』, 제 19권 1호(2016년 2월 28일), 351~387쪽 참고.

10 안재승, 「이명박근혜 정부의 '망쳐버린 10년'」, 『한겨레』, 2017년 3월 3일.

11 김태규, 「"공공기관 친박 낙하산 114명"」, 『한겨레』, 2014년 3월 11일.

12 「사설」 모피아 대신 금피아·청와대發 낙하산인가」, 『국민일보』, 2014년 3월 12일.

13 「사설」 친박 인명사전 vs 친노 낙하산 인사」, 『동아일보』, 2014년 3월 13일.

14 음성원·홍용덕, 「368명 구조했다더니 3시간 만에 "164명"…정부 우왕좌왕」, 『한겨레』, 2014년 4월 16일; 최희진, 「"구조자 368명" "1600여 명"…오락가락 정부 발표」, 『경향신문』, 2014년 4월 16일.

15 「사설」 말뿐인 '더불어 함께 사는 안전 공동체'」, 『한겨레』, 2014년 4월 17일.

16 안홍욱, 「대통령 들어서자 가족들 "제발 구조" 읍소 "살려내라" 고함」, 『경향신문』, 2014년 4월 17일.

17 온라인뉴스팀, 「"국민 여러분 도와주세요" 실종자 가족들 호소문 발표」, 『한겨레』, 2014년 4월 18일.

18 정대하·김기성, 「구조된 단원고 교감, 야산서 숨진 채 발견」, 『한겨레』, 2014년 4월 18일.

19 전정윤·서정민·김효진, 「행사·공연 줄줄이 취소…온 나라가 목소리 낮췄다」, 『한겨레』, 2014년 4월 18일.

20 「사설」 묻는다, 이게 나라인가」, 『한겨레』, 2014년 4월 21일.

21 안홍욱, 「박 대통령, 원고지 28장 '깨알 지시'…사과는 없었다」, 『경향신문』, 2014년 4월 21일.

22 「사설」 시스템은 없고 질타만 있다」, 『한겨레』, 2014년 4월 22일.

23 정희진, 「위로하는 몸」, 『경향신문』, 2014년 4월 23일.

24 정유경, 「민경욱 대변인 "청와대는 재난 컨트롤 타워 아니다"」, 『경향신문』, 2014년 4월 23일.

25 「사설」 청와대, 세월호 선장과 다른 게 무언가」, 『한겨레』, 2014년 4월 25일.

26 박장준, 「단독」 박근혜 정부, 세월호 '보도 통제' 문건 만들었다」, 『미디어오늘』, 2014년 4월 29일.

27 디지털뉴스팀, 「박 대통령 세월호 분향소 조문…유족들 "대통령 자식이잖아요" 절규」, 『경향신문』, 2014년 4월 29일.

28 안홍욱, 「박 대통령 "초동 대응·수습 미흡에 뭐라 사죄를 드려야" 사과」, 『경향신문』, 2014년 4월 29일.

29 「사설」 그 정도 사과와 '셀프 개혁'으로 국가 개조 될 것 같은가」, 『동아일보』, 2014년 4월 30일.

30 김여란, 「"박근혜 만나겠다" 청와대 앞 온 세월호 유족과 시민들」, 『경향신문』, 2014년 5월 9일.

31 김효실, 「청와대 대변인 이번엔 "순수 유가족" 발언 파문」, 『한겨레』, 2014년 5월 9일.

32 조현호, 「박근혜 유족 문밖에 앉혀 두고 "세월호 때문에 소비심리 위축"」, 『미디어오늘』, 2014년 5월 9일.

33 「사설」 또 '정치 선동론' 타령인가」, 『한겨레』, 2014년 5월 12일.

34 정환보, 「잇단 추모 집회에 여당 지도부 '촛불 트라우마'」, 『경향신문』, 2014년 5월 12일.

35 홍석재, 「"최종 책임은 저에게…해경 해체하겠다"」, 『한겨레』, 2014년 5월 19일.

36 이충재, 「박근혜 대통령은 바뀌지 않았다」, 『한국일보』, 2014년 5월 20일.

37 이철희, 「6·4 지방선거, 승자는 누구인가?」, 『월간 인물과사상』, 제195호(2014년 7월), 107~108쪽.

38 「사설」 새정치연합은 '선거 민심' 제대로 읽어야」, 『경향신문』, 2014년 6월 6일.

39 「사설」 여당에 '경고', 야당에 '분발' 촉구한 6·4 선거」, 『한겨레』, 2014년 6월 5일.

40 「사설」 통합·책임 총리와 거리 먼 '문창극 카드'」, 『한겨레』, 2014년 6월 11일.

41 디지털뉴스팀, 「문창극 "일본 지배 하나님의 뜻" "게으르고 남에게 의지하는 게 우리 민족 DNA'」, 『경향신문』, 2014년 6월 11일.

42 이승록, 「문창극 '4·3 망언' 일파만파…지명 철회 여론 비등」, 『프레시안』, 2014년 6월 12일.

43 조혜정·서보미, 「문창극, 교회 강연 비판한 모든 언론 상대로 법적 대응」, 『한겨레』, 2013년 6월 12일.

44 디지털뉴스팀, 「박영선 "문창극 망언 파문, 박 대통령과 김기춘이 답 줘야"」, 『경향신문』, 2014년 6월 12일.

45 조혜정·최현준, 「여당 초선들도 "문 후보 사퇴를"」, 『한겨레』, 2014년 6월 12일.

46 박래용, 「2016 대한민국 '무좀 리스트'」, 『경향신문』, 2017년 1월 24일.

47 디지털뉴스팀, 「'인사 참극' 朴 대통령 부정 평가 48% 〉 긍정 43%…첫 역전」, 『경향신문』, 2014년 6월 20일.

48 김철오, 「朴 대통령 "문창극, 인사청문회까지 못 가 안타까워"」, 『국민일보』, 2014년 6월 24일.

49 안홍욱·이지선, 「또 '인사 참사'…책임지는 사람이 없다」, 『경향신문』, 2014년 6월 25일.

50 「사설」 '인사 참사' 사과 없이 국민 눈높이 탓한 박 대통령」, 『경향신문』, 2014년 7월 1일.

51 「사설」 7·30 민심, 세월호를 넘어 민생을 선택했다」, 『중앙일보』, 2014년 7월 31일.

52 디지털뉴스팀, 「새누리당 원하는 대로…세월호 여야 합의에 "밀실야합" 거센 반발」, 『경향신문』, 2014년 8월 7일.

53 석진환, 「박 대통령 "국민 위한 정치 맞나" 국회 비난…또 '네 탓'」, 『한겨레』, 2014년 8월 11일.

54 이용욱, 「'제대로 된 세월호특별법' 요구 국민 여론에 '화'낸 대통령」, 『경향신문』, 2014년 8월 11일.

55 손현성, 「세월호 유족들 '말놀음일 뿐' 싸늘」, 『한국일보』, 2014년 8월 19일.

56 박준철, 「일반인 희생자 유가족은 "여야 합의 특별법 수용"」, 『경향신문』, 2014년 8월 25일.

57 심언기, 「정혜신 "세월호 피로감, 직면해야 할 건강한 불편함"」, 『뷰스앤뉴스』, 2014년 9월 1일.

58 김선식, 「원세훈 정치 관여 인정하고도…대선 개입 '무죄'」, 『한겨레』, 2014년 9월 11일; 조원일, 「"국정원 댓글 사건 대선 개입은 아니다" 원세훈 선거법 무죄」, 『한국일보』, 2014년 9월 11일.

59 김한솔, 「현직 판사 "법치주의는 죽었다"…원세훈 판결 비판글 전문」, 『경향신문』, 2014년 9월 12일.

60 김정우, 「"원세훈 대선 개입" 법정 구속」, 『한국일보』, 2014년 2월 9일.

61 김유리, 「서민 주머니 털어 나랏돈 채우겠다는 담뱃값 인상」, 『미디어오늘』, 2014년 9월 12일.

62 「사설」 '꼼수 증세' 노골화한 담뱃세 인상」, 『경향신문』, 2014년 9월 11일.

63 음성원, 「담뱃값 이어 주민세·자동차세까지 '또 서민 증세'」, 『한겨레』, 2014년 9월 12일.

64 「사설」 담뱃세 이어 주민세…또 '서민 증세'인가」, 『한겨레』, 2014년 9월 13일.

65 이동걸, 「민생경제 죽이는 '그네'노믹스」, 『한겨레』, 2014년 9월 15일.

66 「사설」 공공기관에 '관피아' 대신 '정치 마피아'인가」, 『경향신문』, 2014년 9월 3일.

67 장은석, 「공공기관장 50여 명 연내 교체…정피아 각축전」, 『서울신문』, 2014년 10월 6일; 김현수, 「공공기관 친박 인사 6개월 새 2배 늘어」, 『한국일보』, 2014년 10월 6일.

68 「사설」 청와대 보은·낙하산 인사, 해도 너무 한다」, 『한국일보』, 2014년 9월 26일.

69 이효상, 「'이재만 파워' 청와대 총무비서관이 소개했다는 말에 대기업 무작정 채용」, 『경향신문』, 2014년 10월 2일.

70 「사설」 '만만회 사칭'에 대기업도 속절없이 당하는 현실」, 『한국일보』, 2014년 10월 3일.

71 「사설」 靑 비서관 사칭극 결국 낙하산 토양 탓 아닌가」, 『서울신문』, 2014년 10월 4일.

72 강지원, 「관피아 잠잠하니 政피아…금융공기업에 낙하산」, 『한국일보』, 2014년 10월 16일.

73 강지원, 「관피아 잠잠하니 政피아…금융공기업에 낙하산」, 『한국일보』, 2014년 10월 16일.

74 서보미 · 이세영, 「대놓고 "친박" 과시…출국…'낙하산 3인' 국감 풍경 눈살」, 『한겨레』, 2014년 10월 21일.

75 「[사설] 공기업 지원서에 당당히 '親朴' 쓰고 사장 된 사람」, 『조선일보』, 2014년 10월 23일.

76 김진주, 「조저도 조저도 끊임없이 투하되는 정피아 낙하산」, 『한국일보』, 2014년 10월 25일.

77 정임수, 「정피아 전성시대」, 『동아일보』, 2014년 10월 6일.

78 김준모 · 조현일 · 박현준, 「[단독] 정윤회 '국정 개입'은 사실」, 『세계일보』, 2014년 11월 28일.

79 최문선, 「정윤회 '국정 개입' 문건 파문」, 『한국일보』, 2014년 11월 29일.

80 조혜정, 「'정윤회 국정 개입 보고서' 파문…'십상시'는 누구」, 『한겨레』, 2014년 11월 28일.

81 디지털뉴스팀, 「박지원 "비선 라인 인사 개입, 청와대 · 김기춘 실장 해명하고 밝혀야"」, 『경향신문』, 2014년 11월 28일.

82 디지털뉴스팀, 「야당 "대통령 최측근 비서관들 후한 말 환관들처럼 국정 농단"」, 『경향신문』, 2014년 11월 28일.

83 디지털뉴스팀, 「새정치연합, '정윤회 게이트' 박근혜 대통령 입장 표명 촉구」, 『경향신문』, 2014년 11월 30일.

84 오남석, 「朴 대통령 "靑 문건 유출, 국기 문란 행위"」, 『문화일보』, 2014년 12월 1일.

85 「[사설] '비선 의혹'에 무조건 "루머"라는 박 대통령」, 『경향신문』, 2014년 12월 2일.

86 「[사설] '국정 농단' 눈감고 '유출 · 보도'에만 성낸 대통령」, 『한겨레』, 2014년 12월 2일.

87 유석재, 「'[정윤회 文件] 파문」 유진룡 "문체부 국 · 과장 교체, 朴 대통령 지시 맞다"」, 『조선일보』, 2014년 12월 5일.

88 조혜정, 「문체부 쪽 "여야 싸움 몰고 가야" 쪽지…'유진룡 증언' 물타기」, 『한겨레』, 2014년 12월 5일.

89 이정용, 「박 대통령 "찌라시 얘기로 나라 흔들…부끄럽다"」, 『한겨레』, 2014년 12월 7일.

90 김미영, 「서천석 박사 "박 대통령 리플리증후군과 비슷"」, 『한겨레』, 2016년 11월 7일.

91 권태호, 「3인방은 물러나지 않을 것이다」, 『한겨레』, 2014년 12월 8일.

92 김도연, 「"정윤회 문건 보도, 가혹한 보복 뒤따랐다"」, 『미디어오늘』, 2016년 11월 16일.

93 정의길, 「박근혜의 공주병, 아베의 왕자병」, 『한겨레』, 2014년 12월 19일.

94 한용걸, 「나는 고발한다」, 『세계일보』, 2016년 11월 17일.

95 「'그것이 알고 싶다' 故 최경위 자살 이유…'정윤회 문건' 당시 "네가 안고 가라"」, 『서울신문』, 2016년 11월 19일.

제8장 "박근혜 여왕과 민주공화국의 불화"

1 김정우 · 남상욱, 「靑 문건 수사 역시나…"사실무근" 앵무새 검찰」, 『한국일보』, 2015년 1월 5일.

2 장관석 · 최우열, 「박관천의 황당한 '권력 서열' 강의」, 『동아일보』, 2015년 1월 7일.

3 석진환 · 이승준, 「청와대 사상 초유 '항명 사퇴'…박 대통령 리더십 타격」, 『한겨레』, 2015년 1월 9일.

4 정인철, 「'이규연의 스포트라이트' 김영한 前 수석의 죽음 "김기춘, 우병우, 박근혜 때문"」, 『아시아경제』, 2016년 11월 21일; 서영지, 「김기춘 지시 빼곡…청와대가 괴로웠던 아들의 마지막 기록」, 『한겨레』, 2016년 12월 7일.

5 디지털뉴스부, 「朴 대통령 대국민 사과 "문건 파동, 마음 무겁고 송구"」, 『한국일보』, 2015년 1월 12일.

6 박수진, 「박 대통령 "김기춘 실장, 드물게 사심 없는 분…"」, 『한겨레』, 2015년 1월 12일.

7 석진환, 「'성찰 없는 불통'…국정 일방통행 안 바뀔 듯」, 『한겨레』, 2015년 1월 12일.

8 이헌수, 「朴 대통령, 징관들 보며 "내번 모고 틀려야 하나요?"」, 『동아일보』, 2015년 1월 13일; 강윤주, 「靑, 질문 현장서 받고 즉답 형식 진행…'각본 없는' 회견」, 『한국일보』, 2015년 1월 12일.

9 박성원, 「朴 대통령, 문지방 돌덩이들을 어쩔 것인가」, 『동아일보』, 2015년 1월 16일.

10 송평인, 「출구 찾아야 할 박근혜 스타일」, 『동아일보』, 2015년 1월 13일.

11 최장집 외, 『양손잡이 민주주의: 한 손에는 촛불, 다른 손에는 정치를 들다』(후마니타스, 2017), 23쪽.

12 조혜정 · 김외현, 「"바보 같은 짓…말도 안 되는…" 박 대통령, 불편한 질문엔 거친 표현」, 『한겨레』, 2015년 1월 13일.

13 「[사설] 쇄신과는 거리 먼 '찔끔 개각'」, 『한겨레』, 2015년 2월 17일.

14 「[사설] 靑, 국정원장 출신 비서실장으로 '쇄신 이미지' 얻겠나」, 『동아일보』, 2015년 2월 28일.

15 유정인 · 이용욱, 「[박근혜 정부 2년] 현 정부 임명한 기관장 '박피아' '정피아' 35%」, 『경향신문』, 2015년 2월 17일.

16 유정인 · 이용욱, 「세월호 이후 교체된 24명이 '정피아'…'아버지 인맥'도 상당수」, 『경향신문』, 2015년 2월 17일.

17 김동현, 「"朴 정권 낙하산, MB 때보다 30% 늘어"」, 『뉴스앤뉴스』, 2015년 2월 25일.

18 조윤호, 「5대 권력기관 고위직, 영남 출신이 거의 절반」, 『미디어오늘』, 2015년 3월 3일.

19 이기수 · 홍재원 · 심혜리, 「[성완종 단독 인터뷰] "김기춘 10만 달러 · 허태열 7억 줬다"」, 『경향신문』, 2015년 4월 10일.

20 정환봉 · 박태우, 「성완종, 북한산서 목숨 끊어…검찰 "경남기업 수사 어려워"」, 『한겨레』, 2015년 4월 10일; 구교형 · 김상범, 「[성완종 단독 인터뷰] 성완종, 새벽 집 나서며 "꼭 좀 보도해달라" 50분간 통화」, 『경향신문』, 2015년 4월 10일.

21 디지털뉴스팀, 「성완종 메모에서 홍준표, 유정복, 홍문종 이름도 발견」, 『경향신문』, 2015년 4월 10일.

22 김경욱 · 이세영, 「"자진 사퇴 없다" 버티던 이완구, 전격 사의 표명 왜?」, 『한겨레』, 2015년 4월 21일.

23 이용욱 · 박홍두, 「"성완종 사면이 문제"라는 박 대통령」, 『경향신문』, 2015년 4월 28일.

24 「[사설] 박 대통령의 적반하장」, 『한겨레』, 2015년 4월 29일.

25 「[사설] 벼랑 끝에 몰린 제야당」, 『한겨레』, 2015년 4월 30일.

26 이승준, 「이종걸 "황교안은 김기춘의 '아바타'…분연히 맞서 싸울 것"」, 『한겨레』, 2015년 5월 21일.

27 「[사설] '눈치 검찰'의 왜곡 재현된 성완종 사건」, 『한겨레』, 2015년 7월 3일.

28 석진환, 「국민 불안에 떠는데…청와대, 메르스 발생 13일 만에야 대책회의」, 『한겨레』, 2015년 6월 2일.

29 최혜정, 「국민 둘로 가르고, 외교는 사면초가 '무능한 통치'」, 『한겨레』, 2017년 3월 11일.

30 강성원, 「청와대 홍보수석, 신문사 전화 걸어 "그게 기사가 되냐"」, 『미디어오늘』, 2015년 6월 19일.

31 강성원, 「언론계 "청와대 홍보수석 언론 탄압 제정신인가"」, 『미디어오늘』, 2015년 6월 20일.

32 「메르스(MERS, Middle East Respiratory Syndrome)」, 『다음백과』.

33 김지은, 「'법 위의 시행령' 번번이 논란거리」, 『한국일보』, 2015년 5월 29일.

34 김진우 · 심혜리 · 박순봉, 「당 · 청 '시행령 수정' 정면충돌…박 대통령 '거부권' 검토」, 『경향신문』, 2015년 5월 29일.

35 황준범 · 이세영, 「박 대통령 "국회법 개정안 수용 못 한다" 거부권 예고」, 『한겨레』, 2015년 6월 1일; 이용욱, 「청와대, 국민 내세워 여 지도부 압박」, 『경향신문』, 2015년 6월 1일.

36 「[사설] 삼권분립을 더 훼손하는 건 박 대통령이다」, 『경향신문』, 2015년 6월 2일.

37 이용욱 · 김진우, 「여당이 안 돕고 야합'한다는 대통령…의회 정치 근본 무시」, 『경향신문』, 2015년 6월 25일.

38 이용욱 · 조미덥 · 박순봉, 「"배신의 정치, 심판해야"…국회에 전쟁 선포한 대통령」, 『경향신문』, 2015년 6월 25일; 석진환, 「대통령의 독선, '정치'를 짓밟다」, 『한겨레』, 2015년 6월 25일.

39 석진환, 「대통령의 독선, '정치'를 짓밟다」, 『한겨레』, 2015년 6월 25일.

40 심혜리 · 유정인 · 박홍두 · 정환보, 「"박 대통령, 지도자 아닌 군주의 정치"」, 『경향신문』, 2015년 6월 26일.

41 「[사설] 정국을 파국으로 모는 대통령의 협박 정치」, 『한겨레』, 2015년 6월 25일.

42 양상훈, 「여왕과 공화국의 불화」, 『조선일보』, 2015년 7월 2일.

43 이명박, 『대통령의 시간 2008~2013』(알에이치코리아, 2015), 530~534쪽; 김영석, 「또다시 불거진 정치 감사 논란…자원개발 감사에 이명박 정부 측 반발 가능성」, 『국민일보』, 2015년 7월 14일.

44   조성은, 「'돈 먹는 괴물'된 해외 자원개발사업…석유 · 광물 · 가스자원 공사 사업 손실 6년간 10조 원 돌파」, 『국민일보』, 2015년 7월 14일.

45   조미덥, 「MB 땐 "성과"…또 뒤집어, '자원'은 없고 혈세만 낭비」, 『경향신문』, 2015년 7월 14일.

46   「[사설] 수십 조 나랏돈 날린 '이명박 자원외교'」, 『한겨레』, 2015년 7월 15일.

47   박은경, 「군, 대북 확성기 방송 파주 인근서 실시」, 『경향신문』, 2015년 8월 10일.

48   이용욱, 「박 대통령 "강한 억지력으로 압박 지속"…지뢰 도발 첫 언급」, 『경향신문』, 2015년 8월 11일.

49   이재훈, 「김종대 "DMZ 지뢰 폭발, 6일 지나도록 국방부는 뭐 했나"」, 『한겨레』, 2015년 8월 12일.

50   이용욱, 「靑, "대통령 지뢰 사건 4차례 서면 · 유선 보고 받아"…대면 보고는 없어」, 『경향신문』, 2015년 8월 12일.

51   정유경, 「돌아온 유승민 "청와대 NSC는 도대체 뭘 하는 사람들이냐"」, 『한겨레』, 2015년 6월 12일.

52   최혜정 · 김경욱 · 박병수, 「이번에도…박 대통령에 '대면 보고' 전혀 없었다」, 『한겨레』, 2015년 8월 14일.

53   「[사설] 위기 상황에도 대면 보고 안 받는 '불통 대통령'」, 『경향신문』, 2015년 8월 15일.

54   최혜정 · 서보미, 「"박 대통령, 대면 보고 '기피증'…콘텐츠가 없는 탓"」, 『한겨레』, 2015년 8월 23일.

55   임아영, 「황우여 "국정교과서 전환…국민통합 위한 불가피한 선택"」, 『경향신문』, 2015년 10월 12일.

56   김현수 · 정지용, 「"친일 · 독재 미화 국정화 철회하라" 시민단체들 밤샘 시위」, 『한국일보』, 2015년 10월 12일.

57   정지용 · 양진하, 「"한국 민주주의 죽은 날" 학생, 시민단체 거리로」, 『한국일보』, 2015년 10월 12일.

58   방준호, 「"현행 역사교과서=악마의 바이블" 도 넘은 보수 단체 '망언'」, 『한겨레』, 2015년 10월 12일.

59   박상준, 「'새정치 '국정화 저지' 전면전 선언」, 『한국일보』, 2015년 10월 12일.

60   황준범, 「국론 분열시켜 놓고…박 대통령 "여야, 국론 분열 일으키지 말길"」, 『한겨레』, 2015년 10월 13일.

61   「[사설] 염치도 논리도 없는 대통령의 '국정화 궤변'」, 『한겨레』, 2015년 10월 13일.

62   정희진, 「유체이탈 화법의 '공포정치'」, 『경향신문』, 2015년 5월 15일.

63   이범구, 「'국정교과서' 여론 찬반 양분…역사 교사들은 92%가 반대」, 『한국일보』, 2015년 10월 15일.

64   이유주현 · 송경화 · 이승준, 「박 대통령, 국정화 요지부동…문재인 "절벽 보고 말한 느낌"」, 『한겨레』, 2015년 10월 22일.

65   정원식, 「교육부, 교과서 국정화 비밀 TF 운영…"국정화 총괄…청와대에 매일 보고"」, 『경향신문』, 2015년 10월 25일; 전정윤 · 진명선, 「문 앞서 야당 의원을 막고 '검정교과서 분석' PC 서둘러 꺼버려」, 『한겨레』, 2015년 10월 26일.

66   전정윤 · 전명선, 「문 앞서 야당 의원들 막고 '검정교과서 분석' PC 서둘러 꺼버려」, 『한겨레』, 2015년 10월 26일.

67   김원철, 「박 대통령 "역사 바로잡기, 정쟁 대상 아니다" 단호」, 『한겨레』, 2015년 10월 27일.

68   「[사설] 극우 단체들이 '호위무사'로 등장한 대통령 시정연설」, 『한겨레』, 2015년 10월 28일.

69   이종규, 「정부, 국정화 확정 고시…거꾸로 간 대한민국」, 『한겨레』, 2015년 11월 3일.

70   이대혁 · 김현수, 「국정화 반대 의견 68%는 안중에도 없었다」, 『한국일보』, 2015년 11월 4일.

71   장덕진, 「악마 만들기와 도덕적 혼란」, 『경향신문』, 2015년 10월 30일.

72   야당의 문제에 대해선 강준만, 「사울 알린스키의 커뮤니케이션 전략: 한국 정치의 소통을 위한 적용」, 『정치 · 정보연구』, 제19권 1호(2016년 2월 28일), 351~387쪽 참고.

73   「[사설] 朴 대통령, 대놓고 공천 개입 · 선거 개입 하겠다는 건가」, 『조선일보』, 2015년 11월 11일.

74   이용욱, 「박 대통령 "진실된 사람만이 총선 선택 받아야"…대통령 대구 물갈이 주도하나?」, 『경향신문』, 2015년 11월 1일.

75   김지은, 「박 대통령 '진박 핀칭론'에 여권 술렁」, 『한국일보』, 2015년 11월 10일.

76   최혜정, 「치고 빠지는 청와대」, 『한겨레』, 2015년 11월 11일.

77   정환보, 「박 대통령에게 "진실한 사람"은 배신 안 할 맹목적 충성파」, 『경향신문』, 2015년 11월 11일.

78   성한용, 「점점 더 거칠어지는 대통령의 입」, 『한겨레』, 2015년 11월 12일.

79 유정인, 「새누리 김용태, '진박' '가박' 논란에 "부끄러워 얼굴이 화끈"」, 『경향신문』, 2015년 11월 12일.

80 정환보, 「진박·가박·용박·멀박·홀박…'친박 용어사전 개정판'」, 『경향신문』, 2015년 11월 13일.

81 성한용, 「'잃어버린 20년' 피할 길이 안 보인다」, 『한겨레』, 2015년 11월 13일.

82 이훈범, 「'대통령 용어사전'의 오류」, 『중앙일보』, 2015년 11월 14일.

83 김성환, 「물대포와 쇠파이프…7년 前 그때와 같았다」, 『한국일보』, 2015년 11월 17일.

84 선명수·박용필, 「물대포 맞은 68세 쓰러졌는데도…경찰, 15초간 계속 '조준 발사'」, 『경향신문』, 2015년 11월 15일.

85 박홍두, 「[단독] [집중분석] '경찰 역사 남을 최대 물량 공세'…물대포 20만 리터, 식용유는 100리터 이상」, 『경향신문』, 2015년 11월 22일.

86 김지훈·이재욱, 「'물대포 직사' 백남기 농민 끝내 사망…경찰, 부검 영장 신청」, 『한겨레』, 2016년 9월 25일.

87 박수진, 「박 대통령 "복면 시위 못하게"…SNS "복면가왕도 막아라"」, 『한겨레』, 2015년 11월 24일; 이용욱·구교형, 「박 대통령 "복면 시위 못하게"…시위대를 'IS 테러세력 규정'」, 『경향신문』, 2015년 11월 24일.

88 최혜정·이승준, 「비판 세력 죄악시·국회 탓…통합커녕 '분열·대립의 정치'」, 『한겨레』, 2015년 11월 24일.

89 김원철, 「"자국 시위대를 IS에 비교하다니…"외신 기자는 '갬놀'」, 『한겨레』, 2015년 11월 24일.

90 「[사설] 박 대통령은 시민을 테러리스트로 몰 셈인가」, 『경향신문』, 2015년 11월 25일.

91 최혜정, 「노동 5법 등 연대 처리 압박…여야 대결 부추긴 박 대통령」, 『한겨레』, 2015년 12월 7일; 이용욱·박순봉, 「또 야당 겨눈 박 대통령…"경제, 백날 말로 걱정하면 살아나나"」, 『경향신문』, 2015년 12월 7일.

92 이용욱·박순봉, 「또 야당 겨눈 박 대통령…"경제, 백날 말로 걱정하면 살아나나"」, 『경향신문』, 2015년 12월 7일.

93 김지은, 「"도대체 누구를 위한 국회냐"…박 대통령 연일 작심 비판」, 『한국일보』, 2015년 12월 8일.

94 이용욱·김진우, 「야당 분열 다음 날…박근혜 대통령·여당 "국가 비상사태" 왜?」, 『경향신문』, 2015년 12월 14일; 최문선, 「'국회의 존재 이유'까지 거론한 박 대통령」, 『한국일보』, 2015년 12월 14일.

95 디지털뉴스팀, 「박 대통령, "국민 바라는 일 제쳐두고 무슨 정치개혁…"」, 『한겨레』, 2015년 12월 16일.

96 「[사설] 유신시대 '긴급조치'까지 내릴 셈인가」, 『한겨레』, 2015년 12월 17일.

97 최혜정, 「박 대통령 "마음 한결같은 이가 진실된 사람"」, 『한겨레』, 2015년 12월 22일.

98 「[사설] 대통령 진박 밀어주기, 정도가 심하다」, 『중앙일보』, 2015년 12월 24일.

99 정상원·강윤주, 「日 정부 "위안부 책임" 첫 인정…앙금은 남다」, 『한국일보』, 2015년 12월 28일.

100 김광수, 「日 법적 책임에 모호한 표현…위안부 담론 '3가지 논란'」, 『한국일보』, 2015년 12월 18일.

101 김성환, 「"제2의 한일협정이다" 위안부 담합 분노하는 시민들」, 『한겨레』, 2015년 12월 29일.

102 디지털뉴스팀, 「국민 3명 중 2명 '일본 대사관 앞 소녀상 이전 반대'」, 『한겨레』, 2015년 12월 30일.

103 최혜정, 「청와대 "사회혼란 유언비어, 위안부 문제에 또 다른 상처"」, 『한겨레』, 2015년 12월 31일; 이용욱, 「2015 마지막 날까지 대국민 '질타' 메시지…'불통의 집약판'」, 『경향신문』, 2016년 1월 1일.

104 이용욱, 「2015 마지막 날까지 대국민 '질타' 메시지…'불통의 집약판'」, 『경향신문』, 2016년 1월 1일.

제9장 박근혜 게이트, 박근혜 탄핵

1 정상근·차현아, 「대통령 기자회견 '쪽대본', 또 유출됐나」, 『미디어오늘』, 2016년 1월 13일.

2 강윤주, 「한숨…울먹…"대통령이 더이상 어떻게 해야 되겠나"」, 『한국일보』, 2016년 1월 14일.

3 유정인, 「[朴 대통령 담화문 키워드 분석] '통일' 10—0, 국회와 정치 0—26」, 『경향신문』, 2016년 1월 13일; 정승임, 「'국민' 38회 최다 언급…신년 단골 '통일' 0회」, 『한국일보』, 2016년 1월 13일.

4 김종철, 「박근혜 주연 청와대 기자단 조연의 서툰 '개콘'」, 『미디어오늘』, 2016년 1월 15일.

5 「[사설] 北核 대책은 안 보이고 국회·노동계 비판만 한 국민 담화」, 『조선일보』, 2016년 1월 14일.

6 「[사설] '헌법보다 의리'라는 親朴들, 국민 뭐로 보고 그런 말 내뱉나」, 『조선일보』, 2016년 2월 5일.

7 정희진, 「헌법과 인간관계」, 『경향신문』, 2016년 4월 11일.

8 김진철, 「정부, 개성공단 전면 중단···한반도 평화 '안전핀' 뽑나」, 『한겨레』, 2016년 2월 10일.

9 윤영미 · 김진철, 「입주 기업들 '날벼락'···계약 파기로 수조 원 피해 불가피」, 『한겨레』, 2016년 2월 10일.

10 강유주, 「北, 하루 만에 "개성공단 폐쇄···남측 전원 추방"」, 『한국일보』, 2016년 2월 11일.

11 한준규 · 박민식 · 이동현, 「"돈 빌려주고 세금 미뤄주는 게 대책이냐" 개성공단 기업들 격앙」, 『한국일보』, 2016년 2월 13일.

12 「[사설] '대책 없는' 정부의 개성공단 손실 보전 대책」, 『한겨레』, 2016년 2월 12일.

13 최혜정, 「박 대통령 '자다가도 통탄할 일' 책상 10여 차례 내리쳐」, 『한겨레』, 2016년 2월 25일.

14 정환보, 「새누리 '공천 살생부' 나돌아」, 『경향신문』, 2016년 2월 25일.

15 김현섭, 「정두언 "김무성, 말 바꿔달라'고 2번 전화 왔다"」, 『국민일보』, 2016년 2월 29일.

16 서상현, 「친박계 윤상현 "김무성 죽여버려"···낙천 요구 욕설 파문」, 『한국일보』, 2016년 3월 8일.

17 이용욱, 「박 대통령 대구 방문···'동선'도 논란」, 『경향신문』, 2016년 3월 10일.

18 「[사설] 청와대가 이렇게 노골적으로 선거에 개입해도 되나」, 『조선일보』, 2016년 3월 11일.

19 이경미, 「박 대통령 눈밖에 난 비박 · 유승민계 '공천 보복'」, 『한겨레』, 2016년 3월 15일.

20 김남일, 「'보복 공천' 낙천자들 무소속 출마 고심···심상치 않은 후폭풍」, 『한겨레』, 2016년 3월 16일.

21 「[사설] 대통령의 선거, 대통령에 의한 공천, 대통령을 위한 나라」, 『경향신문』, 2016년 3월 16일.

22 「[사설] 독재국가에서나 있을 박 대통령의 '공천 학살'」, 『한겨레』, 2016년 3월 16일.

23 성한용, 「새누리판 '찍히면 죽는다'···'비박 학살'의 진짜 이유」, 『인터넷한겨레』, 2016년 3월 17일.

24 김남일, 「"국민 편 섰다 보복 당해"···진영, 대통령 겨냥한 '탈당 성명'」, 『한겨레』, 2016년 3월 17일.

25 최문선, 「"보복 공천 비난하던 朴, 스스로 원칙 허물어" 비판 무성」, 『한국일보』, 2016년 3월 22일.

26 황준범 · 이경미 · 김일우, 「내쳐진 유승민, 결국 무소속 출마···"당의 모습은 시대착오적 정치 보복"」, 『한겨레』, 2016년 3월 24일; 김진우 · 박순봉, 「유승민 "당이 보여준 모습 정의가 아니다"」, 『경향신문』, 2016년 3월 23일.

27 김남일, 「김무성, 탈당 유승민의 "정의가 아니란 말, 비수로 꽂혔다"」, 『한겨레』, 2016년 6월 24일.

28 황준범, 「유승민 · 이재오 지역구 등 3곳 무공천 확정···'옥새 전쟁' 총선 앞 일단 봉합」, 『한겨레』, 2016년 3월 25일.

29 김지은, 「새누리당, 유승민 등 탈당 의원들에 "대통령 사진 반납" 요구 '논란'」, 『한국일보』, 2016년 3월 29일.

30 김삼웅, 「[시론] 신판 '박타령' 산조」, 『경향신문』, 2016년 3월 29일.

31 「[사설] 분열의 야권, 기어이 여당에 '압승' 안길 텐가」, 『한겨레』, 2016년 4월 4일.

32 김진우 · 구혜영, 「[총선 D-8 야권 연대 무산] 180석 넘는 '공룡 여당' 예고」, 『경향신문』, 2016년 4월 4일.

33 허남설, 「더민주 정장선 "새누리당 180석 이상 가능···거대 여당 출현 머지않았다"」, 『경향신문』, 2016년 4월 10일.

34 이재명, 「성난 민심 '선거의 여왕'을 심판했다」, 『동아일보』, 2016년 4월 14일.

35 「[사설] 여당 참패, 박근혜 대통령 확 바뀌라는 국민의 명령이다」, 『동아일보』, 2016년 4월 14일.

36 「[사설] 박근혜 대통령과 親朴의 오만에 대한 국민적 심판이다」, 『조선일보』, 2016년 4월 14일.

37 「[사설] 중간평가에서 참패한 여권···국민 이기는 권력 없다」, 『중앙일보』, 2016년 4월 14일.

38 김지은, 「새누리 총선 대패에도 당내 입지 더 넓힌 친박」, 『한국일보』, 2016년 4월 17일.

39 「[사설] 반성 없는 친박, 아직도 정신 못 차렸나」, 『중앙일보』, 2016년 4월 18일.

40 「[사설] 骨肉相爭 끝에 참패 자초한 親朴, 이제 당권 못 잡아 안달하나」, 『조선일보』, 2016년 4월 18일.

41 김순덕, 「"싸가지 없는' 친박, 보수 시민의 역적 됐다」, 『동아일보』, 2016년 4월 18일.

42 김서영 · 김형규, 「어버이연합 알바 동원 의혹, 시사저널 보도」, 『경향신문』, 2016년 4월 11일; 고한솔, 「어버이연합, 세월호 반대 집회 때 '탈북자 알바' 동원」, 『한겨레』, 2016년 4월 11일.

43 방준호 · 고한솔 · 곽정수, 「'탈북자 동원 집회' 돈줄 전경련 의혹」, 『한겨레』, 2016년 4월 19일.

44 고한솔, 「"청와대가 집회 열라고 지시했다"」, 『한겨레』, 2016년 4월 20일.

45 디지털뉴스팀, 「박근혜 대통령, 어버이연합 청와대 배후설에 "사실 아니라고 보고받아"」, 『경향신문』, 2016년 4월 26일; 고영득, 「베일 벗는 어버이연합 배후」, 『경향신문』, 2016년 4월 27일.

46 고한솔 · 이세영, 「"어버이연합, 청와대 행정관이 집회 지시한 건 맞지"」, 『한겨레』, 2016년 4월 27일.

47 김영석, 「더민주 "어버이연합—청와대—국정원—전경련의 4각 커넥션"」, 『국민일보』, 2016년 5월 3일.

48 서영지, 「김기춘 '우파 지원' 리스트에 액수까지 적어 전경련 전달」, 『한겨레』, 2017년 2월 2일.

49 조현호, 「"똑바로 좀 해! 어떻게 이런 게 나갈 수 있어?"」, 『미디어오늘』, 2016년 5월 11일.

50 문현숙, 「"길환영 사장이 '국정원 댓글' 단독 보도 빼라 지시"」, 『한겨레』, 2016년 5월 11일.

51 조현호, 「이정현, KBS 전화 걸어 "박근혜 행사가 왜 맨 뒤냐"」, 『미디어오늘』, 2016년 5월 12일.

52 「사설」 KBS 보도 일상적 검열한 길환영 사장, 간섭한 홍보수석」, 『경향신문』, 2016년 5월 14일.

53 「사설」 가습기 살인을 국가와 무관한 개인 문제라던 정부 · 여당」, 『경향신문』, 2016년 5월 11일.

54 최소영, 「가습기 살균제 피해자 승소, 그러나 사망자 수는 이미 1,000명 "17년 지속된 살인사건" 참담」, 『수원일보』, 2016년 11월 15일.

55 조미덥, 「야 3당, 사드 성주 배치 발표에 "졸속 결정", "안보 도박" 비판」, 『경향신문』, 2016년 7월 13일.

56 성연철, 「TK 의원 21명 "사드 입지 선정 기준 투명하게 공개하라"」, 『한겨레』, 2016년 7월 13일.

57 조현호, 「국방부 몰려온 성주 군민들 "우리를 개 · 돼지 취급하나"」, 『미디어오늘』, 2016년 7월 13일.

58 전준호, 「온갖 說 · 의혹에 지자체들 사생결단···보혁 이념 대결도」, 『한국일보』, 2016년 7월 13일.

59 김태규, 「박 대통령 "성주, 사드 최적지···안전 우려하는 게 이상"」, 『한겨레』, 2016년 7월 14일.

60 「사설」 사드 갈등 부추겨 놓고 "불필요한 논쟁 멈추라"는 대통령」, 『경향신문』, 2016년 7월 15일.

61 「사설」 박 대통령, 사드마저 불통과 일방통행인가」, 『한겨레』, 2016년 7월 15일.

62 최혜정, 「박 대통령 "사드 괴담 · 유언비어, 안보 근간 흔들어"」, 『한겨레』, 2016년 8월 2일.

63 「사설」 다시 드러난 박 대통령의 사드 문제 설득 능력의 한계」, 『경향신문』, 2016년 8월 3일.

64 「사설」 대통령의 사드 배치 이전 검토 발언, 국정이 장난인가」, 『경향신문』, 2016년 8월 4일; 강주희, 「이완영 "성주 군민, 성주 내 다른 지역 배치에 전혀 찬성 안 해"」, 『뷰스앤뉴스』, 2016년 8월 4일.

65 이명진, 「우병우 민정수석의 妻家 부동산···넥슨, 5년 전 1,326억 원에 샀다」, 『조선일보』, 2016년 7월 18일.

66 홍재원 · 유희곤, 「[우병우 민정수석 '스캔들] 정운호 '몰래 변론' 의혹」, 『경향신문』, 2016년 7월 19일.

67 「사설」 대통령의 '우병우 구하기' 국정 혼란 가중될 뿐이다」, 『국민일보』, 2016년 7월 21일; 이용욱 · 허남설, 「박 "대통령 흔들리면 나라 불안" 또 안보 앞세워 '우병우 구하기'」, 『경향신문』, 2016년 7월 21일.

68 「사설」 박근혜는 우병우에게서 자신의 미래를 보는가」, 『미디어오늘』, 2016년 8월 3일.

69 최문선, 「朴 대통령, 문체–농림–환경 등 3개 부처 개각 단행」, 『한국일보』, 2016년 8월 16일.

70 유정인, 「[8 · 16 개각] 박 대통령 측근 '그들이 사는 세상'」, 『경향신문』, 2016년 8월 16일.

71 최혜정 · 엄지원 · 허재현, 「'우병우 구하기' 법과 상식 뒤엎는 청와대」, 『한겨레』, 2016년 8월 19일.

72 이용욱, 「['우병우 사태' 후폭풍] 청 "부패 기득권이 식물정부 만들려 해"」, 『경향신문』, 2016년 8월 21일.

73 「사설」 청와대의 가당찮은 '식물정부' 음모론」, 『한겨레』, 2016년 8월 23일.

74 「사설」 家臣을 공기업 감사로 보낸 靑, 나라가 사유물인가」, 『동아일보』, 2016년 8월 31일.

75 「사설」 청와대 낙하산 이제 바깥 눈치도 안 본다」, 『조선일보』, 2016년 8월 31일.

76 「사설」 청와대, 낙하산 인사는 없다고 하지 않았나」, 『중앙일보』, 2016년 8월 31일.

77 조윤호, 「"낙하산 없다"더니, 총리실 국책연 절반이 대통령 사람」, 『미디어오늘』, 2016년 9월 19일.

78 박관규, 「국토부 산하 기관은 낙하산 혈투장?」, 『한국일보』, 2016년 9월 20일.

79 송윤경, 「김해영 "박근혜 정부 4년간 금융권 낙하산 인사 204명"」, 『경향신문』, 2016년 9월 21일.

80 「사설」 정권 말 물불 안 가리는 '낙하산 인사'」, 『한겨레』, 2016년 9월 27일.

81 정철운, 『박근혜 무너지다: 한국 명예혁명을 이끈 기자와 시민들의 이야기』(메디치, 2016), 100~102쪽.

82 류이근, 「전경련이 돈 걷고 문체부 초고속 허가…'미르'·'K스포츠' 판박이」, 『한겨레』, 2016년 9월 20일.

83 김의겸·김창금·방준호, 「K스포츠 이사장은 최순실 단골 마사지 센터장」, 『한겨레』, 2016년 9월 20일.

84 방준호, 「'권력의 냄새' 스멀…실세는 정윤회가 아니라 최순실」, 『한겨레』, 2016년 9월 20일.

85 윤형중, 「30 "K스포츠·미르재단 의혹 국감서 철저히 파헤쳐야"」, 『한겨레』, 2016년 9월 20일.

86 조미덥, 「[최순실-안보론 충돌] 새누리당 "단 한 명도 안 된다" 철통 방어…교문위, 최순실 의혹 관련 증인 채택 교착」, 『경향신문』, 2016년 9월 21일.

87 장택동, 「朴 대통령 "비상시국에 비방·폭로성 발언은 사회 혼란 가중"」, 『동아일보』, 2016년 9월 22일.

88 「[사설] 최순실·안종범 의혹에 대한 박 대통령의 인식 수준」, 『경향신문』, 2016년 9월 23일.

89 정철운, 「TV조선·한겨레·JTBC가 합작한 '박근혜 퇴진' 100일의 기록」, 『미디어오늘』, 2016년 11월 10일.

90 정철운, 「"청와대가 JTBC '최순실 PC 보도' 막으려 했다"」, 『미디어오늘』, 2016년 10월 31일.

91 오윤희, 「분노? 무관심이 더 무섭다」, 『조선일보』, 2016년 11월 8일.

92 이충형, 「정두언 "묘청의 난보다 심각한 사건"」, 『중앙일보』, 2016년 11월 21일.

93 김지훈·박수진, 「시민들 일상 바꾼 국정 농단…막장 현실에 "드라마보다 뉴스가 재밌어"」, 『한겨레』, 2016년 11월 22일.

94 「[사설] 자고 나면 쏟아지는 의혹들, 이게 정권의 실상이었나」, 『경향신문』, 2016년 11월 25일.

95 김향미·정원식, 「주말마다 광장에 서는 사람들…움트린 가요·영화·공연」, 『경향신문』, 2016년 11월 28일.

96 박영석, 「개천에서 용 나기, 정보화 세대 들어 더 힘들다」, 『조선일보』, 2016년 2월 1일.

97 정철운, 「TV조선·한겨레·JTBC가 합작한 '박근혜 퇴진' 100일의 기록」, 『미디어오늘』, 2016년 11월 10일.

98 금준경, 「TV조선·'한겨레'·JTBC의 콜라보, 최고 권력을 무너뜨렸다」, 『미디어오늘』, 2016년 10월 26일.

99 조윤호, 「박근혜의 콘크리트, '달그닥 훅' 무너졌다」, 『미디어오늘』, 2016년 11월 9일.

100 홍지영, 「"능력 없으면 니네 부모 원망해…돈도 실력이야"」, 『중앙일보』, 2016년 10월 20일.

101 정철운, 「TV조선·한겨레·JTBC가 합작한 '박근혜 퇴진' 100일의 기록」, 『미디어오늘』, 2016년 11월 10일.

102 조윤호, 「박근혜의 콘크리트, '달그닥 훅' 무너졌다」, 『미디어오늘』, 2016년 11월 9일.

103 양영유, 「촛불 든 학생들의 정유라를 향한 분노」, 『중앙일보』, 2016년 11월 14일.

104 고미석, 「장시호와 정유라의 '특권 입학'」, 『동아일보』, 2016년 11월 19일.

105 정성희, 「정유라, 민주공화국의 공주」, 『동아일보』, 2016년 11월 19일.

106 「[사설] 입시특혜·학사특혜의 배후 못 밝힌 '반쪽 감사'」, 『한겨레』, 2016년 11월 19일. 이 문제와 관련된 사회적 함의는 강준만, 「왜 부모를 잘 둔 것도 능력이 되었나?: '능력주의 커뮤니케이션'의 심리적 기제」, 『사회과학연구』, 55권 2호(2016년 12월), 319〜355쪽 참고.

107 백상진, 「역대 최대 '최순실 특검법' 국회 통과」, 『국민일보』, 2016년 11월 18일.

108 박구재, 「야만의 시절과 망국의 춤」, 『경향신문』, 2016년 12월 1일.

109 정희진, 「거짓말도 제대로 못하는 대통령」, 『경향신문』, 2016년 12월 5일.

110 정윤섭·강병철, 「朴 대통령 "피눈물 난다는 말 알겠다"…관저 칩거 '정치적 연금'」, 『연합뉴스』, 2016년 12월 11일.

111 김유리, 「최태민 폭로 김해호 목사 "진실 말한 대가는 참혹했다"」, 『미디어오늘』, 2016년 12월 13일.

112 송호근, 「'난 몰라' 공화국」, 『중앙일보』, 2016년 12월 27일.

113 유길용, 「신변 위협에 대처하는 고영태·노승일의 자세…"더 까발려서 손 못 대게…"」, 『중앙일보』, 2016년 12월 24일.

114 차순우, 「최순실 "국정 보느라 머리 아프다" 짜증」, 『TV조선』, 2016년 12월 30일

115 성성희, 「2016년, 엘리트 치욕의 해」, 『동아일보』, 2016년 12월 31일.

116 고한솔, 「1천만 넘은 촛불…'송박영신'의 소망 "비리 없는 나라로"」, 『한겨레』, 2017년 1월 2일.

117 마거릿 헤퍼넌(Margaret Heffernan), 김학영 옮김, 『의도적 눈감기: 비겁한 뇌와 어떻게 함께 살 것인가』(푸른숲, 2011/2013), 5〜8쪽.

118 마거릿 헤퍼넌(Margaret Heffernan), 김학영 옮김, 『의도적 눈감기: 비겁한 뇌와 어떻게 함께 살 것인가』(푸른숲, 2011/2013), 381쪽.

제10장 역사는 앞으로 '3·10 이전'과 '이후'로 나누어질 것인가?

1 금준경, 「박근혜 기자회견 보도, 공영방송은 이렇게 달랐다」, 『미디어오늘』, 2017년 1월 2일.
2 「사설」 새해 첫날부터 변명만 늘어놓은 뻔뻔한 대통령」, 『한겨레』, 2017년 1월 2일.
3 「사설」 국민 분노에 불 지른 대통령 신년 간담회」, 『중앙일보』, 2017년 1월 2일.
4 금준경, 「박근혜 기자회견 보도, 공영방송은 이렇게 달랐다」, 『미디어오늘』, 2017년 1월 2일.
5 김종철, 「박근혜 신년 기자회견 궤변에 놀아난 청와대 기자단」, 『미디어오늘』, 2017년 1월 2일.
6 김도연, 「"박근혜, 청와대 출입 기자를 춘추관에만 가둬놨다"」, 『미디어오늘』, 2017년 1월 9일.
7 「사설」 병풍이 된 기자들, 반성은 하고 있나」, 『미디어오늘』, 2017년 1월 11일.
8 「사설」 촛불은 민심 아니라는 박근혜의 정신 상태」, 『경향신문』, 2017년 1월 6일.
9 신나리·김준일·장관석, 「최순실 "공직 기강 잡아야" 대통령 행세했다」, 『동아일보』, 2017년 1월 6일.
10 고대훈, 「국정 농단보다 더 큰 죄」, 『중앙일보』, 2017년 1월 14일.
11 조백건·신수지, 「헌재 처음 나온 최순실 "모른다" 130여 차례」, 『조선일보』, 2017년 1월 17일.
12 「사설」 대통령이 수석들 모아놓고 거짓말 모의했다니」, 『조선일보』, 2017년 1월 18일.
13 양은경·박상기, 「누가 보면 연인인 줄」, 『조선일보』, 2017년 1월 19일.
14 박래용, 「2016 대한민국 '무좀 리스트'」, 『경향신문』, 2017년 1월 24일.
15 서영지, 「유진룡 "블랙리스트, 김기춘 지시…역사 30년 전으로 후퇴"」, 『한겨레』, 2017년 1월 24일.
16 「사설」 극우 단체 뒷돈 대서 여론조작·민의왜곡 했다니」, 『경향신문』, 2017년 1월 25일.
17 신수지, 「고래고래 소리 지른 최순실」, 『조선일보』, 2017년 1월 26일.
18 이정애·박태우, 「박 "태극기 집회, 촛불 두 배라는데…보면서 가슴 미어진다"」, 『한겨레』, 2017년 1월 26일; 정녹용, 「"최순실 사태, 날 끌어내리려 오래전부터 기획된 느낌"」, 『조선일보』, 2017년 1월 26일.
19 박수진·허승, 「박 대통령 '촛불 음모론'에…시민들 "당신이야말로 거짓 쌓은 산"」, 『한겨레』, 2017년 1월 27일.
20 「사설」 국민 가슴에 불 지른 박 대통령의 '적반하장 인터뷰'」, 『한겨레』, 2017년 1월 27일.
21 「사설」 극우 단체 지원·관제시위 지시, '주범'은 결국 청와대」, 『한겨레』, 2017년 1월 31일.
22 「사설」 시대착오적인 청와대·삼성·극우 단체의 3각 커넥션」, 『경향신문』, 2017년 2월 1일.
23 「사설」 관제 데모는 정치 공작이나 다름없다」, 『중앙일보』, 2017년 2월 1일.
24 「사설」 반기문 불출마, 정치 교체 밑거름되길」, 『중앙일보』, 2017년 2월 2일.
25 「사설」 최순실을 평범한 가정주부로 알았다는 박근혜표 거짓말」, 『경향신문』, 2017년 2월 7일.
26 「사설」 해도 해도 너무하는 대통령의 특검 수사 방해」, 『한겨레』, 2017년 2월 9일.
27 정진우·송승환, 「"박 대통령·최순실, 국정 농단 의혹 제기 뒤에도 127회 통화"」, 『중앙일보』, 2017년 2월 16일.
28 「사설」 박 대통령은 왜 獨 도피한 최순실과 '대포폰' 통화했나」, 『동아일보』, 2017년 2월 16일.
29 이호중, 「이재용의 구속, 신화를 허문 촛불의 힘」, 『미디어오늘』, 2017년 2월 18일.
30 이명수, 「이재용을 구속할 가장 적당한 때」, 『한겨레』, 2017년 2월 21일.
31 「사설」 대통령 측 "아스팔트에 피", 경악할 法治 거부 선동」, 『조선일보』, 2017년 2월 23일.
32 김민경·김지훈·현소은, 「김평우 변호사 '헌재 농단' 발언은 구치소 감치 사유」, 『한겨레』, 2017년 2월 24일.
33 「사설」 헌법기관 위협하고 유혈사태 선동하는 '태극기 집회'」, 『한겨레』, 2017년 2월 27일.
34 「사설」 헌재 재판관·특별검사의 신변보호까지 해야 하는 나라」, 『경향신문』, 2017년 2월 27일.
35 「사설」 탄핵 사유 하나도 없다는 박 대통령의 기막힌 최후변명」, 『경향신문』, 2017년 2월 28일.

36 「[사설] 대통령의 '망상과 기만', 인내의 한계 넘었다」, 『한겨레』, 2017년 3월 1일.

37 홍수민, 「특검 "'입시비리' 의혹 최경희 전 이대 총장 등 구속 기소"」, 『중앙일보』, 2017년 2월 28일.

38 전병역, 「[지주의 나라] ① 우리들의 일그러진 꿈 '건물주'」, 『경향신문』, 2017년 3월 6일.

39 박용채, 「부동산 빵소니범들」, 『경향신문』, 2017년 1월 10일; 전병역, 「[지주의 나라] ① 노무현 정부 때 서울 아파트값 상승 '최고'…강남·북 격차도 '최대'」, 『경향신문』, 2017년 3월 6일.

40 전병역, 「집 한 채도 사기 힘든 '30년 땀의 가치'」, 『경향신문』, 2017년 3월 6일.

41 김남일, 「임대업자의 나라」, 『한겨레』, 2017년 3월 8일.

42 안호기, 「건물주님, 그만 내려올 때가 됐습니다」, 『경향신문』, 2017년 3월 10일.

43 권승준·이준우·이동휘, 「낮엔 反彈, 밤엔 贊彈」, 『조선일보』, 2017년 3월 2일.

44 방준호·안영춘, 「김평우 "쓰레기 소추장" 조갑제 "쓰레기 언론"…친박 집회 막말 행렬」, 『한겨레』, 2017년 3월 6일.

45 김규남·박수지·박수진, 「탄핵 찬성 여론이 31%라고?…헌재 선고 앞두고 극우 '가짜뉴스' 극성」, 『한겨레』, 2017년 3월 7일.

46 전주영·허동준·권오혁, 「김평우 "공포 검찰" 게슈타포 비유해 특검 비난」, 『동아일보』, 2017년 3월 8일.

47 「[사설] 탄핵 정권이 도둑처럼 사드 배치하다니, 용납할 수 없다」, 『경향신문』, 2017년 3월 8일.

48 「[사설] 사드 배치가 '주권 침해'라는 민주, 어느 나라 黨인가」, 『동아일보』, 2017년 3월 9일.

49 이정재, 「롯데의 비명」, 『중앙일보』, 2017년 3월 9일.

50 「[사설] 안팎에서 난타당하는 롯데, 무슨 죄 지었다고 괴롭히나」, 『조선일보』, 2017년 3월 18일.

51 곽희양·윤승민, 「[박근혜 파면-8인 재판관의 선택] '최순실 국정 개입·대통령 권한 남용'만으로 '탄핵' 충분했다」, 『경향신문』, 2017년 3월 11일; 「[사설] 헌재의 대통령 파면은 국민의 명령이다」, 『중앙일보』, 2017년 3월 11일.

52 유오상·정세희·홍태화, 「[박근혜 대통령 탄핵] '파면' 생중계에 탄기국 측 "충격"…현장은 아수라장」, 『헤럴드경제』, 2017년 3월 10일.

53 한영익·윤정민, 「폭력 사태 번진 태극기 집회, 탄핵 결정되자 "헌재로 가자"」, 『중앙일보』, 2017년 3월 11일.

54 김경필, 「[기자수첩] 샴페인·축하 퍼레이드…승리에 취한 '촛불'」, 『조선일보』, 2017년 3월 11일.

55 김지은, 「국민 86% "박근혜 파면 잘했다"」, 『한겨레』, 2017년 3월 11일.

56 오태규, 「'대통령 박근혜 파면' 이후」, 『한겨레』, 2017년 3월 14일.

57 「[사설] 대선 정국, 박근혜 블랙홀에 빠지지 말아야」, 『중앙일보』, 2017년 3월 14일.

58 최경운·양승식, 「'친박 私邸 정치' 움직임…野는 비난, 한국당 지도부도 경계」, 『조선일보』, 2017년 3월 14일.

59 이충재, 「박근혜 씨 '세월호 비극' 속죄하십시오」, 『한국일보』, 2017년 3월 14일.

60 손진석·최종석, 「文 앞으로…줄서기 바쁜 관료들」, 『조선일보』, 2017년 3월 17일; 손진석·윤주헌, 「"저 양반이 盧 정부 때 잘 나갔었지"…공무원끼리도 끈 대기」, 『조선일보』, 2017년 3월 17일.

61 윤주헌, 「文 캠프 '폴리페서' 벌써 1,000명」, 『조선일보』, 2017년 3월 17일; 김태익, 「[만물상] 폴리페서 점입가경」, 『조선일보』, 2017년 3월 17일.

62 안성열, 「[박근혜 전 대통령 혐의 13개는 무엇] 최순실과 삼성 뇌물 수수 혐의 핵심」, 『내일신문』, 2017년 3월 21일.

63 최재훈·김정환, 「박 前 대통령 검찰청서 21시간 30분 만에 귀가」, 『조선일보』, 2017년 3월 23일; 윤호진·송승환, 「고침줄 빼곡한 조서…7시간 검토' 검찰도 예상 못했다」, 『중앙일보』, 2017년 3월 23일.

64 「[사설] 세월호 앞에서 옷깃을 여미며」, 『한겨레』, 2017년 3월 24일

맺는말 왜 이명박근혜는 한국 정치를 비춰주는 거울인가?

1 「[사설] 기업 상대 협박과 갈취 박근혜 정권은 '약탈 국가'였나」, 『경향신문』, 2016년 10월 29일.

2 「[사설] 공무원이 '최순실 앞의 파리 목숨' 되는 나라」, 『한겨레』, 2016년 10월 13일.

3 최종석, 「"대통령이 좌지우지하는 자리 수만 개"…人事權 줄여야」, 『조선일보』, 2017년 3월 17일.

4 김명환, 「공모자들, 그대로 둘 것인가」, 『경향신문』, 2017년 3월 24일.

5 권김현영 외, 「누가 여성인가: 박근혜 시대와 여성주의 정치」, 『창작과비평』, 41호(2013년 9월), 437~465 쪽; 김동춘, 「박근혜 정권의 '국정원 정치': '구조적 파시즘'하에서의 국가주의의 재등장」, 『경제와사회』, 101(2014년), 27~52쪽; 김종대, 「세월호 참사와 박근혜의 리더십」, 『월간 인물과사상』, 제194호(2014년 6월), 92~102쪽; 김종욱 외, 『박근혜 현상』(위즈덤하우스, 2010); 박노자, 「'박근혜 스타일': 사회적 파시즘과 정치제도적 자유민주주의」, 『경제와사회』, 101(2014년), 12~26쪽; 윤종성·김영오, 「박근혜 대통령 당선인의 리더십에 관한 연구」, 『사회과학연구』(경성대학교 사회과학연구소), 29:1(2013년), 71~93쪽.

6 금희조·김영경, 「전통적 성 고정관념과 여성 정치인에 대한 평가: 미디어 이용의 역할을 중심으로」, 『한국방송학보』, 22:1(2008년), 7~43쪽; 남인용·박한우, 「대권 예비후보자 관련 신문기사의 네트워크 분석과 홍보전략」, 『한국정당학회보』, 6:1(2007년), 79~107쪽; 윤영민·김경희, 「텔레비전 뉴스의 대통령 후보 경선 보도 내용분석: 박근혜·이명박 한나라당 후보를 중심으로」, 『한국방송학보』, 22:4(2008년), 201~236쪽; 이호은, 「Q 방법론 및 이론: 박근혜 대표 피습 이후 이미지 변화 연구」, 『주관성연구』, 12(2006년), 32~43쪽; 임미영·안창현·감규식·유홍식, 「박근혜에 대한 보도 프레임 분석: 『조선일보』와 『한겨레』를 중심으로」, 『언론과학연구』, 10:3(2010년), 457~498쪽.

7 강정석, 「박근혜의 미장센: 박근혜 이미지 해석하기」, 『문화과학』, 77(2014년 3월), 101~137쪽; 강준만, 「박근혜의 권력 중독: '의전 대통령'의 재앙」(인물과사상사, 2016), 김성윤, 「박근혜 화법, 헛소리에 담긴 모순적 징후들」, 『문화과학』, 86(2016년 6월), 192~208쪽; 전여옥, 『ㅣ 전여옥: 전여옥의 私, 생활』을 말하다』(현문, 2012); 전여옥, 『오만과 무능: 굿바이, 朴의 나라』(독서광, 2016); 정철운, 『박근혜 무너지다』(메디치, 2016); 최종희, 『박근혜의 말』(원더박스, 2016).

8 리처드 세넷(Richard Sennett), 유병선 옮김, 『뉴캐피털리즘: 표류하는 개인과 소멸하는 열정』(위즈덤하우스, 2006/2009), 192~198쪽.

9 로버트 스턴버그(Robert J. Sternberg)·카린 스턴버그(Karin Sternberg), 김정희 옮김, 『우리는 어쩌다 적이 되었을까?』(21세기북스, 1998/2010), 147~148쪽.

10 강준만, 「왜 근린증오가 더 격렬할까?: 사소한 차이에 대한 나르시시즘」, 『우리는 왜 이렇게 사는 걸까?: 세상을 꿰뚫는 50가지 이론 2』(인물과사상사, 2014), 111~115쪽 참고.

11 최장집, 『민주화 이후의 민주주의: 한국 민주주의의 보수적 기원과 위기』(후마니타스, 2002), 211쪽.

12 신진욱, 「한국에서 결손 민주주의의 심화와 '촛불'의 시민정치」, 『시민과세계』, 29권(2016년 12월), 17, 22쪽.

13 김상조, 「87년과 97년의 갈림길에서」, 『경향신문』, 2016년 12월 27일.

14 소스타인 베블런(Thorstein Veblen), 이완재·최세양 옮김, 『한가한 무리들』(동인, 1899/1995), 225~237, 247~248, 253~264쪽.

15 박명림, 「박근혜 이후 우리를 위하여」, 『중앙일보』, 2017년 3월 24일.

16 Peter Gay, 『The Cultivation of Hatred: The Bourgeois Experience—Victoria to Freud』(New York: W.W.Norton & Co., 1993), pp.213~221.

17 김동호, 「심상정, 文 겨냥 "DJ 당선 때 지지자 술도 끊어…간절함 보여야"」, 『연합뉴스』, 2017년 3월 22일.

18 곽정수, 「김상조는 왜 '문캠프'로 갔을까」, 『한겨레』, 2017년 3월 18일.

19 이철호, 「"빛내서 집 사라더니…" 곡소리 나나」, 『중앙일보』, 2017년 1월 4일.

20 「[사설] 폭발 직전 가계부채, 머뭇거릴 시간이 없다」, 『경향신문』, 2017년 2월 23일.

약탈 정치

ⓒ 강준만 · 김환표, 2017

초판 1쇄 2017년 4월 17일 찍음
초판 1쇄 2017년 4월 20일 펴냄

지은이 | 강준만 · 김환표
펴낸이 | 강준우
기획 · 편집 | 박상문, 박효주, 김예진, 김환표
디자인 | 최진영, 최원영
마케팅 | 이태준
인쇄 · 제본 | 대정인쇄공사

펴낸곳 | 인물과사상사
출판등록 | 제17-204호 1998년 3월 11일

주소 | 121-839 서울시 마포구 서교동 392-4 삼양E&R빌딩 2층
전화 | 02-325-6364
팩스 | 02-474-1413

www.inmul.co.kr | insa@inmul.co.kr

ISBN 978-89-5906-441-0 03300

값 25,000원

이 저작물의 내용을 쓰고자 할 때는 저작자와 인물과사상사의 허락을 받아야 합니다.
파손된 책은 바꾸어 드립니다.

이 도서의 국립중앙도서관 출판시도서목록CIP은 서지정보유통지원시스템 홈페이지
(http://seoji.nl.go.kr)와 국가자료공동목록시스템(http://www.nl.go.kr/kolisnet)에서
이용하실 수 있습니다. (CIP제어번호: CIP2017009049)